《近代史研究》编辑部 ◎ 编

《近代史研究》40年文存

（1979—1990年）

中国社会科学出版社

图书在版编目（CIP）数据

《近代史研究》40 年文存 . 1979—1990 年 /《近代史研究》编辑部编 . —北京：中国社会科学出版社，2019. 10

ISBN 978 – 7 – 5203 – 4839 – 3

Ⅰ. ①近…　Ⅱ. ①近…　Ⅲ. ①中国历史—近代史—文集　Ⅳ. ①K250. 7 – 53

中国版本图书馆 CIP 数据核字(2019)第 171426 号

出 版 人　赵剑英
选题策划　赵剑英
责任编辑　安　芳
责任校对　李　剑
责任印制　李寡寡

出　　版　中国社会科学出版社
社　　址　北京鼓楼西大街甲 158 号
邮　　编　100720
网　　址　http://www. csspw. cn
发 行 部　010 – 84083685
门 市 部　010 – 84029450
经　　销　新华书店及其他书店

印刷装订　北京市十月印刷有限公司
版　　次　2019 年 10 月第 1 版
印　　次　2019 年 10 月第 1 次印刷

开　　本　710 × 1000　1/16
印　　张　50
插　　页　2
字　　数　793 千字
定　　价　258. 00 元

目　录

关于五四运动的几个问题*

——在五四运动六十周年学术讨论会上的发言

黎　澍

今年是五四运动的六十周年。这个周年纪念令人感慨万千，都有许多话要说。为举行这次学术讨论会提交的卓有见地的报告和论文很多，涉及的方面很广。我现在只能从六十年后的今天提出对几个问题的看法，供研究者参考。

一　运动的自发性和自觉性问题

五四运动是抗议英、法、美在巴黎和平会议签订对德和约把中国领土山东当作德国殖民地交给日本接管的爱国群众运动。从鸦片战争以来，外国资本对中国的侵略不论是武装的或者非武装的，都遭到中国人民的强烈反抗。只是所有这种反抗都还是很原始的，不是表现为闭关主义，就是表现为排外主义。可以认为确有民族觉悟的爱国运动，五四运动是第一次。

这次发生在1919年5月4日的北京学生的游行示威，根据许多参加者的回忆和事实来判断，完全是自发的，规模不大，参加的群众约三千人，缺乏严密的组织领导。可是这次规模不大的群众运动，影响很大，不但在

---

* 本文原载《近代史研究》1979年第1期。

当时波及了全国各地的许多重要城市，由开始的少数青年学生发展到有工人群众参加，而且在中国历史上划分出了一个新时代，风气为之大开。长期在沉睡状态中的中国，在经历了戊戌变法的失败以后，又经历了资产阶级领导的辛亥革命的失败，此时又开始有一代新人觉醒过来，寻找民族解放的道路了。

这是中国民族的一次新的觉醒。这次新的觉醒同戊戌变法和辛亥革命比较起来，有一个显著的不同，就是它是以反封建思想的革命运动即新文化运动为先导的。清末的思想家如谭嗣同和邹容尽管对传统的封建思想进行过尖锐的批评，但是当时人们为政治革命特别是反满的狂热所支配，没有在思想界引起足够的重视，形成一个反封建的思想革命。在五四运动前几年发展起来的反封建思想革命，对封建专制主义的思想统治进行了从来不曾有过的猛烈的攻击，在一代青年中打垮了这个最顽固的堡垒。这个顽固堡垒的倒塌使封建社会的所有不可侵犯的神圣全部失灵。长期匍匐在专制统治下的奴隶们第一次有了作为人的自我觉醒，认识到了自己是独立的人，有做人的权利。这种自我觉醒是资产阶级民主思想启发的，是十分必要和断不可少的。如果没有这样一种觉醒，仍然把自己看成是某个尊贵长上的天然附属品，人们就只有继续屈服于专制主义的统治，做别人的奴隶，而不可能有民族意识和阶级觉悟，进行有组织的反抗斗争。正因为有了这样一个思想基础，所以人们能够接受俄国十月革命和第一次世界大战引起的国际革命思潮，采取新的革命行动，举行群众性的游行示威。五四运动尽管完全是自发的反抗运动，但同时它又是中国人民进行自觉反抗的开始。

1976 年天安门事件发生不久，人们就不约而同地把它同五四运动联系起来，称为四五运动。这不仅是因为两次运动发生在同一地点，而且因为两次运动都带来了思想的大解放。同五四运动比起来，四五运动是有高度自觉性的群众的自发运动，参加群众行列的很多是共产党员，是有高度社会主义觉悟的人们。这次斗争规模之大，影响之大，都远远超过了五四运动。尽管没有统一的组织领导，但是许多机关、学校和工厂的党委支持群众的斗争。广大群众用他们的行动表明他们是完全自觉的。他们怀念周恩来同志，因为他们对“四人帮”的反动统治憎恶之极。这样一种复杂的感情很自然地把千百万人团结在一起。平时社会治安、交通秩序多少总是要出一点事故，唯独在这些日子里，连小偷都停止了活动。无组织的群众表现出了极大的组织性。

从五四运动到四五运动半个多世纪中，我们看到了一个群众觉悟不断提高和有觉悟的群众不断增加的过程。有些官僚主义分子至今蔑视群众，自以为了不起。总有一天他们会碰到列宁所预言的那么一种情况："如果这些少数人不适应群众，群众有时就会对他们不太客气。"①

二 反帝反封建的彻底性问题

直到现在为止，我们都认为五四运动是彻底反帝反封建的革命运动。对五四运动的这种看法是以毛泽东同志的著作为根据的。毛泽东在《新民主主义论》中写道："五四运动的杰出的历史意义，在于它带着为辛亥革命还不曾有的姿态，这就是彻底地不妥协地反帝国主义和彻底地不妥协地反封建主义。""五四运动所进行的文化革命则是彻底地反对封建文化的运动，自有中国历史以来，还没有过这样伟大而彻底的文化革命。"我们对毛泽东同志的这些论述往往理解为五四运动反封建反得很彻底，甚至反过了头，以至陷于形式主义。这种理解实际上是不全面的。毛泽东同志在这些论述中所用的"彻底"一词，与"不妥协"或者"坚决"的意义相同。并非说，那时已经把封建思想反掉了。这个理解可以用毛泽东同志本人的话来说明。他在纪念五四运动二十周年的演讲《青年运动的方向》中说道："五四运动是干什么的呢？也是为着反帝反封建，但是也失败了，中国仍然在帝国主义和封建主义的统治之下。"可见他在《新民主主义论》中给五四运动以彻底反帝反封建的评价，是指当时对帝国主义和封建主义采取的坚决反对的态度，而不是指反帝反封建运动所达到的程度。

五四运动对传统的封建思想文化进行了异常坚决、异常猛烈的攻击，确实表现了一种彻底的革命精神。当时用来进行这种攻击的主要武器是资产阶级民主主义。这种民主思想在那时的中国虽然有着反封建的革命作

① 列宁：《俄共（布）第十一次代表大会》，全集33，第253页。

用，但是由于资本主义的思想和制度在世界范围内已经成为反动、腐朽的旧事物，加之中国资产阶级在经济上和政治上十分软弱，因而它的这种革命作用不能不受到很大的限制。这就决定了五四时期反对封建思想文化的斗争，不论在广度或深度上都是很不彻底的。不用说斗争的范围主要局限于知识界和青年学生，就是对封建主义的批判，尽管很有声势，颇能击中要害，但在一些根本问题上却软弱无力，甚至表现了思想上的混乱。这是时代的局限，不可苛求于他们的。新文化运动倡导者们在五四运动前后的迅速分化，宣告了资产阶级在同封建思想进行了最有成果的一次搏斗之后终于失去了它的战斗力，让位给了马克思主义。思想界的新文化运动发展为共产党领导的新民主主义革命。这个发展改变了国内政治斗争的形势，使思想文化领域的革命不能不暂时退居次要的地位。所以，正如后来毛泽东同志在《反对党八股》的报告中所说的，反对封建老八股、老教条主义的斗争，“五四运动时期还不过是一个开端，要使全国人民完全离脱老八股和老教条主义的统治，还需费很大的气力，还是今后革命改造路上的一个大工程”。

五四时期的民主派实际上都是爱国志士，他们反封建是从反帝出发的。封建余孽把持政权，国家没有独立，民族遭受压迫，共和制度不能巩固，这是他们坚决反封建的出发点。再进一步看，不仅反封建是从反帝出发的，接受科学社会主义思想也是为了挽救国家的危亡，是从反帝出发的。毛泽东同志早在《论人民民主专政》一文中说：“十月革命一声炮响，给我们送来了马克思列宁主义。十月革命帮助了全世界的也帮助了中国的先进分子，用无产阶级的宇宙观作为观察国家命运的工具，重新考虑自己的问题。走俄国人的路——这就是结论。”只有社会主义才能救中国，因为社会主义是最彻底的解决，不但要解决反帝反封建的任务，而且还要在解决这些任务以后建立社会主义制度而不是建立资本主义制度。这就是共产党人在后来领导新民主主义革命的最初设想。这个由十月革命启发的设想有一个极为重要的内容，就是认定对旧社会必须进行武器的批判而不能满足于有了批判的武器。这种实干精神使斗争很快从思想领域转移到政治领域，乃至诉诸武力，演变为长期的革命战争。经过二十多年反复的较量，中国人民赢得了革命的胜利，驱除了一百多年来盘踞在中国的帝国主义势力，消灭了封建主义统治的社会基础——地主阶级。然而，现在特别是在林彪、“四人帮”干扰以来，我们每个人都继续感受到封建传统依然是一种难以摆脱的历史的惰力，它有如阴影紧跟在我们的背后，处处给社会主义事业的发展以干扰和破坏。这时我们才认识到在意识形态领域对封建传统的批判从五四运动以来就是不彻底的。其情况同马克思在《资本论》序言中所评述的19世纪中叶德国的情况颇为相似，这就是“不仅苦于资本主义生产的发展，而且苦于资本主义生产的不发展。除了现代的灾难以外，压迫着我们的还有许多遗留下来的灾难，这些灾难的产生，是由于古老的陈旧的生产方式以及伴随它们的过时的社会关系和政治关系还在苟延残喘。不仅活人使我们受苦，而且死人也使我们受苦。死人抓住活人!”

在此种情况下，我们要使活人过得好，必须在思想上摆脱死人的纠缠。这就是说，必须采取恰当而有效的方式，彻底地清除一切封建思想残余及其影响，把六十年前就已经开始了的反封建思想革命进行到底。这样，我们的社会主义事业才能迅速地向前发展，这种发展才能得到巩固而不至于停顿和倒退。为了完成这个任务，我们不但要批判封建主义的传统，要耐心、细致地进行思想教育工作，更重要的是发展社会主义经济建设和文化建设，让现代化的大生产和不断普及、不断提高的人民文化使旧社会的遗留逐渐消失。

三　中西文化问题

五四新文化运动从开始就遇到一个长期存在的问题，就是中国人应当如何对待中国的和西方的文化。

中国是有高度发达的古文化的国家。这是在长期封建社会中发展起来的自成体系的文化，不但与近代西方资产阶级文化有根本不同的性质，而且与西方封建文化有很不相同的特点。在西方资本主义势力侵入以后，中国面临着一种不容避免的选择：或者接受西方资产阶级文化，或者灭亡。为了免于灭亡，中国统治集团在经过长期的辩论和探索以后，决定采用西方的生产工具和技术，但是拒绝接受西方的文化，特别是其中的政治思想。他们认为中国文化的存亡即是国家的存亡，维护中国文化是保持中国人所以为中国人的根本所在。清末办洋务总督张之洞所著《劝学篇》是一本反对维新变法的政论集，其中反复论述了中西文化的矛盾及调和这种矛盾不使危及清朝统治的办法。此书内篇《循序第七》写道：“今欲强中国，存中学，则不得不讲西学。然不先以中学固其根柢，端其识趣，则强者为乱首，弱者为人奴，其祸更烈于不通西学者矣。”此书外篇《设学第三》规定新办的学堂：“新旧兼学，四书五经、中国史事、政书地图为旧学；西政、西艺、西史为新学。旧学为体，新学为用。”旧学是封建主义，新学是资本主义。用资本主义的西政、西艺来维护中国的封建主义上层建筑，这种新旧体用的关系明明是幻想，但已是顽固的守旧派认识再也无力抗拒外国侵略以后想得出来的最巧妙的对策。他们自知临时抱佛脚去学外国，也难望有什么成效，可能还从外国学来一些不为所用的东西，所以张之洞特别表明他痛恨“民权”“自由”之说。此书内篇《正权第六》写道：“使民权之说一倡，愚民必喜，乱民必作，纪纲不行，大乱四起。”他拒绝承认他的愚昧无知，强不知以为知，反而指摘翻译犯了错误，说：“考外洋民权之说所由来，其意不过曰，国有议院，民间可以发公论，达众情而已，但欲民伸其情，非欲民揽其权，译者变其文曰‘民权’，误矣。”“至外国今有自由党，西语实曰里勃而特，犹言事事公道，于众有益，译为公论党可也，译为自由，非也。”张之洞对翻译的这种责怪，一片妄图压制民权、自由的苦心跃然纸上，仿佛此说一倡，真要“纪纲不行，大乱四起”。其实当时民权、自由之说还远没有传播开来，张之洞已经如此惶惶不可终日，使人可能感到为后世担忧与为古人担忧同其可笑。

对西方文化的恐惧不仅存在于清朝统治集团内部，也存在于革命党内部。当时革命党以“反满”为号召，“反满”的人都来参加，所以里面各色人等都有。内中有个国粹派，对所谓欧化怀抱无穷的忧虑。在他们出版的《国粹学报》第一期有一篇《〈国粹学报〉叙》说：“不自主其国，而奴隶于他人之国，谓之国奴；自主其学，而奴隶于他人之学，谓之学奴。奴于外族之专制固奴，奴于东西之学说，亦何得而非奴也。”国粹派对西方文化如此之敌视，可见他们参加革命仅仅为了反满，是一个要求在民主革命中维护中国封建文化的派别。他们不是资产阶级民主派，而是地主阶级反满派。这种人在革命党里面为数甚多，他们很少认识有批判封建文化的必要。相反，正如孙中山所说，有帝王思想的人倒是不少。这是当时中国资本主义还很不发达，资产阶级还很幼稚和软弱的一个表现。

五四新文化运动先驱者们从辛亥革命以后共和制度立足不稳，看出问题在封建思想的统治没有改变，因为在辛亥革命前没有经过一次猛烈的思想革命为建立新的共和制度扫清道路。五四新文化运动最重要的贡献，就是以尖锐的批评从思想上动摇了封建主义的统治，而用来进行批评的武器是从西方接受过来的资产阶级民主思想。当时所谓新旧思潮的冲突或中西文化的冲突，就是西方资产阶级民主思想和中国的传统封建思想的冲突。新文化运动对旧传统、旧文化的批判，把这种冲突推向一个新的高潮，并且揭示出它的深刻的社会意义。经过这次冲突以后，人们广泛地受到了西方民主思想的影响，长期为封建主义所闭锢的社会风气为之大开。这是一个有重大意义的发展。正是由于有了这个发展，中国才有了接受马克思主义的思想基础。

早在辛亥革命以前，中国一些知识分子就已经接触到欧洲的各种社会主义学说，其中也包括科学社会主义。但是他们除了相信社会主义必然兴起这样一个笼统的观念之外，对什么是社会主义几乎一无所知。他们有的把西方垄断资本用以挽救危机的一些改良措施看作社会主义，更多的是用“公平”“均等”这样一些抽象的原则来附会社会主义，甚至认为社会主义在中国“古已有之”。当时被认为最有学问的革命家章太炎，就把中国封建社会的一些典章制度都说成是“合于”或“近于”社会主义的。这种贴社会主义标签的封建主义当然还是封建主义，不是社会主义。勉强一点，可以叫作社会封建主义。那时在资产阶级革命派中间出现这种社会封建主义思想，主要原因就是这些人的头脑中还存留着大量的封建意识。他们不懂得社会主义，首先是因为他们还没有真正了解资产阶级民主主义，还不是彻底的资产阶级民主派。只有经过五四新文化运动的民主思潮的洗礼，人们才有可能了解和接受科学社会主义思想。中国共产党的第一代无产阶级革命家，有不少是从激进的民主主义倾向马克思主义的，而满脑子封建思想的冬烘先生则不可能成为马克思主义者。这一切都说明，在近代中国的具体情况下，资产阶级民主思想的反封建的启蒙作用，是马克思主义的传播和扩大影响所不可缺少的条件。马克思主义者不但要认识资产阶级民主思想的实质并给以批判，而且首先要同传统的封建思想彻底决裂，否则他就不成其为马克思主义者，他对资产阶级思想的批判就多半会成为封建意识的“借尸还魂”。林彪、“四人帮”搞的所谓“批判资产阶级”，样子凶得很，其实就是这么一回事?!

五四新文化运动介绍了西方国家的各种思想流派，其中影响最大的是马克思主义。中国的马克思主义者建立了共产党。在共产党成立并展开活动以后，曾经有过一个时期反动派群起攻之，指摘共产主义是西方国家的思想流派，不适合中国的国情，所以在中国是行不通的。这种指摘当然是荒谬的，但在共产党内部也确实经历了一个马克思主义和中国革命实践相结合的过程，并非一开始就有很好的领会。在这个过程中著有卓越功勋的是伟大的革命领袖毛泽东。毛泽东同志是积极主张吸收西方文化的，他不但解决了如何正确对待马克思主义的问题，而且提出了对待一切文化遗产的根本性原则，这就是他在《新民主主义论》中所提出的：要有选择，还要经过消化。区别精华和糟粕。我以为这个原则是完全正确的。不论对待西方文化或中国古文化都是正确的，不过要能分清糟粕和精华，有必要像对待食物一样，先把它吃下去，然后加以消化，还没有吃，就要求先排除糟粕，所吸取的仅仅是或只许是精华，那是不可能的事，其结果就难免像林彪、“四人帮”一样，回到闭关时代去了。

但是读古今中外书籍，如果算是把文化吃下去的话，那同把食物吃下去的消化和吸收是完全不同的。食物吃下去，必须排泄出一部分，乃至大部分，才能再吃，使生命获得新的营养。读书重在知识的积累。积累多了，加上个人工作经验，融会贯通，自然形成对客观世界的认识。此种认识是一个毕生难以穷尽的过程。所谓“活到老，学到老”，是确有见地的人说的话。有些知识很难说什么时候有用，因此很难说不需要。有些知识可能是糟粕，但是不知糟粕之为糟粕，那也还是一种无知。糟粕和精华往往结合在一起，很难区分开来。人们的看法也往往因时而异，用得着的时候为精华，用不着的时候似乎成了糟粕，实际上依然作为一种素养和储备，继续保存在那里。如果始终用不着，那就沉了底，真正算得排泄出去了。

中国的伟大作家和思想家鲁迅对这个问题发表过许多非常精辟的见解。他是中国封建文化坚决的批评者。反对尊孔读经，反对复古倒退，不必说了。至于对待西方文化，鲁迅有一个著名的主张叫“拿来主义”。他要求“放出眼光来拿！”认为“没有拿来的，人不会自成为新人；没有拿来的，文艺不能自成为新文艺”。

这个“拿来主义”是以鲁迅对中西文化的深刻了解为根据的。尽可能摆脱中国封建文化的影响，吸取西方民主文化的精华，这就是鲁迅的态度。这个态度同毛泽东同志的方针是一致的。所谓“放出眼光来看”，自然不是不加选择的照搬，而是强调这种选择必须以对外国文化的了解和研究为前提，反对对外国文化采取盲目排斥和盲目崇拜的态度。拿来的西方文化和中国实际情况的结合，产生新人和新文艺，也就是经过消化的结果。他的具体生动的说明连林彪、“四人帮”推行的文化专制主义、蒙昧主义、愚民政策都预先批评到了。他们正是鲁迅所痛斥的孱头、昏蛋和废物。在对待西方文化的问题上，按照毛泽东同志的原则，在所有选择的条件下，吃下去再消化，或者采取鲁迅的“拿来主义”，充分信任群众将发挥中国民族的才智，获得真正的教益。

林彪、“四人帮”借口坚持“独立自主”“自力更生”，拒绝学习外国的先进经验，把自己封闭起来，实在蠢到了极点。这种现象说明，在争取现代化过程中，还会出现新问题，或者由另外的人以另外的形式重新把老问题提出来，需要不断加以解决。

四　知识分子的道路

五四运动开辟了中国革命的新时代。工人阶级在共产党领导下组织起来了。资产阶级对反帝反封建民主革命的领导逐步为工人阶级所取代。群众性的革命斗争开始了迅猛的发展。这样，在中国知识分子面前就出现了一个选择道路的问题。除了极少数人坚决和反革命站在一起外，绝大多数知识分子走的是这样两条道路：或者是在共产党领导下走与工农相结合的道路，参加革命斗争；或者是在反动政权下做些他们自称是“工业救国”“科学救国”“教育救国”“卫生救国”一类的工作。

走与工农相结合的道路。当然是一条广阔的道路。广大的知识分子走这条道路，为争取革命胜利做出了伟大的贡献。过去我们认为这是知识分子唯一正确的道路，而把在反动政权下从事工业、科学、教育、卫生等工作看作改良主义道路，批评他们对反动政权存有幻想，对他们所做的工作一笔抹杀。现在看来，这种批评显然缺少分析，表现对知识分子的工作和国家的需要缺乏了解。

这样一类知识分子的大量出现，是五四运动以后的现象。这些知识分子一般都在当时感受过科学和民主精神的影响，抱有资产阶级民主思想。所谓“工业救国”“科学救国”等实际上也是对封建传统思想的一种否定。就这一点说，他们并不适合反动政权的需要，因为不论是北洋政府还是蒋介石，都把恢复和发扬中国封建文化当作巩固其反动统治的根本，而对科学和民主采取排斥和敌视的态度。当然，有些知识分子以为在反动统治下发展自己的事业就可以救国，只不过是一种幻想。不推翻反动政权，根本改革旧的社会制度，科学技术和文化教育事业都是不可能得到发展的，更不可能改变中国落后挨打的地位；但是他们中的绝大多数人并没有因为认识不清而敌视和反对革命，事实上他们怀抱的专业救国的幻想在实践中也大都或早或迟地破灭了。然而他们所专心致志地从事的实际工作，从长远看，却是为国家所需要的。毛泽东同志曾经指出，中国在近代所以备受帝国主义的欺凌，“其原因：一是社会制度腐败，二是经济技术落后”（见华国锋同志在五届人大第一次会议上的报告）。“经济技术落后”不但是中国挨打的一个重要原因，而且使得长期封建统治在群众中造成的愚昧无知状况在现代仍然严重存在。这种状况不利于发展革命，只有利于反动统治。一些知识分子安于他们的专业，潜心研究，致力于发展现代工业和科学、教育、卫生等，无疑是有助于改变这种落后、愚昧的状态。就这一点说，对革命也是有利的。至于他们在长期专业实践中所积累的知识和经验，他们所作出的创造发明和所培养的专业人才，对于革命胜利后新中国建设事业的发展更是具有重要的意义。有许多杰出的科学家，如李四光、华罗庚、竺可桢、董第周、周培源、茅以升等在中华人民共和国成立后的贡献，就主要是依靠他们在中华人民共和国成立前的积累。唯一恨事是当时他们的工作得不到反动政权的支持，中国的资产阶级没有力量也没有眼光来从事科学技术和文化教育方面的发展，以致规模狭小，工作条件很差，培养的人才有限，所以费力大而成效少。但是他们中间的绝大多数人自守贫贱，不问政治，实际上也就是不对反动政权存什么幻想。有些人则是通过自己的亲身经历对反动政权的腐朽本质有了认识，从而走向进步，靠拢共产党和革命人民的。

毛泽东同志在《别了，司徒雷登》一文中指出，在反动派统治最黑暗的时刻，一些知识分子显示出了他们卓越的风格。“闻一多拍案而起，横眉怒对国民党的手枪，宁可倒下去，不愿屈服。朱自清一身重病，宁可饿死，不领美国的‘救济粮’。”还有多少作家、艺术家、科学家和工程师，不为反动当局的利禄所动，坚持在自己的岗位上默默地工作着。在中国革命的胜利发展中，毛泽东同志曾经满意地指出，这些知识分子的绝大多数都能明辨是非，拒绝跟反动派走，并且成了共产党的积极拥护者。

发生在中国知识分子中的这种变化是同中共中央的政策分不开的。毛泽东同志在延安和重庆谈判期间从来没有放弃同知识分子的接触和对他们的工作的亲切关怀。1945 年 10 月，当我准备前往上海接受新的工作的时候，在重庆见到著名历史学家翦伯赞同志，他兴奋地告诉我，毛泽东同志在重庆期间和各界人士进行了广泛的交谈，还登门看望他。他当时正在写《中国史纲》一书，毛泽东同志热情地鼓励他完成这部书的写作，说抵得上九个师的兵力。

抗日战争时期周恩来同志在国民党区是广大爱国知识分子的精神支柱。在 1941 年皖南事变后内战危机严重的日子里，在 1947 年国共分裂的前夕，他坚决执行了党的保护科学文化工作者的方针，尽一切可能不使他们遭到国民党反动派的毒打。他指挥了大量人员的隐蔽和转移工作。他当时对郭沫若、茅盾、李四光和其他许多作家、艺术家、科学家的关怀、爱护和鼓励，使人们至今保留着异常感奋的回忆。

这些事实说明，毛泽东、周恩来等同志从来都是把那些献身于科学和艺术事业的知识分子看作国家的宝贵财富，从来都是从国家、民族的长远利益出发来评价和支持他们的工作，没有因为他们当时对革命还缺乏足够的认识，他们的工作暂时和革命还缺少直接的联系而鄙弃他们。

中华人民共和国成立以来，知识分子的道路更清楚了。他们的道路只有一条，这就是在党的领导下，以百倍的努力来实现祖国的现代化。没有现代化，没有先进的生产力作基础，没有社会文化事业的高度发达，就没有社会主义。社会主义只有在现代化条件下才能真正实现。作为社会主义建设的一部分，我国科学文化事业已经有了很大的发展。知识分子的工作条件比中华人民共和国成立前有了显著的改善，他们的队伍也扩大了，但是从社会主义建设的需要来看，还很不够，特别是精通和热爱本行业务的专家还很不够，还需要用最大的努力来进行培养。要培养新一代的专家，必须依靠老专家。因此，也就必须懂得爱护老专家。列宁在俄共（布）中央 1922 年 1 月 12 日决议《工会在新经济政策条件下的作用和任务》中写道："如果我们的一切领导机关，无论是共产党、苏维埃政权或工会不能象我们爱护眼珠那样爱护一切真诚工作的、精通和热爱本行业务的专家(尽管他们在思想上还同共产主义格格不入)，那么社会主义建设事业就不可能取得任何重大的成就。"我们现在的专家大都是在中华人民共和国成立以来几经改造和锻炼过的，跟列宁所说的十月革命胜利不久的俄国专家是大不相同的，应当受到充分的信任和爱护。只有依靠他们，团结他们，尽量发挥他们的作用，才能建设好社会主义。林彪、"四人帮"反对所谓"专家路线"，反对他们自己信口捏造的什么"唯生产力论"等，无非证明他们是社会主义的死敌。

五四运动是伟大的思想解放运动。我们现在应当欢呼我们从林彪、"四人帮"的封建法西斯统治下解放出来的伟大胜利。这个胜利说明历史的潮流是不可逆转的。我们有坚定的信心，在人民群众已经普遍觉醒的条件下，社会主义制度必将排除一切"左"和右的机会主义的干扰，获得最后的胜利。

蓝大顺问题考*

罗尔纲

由于记载纷歧，对蓝大顺的真实姓名叫什么？他在何时何地牺牲？他是不是与李永和同为川、滇起义军的领袖？甚至在川、滇起义军中有没有蓝大顺这个人，迄今都成了问题。

这一个问题李祖桓《对邹知白“李永和蓝朝鼎起义始末”一文的商榷及补充》（《历史研究》1956 年第 12 期）及王文才、邹知白《对于李蓝起义某些问题的商榷》（《历史研究》1957 年第 10 期）等论文中，都曾经提出来讨论过，但还没有结论。

考蓝大顺之所以成为问题，实由清朝四川总督骆秉章的错误情报而起。骆秉章初入四川时，在《声明蓝朝鼎非蓝二顺片》[①] 说：

> 据贼中逃出文生黄鼎禀称，被贼掳入蓝逆营中，几及一年，蓝逆名潮鼎，云南昭通人，贼中称伪帅主，骁悍善战。其族人名潮柱，年长于潮鼎数月，呼之为兄，贼中称伪副帅，然诸事悉蓝潮鼎调度，不敢异同。今外间或称蓝潮柱为蓝大顺，蓝潮鼎为蓝二顺，其实贼中无此称谓，而蓝大顺尚非巨魁也。

---

* 本文原载《近代史研究》1979 年第 1 期。

① 见《骆文忠公奏稿》卷一。

这个情报有两个要点：第一，起义军中并没有蓝大顺这个称谓，外间所称为蓝大顺的蓝朝柱在起义军中并不是首领；第二，这一路起义军的最高领袖是蓝朝鼎，外间称他为蓝二顺，起义军中也没有这个称谓。骆秉章把这一个情报向清廷奏报起义军的首领为蓝朝鼎，并说明他此后奏报中不用蓝大顺名字的缘由。到他占领丹棱时，也就根据这一情报的说法，向清廷奏报说把起义军领袖蓝朝鼎杀死了。直到今天，一般记载都是根据骆秉章的奏报，把起义军的领袖作为蓝朝鼎，说起义军的领袖在太平天国辛酉十一年十一月已经在四川丹棱撤退时牺牲了。其实骆秉章所得的情报全部是错误的。首先，蓝大顺就是川、滇起义军中与李永和齐名，各领一路的领袖。在他所领导的这一路起义军中，从太平天国己未九年秋天起义时起，直到太平天国甲子十四年二月在陕西安康县紫溪河覆败时止，始终以蓝大顺为号召的旗帜这一彰明显著的事实可以完全地证明这一点，太平天国壬戌十二年四月石达开部将瑞天豫傅佐廷等《覆李短鞑蓝大顺谕》也可以证明这一点，在清朝疆吏数不清的奏报里面和反革命分子的记载里面同样也可以证明这一点。不待多论，骆秉章所得那一个反革命分子黄鼎所说起义军中并没有蓝大顺这一个称谓的情报，确无证据可依。又考同治三年(1864)三月十七日陕西巡抚刘蓉《附擒斩蓝逆情形疏》[①] 说：

> 接据署兴安府知府谢复荣禀报蓝逆于初六日窜至安康所属之紫溪河地方踞场掳粮，该守立即移会管带团勇之在籍主事管涝，率同……各团勇四面截杀。内有贼目身穿绣金九龙龙袍，乘轿奔走，我军追及，当即生擒。余贼赶来救护，各勇因将该逆乱刀砍死，割取首级，并阵斩悍贼五名，生擒长发老贼张朝升一名。当将贼级令其辨认，据供穿绣金龙袍左眼下皮有肉瘤者即蓝大顺。……呈请奏奖前来。伏查……据外间传说蓝逆面貌有眼下并无肉瘤之语，是否系属蓝朝璧正身，应俟查询明确后再行奏请奖励。

① 见《刘中丞奏议》卷三。

同年四月初二日《附查明蓝逆伏诛余党尽歼疏》[1] 又说：

> 再臣等因署兴安府知府谢复荣禀报在籍主事管涝等督团将蓝逆歼除，惟据称该逆面貌眼下有肉瘤之语，核与所闻不符，是否系属蓝朝壁正身，当经附片陈明，应俟查询确实后，再行奏请奖励在案。
>
> 旋据署汉阴厅通判瞿树镐禀称：蓝逆叠经兵团分路追杀，势既急迫，忽生诡计，先令伪都统王包包穿所服绣金九龙蟒袍，假冒己名乘轿奔走，使兵勇全力注意。此贼即自率伪巡捕蓝三顺等遁至叶家坪，希冀脱逃。旋经管涝督率练勇跟追，与举人张承燮所部武安营并力夹击，遂将该逆及其余党全数杀毙。管涝带有向日伺候蓝逆之王老幺、麻花二人在众尸中指认首级。送至厅城，瞿树镐亦提出前获之蓝七顺，并李云麟传到夙识该逆之湘果营守备孟学文等共同辨认，佥称确实无讹。
>
> 现准李云麟派弁解送该逆首级前来。查视两颧高耸，眉竖而长，与所传该逆面貌实相符合，其为蓝朝壁正身无疑。其详细情形，业经李云麟据实陈奏，无庸赘叙。除将该逆首级传由四川递至云南昭通地方，用昭炯戒，仍确查出力官绅兵团汇请奖叙外，所有查明蓝逆伏诛，余党剿捕净尽缘由，理合附片具奏。

根据刘蓉这两封奏报，我们看见刘蓉等杀害蓝大顺后查核的经过：最初兴安府知府谢复荣把在籍主事管涝所杀蓝大顺的替身王包包误认为蓝大顺，并指称蓝大顺的左眼下皮有肉瘤，向刘容禀报，呈请奏奖。刘蓉接到来禀，根据外间传说蓝大顺眼下并没有肉瘤的话，提出怀疑，他特地向清廷奏明："是否系属蓝朝璧正身，应俟查询明确后再行奏请奖励。"不久，刘蓉又接署汉阴厅通判瞿树镐禀报，这时候，这一撮反革命分子已经查明他们在紫溪河杀死的是蓝大顺的替身王包包，而蓝大顺本人是走到叶家坪才战死的。他们先经管涝带蓝大顺的侍从王老幺、麻花二人在众尸中指认出蓝大顺首级。送到汉阴厅城后，又由瞿树镐提出以前被执的蓝七顺，并

[1] 见《刘中丞奏议》卷三。

与四品京堂李云麟传到一向熟识蓝大顺的湘果营守备孟学文等公同辨认，一致说确实是蓝大顺首级。李云麟又把首级送到刘蓉处，刘蓉查看首级“两颧高耸，眉竖而长”，跟他所访知的蓝大顺面貌“实相符合”，他也认为确实是“蓝朝璧正身无疑”。后来刘蓉就根据封建王朝对革命首领的刑律，把蓝大顺首级示众，传回四川一直传到蓝大顺的家乡云南昭通去。刘蓉主持这一件反革命勾当是很缜密的。据此知道这一路起义军首领蓝大顺确实是在太平天国甲子十四年二月在陕西安康县属的叶家坪战死的，而蓝大顺的本名则为蓝朝璧。当时向清廷奏报杀死蓝大顺的除刘蓉外，还有钦差大臣西安将军多隆阿的奏报①及四品京堂李云麟的奏报。② 可见这一路起义军的最高首领并不是如同反革命分子黄鼎所说的是蓝朝鼎，而蓝大顺的本名也不是如同他所说的叫作蓝朝柱，这个反革命分子对骆秉章所作的情报，全部是错误的。骆秉章向清廷奏报说起义军中没有蓝大顺这个名号，起义军中最高领袖为蓝朝鼎，已于太平天国辛酉十一年十一月在四川丹棱战死，那个被外间叫作蓝大顺的人是蓝朝柱。现在刘蓉、多隆阿、李云麟等却向清廷奏报在陕西安康县叶家坪杀死起义军最高领袖蓝大顺，蓝大顺的本名乃是蓝朝璧。至于清廷在接到多隆阿攻陷盩厔之后，就连下两次谕旨追查蓝大顺下落，说什么“首逆蓝大顺是否歼毙，抑或乘间逸出，并著查明具奏”③，过几天又下谕说“盩厔既复，蓝大顺巨逆是否歼毙，抑系脱逃，并著饬令穆图善等将该逆下落查明”④。这一切，不论是军前的统帅也好，或者是朝廷也好，虽然没有用明文否认骆秉章的奏报，但实际上却是用事实否认了骆秉章的奏报。骆秉章的奏报只根据一个反革命分子的虚报，而没有经过调查研究就信以为真；而刘蓉等对蓝大顺的情况却是经过长期的调查，连面貌的特征都知道，在蓝大顺战死后，对他的首级又多方查勘研究，真实性当然是在他们一方。我们可以断定，骆秉章的奏报是错误的，而刘蓉等奏报是真实的。

但是，为使问题更明朗，还应该对刘蓉本人在蓝大顺问题上前后的记

---

① 同治三年三月乙丑谕，见王先谦《同治朝东华续录》卷三十二。

② 同治三年三月戊辰谕议政王军机大臣，见王先谦《同治朝东华续录》卷三十二。

③ 同治三年三月壬寅谕，见王先谦《同治朝东华续录》卷三十二。

④ 同治三年三月己酉谕，见王先谦《同治朝东华续录》卷三十二。

载作一番考察。我们知道，刘蓉在任陕西巡抚前，他在四川是骆秉章的副手。骆秉章入川，奏调刘蓉随同入川，襄办营务。[①] 他上《声明蓝朝鼎非蓝二顺片》的时候，刘蓉正是在他军中襄办军务。[②] 不论骆秉章这一封奏稿是不是刘蓉写的，但刘蓉当时是骆秉章幕府中最重要的人员，这事肯定是经他手主持的，所以骆秉章奏稿中对蓝大顺问题的看法，也就是这时期刘蓉的看法。刘蓉《复郭意诚舍人书》[③] 述丹棱之役说：

> 蓝逆宵遁，楚军追击破之，遂歼其渠。余众昼夜狂奔……蓝逆朝鼎之从兄名朝柱者，率百余人窜渠县、营山一带。

刘蓉以起义军的首领为蓝朝鼎，已在四川丹棱之役战死，突围而出的是余众，由蓝朝柱率领，可见他与骆秉章对蓝大顺问题的看法完全一致。不仅如此，到他被任命为陕西巡抚要起程入陕及初入陕西的时候，还是按照他之前在四川从那个反革命分子黄鼎得来的错误说法，不称起义军的首领为蓝大顺而称为蓝朝柱。刘蓉于同治二年（1863）八月十二日从成都起程[④]，他在起程前两天上奏清廷的《筹办汉南军务大概情形疏》[⑤] 还说："蓝朝柱一股，尚踞洋县。"到他进入陕西后，直到同治三年（1864）正月二十七日《官军大破上元观连克城固洋县两城疏》[⑥] 说："洋县为蓝逆窃踞已逾两年。逮蓝朝柱窜往盩厔，留其党伪都统黄、杨、潘、李诸逆目踞守。"考刘蓉的《刘中丞奏议》一书所收他的奏稿里面，他第一次对起义军首领取消了对蓝朝柱错误的名称，而代之以正确的蓝大顺的名称，始见于同治三年三月十七日他上奏给清廷的《官军追剿蓝曹各逆获胜疏》。[⑦] 他说：

---

① 据《骆文忠公奏稿》卷一《同刘蓉入川片》。

② 据《清史列传》卷四十九《刘蓉传》。

③ 见《养晦堂文集》卷六。

④ 据刘蓉《报由川赴陕起程日期疏》见《刘中丞奏议》卷一。

⑤ 同上。

⑥ 见《刘中丞奏议》卷二。

⑦ 见《刘中丞奏议》卷三。

曹逆灿章與洋县余党合并之后，始图救援盩厔，继则窥伺宁陕，聚党已逾万人，其势且将复炽。而蓝大顺率其残孽，由盩厔突围而出，意图与之合并。

刘蓉在同一天上奏清廷的《附擒斩蓝逆情形疏》里，除用蓝大顺的名称外，又提出他的本名蓝朝璧。到四月初二日《附查明蓝逆伏诛余党尽歼疏》里，并提出蓝大顺的面貌特征。刘蓉以前不是相信起义军中没有蓝大顺这一个名称吗？他不是相信那个被外间叫作蓝大顺的人是蓝朝柱吗？他的奏报中不正是同骆秉章的奏报一样以蓝朝柱为起义军首领的继承人而代替了起义军的真正领袖蓝大顺了吗？现在，他根据什么向清廷作出与骆秉章完全相反，也跟他自己以前的奏报相反的报告呢？我们根据他在三月十七日上给清廷的《附请给降人袁子龙等恤典疏》[①]，知道他跟起义军中久从蓝大顺的云南昭通人叛徒袁子龙等有勾结，袁子龙并交出蓝大顺银玺，约献洋县、佛坪、华阳三城，后来袁子龙虽被起义军镇压，但刘蓉与袁子龙文书往来多次，到清军占领洋县之后，刘蓉又向从洋县逃出的反革命分子冯榆作了详细的调查。刘蓉在当时的反革命头目中，是一个小心慎重的学究，他根据叛徒袁子龙等给他的文书，以及从起义军中逃出的反革命分子的报告，进行了调查研究，得到确实可信的材料，然后才这样的。我们查明了刘蓉对蓝大顺问题前后不同的经过，对于他在奏报中所记起义军的领袖为蓝大顺，蓝大顺的本名为蓝朝璧的真实性更为明朗了。蓝大顺这一个问题，当时人的记载就有了讹误的说法。在蓝大顺战死后一年，杜文澜编纂的《平定粤匪纪略》记道：

蓝大顺自咸丰九年在云南昭通府倡乱，与李短搭搭等蹂躏全川，为骆总督扫荡。据生擒之李短搭搭供指蓝大顺已死于乱军中，后窜洋县者为逆首曹姓。多将军叠次疏报均指为蓝大顺。盖无论蓝与曹至此已歼厥渠魁矣。

---

① 见《刘中丞奏议》卷三。

案所谓“逆首曹姓”，另有其人，即与蓝大顺同时在陕南作战的李永和部将曹灿章，此处所说起义军驻屯洋县的为曹姓，其为错误是不待辨的。至所述李永和被执后说蓝大顺已在四川丹棱之役死于乱军中一说，案李永和自述今未见，即使李永和确有这一个说法，但他这一个说法有何动机（如周立春为掩护他的女儿周秀英而说女儿已故），或者从何得来都成问题。而况俘获李永和的就是刘蓉，当他否定他自己以前的看法，在奏报中提出蓝大顺的名称的时候，必定考虑到李永和的说法。刘蓉既根据经过调查研究的材料不信李永和的说法，那么，李永和的说法就不值得传疑了。杜文澜不是以疑传疑，他对这一问题没有经过考据，就以讹传讹。但是，我们从他这一段讹误的记载看来，知道关于蓝大顺问题的讹误，是由来已久的了。

关于百团大战问题的探讨*

蒋　杰

1940 年 8 月，八路军对侵华日军发动的百团大战，是中国抗日战争时期震动全国、闻名世界的重大事件。对这一事件，几十年来，有各种不同的评价。在林彪、"四人帮"控制党的宣传阵地的时候，没有学术讨论的自由，百团大战成为不能探讨的"禁区"。现在学术研究禁区已被冲破，我们有必要根据历史唯物主义的观点，坚持实践是检验真理的唯一标准，对百团大战这一历史事件进行探讨，以便总结其经验教训。下面介绍些历史情况，并谈些初步看法。

一　百团大战发动的背景和目的

发动百团大战是 1940 年 7 月下旬酝酿决定的。当时国际国内形势正处在重大变化过程中。在国际方面，德国希特勒已战败法国，意大利参战，英国被迫退出欧洲大陆；德意日帝国主义阵线和英法美帝国主义阵线都在重新组织力量，扩大战争。英、美为应付欧洲战局，对日本采取绥靖政策，并企图将战火引向苏联，自己"坐山观虎斗"。英国于该年 7 月与日本签订滇缅铁路禁运协定，封锁我国西南国际交通线。德国为了利用日本牵制英美，积极劝说中日媾和，因此，"东方慕尼黑"阴谋仍然存在。日

* 本文原载《近代史研究》1979 年第 1 期。

本在德、意胜利的鼓舞下，准备发动太平洋战争，为此扬言要向昆明、重庆、西安等地进攻，逼使蒋介石投降，企图迅速结束中日战争。在国内，以汪精卫为代表的大资产阶级亲日派已公开投降，以蒋介石为代表的国民党顽固派，对抗战前途更加悲观，对我党我军力量的发展更加恐惧。在国际形势逆转的影响下，他们有从消极抗战，积极反共的反动政策进一步倒退到投降的可能。因此，中国在抗战中妥协投降的危机空前严重。正如我党“中央为抗战三周年纪念对时局宣言”中指出的：“现在是中国空前投降危险与空前抗战困难的时期”，号召全国“加紧团结起来，克服这种投降和困难”。毛泽东同志同年 7 月发表的《团结到底》一文中也指出：“日本帝国主义正在准备向南洋侵略，加紧向中国进攻，势将勾引中国一部分动摇分子对其投降，投降危险是空前地加重了。抗战的第四周年将是最困难的一年。我们的任务是团结一切抗战力量，反对投降分子，战胜一切困难，坚持全国抗战。”①

当时华北战场，在以毛泽东同志为首的党中央的正确领导下，华北军民与敌人浴血奋战，进行了艰苦卓绝的斗争，取得了很大的胜利。八路军已发展到四十多万人，建立了晋绥（晋西北、大青山等区）、晋察冀（北岳、冀中、冀东、平西等区）、晋冀鲁豫（太岳、太行、冀南、冀鲁豫等区）、山东（鲁南、鲁中、滨海、渤海、胶东等区）等抗日根据地。但是，自武汉失守以后，日本帝国主义已将重视国民党，轻视共产党的政策，改变为重视共产党，轻视国民党，逐渐转移其主力来对付共产党。日寇为了发动太平洋战争，解除后顾之忧，并企图以华北作为兵站基地，对抗日根据地进行大规模的“扫荡”，同时加紧实行分割、封锁的“囚笼政策”。敌人利用其占领的大中小城市和铁路、公路交通线，构筑碉堡、封锁沟、封锁墙，将抗日根据地分割成许多小块。他们把铁路比作柱子，公路和封锁沟墙比作链子，据点、碉堡比作锁子，使小块抗日根据地变成囚笼一样，限制我军的活动，以便巩固其占领区。在这种情况下，华北敌后的斗争也变得日益困难和艰苦。

在国内外极其复杂的形势下，八路军指挥部决定在华北发动一次大规

① 《毛泽东选集》第二卷，第 719 页。

模的进攻战役。在 7 月 22 日，由朱德总司令、彭德怀副总司令、左权副总参谋长三人签发的，上报军委下发一二〇师、一二九师和晋察冀军区的预备命令中，作了以下的说明：“由于国际形势的变动，我西南国际交通被截断，国内困难增加，敌有于八月进攻西安，截断西北交通之消息，因此一部分大地主、大资产阶级之更加动摇，投降危险亦随之严重，我军应积极的行动，在华北战场上开展较大胜利的战斗，破坏敌人进攻西北计划，创立显著的战绩，影响全国的抗战局势，兴奋抗战的军民，争取时局好转，这是目前严重的政治任务。敌寇依据各个交通要道，不断向我内地扩大占领地区，增多据点，封锁与隔截我各抗日根据地之联系（特别是对于晋东南），以实现其‘囚笼政策’，这种形势日益严重。又据各方情报敌寇有于八月进犯西安企图。为打击敌之囚笼政策，打破敌进犯西安之企图，争取华北战局更有利的发展，决定乘目前青纱帐与雨季时节，敌对晋察冀、晋西北及晋东南扫荡较为缓和，正太线较为空虚的有利时机，大举破袭正太路。”“战役目的，以彻底破坏正太路若干要隘，消灭部分敌人，恢复若干重要名胜关隘据点，较长时期地截断该线交通，并乘胜扩大，拔除该线南北地区若干据点，开展该路沿线两侧工作，基本是截断该线交通为目的。”8 月 31 日又提出：“彻底毁灭正太线和彻底毁灭同蒲路之忻县—朔县段，如能达到目的，使三个基本根据地（即晋西北、晋察冀和晋东南）连成一片。”由此可以看出，发动这一战役，有两个目的：一是影响全国战局，克服投降危险，争取时局好转；二是彻底破坏正太路，拔除该线地区的若干据点，打破敌人对根据地的囚笼政策，并争取使三个基本根据地连成一片。

二　战役经过和取得的战果

这次战役从 8 月 20 日开始至 12 月 5 日结束，持续三个半月时间。战役的规模和使用的兵力是逐步发展扩大的。7 月 22 日发布预备命令时，规定使用约二十二个主力团，战役开始后，实际参战的主力部队和地方武装共计一百十五个团，近四十万人，动用民工二十多万人。八路军副总参谋长左权同志根据参战部队的数目称为“百团大战”，此后宣传这一战役皆称百团大战。这一战役经过三个阶段。

第一阶段：从8月20日至9月10日，中心任务是交通总破袭，破坏和截断华北敌人的全部交通线，进攻目标是正太路全线，临汾以北之同蒲路，德州以北之津浦路，彰德以北之平汉路，归绥以东之平绥路，北宁、德石、白晋、平古铁路全线，以及沧石（沧县至石家庄）、平辽（平定至辽县——今左权县）、代蔚（代县至蔚县）等公路。进攻重点是正太路。由于进攻的突然和我军民的英勇作战，战役开始取得了重大胜利。正太路沿线路轨、车站、桥梁、涵洞、水塔等全部被破坏，沿线敌伪重要据点如娘子关、阳泉、定县、高碑店等都被攻克。华北敌人燃料重要基地井陉煤矿遭严重破坏，仅该矿就使敌人损失在一万万日元以上（当时一日元折合20世纪70年代人民币0.37元。一万万日元折合人民币三千七百万元——笔者注），同蒲、平汉、德石、北宁等铁路均被切断，几条主要公路亦被破坏，使敌人华北主要交通陷于瘫痪。我军达到了预期目的。

在这一阶段的作战中，我军英勇顽强，并打了几次漂亮的歼灭战。在阳泉西南的狮脑山战斗中，我军与敌人激战六个昼夜，敌人在飞机的支援和猛烈的炮火配合下，连续向我军阵地反扑，均被我军打退，敌人遭到重大伤亡。9月6日，一二九师在榆社西北之双峰地区伏击敌人，将敌三十六师团永野大队包围，基本歼灭。同日，晋察冀军区部队在盂县以北，将由上社南进之敌二百多人包围，歼灭其大部，仅四十余人逃回盂县。一二〇师部队在攻克忻（县）静（乐）公路的重要据点康家会时，守敌五十余人全被歼灭。

第二阶段：从9月20日至10月初，作战的中心任务是，扩大第一阶段战果，继续破袭交通线，重点是消灭交通线两侧和深入我根据地之敌伪据点。主要攻击目标是：太行区之榆社、辽县地区，晋察冀区之涞源、灵丘地区和任丘地区，晋西北同蒲铁路朔县至原平段的破袭。

在榆、辽地区，我军于9月23日发起攻击，经过八天激烈战斗，攻克榆社、沿华、王景村、管头、铺上、小岭底等据点，守敌腾田中队和山本中队全部被歼。9月30日，我军主力转攻辽县，这时和顺和武乡之敌六百多人增援，我军停攻辽县，先打援敌，敌人施放毒气，我军先头部队一个营全部中毒。敌人乘机抢占了山头阵地，筑起野战工事，固守待援。我军将敌人全部包围，夜间组织十多次猛攻，歼敌过半，敌人只剩下三个山头阵地。第二天，辽县敌人五百多人又来增援，因我军连续作战，十分疲劳，而且减员很大，乃撤出战斗。

在涞（源）灵（丘）地区，9 月 20 日，我军对涞源城及其附近十几个据点，同时发起攻击，由于敌人有了准备和我军兵力分散，只攻占了三个城关和附近两个小据点。23 日，停攻涞源，集中力量进攻外围据点，迅速攻克王甲村、刘家嘴、金家井等十几个据点后，守敌大部被歼。28 日，张家口敌人三千多人增援，我军即放弃攻占涞源，改攻灵丘。在攻克南坡头、抢风岭、青磁窖等据点后，大同敌人千余增援至涞源，并向灵丘进犯。东线易县、定县、保定等地也增加敌人，有合击我军的趋势，因此，我军乃结束了战斗。为了配合涞灵地区的作战，冀中区发起对任丘、河间、大城、肃宁地区的作战，从 9 月 24 日至 10 月 20 日，共攻克据点二十九个，破坏了泊镇至东光一段津浦铁路，并破坏公路一百五十余公里，毙伤敌伪一千余人。

在晋西北地区，从 9 月 23 日起，我军民对同蒲铁路的忻县至原平段、原平至宁武段、宁武至朔县段，同时进行破袭战。至 9 月 27 日，打退了敌人多次出扰，一度控制了朔县至原平之间的铁路。10 月 6 日，敌人开始扫荡晋东南，我军即停止攻击，转入反扫荡。

第三阶段：从 10 月 6 日至 12 月 5 日，中心任务是反扫荡。我军一个半月的对敌伪据点的攻击和对交通线的破袭，使华北敌人受到沉重打击，陷于混乱。敌人为了扭转局势，遂调集部队，对我军根据地进行报复扫荡。因此，粉碎敌人的扫荡，就成为百团大战最后阶段的主要内容。敌人使用兵力三万多人，主要企图是寻我军主力作战，破坏我军领导机关和恢复其交通线。10 月 6 日至 17 日，敌先以三千八百多人合击太行区榆社、辽县、武乡之间地区；10 月 20 日至 11 月 14 日，又以万人兵力扫荡清、漳河两岸地区；10 月 17 日，敌军七千多人进犯太岳之沁源地区；10 月 13 日，敌伪万余人进攻晋察冀之平西、北岳等地区。由于我军民英勇作战，给予敌人严重打击，毙伤敌伪八千多人。在太行区的关家垴，我军将敌冈崎大队五百多人包围，敌人出动飞机轮番轰炸扫射，我军不顾一切牺牲，勇猛攻击，与敌人展开短兵肉搏，几经反复，终将敌人的阵地全部攻占，除部分敌人逃跑外大部被歼，有力地打击了敌人的嚣张气焰。

至1940年12月5日，敌人的扫荡被粉碎，历时三个半月的百团大战也遂告结束。

这次大战，由于参战军民英勇顽强，艰苦奋战，因而在战役、战斗中取得了重大胜利。据统计：进行大小战斗一千八百二十四次，毙伤俘和投诚的日伪军共四万六千四百多人（其中日军二万一千多人）；攻克敌伪据点二千九百九十三个；缴获步马枪五千四百三十七支，轻重机枪二百二十四挺，各种炮五十三门，炸毁飞机六架，坦克和装甲汽车十八辆；破坏铁路四百七十余公里，公路一千五百公里，车站、桥梁、隧道、水塔等建筑物二百六十余处。华北敌人的交通一度陷于瘫痪，敌伪陷于一片混乱的局面。百团大战是抗战以来中国军民给予日本帝国主义的一次沉重打击。

三　百团大战的意义及其经验教训

百团大战是在国际形势发生重大变化，国内投降危机空前严重，抗战空前困难的形势下发动的，它的胜利具有重大意义。

第一，提高了全国军民抗战胜利的信心，对于克服投降危险、争取时局好转，起了积极的作用。百团大战的胜利，使全国兴奋、万众欢腾。它灭了日本帝国主义的威风，长了中国人民的志气，提高了抗战胜利的信心。1940年9月，党中央在一次指示中指出："我党五十万大军积极行动于敌后，尤其是此次华北百团战役，则给了日寇以沉重的打击，给了全国人民以无穷的希望。"朱德同志于1940年9月26日发表了《扩大百团大战的伟大胜利》的文章，指出百团大战"带有全国性的伟大的战略意义"。"它牵制了敌人进攻我西北后方及进攻西南的企图。""同时，更加强了全国同胞的伟大胜利信心，促进了全国的团结，使敌人难于实现其威迫利诱之阴谋。"延安各界的贺电说："八路军百团大战在华北全线主动出击的光辉战果"，"振奋了全国的士气人心，巩固了西北后方，粉碎了敌人新的进攻，并证明了八路军在敌后最艰苦的前线上日益坚强壮大了，这是中华民族的无上光荣，也是抗战最后胜利的保证"。延安《新中华报》在贺电中说："此次集百团大军横扫敌寇……不仅打破了敌寇在华北之不断'扫荡'

和进行封锁的计划与行动，使敌寇和汉奸大起恐慌，同时将更加巩固八路军与全国友军的精诚团结，提高全国人民自力更生与抗战胜利的坚定信念。”当时担任国民党第二战区司令官的卫立煌，来电表示“百团大战不惟予敌寇以致命打击，且予友军以精神上之鼓舞”。《大公报》1940 年 9 月 5 日在“瞻望北方胜利”的社论中，指出百团大战对抗战“全局上的意义尤其重大”，“在局部战斗上是乘虚进击，而在全局上尤有牵制敌人兵力之效”。并说“中日战争三年余，战场扩展十几省，而其根干则在华北。暴日虽有鲸吞全华的梦想，而最后目的地则在华北”。百团大战对华北敌人“给它以破坏，使它不能安心掌握，顺利经营，以致根本动摇它的侵战根据。根本既摇，全局易复”。这篇社论还承认百团大战对敌人制造分裂破坏抗战的谣言攻势“也给予一个致命的打击”。百团大战的胜利，也振奋了沦陷区的广大群众，鼓舞了他们与敌人斗争的勇气，为开展敌占区工作和伪军工作，奠定了有利的基础。从全国各方的舆论说明，百团大战以胜利的事实，兴奋鼓舞了广大抗日军民，坚定了抗战胜利的信心，克服了散布于抗战阵营中的悲观失望情绪，也无情地打击了一切诱降劝降的阴谋活动，对阻止投降逆流，促进时局好转，是起了积极作用的。

第二，沉重地打击了日本帝国主义，粉碎了它“迅速解决中国事件”的梦想。百团大战消灭了大批日、伪军，破袭了敌人在华北的主要交通线，攻克了许多据点，摧毁了大批伪政权，给予华北敌人以沉重的打击。当时，敌人把交通运输线当作其“生命线”，没有交通线，他们就陷于被动，据点就陷于孤立，所以敌人曾扬言“只要交通有保证，灭亡中国绝对不成问题”。百团大战的破袭战，正是打中了敌人的要害，也有力地打击了敌人对抗日根据地的“囚笼政策”。百团大战不仅破坏了敌人后方的伪组织和统治秩序，打击了敌之士气，消耗了敌之军力，而且打乱了敌人的战略部署。百团大战使日寇认识到共产党八路军的强大，是难以战胜的。1941 年 1 月 20 日，日本陆相东条在贵、众两院报告战况时说：“昭和十五年度（即一九四〇年）重庆敌军抗战之特色为作战之非常消极，迄未进行主动的反攻，只有共产党军于去年八月在华北举行比较大规模的出击。”日本报纸大声疾呼“中共势力扩大到这种程度，日本方面是没有想到的”。并说“对华北应有再认识”。日本众议员微中利一在《改造》杂志上发表

《中国共产党之现阶段》一文中，也被迫承认迅速解决中日战争是不可能的，他说“如国共全面分裂，抗日阵营则会崩溃”，“但是可惜得很，国共全面分裂尚无希望，为什么呢？因为：抗日是中共的总路线”。“要想消灭中共军，则必须依靠百年战争才能解决。”日本在侵华战争开始时，曾狂妄叫嚣“三个月灭亡中国”。这个时间表，在中国人民坚决斗争下，先改为一年，继而改为十年，百团大战后又说要百年了。我党领导下的武装在敌后坚持抗战，使敌人逐渐认识到中国人民力量的强大。而百团大战则使敌之“迅速解决中国事件”的美梦破灭了。

第三，有力地驳斥了国民党顽固派的反共谣言，提高了共产党、八路军的声威。百团大战以胜利的事实说明，共产党、八路军是忠于民族解放事业的，是与敌人进行着艰苦卓绝的斗争，为民族解放战争立下了丰功伟绩的。它是抗战的主力军，也是抗战的模范。当时开明书店出版的《中学生》杂志就指出：“华北大捷的意义，不仅在军事上破坏了敌寇渡河进犯西安的企图，在政治上肃清了悲观失望的倾向，更重要的，还是在自力更生与动员民众之点，对全国各战区给了一个光辉的模范。此次华北出击的部队，地区最贫瘠，给养最困难，装备最劣势，而敌人在这区域的政治、军事力量都最顽强。他们在那种困难的情势与悬殊的力量对比之下，能够有计划地布置，勇猛出击，不仅博取小胜，而且攻克坚城。这次成功，决不是出于奇迹和偶然，没有广泛地动员了的民众，没有真正立脚于人民大众之利益的政治组织，没有可以使一切民众力量自由发扬的民主体制，这一次胜利是不能想像的。”当时的《新疆日报》在社论中也指出：“华北出击大捷，提高了抗日根据地与游击战的地位，在全国人民面前显示出它的伟大力量和作用，从而获得国人更大的拥护和援助。”事实胜于雄辩。国民党顽固派曾散布的种种反共谣言，如什么“八路军游而不击”，什么“八路军打的是小仗，每次所消灭的敌人仅此区区之数”，“毫无功绩之可言”等。百团大战的胜利事实，对这些谣言是最有力的批驳。在百团大战胜利发展的时候，蒋介石也发电嘉奖，说“贵部窥此良机，断然出击，予敌甚大打击，特电嘉奖”。蒋介石迫于内外形势不得不发出这个电报，足以证明我党我军在政治上、军事上都立于有利地位。得道多助，失道寡助，在共产党八路军与敌人浴血奋战的时候，国民党顽固派却在积极发动第二次反共高潮。百团战役结束不久，就制造“皖南事变”的惨案，爱国志士，拊膺太息，日寇汉奸，兴高采烈。蒋介石公开出面反共，自以为得计，但正是这时，他的消极抗战积极反共反人民的狰狞面目彻底暴露了，引起国内外的强烈不满。当时毛泽东同志在给彭德怀同志的电报中曾指出：“蒋介石正发动反共新高潮，我们要用百团大战的声势去反对他。”百团大战和“皖南事变”，形成鲜明的对照，功过是非，有目共睹。由此，共产党的地位提高了，国民党的地位下降了，这象征着抗日民族统一战线内部阶级力量的对比发生了重大的变化。这是百团大战在政治上的重大意义。

在肯定百团大战有重大意义的同时，也必须承认它在军事上和政治上是有错误的，造成了颇为严重的后果。

在军事上，百团大战是使用华北地区我军几乎全部力量以战略进攻的姿态进行的，超出了敌后战略防御的限度。企图通过这一战役，使华北几个根据地连成一片，是对华北地区敌强我弱的形势认识不足，对敌后斗争的长期性认识不够。同时在有些战役战斗中，进行大规模的运动战和阵地攻坚战，这是与毛泽东同志提出的、而为党中央确定的持久战思想和“基本的是游击战，但不放弃有利条件下的运动战”的战略方针相违背的。结果是在战役战斗中我军减员相当大，而破袭的铁路、攻克的据点，大多数又为敌人很快恢复了，胜利成果不能巩固。这次战役过早地暴露了我军实力，使敌人明显感到我军威胁的严重性，加强了对华北抗日根据地更疯狂的扫荡。敌人曾公开说，“中共军大规模的奇袭攻击，诱发了华北方面军更大规模的战役反击，一直发展到复灭中共根据地的作战”。百团大战后，敌人从华东华中抽调两个师团（当时敌人一个师团约两万人——笔者注）到华北，对抗日根据地疯狂进攻。从 1941 年初到 1942 年底，敌人对华北根据地进行千人以上的扫荡一七四次，较前两年增加三分之二，使用兵力八十三万三千多人，较前两年增加一倍。1941 年对晋察冀根据地的大扫荡，兵力达十三万多人。敌人在扫荡中实行残酷的“三光”（杀光、烧光、抢光）政策，使根据地遭受很大的损失。到 1942 年底，晋察冀根据地缩小三分之一，晋东南缩小二分之一，晋西北缩小三分之一，冀中地区，大部分变成游击区。形成这种极端困难的局面，根本原因是由日寇确保其华北占领区的战略方针和敌强我弱的形势决定的，但百团大战在军事上的错误，也是重要原因之一。

在政治上，发动百团大战的目的之一，是以大的军事行动来影响战局，制止投降危险，并且是用减轻日本对正面战场的压力来稳住同盟军，这在当时有正确的、积极的一面，另一方面也反映了对国民党顽固派投降的疑惧。只强调集中主力配合正面战场作战，忽视了敌后战场我军力量的保存和发展。在民族斗争和阶级斗争复杂的关系中，着眼于民族斗争是对的，缺点是忽视了与阶级斗争的紧密结合。但百团大战以独立的战役行动，显示了我党我军的强大力量，提高了我党我军在抗战中的政治地位，这与王明的只相信国民党不相信自己，因而一切经过蒋介石，放弃抗日领导权的投降主义是有原则区别的。

在组织方面，发动这一战役是一面准备，一面上报军委的，但未经军委正式批准就行动了，这是应该检讨的。但有的批评说，百团大战是背着中央擅自搞的，也不符合事实，7 月 22 日的预备命令是同时上报下发的，就是证明。

毛泽东同志曾经说，我们对问题要做全面的分析，才能解决得妥当。肯定一切，否定一切，都是片面性。我们对百团大战也应该全面分析，从当时我军在敌后处于战略防御阶段来说，百团大战采取全面进攻的战略态势，军事上是早产的，政治上是有错误的。但不能说是流产，更不能说是投降主义的产物。也不能否定战役战斗上取得了重大胜利，以及对全国战局有一定的影响和提高我党我军声势的重大意义。从理论上说，在敌后处于防御阶段，不应举行战略进攻，这一般是指全面的战略行动而言，但从各战略区甚至较小的战略方向，可以抓住适当时机举行区域性的战略进攻，这是许可的，也是可以成功的。

列宁曾指出："在分析任何一个社会问题时，马克思主义理论的绝对要求就是要把问题提到一定的历史范围之内。"当时民族矛盾是主要矛盾，抗日斗争是主要斗争，抗战救国是最大的政治。百团大战是华北几十万军民与日本帝国主义浴血奋战的大规模的战役行动，为民族解放事业做出了重大贡献，它在中国革命历史上应有一定的地位。在百团大战中英勇奋斗、流血牺牲的同志是可歌可泣的，是永垂不朽的。对于百团大战的错误我们要认真总结，作为历史教训来接受，避免今后再犯类似的错误。

关于党史研究中的问题*

丁守和　方孔木

中国共产党领导中国人民进行了长期的英勇顽强的斗争，取得了新民主主义革命的彻底胜利，建立了伟大的中华人民共和国。在几十年的艰难困苦和曲折复杂的斗争中，我党积累了极其丰富的经验，其中既有成功的，也有失败的。正确地宣传党的斗争历史，科学地研究和总结这些历史经验和教训，对于教育人民和子孙后代继承党的革命传统，鼓舞我们为实现祖国四个现代化而努力奋斗，都有重要的意义。

多年以来，党史这个领域是受林彪、“四人帮”和他们那个顾问破坏的重灾区。粉碎“四人帮”以后，在党史研究和宣传中，面临着大量拨乱反正，恢复历史本来面目的艰巨任务。

党史是一门党性很强的科学。究竟什么是党史的党性？党性与科学性的关系如何？这是关系党史研究工作的根本问题，而正确理解这个问题，又往往同正确理解党史如何为无产阶级的事业服务有关。我们认为，一切历史学科都是隶属于一定阶级，为一定的阶级服务的。作为历史学之一的党史同样如此。无产阶级的党史研究必须为无产阶级革命事业服务。即为无产阶级实现推翻资本主义、建立共产主义这一宏伟壮丽的事业服务。这就是党史研究的鲜明的党性原则。无产阶级的党史研究是联系于无产阶级的历史使命和根本利益，而不是眼前的局部利益。党性原则和科学性原则

---

* 本文原载《近代史研究》1980 年第 2 期。

是一致的。因为无产阶级与一切剥削阶级不同，它的阶级利益与人类的根本利益一致，与社会发展的规律一致。无产阶级绝不像剥削阶级那样为了维持自己的统治而伪造或歪曲历史来欺骗人民，相反，它要求一切历史研究（包括党史研究）严格遵循辩证唯物论和历史唯物论的原理，科学地总结历史的经验，阐明历史发展的规律。如果离开了科学性，离开了实事求是，离开了按照历史的本来面貌去阐述历史的要求，而空谈什么党性，那就不是无产阶级的党性。毛泽东同志曾明确指出："没有科学的态度，即没有马克思列宁主义的理论和实践统一的态度，就叫做没有党性，或叫做党性不完全。"① 所以党史的科学性和党性是统一的，它们都包括在辩证唯物主义和历史唯物主义之中。不能离开科学性谈党性。同时，也不能简单地把科学性理解为即是真实性。诚然，科学性必须建立在客观事实的真实基础上，没有真实性，科学性就无从谈起。但科学性比真实性更高、更深刻，它不仅能揭示历史事件的真实过程，而且要阐明其本质和规律，阐明客观真理。马克思以前的历史学，也曾搜集过大量的真实材料，但它不能阐明社会发展的规律。所以党史研究要做到党性和科学性的统一，不但要求党史工作者详细地、全面地占有历史资料，而且还必须掌握分析、综合这些材料的观点和方法，即高度的马克思主义理论修养。

毛泽东、周恩来同志等老一辈无产阶级革命家对党史的研究和宣传如何坚持实事求是的原则，曾做过许多精辟的教导。1958 年北京大学编了一本《北京人学学生运动史》，毛泽东同志看后谈了两点意见：第一，（他）1918 年、1919 年两次来北京确有其事；第二，封面上的两张照片，李大钊的应比他的大。这两点同 1936 年他同斯诺谈话的意思是一致的。毛泽东同志把李大钊、陈独秀当作自己的启蒙老师。毛泽东同志这些谈话告诉我们如何用历史唯物主义的态度编写历史。1973 年，延安革命纪念馆在陈列中出现的人物比较少，周恩来同志看了很不安，而且说，如果因为牵涉刘少奇，新四军的命令和新四军七个师的领导人都不能出了，那么连毛主席的文章也就不敢发表了。中国革命博物馆的党史陈列，关于党的一大代表原先只标出毛泽东、董必武、陈潭秋、何叔衡、王尽美、邓恩铭的名字，其

① 《毛泽东选集》第 3 卷，第 800 页。

他人都没有提。1961 年，邓小平同志审查时，提出应该把出席会议的人全写上，把其中某些人以后的情况也写上，这样可以看出人物是变化的。现在的陈列按照邓小平同志的意见，把出席者的名字都写上，陈独秀当选为中央局书记也写上了。很多老同志和广大人民群众在参观时都认为这样做很好。1977 年邓颖超同志在审查中国革命博物馆的陈列时，也曾多次提出，不能按活着的人的地位来摆历史，应当根据当时的材料、当时的历史情况来陈列。如黄埔军校的陈列，原来只摆周恩来同志的单人头像。邓颖超同志说，为什么只摆周恩来？当时还有萧楚女、恽代英、熊雄等很多同志嘛！“不能按活人的地位来摆历史”。邓颖超同志说得多好啊！这是多年来党史研究中存在的通病，而且这个病很顽固。

上面这些情况告诉我们，无论研究党史、编写党史或陈列党史，都必须贯彻一个原则，就是坚持辩证唯物主义和历史唯物主义，从历史实际出发，实事求是。但是，多年以来，林彪、“四人帮”和那个所谓“理论家”为了篡党夺权，把辩证唯物主义和历史唯物主义践踏得不像样子，他们说什么党史研究和宣传的“方针是参考历史，重在为现实服务”。这样，历史完全像胡适所说的那样，成了任人打扮的少女。在这种思想的影响下，党史上一些人物、事件的评说，随着形势的变化，一会儿这么讲，一会儿又那么讲，极大地破坏了党史这门学科的科学性和严肃性，损害了党的威信。

现仅就民主革命时期的党史研究中，如何从事实出发，实事求是，把党性和科学性统一起来，谈四个问题。

一　正确理解群众、阶级、政党和领袖的关系

党的十一届三中全会提出：“全国报刊宣传和文艺作品要多歌颂工农兵群众，多歌颂老一辈革命家，少宣传个人。”这是完全正确的，是马克思主义的。从马克思、恩格斯、列宁、斯大林，到毛泽东同志，都一贯教导我们，无产阶级革命事业是广大人民群众的事业，只有依靠广大人民群众的斗争，才能取得革命的胜利。同时，他们又教导我们，马克思主义并不否认个人的历史作用，特别是无产阶级的领袖在革命中起着极其重要的

作用。因此，在我们的党史研究中，既要强调人民群众的作用，党的领导作用，同时也不能忽视领袖的作用，而应当按照历史事实将两者恰当地结合起来，以阐明党领导的革命历史的全过程。

中国共产党是中国革命的组织者和领导者，中国革命就是在中国共产党的领导下取得胜利的。毛泽东同志作为中国共产党的领袖，在中国革命中起过极其重大的作用。毛泽东同志是中国共产党的创建者之一，是我国早期工人运动、农民运动、武装斗争和统一战线工作的卓越领导者之一。在 1927 年大革命失败以后，他在非常困难的条件下，根据中国的具体情况，阐明了我国革命的一系列重大问题，找到了我国革命的正确道路。他和周恩来、朱德等同志一起缔造了人民军队，创建了革命根据地，指挥了长期革命战争。正是在以毛泽东同志为首的党中央领导下，中国人民冲破了艰难险阻，战胜了国内外强大敌人，取得了革命的伟大胜利。对毛泽东同志在我国革命中的丰功伟绩必须给予充分肯定。不能说我们对毛泽东同志的革命实践和思想都研究够了。例如对毛泽东同志在 1927 年以前的革命实践和理论上的贡献，如何正确认识，就应很好研究。毛泽东同志在 1927 年以前写的《中国社会各阶级的分析》《湖南农民运动考察报告》两篇光辉文献，其中《中国社会各阶级的分析》在 1951 年收入《毛泽东选集》时，有些地方作了改动，如把无产阶级是“革命运动的主力”改为“革命运动的领导力量”。作为历史文献，一般当以不改为好，有些问题需要重新认识，可以像马克思、恩格斯对待《共产党宣言》那样加注、加序（毛泽东同志在延安重印《井冈山土地法》时也是加了一个注而未作修改的）。但是，我们不能由于有这个改动就否定它的意义，因为就是完全按原文看，这一著作也是当时的光辉篇章。《湖南农民运动考察报告》是中国共产党解决农民问题的重要文献，具有重大历史意义。另外，据沈雁冰和当年曾任广东区委秘书长的赖玉润的回忆，中山舰事件发生后，毛泽东同志坚决主张反击。据邓颖超同志回忆，在 1926 年国民党二届二中全会通过“整理党务案”时，毛泽东同志也是坚决反对的。毛泽东同志主办的广州第六届农讲所和武汉农讲所，规模很大，为以后革命的发展播下了火种。所以，在 1927 年以前，毛泽东同志从理论到实践都是很光辉的。如果不是这样，在 1927 年大革命失败的关键时刻，毛泽东同志怎么能那么快、那么自觉地率领秋收起义部队向农村进军，开辟农村包围城市的道路呢?

但从另一方面也应该看到，过去在党史研究中那种孤立地宣传毛泽东同志，不研究不宣传周恩来、刘少奇、朱德同志及其他老一辈无产阶级革命家、革命先烈和人民群众在历史上的功勋的思想影响，也很严重。现在更应当注意克服。长时间以来，在党史的研究中片面强调要突出红线，并且由突出红线到只讲红线，只讲个人。如 1959 年，那个“理论家”到中国革命博物馆审查，看到陈列较多表现了党的其他领导人，就训斥这是“分庭抗礼”“不突出红线”。在那种思想影响下，陈列中其他领导人和革命群众的作用被削弱了。当时中宣部的领导人周扬同志对这种唯心主义的做法作了斗争，指出这是“有帅没有兵”“有灵魂没有肉体”。可是“文化大革命”开始后，那种只突出个人的思想，被林彪、“四人帮”发展到了登峰造极的地步。他们出于篡党夺权的政治野心，大搞新蒙昧主义。他们打着“大树特树”“突出毛主席”的旗号，把毛泽东同志孤立于党之上、群众之外，借以打击周恩来、刘少奇、朱德等老一辈无产阶级革命家，抹杀无数优秀的革命先烈和革命人民。这样就把党史的范围搞得越来越窄，把党史搞成了个人生平事业史，把党的领袖变成没有发展、没有战友、脱离群众的孤家寡人。这是对我们党史的糟蹋，也是对领袖历史作用的恶意歪曲。所以在党史研究中拨乱反正的一个重要问题，就是按照马克思主义的基本原理，强调党的集体领导和人民群众的力量，正确处理领袖和群众、个人和集体的关系，恢复党史的本来面目。

无产阶级的革命领袖不是一个人，而是一个集团。列宁指出：“阶级通常是由政党来领导的；政党通常是由最有威信、最有影响、最有经验、被选出担任最重要职务而称为领袖的人们所组成的比较稳定的集团来主持的。”① 毛泽东同志指出：“指导伟大的革命，要有伟大的党，要有许多最好的干部……要有几百个最好的群众领袖。”② 中国共产党是在一个伟大的国家里进行一场伟大的革命，党在领导中国人民前赴后继、英勇不屈的奋斗过程中，涌现出一批又一批杰出的领袖人物。中国革命的历史生动地说

---

① 《列宁选集》第 4 卷，第 197 页。

② 《毛泽东选集》第 1 卷，第 67 页。

明，缔造党、缔造军队、缔造国家都不是一个人，而是一个集体。中国革命的胜利是毛泽东、周恩来、刘少奇、朱德和其他许多无产阶级革命家卓越领导的结果，是马列主义、毛泽东思想指引的结果。

比如，关于党的创始人，过去只是在讲中共一大时提到四个人或六个人的名字，而讲党的缔造者则只说毛泽东同志。这是不符合实际的。毛泽东同志在1936年同斯诺的谈话中就着重讲到陈独秀和李大钊在建党中的作用。周恩来同志在同斯诺的谈话中也说陈独秀、李大钊是党的创始人。除陈、李外，毛泽东、蔡和森、董必武、王尽美等都是党的创建人。周恩来同志在1920年就宣传马克思主义，随后又是旅欧党团组织的主要创建者，因此也是党的创始人之一。当然，在以后党的建设中，特别是在延安整风运动中，毛泽东同志对我们党的建设做出了特殊的贡献，这必须充分肯定。而周恩来、刘少奇、陈云、任弼时等同志对党的思想建设和组织建设也做出了重要贡献，这也应当肯定。只有全面地研究这些问题，才能反映我们党的建立和发展的实际情况。

在第一次国内革命战争时期，毛泽东同志在农民运动方面的理论和实践是非常卓越的。然而就我们党领导的农民运动来说，首先是从广东开始的，而广东的农民运动又首先是从彭湃同志领导的海丰农民运动开始的。彭湃同志领导的海丰农民运动对以后广东以至全国农民运动都起了示范作用。毛泽东同志对海丰农民运动很重视，早在1926年就写文章，要求把海丰农民运动的经验向全国推广。周恩来同志也给彭湃同志写的《海丰农民运动》一书题写了封面。彭湃同志主办的第一届农民运动讲习所，是我国农民运动的一个创举，为后来各届农民运动讲习所提供了宝贵的经验。毛泽东同志后来曾热烈赞扬彭湃同志是“农民运动大王”。但在很长一段时间，一写农民运动，总要先写毛泽东同志领导的岳北、韶山农民运动，再写海丰农民运动。写广东农讲所也只是说毛泽东同志主办的，而不提彭湃同志。实际上毛泽东同志主持的是第六届，彭湃同志主持第一届、第五届，罗绮园主持第二届，阮啸仙同志主持第三届，谭植棠主持第四届。所以应当按历史事实反映这些情况，充分肯定彭湃同志领导的海丰农民运动在我党历史上的地位，彻底批判林彪、“四人帮”和那个顾问散布的“谁要讲彭湃最早搞了农民运动，谁就是贬低毛主席”的谬论。毛泽东思想是全党和千百万群众革命实践的结晶。毛泽东同志对待彭湃同志和海丰农民运动的态度，完全说明了这一点。

在大革命失败以后的关键时刻，是毛泽东同志为中国革命开辟了农村包围城市、武装夺取政权的道路，为中国革命指明了航向。但又必须看到，在大革命失败后，全党都在苦斗，都在摸索、寻找新的革命道路和斗争方法，而且很多同志都搞起了武装斗争，并且向农村发展。在当时的苦斗和摸索中，最成功、最好的是毛泽东同志开辟的井冈山道路，而井冈山道路也是由许多干部和广大战士用生命和鲜血创造的。毛泽东同志总结了井冈山斗争和其他地方斗争的经验，提出了工农武装割据的思想，以后又逐渐丰富和发展成农村包围城市、武装夺取政权的理论。这个理论正是我们党集体智慧的结晶。毛泽东同志写的《星星之火，可以燎原》的原稿，在谈到武装割据的时候，就曾提到朱德毛泽东式、方志敏式、李文林式、贺龙式。所有当时各地的起义和斗争，都对我们党的武装斗争道路的形成做出了贡献。同时，各革命根据地也是互相支援、互相依存的。如第五次反“围剿”时，蒋介石共调动一百万兵力，其中用在中央革命根据地的是五十万，其余五十万用在其他根据地。如果一百万都聚集在一块根据地，那情况就会更加困难。但由于林彪、“四人帮”和那个顾问的干扰破坏，长期以来，往往只宣传毛泽东同志领导的湘赣边界秋收起义、井冈山、红一方面军、中央根据地。南昌起义在党史宣传中曾被严重削弱，广州起义一度几乎被否定，其他各地起义和各革命根据地，以及东北抗日联军的斗争，在党史编写中也是一带而过。像鄂豫皖根据地，是全国第二大的根据地，最高潮时，红军发展到四万五千人。但由于张国焘曾在这个根据地担任过领导工作，就不敢大胆宣传。黄麻起义、鄂豫皖根据地的创始人、领导人，也很少提及。冯白驹同志从 1929 年起，直到 1949 年，一直在极其困难的条件下坚持海南岛的革命斗争，只是由于新中国成立后批判过他的“地方主义”错误，在海南岛就连冯白驹的名字也不能提了。这是很不应该的，有很坏影响。第二次国内革命战争时期，可说是“群雄四起”，我们在党史研究中对南昌起义、秋收起义、广州起义和各地起义，对各根据地和抗联的创始人、领导人，对各根据地的土地革命、武装斗争，都应该根据实际情况给予充分肯定。

著名的古田会议决议，对我军的建设具有重要意义。这个决议也是党的集体智慧的结晶。1929 年 6 月，红四军党的第七次代表大会以后，陈毅同志去上海出席中央军事会议，向当时主持中央工作的李立三同志和主持中央军委工作的周恩来同志汇报了红四军两年来的斗争情况，反映了红四军“七大”的争论。周恩来完全肯定了毛泽东同志的正确领导，支持毛泽东关于红军的行动策略和建立农村根据地、建立一支坚强的革命军队的主张，并主张毛泽东回红四军主持前委工作。党中央除口头向陈毅做了具体指示外，还在 9 月 28 日写了一封近万字的书面指示，即九月来信。九月来信是周恩来的思想，是他委托陈毅起草的。来信肯定了毛泽东“工农武装割据”的思想，指出中国革命是先有农村红军，后有城市政权，这是中国革命的特征，是中国经济基础的产物。来信指出，红军的基本任务是发动群众斗争，实行土地革命，建立苏维埃政权，实行游击战争，武装农民，并扩大本身组织，扩大游击区域及政治影响于全国。来信指示红军要克服单纯军事观点，以免使红军的一切军事行动成为单纯的军事行动。来信对红军中存在的各种非无产阶级思想，分析了原因，说这是由于理论水平低，党的教育缺乏造成的，并提出了纠正的方法，指出要以政治教育去发动红军士兵自觉地向上，彻底纠正不正确的倾向，同时要坚决地废止肉刑。九月来信不但总结了红四军的斗争经验，而且也总结了党领导的整个红军的斗争经验。正是根据中央九月来信的精神，红四军前委统一了认识，于 1929 年 12 月在福建上杭古田，成功地举行了全军第九次党代表大会，通过了毛泽东同志起草的决议。古田会议决议是遵循中央九月来信写的，但又不是照抄来信，它结合红四军两年来斗争的实际情况，把中央来信具体化，丰富和发展了中央来信的精神。因此可以说，古田会议决议是毛泽东、周恩来、朱德、陈毅等同志集体制定的。它生动地说明了毛泽东思想不只是毛泽东同志一个人的智慧，而是他和他的战友们、党、广大红军战士和革命人民集体智慧的产物，是“在党和人民的集体奋斗中”产生的。林彪、“四人帮”和那个顾问诬蔑说古田会议决议是针对朱德、陈毅同志的，完全是无稽之谈。

革命领袖的思想，是在革命的实践中逐渐形成和产生的，并且是在革命实践中不断丰富、发展和完善的。任何把领袖神化，认为领袖是天生的马克思主义理论家，或者像林彪所说的那样是几百年、几千年才产生的天才，都是错误的，是违背历史唯物主义原理的。毛泽东同志说过："如果有人说，有哪一位同志，比如说中央的任何同志，比如说我自己，对中国革命的规律，在一开始的时候就完全认识了，那是吹牛，你们切不要信，没有那回事。过去，特别是开始时期，我们只是一股劲要革命，至于怎样革法，革些什么，那些先革，那些后革，那些要到下一阶段才革，在一个相当长的时间内，都没有弄清楚，或者说没有完全弄清楚。"① 只是经过两次胜利和两次失败的经验教训和比较，到抗日战争时期才认识了中国这个客观世界和中国革命的规律，才制定了合乎情况的党的总路线和一整套具体政策。毛泽东同志在 1941 年《关于农村调查》中也讲了他自己对于中国农村阶级的认识过程，说他对富农问题的正确认识是在井冈山时期的寻乌调查之后，对贫农作用的认识是在兴国调查之后。过去在党史中写秋收起义，不讲攻打长沙的计划。似乎讲了就贬低了毛泽东同志。其实这恰恰是违背毛泽东同志实事求是的一贯教导。为了正确反映毛泽东同志关于农村包围城市这一战略思想是在斗争实践中逐步形成和发展的，就应该如实地说明秋收起义原计划是要攻打长沙的，只是在起义遭受挫折后，毛泽东同志才改变了攻打长沙的计划，向敌人统治力量薄弱的农村进军。只有研究和分析具体的实际情况，才能看到事物的发展变化，才能了解领袖在革命实践中如何不断总结经验、不断加深对中国革命规律的认识，从而引导革命逐步向前发展，逐步取得胜利。对无产阶级的任何一个领袖都不能神化，都只能根据历史材料进行实事求是的研究和宣传。

在党史工作中，还有一个重要课题就是必须深入研究和宣传革命先烈。陈毅同志在著名的《梅岭三章》中说，"创业艰难百战多"。在长期的革命斗争和战争中，我们牺牲了多少革命烈士啊！没有无数先烈的艰苦奋斗和英勇牺牲，我们的胜利是不可能的。在战场上，在敌人的监狱中和刑场上，他们抛头颅，洒热血，慷慨悲歌，英勇就义，用生命开辟了中国革命胜利的道路。先烈们的牺牲令我们难过，先烈们牺牲的精神给我们以巨

① 《在扩大的中央工作会议上的讲话》，1962 年 1 月 30 日。

大鼓舞和力量。他们的英雄业绩，我们应该研究，应该宣传，而且必须研究和宣传。在我们的先烈中，有许多是我们党的理论家、活动家、党或军队的领导人，他们的生平活动，与我们党的历史或重大事件有直接关系，尤应注意研究和宣传。然而多年来，我们对先烈的研究和宣传太少了。林彪、“四人帮”和那个顾问不仅不许我们研究和宣传，而且对许多先烈进行恶毒诬蔑，对他们的家属和亲人进行残酷迫害，对有的研究和宣传者也进行了残暴打击。如李大钊同志是我国第一个马克思主义传播者、中国共产主义运动的先驱、党的主要创始人之一，对我们党的建立和中国革命的发展做出了不可磨灭的贡献。1927 年，他被北洋军阀逮捕，英勇地牺牲在敌人的绞刑架下，表现了共产党人崇高的气节。但是“四人帮”却诬蔑李大钊同志只是一个“激进的资产阶级民主派”，甚至妄图把他打成“叛徒”，不许进行宣传。蔡和森同志是我们党的著名理论家、宣传家、卓越的领导人。早在 1920 年，他就指出只有社会主义才能救中国，并且主张“明目张胆”地成立中国共产党，领导中国革命。他为中国人民的解放，为实现社会主义、共产主义理想，奋斗终生，最后被敌人摊开四肢钉在墙壁上活活打死。蔡和森同志就义四十多年了，然而在粉碎“四人帮”以前，除 30 年代李立三同志写过一篇纪念文章以外，再没有其他纪念文章和回忆文章，在党史的编写和陈列中也很少提及，就是提及也不过是作个陪衬而已。他的那些光辉的革命实践和思想被湮没了。邓中夏同志是中国工人运动的著名领袖，在长辛店工人俱乐部、开滦五矿大罢工、二七大罢工、五卅运动和省港大罢工等工人运动和群众运动中，都做出了重大贡献。早在 1924 年，他在著名的《我们的力量》中就提出了无产阶级领导权的思想，他为中国工人阶级的解放和实现工人阶级的历史使命奋斗不息，最后被敌人枪杀在南京雨花台。然而对他也很少研究和宣传。方志敏同志是赣东北革命根据地和红十军的创始人，他在率部北上抗日途中被国民党反动派包围逮捕。在敌人监狱中他写下了《清贫》《可爱的中国》等万世不朽的光辉作品，表现了崇高的共产主义情操和铮铮铁骨。刘志丹同志是陕北革命根据地的主要创始人之一，在东征中英勇牺牲，毛泽东同志和周恩来同志都对他有很高的评价。然而一本描写他革命活动的小说《刘志丹》，却被那个阴险毒辣的顾问诬蔑为利用小说进行反党，制造了一个大冤案。此外像恽代英、瞿秋白、罗亦农、赵世炎、陈延年、陈乔年、萧楚女、李求实、何孟雄、阮啸仙、刘伯坚、左权、彭雪枫、杨靖宇，等等，都是我们党优秀的领导人或负责工作人员，他们为了中国人民的解放和共产主义理想，或牺牲于战场，或就义于敌人刑场，他们的革命事迹都值得我们怀念、研究和宣传。研究和宣传革命先烈是我们党史工作的重要组成部分，我们应当努力做好。

“人民，只有人民，才是创造世界历史的动力。”① 马克思主义承认领袖的权威作用，是在肯定人民群众是历史创造者这个前提下提出来的。只有相信人民，发动和依靠人民，才是彻底的历史唯物主义者，才能领导革命取得胜利。民主革命时期的党史就是一部如火如荼的、轰轰烈烈的革命群众运动的历史。党领导的工人运动、农民运动、学生运动、妇女运动、各阶层广大人民的爱国民主运动，都是群众运动。党领导二十多年的革命战争是大规模的威武壮烈的人民战争。我们就是依靠人民战争推翻了三座大山，取得革命胜利的。在十年内战时期，三十万红军固然来自工农群众，就是红军的多次反“围剿”战争，巩固和发展革命根据地，也都是得到广大群众的热烈支援。抗日战争时期，在敌后战场，在各个抗日根据地，更是形成了一个陷敌于灭顶之灾的人民战争的汪洋大海，地雷战、地道战、麻雀战、破击战，村自为战，人自为战，使敌人寸步难行，到处挨打被歼。八路军、新四军战士和广大人民群众创造出千奇百有的歼敌方法，取得了无数次大小胜利，也留下了许许多多可歌可泣的英雄事迹。在解放战争时期，解放区人民对解放战争进行了最热烈的支援。仅辽沈、淮海、平津三大战役，就动员民工539万人，担架11万副，大、小车82万辆。陈毅同志形象地说过：“淮海战役的胜利，是人民群众用小车推出来的。”人民群众的牺牲是巨大的，人民群众对革命的贡献是伟大的。党史工作应该具体深入地研究人民群众的伟大贡献和作用，歌颂人民群众的英雄业绩，这是人民的要求，也是历史唯物主义的原理。

① 《毛泽东选集》第3卷，第1030页。

二　正确评价历史人物

对于历史人物的评价，是历史研究工作中的一个重要问题。只有根据历史唯物主义的观点，从事实出发，把问题提到一定的历史范围，进行具体深入的研究分析，才能对历史人物得出正确的认识和评价。对党史上的人物的评价也应该是这样，采取实事求是的态度。但是，我们在过去的研究工作中，简单化、绝对化的做法很严重，特别是对错误路线的代表人物，似乎只能一概骂倒，一骂到底。这是不符合马列主义原则的。列宁对普列汉诺夫、考茨基的评价就是很好的例证。我们应该像列宁那样采取实事求是的态度，进行具体的分析和研究。绝不能像林彪、“四人帮”和他们的顾问那样任意歪曲和伪造，任意贬低和拔高。我们的原则只能是实事求是。

在我们的党史研究中，首先遇到的一个复杂人物是陈独秀。陈独秀是五四新文化运动的著名领袖，在进步青年中有着广泛的影响，“五四”后成为有很大影响的马克思主义宣传者，对我们党的创立和早期革命的发展起过重要作用，从党的一大到五大，他都先后当选为党的书记和总书记。但是，陈独秀在第一次国内革命战争时期（主要是在后期）犯了右倾机会主义路线的错误，使革命遭到失败，以后又成为取消派，因进行小组织活动被开除出党。对这样一个人物究竟怎样评价？过去对他是一概骂倒，全盘否定，“四人帮”和那个顾问甚至说他是混进党内来的。有的同志因为曾对陈独秀的前期活动作了正面评价而遭到打击。事实上，毛泽东同志早就对陈独秀作过全面评价，除了在 1936 年同斯诺的谈话以外，1945 年也曾说过陈独秀类似俄国的普列汉诺夫。1953 年毛泽东同志外出视察同安庆地委书记傅大章同志谈话时又说过：“陈独秀晚年犯错误不小，但在党的启蒙运动时是有功劳的，其功不可磨灭。”最近一两年，不少文章对陈独秀的前期活动作了全面的分析和评论，肯定了他的作用。其实，我们认为，对陈独秀的后期活动，也应该实事求是地分析和评价。例如，对我党在第一次国内革命战争后期的右倾机会主义路线，陈独秀当然应负很大责任，但事实上这也与当时共产国际代表的指导有关。以后，陈独秀与托派合作，进行反党活动，当然必须批判。但在蒋介石把他抓起来长期关入监牢后，他并未投降蒋介石。就这一点来说，与张国焘跑到蒋介石那里当特务，显然又有区别。1937 年陈独秀出狱后，一方面不再与托派来往，赞成抗日，表示愿去延安；另一方面也发表过不少错误言论，不愿检查过去的错误。这说明陈独秀后期有严重的政治错误，但他并不是汉奸、间谍。至于所谓他每月向日本人领三百元津贴，那是某顾问的诬陷。

瞿秋白同志犯过盲动主义的错误，在狱中写过《多余的话》，过去据此说他是叛徒。瞿秋白同志是我们党的领导人之一，从三大到六大均被选为中央委员。在大革命时期，他对工人运动、农民运动、统一战线工作都做出了重要贡献。他写了不少文章，对戴季陶主义、国家主义派的谬论进行了尖锐的批判。在陈独秀、彭述之拒绝在《向导》上刊完毛泽东同志的《湖南农民运动考察报告》时，他却帮助毛泽东同志将该文印成小册子，并写了序言，热忱号召“中国的革命者个个都应该读一读毛泽东同志这本书”。他在大革命失败后主持召开的“八七”会议，对于结束陈独秀投降主义路线，整顿处于涣散状态中的党的工作，确定党的土地革命和武装反抗国民党的总方针，起了重要作用。对党的第一次“左”倾路线错误瞿秋白有责任，但也是执行了共产国际的指示。后来他参加党的六大的领导工作，并向大会作了《中国革命和中国共产党》的报告。在立三路线发生后，他又主持召开党的六届三中全会，纠正立三路线。四中全会后的中央排斥打击瞿秋白同志，并把他开除出中央政治局，但他继续勤恳地为党工作，在上海与鲁迅合作，领导左翼文化运动，进行反文化“围剿”的斗争。1934 年初瞿秋白同志进入中央苏区，任教育人民委员。后在闽西转移时被捕，1935 年 6 月从容就义。瞿秋白同志在狱中所写的《多余的话》在对自己无情的解剖时，也表露出某些消极因素。但仅根据《多余的话》定他为叛徒是根本不能成立的，由此而否定他的一生更是不对的。瞿秋白同志的一生是光荣革命的一生。当然我们也不同意说《多余的话》“有夺目的光辉”，因为那也不完全符合事实。

李立三同志是党的历史上犯过“左”倾路线错误的领导干部。从党史的研究来说，应该着重分析当时的环境，错误的内容，社会和思想根源，以便总结经验，记取教训。但是“文化大革命”期间，林彪、“四人帮”

和那个顾问对李立三同志全盘否定，而且进行残酷迫害。李立三同志早年在安源从事工人运动，领导安源工人大罢工，担任安源路矿工人俱乐部主任，在工人中很有威信，工人们还编了赞扬他的歌谣。1925 年五卅运动中，他是上海总工会委员长，直接领导了震撼世界的五卅运动。在武汉时期，他参加领导了收回汉口英租界的斗争。后来他参加了南昌起义，任前委委员、政治保卫处处长。他和周恩来同志一起，对张国焘阻止起义的错误，进行了坚决的斗争。党的六大以后，他是党中央常委兼宣传部长，实际上主持中央工作。1930 年，他犯了几个月“左”倾路线错误，给党的工作造成损失。但他在三中全会上承认了错误，随后即离开了中央领导岗位。从总的来看，像李立三那样的同志，对革命的贡献是主要的。在党的“七大”会上，毛泽东同志提议选李立三为中央委员，让他继续做革命的领导工作，是完全正确的。“文化大革命”期间对李立三同志全盘否定的做法，不是马克思主义的态度。

毛泽东同志 1944 年在《学习与时局》一文中说过：“我党历史上，曾经有过反对陈独秀错误路线和李立三错误路线的大斗争，这些斗争是完全应该的。但其方法有缺点：一方面，没有使干部在思想上彻底了解当时错误的原因、环境和改正此种错误的详细办法，以致后来又可能重犯同类性质的错误；另一方面，太着重于个人的责任，未能团结更多的人共同工作。这两个缺点，我们应引为鉴戒。”我们研究党史，评论党史上的人物，也应该按照毛泽东同志的教导，认真分析当时的历史条件，总结历史经验；对于历史上的错误，不能太着重于个人的责任，既要弄清是非，又不损害同志，一切从实际出发，实事求是地下结论。

我们研究民主革命时期党的历史，还遇到一个复杂和困难的问题，就是有不少在党史上有地位的领导同志，解放后还健在，并且仍然担负领导工作，然而在新的历史时期，有的同志可能犯这样那样的错误，有的在运动中被整错了，挨批了，打倒了，从而对他们过去的历史就不能再谈了。这样的结果，今天这个出了问题要改历史，明天那个打倒了，又要改历史，一部党史就被弄得极其混乱。而且，不仅一般研究机关和高等学校编写的党史改来改去，就是《毛泽东选集》这样极为严肃的革命历史文献有时也因人的变化而被改动。那个顾问就曾公开指令把《毛泽东选集》中有关刘少奇同志的名字全部去掉。这种以当前政治形势和个人荣辱毁誉为转移的评史学风，实在是要不得。我们必须改变这种状况，必须严格按照历史唯物主义原则，根据历史事实来分析历史，解释历史。我们研究民主革命时期的党史，就是要根据民主革命时期的实际情况来评论当时的历史事件和历史人物。否则，党史上的混乱就永远解决不了。

例如，关于安源工人运动问题。全国解放后，很强调刘少奇同志对安源工人运动的领导，把他的作用说得比李立三同志高。“文化大革命”中，刘少奇同志被打倒，把刘少奇同志、李立三同志批得一无是处。于是安源罢工的胜利被说成是毛泽东同志的正确路线战胜“工贼”刘少奇、“老机会主义分子”李立三反对罢工、破坏罢工的机会主义路线的结果。这就搞乱了历史真相。近两年来，又出现了对《劳工记》那首歌谣的一些议论，把安源工人运动的历史搞得愈加混乱。

事实是，安源工人运动是在中共湘区委员会领导下开展起来的。据 1923 年刘少奇同志和朱少连写的《安源路矿工人俱乐部略史》记载，1921 年 12 月中旬，安源工人写信给中国劳动组合书记部（湘区分部），请求派人“到安源帮助指导一切”。书记部派了毛泽东、李立三、宋友生和张理全等到安源考察，开展活动。不久毛泽东同志又派李立三同志等到安源开办工人夜校，组织工人俱乐部。一直到罢工时，主要工作是李立三同志具体领导。罢工前夕，为了加强领导，党组织和毛泽东同志又派刘少奇同志到安源。大罢工时，李立三同志是罢工指挥部总指挥，刘少奇同志担任工人俱乐部同路矿当局谈判的全权代表。李立三调走后，刘少奇同志负主要责任。当时，毛泽东同志是中共湘区委员会书记，兼劳动组合书记部湘区分部主任，也多次去安源，了解情况，指导工作，而李立三、刘少奇同志是长期在安源具体负责。所以，毛泽东、李立三、刘少奇同志都是安源工人运动的重要领导人。由于李立三同志在那里时间长，和工人接触多，很多实际工作也是他做的，因此工人们在歌唱自己斗争的历史时也颂扬了李立三同志（“直到一九二一年，忽然雾散见青天，有个能人李隆郅，年龄只有二十四，出洋外国转回程，工会湖南来办起，劳动工界结团体……”），这也是很自然的。那些歌谣，就是稍后整理出版的《劳工记》。但是解放初期，萍乡县委宣传部一位干部改动了那个歌谣，把“李隆郅”改作“毛润之”。（共改了五句）他写了一篇关于安源罢工的文章，引用了那首被改动的歌谣，发表在1953年出版的一个党史资料上，后被广泛流传。也许他是出于好意，但改动历史资料，还声明它出于原来《劳工记》上的记载，显然是很不严肃的。因为我们可以用各种形式歌颂自己的领袖，但根本不需要用改动历史资料的办法来歌颂。近两年，有些史学工作者了解这个情况后，又怀疑毛泽东同志在安源工人运动中的作用。这也是不对的。毛泽东同志对安源工人运动的组织领导作用不应怀疑，它不但有李立三同志的回忆可以证明，而且有当年别的《劳工记》歌谣为证。我们现在看到有四本《劳工记》（有的叫《罢工歌》），都是当时的原件。它是安源罢工胜利后，工人用歌谣形式记下来歌颂自己斗争史的唱词，从工人如何受压迫唱到罢工胜利，一直唱到1924年，每本都有好几百句。因为当时是各唱各的，所以内容虽大致相同，但没有一个统一的版本。这是民间文学一般具有的特点。四本《劳工记》可分为两类：有三本只唱了李立三、刘少奇和朱少连等；另一本既唱了李、刘等，也唱毛泽东同志，而且唱毛泽东同志很突出，还提到李立三同志来安源是受毛泽东同志委托。这本珍贵的史料足可证明毛泽东同志在当时起到的重要作用。但回过头来说，私自改动历史上记载的文字总是不对的。这也给我们史学工作者一个教训，对待历史文献和资料必须极其严肃认真才行。

刘少奇、李立三同志在安源做过的事情应该按历史的本来面目搞清楚。“文化大革命”期间有人说刘少奇鼓吹“文明罢工”。“文明罢工”几个字不是刘少奇同志本人的话。1922年安源路矿工人罢工前，俱乐部曾担心罢工后万余工人不能齐心，不能维持秩序，工人代表就担保自己能够齐心，能够维持秩序，会“比平时更加文明”。《略史》写了这一点。很清楚，所谓“更加文明”，是指更有秩序、有组织、有纪律。这有什么不对呢？按照马列主义原理，罢工是锻炼工人的学校。锻炼什么呢？就是锻炼组织性、纪律性。罢工是对敌斗争，是战斗。如果没有坚强的组织纪律，就容易被敌人击破，造成工人阶级的孤立，而导致罢工失败。安源罢工胜利的一个重要原因是工人有严格的组织纪律。“文化大革命”期间还说刘少奇是“工贼”。因有个矿长在日记中记载了刘少奇同志答应矿长的三条，

“一直井锅炉房须保护，一电机及电机锅炉须保护，一安源地方须保守秩序”。这样就把这三条作为刘少奇背叛工人的罪证。这同样是错误的。那三条不是刘少奇私下跟资本家达成的协议，而是罢工前俱乐部研究决定的。因为锅炉房是供窿内（即井下）打水和打风机用的，若遭破坏，全矿就会被水淹没，没有风，窿内会起火。电机除供电车用电外，还供给安源全市电灯及窿工处饮水，若破坏，则全市黑暗，万余工人无水可饮。第三条前面已说过了。所以，说这三条是叛卖工人利益，是毫无道理的。如果当时按照某些人说的那样，破坏了直井锅炉和电机等，不仅将使整个矿井遭受毁坏，而且会使全矿工人失去工作，结果，势必使党脱离广大群众。安源罢工是党领导的，不是自发的工人运动，只有自发的工人运动才会破坏机器。关于谈判问题。谈判前拟了十七项条件，经过刘少奇同志和资方谈判，达成十三条协议，这本来是罢工胜利的成果，长期以来一直是这样肯定的。可是在批判刘少奇同志时，却说他把十七条改为十三条，向资本家投降。实际上所谓谈判，就是要讲条件，谈判中允许进行必要的妥协，如果原定几条就是几条，那还谈判什么呢？据记载刘少奇同志在谈判中是很勇敢的，工人称誉他“一身是胆”。还有，在“文化大革命”中有人说安源工人对刘少奇有个鉴定，说他“精神不好，过于审慎……”那更是歪曲。事实是刘少奇同志在 1923 年总结安源工人运动经验时，在《俱乐部过去的批评和将来的计划》一文中对自己的工作作了自我批评。当然，刘少奇同志在作自我批评时，是谈到了工人对他的反映。这正说明他具有共产党人虚心听取群众意见、勇于自我批评的高贵品格。把他的自我批评说成是别人对他的鉴定，真是荒谬透顶。当然，刘少奇同志当时也可能有缺点，但对他在安源工人运动中的功绩必须肯定。

刘少奇同志不但领导过安源工人运动，而且这以后又在上海、广州、武汉等地发动和领导工人运动，在全国第二次、第三次、第四次劳动大会上为中国工人阶级的团结和工人运动的发展作了重大努力，成为中国工人运动的著名活动家和卓越的领袖。林彪、江青和那个顾问任意颠倒黑白，歪曲历史，把刘少奇同志打成所谓“叛徒、内奸、工贼”，置之死地。这个被颠倒了的历史必须重新颠倒过来，恢复历史的本来面目。事实上，刘少奇同志 1925 年到上海以后，与瞿秋白、蔡和森、李立三等同志一起领导了著名的五卅运动，后因积劳成疾，不得不暂时回湖南家乡休养，在路过长沙时被赵恒惕逮捕，中华全国总工会立即提出抗议，各界人士也积极营救。赵恒惕慑于群众和舆论的压力，不得不释放刘少奇同志。刘少奇同志到广州后曾受到省港工人的热烈欢迎，邓中夏同志高度评价了刘少奇同志的革命活动，称他是我们工人阶级的一位勇敢的战士。北伐军打下武汉以后，刘少奇同志又到武汉负责湖北省总工会的工作，在1927年1月发动和领导了著名的武汉工人阶级收回汉口英租界的斗争，为中国人民反帝斗争写下了光辉的一页。刘少奇同志对我国工人运动的发展做出了重大贡献，这是任何人也抹杀不了的。

刘少奇同志在白区的工作也曾被全盘否定。第一次国内革命战争失败后较长一段时间，刘少奇同志主要做白区工作，他在顺直省委、满洲省委和在上海工作期间，都做出了很大的成绩。他当时发表的一些文章，现在看来还是比较正确的。如在1932年他写的《批评“退出黄色工会”的策略》，强调党的工作要把公开工作与秘密工作、合法斗争与非法斗争结合起来，利用合法组织进行革命活动。这完全是对的。由于当时党处于王明“左”倾机会主义路线统治时期，刘少奇同志的正确思想被认为是右倾的，因此他曾写过检查文章《我的错误》，登在当时党中央机关刊物《斗争》上，但该刊“编者按”还说他检查得不够。1936年以后，刘少奇同志受党中央委派，领导中共北方局工作，成绩很显著。这期间他写的一些有关白区工作的文章，已经在党的六届七中全会《关于若干历史问题的决议》中作了充分肯定。

关于彭德怀同志，过去也被批得一无是处，把彭德怀同志对中国革命的贡献全盘否定，甚至说他是带着“入股思想”“投机革命”。彭德怀同志领导了平江起义，开辟了湘鄂赣革命根据地，创立了红五军，之后跟随毛泽东同志转战南北，任红三军团长，红军陕甘支队司令、红军抗日先锋军总指挥、八路军副总司令，中国人民解放军副总司令等职，为中国革命和中国人民的解放，立下了汗马功劳。全国解放后，彭德怀同志又率领中国人民志愿军抗美援朝，取得了震惊世界的胜利。但在1959年庐山会议后，有关平江起义、湘鄂赣根据地的创建、保卫延安等战史都不写了，就是写，也不再提彭德怀同志的名字。有的回忆录写某些重要战斗场面时，说军团长如何指示，如何在前线指挥，可是这位首长是谁，却没有名字。关于彭德怀同志指挥的百团大战，是抗日时期我军发动的一次很大的战役，驰名中外，它对于打击日本侵略者的凶焰，驳斥国民党对八路军“游而不击”的诬蔑，提高我党我军在国内外的声威，以及鼓舞全国人民的抗日斗志，都有重要意义。党中央和毛泽东同志当时对此都是肯定的。即使从总结经验来看，这个战役有些缺点错误，但主要也是属于策略上的。可是很长时间以来，在各种党史、革命史的教材和论文中，都不提百团大战。有的写了，也是化整为零，只写各地的各个战斗。这实在不应该。我们是写历史，写历史必须反映历史的实际情况。在林彪、“四人帮”和那个顾问的淫威下，因某人有问题而株连历史的事，比比皆是。当时甚至连彭德怀同志在平江发动起义处拴过马的一棵梧桐树也被挖掉，说是“挖修根”。有人讽刺说，不但株连到人，而且株连到树。这种反历史主义的流毒必须彻底肃清。

但另一种情况也需要注意，就是有问题时被一概否定，现在平反昭雪了，就又一概肯定。这也不是实事求是的态度。例如，有的同志写回忆彭德怀同志的文章，对 1930 年第一次打长沙采取完全肯定的态度。我们认为，这应该进一步研究。第一次打长沙从战略和政治路线上讲，是受立三路线的影响。因为当时不是想打一下扩大影响和搞点给养就走，而是想长期占领，被迫撤出后第二次还要打，这实际上正是“城市中心”的思想。关于这一点，1936 年毛泽东同志同斯诺谈话时已讲过：“红军当时的主要任务是补充新的兵员，在新的农村地区实行苏维埃化，尤其重要的是在苏维埃政权的坚强领导下巩固红军攻克的地区。为了这些目的，没有必要打长沙，这件事含有冒险的成份。然而如果第一次的占领只是一件暂时的行动，不想固守这个城市，并在那里建立政权的话，那么，它的效果也可以认为是有益的，因为这时全国革命运动所产生的影响是非常大的。企图把长沙当作一种根据地，而不在后面巩固苏维埃政权，这在战略上和战术上都是错误的。”① 彭德怀同志后来也曾谈道：现在检讨起来，三军团前委，包括自己在内，是受了夺取武汉为根据地的立三路线的影响，放松了对江

① 《西行漫记》，生活·读书·新知三联书店 1979 年版，第 151 页。

西扩大革命根据地及其巩固工作。当时只知道服从中央领导，而不知道为什么要服从，也辨不清自己当时执行的路线是否正确。毛泽东同志和彭德怀同志的分析和回顾，可以使我们对攻打长沙这个问题有一个较全面的认识了。当然，当时攻打大城市是中央命令，责任在中央，而不在彭德怀同志。

另外，还有一个问题，就是像林彪这样货真价实的叛徒、卖国贼，在党史中是否还要写呢？当然我们绝不提倡宣传林彪，对他的罪行必须彻底清算和批判，但研究过去的历史，对林彪在历史上做过的事情，还是应该实事求是，不要一笔抹掉。因为这不是林彪个人的问题，如果简单地抹掉林彪在党和军队中的活动，很多问题就难于讲清楚。中国革命博物馆在新近的陈列中，都按历史的原貌，在红军、八路军和中国人民解放军的序列中标出了林彪的名字和职务。这有助于正确反映党史的实际情况。

历史人物的评价是个复杂问题，党史上人物的评价更为复杂困难。我们一定要坚持马列主义原则，维护党史的科学性和严肃性。

三 正确处理阶级斗争和路线斗争的关系

共产党是革命的向导，党的路线正确与否是革命成败的关键。所以，党史研究自然要讲路线斗争。但是，就民主革命阶段党史的内容来说，首先是党领导人民群众战胜三大敌人的历史。新民主主义革命的总路线就是："无产阶级领导的，人民大众的，反对帝国主义、封建主义和官僚资本主义的革命。"① 党史的任务就是要研究这个伟大的革命，研究我们党如何在极其艰难困苦的条件下发动和领导我国人民经过长期的、反复的、英勇顽强的斗争，冲破种种艰难险阻，战胜国内外的强大敌人，逐步取得胜利的。当然也要研究党内的路线斗争，但是研究党内的路线斗争，决不能脱离这个伟大的革命，而是环绕着这个伟大的革命。离开这个革命，离开当时的对敌斗争，孤立地研究路线斗争，是很难研究清楚的。林彪、"四人帮"和那个顾问用路线斗争代替一切，把党史搞成路线斗争史。在他们

① 《毛泽东选集》第4卷，第1315页。

的思想影响下编写的某些党史和党史资料，也是只看到路线斗争，看不到我党领导的整个革命斗争和革命发展的过程，实际上也就贬低了这个革命。我们应当记取这个教训，在研究中处理好路线斗争和党领导的整个革命斗争的关系。

我国的革命斗争是错综复杂的，其中有对敌斗争，有统一战线中的阶级斗争，也有党内的路线斗争，这些斗争有时是交织在一起的，但是又有区别，性质有所不同。例如第一次国内革命战争时期，革命的敌人主要是北洋军阀以及支持北洋军阀的帝国主义和地主买办阶级；在统一战线中既有同国民党老右派的斗争，又有同国民党新右派的斗争。由于我们党还是幼年的党，对中国革命的特点和复杂性缺乏正确的认识，“党的领导机关中占统治地位的成份，在这一阶段的末期，在这一阶段的紧要关头中，没有能够领导全党巩固革命的胜利，受了资产阶级的欺骗，而使革命遭到失败”①。单用路线斗争说明不了这场大革命的全过程。又如抗日战争时期，我们的大敌是日本帝国主义，我党领导全国人民进行着严酷的抗日战争。当时蒋介石国民党虽是国内大地主大资产阶级的政治代表，但我们同它建立了抗日统一战线，方针是又联合，又斗争。这个斗争，与对日本帝国主义的斗争不同。至于党内两条路线的斗争，与上述两种斗争，性质更有不同。如果在研究党史中，主要不讲与敌人斗争而讲党内两条路线斗争，就会严重歪曲党史的基本内容。过去有的学生学了党史，往往不知道革命对象是谁，而只恨几个机会主义路线代表人物和犯路线错误的干部。这就达不到整个党史教育的目的，既不能完整地总结历史的经验教训，又难看出中国共产党的伟大、光荣、正确。效果显然是不好的。

路线斗争在一般情况下属于内部矛盾。一些人犯路线错误，往往是由于马列主义水平低，没有掌握马列主义的精神实质，对中国的社会情况缺乏调查研究，对革命规律认识不清。少数人从路线错误发展成为敌我矛盾，叛党而去，那是后来的事。所以在批判党内错误路线的时候，应严格划清两类不同性质的矛盾，是什么性质的错误就是什么性质的错误，既不夸大，也不缩小。例如张国焘，第二次国内革命战争时期他先执行“左”

---

① 《毛泽东选集》第 2 卷，第 573 页。

倾路线，后又实行右倾逃跑主义和分裂主义路线。但在1937年党的延安会议上，由于他作了检讨，党中央对他还是作党内问题处理，一方面严肃批判他的错误，同时仍然分配他一定的工作。直到1938年他逃离延安，投入国民党怀抱，党中央才把他开除出党。这是我党在民主革命时期处理党内斗争的一个很好例证。我们在党史研究中也必须区别不同性质的矛盾，不能把路线错误当成敌我问题，也不能把工作中的错误当作路线错误，而要认真进行具体的分析。

对于党内的错误路线必须严肃批判，以便总结经验，吸取教训。但是对错误路线的批判也必须采取实事求是的科学态度。例如，第二次国内革命战争时期的第三次“左”倾路线即王明路线统治我党达四年之久，使中国革命遭受极大损失。但是在延安整风时，毛泽东同志对它并没有简单地一棍子打死了事，他一方面严肃批判了这次路线的错误，从政治上、军事上、组织上和思想上深刻分析它的内容及其社会、历史和思想根源；另一方面对犯错误的同志也未完全否定，从而团结了更多的同志一道工作。毛泽东同志说：“对于任何问题应取分析态度，不要否定一切。例如对于四中全会至遵义会议时期中央的领导路线问题，应作两方面的分析：一方面应指出那个时期中央领导机关所采取的政治策略、军事策略和干部政策在其主要方面都是错误的；另一方面应指出当时犯错误的同志在反对蒋介石、主张土地革命和红军斗争这些基本问题上面，和我们之间是没有争论的。即在策略方面也要进行分析。例如在土地问题上，当时的错误是实行了地主不分田、富农分坏田的过左政策，但在没收地主土地给无地和少地的农民这一点上，则是和我们一致的。”① 在我们党史研究中，应该要养成分析的头脑，对于复杂的事物要作反复深入的分析研究，这样才有助于把我们的工作推进一步。

研究党史上的路线斗争必须实事求是，不应随意上纲，不能把工作中的错误或某些问题的不同意见说成路线错误或路线斗争，也不能乱挂乱联，张冠李戴。过去很多党史讲义讲到第一次党代表大会时，说在这次会上“出现了反对两种错误倾向的斗争，毛泽东同志坚持了正确意见。”据

---

① 《毛泽东选集》第3卷，第942—943页。

了解，“文化大革命”前田家英同志为此事问过毛泽东同志：“一大有没有路线斗争?”毛泽东同志说：“懂啥子哟，都是年轻人。”在董必武同志的回忆中，也没有说一大有路线斗争，只说某些问题有争论和讨论。董老说，关于共产党员能不能到政府中做官当议员的问题有争论。李达同志和当时参加会议的其他人也没有说过反倾向斗争或路线斗争。据党的一大纲领记载，关于党员是否可以担任政府官员或议员曾有争论，而没有提到错误倾向问题。只有陈潭秋同志的回忆中谈到有两种错误倾向，即合法马克思主义和小团体主义的倾向。这个问题可以进一步研究。但从多数同志的回忆、党纲记载来看，一大的争论或讨论，提不到“反倾向斗争”和“路线斗争”的高度。又如 1928 年井冈山斗争的“八月失败”问题，“文化大革命”以来，有些党史讲义把“八月失败”同瞿秋白的“左”倾路线挂在一起，而且越联越具体。我们认为是不切实际的。根据是：第一，《关于若干历史问题的决议》讲得很清楚，瞿秋白“左”倾路线到 1928 年初在许多地方已经停止，到同年 4 月，就在全国范围的实际工作中基本上结束了。而“八月失败”发生在 1928 年 8 月。第二，毛泽东同志于 1928 年 11 月写的井冈山前委给中央的报告（即《井冈山的斗争》）原稿上点明：“八月失败”是湖南省委特别是湖南省委巡视员杜修经的错误。第三，1945 年七大时，陈毅同志在发言中谈到，“八月失败”，他要负责。朱德同志插话，说他要负责。毛泽东同志说，你们都负不了责，湖南省委负责。

还有一个问题，就是在党史研究中，不应在批判错误路线时否定革命群众英勇斗争的革命精神及其历史功绩。例如，大革命失败后某些地方举行的武装暴动带有盲动性质，但是广大群众、党员和干部包括犯路线错误的领导干部都是要革命的。他们在国民党反动派的屠杀政策面前英勇不屈，这种反抗精神和革命英雄气概应该得到肯定。即使谈到王明路线指挥下的第五次反“围剿”和白区斗争，也要既讲“左”倾路线的危害，又讲国民党反动派的凶残、红军和根据地人民的浴血奋战，以及白区地下党组织领导革命群众的英勇斗争。对张国焘错误路线也是这样，必须肯定鄂豫皖和川陕根据地的干部和群众、红四方面军的干部和战士英勇奋斗的业绩，把错误路线的主要负责人和广大干部、群众区别开。著名文学家梁斌同志在小说《红旗谱》中描写了高、博、蠡暴动，“文化大革命”中就被加以“为王明路线翻案”的罪名，惨遭打击。这次暴动是否与王明路线有关，当然可以研究。但是，梁斌同志用艺术形式反映广大人民在党组织的领导下反对国民党反动派和地主豪绅的英勇斗争，有什么不对呢？我们就是要歌颂人民群众的斗争，歌颂革命者为实现共产主义理想视死如归的精神。

四　要详细占有资料，认真研究资料

在党史研究工作中，要贯彻实事求是的原则，做到党性和科学性的统一，必须充分占有资料，认真研究资料。

首先是占有资料。没有资料或资料不全，就无法进行研究，或者研究不清楚。我们在党史研究工作中很感困难的一件事，是缺乏资料。现在一般党史工作者能够看到的原始资料还很少。如果研究党史，对党过去一些重要会议的报告、决定、总结、指示，以及我军在一些重要战役中的作战计划、决定、命令等都看不到，很多事件就很难搞清楚。实在说，现在很多重大问题讲不清楚，主要是因为缺乏资料，特别是党内的一些重要资料。全国解放后，陆续公布过一些有关党史的教学、研究参考资料，尤其是近两年又公布了不少资料，这对于研究和宣传党的历史很有意义。但是随着研究和教学工作的深入，也还是很不够的。我们认为，对党的文件当然应该注意保密，这是必须遵守的。然而革命胜利已经三十年了，党在民主革命时期的文献，已经是三十年、四十年或半个世纪以上的历史文献了，即使有些还不宜公开，也应该是比较少数的。因此希望能够尽可能多公布一些党的历史文献。这对于党史的研究、教学和陈列都有重要意义，对于广大群众进行革命传统教育也是十分必要的。

当然，在过去的长期战争环境中，在严重的白色恐怖下，党的历史文献损失不少，特别是国民党反动派和帝国主义对革命文献、文物破坏更严重，有很多重要材料可能找不到了。还有一种情况，就是在当时那种极端严酷的处境，对有些事件的处理或决定本来就没有文字材料，而只是若干领导同志或某些组织的工作同志碰头决定、分别执行，既没有书面决定，也没有原始记录，只有当事人才知道事情的始末。这种情况不仅在白区工作中是常有的，就是在革命根据地也是不少的。这就只能靠老同志的回忆了。我们的老一辈革命家、老干部、老战士，在我们的党史上，在我国的革命斗争中，建立了丰功伟绩，他们的很多活动都是与我们的党史、革命史有关的，有许多重大事件是他们亲身经历的。不必说有很多重要事件没有文字材料，就是有文字材料的，也是不够齐全，或不够具体，这只有靠老同志的回忆才能解决。新中国成立以来，我们不少老同志写了革命回忆录，这对于党史研究和教学很有帮助，也深受广大群众的欢迎。我们怀着极为崇敬的心情，希望、请求我们的老革命家、老同志把所知道的有关我们的党史、革命史的情况、资料写成回忆录，给我们和子孙后代留下这份珍贵的遗产。

尽量收集资料、占有资料是一方面，另一方面则是认真分析和研究资料，也很重要。只有对资料进行认真的分析研究，才能找出事件的内部联系，看到事物的本质。在党史研究上的某些问题，同占有资料不充分有关，同对待资料不够严肃认真也有关系。有些问题的说法，同历史资料是不符合的。

一些党史文章和讲义，都说李大钊同志赞扬《湘江评论》是“现今最重要文字”。但经查对，那不是李大钊同志的话，而是胡适在《每周评论》第 36 期上写的一篇介绍刊物的文章中讲的。分析原因，可能是这样一种指导思想：由于看到这篇文章讲得很好，但说此话的人是胡适不好引用，就以李大钊同志是《每周评论》的主编①而改为李大钊同志的话。其实那时李大钊已不在北京，从 26 期起是胡适编辑的。这样做是不好的。因为这件事并不难解释，用不着张冠李戴。当时毛泽东同志主编的《湘江评论》，特别是他写的《民众的大联合》，在全国产生了广泛的影响，以至资产阶级知识分子的代表人物胡适也不能不予称赞。这样说岂不是更符合实际情况吗?

过去很多党史讲义，介绍党的一大的文章，都说一大通过了党章。事实是一大通过的是党纲和当前工作任务，到党的二大才有第一个党章。

有的党史书讲周恩来同志参加了党的五大，这可能是根据日本人写的

---

① 《每周评论》是陈独秀、李大钊等发起创办的，实际负责编辑的是陈独秀，李大钊同志常写文章，也做些编辑工作，是编者之一，不是主编。

一本小册子上的材料。据邓颖超同志回忆，她从广州脱险到了上海，五月一日在法租界党的秘密机关见到周恩来同志，周恩来同志正在组织同志们撤退、隐蔽，非常忙。据聂荣臻同志回忆，“四·一二”以后，中央派他到上海找周恩来同志，他和周恩来同志离开上海时，听到了“马日事变”的消息，这时五大早已开过。他和周恩来同志都是五大代表，但都没有能参加。

有的党史讲义说，瞿秋白同志在“八七”会议后任临时中央政治局书记。这也不够准确，瞿秋白自己在《多余的话》中说：“从一九二五年到一九三一年初，整整五年我居然成了中国共产党的领袖之一，最后三年甚至仿佛是最主要的领袖（不过并没有象外间所传说的‘总书记’的名义）。”《关于若干历史问题的决议》中有一条关于瞿秋白同志的注释，也只是说他担任中央领导工作，没有讲具体职务，没有讲他担任中央书记。

1971 年，毛泽东同志南巡时讲到瞿秋白路线时说：“他们在湖南弄到一个小册子，里面有我说的‘枪杆子里面出政权’这样的话，他们就大为恼火，说枪杆子里面怎么能出政权呢？于是把我的政治局候补委员撤了。”这段回忆可能有误。因为至今还没有看到毛泽东同志说的那本小册子。而且据有的同志回忆，在“八七”会议上毛泽东同志在发言中提出了“枪杆子里面出政权”的光辉思想，瞿秋白同志是赞成的。再查一下 1927 年 11 月党中央扩大会议关于政治纪律问题决议案，问题就清楚了。那个决议说：“毛泽东同志为八七紧急会议后，中央派赴湖南改组省委执行中央秋收暴动的特派员，事实上为湖南省委的中心，湖南省委所犯的错误，毛泽东同志应负严重的责任，应予开除中央临时政治局候补委员。”决议并没有具体指责毛泽东同志提出的“枪杆子里面出政权”的话。当时的处理是否正确是另一个问题。事实证明，在秋收起义受挫折后，毛泽东同志率领起义部队向井冈山进军是一个伟大的成功。因而可以指出当时的处理不当。但在讲到处理的原因时还是应以中央会议的决议为依据。

三大纪律八项注意的形成过程，现在的说法也不一致。如 1978 年一个刊物上说，1928 年春毛泽东同志在桂东沙田宣布的就是三大纪律八项注意，不能说 1929 年以后才发展成三大纪律八项注意，否则会被林彪钻空子。这种说法是不符合事实的。《毛泽东选集》第四卷《中国人民解放军总部关于重行颁布三大纪律八项注意的训令》一文的题解讲得清楚，八项注意后两项是 1929 年以后补加的。斯诺写的《西行漫记》讲得更具体，后两项是林彪提的。[①]《西行漫记》第四篇是斯诺根据毛泽东同志谈话记录的，整理后又经过毛泽东同志的审阅，因此是比较准确的。毛泽东同志 1965 年是说过，三大纪律八项注意是在 1928 年在桂东沙田宣布的。显然这里是把三大纪律八项注意作为一个总的概念来记的，并没有讲它的形成过程。如果具体讲形成过程，还是以上面两个材料为宜。

关于举行八一南昌起义的决定问题，也有不同说法。有的同志认为只是若干同志商量的，在当时那种情况下不可能举行正式会议。有的同志认为进行这样大的举动不可能不由党的会议决定，并举出《伟大的道路》所记述的朱德同志的谈话为根据。这个记述说，7 月 18 日共产党在南昌(按：可能是武昌?)附近的一个小村子举行一次重要秘密会议，南昌起义就是在这次会议上决定的。参加会议的有周恩来、朱德、苏兆征、谭平山、叶挺、贺龙、叶剑英、李立三、林祖涵等，毛泽东同志也参加了。根据有关材料和当时情况来看，南昌起义是由当时五人临时中央政治局及有关同志的会议决定的。周恩来同志是临时政治局常委兼军委书记、南昌起义前委书记，李立三、张太雷同志及张国焘也是临时政治局常委，事后他们都向中央写了报告。张太雷同志并未参加南昌起义，但他也作了报告，并谈到起义前决定的某些情况。瞿秋白、蔡和森同志当时也在中央工作，他们也参加了起义的准备工作。蔡和森同志曾谈到，张国焘对张发奎有幻想，张到南昌时对暴动很不坚决等。所以南昌起义是由中央决定的。中央决定前曾有过庐山会议，中央决议后自然会召开某种会议，向有关人员传达布置，不过尚未见到具体材料。至于朱德同志所讲的那次会议，是什么范围什么性质的会议，还不清楚，也没有其他材料可为佐证，是否史沫特莱记叙有误，也不清楚。这个问题还需要进一步掌握材料和慎重研究。

周恩来同志说过："只有忠于事实，才能忠实于真理。"上面的事例说明，只有充分地把握历史事实，进行实事求是的研究分析，才能弄清事情的真实情况，得出正确的结论。但要能做到忠于事实，首先要有一个老实

① 《西行漫记》，生活·读书·新知三联书店 1979 年版，第 148 页。

的严肃的治学态度，不能为了某个时期的当时需要去改铸过去的历史。同时，要做到忠于事实，也不能把任何材料都看成是真实的历史，而要将丰富的原始材料进行去粗取精、去伪存真的分析和整理，讲求其真实性和可靠性，不然就可能以讹传讹，造成混乱。

在新的历史时期，我们的党史工作者肩负着重要任务。我们要努力学习辩证唯物主义和历史唯物主义，彻底肃清林彪、“四人帮”和那个顾问所散布的流毒和影响，恢复党史的本来面目，把党史研究工作推向前进。

关于买办和买办制度*

汪　熙

买办①在中国近代史中扮演着一个老资格的角色，作为资产阶级的一部分，他们的出现早于中国的民族资产阶级和官僚资产阶级。他们的活动历久不衰，不像洋务派到19世纪末叶已近尾声，也不像资产阶级改良主义者，仅仅是昙花一现。甚至到中华人民共和国成立后，买办出身的人，在中国台湾地区还身居高位②——他们的存在和活动的时间是很长的。自中国与西方资本主义接触以来，无论在政治与经济、城市与农村、国内与国外，几乎在各个重要领域和地区都有买办活动的踪迹。在中国近代历次重大的政治事变中，买办都曾扮演过很显眼的角色。依托于外国强大的侵略势力，他们的触角既伸向地主、豪门和权贵，也伸向工人和农民——他们

* 本文原载《近代史研究》1980年第2期。

① “买办”一词是由葡萄牙语“采买”一词转化而来（西班牙语也有这个词，但“买办”一词在东方最早当系由葡萄牙语衍生而出）。现在我们所称的“买办”，实际上不仅是“买”，也具有“卖”的功能，所以在使用的含义上早已有所发展。“买办”一词的概念，在我国学术界有两种用法。第一种是狭义的用法：在鸦片战争前，指为外国商船采购伙食、用品或为外国商馆管理内部事务，或从事于行商制度所允许的居间买卖的商人；在鸦片战争后，指充当外国公司、行号、银行、工厂的在华经理或专门推销外国商品的经销人。第二种是广义的用法，泛指为资本帝国主义的政治、经济、文化利益服务的，或与他们的利益有密切关系的中国人，如买办政客、买办文人、买办性的大资产阶级等。本文是在第一种概念的范围内论述买办与买办制度的。

② 1949年后，台湾当局的前“行政院”院长严家淦曾经是德商孔士洋行的买办（上海市工商行政管理局编：《上海华商国际贸易业》，油印稿，第4册，第123页。以下简称《华商国际贸易业》）。

活动的空间是很广的。在中国社会半殖民地半封建化的过程中，买办曾经是中国资产阶级的先导，是西方资本主义入侵中国的桥梁。他们中间一部分人的转化，曾经引起中国社会阶级关系的明显变动。在近代商品经济瓦解中国这个古老经济结构的过程中，买办的作用从沿海城市一直渗透到穷乡僻壤——他们对中国社会影响的深度，也是不可忽视的。

本文想就买办与买办制度的演变及其历史作用等问题作一些初步探讨。

买办保证责任制度在鸦片战争前后的变化与继承问题

有清代的对外贸易，在鸦片战争以前虽然经历了海禁时期（顺治元年至康熙二十二年）、多口通商时期（康熙二十三年至乾隆二十二年）、广州贸易时期（乾隆二十二年至道光二十二年）等阶段，但是中央政府的基本政策是闭关自守，重点放在防闲、防夷上面。在清政府看来，对外贸易可有可无，海关税收也是次要的。[①] 但是既然允许贸易（哪怕是带有很大限制性的），就不可避免地要发生货物买办、银钱收付、陆地居住、生活供应等问题，因而也就不可避免地要遇到语言隔阂、制度两歧、商情互异、货币不同的困难。既要贸易，又要管理，于是就出现了既是贸易交往中不可缺少的中间商人，又是贸易管理中承上连下的环节人物——行商[②]、通事、买办、银师等。这些人物在商业交往中各有其专职，但在监督外国商人方面又起着对官方保证，又互相保证的作用。行商是经过清政府核准的、垄断对外贸易的少数特权商人。到乾隆十年（1745）中国官方把保甲制度的成规施之于行商。“行”与“行”互保，同行倒闭，各行行商负责分摊清偿；“行商”保“夷商”，夷商生事或拖欠税款由行商负连带责任，

① 道光九年谕：“该国［英国］货船每言在粤海关约纳税银六七十万两，在该国以为奇货可居，殊不知天朝视之，实属无关毫末。”（刘锦藻：《清朝续文献通考》卷57，第8122页）

② 行商有三种：（一）外洋行，“专办外洋各国夷人载货来粤发卖诸务”；（二）本港行，“专管暹罗贡使为夷客贸易纳饷事”；（三）福潮行，“报输本省（广东）、潮州及福建民人往来买卖诸税”。本文所论述的是外洋行行商。

这就是所谓“保商制度”。这种“保商制度”自乾隆十年以后，不断修订、补充，从乾隆二十四年（1759）两广总督李侍尧奏定的防范外夷规条至道光十五年（1835）两广总督卢坤奏准的管理外夷办法，至少经过大小六次的修订。[①] 到鸦片战争前夕，已经形成一个以监督外商为主要任务的错综复杂的保证系统。按规定：“夷商”只能同行商交易；“夷商”交易完毕，不能留在广州过冬；留驻广州期间，每月只能由通事陪同到指定花园散步几次，不准携带“番妇”、坐轿、雇用中国仆人；至于学习华文、华语，携带武器，与内地勾通消息，更是有干禁令的。为了防止违反规定的“作奸犯科”行为，建立了行商保雇通事，通事保雇买办，买办保雇小工的所谓“层递箝制”[②] 的保证制度。买办的职能较庞杂，在陆地或水上，在商馆内外都可以看到他们活跃的行踪。他们住在外商的商馆里，负责管理商馆内部的生活事务和保管银库并负责现银的收付[③]，有的承包外国商船的伙食供应[④]，还有的兼引水及银师职务，也有代行商居间买办的。买办从他们经手收付的现银和货款中收取一定的手续费，并在散商和雇主的交易中抽取佣金[⑤]。买办同外人接触最密切，因此也特别为清政府所注目，有些条规就是专为买办而设的。如嘉庆十四年（1809）两广总督百龄、粤海关监督常显规定，凡是买办必须由“澳门同知就近选择殷实之人，取其族长保邻切结，始准承充，给予腰牌印照”[⑥]。嘉庆十五年（1810）又规定若买办因病或转业，必须“将领牌取销，改换新牌，以杜私充滋弊”，还要“将花名列册申送，以凭传验”[⑦]。道光十一年（1831）规定商馆内的雇用人员若有“教唆夷商作奸”，洋商（按：鸦片战争前称行商为洋商）、买办

---

① 故宫博物院刊：《史料旬刊》，“乾隆外洋通商案”，乾隆二十四年十月二十五日李侍尧折。《粤海关志》卷28，第22—23页；卷29，第15—19、27页。

② 道光十四年七月，两广总督卢坤疏。（《粤海关志》卷29，第22页）

③ 威廉·亨特：《广州番鬼录》（W. C. Hunter, *The "Fan Kwae" at Canten before Treaty Days, 1825-1844*），伦敦1882年版，第53—56页。

④ 马士：《东印度公司对华贸易纪事》（H. B. Mirse, *The Chronicles of the East India Company Trading to China, 1635-1834*），牛津大学1926年版，第1卷，第179页，注1。

⑤ 马士前揭书，第2卷，第176页。亨特前揭书，第53—56页。徐珂：《清稗类钞》，上海1928年版，农商类。

⑥ 《粤海关志》卷28，第31页。

⑦ 《粤海关志》卷29，第8页。

即随时禀请拘究。[①] 那就是说，行商、买办有检举之责。道光十四年（1834）又规定“夷馆”内的看门、挑夫、看货夫等，“其人夫责成夷馆买办代雇，买办责成通事保充，通事责成洋商保充”；此外，行商还须“按月造具各夷商名下买办人夫名籍，送具存查”。[②] 所有这些都是为了加强买办保证与被保证的责任。可以看出，自18世纪50年代末期以后，清政府为了达到闭关自守、防闲、防夷的目的，首先把对外贸易的渠道约束在广州这个窄狭的地区[③]，然后又在这一“瓶颈”地带实行一套“以官制商，以商制夷”的管理制度。在这种“层递箝制”的制度中，买办不过是“层递”底层中的一个环节。他们并不显要，但职能多样化，实际的作用却不小。所以外国商人在反管理的斗争中，总是把摆脱行商垄断和自由雇用买办等作为他们重大的要求。远在康熙五十五年（1716）英国东印度公司在广州的商馆就向粤海关监督要求自由雇用和解雇买办等人的权利。[④] 但是“箝制”行商、买办，并通过他们来“箝制”外商是清政府“驭夷枢要”[⑤]，这一要求自然被拒绝了。一直到鸦片战争以后，1842年中英《南京条约》第五款规定“凡有英商等赴各该口贸易者，勿论与何商交易，均听其便”。1844年的中美《望厦条约》第八款规定，雇用买办等人“应各听其便”，“中国地方官勿庸经理”[⑥]，这才打破了清政府经营了百余年的“以官制商，以商制夷”的贸易管理制度。其结果是：行商消灭，买办兴起。

鸦片战争后，通商口岸扩增，洋行人量涌现。据统计，50年代初在华

① 《粤海关志》卷29，第23页。

② 同上书，第30、31页。

③ 梁嘉彬：《广东十三行考》，1937年版，第388页。

④ 马士前揭书，第1卷，第155—156页。陆丹林在《广州十三行》（载《逸经》1936年5月20日第6期，第19—22页）一文中说东印度公司于康熙五十四年（1715）提出“自由雇用奴仆要求”。时间与内容均误。

⑤ 因“用商人，则夷人曲折无不谙晓”。贺长龄编：《清朝经世文编》卷83，第23页。

⑥ 王铁崖编：《中外旧约章汇编》，生活·读书·新知三联书店1957年版，第1册，第31、52页。事实上，在1842年的中英《江宁条约》英文本中已规定“彼等（按：指英商）自由雇用仆役、买办、通事等系合法行为，中国政府之地方官不得干预”。但中文约本未载此句。见《海关中外条约》（英文本），上海1917年版，第1卷，第353页。

洋行约 *209* 家[①]，70 年代初约 550 家[②]，19 世纪末叶增至 933 家，20 世纪的 20 年代初已达 9511 家[③]。买办数量自然也相应增加，据估计，到 19 世纪末买办总数已达一万余人[④]。战后初期买办与洋行之间尚无稳定的雇佣关系，每一笔交易一经结束，双方业务关系也就解除，“犹延律师办案者然”[⑤]，因此往往一个买办可以兼理几家洋行的业务。随后才逐步发展为有契约的雇佣关系。从唐廷枢在 50 年代末到 60 年代初编纂的中英文对照的《英语集全》一书中“买办问答”[⑥] 的内容来看，当时买办的职能主要是在账务、出纳和保管等方面。但随着商务的开展，买办职能的一个显著变化是向着专业化方面发展（职能的专业化：如账务、保管、采购、销售等；行业的专业化：如轮船、码头、银行、保险等；商品的专业化，如鸦片、丝、茶、匹头等）。值得注意的是，出现了一批既是买办，又从事独立经营的商人（这一类商人以及虽非买办但以经销外国商品为主的商人，本文概称为“买办商人”）。如唐廷枢、徐润、郑观应在他们担任买办的同时，又以独立商人的身份经营茶栈、轮船、典当、钱庄、盐业、揽载行等。一个新兴的阶级正在崛起。所有这些都使鸦片战争以后的买办同战前的买办迥然不同，有很大的差别。关于这一点中外学者的论点大体上是一致的。

但是也应该看到，战后的买办与战前的买办也有相同的一面。那就是买办的保证责任制度。

---

① 孔涤庵：《从国际贸易上观察买办制度》，载《商业月报》13 卷 8 期（1933 年 8 月 31 日），第 2 页。

② 包括香港地区。见《中国、日本、菲列宾记事与行名录》（*The Chronicles & Directory for China, Japan & the Philippines*），香港 1870 年版，第 221 页。

③ 费伟凯：《二十世纪早期外人在华机构》（A. Feuerwerkef, *The Foreign Establishment in the Early Twentieth Century*），密执安大学 1976 年版，第 17 页。

④ 郝延平：《十九世纪中国的买办——东西方之间的桥梁》（Yenn-p'ig Hao, *The Comprador in Nineteenth Century China: Bridge between East and West*），哈佛大学 1970 年版，第 102 页。（郝书利用了较多的早期洋行档案资料）

⑤ 徐珂前揭书，农商类，第 86 页。兰玲等：《上海史》（G. Lanning-s. Couling, *The History of Shanghai*），上海 1921 年版，第 1 卷，第 404 页。

⑥ 刘广京：《唐廷枢之买办时代》，载《清华学报》新 2 卷 20 期（1961 年 6 月），第 170—172 页。

如上所述，在鸦片战争前的广州贸易时期，买办是“保商制度”中一个不可缺少的环节。那时他们是向行商和清政府履行保证责任。战后，行商退出了历史舞台，原有的贸易制度瓦解，但是在行商时代长期承担保证责任的广东籍买办（他们在当时是买办的多数）① 却继承了这个制度，不过保证的对象换成了外国的洋行和大班。② 这一点很重要，它是尔后西方资本主义企业得以在中国立足和发展的一个重要因素。

鸦片战争后，外商拥向新辟的口岸，面对着陌生的市场、不同的语言（五口通商的地方语都各不相通）、复杂的货币折算、互不了解的信用关系等。摆在他们面前的是不测的风险，感到寸步难行。正是在这个时候，买办保证责任制度填补了这个缺口。雇用买办的外商企业可以在买办保证责任制的掩护下，长驱直入中国市场。追逐利润而又可以在很大程度上免除企业风险，在当时的世界上，只有中国这块土地上才具备这个条件。无怪乎琼记洋行的行东在鸦片战争后说：“保证责任原则主要是中国的特产，在中国的整个政治体系中都可以看到。对此，我们以完全的信心加以依赖。”③ 另一个经营鸦片贸易的外商甚至说：“我认为，假如售货的款子不由［买办］担保，那还不如不做生意好。因为总有一天，损失会把所赚的利润统统抵销掉。”④ 中国买办对洋行业务的保证可以说是无所不包的。首先，买办自己要有保证金和保证人担保（通常是两者同时具备），有时对

---

① 根据档案资料，鸦片战争后到90年代，琼记、旗昌、宝顺、怡和等洋行的八十六个买办中，广东籍的占五十四人。参见郝延平前揭书，附录A-D。王韬说：上海的买办“半皆粤人为之”（《瀛壖杂志》卷1，第84页）。天津开埠后，怡和（梁彦青、陈祝龄）、太古（郑翼之）、仁记（陈子珍）、礼和（冯商盘）等洋行的大买办都是广东籍。安徽帮的昊调卿（汇丰银行）、宁波帮的王铭槐（泰来洋行）都是“后起之秀”。［毕鸣岐：《天津的洋行与买办》，载《文史资料》（全国政协）第38辑，第74—76页。在福建产茶区，“其买办多为广东人，自道、咸以来操其术者，皆起家巨万”（1881年1月10日《申报》）］

② 鸦片战争前也有行商对外商履行保证责任的。如1823年一家美国商行的买办盗用行款五万元。事发后，买办的保证人行商伍浩官当晚就将缺款全数赔给该外国商行（亨特前揭书，第54页）。这是很个别的例子。更重要的是行商在政治上向清政府担保买办并无“诱夷作奸”违反管理条规等情况。

③ 小何德：《香港的毒药事件》。何德藏件GQ-2，第9页。转引自郝延平前揭书，第119页。

④ 1862年6月29日，H. G. 波尼奇（九江）致A. F. 何德（上海）函。何德藏件HM-23。转引自郝延平前揭书，第69页。

保证人还要求连环保，以便外商可以对保证者穷追到底，不致落空。然后，买办对所经手的买卖交易、银钱往来（包括银行票据）、保管的物品(现金和货物)[①] 以及他所雇用的人员都得一一保证。此外，他还得担保往来客户的“偿付能力”[②]。总之，买办对他所经手的业务和雇用的人员负全部保证责任。[③] 有的洋行大班甚至在自己的蚊帐里发现一只蚊子时，也要在半夜里把买办找来加以切责，因为买办对他所雇用的仆役的工作负有“保证责任”[④]。

当然，最主要的还是买办本身的信用保证问题。交付巨额保证金是取得买办身份的重要条件。买办保证金，少的也要一万元至三万元（如轮船、仓库买办)[⑤]，多的要几万元至十几万元（如洋行、银行买办)。[⑥] 除了保证金以外，还要由保证人和铺保，书面具结“如有意外不测之事各安天命”，如果“怀私走骗”“亏空银两”概由保人负责。[⑦] 这些保证关系到 50 年代，一般都通过买办雇用合同以契约的形式固定下来了。[⑧] 买办雇用合同主要是规定买办的保证责任。如日本某洋行和日资中国航运公司的十六条和十四条的买办雇用合同中，有三分之一的条款都是关于买办保证责任的规定。[⑨] 除另有约定者外，买办一般均无权退保。[⑩]

---

① 1935 年币制改革前，银行买办对库存现款有保证责任。玉縢·弗兰克:《中国的银行与财政》(Frank Famagna, *Banking and Finance in China*)，纽约 1942 年版，第 93—94 页。

② 马士:《在太平天国的日子里》（H. B. Morse, *In the Days of the Taipings*)，麻省塞勒姆 1927 年版，第 66 页。

③ 黎费弗:《晚清在中国的西方企业》(E. LeFevour, *Western Enterprise in Late Ch'ing China*)，哈佛大学 1968 年版，第 22 页。(按：黎著利用了较多的怡和档案)

④ 小何德:《日记》。何德藏件 FP-4，第 114 页。转引自郝延平前揭书，第 68 页。

⑤ 沙为楷:《中国买办制》，商务印书馆 1934 年版，第 13 页。《日清轮船公司的买办》，载《文史资料》(全国政协）第 94 辑，第 24—25 页。

⑥ 东亚同文会编:《支那经济全书》1907 年大阪版，第 1 卷，第 348 页。彭雨新前揭文，第 28 页。

⑦ 1859 年、1860 年琼记洋行唐能、陈玉池保证书影印件。何德藏件，第九箱“契约”。转引自郝延平前揭书，第 156、158 页。

⑧ 姚公鹤:《上海闲话》，上海 1917 年版，第 64—66 页。

⑨ 内田直作:《买办制度之研究》，载《支那研究》1938 年第 48 期。

⑩ “民国二十一年一月，上海市商会答复江苏高等法院第二分院徐维震”。载严独鹤编《上海商事惯例》，上海 1933 年版，第 149—150 页。

假使在广州贸易时期，买办是受“箝制”于清政府的话，那么在鸦片战争后，买办在新的情况下，是受“箝制”于外国商人。战后的买办确实不必再向澳门同知领取“腰牌”了，也不必取具“族长保邻切结”了。但以契约形式固定下来的保证金、保证人、连环保等保证制度，迫使买办承担了外商企业在谋取利润中，原应由它们自行负担的风险。如1863年唐廷枢任怡和买办时，代怡和洋行在上海定购棉花，在征得怡和行东的同意并受其指令的情况下，付定洋一万八千两。后因美国南北战争的影响及英印棉荒，上海棉价猛涨（由每担十七两左右涨至二十二两左右），大多数棉花行因无力收购交货而倒闭，怡和所付定洋因而变成坏账损失。结果由买办林钦和唐廷枢分别负担了这笔损失。[①] 按商业惯例，这笔损失理应由怡和自行负担，但根据买办保证责任制度，怡和却可以把风险转嫁到买办身上。唐廷枢要抗辩也是不可能的，因为他有六万二千两保证金掌握在怡和手里。[②] 徐润的儿子徐叔平在德国洋行任买办，由徐润担保，结果“致赔巨款，其数之大，骇人听闻（一说五十万两或六十万两）”[③]。郑观应为太古洋行买办杨桂轩作保十万元，杨亏空身故，结果“太古追赔之保款经［香港］臬司定案，如无银还，例押一年”，使郑观应一筹莫展，只得在香港发出呼吁，恳求“各相好助会”，到处告急，借款了结保证责任。[④] 买办的保证责任为洋行企业筑起了一道抵御风险的防波堤，为它们积累资本，扩展业务提供了良好的条件。

还应该看到，买办和买办商人所交纳的保证金往往成为洋行企业的一个重要的资金来源，垄断中国卷烟生产和销售将近半个世纪的托拉斯——

---

① 1868年10月8日，唐廷枢致机昔（W. Keswick）函。转引自刘广京《唐廷枢之买办时代》，第163—164页。据徐润回忆，1863年棉花初上市时每担仅九两八钱，半个月左右涨至每担二十五六两（见徐润《徐愚斋自叙年谱》，第11—12页）。

② 1871年10月6日，约翰逊（F. B. Johnson）致机昔（W. Keswick）函。转引自刘广京《英美轮船在华竞争》（Kwang-chlng Liu, *Anglo-American Steamship Rivalry in China, 1862 – 1874*），哈佛大学1962年版，第207页。

③ 徐润前揭书，序言，第2页。阿洛德：《商埠志》（W. Arnold, *Twentieth Cenurty Impression of Hongkong, Shanghai & other Treaty Ports of China*），伦敦1908年版，第556页。大买办郑翼之说：徐润“六子今与禅臣讼案未结，大约六十万两”。《郑翼之致郑观应函》光绪三十三年七月十八日（1907年8月26日）。“盛宣怀档案资料”（以下简称“盛档”），藏上海图书馆。

④ 《盛档·郑观应致季金镛函》光绪十一年二月（1885年3月）。

英美烟公司对买办商人经销商收取巨额的保证金。据 1937 年 7 月 30 日该公司账面记载，这笔保证金总额竟达三百九十三万元[①]，它比当时英美烟公司的竞争对手民族资本的南洋兄弟烟草公司的全部固定资产的总和（三百五十万元）还要大[②]。假如说，到 19 世纪末买办总人数已达一万余人的估计是接近事实的话，若以每一个买办向洋商企业平均缴纳一万元的保证金计算，总数将近一亿余元。这是一个值得注意的数字。事实上确有不少的洋行仅仅有一个空皮包和招牌，利用了买办提供的保证金或股票、道契等，借水行舟，把它变为自己的开创资本，发了大财。这是在买办保证制度之下的一种特殊形式的资本原始积累。19 世纪 60 年代一些在华经营多年、底子比较厚的洋行，看见后来的“淘金者”居然利用买办保证金，妙手空空地发迹起来，也颇为忌妒地说：“新来者既无资金也无充分的设备，因而享有很大的有利条件。他们所失甚微，而所获甚多。”[③] “所失甚微，而所获甚多”，这不是任何一个追逐利润的资本家梦寐以求的吗？中国的买办保证制度既分担了他们的风险，又为他们提供了一部分创业的和营运的资金，这就为他们的梦想变为现实提供了一块乐土。

所以，当我们说鸦片战争前后的买办是有所不同时，还应该看到，战后的买办制度也有一个历史继承的问题。这个继承——保证责任制度，为西方资本主义势力入侵中国创造了条件。

关于买办的转化问题

世界上的一切事物都在不断地转化，当事物的转化超过一定的质的界限时，就变成另外一个新的事物。买办也是如此。但有的人持有不同的看法，他们认为事物是凝固的，买办与非买办之间没有一条可以区别的界

---

① 具体的数字是 3930761.38 元，其中有 878120 元系永泰和经销商系统的保证金。《英美烟公司档案摘录资料》第 33 – E – 27 页。以下简称《英美烟档》，藏上海社会科学院经济研究所。

② 系 1938 年数字，不包括香港部分。见上海社会科学院经济研究所编《南洋兄弟烟草公司史料》，上海 1960 年版，第 568 页。

③ 小何德：《新旧中国》。何德藏件 GQ – 2，第 39 页。转引自郝延平前揭书，第 186 页。

限，两者无须转化，因此得出买办即民族资本家的结论。[①] 这无疑是说，买办即非买办。还有一些人由于同样的理由把不属于买办类型的人推进了买办类型的阵营[②]，这无疑是说，非买办即买办。我想如果我们承认买办与非买办之间是可以互相转化的并且有它转化的条件和界限，也许会更有利于问题的分析和讨论。

鸦片战争后，买办是古老的三百六十行以外的一个新行业。李鸿章说买办“于士、农、工、商外，别立一业”[③]，这句话颇能反映当时的实际情况。作为一个新行业，买办是一个很不稳定的集团，进与出的转化都是频繁的。

广东商人、浙江丝商转化为买办，论者已多，就不再赘述了。值得引起我们注意的是绅士阶层向买办转化的问题。因为这种转化涉及买办的另一重要职能——社会渗透（一个常常被人忽略了的买办职能）。

《南京条约》签订以后，公行的壁垒虽然被推倒了，但是跨过公行的废墟，外国商人发现横亘在他们面前的还有一些难以突破的障碍。例如：怡和洋行为了谋取巨额贷款的机会，需要贿赂北京城内的官员，在佣金上讨价还价；为了摸清海军衙门的动态，需要窃取奕劻的函稿，收集来访者的名片；为了行事方便，需要以“借款”结交督抚大员。[④] 所有这些“业务活动”都迫使洋商感到不但需要熟悉商情的买办，而且需要熟悉“官情”的买办。买办的丰厚收入也吸引了一些绅士，甚至权贵参加到买办队伍中来。上海开埠初期，一位买办写信给他的醉心于正途出身的侄儿说：“我建议你不要投身于宦途……过去十年，外商在上海贩运丝、茶出洋，牟利颇厚，业务极为兴旺……我希望你学习英语（美国人也讲的是英语），

---

① 郝延平前揭书，第112—113页。

② 如田中忠夫把梁启超、张謇等都划为官僚买办资产阶级“最有力的代表”。（［日］田中忠夫：《帝国主义与中国买办制度》，载《世界月刊》1930年8月第5卷第112号，第46—50页）郝延平教授把只有绅商经历的李金镛划为买办似不妥。疑材料有误。（郝延平前揭书，第128页，表17）

③ 《李文忠公全集》（以下简称《李全集》）奏稿，卷3，第11页。

④ 怡和洋行密信卷。1891年1月28日、6月12日致北京英格尼斯（R. Inghs）函。1848年、1856年上海现金账。转引自黎费弗前揭书，第122、137页。

然后我将推荐你到外商洋行工作。”[①] 绅士与洋行之间，一个愿卖，一个愿买，于是两江总督沈葆桢的孙子（沈昆山）、禁烟督办柯逢时的公子（柯纪文）、福建知事胡琢之的儿子（胡二梅）、直隶总督李鸿章的同乡（吴调卿）、山东巡抚孙宝琦的把兄弟（王铭槐），甚至翰林院的编修（江霞公）等都变成名噪一时的买办，就不足为奇了。[②] 把绅士阶层的人转化为买办，满足了外商企业“社会渗透”的需要。天津汇丰银行把淮系系统的吴调卿延聘为买办后，这根线可直通李鸿章，在贷款业务上果然是左右逢源，得益不少。[③] 英美烟公司决定罗致沈昆山为买办时，该公司上海的董事娄斯说：“对于我们绝对重要的事，是要有人能真正探知官场里究竟在搞些什么名堂。要靠一个外国人或我们所经常雇用的那一阶层的中国人去了解这类情况是太困难了。我担心，除非我们保持高度警惕，也许当我们有一天早晨醒来，会发现事情已经发展得不可收拾了。”[④] 一个月后，娄斯怀着满意的心情向伦敦总公司报告说：“最近参加公司工作的沈君对我们帮助极大。他出身于一个总督的家庭。（按：应该说出身于两代督抚的家庭。沈昆山的父亲沈庆瑜曾任贵州巡抚）……由于聘用了沈君，我比以前任何时候都更接近［中国］当权者了。假使能使沈昆山对我们的事业感到兴趣并能聪明地使用他，我相信沈君不但在接近官场方面，而且在加强公司的中国机构方面，都将成为本公司一项极有价值的资财。”[⑤] 英美烟公司在清末民初是把绅士转化为买办搞“社会渗透”的能手。它们曾经使阎锡山的秘书化名为黄贤（译音）经营全省的批发业务达二十五年之久[⑥]，也曾经把邬挺生这个牧师的儿子打扮成熊希龄政府的国务院咨议，后来又塞进了上海卷烟业公会担任会长。[⑦] 绅士阶层转化为买办，是中国近代社会结构中

① 马士前揭书（《在太平天国的日子里》），第 170 页。

② 《新闻报》1924 年 8 月 21 日；彭雨新前揭文，第 28 页；阿洛德前揭书，第 556、752 页。《英美烟公司月报》1923 年 9 月 1 日版，第 98 页。

③ 毕鸣岐前揭文，第 89—90 页。

④ 1924 年 4 月 5 日娄斯（A. Rose）致戈斯浮德（Gosford）函。《英美烟档》第 4 – C – 27 页。

⑤ 1924 年 1 月 26 日娄斯致杰弗诺斯（A. G. Jerffress）函。《英美烟档》第 4 – C – 28 页。

⑥ 《英美烟档》第 4 – C – 52 页。

⑦ 上海市工商联：《工商业史料》第 388 号，买办类第 122 号。

的一个很突出的情况。

买办虽然出现在一个封建社会濒临崩溃的历史环境中，但封建权势的影响毕竟仍然很大，因此他们之中有不少的人原来也曾寄希望于正途出身。如郑观应是在“小试不售”才“赴沪学贾”[①] 的；朱志尧先后考了二十一次，才中了一个秀才，后来又跟随舅父马建忠游学法国和意大利。[②] 这些人即做了买办以后，也并没有忘情于捞一个封建官衔，甚至捞一个官职。盛宣怀曾经忠告他的一位搞商务的朋友说：“目前办理商务，若不愿为他人之下，仍可列主事之衔。”[③] 那就是说，要出来搞搞商务，起码也得要弄一个主事的头衔，否则连拜客都困难，更不要说谈生意了。早期著名的买办（吴健彰、杨坊、唐廷枢、徐润、郑观应等）没有一个不纳资捐官。虞洽卿在三十岁任德商鲁麟洋行买办时，还想方设法捐了一个候补道。也许正是凭着这个头衔，他才更有条件结交载泽并“相处很好”。[④] 纳资捐官还不算是真正转化为官僚，最多只能说有转化的趋势。由于种种条件的限制，由买办直接转化为官僚（以其是否有实职官衔和官权为标准）的尚不多见。19 世纪比较著名的例子是旗昌洋行买办吴健彰和怡和洋行买办杨坊；20 世纪比较突出的恐怕要数前德商孔士洋行买办严家淦了。

买办向官僚转化的一个主要原因是适应封建政权的政治和经济的需要。鸦片战争后，清政府在西方资本主义的侵凌下，“剿抚均不得手”，搞得焦头烂额，以致“夷逆鸱张”，“一筹莫展”，面临着一大堆“夷务”（后来扩大范围，称为“洋务”）棘手异常。迫于形势，道光帝于 1845 年严谕两广总督祁𡎴，要他“不拘资格，即行奏请升调”那些“洞悉夷情，深通韬略”的人。[⑤] 祁𡎴推荐了“英吉利素所深信”的怡和洋行的伍崇曜和同旗昌洋行素有往来的同顺行的吴天显。[⑥] 吴天显的兄弟吴健彰就是缘于这一关系，又因为“大吏以其能作夷语，故倚重之”（其实吴健彰的洋

① 郑观应：《复考察商务大臣张弼士侍郎》，《盛世危言后编》卷 8，第 42 页。

② 上海市工商联：《工商业史料 · 朱志尧事迹》，第 10 页。

③ 经元善：《居易初集》光绪辛丑刊本，卷 2，第 66 页。

④ 上海市工商联：《工商业史料 · 虞洽卿年谱》，第 64—66 页。

⑤ 《筹办夷务始末》道光朝，卷 57，中华书局本，第 5 册，第 2200 页。

⑥ 同上书，第 2204 页。

泾浜的英语同他的广东官话一样蹩脚)[①]，才“不拘资格”地在 1848 年当上了苏松太兵备道（上海道）。[②] 吴健彰大概是中国第一个由买办转化为官僚的。杨坊做官的路子基本上同吴健彰一样，所不同的是鄞县人杨坊不是从广东过来的，而是上海开埠后新涌现出来的宁波帮买办。[③]

由此可见，50 年代买办向官僚转化具有其特定的条件，即清政府对洋人“一筹莫展”和迫切要求引用“洞悉夷情”的人。同样的条件也适用于 70 年代开始的买办向官督商办官员的转化。打着“自强”“求富”的旗号创办官督商办企业的李鸿章急需罗致一批既能与洋人周旋，又熟悉新式企业的经营管理，同时又富有资财的人。买办在当时是最合适的对象。官督商办企业是 19 世纪买办转化的一个很重要的桥梁。唐廷枢、徐润、郑观应应邀参加清政府所主持的官督商办企业，并担任商总、总办、会办等职时，都已经辞去了或已不再担任买办的职务（1880—1881 年郑观应曾以太古买办的身份兼任上海机器织布局和上海电报分局的总办。1882 年 3 月就任轮船招商局帮办时即辞去太古买办职务）。因此不能再说他们是买办了。而且他们所经办的企业同外国资本在华利益也有直接冲突的一面，并不是代表外国资本的利益，站在买办的立场办企业的。郑观应说：“初学商战于外人，继则与外人商战。”[④] 前一句指的是任职买办的事，后一句指的是参加了官督商办企业以后的事。这话符合实际。从他们在官督商办企业中的职务都必须由督抚任命并由官方黜陟这一点看，唐廷枢等人是“官”，但是从他们都为企业招来了巨额商本（包括他们自己的投资），代表了商股的利益这一点看，他们是“商”。但是，他们已经不再是买办，这个界限是清楚的。当然，正如吴健彰转化为官僚后，同旗昌的关系仍很密切，终于遭到斥革一样[⑤]，买办转化为官督商办企业的一员后，同洋行还不免有那么一些千丝万缕的关系，

---

① 对吴健彰英语的评论见史韦麟《中国筹办美国夷务始末》（E. Swisher, *China's Management of the American Barbarians*），耶鲁大学 1958 年版，第 21 页。

② 夏燮：《中西纪事》（光绪戊戌冬月本）卷 11，第 8 页。

③ 应宝时等：《上海县志》，卷 23，第 16 页。

④ 郑观应前揭文。

⑤ 夏燮前揭书，卷 11，第 7—9 页。

所以人们总是看不顺眼。如读书人出身的马建忠在招商局任会办时就曾经说："唐［廷枢］、郑［观应］、徐［润］诸人皆该商（按指怡和洋行）素所蔑视之买办，一旦与之抗衡，犹挟主奴之见，所以售地、租埠以及引用总船主犹有主奴之见存也。"① 这话不是一点根据都没有，但是总的看来，在官督商办企业中，唐、郑、徐等人是忠于他们所代表的商本利益的。这个商本是民族资本。70 年代买办转化到官督商办企业中的这一事实，就其影响的深远来讲，远超过他们在 50 年代转化为官僚。因为 70 年代的转化，标志着一代民族资本的兴起与发展。

70 年代前买办积累的资金有的变成外国（主要是美国）的工业发展资金，更多的是在国内附股于洋商，成为对洋行在中国发展的有力支持（这一点下面还要谈到）。从官督商办企业开始，由于有代表性的买办的带头，把买办阶层所积累的巨额资金作为商本吸引到新起的官督商办企业。② 官督商办企业的失败，从反面教育了那些手里掌握资金，谋求投资机会的人，他们变聪明了一些，坚决走商办的道路。③ 在这以后，我们看到成批的买办转化为民族资本家（其特点是：独立经营的企业主、民族的资本主义生产关系、与外国资本竞争因而发生矛盾）。在中国近代历史中，买办比地主、商人更早地转化为民族资本家有其特定的历史条件：第一，他们在较短的时期内（从鸦片战争算起，大约不到二十年）积累了巨额的财富；第二，买办职务使他们更具备经营新式企业的技术、能力和社会联系；第三，他们深悉洋商企业"利市百倍"的内情，渴望独立经营，谋取更大的利润。从翰香同志对第一次世界大战以前江南的三个地区（上海、南通、无锡）的 6 个行业（棉纺织、面粉、榨油、金属加工、火柴、缫丝）中规模较大的 38 家民族资本企业进行研究的结果，初步查明其出身

---

① 《盛档·马建忠致盛宣怀函》光绪十年五月七日（1884 年 5 月 31 日）。

② 当时一位熟悉官督商办企业内情的人说："招商、开平皆徐、唐诸公因友及友辗转邀请。"经元善前揭书，第 36—39 页。徐润在光绪二十三年上李鸿章的节略中说："当 1883 年招商局的股本是二百万两时，徐本人投资四十八万两，另自亲友处招来的不下五六十万两。这两者的总数要占当时招商局实收股本的一半以上。"似可较有把握地肯定，徐润的"亲友"大部分都是买办或买办商人。（徐润前揭书，第 37、86 页）

③ 关于"官督"与"商办"的关系参阅拙著《论晚清的官督商办》，载《历史学》1979 年创刊号。

的创办人或投资人共 42 人。其中买办和买办商人 26 人，官僚 10 人，钱庄和一般商人 6 人。[①] 从买办转化而来的占绝大多数。另一个范围更广泛的研究报告表明：从 19 世纪 70 年代到第一次世界大战以前，在十个行业中的 244 家民族资本企业的 300 个创办人中，官僚地主 140 人，买办 55 人，商人 99 人，其他 6 人（见表 1）。表内所涉及的地区及行业范围较广，所以买办作为创办人的比重下降了一些。但是仍可以明显看出买办是早期民族资本的一个不可忽视的来源。

表 1　　十个行业创办人的出身情况表（1872—1913）　（单位：人、%）

业别	时期	家数	创办人数	官僚地主		买办		商人		其他	
				人数	百分比	人数	百分比	人数	百分比	人数	百分比
棉纺工业	1872—1894	5	14	11	78. 6	1	7. 1	2	14. 3	—	—
	1895—1913	20	27	15	55. 6	9	33. 3	3	11. 1	—	—
	1914—1922	36	59	17	28. 8	1	1. 7	35	59. 3	6	10. 2
	合计	61	100	43	43. 0	11	11. 0	40	40. 0	6	6. 0
面粉工业	1895—1913	30	30	11	36. 7	10	33. 3	9	30. 0	—	—
	1914—1922	43	43	8	18. 6	6	14. 0	29	67. 4	—	—
	合计	73	73	19	26. 0	16	21. 9	38	52. 1	—	—
毛纺工业	1872—1894	1	1	1	100. 0	—	—	—	—	—	—
	1895—1913	5	7	4	57. 1	3	42. 9	—	—	—	—
	合计	6	8	5	62. 5	3	37. 5	—	—	—	—
缫丝工业	1872—1894	3	4	2	50. 0	2	50. 0	—	—	—	—
	1895—1913	9	9	5	55. 6	2	22. 2	2	22. 2	—	—
	合计	12	13	7	54. 6	4	30. 8	2	14. 6	—	—
水电工业	1872—1894	2	3	1	33. 4	1	33. 3	1	33. 3	—	—
	1895—1913	16	19	9	47. 4	5	26. 3	5	26. 3	—	—
	合计	18	22	10	45. 6	6	27. 2	6	27. 2	—	—

① 从翰香：《关于中国民族资本的原始积累问题》，载《历史研究》1962 年第 2 期。

续表

业别	时期	家数	创办人数	官僚地主		买办		商人		其他	
				人数	百分比	人数	百分比	人数	百分比	人数	百分比
水泥工业	1895—1913	3	3	3	100.0	—	—	—	—	—	—
榨油工业	1895—1913	9	10	5	50.0	4	40.0	1	10.0	—	—
卷烟工业	1895—1913	4	4	3	75.0	1	25.0	—	—	—	—
航运业	1872—1894	3	4	1	25.0	3	75.0	—	—	—	—
	1895—1913	9	11	8	72.7	1	9.2	2	18.1	—	—
	1914—1922	8	9	2	22.2	3	33.3	4	44.5	—	—
	合计	20	24	11	45.9	7	29.1	6	25.0	—	—
煤矿工业	1872—1894	10	13	11	84.6	2	15.4	—	—	—	—
	1895—1913	28	30	23	76.6	1	3.4	6	20.0	—	—
	合计	38	43	34	79.5	3	6.5	6	14.0	—	—
总计		244	300	140	46.7	55	18.3	99	33.0	6	2.0

* 面粉工业“创办人数”栏系“家数”；“商人”栏内包括一部分工业资本家。“其他”栏包括工业、银行资本家、资产阶级技术、文教界人员等。

资料来源：孙毓棠、汪敬虞：《中国近代工业史资料》第一、二辑。陈真：《中国近代工业史资料》第一辑。严中平等编：《中国棉纺织史稿》《中国近代经济史统计资料》。中国科学院经济研究所：《旧中国机制面粉工业统计资料》中有关资料综合。

买办一经转化为民族资本家以后，现实的经济利益决定他们自然要同外国资本发生矛盾，迫使他们在很大程度上放弃买办的立场。光绪二年（1876）和四年（1878）先后集资一百五十万两办起了仁和水险公司及济和水火险公司同外国保险公司争衡的徐润[①]，当然不是十五年前在宝顺洋行任“华人头目”替洋人“认真考查”业务的徐润了[②]。同样的道理，被

① 《旧中国的资本主义生产关系》编写组：《资本家是怎样起家的?》，1977 年（油印稿）第 9—11 页。

② 徐润前揭书，第 8、24、25 页。

洋行倾轧，最后破产倒闭的丝商胡光墉当然不是当年代左宗棠大借外债时的外债经纪人的胡光墉了。以自己火柴厂同瑞典火柴托拉斯激烈竞争的刘鸿生，当然不是为英国资本服务，替开滦煤矿当煤碳经销商的刘鸿生了。唐廷枢经办开平煤矿成功地在天津抵制了洋煤；郑观应办招商局引起了太古洋行的忌恨。所有这一切都清楚地证明，买办一经转化以后，他们所从事的事业并不是买办生涯的继续。有的论者认为买办出身的人以他的资金创办企业并参加管理，并不一定会把这个企业变成“买办的企业”[①]，这个评论是有事实根据的。还应该看到，买办转化为民族资本家后，他们也会遇到民族资本同样的命运。朱志尧在 1906 年创办的求新造船厂，十三年以后到底还是难逃法国两大财阀（法国邮船公司和歇礼佘钢铁企业）的吞并。[②] 1930 年，朱志尧要求国民党政府担保，由他在美国发行美金一千五百万元的公司债举办安徽煤矿、宝兴铁矿、预备沿长江筑铁路并生产煤、铁、钢、水泥、焦炭等。[③] 这肯定不是一个“买办性”的计划。但是和其他把希望寄托在国民党政府身上的民族资本家一样，他的计划也变成了泡影。至于说买办转化为民族资本家后，仍与外国资本有这样或那样的联系，这并不奇怪。因为与资本帝国主义有千丝万缕的联系本来就是中国民族资本的特点。这是中国半殖民地社会的历史条件所决定的。

当然，不是所有的买办都具有转化的条件。有的买办一头扎在外国资本的怀里，他们除了想把自己“转化”为外国人以外，再也没有其他的念头了。英美烟公司的大买办郑伯昭就是一个典型。英美烟公司付给他的一部分经销佣金是直接存在国外银行的郑伯昭户内。[④] 对于郑伯昭来说，从来就没有一个什么向民族资本转化的问题。还有一些买办虽然也自立门户和牌号，形式上是独立经营的，但是他们所经营的业务实际上是洋行业务的一部分（或延长）。他们是洋行的外围。如抗战前，上海有二十几家较

---

① 约夫楚克：《中国工业在 1861—1895 年间发展的特点》（С. М. Иоеччк：Обосоьенностях равнтня оралрчнно－заводскон иромылснностне вкнтае 1861—1895Годах），《东方学问题》1959 年第 5 期。

② 上海市工商联史料：朱志尧卷，第 36 号。

③ 上海市工商联史料：朱志尧卷，第 5 号。

④ 《英美烟档》第 13－F－24 页。

大的丝号、丝栈，没有一个企业主不兼职买办。[①] 他们对外国资本有极大的依附性，这些人就其性质来说是买办商人。他们的命运是同外国资本共荣枯的，要转化很困难。家族世袭制也是买办转化的一个障碍。唐廷枢、席正甫、吴少卿、丁志乾等这些著名的买办都连续三代任怡和洋行、汇丰银行、瑞记洋行、锦隆洋行的买办。容良家族连续四代任香港麦加利银行买办，先后达半个多世纪之久。徐润继承了他伯父任买办，又分别担保和推荐他的子侄辈任英国和德国商行的买办。[②] 至于父死子继的，那就更多了。买办世袭是把买办当作一种特权继承和传递下来，自然就堵塞了向非买办转化的可能。

买办的转化（转出与转进）是有条件的。条件不同转化的方向和性质也就不同，这就造成了近代中国社会的复杂性。如中国民族资本家的“鼻祖”陈启源的孙子陈廉伯后来转化为香港汇丰银行的大买办并且是中国第一个拿起枪杆子企图夺取权政权的买办。[③] 吴健彰与刘丽川都是广东人，几乎同时在旗昌洋行任买办、通事，但前者转化为封建官吏，而后者却成为小刀会的首领。[④] 由于具体条件不同，他们向相反的方向转化。

由此可见，在中国近代社会中，买办作为资产阶级的一个阶层，具有很大的不稳定性。我们应该追踪它的变化，如实地反映它衍生和转化的动态，注意转进与转出的界限。因此不宜把买办出身，但已确实转化为民族资本家的人仍划在买办的范畴之内，把近代中国民族资本家对工业发展的贡献归之于买办，从而把“中国工业化的先驱”的桂冠戴在买办的头上。[⑤]

---

① 《华商国际贸易业》（油印稿）第5册，第60页。

② 《外国洋行掠夺华丝出口的片断史料》，载《文史资料》（上海政协）1979年第1辑，第113页。毕鸣岐前揭书，第79—80页。《华商国际贸易业》（油印稿）第5册，第16页。郝延平前揭书，第172—173页。《上海钱庄史料》，上海人民出版社1961年版，第37—38页。

③ 和森：《商团事件的教训》，载《响导周报》第8期（1924年9月10日）。

④ 黄本铨：《枭林小史》（申报馆仿聚珍版），第2页。夏燮前揭书，卷11，第6—7页。1853年9月14日，上海怡和洋行致香港总行信（转引自上海社会科学院历史研究所《上海小刀会起义资料汇编》1959年上海版，第489页）。徐蔚南称刘丽川于1847年由粤来沪（《上海通志馆期刊》第2本，第331页），但据罗孝全访问刘丽川记录，刘来沪年份为1849年，时在吴健彰任上海道的第二年。（《北华捷报》1853年10月1日，第38页）

⑤ 郝延平前揭书，第5页。

不平等条约与买办制度的演变

中国的买办能够从清政府的官方控制中“自由”地受雇于外国商人，是鸦片战争以后的事。他们的这种身份和地位曾由外国侵略者一再地用条约的形式固定下来，声称对买办的雇用，“中国官毫无限制禁阻”。① 因此，中国近代买办的产生是不平等条约的产物。随着侵略势力的深入发展，资本主义列国认为，关于买办的问题，仅仅是不受中国官方的“限制禁阻”已经不够了。于是通过不平等条约，又使买办在法律上享有了更多的特权。其中一个主要的特权是外商对买办的庇护权，根据这个特权，买办可以不受中国政府审讯和拘捕。这种庇护权实际上是外人在华领事裁判权的延长。“庇护权”见之于文字首先出现在有关中外涉讼的司法审理的条文中。同治七年（1868）的《上海洋泾浜设官会审章程》（后文简称《章程》）第三条规定，“凡为外国服役及洋人延请之华民，如经涉讼”，须“将该人所犯案情移知领事官”，并于“讯案时，或由该领事官或由其所派人员，准其来堂听讼”。② 那就是说，中国政府对华籍买办无权审讯，必须首先将“案情移知［雇主国的］领事官”；即使如此，也不能单独审讯，而必须由领事官或由其指派之人员“来堂听讯”。这自然是对买办的特殊保护，也是对中国司法权的严重侵犯。

这个《章程》行使的范围原来仅限于上海“租地界内”（《章程》第一条)，但有的国家（如美国）认为买办的特殊司法地位，不仅适用于租界，而且适用于“所有的条约口岸”③；还有的国家（如德国）则认为凡须拘捕外人雇用的华人，在“德人住处之内则捕役自不能直入捕拿”。④ 于是买办的庇护权不但由租界扩充到口岸，甚至扩充到任何地点之外人的

---

① 关于外商得自由雇用或解雇买办的事，除中英《江宁条约》和中美《望厦条约》中有专条规定外，后又于 1858 年的中英、中美、中法《天津条约》（十七款、十三款、十一款）中再次重申这一原则。(见王铁崖前揭书，第 1 卷，第 93、98、106 页)

② 王铁崖前揭书，第 1 卷，第 269 页。

③ 《美国对外关系》，1900 年，第 394—402 页。海约翰及康格交换的信件及附件。

④ 姚之鹤：《华洋诉讼例案汇编》，上海商务印书馆 1915 年版，下册，第 502 页。

“住处之内”了。光绪三十三年（1907）日本大东公司的买办高庆堂“私运米石，把持漕务，确有凭据”被浙江巡抚张曾敭在上海租界以外拘捕，驻沪日领事大兴问罪之师，指责中国方面“拘解高庆堂，显悖向章，万喙难辞”，并要求赔偿大东公司的损失。① 日方抗议的“法律根据”就是买办的庇护权。买办庇护权为买办及买办经销商设置了抗拒中国法律管辖的掩蔽所。如民国十三年（1924）芜湖永泰和卷烟经销商托庇英美烟公司，不择手段地逃税，中国官方对它却无可奈何。② 外商企业为了充分利用买办以保证业务的开展，也从来不吝惜使用这种庇护权。在1925年反帝运动的高潮中，各地买办及买办经销商都受到人民群众的冲击。英美烟公司在海门的经销商协升号的经理慑于声势浩大的爱国抵货运动，逃匿在浙江区英美烟公司内，受到保护。事后，浙江区的英美烟公司写给上海总公司的报告说：“我们要指出，假使当时我们不给协升经理以帮助的话，恐怕今后连一支卷烟也卖不出去了。”③ 庇护权的最终目的是使买办能更好地为外国资本服务，这一点是很明确的。

庇护权还表现在买办可以分享帝国主义通过不平等条约向中国勒索的经济利益。在庚子赔款中，就有一部分是划归为赔赏买办在义和团运动中的财产损失或抚恤买办的遗孤、遗孀的。④ 天津汇丰银行买办吴调卿从庚子赔款中得到五十万两的“损失”赔赏，美商胜家缝纫机的买办庄永峰也得到一大笔“赔偿金”⑤。

但是当买办与洋商发生利害冲突时，买办的庇护权就自动失效了。他们常常被外国行东逼得走投无路，无所庇护地坐牢、身死。礼和洋行的买办韩登堂，平和洋行的买办杜克臣、瑞记洋行的买办朱壁达、美最时洋行

---

① 姚之鹤前揭书，下册，第499页。

② 《英美烟档》第24-D-364页。

③ 1925年7月21日海门英美烟公司致上海英美烟公司销售部业务报告。《英美烟档》第六卷，jj 179-c。

④ 1901年柔克义致海约翰函（第42号）附件一，载《美国对外关系》1901年，第104—108页。又见英国国会蓝皮书《中国事务》（Parliamentary Blue Book on the Affaires of China）1902年第1号，第46—49页。

⑤ 《文史资料选辑》（全国政协）1961年第49辑，第233页。毕鸣岐前揭文，第76—77页。

的买办吴元桥等，都在洋雇主的逼迫下坐牢而死或服毒自杀。[①] 这些曾为洋行效忠多年的买办，在他们的行东那里却得不到半点庇护权。庇护权来源于领事裁判权，但却不能与领事裁判权相抗衡。抗战前，法商礼兴洋行的买办蔡风若由于洋大班拖欠货款五千两，延请了法国律师到法国公堂告状，官司虽然胜诉，但洋大班最后却逍遥自在地回国了。蔡风若反而倒赔诉讼费五百两。[②] 在这种情况下买办的庇护权早已失去效力，起决定作用的是外商的领事裁判权。所以买办庇护权的殖民地性是很明显的。

根据条约，外商在内地[③]的贸易活动受到一定的限制，而买办作为中国公民则可以不受此限制。我们称为买办的“内地权”（与外商相比较而言）。买办的很多职能都来源于内地权。根据 1843 年的中英《虎门条约》第五款规定，英商“均不可妄到乡间任意游行，更不可远入内地贸易”[④]。因此，当时的洋行只能委托买办将现银或鸦片带至内地收购丝、茶。到 50 年代中期，怡和及旗昌等洋行每年委托买办到内地收购茶叶的金额已达四十万两以上。[⑤] 后来交易的形式又发展为由洋行出资委托买办在产茶区设立茶栈就地收购。如据当时的记载，1854 年在浙江嘉善“郡城北门外，开一茶叶栈。有灶百余，系广东人所开，实者夷人本钱也”[⑥]。由于条约的限制，外商只能留居口岸，对这些茶栈遥为控制。这里面当然存在信用问题。尽管洋商也承认“中国人是如此诚实，接受委托的人［买办］，很少

---

① 《文史资料选辑》（全国政协）1963 年第 38 辑，第 107 页。毕鸣岐前揭文，第 96—97 页。彭雨新前揭文，第 28 页。

② 《文史资料选辑》（上海政协）1979 年第 1 辑，第 102 页。

③ 关于“内地”一词，公认的定义是“系指沿海、沿江、沿河及陆路各处不通商口岸，皆属内地”（1876 年中英《烟台条约》，第三款第四条，见王铁崖前揭书，第 1 卷，第 349 页）。1886 年，当总理衙门为天津自来火公司专利权问题与德国公使交涉时，李鸿章的解释是：该公司“设在紫竹林口外六里余地贺加口，本系内地与租界无关”（《李全集》译署函稿，卷 20，第 21 页）。按李鸿章在这里是泛指紫竹林为租界地区（实际上紫竹林仅为法租界的一部分）。根据这一解释，租界以外即是“内地”。

④ 王铁崖前揭书，第 1 卷，第 35 页。

⑤ 《怡和洋行档案》：1956 年 5 月 1 日乔治·费休（G. V. W. Fisher）致约瑟夫·查顿（J. Jardine）函。旗昌洋行档案夹，第 21 页。（转引自郝延平前揭书，第 81 页）

⑥ 鹤湖意意生（即王文镕）：《癸丑［1853 年］纪闻录·甲寅［1854 年］五月初二善邑之变》1962 年上海市文物保管会编印，第 63 页。

有失信偾事的"[①]（按买办的保证责任制当然起了很大的作用）。但他们仍然忧心忡忡地抱怨说："这是很大的风险，根据条约，我们无权进入内地收购，因此一旦发生损失，是无法补偿的。"[②] 在西方侵略者的一再勒逼下，清政府终于在1858年的中英《天津条约》中，就外商进入内地的问题作了让步，允许"英国民人准听持照前往内地各处游历通商"（第九款）[③]，从此外人得深入内地，"二百余年旧例，一旦扫而空之"[④]。以后，清政府对开放内地采取了节节设防的态度。[⑤] 虽然外商一再要求在内地开行设栈[⑥]，但1863年的中荷《天津条约》（第三款）和1876年的中英《烟台条约》（第三端第四条）都载明外商"不准在内地开行设栈"[⑦]。到1896年的中日《马关条约》，清政府被迫同意外商在内地"得暂租栈房存货"[⑧]，但也只是"暂租"而已。1896年的中日"通商行船条约"（第四款），也只同意在"外国人居住地界之内"才准赁买房屋或租地。[⑨] 这一原则后来由英、美政府相继承认。[⑩] 因此，根据条约，外商不享有在中国内

---

① 司卡斯：《在中国的十二年》（J. Scarth, *Twelve Years in China*），爱丁堡1860年版，第110—116页。（转引自郝延平前揭书，第76页。）

② 小何德：《新旧中国》，何德藏件GQ-2，第21页。转引自郝延平前揭书，第64页。

③ 1858年中法《天津条约》第八款也载明，凡持有执照之法国人"欲至内地及船只不准进之埠头游行，皆准前往"，中美《天津条约》仍规定，美国商民等"不准远赴内地乡村、市镇，私行贸易"（第十二款）。但根据"最惠国"条款，美国也享有英、法商民进入内地之权利（见王铁崖前揭书，第1卷，第92、97、106页）。

④ 夏燮前揭书，卷16，第9页。

⑤ 有的人说清政府不肯开放内地贸易是保守闭关政策的表现，其实也是为了抵制一些外国流氓、海盗在内地的不法行为。如60年代初期（1862年）就有英、美、意等国不法之徒在松江水域拦劫货船并击伤船夫，抢走一万五千两银子。这类事在当时是屡见不鲜的（见1862年8月25日麦华陀致卜鲁斯函，载1863年英国国会文件《关于中国叛乱的续件》，附件第85号，第123页）。

⑥ 1862年5月5日，卜鲁斯致英国驻华各领事通函。载1863年英国国会文件《关于中国叛乱的续件》第88号文件，附件一。

⑦ 王铁崖前揭书，第1卷，第210、349页。

⑧ 同上书，第616页。

⑨ 同上书，第663页。

⑩ 《美国对外关系》，1897年，第72—80页。1896年中日条约后，禁止外商在内地设立栈店的案例参阅《由中外条约关系而产生的法律义务》（The Legal Obligations Arising Out of Treaty Relations Between China and Other States），上海1917年版（英文），第102—103页。

地开行设栈，凭租房屋购置产业的“内地权”。而买办作为中国公民则可在内地享有这些权利。

在内地权方面，条约对外商的限制与对中国公民的不限制，使买办具有代外商在内地经营的特殊职能（买卖货物、租赁房屋、购置地产等）。这一买办职能的发挥，使资本主义侵略势力能越过条约的限制，享受到它们原来无法享受的权利。因此，买办就成为外国在华经济活动（有时是政治活动）的一个不可缺少的部分。①

中国近代买办制度的演变都与外国资本使用中国买办的内地权有关。面对着中国辽阔的地域，随着市场的日益扩大，外商要解决扩展销售和收购原料的问题，首先遇到的是如何充分利用买办和买办商人的内地权问题。随着世界性托拉斯的出现和外人在华势力的扩张，以企业为单位的“一家一户”的买办制度，越来越不适应需要了。说得最明确的要算 1925 年英国驻华官员麦克莱爵士对曼彻斯特商人的一次谈话，他说：“在中国整个贸易的性质已发生了变化。我们有些大行号已不能简单地满足于把它的进口货通过买办来销售。他们实际上正在自己把货物直接送到中国内地。”② 麦克莱爵士的评论着眼于中国的“内地”，但并不意味着要取消中国的买办（这一点他自己是清楚的），而是要调整买办制度，缩短大行号与中国“内地”的距离。一句话，要充分地发挥买办的内地权的作用。麦克莱爵士所说的在中国整个贸易的性质已发生了的所谓“变化”是 20 世纪工业集中，走向垄断的结果。集中垄断的组织、大量生产统一牌号的产品、大规模的广告宣传，不断扩大或争夺销售市场，这是 20 世纪大工业的特点。与此相适应，它们所需要的不再是个别买办的勤慎活动，而是一群与消费者直接接触的买办网。这个“网”要撒在中国辽宽的土地上，深入内地，直到穷乡僻壤。这就是买办经销商制度。所以麦克莱爵士的“把货物直接送到中国内地”的设想，首先由工业垄断组织最集中的美国企业在中国实行起来，就没有什么奇怪了。拉铁摩尔教授说得对，美国商人作为

---

① 英国政府认为，外国商人依法可以雇用中国人以中国行号、商店名称在内地代理外商业务，尽管这个中国行号的行名与外国行号一样或其业务资金全系由外国行号所供给（见英国国会蓝皮书《中国事务》1903 年，第 1 号，第 29 页）。

② 《北华捷报》1925 年 9 月 14 日，第 7 页。

后来者，不像“英国人那样顽固地执著古老的买办制度”①。远在1894年美国早期的托拉斯企业美孚油公司就在中国开始了一个“建立仓库、洽定经销人的广泛的计划”，它们的“分支机构遍布各地区，但中国商人经办实际的零售业务”②。一般都公认这是买办经销商制度在中国的开始，但是另一个国际托拉斯英美烟公司却在这一方面公开地申辩它的领先地位。该公司在向英国总领事的一份正式报告中说：“我们在中国第一个采取与华人经销商直接贸易的做法（代替了老的买办制度）。”③ 还在1918年英国商务参赞就建议英美烟公司等企业“要在不开埠地区（按即内地）建立买办销售机构”④。经过多年的经营，英美烟公司果然在调整旧的买办制度的基础上建立了一个层层控制、遍布中国的经销商制度。它主要分两个系统。一个是公司管理机构系统，分为三级，即“部”（中国按地区分四个“部”），部以下辖“区”，“区”以下辖“段”。这些机构主要是监督管理各经销商，调查了解“敌牌”竞争情况，执行公司销售政策等。另一个系统是买办经销商和买办经营的烟栈。这才是英美烟公司开拓市场、歼灭“敌牌”的主力军。经销商也分三级，从大城市、县、镇一直到零售，设“大经销商”“分经销商”“零售商”。为了保证供应，在较大县、镇重要据点设烟栈，即储备和供应卷烟的仓库。经销商与烟栈是平行的、互不联系的组织。这两者都委托华人买办或买办经销商办理，以佣金为其收入，订有契约，承办人须提供可靠保证，交纳巨额保证金。英美烟公司通过这种买办经销商从沿海到内地，从城市到穷乡僻壤，从岭南到漠北乃至人迹罕至的山区边陲，建立了一个无孔不入，无远弗届的买办经销网。它们已消除了条约上“内地”与非内地的界限，真正实现了麦克莱爵士所说的

---

① 拉铁摩尔：《亚洲的决策》（O. Lattimore, *Solution in Asia*）波士顿1945年版，第63页。

② 小安德生：《美孚油公司与美国的东亚政策》（I. H. Anderson, Jr, *The Standard-Vacuum Oil Company and United States East Asian Policy*），普林斯登大学1975年版，第19—20、106页。美孚油公司的买办经销商制度的实效可由下列数字中看出，即美国对华煤油输出，在1870年为二十八万加仑，到1914年增为二亿二千五百万加仑，三十五年内增加八万零五百倍。（潘序伦：《中美贸易》，纽约1924年版，第226页）

③ 1925年5月28日，英美烟公司致南京英国领事函。《英美烟档》第13－D－111页。

④ 1918年10月，英商务参赞召集英美烟公司等企业讨论会纪要。《英美烟档》第13－B－50页。

"把货物直接送到中国内地"的设想。由于对经销商进行了审慎的挑选并收取了巨额保证金，所以英美烟公司可以自豪地说："事实证明，中国买办经销商的坏账损失的比重较之本公司在世界其他任何地方的比重为小。"[①] 毫无疑问，这是一个买办保证责任制与充分使用买办内地权相结合的一个独特有效的买办制度。[②] 这个制度保证了英美烟公司垄断中国卷烟市场达半个世纪之久。[③] 买办经销商制度很快就被其他的外商企业所采用。如英商密丰绒线厂的绒线、德商礼和洋行的缝衣针都是利用买办，采用"把货物直接运到中国内地"的方式，遍撒销售网，大大地扩充了销路。

《马关条约》以后，外商取得在中国的通商口岸设厂制造的权利。为了在中国就近取得廉价原料，必须在内地设立原料收购站和加工厂等。这就把在内地大量购置产业的要求提上了日程，因此也就有进一步使用买办内地权的必要。1918 年 1 月 25 日英国领事为了替英商企业寻找一条在内地购置产业的办法，曾向英美烟公司建议说："我的意见是，如你们所建议的那样，把你们的地契以中国人的名义登记，然后从他那里取得一个财产委托书。你们就可以在必要的时候把地契过户到公司名下了。"[④] 很显然，这里所说的"中国人"自然是买办，用他的"名字登记"，当然就是使用买办的内地权。事实上，早在 1914—1917 年，英美烟公司为了在山东、河南、安徽等地区试种美种烟叶，就以山东的田俊川、河南的任伯年(买办兼地主豪绅）的名义或堂名（如任伯年的永安堂）代英美烟公司在内地购置地产、设立收购栈，建立大型烤烟厂。[⑤] 通过这个安排它们源源不断地从内地取得了廉价优质的原料供应。

---

① 1925 年，南京英美烟公司与南京英国领事关于收回未清欠款的往来信件。《英美烟档》第 13 - D - 111 页。

② 有的人称英美烟的经销商制度为"变形的买办制度"。见［日］大井专三《在华英美烟公司经营形态——在华外资企业之发展及其买办制度之考察》，载《东亚研究学报》1944 年第 2 期。

③ 在太平洋战争爆发前十年（1931—1941 年），英美烟公司在华销售量占全国（包括东北地区）总销售量的三分之二；在某些地区甚至达到百分之九十或百分之百的比重（如 1931 年在山西省，1932 年在四川省，1938 年在河南省等)。《英美烟档》第 13 - A - 128 - 136 页。

④ 1918 年 1 月 25 日，南京英国领事致南京英美烟公司函。《英美烟档》第 15 - B - 18 页。

⑤ 《英美烟档》第 14 - D - 71 页，第 14 - E - 28 页。

20世纪20年代后期，外国资本为了充分利用买办的内地权以加强销售与收购业务，又把买办制度推向一个更高一级的形式——中外合资的买办机构。首创的和最典型的仍然是英美烟公司。建立买办企业机构是在利用买办的“华籍公民身份”的基础上的一个发展。这是一个既要发挥买办原有的职能，又可以对其加强控制的一种殖民地制度。英美烟公司提供资本并吸收一部分华资，在使用邬挺生的基础上设立许昌烟公司和宏安地产公司，在内地收购烟叶和购置房地产；在使用沈昆山的基础上设立英美烟股票有限公司，专门控制华人购买美英烟公司股票的股权①，在使用郑伯昭的基础上，改组设立永泰和烟草股份有限公司，专事加强销售业务。这种买办企业机构有两个特点：第一，由华人出面组织公司，因而企业机构取得中国法人的身份，可以不受条约关于内地权的限制。例如宏安地产公司章程明确规定：“其目的是在中国条约商埠以外地区（按即内地）购置地产。”② 第二，对这种买办企业机构实行严密控制。例如1921年将郑伯昭的永泰和号改组为永泰和烟草股份有限公司以后，百分之五十一的股权必须控制在英美烟公司董事柯森斯手里。③ 1924年将“红锡包”委托永泰和公司为总结经销时，在契约中第一条就规定，由英美烟公司“派驻洋员一名指导有关‘红锡包’的销售事宜”④。宏安地产公司的股票虽分配给九个中国董事，但全部股票必须“委托”英美烟公司保管。⑤ 上海外商企业的喉舌《北华捷报》曾经吹捧这种买办企业机构是“外商企业把它的一部分重要业务转移给中国机构的一种实验”⑥。英美烟公司自己也吹嘘说，这些买办企业机构是“华商新兴事业”⑦。这的确是一个很不寻常的“实验”，它把华籍买办个人所享有的内地权转化为“华商新兴”企业所享受，而这个企业实际上是外国资本的化身，并受外国资本的严密控制。这种

---

① 为了保持其控制权，英美烟公司股票从不公开出售。华人只能购买其附属公司——“英美烟股票有限公司”的股票。

② 会计部，“公司历史”卷。《英美烟档》第15-C-1页。

③ 会计部，“公司历史”卷。《英美烟档》第5-E-200页。

④ 法律部，屉柜第5-W，第3卷。《英美烟档》第13-B-28页。

⑤ 会计部，“公司历史”卷。《英美烟档》第14-D-80页。

⑥ 《北华捷报》1926年3月17日，第53页。

⑦ 《英美烟公司在华事绩纪略》，上海1925年版，第43页。

"实验"的结果是可想而知的，买办已经企业化了，条约所规定的关于"内地"的限制已成为一纸空文。它的出现标志着中国社会的进一步殖民地化。

中国买办制度的演变不同于印度的"班尼安"（Banyan）制和日本的"番头"制，有其自身的规律和特点。但是我们总可以从不平等条约的递变中找到它演变的轨迹。不平等条约与中国买办制息息相关的联系，证明中国的买办与买办制度是外国资本帝国主义侵略中国的产物，它的不同形式的变化也是为了满足外国资本主义势力侵略中国的需要并为它的利益服务的。

买办的积累、收入与投资

近代中国的买办不是以高官厚爵、名门望族而煊赫于世的。引人侧目的是他们拥有多资。鸦片战争后的中国豪富并不出自地主阶级而是出自买办。买办的资财是怎样积累起来的呢?

中国的买办积累了巨额的财富不是由于他们的才能出众或特别善于经营，也不是像有些外国学者所推崇的那样，是由于他们接触了西方，有了更多的先进思想。主要的原因是在中西交往日益频繁的条件下，机遇的发展把他们置于中外贸易、城乡贸易的具有垄断性的中间商人的地位。"垄断"从来就是厚利的来源，没有清政府同意和强行规定的垄断特权，就没有广东十三行的豪商。鸦片战争以后，行商垄断虽然取消，但外国商人仍然由于语言困难、商情隔阂，特别是要依赖买办的"保证责任制"以抵御风险，借重买办的"内地权"以深入腹地，因此一切交易都要经过买办之手。又由于种种条件的限制（如洋泾浜的英语、可靠的家族渊源、广泛的社会联系、巨额的保证金，等等），能充任买办的人也不多。于是在中外贸易（它的数量与日俱增）以及因此而衍生的城乡贸易（它的范围越来越广）中，就形成了为数不多的具有垄断性的中间商人集团。

在买办的收入中，薪水的收入并不是一个主要的部分。假如在 1786 年广州贸易时期，外国商人必须花三百元才能雇到一个买办的话[①]，一百年以后，到19世纪80年代，买办薪水变动的幅度并不大。但薪水以外的佣金、营运洋行资金、差价、巧立名目以及其他的收入则大大增加了。这些收入是同营业额成正比例的。因此，他们成为推动买办为外国资本开拓业务的一个强大的动力。

从19世纪末到20世纪20年代，买办人数基本上稳定在一万人左右[②]，在此以前的人数可能还要少一些。这些人在中国进出口贸易中约得2%的佣金；若货物转输内地和沿途保险，则轮船和保险洋行买办可再分得2%左右的佣金；货物若由经销商出售，又可得1%—2.5%的佣金。[③] 中国土产出口，则从收购直到打包出口，每一个环节经过洋行买办也要照抽佣金。可以说，只要商品在流转，他们的收入就有保证。而且这种收入是中间性的手续费性质。因此，不会发生什么“亏损”问题。这笔巨大的佣金收入是在为数不多的，具有垄断性的买办集团中分配的。

除佣金以外，买办由于经营洋行的银钱、账务，可以利用职务的便利，将洋行多余的资金用“日拆”的方式，短期拆放给银行、钱庄。这样一来，洋行既有收入，买办也可从中赚取佣金及利息。据琼记洋行的行东在19世纪50年代末期的计算，买办每年可从这项资金拆放中获得五千元到六千元的额外收入。[④] 当然，买办还可以利用保管资金的便利，挪用一部分洋行资金来经营自己的生意。1871年，唐廷枢在任怡和买办时就曾私

① 马士前揭书（《东印度公司编年史》第2卷），第129页。

② 20世纪20年代外国在华企业九千五百十一家，按每家洋行有一个总买办计（买办间的工作人员不计算在内），买办人数当在一万人左右，他们是买办佣金的主要收入者。

③ 19世纪下半期，买办大量兴起之时，进出口佣金及轮船水脚佣金为2%左右；内地收购佣金约1%（如福建买办收购茶叶佣金）；鸦片交易佣金每箱五两左右。随着时间的推移，买办的佣金率在20世纪以后有降低的趋势。参阅《北华捷报》1864年10月1日，第158页；1875年8月18日，第218页；同年8月28日，第213、215页；《英国领事在华商务报告》1869年，天津，第15页；1862年8月14日，威勒（G. F. Weller）致何德 A. F. Heard）函，何德藏件 HM - 49，1885年12月24日，克拉克（B. A. Clarke）致机昔（J. J. Keswick）函，怡和档：1866年6月22日，勃力治（H. G. Bridge）致何德［A. F. Heard 函，何德藏件 HM - 23（怡和及何德档见郝延平前揭书，第92—93页］。

④ 1859年9月17日，A. F. 何德致约翰何德函。何德藏件 HL - 14（转引自郝延平前揭书，第93页）。《上海钱庄史料》，第28—30页。

自挪用怡和应收货款的庄票八万余两应付银根奇紧的压力，使他自己经营的钱庄得以渡过难关。[①] 朱志尧在东方汇理银行任买办时也做过这类“决不为外人道”的事，据他的亲属回忆：“东方汇理的银库，常常被他（朱志尧）临时调拨到自己的事业上去。当时往来，硬碰硬要把银子一箱一箱地搬来搬去。因此每到年关，或当洋大班要来查银库时，就会急得象热锅上的蚂蚁，到外边向熟悉的钱庄、银行朋友借款，凑足应付。”[②] 有了洋行的银库作后盾，买办在资金运转上就取得特别优异的条件。“多财善贾”，难怪他们在自己的业务经营中，总是那么得心应手了。

收购土产时压低收价，向外国行东高价报出，赚取其中的差价，是买办收入的又一个重要来源。19 世纪 50 年代，有一位深入产茶区调查的洋人，详细计算了每担茶叶（中上级）的生产成本及运输、税金、包装等费用后，发现在上海的每担售价（二十二两）高于成本（十四两）达 60% 以上。他认为经纪人从中“获得了优厚的收入”[③]。美最时洋行的买办王伯年在北洋军阀时期，利用军阀混战，交通阻隔的机会，把每担五元收购的芝麻，以每担十元的价格出售给洋行，在一笔交易中就赚了十万元。[④] 买办收购土产的高额利润（或佣金）实际上是农民血汗。有些买办为了取得廉价的原料，往往用发放“青苗”贷款的办法，通过贷款契约，事先就把收购价格压低一成左右。英美烟公司的买办在山东、安徽收购烟叶就是这样做的。[⑤] 中国的一些重要出口商品（丝、茶、糖等）都成为买办和买办商人猎取差价利润的对象，吃苦的则是农民，因为洋行只相信买办，而农民也只有通过买办或买办商人才能把土产出售给洋行。

由于买办是居于垄断性的中间商人地位，他们可以用巧立名目的手段肆意榨取。以丝业为例，上海买办买进每一包丝须向客户收佣金银一两；

---

① 1871 年 6 月 1 日，约翰逊致机昔函，怡和档。引自刘广京前揭文（《唐廷枢之买办时代》），第 148—151 页。

② 上海工商联：《工商业史料 · 朱志尧事迹》，第 16—17 页。

③ 福钦：《中国茶区纪行》（R. Fortune，*A Journey to the Tea Countries of China*），伦敦 1852 年版，第 270 页。

④ 金宝善：《汉口的美最时洋行》，载《文史资料》（全国政协）第 44 辑，第 181 页。

⑤ 陈翰笙：《工业资本与中国农民》（*Industrial Capital & Chinese Peasant*），纽约 1939 年版，第 103 页。

代客打包收打包费一两六钱（实际支出一两三钱）；每包分量规定要扣除袋皮一磅（实际袋皮每只重半磅）；旧布袋调换新布袋，由客户贴费四钱八分（实际不需此数）。此外，洋行支付现款，买办付给客户改为十天期票，从中可赚取十天利息，如客户要求付现，每一千两须贴息三两。[①] 这还是在上海市场的情况，若在农村收购，买办对付农民的“名目”就更多了。

此外，买办还可以通过商品和外汇行情涨落所进行的投机活动[②]和通过对买办间（即买办办公室）职工的剥削所进行的榨取活动[③]取得意外的或经常的收入。

自从买办问世以后，他们财富积累的迅速和规模之大，的确是令人侧目的。60 年代琼记洋行老板在一封私函中曾经评论旗昌洋行买办陈竹坪，说他除了在旗昌有投资十三万两外，还有四条轮船，“在租界里的房地产有一半是他的”[④]。宝顺洋行买办徐润，仅房地产收入“每日可得租金四百二十两”[⑤]。即使是这个“地皮大王”，在 70 年代末还不得不承认“上海地皮产业首推汪泽堂”（丽泉洋行买办）[⑥]。在 19 世纪下半期，中国由于内外战乱频繁，经营军火的洋行大发其财，买办也从中捞到不少的油水。郑观应说，中日战争时“天津信义洋行承办军械，该行买办尚分得二十余万，其获利之厚更信而有征矣”[⑦]。王韬通过耳闻目睹的观察说：“中外贸易，惟凭通事一言”（可见“通事”颇有垄断权威），“顷刻之间，千金赤

---

① 《外商洋行掠夺生丝出口片断资料》，载《文史资料选辑》（上海政协）1979 年第 1 辑，第 110 页。

② 如徐润等买办商人在 1882 年一次外汇投机中就“亏数已在三四十万”（徐本人“实亏五万两”）。当然，有亏必有赚，这方面的投机收入也是很可观的。见徐润前揭书，第 9—11 页。

③ 如抗战前英商公和祥码头买办甘翰臣承包一座三层楼仓库的管理工作，每月由公和祥付给二九四元。实际甘翰臣只雇用三个职员和一个学徒管理仓库全部事务，平均工资每人十元，甘翰臣净得二五四元。买办管理仓库少者几座，多者几十座（见陈敬《帝国主义霸占上海港码头的罪恶》，《学术月刊》1965 年第 11 期）。

④ 1862 年 4 月 18 日，A. F. 何德致小何德函。何德藏件 HL－36（转引自郝延平前揭书，第 99—100 页）。

⑤ 徐润前揭书，第 116 页。

⑥ 同上书，第 26 页。

⑦ 郑观应：《盛世危言》（光绪庚子侍鹤斋重印本），卷 5，商务版，第 7 页。

手可得”①，想来也是“信而有征”的。

由于记载不全，资料不齐，对买办财产（即便是著名的买办）尚无法作一个全面的统计，现将不同类型的几个买办的财产估计数示例如下（见表 2）。

表 2　　若干买办财产的估计　　单位：两

姓名	财产额
（1）徐　润	6000000
（2）叶澄衷	8000000
（3）虞洽卿	3400000
（4）吴懋鼎	7500000
（5）郑翼之	10000000
（6）郑伯昭	37500000

资料来源：（1）《徐愚斋自叙年谱》，第 34—37、82 页。（2）1899 年 9 月 4 日《中外日报》。（3）《虞洽卿论》，载《杂志月刊》12 卷 12 期（1943 年 11 月），第 47 页。（4）《文史资料选辑》（全国政协）第 49 辑，第 228—229 页。按每年平均收入三十万两，以担任汇丰银行买办二十五年计算。（5）徐景星：《天津近代工业的早期概况》，载《天津文史资料选辑》1978 年第 1 辑，第 141 页。（6）程仁杰：《英美烟公司买办郑伯昭》，载《文史资料选辑》（上海政协）1978 年第 1 辑，第 148 页。

以上这些数字以估计成分居多，而且买办活动的积累与自营企业的积累的界限很难划清，尚有待于用更坚实的材料加以订正。但买办居于近代中国的国民收入中最高一层则是毫无疑义的。

买办阶层收入的总数，历来曾有过不少统计。严中平估计为六亿二千多万两（1890—1913 年）②，张仲礼估计为五百万两（19 世纪 80 年代）③，郝延平估计为五亿三千万两（1842—1894 年）④，黄逸峰估计为四亿两

---

① 王韬：《瀛壖杂志》卷 1，第 8—9 页。

② 严中平：《中国棉纺织史稿》，1955 年版，第 155 页。

③ 张仲礼：《中国绅士的收入》（*The Income of the Chinese Gentry*），西雅图 1962 年版，第 191 页。

④ 郝延平前揭书，第 105 页。

(1840—1894 年)[①]。从现在的资料情况看，还不具备作更进一步较精确估计的条件。若以 1868—1936 年中国进出口贸易总数三百八十二亿美元计算[②]（这是唯一不需要估计的数字），按 4% 的佣金套算（包括进出口佣金 2%，保险、运输及其他佣金 2%），则从 19 世纪 60 年代末期到抗战前夕，买办收入达十五亿二千九百万美元。若加上避开海关检征的走私部分[③]及郑伯昭式的经销商佣金和金融买办的佣金，则买办收入的总数当会更大一些。

买办收入的去路如何，它对近代中国的政治、经济有什么影响呢？

买办收入的投资从其发展的过程看，大体上有一个从外洋到中国，从官督商办到私人经营的过程。这个过程是伴随着中国资本主义的发展而存在的。鸦片战争前后的中国对外贸易，实际上是外国资本主义的原始积累过程。这对于新兴的美国资本主义尤其如此。美国第一代的富豪阿斯托（J. J. Ascor）在 1848 年逝世时留下两千万美元的遗产。他就是靠同中国做皮毛、人参和鸦片贸易起家的[④]，最后成为纽约的大地产商和中央铁路公司的大股东。[⑤] 后起的琼记洋行和旗昌洋行的行东也先后把在中国聚集的财富转移到美国成为新英格兰纺织工业和密执安中央铁路公司的股东。[⑥] 有的则成为美国政府公债的巨额投资者。[⑦] 活跃的美国投资市场也吸引了

---

① 黄逸峰：《关于旧中国买办阶级的研究》，《历史研究》1964 年第 3 期。

② 具体数字为 38240589000 美元。据郑友揆《中国国际贸易与工业发展》（*Foreign Trade & Industrial Development of China*），西雅图 1956 年版，附录一。

③ 早期走私的大宗商品是鸦片。20 世纪 30 年代，日本侵入东北、华北后，走私进口达到惊人比重，据统计 1931 年到 1936 年走私进口约五亿海关两，占进口总额（包括正常与走私）约二十七亿四千万海关两的 18.24%。（参阅郑友前揭书，第 86 页）

④ 莱特：《美国经济史》（C. W. Wright, *Economic History of the United States*），纽约 1941 年版，第 1037 页。

⑤ 浦特：《约翰·阿斯托》（K. W. Portor, *John J. Astor*），哈佛 1937 年版，第 1 卷，序言第 19，150 页。在阿斯托档案中至今还保存着严泉行潘浩官在嘉庆十四年（1809）给他的汇票等单据。

⑥ 海克：《美国资本主义的胜利》（L. H. Hacker, *The Triumph of American Capitalism*），纽约 1940 年版，第 236—237、265 页。

⑦ 1870 年 3 月 5 日，《旗昌轮船公司股东会记录》，转引自刘广京《1862—1874 年，英美轮船公司在华竞争》（*Anglo-American SteamShip Rivalry in China, 1860 – 1874*），哈佛大学 1962 年版，第 201 页，注 120。

中国商人的资金。鸦片战争前后旗昌洋行经常从伍浩官那里获得五十万两的资金以充实它们在美国的投资。到80年代旗昌结束它在华业务时，积欠伍浩官的款项已达一百万两。[①] 据说这笔欠款，后来竟不了了之。[②] 中国在当时缺少一个资本主义发展的土壤，于是中国商人的资金成了美国工业资本的一部分。

鸦片战争后，随着贸易数量和洋行户数的增长，在中国本土投资的机会增多了，买办积累的资金开始以向洋行垫款的方式谋求出路。在70年代初期，琼记洋行的每一年支出，就有半年是由买办垫付的，总数达七万九千余元。[③] 一位美国商人斯密士（E. M. Smith）在一年之中向他所雇用的买办先后借了七万八千多两和一万五千元，几乎等于他全部的营运资金。[④] 有的洋行老板的私人生活费甚至都是由买办垫付的。对那些“除了到中国的船票那点微小的‘投资’以外，别无长物”的外资企业[⑤]来讲，买办的垫款和保证金，从来就是它们资金的主要来源。即使是有一定历史的洋行（如天津仁记洋行）在内地收购土产的资金几乎全部依赖买办的垫款。[⑥] 在遇有紧急的情况下，买办垫款，常常是洋行免于倒闭的救命稻草。据一位专门研究上海历史的外国作者说，“只是由于买办的慷慨支援，才多次把外国洋行从破产中挽救出来”[⑦]，至于有些“洋人串通华人开洋行者，洋人为行主，华人为买办，拟俟大买丝茶下船后逃遁”[⑧]，那更是等而下之的了。

随着洋行业务在中国的发展，它们的生财之道逃不过买办的眼睛。优

---

① 洛克伍德：《琼记洋行》（S. C. Lockwood, *Augustine Heard & Co, 1858 - 1862*），哈佛大学1971年版，第86页。

② 小横香室主人：《清朝野史大观》，中华书局1951年版，卷7，第43—45页。

③ 1871年琼记洋行现金账，第56卷。何德藏件第二部分。转引自郝延平前揭书，第41页。

④ 《北华捷报》1880年2月19日，第147页。

⑤ 克罗：《花花世界里的洋鬼子》（C. Crow, *Foreign Davils in the Flowery Kingdom*），伦敦1941年版，第40、299页。

⑥ 黄献廷：《三十年来英商仁记洋行在天津的掠夺》，载《文史资料》（全国政协）1963年第44辑，第197页。

⑦ 莫菲：《上海——近代中国的钥匙》（R. Murphy, *Shanghai, Key to Modern China*），哈佛大学1953年版，第68页。

⑧ 郑观应：《盛世危言》（光绪庚子待鹤斋重印本），卷5，商务版，第13页。

厚的利润诱使着熟悉内情的买办也跃跃欲试。于是买办的资金开始以附股的形式，大量投入外资企业。早期开辟长江及中国沿海航运的美商旗昌轮船公司的股本中有三分之一是买办的投资；后继的、与旗昌展开激烈竞争的英商怡和轮船公司有 20.3% 的股本属于买办及买办商人①。旗昌洋行的买办陈竹坪个人投资于旗昌及琼记洋行的轮船即达二十万五千两。② 在 60 年代，买办投资外商企业的总头目是怡和洋行买办广东人唐廷枢。由于他熟悉洋情，精通英语，曾被华商投资者推选参加英商公正轮船公司和北华轮船公司（在这两家公司，华商均拥有三分之一以上的股份）以及一些其他外资企业的董事会，以看守华商股东的利益。③ 根据汪敬虞同志的一个有根据的综合研究，买办投资外商企业的趋势越来越强烈（这当然与买办资金的迅速积累有关），在整个 19 世纪中，华商附股于外资企业（包括航运、保险、银行、码头、仓库、房地产、工业等）的资本总计在四千万两以上。在有的外商企业中，华商附股的比重甚至达 80% 以上。这些华商投资大部分是买办和买办商人（在已查明出身的四十七名最大的股东中，买办及买办商人占 89.4%）。④ 历来公认是怡和洋行所造的中国第一条铁路（吴淞铁路），其实也有大量的华人投资。⑤ 其中买办和买办商人当是主要投资者。琼记洋行老板在评论大买办陈竹坪的雄厚资财及其广泛投资的情况时说，“从其拥有的资财来看，是一个我们要向他磕头的人”⑥。“磕头”

---

① 1863 年 1 月 28 日金能亨（Cunningham）致福卑士（P. S. Forbes）函（福卑士藏件）。1877 年 11 月 15 日及 21 日，约翰逊（F. A. Johnson）致惠尔妥（J. Whiltol），怡和档，转引自刘广京前揭书（《英美轮船在华竞争》），第 29—31、141 页。

② 1862 年 4 月 18 日，A. F. 何德致小何德函。何德藏件 HL－36、EL－1、EQ－5。转引自郝延平前揭书，第 121 页。

③ 1868 年 10 月 8 日，唐廷枢致机昔函，怡和档。转引自刘广京前揭文（《唐廷枢之买办时代》），第 164—165 页。

④ 汪敬虞：《十九世纪外国侵华企业中的华商附股活动》，载《历史研究》1965 年第 4 期，第 68—69 页。此外，海关报告估计 80 年代，华商附股占外资企业股本的 40%（《海关十年报告》，1882—1889 年，第 341 页）。盛宣怀估计汇丰银行，怡和洋行，“华商资银亦不少”（《愚斋东游日记》），第 49 页。

⑤ 1865 年 5 月 16 日，未装订信件，怡和档。转引自黎费弗前揭书第 108 页。

⑥ 1862 年 4 月 18 日，A. F. 何德致小何德函。何德藏件 HL－36。转引自郝延平前揭书第 99—100 页。

的目的，无非是要想从买办手里招募更多的资金。当然，买办附股于洋商的一个重要原因是想托庇于外人的领事裁判权保护自己的投资利益，正如郑观应说的“华商久以资附洋贾”，其原因是商人“畏官之威与畏官之无信而已”。他建议“诚能尽祛其畏官之隐衷而予谋生之大道，则凡闽省之盐商、上海宁波商号皆可罗而致也”[①]。从郑观应这一段在《救世揭要》里的评论来看，“官督商办”已经呼之欲出了。

70 年代洋务派办起了带有资本主义性质的官督商办企业，为买办的投资活动开辟了一个新的领域。当时，急于创办新式企业的李鸿章看见“近年华商殷实狡黠者多附洋商名下”[②]，早已眼红心急，千方百计地要搞一个既能使这些资金“并归商局”[③]，又可以罗致那些“熟精洋学”（李鸿章对唐廷枢的评语)[④] 的买办人才的渠道。于是产生了官督商办企业。在封建体制的重重压力下，买办和买办商人若是能依靠“官权”的保护发展资本主义，那肯定是会比“诡寄洋行”要带来更多的利润。基于些种期望（或幻想)，名噪一时的大买办如唐廷枢、徐润、郑观应等相继连人带钱投进了规模庞大的官督商办企业。他们都成了轮船招商局、开平煤矿、中国电报局、上海机器织布局的大股东。通过他们的影响又吸收了大批的买办资金。但是在官督商办企业中“官权”大为肆虐，对吸收的商股极尽摧残。唐廷枢、郑观应可以说是把半生的精力和全部的财产贡献给官督商办企业的。唐廷枢去世时，郑观应说他“一生精力尽消磨于商务、洋务中，数十年备尝艰苦”，但结局是“外强中干，有名无实，身后谅可想见”[⑤]，实际上是“身后萧条，子嗣靡依”[⑥]。而郑观应自己在晚年虽然挂上招商局会办的头衔，实际上，“清贫如故，尝为时流讥笑”[⑦]。至于徐润在招商局与代表官方的督办盛宣怀多次交锋以后，除大骂盛宣怀“心险手辣，公理无存

① 郑观应：《救世揭要》，《论中国轮船进止大略》，同治癸酉（1873 年）仲春本。

② 《李全集》奏稿，卷 20，第 32 页；译署函稿，卷 1，第 39 页；奏稿，卷 4，第 41 页。

③ 同上。

④ 同上。

⑤ 《盛档·郑观应致盛宣怀函》光绪十八年八月二十一日（1892 年 10 月 11 日）。

⑥ 《盛档·请恩恤唐廷枢禀》光绪十八年八月（1892 年 10 月）。

⑦ 《盛档·郑观应致盛宣怀函》宣统二年十二月七日（1911 年 1 月 7 日）。

焉”① 外，也不得不败下阵来，退出招商局。后来徐润又想攀附袁世凯东山再起，但被袁世凯折腾了一阵子，糊里糊涂地把招商局代理总办一职也给开革了。② 官督商办企业本来可以使买办资金转化为“商本”，但它竟完全没有做到使投资者“祛其畏官之隐衷”，反而变成了商人资本的一个大陷阱。作为投资者，买办的财富和希望却变成了泡影。当郑观应愤激地高呼“名为保商实剥商，官督商办势如虎”③ 时，的确从反面教育了拥有资财的买办。从此，谋求投资机会的买办都谨慎地绕过这些“陷阱”，摆脱“官督”，力求“商办”。这样，他们才真正踏上了发展民族资本主义的道路。

买办转化为民族资本家有一个过程。任职买办，同时又兼营自己的生意在习惯上是允许的。因此早期的大买办如唐廷枢、徐润、郑观应等在任怡和、宝顺、太古洋行买办时都曾经营自己的钱庄、当铺、揽载行、茶庄、监生意等。唐廷枢甚至明确向怡和洋行的行东说，他在香港拥有四家当铺，每年可获25%—45%的利润。④ 那时他们既是买办，又是买办商人。这是向独立经营迈出的第一步。但是买办认真考虑到作为自主的资本家来经营企业，大约是19世纪90年代的事。这时拥有资财的买办及买办商人对“官督商办”的幻想已经破灭，痛定思痛，不再寄希望于“官权”的维护。同时，清政府逐渐接受了资产阶级改良主义者关于“商战”的鼓吹，开始考虑颁布商律，甚至对投入巨资兴办新式企业的人，不问出身都可以给予奖叙。“生意人”的地位提高了，社会风气正在转变。当然，最重要的推动力，是作为一个独立的企业主，他们可以获得更大的利润。正如徐润在1908年接办景纶纺织厂时所说的，其目的是“希得无穷之利”⑤。追逐利润和更大的利润，在一定历史条件下，推动买办把他们的资金转向独立经营的道路，转化为民族资本。根据比较全面，但还不是囊括无遗的统

---

① 徐润前揭书，第15页。

② 同上书，第126页。

③ 郑观应：《待鹤山房诗集》，己酉（1909年）孟冬铅印本，第21—23页。

④ 1866年1月4日，唐廷枢致怡和洋行机昔函。转引自刘广京前揭文（《唐廷枢之买办时代》），第157页。

⑤ 徐润前揭书，第104页。

计，民族工业（1895—1913 年）和航运业（1890—1926 年）的资本总额约一亿二千三百余万元，其中，买办出身资本家的投资约占 12.46%，计一千五百余万元。投资的范围以轻工业和航运业为主。(详见表3)

表3　在民族工业及航运业投资总额中，买办出身资本家的投资额（1895—1913年）　单位：元

行业	（A）商办资本（1）	（B）买办出身资本家投资额	（B）占（A）的比重（%）
燃料采掘工业	9847000	160000	1.62
金属加工业	2287000	699000	30.56
水电业	17871000	2648000	14.81
火柴业	3375000	420000	12.44
烛皂业	805000	50000	6.20
纺纱业	10454000	1840000	17.60
缫丝业	11584000	545000	4.70
呢绒业	3217000	350000	10.88
织麻业	1000000	280000	28.00
碾米业	921000	400000	43.43
面粉业	8622000	1060000	12.29
榨油业	4752000	340000	7.15
革草业	3524000	769000	21.82
杂项工业	890000	280000	31.46
航运业（2）	44555622	5572000	12.50
总计	123704622	15413000	12.46

资料来源：根据汪敬虞编《中国近代工业史料》，第二辑，下册，第869—924、1901页及严中平等编《中国近代经济史统计资料选辑》，第223—226页等资料综合计算。（1）不包括官办官督商办、中外合办企业的资本。（2）航运业的起讫年份为1890—1926年，其中以银两计算的资本均已按当时比率折合为元。

值得注意的是，买办出身资本家的投资主要集中在少数几个人身上，祝大椿等七人的投资就占买办出身资本家投资总数的 80%。(详见表4)

表4　在民族工业及航运业中若干买办出身资本家的投资额（1895—1913年）（1）　单位：元

姓名	投资额	占买办出身资本家投资总额的比重（%）
祝大椿	2985000（2）	19.36
王一亭	930000	6.03
叶澄衷	420000	2.72
虞洽卿	4750000	30.82
朱志尧	1709000（2）	11.09
吴懋鼎	1119000	7.26
朱葆三	420000	2.72
其他买办的投资	3080000	20.00
买办出身资本家投资总额	15413000（3）	100.00

资料来源：同表3。（1）航运业投资起讫年份为1890—1926年。（2）不包括对官商合办企业的投资。如祝大椿对龙章纸厂及朱志尧对溥利呢革厂的投资，均不计算在内。（3）数字来源见表3，第三栏。

从表4可以看出，截至20世纪初，买办出身资本家的投资总额并不占民族资本总额的显著比重，而少数买办的投资又占买办出身资本家投资总额的极大比重。这一事实表明：自鸦片战争后，买办问世以来，虽经过将近半个世纪的岁月，但他们向民族资本的转化是很缓慢的，而且是有限的。这一时期，他们的积累转化为民族资本的一千五百余万元，折合美元只有七百七十余万元，仅占同期（1895—1913年）买办收入总数三亿一千三百余万美元①的2.5%。大多数买办的收入与积累可能继续以附股的形式投资于外资企业或转向土地和房地产投资去了。还有一些则通过不同的渠道流向国外（如郑伯昭之流）。因此买办积累虽是中国近代民族资本的来

① 1859—1913年中国进出口总值为7842947000美元（据郑友揆前揭书，附录一）。考虑到买办佣金率在20世纪后有降低趋势，佣金收入按4%计算，买办收入为313217880美元。

源之一，但他们转化的人数只占民族资本家的 18.3%（见表 1），转化的资金只占民族资本总额的 12.46%（见表 3），都不占重要的比重。不过在早期官督商办企业出现时，他们对这一带有资本主义性质的混合体在资金上和经营管理上曾给予强大的支持；后来他们当中有一部分人也确实较早期地转化为民族资本家并且从事了广泛的投资[①]，这也是事实。

对买办的评价

买办在中国的社会地位向来是不高的。在鸦片战争前，清政府认为外国商行“设有通事买办，为伊等奔走驱使”[②]，在那个看不起“夷”人的时代，供“夷”人“奔走驱使”的买办，自然也在被看不起之列。有身份的体面人士是不屑做买办的。只有那些“郁郁不得志，或贫乏无赖之徒，既无处栖枝，则亦姑妄为之”[③]。事实也确是如此。第一代买办的出身，有的是摆小钱摊的（仁记洋行李福臣），有的是贫苦道士还俗的（新泰兴洋行买办），有的是外轮的跑仓（汇丰银行吴懋鼎）[④]。唐廷枢、徐润、郑观应、虞洽卿等的出身都很低微。晚清的大买办千方百计要纳资捐官，大概也是想弥补这种社会地位的缺陷。但是康有为却为此叫屈，他说：“吾华人百万之富，道府之衔，红蓝之顶，乃多为其一洋行之买办，立侍其侧，仰视颜色。”[⑤] 头载“红蓝之顶”而仍要对洋人“仰视颜色”，这自然无助于改变买办的社会地位。到后来，随着外国侵略势力的扩展，外国在华商人在中国的政治和经济地位同华人比较俨然高人一等，甚至督抚有时还得仰他们的鼻息。买办的社会地位也有所改变。但这时反抗、排外的思想又

① 朱志尧是一个典型，他投资的范围包括采掘业、榨油业、机器业、造船业、纺织业、水电业、面粉业、印刷业、航运业。根据他晚年的名片，在一长串头衔中，他还是安徽宝兴铁矿厂公司的董事（参阅上海工商联《工商业史料、朱志尧事迹》）。

② （乾隆二十四年，1759）《防范外夷规条》第 3 条。故宫博物院：《史料旬刊》，第 9 期，第 307—309 页。

③ 甘作霖：《论洋行买办之利害》，载《东方杂志》第 18 卷，第 11 号（1919 年 11 月）。

④ 毕鸣岐前揭文，第 71—72 页。

⑤ 康有为：《3 月 27 日，保国会上演讲会会辞》，转引自黎光《1840—1864 年，中国的买办商人》，《史学月刊》1957 年第 11 期。

在中国社会占主导地位。人们总觉得买办有些“夷膻”气，看不顺眼。王韬与西人虽接触较多，但就是不肯把女儿嫁给买办姚某，“以其为西人供奔走，美其名曰买办，实则服役也”①。有些人虽不得已做了买办，但也并不以此为荣。容闳尝过当买办的滋味，他说买办不过是“奴隶之首领”②。李鸿章在办官督商办企业时，罗致了一批买办，对他们评价很高，认为这些人“熟精洋情”“殷实明干”是“极一时之选”③的人物。看样子买办有出头的日子了。但又不然，尽管李中堂吹嘘推挽不遗余力，仍抵不过社会上的习惯势力。《二十年目睹之怪现状》的作者说：“那班洋行买办，他们向来都是羡慕外国人的，无论什么都是外国人好，连外国人放个屁都是香的。”④ 这种看法是鄙“夷”和排外思想的混合物，在当时颇有点代表性。至于具有资产阶级改良主义思想的人，虽然赞成学习西方，但对买办并不厚爱。冯桂芬说：“今之习于夷（务）者曰通事……其质鲁、其识浅，其心术又鄙，声色货利之外不知其他也。”⑤ 20世纪初，章太炎把社会职业按其道德水平及有无道德而依序分为十六种，最后一种即“雇译”（买办）。章太炎说他们是最无道德、最低级的“白人之外嬖”⑥。鲁迅则把买办评为是“倚徙于华洋之间，往来于主奴之界”，具有“西崽相”⑦的人物。所以终晚清与国民之世，尽管买办的财势日隆，但人们对他们社会地位的评价则不太好。

买办之不受中国人尊重，自有其深厚的社会原因。最根本的一条就是买办的功能与行为适应了外国侵略势力在中国扩张的需要；而做了买办，由于种种原因（雇佣契约、保证金及个人追求财富的欲望等），他们的利益总是与外国资本的利益是一致的，因此常常是站在中国民族利益的对立面。

---

① 谢无量：《王韬——清末变法论之首创者及中国报导文学之先驱者》，《教学与研究》1958年第3期。

② 容闳：《西学东渐记》，第48页。

③ 《李全集》，朋僚函稿，卷13，第24页。

④ 吴趼人：《二十年目睹之怪现状》，人民出版社1959年版，第175页。

⑤ 冯桂芬：《校邠庐抗议》卷下，第37—38页。

⑥ 章太炎：《革命之道德》，转引自汤志钧编《章太炎政论选集》，第315—318页。

⑦ 鲁迅：《〈题未定〉草》，《鲁迅全集》，第6卷，1958年版，第282页。

外国经济势力在近代中国的迅速扩张是与买办的效劳分不开的。在早期，外国企业在中国的成败与兴衰，常常是各自买办力量较量的结果。怡和、太古轮船公司以后起之秀终于立定脚跟，最后迫使旗昌轮船公司退出了长江水域，其中一个重要原因是雇用了唐廷枢和郑观应这两个得力的买办。在 60 年代，琼记洋行倚重买办甚至到了这种程度，“当买办生病，所有的业务就停顿了”[①]。外国洋行本身对开拓中国市场常常感到无能为力。而买办的特殊功能则使他们在掠取财富的道路上得心应手。1894 年美孚油公司“欲自行贩运煤油来华，不须各洋行经手”[②]，但却不得不依靠中国的买办经销商来“经手”，结果销路大开，使煤油的贩运与设备成为美国在华投资的最大项目之一。在外商企业处境困难时，它们特别感到需要买办。1984 年英美烟公司被迫由上海撤退到华南，它们的广州经理焦虑而紧迫地盼望能找到一个“年长的、有经验的、有影响的、可以信托的买办”[③]。一家在华的外国报纸说，买办不仅是负载着西方在华商业得以运转的车轮轴心，而且是轮毂、轮椢和轮辐。[④] 有一点是可以肯定的，不管是车轮还是轴心等，它们只能在有利于外国资本的轨道上运行。

买办不仅适应了外国经济在华扩展的需要，而且使他们自己的利益与外国资本的利益完全一致起来。1925 年在全国反帝爱国运动进入高潮时，英美烟公司的经理惴惴不安地对他们的买办和华籍雇员说：“你们的成功完全依赖于公司的成功，当公司的利益受到损害时，你们的利益也受到损害。”[⑤] 这一段话揭露了一条重要的原则，即买办与外国资本之间的利益一致的原则。根据这一原则，买办对洋行的忠诚是外国资本的绝对要求。唐廷枢在他的买办时代，曾经不止一次地向怡和行东表示：“我从来没有像

---

① 1862 年 9 月 11 日，G. F. 威勒致 A. F. 何德函。何德藏件 HM－49。转引自郝延平前揭书，第 24 页。

② 《盛档·郑观应致盛宣怀函》光绪二十年五月九日（1894 年 6 月 12 日）。

③ 1948 年 5 月 10 日，史特瑞克（J. A. Stericker）致沙维琪（E. S. Savage）函。《英美烟档》密卷类。

④ 转引自《买办：它在中国国际贸易中的地位》，载 *Economic Journal*，1911 年 12 月号。

⑤ 1925 年 6 月 19 日，英美烟公司汉口分公司致全体买办及中国雇员函。《英美烟档》JJ－179。

其他的华籍雇员那样对你进行过丝毫的非法欺诈和暗地中饱活动。”[①] 唐廷枢的忠诚赢得了怡和行东的信赖与重用。买办所遵循的与外国资本利益一致的原则，在民族矛盾上升时，表现得更为突出。1937 年英美烟公司的一位宁波地区的经销商曾经向董事会写了一封表示“忠诚”记录的信，颇有代表性，摘录原文如下：“先严（丁忠茂）服务贵公司已垂四十年，其间虽经意外风波，未尝稍事畏葸。始于抵制美货之际，各地经理莫不畏缩，而先严仍克尽厥职勤慎从事；此后五卅案起，抗英急进会将所设老源记广货号施以捣毁；旋于中华民国十七年春间复被就地不良分子加以同样蹂躏，而先严处此积威之下，态度泰然，继续努力，不敢稍懈。”[②] 这封信的重要性在于，它表明了一个买办经销商，历经两代人的岁月，在中国近代几次激烈的反帝风暴中（1905 年，1925 年，1928 年），却始终不渝地忠诚于外国资本的利益。当然，保护英美烟公司利益，“未尝稍事畏葸”的买办经销商不止宁波这一处，在沈阳、徐州、芜湖、陕西各地的英美烟公司的买办经销商，有的利用商会会董的身份扣压了外地鼓吹抵货运动的传单（沈阳）；有的贿赂当地的官员压制抵货（徐州）；有的甘冒大不韪仍然秘密代销（芜湖）。[③] 买办把与外国资本利益的一致放在民族利益之上必然引起中国人民的反感。买办和买办商人对此也很敏感。虞洽卿就曾经郑重声明：“查和德与荷兰人共事历有年所，而生平所办各事未尝有为外人周全之处，此商界之公言，非一人之私言也。”[④] 但当中国人民反对日本帝国主义侵占东三省，发动反日抵货运动时，虞洽卿就毫不犹疑地大声疾呼表示反对了。[⑤] 反帝爱国的激烈斗争迫使买办及买办商人表明他们的利益是与外国势力的利益完全一致的。

为了笼络买办，洋行也采用了种种“羁縻”的手段。郑观应任职怡和

---

① 1868 年 10 月 8 日，唐廷枢致机昔函，怡和档。转引自刘广京前揭文（《唐廷枢之买办时代》）第 165 页。

② 1937 年 11 月 28 日，宁波老源记号致颐中烟公司董事会函。《英美烟档》法律部，5 - W 抽屉。

③ 1925 年 7 月 15 日及 1925 年 8 月，英美烟公司沈阳、徐州、芜湖地区业务报告。《英美烟档》JJ - 179、26 - B - 340、26 - B - 446。

④ 《民国日报》1917 年 9 月 11 日。

⑤ 《字林西报》1931 年 7 月 8 日，第 12 页。

买办时就采用给回扣、贴房租、荐买办等办法“以此羁縻，使其勤奋，为我招来”[①]。随后，这种“羁縻”的花样逐渐增多，最通行的一种是用让售股票的办法把得力的买办变成股东（当然是不掌权的股东），以便更紧密地把买办与企业的利益拴在一起。怡和洋行就曾经把盈利甚丰的谏当保险公司和怡和轮船公司的股票让售给唐廷枢及有影响的买办[②]作为他们积极扩展业务的酬劳。一直到中华人民共和国成立前夕，英美烟公司还在使用这一古老的“羁縻”法，由该公司将股票让售给李铭，以便李铭参加驻华英美烟公司的董事会，发挥作用。[③]

与外国资本利益一致的原则，不但使买办分得外国资本赚取的余沥，积累了巨额的财富，而且得到外国政府所给予的政治上的褒奖。一些大买办如张子标、韦玉、何东、虞洽卿、高星桥等都分别获得葡萄牙、英国、荷兰、德国王室的封爵、赠号、奖章等。[④] 但是放在民族利益的天平上衡量，与外国资本利益一致的原则使买办成为中国人民厌恶的对象。外国政府颁给买办的政治荣誉并不能改变中国人民对他们的视鄙与憎恨。

买办与买办商人在近代中国政治舞台上并不得势。他们突出的政治活动是数得出的几件事。鸦片战争后，清政府突然被“夷兵”“夷炮”搞得晕头转向，一时间不知如何对付才好，急于要找“洞悉洋情”的人出来周旋。于是吴健彰、杨坊居然以买办做了上海道台，对镇压太平天国和小刀会起义出了力。以后，以买办而任实职道台的，终晚清之世，竟找不出几个人。大概对“夷情”有所洞悉以后，就不愿再让买办插手了。不过买办和买办出身的人的政治倾向是明显的。他们愿意看到中国的政治有所变革。一般地说，凡有利于资本主义和资产阶级改良主义的活动，他们都支持和赞成。郑观应是买办出身的著名的资产阶级改良主义者，他曾经在

① 郑观应：《盛世危言后编》，商船下，卷 3，第 32—38 页。

② 1868 年 12 月 29 日、1872 年 4 月 18 日，约翰逊致机昔函，怡和档。转引自刘广京前揭文（《唐廷枢之买办时代》），第 156 页。

③ 1948 年 7 月 29 日，英美烟公司董事会记录：柏来士（R. J. E. Price）股票转移书。《英美烟档》5 – E – 110。

④ 上海市工商联：工商业史料，第 167 号，虞洽卿，第 7 页。高勃海：《天津买办高星桥发家史》，载《文史资料选辑》（全国政协）第 44 辑，第 216 页。郝延平前揭书，第 190 页。

1894 年请托盛宣怀介绍孙中山（那时还是改良主义者）拜见李鸿章。郑观应的这封亲笔信表明，他对孙中山当时设想的一套“讲求养蚕之法”“设书院教人”“履勘荒矿”[①] 等改良主义的办法颇为赞赏（但是，当孙中山真的闹起革命来，他又反对，骂革命者是“异端会党”[②]）。天津买办吴懋鼎在戊戌变法时沾了边。变法失败，险遭不测，逃到英国公使馆，才免于难。康有为逃亡香港时，离开警署就成为大买办何东的座上客[③]。他们是同情变法的。辛亥革命时，虞洽卿曾以巨款支持江苏独立；二次革命时，虞站在反对帝制的一面（拥护帝制的上海商人是周金箴）。[④] 在同封建政府作斗争时，虞洽卿在政治上倾向于革命。但 1927 年当斗争的锋芒指向帝国主义和资产阶级时，他的政治态度就改变了。蒋介石把总司令部移到南昌后，虞洽卿本人是否“很快就跑到南昌去了”，这点在史实上还可以存疑[⑤]，但他确实在蒋介石与江浙财阀之间起了穿针引线的作用，从政治上和经济上支持了蒋介石，则是无可怀疑的。买办作为国际资本主义势力的一部分，随着中国人民革命斗争的深入发展，他们反共、反进步的立场是很明显的。他们总是害怕和阻止革命，因为这将直接危害他们赖以生存的后台老板——外国侵略资本的利益。

买办是资本帝国主义侵略中国的桥梁和得力的帮凶，外国侵略资本对中国经济发展的阻滞和对中国人民的剥削都有买办参与其事。当然，另一方面，外国经济势力的入侵，也使中国加速了商品经济的发展。买办所参与的推销洋货，收购土产的活动震撼了中国家庭手工业与小农经济相结合

① 《盛档 · 郑观应致盛宣怀函》光绪二十年五月（1894 年 6 月）。

② 《盛档 · 郑观应致盛宣怀函》光绪三十一年十月二十六日（1905 年 11 月 22 日）

③ 王树槐：《外人与戊戌变法》，1965 年台北版，第 183—184 页。郑观应虽然对康梁变法有看法，但在康有为逃亡后，也“念其救国之心，罹此重祸”主动接济康有为一百元的养家费（《盛世危害后编》卷 15，第 6—7 页）。

④ 上海市工商联：工商业史料，第 167 号，虞洽卿，第 15 页。

⑤ 据一份与虞洽卿有密切关系的当事人回忆：“据我所知虞洽卿并未到九江去过。……但虞经营轮船业，当时长江航路停顿，他为本身事业关系，愿意与新政府多多联络，恢复营业是可能的。彼时招商局是傅筱庵接管，傅无法与新政府接近，虞想乘机夺取营业优势，命他儿子虞顺懋（三北轮船公司副经理）到九江去过，通过陈布雷关系同北伐军联系。去九江的主要任务，是恢复长江营业。”

的顽固结构。茶叶的收购造成“家家蓄艾，户户当炉”[①] 的局面。在外销的推动下，南浔丝推出了新品种——方经、大经、花车经等，使双杨一带“特开风气，衣食所资，子孙攸赖”[②]。所有这一切都使自给自足的自然经济遭到破坏，为资本主义的发展创造了条件。在这一过程中，买办起了媒介和中间的作用。买办积累以商本的形式投入官督商办企业，标志着他们向民族资本家的转化。虽然由于“官督”的反动作用，商本在官督商办企业中的结局是不幸的，但是社会资金毕竟通过股份公司的形式在聚集，并且转向交通运输、煤矿、炼钢、纺织等领域，这是符合当时历史发展方向的。尔后，买办积累更多地向民族资本的转化，自然有助于促进中国经济的现代化。如天津在1900 年前只有四个近代工厂，其中有三个就是吴懋鼎创办的。[③] 当买办一经转化为民族资本，他们的利益与外国资本一致的原则就破坏了。作为民族资本，他们在经济利益上不可避免地要同外商发生矛盾。1905 年抵制美货运动使徐润欣慰地看到他所经营的景纶纺织厂终于“销路稍通”[④]，透过了一口气。1935 年英美烟公司对许昌烟叶实行垄断收购时，同民族资本卷烟业利益有关的虞洽卿呼吁政府“力予制止，俾免贻害地方而维人民生计”[⑤]。虞洽卿的三北轮船公司就是在同怡和与太古轮船激烈竞争中诞生和发展起来的。[⑥] 至于刘鸿生与瑞典火柴托拉斯的竞争，那更是众所周知的事了。买办积累转化为民族资本是违背外国资本意志的，是一个历史的进步，在中国近代史中应给予实事求是的评价。

---

① 夏燮前揭书，卷 23，第 20 页。

② 周庆云：《南浔志》，卷 32，第 220 页。

③ 徐景星前揭文，第 140 页。

④ 徐润前揭书，第 103 页。

⑤ 《新闻日报》1903 年 10 月 14 日。

⑥ 参阅拙作《从轮船招商局看洋务派经济活动的历史作用》，《历史研究》1963 年第 2 期。上海市工商联：工商业史料，第 167 号。

最后的斗争

——瞿秋白就义前后*

陈铁健

秋白同志毕生服务人民大众，卒以成仁，耿耿丹忠，举世怀仰。

周恩来一九四六年三月廿一日

1935年5月11日，国民党的新闻喉舌《中央日报》的第一版上，以赫然醒目的三行大字标题，刊登了这样一则举世震惊的消息：

匪首瞿秋白就逮

化名林琪祥与项英妻同时捕获

经指认确实已由长汀解往龙岩

瞿秋白同志是1935年2月24日被俘的，国民党反动当局何以在秋白同志“就逮”当时不发消息，而在两个多月以后才作报道？

秋白同志被“指认确实”以后，在被囚禁中，他是怎样与敌人进行斗争的？……

* 本文原载《近代史研究》1980年第3期。

这一连串的问题，自然而然地浮现在人们的脑海。

一 濯田被俘

(1935 年 3 月 24 日)

1934 年 10 月，红军主力开始撤离中央苏区，党中央和中华苏维埃工农民主政府也随军撤走。干部、家属，还有舍不得丢弃的坛坛罐罐，在大军的保护之下，匆匆忙忙地向西而行。但是，身患重病的瞿秋白同志却不能随军长征，他被留在了即将沦陷的瑞金。

留守苏区的党的最高领导机关是中共中央江西分局，政府机构叫作中央政府后方办事处，军事上则设立了留守部队的军事委员会，这三个机构的负责人是项英、陈毅等同志。秋白同志任中央分局宣传部长，兼后方办事处人民教育委员。

中央主力红军撤走以后，蒋介石派出十万大军由顾祝同、蒋鼎文分任南、东两路总司令，向以赣南、闽西为中心的中央苏区进行所谓“全面清剿”。血腥的白色恐怖笼罩了中央苏区。

于都、兴国、瑞金、长汀相继失陷以后，形势已是绝对的敌强我弱了。1934 年 11 月底，蒋介石命顾祝同、蒋鼎文分任驻赣、驻闽绥靖主任，划定十二个绥靖区，到处修公路、筑碉堡，实行“划区清剿”。在敌人严密封锁下，机关和部队的衣食住行都成了严重的问题。人们几个月吃不到一点油盐；为了隐蔽目标，夜晚不能举火，白天不能冒烟；人走过的山路，要用树枝和树叶掩盖起来；当山上的树木被敌人烧尽伐光以后，人们就只能隐蔽在山洞里。在极端艰苦的环境中，秋白同志的肺病更严重了。1935 年初，中央分局决定撤销中央后方办事处，同时决定送他转道香港去上海就医。

2 月 21 日，秋白同志一行从瑞金九堡附近动身，同行的有何叔衡、邓子恢同志及项英同志的妻子张亮。约在 2 月 16、17 日到达中共福建省委所在地汤屋（当时属会昌县）。临时又加入了一个女人周月林，是中华苏维埃工农民主政府司法人民委员、兼代内务人民委员梁柏台同志的妻子。周月林与梁柏台分手后，早于秋白同志一行先期到达汤屋。

汤屋一带的形势也极险恶。因此，他们略事停留，在2月20日前后就启程上路了。这一行人，化装成香菇商客和眷属。福建省委为了保障他们的安全，专门选调了二百余人组成护送队沿途保护。2月的闽西，春寒料峭，夜里行路还是相当艰苦的。秋白同志身体很弱，艰难地行进在崎岖山路上，有时实在疲乏不堪了，就倚坐在路旁石头上休息一会儿。何叔衡同志年纪很大，行动比较缓慢。张亮怀有身孕，又是小脚，一路上琐事很多，且夜间行军不许出现火光，她偏偏闹着要吃烟。

经过大约四天的昼伏夜行，他们安全通过了敌人的层层封锁，于2月24日拂晓，到达长汀县濯田区水口镇小迳村附近。大家走累了，饥肠辘辘，就在这里休息吃饭，准备下午再走。但是，这个麻痹大意的行动，酿成了严重的后果。

水口镇一带属于福建省地方反动武装保安十四团的游击范围。该团防区包括武平全县及上杭西区一带。团长钟绍葵，是福建省臭名昭著的地头蛇，他在几天前因事由武平经由水口镇前往长汀。水口镇暂由该团第二营驻扎，营长名叫李玉。这天早晨，李玉得到地主武装“义勇队”队长范连升的报告：小迳村附近发现小股红军。李玉查明情况后，立即率队对小迳村实行围攻。红军护送队长丁头牌，是个漫天扯谎，好吹牛皮的家伙。邓子恢同志在行军过程中同他接触，发现这个人华而不实，大话连篇，一旦有事是靠不住的。果然，枪声一响，丁头牌转眼就不见了，逃跑了。护送队无人指挥，也涣散了。邓子恢同志组织大家突围，激战一个时辰也没有突出去，敌人越来越近。何叔衡同志见无法突围，对邓子恢同志说：“子恢同志我革命到底了！”说罢，举起手枪对准了自己的头部。邓子恢同志急忙说：“你千万不能这样！”边说边跑，正要上去夺他的手枪。可是，何叔衡同志手里的枪已经击发，人从悬崖上滚落下去。这时敌人又用机枪扫射，何叔衡同志身中数弹。战斗结束打扫战场时，敌特务连代理连长曾起和传令兵熊辉，在稻田中发现了身受重伤的何叔衡同志，并从他身上搜出了五百元港币。这笔款是秋白同志一行从瑞金出发前领到的交通费，每人一百元，集中由何叔衡同志保管。曾起、熊辉抢到了这笔港钞，走了几步，又转了回去，举枪把何叔衡同志杀害，为的是杀人灭口。

瞿秋白同志经过连续不断地奔跑，已经精疲力竭。据邓子恢同志生前回忆：

> 我又去叫瞿秋白赶快向外突围。这时瞿秋白身患重病，躺在担架上。瞿秋白说："我病到这个样，实在走不动了，你快点走吧！"我三番五次地叫他走，他就是不走。我拉他走，他还是不走。他说："你快点走吧，我在这里敌人是不会发现的。"（这个地方是很茂密的树丛），无奈，我冲出重围到山下河边；见到有几位战士也冲出来，其中持机枪的战士也冲出来，我就把仅剩下的几个战士集中起来，用机枪阻击追敌，边打边走，离开了长汀，向闽西走去。①

瞿秋白同志在邓子恢同志突出重围后，被地主武装"义勇队"队员范金柱、赖忠顺在半山灌木丛中发现俘获，同时被俘的还有张亮、周月林。这时约在中午过后。匪兵们押解着瞿秋白同志回到水口镇已是下午四点钟。据李玉交代：瞿秋白同志病体支离，走一会儿就得歇一会儿，匪兵便用枪毙来威吓他，厉声说："不走就地枪毙！"但秋白同志"都不置理"。

李玉等对秋白同志严刑逼供，企图强迫他说出我党我军机密。对于秋白同志来说，苦刑是意料中事，算得了什么呢？他虽然身受残酷的折磨，但咬定牙关，坚不吐实。他只说自己名叫林琪祥，现年三十六岁，是江苏人，肄业于北京大学中国文学系，后在上海经营旧书店及古董生意。又入医学校学医半年。1932 年因病游历福建漳州，适因红军打进漳州，将其俘虏送往瑞金，先后在红军总卫生部当过医生、医助、文书及文化教员。红军主力长征后，他被留在福建省苏维埃政府、省军区医务所做医助。1935 年 1 月携款逃离瑞金，但走到上杭露潭地区又被苏区地方武装发现，当夜由保卫局人员看押，准备天明再走，不意被国民党军队发现俘虏。

张亮供名周莲玉，系香菇客商的老婆，说是被红军"绑票勒赎者"。周月林初供名陈秀英，继供名黄秀英，系红军护士。秋白同志在敌人逼供时，巧妙地掩护了张亮和周月林。

---

① 邓子恢同志生前回忆，未刊稿。

保安十四团团长钟绍葵当日由长汀赶回水口镇。李玉向他报告了战斗的经过情形，得知被俘的林琪祥等人携有港钞、黄金，护送人员多数携带驳壳枪，他据此判断：林琪祥可能是共产党的“要人”。当晚，钟绍葵亲自刑讯秋白同志，得到的回答依然如前所供。

二　上杭县狱

（1935 年 2 月 25 日至 4 月 25 日）

钟绍葵回到水口镇的第二天，秋白同志由钟绍葵、李玉率领匪兵押解，沿汀江下行，于第三天中午过后到达上杭县城，被囚禁在上杭县监狱。一连几天，钟绍葵等用尽了酷刑逼供。秋白同志仍然不为所动。3 月 9 日，他在狱中写了一个“笔供”，编造了一套假情况，借以掩护真实身份，迷惑敌人。李玉看过这篇供词，对秋白同志说：如果所述属实，可以取保释放。并要秋白同志写信给上海的朋友索取证明，或在当地寻觅铺保，以证实确与共产党向无关系，即可予以开释云云。秋白同志为了脱身，当即以林琪祥名义给在上海的鲁迅、周建人和杨之华写了信。

4 月间，当时在上海商务印书馆做编辑工作的周建人收到了秋白同志的来信，是通过周建人转致杨之华的。信封背面盖了一个蓝色长方形的印章，说明已经过监狱的检查。秋白在信中说到自己被捕后的情况，大意为：狱中到夜间很冷，食物极少，衣服单薄，天天挨饿受冻；听监狱的人说，如果有殷实铺保或有力的团体作保，是可以释放的。

周建人写了一个短柬通知当时在工厂工作的杨之华同志：“有要信，请差人来取。”第二天，一位十七八岁的青年工人来到商务印书馆，将信取去。不久，一位穿着入时、相貌秀丽、仪态大方的女士走近商务印书馆。她对门房说，要找周建人先生。她是杨之华派来找周建人的。她对周建人转达了下述意见，说秋白的信已经交给党，党在设法营救。可是，没有找到现成的铺保。目前考虑开设一家新铺，把人保出后再关闭。但新铺登记，势将招致敌特机关的注意，恐狱中的秋白未保出，外边的同志反而可能被捕，终究不是万全之策。①

秋白同志写给鲁迅的信上说："我在北京和你有一杯之交，分别多年没有通信，不知你的身体怎样。我有病在家住了几年。没有上学。两年前，我进同济医科大学，读了半年，病又发，到福建上杭养病，被红军俘虏，问我作什么，我说并无擅长，只在医科大学读了半年，对医学一知半解。以后，他们决定我做军医。现在被国民党逮捕了，你是知道我的，我并不是共产党员，如有人证明我不是共产党员，有殷实的铺保，可以释放我。"②

鲁迅以其丰富的阶级斗争经验，深知蒋介石不会放过秋白同志；而具有坚定的共产主义信念的秋白同志，也决不会向蒋介石屈服。他现在既然落入魔掌，必将英勇牺牲。但在秋白同志身份尚未暴露以前，还有营救出狱的一线希望。所以，鲁迅在得悉秋白同志被捕以后，还是多方设法营救。他曾经打算与陈望道等发起公开营救运动，未能实现。③ 他还通过蔡元培在国民党统治集团内部力争保留秋白同志的生命，也未成功。鲁迅的挚友许寿裳，当时任蔡元培的秘书，他后来告诉鲁迅：在蒋介石召集的一次会议上，蔡元培认为瞿秋白是一位有才气的文学家，留下来对中国有好处。但是，蔡元培的意见遭到蒋介石等人的否定。④

鲁迅把秋白同志来信转给了杨之华，并且交给杨之华五十元钱。杨之华亲手为秋白做了两条裤子，连同这五十元钱一起由邮局寄出。可是，第二天，报纸上登载了秋白被捕的消息，敌人知道了林琪祥就是他们长期重金悬赏缉拿⑤的"共党首领"瞿秋白！

这样，一切营救计划就都成了泡影。鲁迅在 5 月 14 日的信中说："闻

---

① 周建人同志的回忆，1979 年 11 月 19 日。

② 杨之华：《忆秋白》，《红旗飘飘》（八）。

③ 夏征农同志的回忆，1979 年 4 月 26 日。

④ 周建人同志的回忆，1979 年 11 月 19 日。

⑤ 1931 年 9 月，国民党中央党部致函"国民政府"，提议悬赏缉拿瞿秋白、周恩来等七人，旋经"国民政府"批转各地执行。内称："查有瞿秋白、周恩来、陈绍禹、沈泽民、张闻天、罗登贤、秦邦宪等七人系共党中央委员，指挥国内各地赤匪扰乱治安，图谋危害民国，逆迹显著，兹拟一律悬赏通缉，获案严办，并拟定悬赏价格，计瞿秋白、周恩来二人各二万元，其陈绍禹、沈泽民、张闻天、罗登贤、秦邦宪等五人各一万元。"

它兄大病，且甚确，恐怕难以医好的了。”[①] 5 月 17 日的信说：“那消息是万分的确的，真是可惜得很。”[②] 5 月 20 日信中又说：“它事极确，上月弟曾得确信，然何能为。这在文化上的损失，真是无可比喻。”[③] 到 6 月 11 日，鲁迅在信中十分沉痛地说：“它兄的事，是已经结束了，此时还有何话可说。”[④]

这些都是后来发生的事情。狱中的秋白同志，对这一切——党组织、鲁迅先生、战友和爱人杨之华的积极营救活动——是一概不知道的。

上杭狱中的待遇极坏，刑讯之后秋白同志的身体越来越糟。自云：本来“身体孱弱，积年肺病……狱中困顿，又多侵蚀其体力……现觉日就衰惫，手足乏力，头晕眼眩，时发潮热，秽气薰蒸，似饥似饱，似此久羁不决，势将瘐毙”。[⑤] 为了进一步愚弄敌人，争取及早脱出敌人的囚笼，秋白同志在 4 月 15 日向钟绍葵写了一纸“呈文”。文中重叙先前编排的假情况，要求钟绍葵准予开释出狱，或资遣回江苏原籍，或在上杭担任教员、文书等项职务，决不私自遁走，保证随传随到。[⑥] 这当然是书生之见，敌人是决不会轻易放他出狱的。这篇“呈文”里，自然少不得要说上几句当时流行的“反共”自污之词，但那是在特殊条件下不得不采取的掩护自己、迷惑敌人的一种方法。这与攻击革命、叛党投敌的行径，是截然不同的两码事。谁也没有理由，而且不允许把林琪祥的这篇“呈文”当作“污蔑”我党，向敌人“乞活告饶”的“罪证”。

周月林、张亮两人的境况如何呢？

周月林，浙江省宁波人，28 岁。李玉说她身材适中，“性似温柔，表象温和”，看上去比实际年龄要年轻得多。因此周月林被俘伊始，李玉就打她的主意。到上杭第三天，李玉以其妻即将生产，要被俘的女护士陈秀英（按即周月林）到家中服侍其妻为理由，征得钟绍葵同意，将周月林

① 《鲁迅书信集》第九六三号函《致曹靖华》。“它兄”即秋白同志。
② 《鲁迅书信集》第九六五号函《致胡风》。
③ 《鲁迅书信集》第九六八号函《致曹靖华》。
④ 《鲁迅书信集》第九八五号函《致曹靖华》。
⑤ 瞿秋白化名林琪祥一九三五年四月十五日所写的“呈文”。
⑥ 同上。

(按周未入上杭监狱，由李玉安排在营房另住) 接回家中当了“保姆”。周月林与李玉的关系是暧昧的。

张亮是四川省罗山县人，30 岁，她怀有身孕，已临近分娩期，所以不久也由上杭县城一家糖果店的老板林鸿昌（又名林晴光）保出，纳为姨太太。

周月林、张亮两人各得其所，对敌人自然是感激涕零了。

这时，突然发生了两件不利的新情况。

4 月 10 日，伪第八师在长汀、武平和会昌三县交界的归龙山下，俘虏了中共福建省委书记万永诚的妻子（名不详），供出瞿秋白、何叔衡、张亮等都在濯田地区被俘。第八师师长陶崎岳立即将万妻所供情况，电告国民党驻闽绥靖公署主任蒋鼎文。电称：“据万匪永诚之妻供称，矛秋白(按‘矛’字当为‘瞿’字之误)、何叔衡及项英之妻，均在灌田（按‘灌’字当系‘濯’字之误）被我军俘获。”[1] 蒋鼎文随即电令驻防在长汀地区的第三十六师（师长宋希濂）和管辖该地区的第二绥靖区[2]（司令李默庵）紧急进行查报。这时，三十六师所俘获的长汀县苏维埃政府主席供出瞿秋白等现已被俘。随后，保安第十四团根据三十六师和第二绥靖区的电令，先后于 4 月 25 日前后，将林琪祥解送长汀三十六师师部，将已保释的张亮、周月林重新收押，解送第二绥靖区司令部驻地龙岩。

张亮、周月林两人由钟绍葵带同副官张友民押送，有轿子供她们乘坐。第二天中午抵达丰年桥。午饭时，张亮无耻地对钟绍葵说：“我怀孕不能走，你们给我轿坐，我很感激。我现在报告你们：那个医生林琪祥是中共中央总书记瞿秋白。”周月林也供出何叔衡同志在小迳村被打死，邓子恢同志已经突围等情况。

“林琪祥就是瞿秋白！”——这个意外的情况使钟绍葵狂喜不止。他到达龙岩立即向李默庵报告，并请求李即刻发电给长汀三十六师师部查问林琪祥是否已经解到，等到长汀回电答复说林琪祥已解到，他才放心。原

① 《福建民报》，1935 年 4 月 20 日第二版。

② 国民党军驻闽绥靖公署下辖四个绥靖区，分别驻在福州、建瓯、漳州、龙岩，统归蒋鼎文节制。

来，钟绍葵心里盘算：秋白同志如果真的被俘获，他便可捞得一笔重赏。不久，当秋白同志的身份被证实以后，钟绍葵即于5月14日向南京发了一通邀功请奖电报。[①]“国民政府行政院”院长汪精卫5月25日批文：“覆电嘉奖，并交军政部查案给奖。”据说，给钟部的这笔奖金共十万银元，但被福建省政府扣下绝大部分，只发给钟部三万元了事。

周月林、张亮屈膝投敌，出卖秋白同志，公开发表“反共悔过书”后，深得敌人赏识。李默庵说她们“年幼识浅，被诱惑而入共党。厥后既各与匪首缔婚，则其行动，自不能不与之一致。究之彼辈妇女心理，其主旨之定见，信仰之坚决，当不能与匪首瞿秋白等相提并论”[②]。1935年9月20日，第二绥靖区判处周、张各有期徒刑十年。1937年10月2日，驻闽绥靖公署即以周、张“在狱谨守规章，行状善良，且体弱多病”[③] 为由，将这两个叛徒提前释放了。

三　长汀狱中斗争

（1935年4月25日至5月13日）

钟绍葵派了几名部下协助三十六师的一支部队押送秋白同志北行，前往长汀。

从上杭到官庄再到迴龙，走的是水路，沿汀江溯流而上。这一段水路需两三天。从迴龙改搭长杭船到河田，也是水路，需时三五天。抵河田

① 南京中央党部、国民政府行政院长汪、军委会委员长蒋钧鉴：“职团于上月有日（按指4月25日，实为2月24日）派队游击长汀属之水口尚潭，俘获赤匪伪中央政府副主席项英之妻名张亮、伪中央执委兼妇女部长周月林（即伪中委梁柏台妻）、伪中委总书记兼教育人民委员会主席瞿秋白等要匪三名。俘获时曾经鞫讯，乃张亮伪供周莲玉，周月林初则伪称陈秀英，一再研讯又伪供黄秀英，瞿秋白化名为林琪祥。嗣经俘获匪兵指认，确系张亮、周月林、瞿秋白后，该匪始无词狡辩，供认不讳。共供伺行之伪中央委员何叔衡一名，亦于是役被我军击中要害毙命等供在案。查该匪等前经钧部明令悬缉有案，除瞿秋白一名奉驻汀三十六师宋师长希濂电令解长汀研讯；其张亮、周月林二名奉驻闽第二绥靖区李司令默庵电令解龙岩研讯外，理合将俘获匪首情形电报钧部察核备案，并乞查案给赏，借资鼓励。福建省保安第十四团长钟绍葵，寒叩。”

② 李默庵致蒋鼎文的呈文，时间当在1935年9月。

③ 驻闽绥靖公署代主任陈×的批文。

后，还有几十里陆路，一直步行到长汀。整个行程需十天到十五天。春末夏初的闽西，青山处处，然而，昔日欢乐的苏区，已是山河易色，笼罩着一片肃杀恐怖的气氛。一路上天气变幻莫测，风风雨雨，长途颠簸，是很辛苦的。秋白同志身体病弱，走得很慢，直到 5 月 9 日才抵达长汀。

秋白同志被拘押在设于长汀中学里的第三十六师师部。

三十六师参谋长向贤矩、军法处长吴淞涛、政训处长蒋先启等，在秋白同志解抵长汀以前，早已策划了一个狡毒的阴谋。秋白同志到达的翌日——5 月 10 日，他们就组织了一次所谓军法审判。审判开始，吴淞涛发问，瞿秋白作答。“你的年龄，籍贯?”“三十六岁，上海。”“你何时被俘，同时被俘的有几人?”“被俘有一个多月，同时被俘的还有两个女眷。”

这时，吴淞涛霍地站了起来，狡黠地诈问道：“你是瞿秋白，不是林琪祥。我在（民国）十六军时曾在武汉见过你讲演，你不要冒混吧!”秋白同志镇定地答道：“我确不是瞿秋白!”

吴淞涛随即将先已被俘投敌的叛徒郑大鹏[①]招进屋内。郑曾在苏区教育人民委员会工作，认识秋白。在郑的指认下，秋白同志承认了自己的身份。他坦然一笑，对扬扬得意的吴淞涛等人说：

> 既经指认，我就不用“冒混”了。我就是瞿秋白。我在上杭笔述的供录，算是作了一篇小说一样。[②]

三十六师是蒋介石的嫡系部队，装备与众不同，带兵官是清一色的黄埔系，师旅长更是蒋介石亲自培养的黄埔第一、二期生。师长宋希濂，是湖南人，毕业于黄埔军校第一期。第一次国共合作时期，秋白同志担任国民党中央候补执行委员、国民党“政治委员会”成员，是赫赫有名的人物。宋希濂曾经读过秋白同志的著作，仰慕秋白同志的学问。但在蒋介石背叛国民革命，国共两党分裂以后，宋希濂已经成为蒋介石麾下积极从事

---

① 一说为“陈姓青年”，又一说为“林大头”。

② 赵庸夫：《关于瞿秋白之种种》附录《审讯记》。《逸经》，民国二十六年（1937）七月，第三十四期。

“剿共军事”行动的健将。长汀被该师攻陷，他就把师部设在长汀中学。蒋介石将瞿秋白交给三十六师看押，足以说明宋希濂深得蒋介石的赏识和信赖。这时，他在秋白同志面前口称“瞿先生”，并且给予生活的优待，大抵有两个原因：一则秋白同志身患重病，倘因生活上照料不周，一旦不起，他没法向蒋介石交代；二则是企图软化秋白同志的革命意志，以收劝降之功。

现实的阶级利害，使敌我之间的界限这样分明。在特定的环境中，残酷的阶级斗争，有时在迷人笑脸的掩盖下，尽管显得有些隐晦，却依然是针锋相对的。这，确实不以人们的主观愿望为转移。

在宋希濂的“关照”下，秋白同志的生活条件得到了改善①，宋希濂以下大小军官都以“瞿先生”相称。秋白同志面临的正是一场特殊条件下的斗争。对着心地阴险狡诈，而表面上却装出一副客客气气面孔的敌人，秋白同志则示之以不卑不亢、亦刚亦柔的态度。秋白同志自少年时代起，就写得一手好字，赋得一手好诗，刻得一手好印。那些军官们胸无点墨，又附庸风雅，求诗者不多，但对印章却是求之不迭的。秋白同志身陷囹圄，坚持革命信念，向看守他的一些军官士兵宣传革命道理；同时，乐得消遣，对求诗索印，一概来者不拒。狱中诗词，有表现革命理想情操的一面，也有抒发悒结消沉的一面。因为秋白同志毕竟是一个多情善感，诗人气质浓厚的人。但是，他始终是清醒的革命者。敌人煞费苦心妄图从他口中套取我党我军的机密，他却始终没有使他们有半点满意。

秋白同志在一次回答问话时，对敌人说了一个假情况，他说：“在二月初有过一度会议决定了三条路线，第一是闽北和清流、宁化一带，第二是由江口渡江向西行动，第三是于都、兴国方面。项英、陈毅、梁柏台、何自立等就是在决定的几条路线去活动去了，至何人任何路线，我却不明了。”这一条“兵分三路”的材料，曾经被某些人作为秋白同志“出卖我

① 据宋希濂1956年4月2日所写的材料：“瞿秋白住的房间约有一丈见方，有地板，室内有一张中国式的木床，一张书桌，二、三条板凳，一个洗脸架。伙食是照师部工作人员一样，按那时的物价来推算，约等于现在的人民币十八元到二十元一个月。另外有时还加几两酒。”笔者于1979年6月到长汀专门去看了秋白同志的被囚地。房屋依旧，屋前有一个宽与屋等、略微长些的天井，原来围有与屋檐相等的高墙，今已不存。秋白同志就是在这小小的天井里散步。

军秘密”的“罪证”，大肆宣扬。事实并非如此。根据项英生前在《三年来坚持的游击战争》中回忆，当时根据中央二月来电指示，苏区留守部队兵分九路，进行游击活动。项英、陈毅同志，不久就到达江西、广东两省交界的油山地区，根本不在“兵分三路”中的任何方向。事实恰恰证明：秋白同志虚构“兵分三路”，是为了迷惑敌人，掩护我军的安全转移。至于口供中提到项英、陈毅的名字，则是敌人早已知道的，不是什么秘密。

5 月 13 日，秋白同志被叛徒出卖后在长汀狱中写了一篇长长的“供词”。他用很大的篇幅全面、热情地宣传和颂扬了中央革命根据地在政治、经济、文教等方面所取得的伟大成就，驳斥了国民党对苏区的攻击和诬蔑。与其说这是一篇“供词”，不如说是秋白同志对苏区充满激情的深切怀念之词。下面让我们引述几段文字：

> 初进苏区的感想，首先就是各乡各区……的政权的确握在另外一种阶级手里，同苏区以外是相反的。那些“下等人”，无论他们因为文化程度的低而做出些愚蠢或者多余的事，可是，他们是在学习着、进步着，在斗争中纠正着自己的错误。他们中间产生了不少干部……例如江西省苏维埃政府主席刘启尧（现在已经在战争中死了），他是一个长工，二十多岁还是一个字不识的，然而三年的苏维埃革命中，他努力学习，甚至晚上不睡觉——在一九三四年三月间我见着他的时候，他已经能够看得懂《红色中华》报，已经能够指导一个省政府的工作。
>
> 经济建设方面，除兵工厂、印刷厂、造币厂等一些国有企业外，农业方面在后方也有可惊的成绩。例如去年的春耕运动教会了几万妇女犁田。苏区去年没有灾象是事实，虽然红军扩大了好些，就是在家耕田的壮丁少了好些，而米粮能够吃到今年秋季。……至于民众同苏维埃政府的关系方面，只看一九三四年五月扩大红军，九月又扩大，计划都完成了；六月和八月的收集粮食（有借农民的谷子，有农民自己节省来捐助的谷子，有按时交纳土地税的谷子）也完成了。
>
> 苏区的生活，在一九三四年二月到八九月，还是相当安定和充足的，不过盐贵些，布缺乏些，这是国民党封锁的关系。我见着一般农民

当时的饭菜，问他们比革命以前怎样，他们都说好些，因为分了田。到后来，国民党的军队很多很多的围紧起来，占领了一切城市和圩场，乡村中的生活就一天的苦起来，因为有油的地方运不出，没油的地方买不到……生活一般的说，是很苦的，并没有在苏维埃革命之后立刻创造“地上的天堂”。这区域原来就是很贫瘠的，何况要应付这样严重的战争和封锁，这的确是中国历史上空前残酷的战争呵！

可以看得很清楚：秋白同志一面热情地讴歌了苏区欣欣向荣的景象和人民群众的新生活，一面严厉地谴责了国民党军队对苏区的反革命“军事围剿”。

苏区发生过肃反扩大化的错误，曾经为敌人利用进行反共反苏区的宣传。对此，他在“供词”里给予了有力的批驳。他写道：

自然，革命和战争难免杀人，这种肃反的工作做得“过火”，或是错误，就会引起一种民众的恐慌和反感。可是，在我到苏区的这一年中，早已没有这种现象。……正是共产党中央迅速纠正了他们……在中央的决定之中，决没有以残杀为原则，“越杀多越革命”“七八十岁的老头子，几岁的小孩子都要杀”的事情。据我所知道的，就是“消灭地主阶级”的口号，也绝对不是杀尽地主的意思。……我在苏区没有亲眼见着“杀得满地是尸首”的现象，也许我的“见闻不太广”。

对于王明路线的实质及其危害，秋白同志身受其苦，是十分了解的。但是，为了在敌人面前维护全党的团结统一和党中央的领导权威，他对中央的路线说了好话。他写道：

到了苏区，使我更加感觉现在的中国共产党中央和全党，同以前我和其他几个同志（如李立三）领导的时候比较起来，大不同了，工人干部也多了，工作方式也是新的了，政治分析等等的能力也强多了。

总之，在政策方面，我虽然不在党的中央政治局，不担负着政治上的最高领导责任，可是，以我在苏区一年的感觉而论，觉得党中央的政策和路线没有什么错误。

秋白同志在这篇“供词”的最后，写了这样一段文字：

> 最后我只要说：我所写的都是我心上真实的感觉。我所见，所闻，所作，所想的。至于我所没有见过的，没有觉到的，或者违背事实，捕风捉影的话，我是不写的。我不会随声附和骂几句“共匪”，更不会装腔作势扮成共产党的烈士——因为反正一样是个死，何苦自欺欺人呢?!

秋白同志的这一篇“供词”，虽然也流露了某些消沉情绪，但它确实打中了国民党的痛处。国民党的一个反动文人赵庸夫当时曾经著文评论这篇“供词”，说是“文长四千余字，首段叙在沪之生活状况，中段述刚到匪区之感想，末为匪区政治的设施，及其对伪政府之鼓吹，因而不便发表”①。这一段文字确能说明国民党当局是深知“供词”中秋白同志“对伪政府之鼓吹”的分量的。

四 《多余的话》

(1935 年 5 月 17—22 日)

从 5 月 17 日到 22 日，秋白同志写了一篇《多余的话》②。这篇自传性的文章近两万字，分为“何必说?（代序）”“历史的误会”“脆弱的二

---

① 赵庸夫：《关于瞿秋白之种种》。《逸经》，民国二十六年（1937）七月，第三十四期。

② 《多余的话》最早刊于中统特务主办的《社会新闻》第十二卷第六、七、八期（1935 年 8、9 月出版，选载《历史的误会》《文人》《告别》三节）。1937 年 3 月 5 日至 4 月 5 日出版的《逸经》半月刊第二十五、二十六、二十七期，全文刊登此文。此后，日本、香港地区的几种报刊，亦有转载，均系铅字排印。1954 年以来，经反复查找，海内外迄今未发现该文手稿。因此，《多余的话》以及其他的“笔供”“口供”等，是否为秋白同志所写，抑或出诸秋白同志之口，历来有人怀疑。他们认为，即使《多余的话》是秋白同志写的，敌人也不予篡改；以《多余的话》来判断秋白同志是否“叛变自首”，是缺乏科学和法律根据的。这些意见，是有一定道理的。

元人物”“我和马克思主义”“盲动主义和立三路线”“文人”“告别”等七个部分。文章开头以《诗经·黍离篇》中“知我者，谓我心忧；不知我者，谓我何求”作为引言。这两句诗，表达了东周大夫出行至旧都镐京，目睹宗庙宫室毁坏，尽为禾稼，感伤不已，所产生的忧国之情。秋白同志在《多余的话》中明确地说“我愿意趁这余剩的生命还没有结束的时候，写一点最后的最坦白的话”，“彻底暴露内心的真相”。他希望人们了解他，他说：“人往往喜欢谈天……能够乱谈几句，心上也就痛快了。何况我是在绝灭的前夜，这是我最后‘谈天’的机会呢?”通观《多余的话》，秋白同志是以关切党的事业，怀念同志战友的真挚感情，认真地总结了一生，严格地解剖了自己，把自己血淋淋的灵魂，赤裸裸地放在显微镜下，坦然无私地自我审判，也留给后人去品评是非功过，“愿意受历史的最公开的裁判”。《多余的话》也流露了消沉、灰暗的情绪，不那么健康，不那么鼓舞人，但这些消沉和灰暗掩盖不了蕴含在《多余的话》中的光辉。

《多余的话》光辉之处，仅就秋白同志严格地解剖自己这一点来说，对自己的人生观、世界观乃至文艺观的剖析中，都有极其精辟的见解。下面分别加以叙述。

第一，坚信马克思主义和共产主义。

秋白同志在《多余的话》中明确地表示：“要说我已经放弃了马克思主义，也是不确的。”“我二十一二岁，正当所谓人生观形成的时期，理智方面正是从托尔斯泰的无政府主义很快转到了马克思主义。”“我的思路已经在青年时期走上了马克思主义的初步，无从改变。”当然，他也承认“这思路却同非马克思主义的歧路交错着”。秋白在《多余的话》中明确地表示他坚信共产主义，主张实行无产阶级革命和无产阶级专政。事实上，秋白同志一生中对于中国革命问题的论述，文献俱在，彪炳史册，是不能也无法抹杀的。作为我党卓越的马克思主义理论家和宣传家，他是当之无愧的。

第二，严格地解剖自己。

在《多余的话》中，秋白同志清醒地认识到自己的世界观还未能脱净“没落的中国绅士阶级意识”即小资产阶级意识，因而说自己是“脆弱的二元人物”，存在很多的弱点。他深刻地剖析了自己思想上存在的无产阶级意识与小资产阶级意识之间，马克思主义思想与非马克思主义思想之间的矛盾。他说：“从我的一生，也许可以得到一个教训：要磨炼自己，要有非常巨大的毅力，去克服一切种种‘异己的’意识以至最微细的‘异己的’情感，然后才能从‘异己的’阶级里完全跳出来。而在无产阶级的队伍里站稳自己的脚步。”秋白同志通过对自己一生的总结所得到的教训，表现了一个中国共产党人的实事求是、坦荡无私的崇高品质。他在《多余的话》中告诫青年“不要学我的样子”，指的就是不要保留“异己的”思想意识，不要做“二元人物”，而要脱胎换骨，做彻底的无产阶级革命战士。

第三，勇于承担责任。

在《多余的话》中，秋白同志对于自己所犯的“左”倾盲动主义错误，表示异常痛心，作了诚恳的自我批评，并表示：“我应当负主要责任。”这是一个共产党人对待自己所犯错误的正确态度。

第四，关怀党和革命事业，热爱战友和同志。

在《多余的话》中，秋白同志对党和革命事业，以及对同志和战友充满了阶级感情。他说：“永别了，亲爱的同志们——这是我最后叫你们‘同志’的一次。”“你们在斗争中勇猛精进着，我可以羡慕你们，祝贺你们，但是我已经不能够跟随你们了。”他还说：“永别了美丽的世界!”“这个世界对于我仍然是非常美丽。一切新的，斗争的，勇敢的都在前进。……比从前更光明了。”

秋白同志对于30年代初，在上海同鲁迅一起从事文化斗争所做的重要贡献，无论在“口供”“笔供”，还是在《多余的话》中，都一字不提，只是说他离开中央政治局以后“告了长假休养医病”，“大病，时发时止，耗费了三年时间”，他被俘后写给鲁迅和周建人的信是化名、暗语，采取了周密的安全措施；他对国民党的记者谈话，说鲁迅“只能算为同路人”，有意为鲁迅开脱。苦心孤诣，成功地保护了鲁迅，保护了上海地下党的组织和同志。

第五，正确的文艺观点。

秋白同志在《多余的话》中也谈到文艺方面的问题。他反对“雾里看花”“隔着一层膜”，主张考察“实际生活”。他说：“我学着比较精细的考察人物，领会一切‘现象’。我近年来重新来读一些中国和西欧的文学名著，觉得有些新的印象。你从这些著作中间，可以相当亲切的了解人生和社会，了解各种不同的个性，而不是笼统的‘好人’‘坏人’，或是‘官僚’，‘平民’，‘工人’，‘富农’等等。摆在你面前的是有血有肉有个性的人，虽则这些人都在一定的生产关系、一定的阶级之中。我想，这也许是从‘文人’进到真正了解文艺的初步了。”

人，对于作家不是一个抽象空洞的概念。文学艺术作品要塑造“有血有肉有个性的人”，而不是用种种现成模式去铸造类似机器零件那样简单化、公式化的人物。这个在多年来被弄得混乱不堪的重大文艺理论问题，早在四十多年前，就被秋白同志明白透彻地阐述清楚了。

秋白同志在《多余的话》中所表现的思想光辉，还不仅在于《多余的话》的一系列马克思主义的真知灼见。他了不起的地方，或者说常常使一些人目瞪口呆，予以百般指责的地方正是他写《多余的话》这个出乎常规的行动本身。

无产阶级政党要求自己的成员包括其领袖人物应该达到的品德、风格和行动的标准，无疑是根据无产阶级固有的优点和特点规定的。但是，共产党人及其领袖人物在达到这个标准之前，必然有一个形成、发展和完善的过程。一般地说，由于社会、阶级、自我改造等客观和主观因素的限制，即使是在伟大的无产阶级先锋战士身上，也难免不存在“异己的”的弱点、缺点和错误。共产党人的力量，不在于掩饰自己的弱点、缺点和错误，为自己塑造高大完美的形象。相反，他的力量恰恰在于能够勇于解剖自己，扬弃自己的弱点、缺点和错误；而为了彻底扬弃，首先必须做到严格解剖。解剖自己，说起来不难，做起来其实很不容易，决没有那些不预备作自我解剖的人所指责、所鄙视的那么轻而易举。像《多余的话》这样彻底、严格的自我解剖，在我们党的历史上的领袖人物确实也不算很多吧。正是在这个意义上，《多余的话》闪烁着不寻常的光辉，人们是可以从中汲取有益的启示的。

能不能在敌人牢狱中进行自我解剖呢？我们不是也不必一般地提倡共产党人在敌人牢狱中直到临终之际才作这样的自我解剖。应该具体地分析秋白同志何以在此时此刻进行自我解剖？秋白同志身系囹圄，他清醒地意识到自己随时有被敌人处决的可能。他已经无法在党组织面前进行一生的总结和最后的自我批评。他通过《多余的话》把自己内心世界的一切都说出来，留待身后论定，这是应该允许的。把秋白同志写《多余的话》曲解为“绝望的心情”所导致的结果，是不公正的。

《多余的话》里确有过头话，流露了消沉情绪。

如何估计《多余的话》中的灰暗情绪？其一，要看到这些灰暗情绪在《多余的话》中，是非本质的、次要的，它不是《多余的话》的主流。而写《多余的话》，在秋白同志被捕以后的全部表现中又是一时一事，不是主流，无损于他的革命大节。其二，要从历史的特定环境，从秋白同志这样一个具体的人，实事求是地加以分析。例如，秋白同志在《多余的话》中所说的“历史的误会”和“噩梦”，是仅就自己思想中存在着的“文人”与政治家的矛盾，及其酿成的后果而说的。秋白同志把自己的一生全部献给了党的事业，并有重大贡献。这是毫无疑义的。问题在于他在《多余的话》中对于个人爱好、专长同党的事业需要之间的矛盾缺乏正确的认识，因而表现了不应有的消沉情绪。但是，他在这里并没有对党和革命的恶意诅咒，更没有“否定自己”“推卸责任”“悔过求宠”，以求幸免一死。这一点，在《多余的话》中已经写得清清楚楚了。

又如，秋白同志在《多余的话》中写了“我实际上离开了你们的队伍好久了”，“我只要休息，休息，休息”等消沉的文字。这些话主要是由上述“历史的误会”和身患重病等原因所引起的苦闷情绪造成的，是不健康的。同时，也应该看到这些话还包含着秋白同志对王明路线的怀疑和不满，以及他在王明一伙打击下所产生的苦闷心情。秋白同志在《多余的话》中多次说到他要“休息”，从时间上看，主要是指 1931 年初党的六届四中全会王明一伙把持党中央领导权以后。他说：“精神上政治的倦怠，使我渴望‘甜蜜的’休息，以致于脑［神］经麻木停止一切种种思想。一九三一年一月的共产党四中全会开除了我的政治局委员之后，我的精神状态确是‘心中空无所有的情形’。”又说：“一九三一年初就开始我政治上以及政治思想上的消极时期，直到现在。从那时候起，我没有自己的政治思想。……我对中央的理论政策不加思索了。偶然我也有对中央政策怀疑的时候，但是，立刻就停止怀疑了。”正是在这个意义上，他说：“现在，我已经在政治上死灭，不再是一个马克思主义的宣传者了。”“你们早就有权利认为我也是叛徒的一种。”还说：“我当时觉得，不管宇宙毁灭不毁灭，不管革命还是反革命等等，我只要休息，休息，休息！好了，现在已经有了‘永久休息’的机会。”对这些话，有人认为是对革命的“动摇”，是“否定自己”。从字面上看，也许可以这样理解，但要注意历史的背景和特定的环境。王明一伙把持的党中央，是“顺我者昌，逆我者亡”，动辄给反对者扣上“反党”“反革命”的帽子，置人于死地。在这种情况下，只好说“不加思索了”；但并非真的没有疑问与思索，只是在敌人面前不愿说出，所以只说“心中空无所有”，对中央路线“懒得过问”等。这些话，正好反映了那时党内民主被扼杀，党内生活窒息以及秋白同志身受打击所产生的思想苦闷的状况，而不能证明他对革命“动摇”，更说不上“叛变投降”了。

总之，《多余的话》一没有出卖党和同志，二没有攻击马克思主义和共产主义，三没有吹捧国民党，四没有乞求免死的念头。相反，《多余的话》中多处可以看见的倒是热爱党、热爱战友，坚信马克思主义和共产主义，勇于承担责任和严于解剖自己，这是《多余的话》的主要倾向，也是它的基调。

还应当指出，秋白同志在狱中尖锐地批判过胡适，批评过三民主义①，痛斥过蒋介石②，并向看守他的一些下级军官进行过革命思想的宣传③。秋白对狱医陈炎冰说：“现阶段中国革命是土地革命，毛泽东的土地革命、农村割据主张是正确的。”④ 他在赠给陈炎冰的一张照片上，写下了这样两句话：“如果人有灵魂的话，何必要这个躯壳！但是，如果没有的话，这个躯壳又有什么用处？”在秋白同志看来，有的人虽生已死，因为他只有躯壳而无灵魂；有的人虽死犹生，因为他是一个不死的灵魂，与永恒的宇宙同在。

像秋白同志这样的重要人物，如果对敌人有一点动摇乞降的表示，蒋

---

① 据李克长《瞿秋白访问记》；宋希濂的回忆材料。

② 见陈农菲《不倒的红旗》，中国青年出版社 1962 年版。

③ 同上。

④ 陈炎冰，大革命时期的中共党员，后脱党，中华人民共和国成立后重新入党。

介石是决不会放过利用他的机会而轻易地杀他的。相反，敌人正是从秋白同志狱中革命言行和《多余的话》中明显地看出他决不会屈膝投降，才将他处死的。1935 年 8 月，中统特务主办的《社会新闻》杂志首次选载《多余的话》时所加的编者按语中说：“瞿（秋白）之狡猾恶毒，真可谓至死不变，进既无悔祸之决心，退亦包藏颠倒黑白之蓄意。所以瞿之处死，实属毫无疑义。”秋白同志在写《多余的话》以前不畏刑讯，讴歌苏区；在写《多余的话》以后拒绝劝降，从容就义。这一系列的行动说明，《多余的话》是秋白同志在狱中全部斗争实践中同旧传统观念彻底决裂的一个环节。在《多余的话》中，秋白同志专门写了“告别”一章，一再向同志们亲切地告别；一再说他写的是“最后的话”，这都只能说明他决心舍生赴死，而没有“在革命的生死关头，消极动摇，叛变投敌”的意图。《多余的话》的基本内容是自我解剖，这个行动说明他并非绝望地“消极等死”。他最后英勇牺牲同他就义前夕总结自己一生，这两者之间没有无法解释的根本矛盾，不是不可以理解的。

秋白同志在狱中拟有一份《未成稿目录》①，是他准备写的文学札记和自传性作品的目录。几十个题目，几乎涉及他一生各个时期的大事和重要人物。秋白同志倘若没有过早地牺牲，他会写出更多的作品（包括他的自传）。这真是巨大的损失！

---

① 《未成稿目录》民国二十四年（1935）夏汀州狱中《读者言》：1. “王凤姐”。2. 张飞与李逵。3. 安公子。4. 野叟曝言主义。5. “阿 Q”。6. “阿 Q” 以后。7. 酒瓶问题。8. “不成话”。9. 古汉文。10. 翻译。《痕迹》：1. 环溪。2. 大红名片。3. 父亲的画。4. 娘娘。5. 宁姐（以上《家乡》）。6. 黄先生。7. 出卖真理（以上《北平》）。8. “饿乡”。9. 郭质生（以上《第一次赴俄》）。10. 丁玲和他。11. “生命的伴侣”。12. 独伊。13. 误会（以上《上海》）。14. 兰布袍子。15. 庐山（以上《武汉》）。16. 忆太雷（以上《一九二七年年底》）。18. “老爷”。19. 忆景白。20. 面包问题。21. 夜工（以上《第二次赴俄》）。22. 油干火尽时。23. “做戏”（以上《退养时期》）。24. 那松林的“河岸”。25. 真君潭（雪峰）。26. 只管唱，不管认。27. 淡淡的象（以上《苏区》）。28. 逃！29. 饿的研究。30. 不懂的（以上《上杭》）。31. 得其放心矣（《汀州》）。按：原抄件无 17。

五 击破劝降阴谋

（1935 年 6 月临刑前夕）

秋白同志从被俘到 5 月底，三个月的时间，敌人从刑讯逼供到软禁厚待，都没有从他口中捞到他们所需要的任何东西。长期监禁不能战胜瞿秋白的坚强意志，这一点，敌人是看到了。但是，这样一位声望卓著，中外闻名，受人民爱戴的人物，如果愿意改变宗旨，对于巩固国民党的统治，将会有很大的好处。而且，他们估计秋白同志无论如何坚强，到了这身陷囹圄，山穷山尽的时候，也会软化屈膝的。于是，南京伪中央党部的人员亲自到长汀作说客。5 月 22 日，在秋白同志《多余的话》竣稿的同一天，南京伪中央党部给驻闽绥靖公署发了一道密电：

派陈建中同志来闽与瞿匪秋白谈话。

刚刚过了三天，又有一道密电由南京发到福州：

加派王傲夫同志偕同陈建中同志与瞿等谈话。

陈建中，当年二十四五岁，中等个，瘦长脸，说一口陕西话。他原是共青团陕西省委书记（或委员），1933 年被捕立即叛变。他与另一个叛徒、中共陕西省委书记（或委员）杜蘅（杜甘棠）在西安“表演”① 两个月，中共在西安及陕西的党团地下组织，多被破坏。中统特务机关以陈建中“表现突出”，于 1934 年初将其调往南京，派他到伪宪兵司令部对被捕中共人员进行“说服”（即策反）工作，又在中统南京“实验区”协同匪特对我党地下机关进行“侦破”工作。不久，即正式调任中统局行动科干事，专门负责“指导”对西北苏区的“特情工作和检查工作”，并在中统

① “表演”，指叛徒在敌人指挥下，充当坐探、引线等，对我党地下组织进行破坏活动。敌特机关据此考察其是否死心塌地叛党投敌，为虎作伥。

"社会调查人员训练班"中讲授《说服工作》。[①] 但是，陈建中毕竟是新近"转变"的中共叛徒，匹马单枪对付秋白同志，论才学、阅历、身份都嫌大大不足。所以，陈立夫随后又增派了中统的另一个骨干分子王儆夫。

王儆夫，又名王书生、王杰夫，吉林人，年三十五六岁。北平燕大毕业后曾经研究过一段宗教哲学。在商震军中以清洗进步人士深得陈立夫的青睐，先后充当中统训练科副科长、科长，并负责领导"中共自首人员招待所"和中统"社会调查人员训练班"，做过中共一些大叛徒的劝降工作。[②] 王杰夫出马，陈建中就成了他的助手。

陈立夫特别召见王杰夫，对王说："如能说降瞿秋白，那在国内国际上的号召和影响都是很大的。"并布置王杰夫通过秋白同志查明我党在上海、香港地下组织关系和在江西的潜伏计划。

王杰夫赴闽的头衔是"中央组织部特派福建党务视察委员"。王、陈途经福州、厦门时，又拉上福建省党部秘书、调查室主任钱永健和厦门市党部书记、中统特务朱培璜同行，于6月13、14日抵达长汀。

在与秋白同志谈话前，王杰夫等人商定了一个劝降的方案，据朱培璜后来交代：一是用亲属和朋友的情感打动秋白同志；二是以中共中央干部中的叛徒投降敌人以后所受到的所谓优待、重用的例子（如顾顺章）来对他进行"攻心"。王杰夫傲慢地对这一群特务说："我们有办法，比他顽固的我们做成功的例子很多。他（指秋白同志）很顽固，很坚决，动摇不了。李司令（默庵）和宋司令（希濂）都认为我们也没有办法……我们好好干，作出成绩给他们看!"

谈话进行了多次。除了王、陈、钱、朱四人，伪三十六师政训处长蒋光启等也在场。

一张长方形的桌子，秋白同志坐在一端，几个特务围拢着，一齐把目光投向了他。王杰夫戴着一副金丝架的眼镜，一对细小的眼珠紧紧地盯着

① 陈建中于1949年全国解放前夕逃往台湾，曾任伪中央党部第六组主任，主管对我党"心战和策反"活动。1953年在朝鲜劫持中国人民志愿军大批战俘去台湾，就是陈建中的"杰作"。1975年升任蒋帮伪"国民大会"秘书长。

② 王杰夫后来任伪中统局设计委员、训练委员会主任、总督察、纪律审查委员会主席。中华人民共和国成立前夕任国民党大连市党部主任委员。

秋白同志，又极力装出一副斯文的姿态，细声细气地对秋白同志说：

你的问题，你自己没有兴趣考虑，你的朋友，你的亲戚和家属，倒希望你好好地加以考虑。你可不能使他们失望。

秋白同志回答说：

我自己的问题，从来由自己考虑，不劳朋友亲戚甚至家属来考虑。特别是政治问题，过去是我自己考虑，现在不可能也无必要戚友代劳。

瞿先生，我们从南京到长汀来，因为你是一个非凡的人才，你的中文特别是俄文程度在中国是数一数二，你生存下去，可以做翻译工作，翻些托洛茨基最近有关批判联共的著作，这对你来说是轻而易举。……

王杰夫的话还没有说完，秋白同志就打断了他的话，说：

我对俄文固然懂得一些，译一点高尔基等文学作品，自己觉得还可以胜任。如果译托洛茨基反对联共的著作就狗屁不通了！

秋白同志软中带硬，把王杰夫顶了回去。王杰夫这时有点恼火，然而还是假惺惺地对秋白同志说：

朋友，亲属关心你，中央挽救你，也是爱惜你的才学，才派我们远道而来。哪料到同你谈了好几天，你无动于衷乎？

秋白同志被解到长汀后，受到敌人厚待。他是了解敌人的用意的。他预料敌人会使用种种诱惑手段，知道自己不得不进行韧性的斗争。越在这样的时候，他就越会想到文天祥的那首《言志》诗中的名句："杀身慷慨犹易免，取义从容未轻许。”慷慨激昂，壮烈成仁，当然不易。但是，在敌人的种种诱惑面前，比较慷慨杀身引刀一快，从容就义真是更难为！秋白同志打定了主意，毫不退缩，无所畏惧地对待眼前发生的一切。他答道：

> 王先生，钱先生，谢谢你们的好意。我问你们，这种关心和陷害有什么区别？我知道，你也知道，事实上没有附有条件是不会允许我生存下去。这条件就是要我丧失人性而生存。我相信凡是真正关心我爱护我的亲友家属，特别是吾妻杨之华，也不会同意我这样毁灭的生存，这样的生存只会长期给他们带来耻辱和痛苦。

秋白同志立定脚跟，侃侃而谈，使得王杰夫等人面面相觑，无可奈何，只得草草结束了这一次谈话。

一次，王杰夫笑嘻嘻地对秋白同志说：

> 我有一个假设，假设瞿先生不幸牺牲了，你瞿先生是否希望中共中央为你举行盛大的追悼会呢？

王杰夫认为，这个设问可以试探秋白同志是不是怕死，具有一针见血的威慑之力。他是相当得意的。秋白同志看穿王杰夫意存讥讽，笑里藏刀，毅然答道：

> 我死则死耳，你何必谈什么追悼会?!

陈建中急功近利，单刀直入地问道：

> 瞿先生，你是去香港再转往上海，你打算在香港住什么地方？还有什么关系？到上海又打算住什么地方？有什么关系？

秋白同志对这个叛徒的愚蠢发问，愤然没有作答。

一次，王杰夫换了一副面孔，一上来就摆着蛮横的架势问道：

请你说明中共中央过去发动过几次大暴动，如南昌暴动、两湖秋收暴动、广州暴动等，这个责任，你瞿先生要不要负责？

秋白同志听罢，只是一笑，他坦然答道：

这些大暴动，都是中共中央发动的。发动这些革命运动的责任，在中央方面，我当然负责任！

王杰夫接着问道：

中共中央和红军都西上了，江西等地的善后潜伏计划，你当然知道一些的，请谈一谈。

对此，秋白同志理也不理，拒绝回答。这次交锋，王杰夫败下阵来，但他仍然不死心。离开长汀的前一天，他又去见秋白同志。

瞿先生，我们决定明天就离开长汀回到南京。你是不是在我们走以前，最后表示你的真正态度。我们同你的亲友一样诚心诚意挽救你，爱惜你的才学。

秋白同志回答得毫不含糊：

劳了你们远道而来，几天来费尽心机和口舌。我的态度，昨天都谈得一清二楚，任何改变都是不可能的！

钱永健表面温和，实则威胁地说：

你要识大体。最近中共残部流窜西去，只余下几个小股，很快就要肃清，中国已经空前统一，中共穷途末路，大势已去。“识时务为俊杰”，你为什么这样顽固迷信？我看瞿先生还是从速考虑吧！

王杰夫接着紧逼上来，劝秋白同志效法叛徒顾顺章，他说：

你如果决心生存下去，不一定叫你作公开的反共工作。你可以担任大学教授，也可化名做编译工作，保证你不作公开反共。瞿先生，你学识渊博，现在正是国家用人之际，所以，我们为国家爱惜你的生命。瞿先生，你不看顾顺章转变后，南京对他的优待。他杀人如麻，中央都不追究嘛！

秋白同志沉思片刻，从容地说：

我不是顾顺章，我是瞿秋白。你认为他这样作是识时务，我情愿作一个不识时务笨拙的人，不愿作个出卖灵魂的识时务者！

这一席慷慨陈词，说得满室敌特失色动颜，无话可答。王杰夫等人知道再谈下去，还有更严厉的抢白，只好偃旗息鼓而退。

当晚，三十六师为王杰夫等人饯行。席间，王杰夫哀叹地说：“我们不能作到使瞿秋白为我们所用，这就说明我们工作的失败。”三十六师的宋希濂说：“我们作了不知多少倍工作，南京军委会也派了专员来，他们办理这样的案子很有经验，结果也是无功而返。”又说：“要瞿秋白为我们国民党所用，实在等于作梦。他在师部还不放弃马克思主义宣传，我们师部有些人对他看法就不正确。他多在师部一天，我就不放心一天。万一有个差错我将如何向委员长交待?”

第二天，王杰夫便引着众人，径自离开长汀，向陈立夫复命去了。王杰夫和朱培璜后来对这次失败的劝降供认不讳。朱培璜的结论是：“王杰夫等专程到长汀，用尽欺骗伎俩，由于瞿秋白先生忠贞不屈，严词拒绝，致无结果而返。”秋白同志无意于名垂后世，但他却以其对党和革命的一片忠贞，击破了国民党统治者的劝降阴谋，赢得了人们的敬仰。

六 “英特纳雄奈尔”

（1935 年 6 月 18 日）

国民党统治者既不能招降瞿秋白以巩固他的反动统治，便立即杀害瞿秋白以除后“患”了。

本来，6 月 2 日，蒋介石就从武昌行营给蒋鼎文发了一道密令：

龙溪绥署蒋主任：寒已法电悉。成密。瞿匪秋白即在闽就地枪决，照相呈验。中正。冬行息字印。

只是因为陈立夫遣人对秋白同志劝降，所以拖迟了行刑的时间。王杰夫等人一走，蒋鼎文、李默庵于 6 月 15 日、16 日、17 日连电催促三十六师迅速执行蒋介石对瞿秋白的处决令。

6 月 17 日夜，三十六师参谋长向贤矩像往常一样来到秋白同志的囚室。但这一次，他不是索供，也不是求诗。他是奉命有意把蒋介石的处决密令暗示给秋白同志。也许，这位蜚声国际的共产党人，在死神面前会吓得软瘫如泥。瞿秋白万一有回心转意的表示，那岂不是意外之功。然而，向贤矩估计错了。秋白同志同往日一样，沉静、安详、毫无惧色。

6 月 18 日是秋白同志就义的日子。

这一天，三十六师师部，兵卫严密，一派肃杀之气。早晨八点，三十六师特务连连长廖祥光走进囚室，向秋白同志出示枪决命令。秋白同志正在伏案挥笔书写绝笔诗：“夕阳明灭乱山中，落叶寒泉听不穷。已忍伶俜十年事，心持半偈万缘空。”他一边手不停挥，一边镇静地说：“人生有小休息，有大休息，今后我要大休息了。”接着把诗写完，并附跋语，末署“秋白绝笔”字样。然后坦然正其衣履，随着廖祥光到中山公园凉亭前拍照。今天我们还可以从这张珍贵的遗照上看到秋白同志最后的风采。他上身着黑色中式对襟衫，下身穿白布抵膝短裤，黑线袜，黑布鞋。背着两手，昂首直立，恬淡闲静之中流露出一股庄严肃穆的气概。据一位临场记者当日的报道：秋白同志来到公园，“全园为之寂静，鸟雀停息呻吟。信步至亭前，已见菲菜四碟，美酒一瓮，彼独坐其上，自斟自饮，谈笑自若，神色无异”。[①]

餐毕，出中山公园。秋白同志在匪兵刀枪密布环护之下，慢步走向刑场。刑场在长汀西门外罗汉岭下蛇王宫养济院右侧的一片草坪，距中山公园 1 公里多。[②] 倘是怕死的人，不要说步行 1 公里，就是 20 米也无法走，恐怕要被人拖行的。秋白同志手夹香烟，顾盼自如，缓缓而行。沿途唱《国际歌》，并唱《红军歌》，呼“中国共产党万岁”“中国革命胜利万岁”“共产主义万岁”口号。大概是多年养成的习惯，《国际歌》他是用纯熟的俄语唱的。临场监刑的伪三十六师政训处长蒋先启原是留俄学生。他清楚地听到了“英特纳雄奈尔……英特纳雄奈尔……”的歌声。到达刑场后，秋白同志盘膝坐在草坪上，对刽子手微笑点头说：“此地很好!”饮弹洒血，从容就义。年仅三十六岁。当日中午，宋希濂向李默庵电告：“瞿匪秋白已于本日上午十时遵令执行枪决。除将该匪照片及处理经过各情另外呈报外，谨先电闻。职宋希濂叩。巧午印。”下午，秋白同志遗骸葬于罗汉岭盘龙岗。[③]

七　流芳万代

秋白同志殉难时，除万里转战途中的红军和西北苏区外，在白色恐怖下的黑暗中国当然不可能有悼念他的文字公开问世。

1935 年 10 月，鲁迅开始为秋白同志编辑遗文集《海上述林》。直到逝世前夕，该书上卷由日本运到上海，他始终抱病怀痛，呕心沥血，把对敌

---

① 天津《大公报》1935 年 7 月 5 日第四版。

② 笔者 1979 年夏长汀之行，两次由中山公园凉亭遗址步行至罗汉岭下秋白同志就义地。边行边记步数、时间。中速行走，约需 20 分钟。以秋白同志当时的身体状况推算，至少要走 40 分钟。

③ 当日，匪军张贴布告，内称：“凡民十六年以后，各地共匪之行动，悉由该匪（指秋白同志）唆使，以赣皖闽粤湘鄂豫川等省之生命财产，直接间接，受该匪之杀戮焚毁者，不可以数计，其罪大恶极，已不容诛。”见《福建民报》1935 年 7 月 7 日第四版。

人的仇恨、对战友的怀念融入在这本书中。《海上述林》署“诸夏怀霜社校印”。“诸夏怀霜”即全中国人民都在深沉地悼念秋白同志。这是多么深刻的含义啊！

1936年，秋白同志殉难一周年时，莫斯科外国工人出版社编印了一本中文书，书名《殉国烈士瞿秋白》。编者在“引言”中说：

> 瞿秋白同志不仅是中国共产党的最好领导者之一，而且是中国人民最优秀的领袖之一。他毕生为中国民族解放，和社会解放而奋斗到底。当他牺牲的周年纪念日，不仅中国共产党员，而且全中国人民都必然要纪念这位优秀的领袖。

这本书集录了陈云、李立三、杜宁（即杨之华）等同志以及王明、康生等人悼念秋白同志的文章，毛泽东同志在中华苏维埃第二次全国代表大会的报告中论苏维埃文化教育的一段文字，还有共产国际代表以及日本、英国、美国、德国、加拿大、安南共产党追悼秋白同志的文章。英国共产党的悼文说：

> 在英勇的中国共产党领导之下的中国工人和农民以及光荣的红军将会替瞿秋白同志复仇的。当我们哀悼瞿秋白同志以及与他一同被害的其他同志之时，我们务须加紧斗争以拥护中国的苏维埃政权。瞿秋白流芳百世！

共产国际代表的悼文，严厉地谴责国民党反动派，写道：

> 让帝国主义的走狗们记住：红军今日对中国革命英雄——为中国人民谋解放的英雄——的尸骨深表哀悼，而在中国共产党及红军领导之下的饥寒交迫的中国人民，明天将给反革命的血腥统治以致命的打击。

这两段文字，表达了国际无产阶级对于秋白同志牺牲的沉痛悼念之情，以及对于中国人民革命事业的正义声援。

秋白同志就义十年以后，1945 年，中国共产党第六届中央委员会扩大的第七次全体会议通过的《关于若干历史问题的决议》，明确地指出：

> 瞿秋白同志，是当时党内有威信的领导者之一，他在被打击以后仍继续做了许多有益的工作（主要是在文化方面），在一九三五年六月也英勇地牺牲在敌人的屠刀之下。

1955 年 6 月 18 日，秋白同志殉难二十周年忌辰，中共中央在北京八宝山革命烈士公墓为他的遗骨安葬举行了隆重的仪式。时任中共中央宣传部长陆定一在仪式上的讲话中指出：

> 瞿秋白同志是中国共产党的卓越的政治活动家和宣传家。
>
> 瞿秋白同志是中国无产阶级的无限忠诚的战士。他献身革命直到最后一息。他的高贵品质和毕生功绩将活在人民的心里，永垂不朽！

党中央反映全党和全国人民的心愿，给予瞿秋白同志以崇高的评价。秋白同志的一生是革命战斗的一生，是光辉灿烂的一生。这样的人物虽死犹生，百诬无损，他的名字将永昭史册，万代流芳。

丝绸流向菲律宾　白银流向中国*

严中平

西班牙殖民主义强盗永远不可能从任何意义上征服中国，相反地，中国人民却在经济意义上征服了菲律宾。在统治菲律宾的那三百多年里，西班牙殖民主义强盗依靠中国人民供应一切，从生活必需品到武器军火，无一不出自中国人民之手。他们自己也都供认，离开中国的各种工农产物，离开华侨的生产性和服务性劳动，他们就活不下去，除非从华商华侨身上大举搜刮，他们就必然财政破产。总之，没有中国人民的辛勤劳动，也就没有菲律宾殖民帝国。

不仅如此，中国人民的劳动产品还泛滥西属美洲殖民地市场，并绕过大半个地球远销到西班牙本土去。此中最突出的，就是各种纺织品，特别是生丝和绸缎。西班牙的社会生产力水平，提不出值得中国人民欢迎的任何东西，因此，那二百年中西贸易的主要特征就是，丝绸流向菲律宾，白银流向中国。

就具文献可考的而言，中国人民和菲律宾人民的交往就已有了一千多年的历史。《文献通考》说，宋太平兴国七年（982）摩逸国遣使至广州贸易。摩逸就是今天的都洛。宋宝庆元年（1225）成书的赵汝适《诸蕃志》和元至正九年（1349）前后成书的汪大渊《岛夷志略》说，中国商人经常至摩逸、三屿和吕宋贸易。麻逸即摩逸，三屿就是今天的加拉米安（Ca-

* 本文原载《近代史研究》1981 年第 1 期。

lamian)、描苏安牙(Rusuanga)和巴拉望(Palawan)三岛。明代伟大航海家郑和在七次远航中，曾三次造访仁牙因(Lingayan)，吕宋、民都洛和苏禄各岛。郑和一行，所至赠礼通好，未尝灭人国家；擒斩中国海盗，未尝杀人越货。他的行动，与后来西方各国殖民主义强盗的行动形成极其显著的对照。他对菲律宾的造访，促进中菲人民的友好往来。自他以后，中国人前来菲律宾贸易乃至长期定居，与菲岛居民互相通婚者，便日益增多。

西班牙殖民主义强盗初次到达菲律宾的时候，就已发现菲岛存有中国产物。1521 年，麦哲伦在候蒙洪岛上看到过中国的丝织品，在里马萨瓦岛看到过广州制的瓷罐子，在宿务岛上看到过中国的描花漆碗和黄色丝织头巾，并从宿务居民口中得知，这个岛和中国有直接贸易关系。麦哲伦死后，他的远征队员又在棉兰老岛看到过中国的瓷瓶子和铜锣。后来，历次闯到菲律宾的西班牙远征队也都不断地在这个群岛上看到中国货，听到中国商人前来贸易的情况。例如，1526 年洛艾萨远征队就在棉兰老岛得知每年有两只中国商船前来贸易。[①] 1543 年此拉洛复斯远征队也在棉兰老岛看到中国货[②]，等等。

开始征服菲律宾的黎牙实备远征队和菲岛的华商华侨有了直接的接触。在第一次接触中，他们就暴露出强盗本性。1570 年 5 月初，从班乃向民都洛侦察的戈第小分队，听说民都洛的巴托(Bato)河面停有两只中国商船。强盗们乘黑夜潜入巴托，于凌晨向中国商船发起进攻，登上中国商船，把船上的八十个华商杀掉了二十个。强盗们在商船的底舱发现了成捆的生丝、乱丝头，还有金钱、麝香、描金茶壶以及其他“新奇物品”；甲板上则摆满了坛子、罐子等陶器，以及瓷瓶、瓷盘、瓷碗、精制瓷壶等瓷器；还有钢、铁、铜等金属材料和蜡。他们把所有这一切都洗劫一空。此后不久，他们在另一个岛上又攻击两只满载的中国商船，劫去货物，掳走一只满载的中国商船和四个中国人。[③]

---

① E. H. Bluir and J. A. Rofertson, *The Philippine Islands, 1493 - 1898*, Clcveland, 1903(以下简称《菲律宾群岛》)。《菲律宾群岛》卷 2，第 55 页。

② 《菲律宾群岛》卷 2，第 69 页。

③ 《菲律宾群岛》卷 3，第 75—76 页。

黎牙实备远比戈第狡猾得多。这个家伙从五年的所见所闻中深刻地认识到菲律宾各岛并不像墨西哥和秘鲁那样存在着金银满仓的“皇宫”，而生产力水平则远远不足以供应他们的需要，华侨华商才是他们能够发财致富的对象。因此，他在1571年强占马尼拉时，对那里的一百五十名华侨就未加损害。[①] 相反，他作出姿态，伪装对华友好，鼓励华商前来贸易。为此，他还把已经迫为奴隶的几个中国俘虏放为自由人，让他们乘华商船只返回祖国。据1573年，马尼拉殖民政府书记官里克尔（Hernando de Riquel）和其他几个人合写的《西方岛屿的新闻》，就是由于这几个被释俘虏返回中国后，“散布了关于这块居留地的新闻，使［中国商人］得悉他们是可以安全地在这里自由交易的，所以，他们就驾船运货而来”[②]。同年，黎牙实备也报告西班牙王说，到马尼拉进行贸易的中国商船，到的早，来的多，运来更多更好的货物，“他们保证了我们的供应”。[③]

1574年和1576年的两个文件说，华商运到马尼拉的货物包括面粉、大麦面、食糖、各种干鲜果品、钢、铁、锡、铅、红白铜、精美瓷器、各种丝织品和各种小物件。尤其重要的是，还有“大批铜炮，铸造得非常好，还有各种军用品”，总之，中国“和西班牙与印度［西属美州］同样富庶，什么都不缺”。[④] 到了80年代，华商来货就更加繁多了，其中有生丝、绸缎、棉布、夏布、陶器、瓷器、玻璃器、面粉、饼干、咸肉、火腿、黄油、各种干鲜果品、家畜、家禽、家具等。90年代，有人列举中国来货包括天鹅绒、本色的和绣花的锦缎、花绫、厚绸、棉布、夏布、面纱、床上装饰品、窗帘、被单、挂毡、台布、椅垫、地毯、马具、铁盒、铜壶、铁罐、铜罐、铁板、铁钉、铅、锡、硝、火药、面粉、橘子、桃子、梨、豆蔻、生姜、各种蜜饯、咸肉、活鸡、阉鸡、青果、各种橙子、上等栗子、胡桃、安息香、各色优质的针、线、玩具、小盒子、书写用具、床、桌子、椅子、镶花长椅、水牛、马、骡、驴、鹅、养在笼子里的鸟，“有的会说话，有的能唱歌，他们教它无数花样”，还有各种漂亮而便

① 《菲律宾群岛》卷3，第167—168页。

② 同上书，第246页。

③ 同上书，第481页。

④ 同上书，第299页。

宜的小玩意和装饰品，为西班牙人所欣赏。此外，还有大量的各种精美陶瓷，黑色的和蓝色的袍子，各种颜色的珠子和玉石，各种胡椒和香料。“我绝对数说不完，也没有这么多的纸张去写。”① 而 1587 年的文件又说，中国货售价之低，“使我们不得不设想，在他们国家，各种产品都是不要花费任何劳动的”②。

由此可见，在黎牙实备强占马尼拉以后，只经过一二十年的发展，华商对马尼拉的“供应”就已包罗万象，诸凡吃的、穿的、用的、必需品、奢侈品、装饰、观赏、游戏用品、火炮及火药等各种军用品、各种金属材料和家畜、家禽，等等，无所不有。其中面粉一项，由于菲律宾不产小麦，③ 而成为西班牙强盗唯一的面食来源；生丝、绸缎、瓷器乃中国特产，遍销西班牙本土和它的各殖民地；棉麻匹头为西属殖民地土著居民所普遍消费；火炮、火药等各种军用品则为西班牙强盗进行征服战争的主要的武器来源。以后我们将看到，华商不到，菲律宾的西班牙强盗不仅无利可图，陷于破产，而且根本就活不下去。

在西班牙殖民帝国维持统治的三百多年里，西班牙本土的生产力水平是谈不上和中国相较量的，更不用说它的殖民地了。相反，西班牙强盗从美洲所掳掠的成吨金银，使整个西班牙殖民帝国的物价直线上升，因而使外国商品泛滥帝国市场，扼杀了西班牙社会生产力的正常发展。殖民主义强盗搬起石头砸了自己的脚。中国产品中，狠狠砸到西班牙强盗脚上去的，主要是纺织品，特别是丝纺织品。

西班牙殖民主义强盗强占马尼拉以后，中国的土布很快就成为菲岛土著居民的生活必需品。1591 年，菲律宾省督拉示马仁迎示就已发现，菲岛土著因为服用中国衣料，不复种棉织布，所以下令禁止土著居民服用中国的丝绸和其他衣着原料。④ 1592 年，他报告西班牙王说，中国商人收购菲律宾的棉花，转眼就从中国运来棉布。棉布已成为中国货在菲律宾销路的最大宗，但土著如采用自种的棉花自行纺织甚至能干得更好，可以向墨西

---

① 《菲律宾群岛》卷 16，第 179—180 页。

② 《菲律宾群岛》卷 24，第 324 页。

③ 《菲律宾群岛》卷 6，第 302 页。

④ 《菲律宾群岛》卷 8，第 80—82 页。

哥输出四十万比索的布匹。① 后来，强盗们多次诅咒菲岛土著“忘记了”纺纱织布的传统工艺技术，多次颁发命令，禁止土著服用中国衣料，② 强迫他们必须种棉织布，但听其杳杳，土著还是大量服用中国衣料。

中国纺织品还经过马尼拉销到西属美洲殖民地去。在墨西哥，高寒山区的土著居民本来都是自行纺纱织布的。西班牙强盗征服墨西哥后，这里的土著居民逐渐停止纺织，消费西班牙来货。西班牙强盗征服菲律宾后，中国纺织品很快就流入墨西哥。早在16世纪末，中国棉布便已在墨西哥市场上排挤西班牙货了。有文献说，因为中国棉布价廉物美，所以印第安人和黑人都用中国货而不用欧洲货。③ 同样原因，也使矿主为矿工供给衣料，不复采用西班牙棉布，而用中国棉布。④ 1719年，墨西哥总督巴莱拉（Marquis de Valera）报告西班牙王说，西班牙的来货，售价高昂，而中国货则售价低廉，所以墨西哥土著一般都服用中国衣料。⑤ 墨西哥濒海低地的印第安人衣着很少，或根本就不穿衣服。1720年，墨西哥总督公布过一项法规，强制土著居民，“以中国货为日常衣料”⑥。据此推测，至迟到18世纪的10年代，中国土布必已遍销墨西哥市场了。

中国纺织品把西班牙强盗砸得最重的是丝绸。实际上，中国对西班牙殖民帝国的贸易关系，就是中国丝绸流向菲律宾和美洲，白银流向中国的关系。这种关系对西班牙殖民帝国的经济体系产生了极大的冲击波，在菲律宾、墨西哥、秘鲁和西班牙本国的商业大亨之间造成了尖锐的矛盾。

流窜到菲律宾和西属美洲的西班牙殖民主义强盗，都是西班牙的社会渣滓。但是，不论他们在本国是杀人越货的亡命之徒，还是鼠窃狗偷的游手好闲之辈，到了殖民地，都给自己加上贵族称号曰“唐”（Don）某某。这些家伙鄙视劳动，不事生产却又要显示其为征服者、统治者的身份地位，都穿上中国绸缎，衣冠楚楚，梳妆打扮成“绅士”模样。不仅西班牙

---

① 《菲律宾群岛》卷8，第273页。
② 同上书，第78页。
③ 《菲律宾群岛》卷27，第199页。
④ 同上书，第202页。
⑤ 《菲律宾群岛》卷45，第255页。
⑥ 《苏兹，马尼拉楼船》，第365页。

强盗如此，就连西班牙人和土著居民的混血种人，也要穿上中国绸缎以炫耀其高人一等的出身。衣着如此，公共建筑如官署、教堂、修道院等，官员、富商等头面人物的私人宅第、别墅等，也都必须用中国丝织品装饰得富丽堂皇。强盗们所消费的大量绸缎，一部分是殖民地生产的，大部分都来自西班牙本国。但是至迟到 16 世纪 80 年代之初，中国的丝绸就已威胁到西班牙产品在美洲的销路了。

在墨西哥，自从科尔特斯征服以后，米斯特卡（Misteca）和普埃布拉（Puebla）等地就发展起蚕桑业和丝纺织业来。17 世纪初，一个爱尔兰修道士谈到墨西哥市的衣着情况时说："男男女女，穿丝多于穿棉。"① 此所谓穿丝，大多是穿的中国绸缎。1611 年，墨西哥总督呼吁禁止华丝入口。到了 1637 年，墨西哥市、普埃布拉和安特克拉（Antequera）等地以中国生丝为原料的丝织工人达一千四百多人。② 墨西哥本土蚕桑业"实际上消灭了"③。18 世纪初的一个文件说，中国仿制西班牙出产的绫子、缎子、斗篷、缎带等丝织品，"精致美观，遍销全境，以致墨西哥除中国丝织品而外，不复消费其他丝织品。结果，西班牙的所有丝织工厂全都破产了，连经营对印度［美洲］贸易的商人也因损失巨大而破产了"④。

秘鲁是中国丝绸的又一巨大销场。1602 年，秘鲁总督报告西班牙王说："利马的西班牙人都穿着质量最好，价钱最贵的绸缎，节日盛装和妇女衣著之繁多与华丽，是全世界其他王国所找不到的。"大约在 17 世纪 40 年代，有一份文件说，中国绸缎在秘鲁的售价只抵得上西班牙制品的三分之一。⑤ 18 世纪初，好多旅行家都发现，利马西班牙人的"衣服和装饰品非常豪华，热中于穿著最昂贵的衣料"；"利马的男人和女人一样地穿著华丽的衣服"；不仅利马如此，"从智利到巴拿马，到处都完全公开地出卖和穿著中国绸缎。西班牙人的衣料，主要都是东方货，从教士的法衣到利马

① 《苏兹，马尼拉楼船》，第 565 页。
② 《菲律宾群岛》卷 27，第 199 页；卷 50，第 75 页。
③ 《菲律宾群岛》卷 50，第 71 页，注 11、75。
④ 《菲律宾群岛》卷 43，第 255 页。
⑤ 《菲律宾群岛》卷 50，第 77 页。

人的袜子都是如此”。[①] 到 18 世纪 40 年代初，一个英国人的记载说，从马尼拉开向美洲的西班牙楼船，每次所运送的中国丝袜子就达两万双。[②]

中国丝绸不仅泛滥美洲市场，夺取了西班牙丝绸在美洲的销路，甚至绕过大半个地球，远销到西班牙本土去，在那里直接破坏西班牙丝绸的生产。大约在 17 世纪 20 年代，西班牙人的文献里就已记载过，中国丝绸破坏格拉那达（Granada）丝织业的事情。[③] 严重的问题是，无论西班牙本土还是西属美洲和菲律宾，其生产力水平都拿不出任何商品值得为中国人民所欢迎。因此西班牙强盗唯一平衡贸易的办法是向中国输送白银。在重商主义盛行的时代，流出白银就等于流出鲜血。因此，用美洲白银交换中国丝绸的这一贸易关系，就成为西班牙殖民主义强盗必须解决而又无力解决的一大难题。

早在 1573 年，菲律宾省督拉米沙礼斯就已发现白银流向中国的问题了。这一年，他报告西班牙王说，西班牙也好，墨西哥也好，所能输出到中国去的货物，“没有一样不是中国所已经具备的。所以，对华贸易必须向中国输送白银”[④]。1584 年，马尼拉殖民政府法官达发洛斯（Malchor de Davalos）报告西班牙王说：“中国人每年把所有的金银都弄走了。我们没有货物给他们，除去［银币］里尔以外，什么都没有，请陛下发布命令指示我们怎么办。”[⑤]

西班牙国王为了解决这个问题，颁发了几十道命令，归结起来，基本上有两个方面：限制墨西哥和秘鲁对中国丝绸的消费和限制中国丝绸对美洲的流量。这两种办法都在墨西哥、秘鲁和菲律宾三处西班牙贸易商人之间，造成尖锐的矛盾。而任何地方的西班牙殖民主义强盗，从总督、省督到低级胥吏，从宗教领袖到一般商人，个个都是违“法”乱“纪”的能手，都把经营中国商品的贸易当作发财致富的捷径，一直都没有把任何禁

---

① 《苏兹，马尼拉楼船》，第 365—366，369 页。

② 瓦尔特·安森勋爵《1740—1744 年的环球航行》（R. A. Walter, Lord, *Anson's Vnyage Round the World in the Years 1740 – 1744*），伦敦 1930 年版，第 220 页。

③ 《菲律宾群岛》卷 22，第 284 页。

④ 《菲律宾群岛》卷 3，第 212 页。

⑤ 《菲律宾群岛》卷 6，第 61 页。

令放在眼里。

根据 1579 年西班牙王的命令，马尼拉的西班牙商人本来是可以对西属美洲的任何殖民地进行贸易的。但时隔不久，从菲律宾流入西属美洲的中国丝绸就因“价格低廉，销售广泛”而使西班牙本国丝绸在美洲市场上几乎绝迹。[①] 对此，塞维尔和加的斯构出口商提出了严重抗议。1582 年，西班牙王菲律普第二为了给塞维尔和加的斯的出口商保持美洲市场，发布一项命令，只许马尼拉的西班牙商人对墨西哥进行贸易，不得对西属美洲的其他殖民地进行直接贸易。1585 年，菲律普第二命令墨西哥总督禁止输入中国的任何商品。当时墨西哥总督认为这是一个“荒谬的命令”，拒绝执行。于是，1587 年，菲律普第二便命令禁止墨西哥向秘鲁和其他西属殖民地出口中国纺织品。1589 年，塞维尔出口商再次抗议中国丝绸破坏西班牙丝绸在美洲的销路，据此，菲律普第二于 1591 年便再次命令禁止马尼拉对墨西哥以外的任何西属美洲进行直接贸易。此后，在 1593 年、1595 年、1604 年各年都重申过这一禁令。

从马尼拉向西属美洲贩卖中国丝绸的利润，最高可达百分之一千。[②] 大利所在，人争趋之。墨西哥和秘鲁的西班牙商人也纷纷涌到马尼拉去贩运中国货物。而从马尼拉向西属美洲运送中国货却又是马尼拉西班牙商人的“主要的谋生之道”[③]。所以马尼拉的西班牙商人和墨西哥、秘鲁的西班牙商人之间也存在着尖锐的矛盾。因此马尼拉的西班牙商人便在 1589 年向菲律普第二提出严重抗议。西班牙王为了给马尼拉的西班牙商人保留“主要的谋生之道”，也为了给塞维尔和加的斯的出口商保持美洲的丝绸市场，先后在 1593 年、1599 年、1604 年、1608 年、1609 年、1620 年、1634 年、1635 年、1636 年、1639 年、1706 年、1718 年、1720 年、1724 年、1727 年各年，颁发了一系列的命令，不是禁止墨西哥和秘鲁的西班牙商人对马尼拉经营贸易，就是禁止或限制菲律宾运进墨西哥的中国货物转销到其他美洲殖民地去，特别是禁止或限制中国丝绸转销到秘鲁去。[④]

---

① 《菲律宾群岛》卷 27，第 112，149 页。

② 《菲律宾群岛》卷 12，第 60 页。

③ 《菲律宾群岛》卷 7，第 120 页。

④ 《菲律宾群岛》卷 27，第 158—159，162—165 页。

在颁布以上各种禁令的同时，西班牙王还在1593年创立马尼拉和墨西哥亚加普尔科（Acapulco）这条航线上的贸易垄断制。这个制度规定，马尼拉到亚加普尔科之间的航运业务，完全由“皇家楼船”独占经营，每年不得超过两艘，每艘载重不得超过300吨，从马尼拉运销亚加普尔科的货物总值不得超过25万比索，从亚加普尔科运往马尼拉的货物和白银总值不得超过50万比索。1604年、1619年的5月和9月曾三次重申此项禁令。1702年，西班牙王命令把马尼拉的出口总值和亚加普尔科的出口总值，分别提高为30万比索和60万比索；1734年，又分别提高为50万比索和100万比索；1776年，再一次分别提高为75万比索和150万比索。此后，直到1815年才完全废止这种垄断制度。此外，西班牙王还在1589年、1596年、1604年、1606年，多次下令禁止或限制向中国输出白银。[①]

以上各种禁令的不断重申，说明禁令不断地遭到破坏。而禁令不断遭到破坏，归根结底乃是西班牙殖民帝国的生产力水平远远落后于中国的结果。如果禁令严格执行起来，受到沉重打击的首先是西班牙的商人。

例如，1624年，西班牙王命令从墨西哥销到秘鲁去的货物，每年不得超过25万特卡。这个禁令的主要目的就在于限制中国纺织品从墨西哥流入秘鲁。但是当时亚加普尔科的情况是，如果秘鲁的商船停开，那么商人多数都要“陷入可怕的贫困境地。许多人就要变成乞丐、小偷乃至杀人犯”[②]。1718年，西班牙王发布命令说，由于中国纺织品“对西班牙的工商业造成损害”，所以要墨西哥禁止输入和服用中国的纺织品。次年，墨西哥总督巴莱拉（Marquis de Valera）报告西班牙王说，墨西哥的大多数土著都服用中国土布，急切盼望中国来货。如果中国来船迟迟不到，人们就会看到许多人都会感到忧虑。富商也是欢迎马尼拉的商船队的。如果实行上述禁令，则允予经营的货物需要量既少，价值又低，马尼拉商人将因不能经营丝绸贸易而难以维持，势必会放弃菲律宾殖民地。1720年，西班牙

① 以上历年禁令，见《菲律宾群岛》卷12，第18，27—35页；卷17，第27—42，47，65页；《苏兹，马尼拉楼船》，第366—368页。

② 《菲律宾群岛》卷30，第71页（注10）。

王又命令禁止墨西哥输入中国绫子、缎子和天鹅绒，限命令到达后六个月内处理这些存货，过期即将烧毁。马尼拉的西班牙商人果然立即提出严重抗议，不仅反对禁令，并且还要求提高贸易定额。他们说，1702 年，马尼拉有西班牙市民 400 人，马尼拉到亚加普尔科的出口定额为 30 万比索，回程 60 万比索，如今马尼拉有西班牙市民 882 人，这个定额就应该提高至 50 万比索和 100 万比索。①

就是由于马尼拉西班牙商人的抗议，西班牙王于 1726 年废除了墨西哥不得进口和服用中国丝绸的禁令。但这又引起了加的斯商人的愤怒。1729 年，他们提出备忘录，抗议西班牙王过分优待马尼拉商人，以致亚加普尔科进口中国的丝绸，为量太大，每年换去白银三四百万比索，也使西班牙不再向墨西哥出口丝绸。后来墨西哥总督的调查表明，1731 年亚加普尔科进口值 2096874 比索，仅中国的绸缎和缎带就达 100 万比索，出口至马尼拉的总值为 1877327 比索，其中白银即值 1691465 比索。② 于是 1734 年西班牙王便又命令把马尼拉向亚加普尔科的出口值定为 100 万比索。这个定额较之原定的 30 万比索和 60 万比索已大大放宽，但和 1731 年仅白银回程就将近 170 万比索相较，仍然限制极严。然而在放宽定额方面，这项命令又引起了加的斯商人的强烈愤怒。1735 年，他们在上给西班牙王的备忘录里说，中国丝绸可以从墨西哥流向美洲的南北沿海，马尼拉运入亚加普尔科的中国丝绸已经使得西班牙丝绸业的生产和销售都破产了。他们要求给予马尼拉的西班牙商人以垄断香料贸易的特权，而禁止其向美洲出口中国丝绸。可是禁止中国丝绸流向美洲，无论如何是行不通的。须知墨西哥市还有大批丝织工人专门以织造中国生丝为生，中国丝绸贸易，不仅是马尼拉和亚加普尔科西班牙商人的“主要谋生之道”，还是墨西哥市一大批丝织工人的“主要谋生之道”，因而到了 1776 年，西班牙王便不得不放宽禁令，把马尼拉和亚加普尔科的往来贸易总值分别提高为 75 万比索和 150 万比索。③

---

① 《菲律宾群岛》卷 43，第 258—259，268，271，275 页。

② 《菲律宾群岛》卷 45，第 30 页。

③ 同上书，第 56，66，43 页。

其实，西班牙王的任何禁令，从来就没有任何约束力。就拿马尼拉和亚加普尔科之间的“皇家楼船”来说，法定的载重量不超过300吨，实际上，多数都超过这一指标。有的大至1500吨。1762年被英国殖民主义强盗所俘虏的特立尼达号大至2000吨，几达规定指标的7倍。

其次，在进出口货值方面，据熟悉内情的人说，1601年沉没的圣塔·托马斯号（Santo Tomas）载货超过指标200万比索。1698年，圣·扎维尔号（San Francisco Xavier）超过指标207万比索。有人说，这个时候单是纺织品，“一般都上载200万比索”。1732年，菲律宾省督说，长久以来，从亚加普尔科返航的楼船，哪一艘不装回100万、150万比索，常常还更多呢，1784年，圣·霍塞号（San José）就从亚加普尔科载回2791632比索。一个现代资产阶级的历史学家估计，18世纪70年代，比较繁荣时，每年从亚加普尔科的返航价值达200万比索是毫无疑义的，300万比索或者更多些，也是十分可能的。①

应该指出的是，从马尼拉开向亚加普尔科的楼船，装载价值最大的是中国的纺织品，特别是丝绸，从亚加普尔科返航马尼拉的楼船，装载价值最大的是白银，特别是白银铸币比索。

关于中国流入菲律宾和墨西哥的商品量和从墨西哥流入中国的白银量，只有几项零星记载。1581年，菲律宾殖民政府对中国进口货，除粮食和小零碎外，一律征收百分之三的进口税。这一年的进口税共得4万比索。② 可见进口货殖当在130万比索以上。另一个文件说，1586年从马尼拉流入中国的白银，将由每年的30万比索增加到50万比索。③ 1598年的一个文件说，马尼拉进口货殖常在80万比索左右，有时超过100万比索。④ 同年，另一个文件说，从墨西哥运进马尼拉的白银100万比索，都流到中国去了。⑤ 这里有一份1810年马尼拉进出口贸易的分类统计，据此可知，这一年马尼拉的进口总值为5329000比索，其中最大的项目是美洲

① 《苏兹，马尼拉楼船》，第189—190页。
② 《菲律宾群岛》卷16，第191页。
③ 《菲律宾群岛》卷6，第269页。
④ 《菲律宾群岛》卷10，第17页。
⑤ 同上书，第150页。

金银，计达 2650000 比索，其次就是中国货，计达 1150000 比索；出口总值共为 4795000 比索，其中最大的项目，即输往美洲的中国货，为 1630000 比索，其次就是输华白银，为 1550000 比索，其输华商品只有微不足道的 175000 比索。[①] 有人估计，在 1565—1820 年，墨西哥向马尼拉输送了白银 4 亿比索，绝大部分流入中国了。[②]

1810 年的统计足以说明，在西班牙统治菲律宾的三百多年里，马尼拉对中国和墨西哥进出口贸易的基本特征，就是进口以美洲白银和中国丝绸为最大宗，出口以输华白银和输美中国丝绸为最大宗。简单说，马尼拉对中国和美洲的三角贸易关系，就是以美洲白银交换中国货物的关系，而货物中，丝绸占有最重要的地位。

我们对这个三角贸易关系特感兴趣，是因为这个贸易关系对中国的经济产生过极其深刻的影响。中国是一个产银不丰富的国家。自从 1571 年黎牙实备征服马尼拉以后，中国市面所流通的白银日益增加。这些白银主要都来自马尼拉。所谓“比索”乃是墨西哥殖民政府所鼓铸的一种银币，重七钱二分。从马尼拉流入中国的墨西哥比索在中国市面流通得如此广泛，以致到了 19 世纪，竟成为市面普遍接受的银币。甚至到民国以后，历届反动政府还都按照比索的重量和成色鼓铸银圆。而墨西哥比索也就和中国铸的银圆并行流通，成为法定本位币。推本溯源，这都是中国工农劳动人民，特别是丝绸纺织工人凭勤劳的双手，赢得对马尼拉贸易的出超所带来的胜利。这个胜利一直维持了三百多年。

---

① 《苏兹，马尼拉楼船》，第 59 页。

② 《普什尔，东南亚的华侨》，第 614 页。

翁张交谊与晚清政局*

章开沅

"嗟呼！晚清朝政之乱，表病往新旧，本病在后帝，始于宫廷一、二离异之心，成于朝列大臣向背之口。因异生误，因误生猜，因猜生嫌，因嫌生恶，因恶生雠，因雠生杀。恶而雠，故有戊戌之变；雠而杀，故有庚子之变。戊戌雠帝雠小臣，卒雠清议；庚子杀大臣，杀外人，卒杀无辜之民。"① 这是南通状元资本家张謇晚年对清末朝政之乱探本溯源的一番议论。作为当年帝党重要成员之一，张謇未免夸大了帝后党争在晚清政局中的作用，以致颠倒了历史的本末主次。然而，研究统治集团内部斗争，对于我们进一步剖析晚清政局，毕竟也是一个不可缺少的侧面。

本文侧重从翁同龢与张謇之间的交往这个角度，对 19 世纪末年帝后党争与晚清政局的关系，试作初步探讨。

一

张謇与翁同龢之间的交谊，实际上就是张謇与帝党的关系。翁同龢（1830—1904），江苏常熟人，出身于显宦世家。咸丰六年（1856）以一甲第一人翰林，光绪元年（1875）受命在毓庆宫授读，并曾任刑、工、户部

* 本文原载《近代研究史》1981 年第 1 期。

① 张謇：《四川忠县秦太公墓表》，《张季子九录·文录》。

尚书，加太子少保衔，协办大学士，两度任军机大臣，是载湉“眷倚尤重”的帝师枢臣。他与李鸿藻①都是“清流”前辈。中法战争以后，李所代表的北派“清流”，在那拉氏、奕譞等人的排挤打击下趋于没落。翁同龢、潘祖荫等联袂而起，竭力结纳一批以清议见长的士大夫，逐渐形成所谓后“清流”。由于其中以三江、福建籍人士居多，所以又被称为南派“清流”。他们是统治阶级当中不甚当权的一部分，对于日益加深的外来侵略具有某种程度抵抗的意愿。由于中央和地方的政权主要掌握在后党和淮系集团手中，所以他们把希望寄托在年轻好学的皇帝载湉身上，幻想在某一天把政权从那拉氏手中夺过来，逐步实现他们革新内政、抵御外侮的抱负。

张謇与翁同龢及南派“清流”的关系可以追溯到 19 世纪 70 年代末年，当时他正在驻防于登州一带的吴长庆军中充当幕客。这可以从他以后写的《奉呈常熟尚书》一诗中得到证明：“攀跻犹及公，州县忝乡里。十年辽海军，辛苦狎泥滓。公与幕府笺，闻讯辄书尾。知公大雅人，等闲不足疑。忧患能知己，恫瘝斯有斐。”“常熟尚书”即翁同龢。“十年辽海军”指在庆军的幕客生涯。常熟与张謇的家乡通州隔江相望，而翁同龢很早就把张謇作为乡里的后起之秀加以奖掖。

1879 年夏天，张謇得到吏部侍郎、江苏学政夏同善的赏识，被录取为科试第一名。夏同善是浙江仁和人，曾与翁同龢一起在毓庆宫教载湉读书，也是南派“清流”的头面人物。② 夏同善死于 1880 年，继任江苏学政的是浙江瑞安人黄体芳。黄以“忠鲠敢言”知名，与其子绍箕、侄绍第都是翰林出身的“清流”健将。他对张謇也是奖掖备至。在翁、夏、黄的影响下，张謇在思想上早已倾向“清流”，尽管他还没有获得正式进入这个行列的社会政治身份（进士、翰林之类）。

张謇当时连举人的头衔都没有，翁同龢一派之所以这样重视他，恐怕更重要的用意还是联络吴长庆，因为张是庆军中最受重视的文士。吴长庆虽属淮系，但由于长期处于历任两江总督曾国藩、沈葆桢等人的直接管辖

① 李鸿藻，河北高阳人，曾任兵、吏、礼部尚书，协办大学士。

② 张謇：《仁和夏公墓志铭》，《张季子九录·文录》。

与影响之下，因而长期保持着庆军的相对独立性和某些传统特点，并且始终不是李鸿章的嫡系。19 世纪 70 年代以后，湘、淮两系矛盾日益加深。买办性更重的淮系，在外国侵略者的大力扶植下，声势很快就超过老朽的湘系，并且受到那拉氏更多的倚重。而湘系则大多倾向于与一些封建士大夫的主战清议相呼应，借攻讦李鸿章的投降政策以抬高自己的身价。在这种微妙而复杂的政治局势中，吴长庆与淮系另一离心分子两广总督张树声，基本上向湘系和主战清议靠拢。吴长庆在 80 年代以前的实际官职还不过是总兵，但却和张树声一样，处处模仿曾、左，在幕府中延揽一些学者、名士，因而颇能得到封建士大夫的好评。[①] 无兵无勇的“清流”，自然要把吴长庆作为联络的对象。

张謇与张树声也有一定联系。早在 1877 年春，他就和张树声的亲信幕僚何嗣焜建立了亲密的友谊，而到 1880 年更结识了张树声的儿子张华奎。从中法战争前夕张謇与何嗣焜之间的通信中，可以看出他们都把挽救边疆危局的希望寄托在张树声身上，并且对张树声由于对外政策主张分歧而遭到李鸿章挟持打击的处境深表同情。[②] 而张树声，也正是南派“清流”极力拉拢和支持的一员武将。

1884 年春天，面临着滇、桂边疆的严重危机，清朝统治集团内部发生一次重大分裂。那拉氏为了进一步巩固和加强自己的最高统治地位，和醇亲王奕譞等人勾结起来，突然罢免了以恭亲王奕訢为首的一批军机大臣，包括宝鋆、李鸿藻、景廉、翁同龢等。其中以奕訢影响最大，他是那拉氏猜忌最深的政治对手，而李鸿藻则是作为前（北派）“清流”的首领被打击的。换上来的一批军机大臣，如礼亲王世铎和孙毓汶等，大都是更为昏聩无知的王公贵族和阿谀趋奉的腐败官僚，而在军机处以外为之枢纽的，则是那拉氏的小叔子兼妹夫奕譞。

关于这一事变，张謇自订年谱曾有记述：“闻盛昱严劾枢臣，并及两广总督张振轩（树声），朝局一变。时恭亲王秉国，高阳李相国（鸿藻）

① 张謇在《酬泰兴朱曼君》一诗中，曾期望吴长庆能成为“高勋照图册”的“懿懿湘乡侯”。

② 这些信均收于扶海垞编《来函汇集》（未刊）。

为辅。高阳又当时号为清流者之魁杓。……自恭王去，醇王执政，孙毓汶擅权，贿赂公行，风气日坏，朝政益不可问，由是而有甲午朝局之变，由甲午而有戊戌政局之变，由戊戌而有庚子拳匪之变，由庚子而有辛亥革命之变。因果相乘，昭然明白，谓始于甲申（一八八四年）也。”张謇当然无从理解晚清政局日益败坏，是中国社会日益半殖民地化的集中反映，然而这段记载对于研究统治集团内部斗争来说，倒也多少提供了一条线索。

甲申事变和北派“清流”的失败，并不意味着主战清议声浪的消沉。相反，主战与主和之争却从西南边疆延伸到东北边疆。作为庆军决策人物的张謇，他为吴长庆起草的《善后六策》，主张对新起的日本侵略者持强硬态度。这些策论文章容易流于不着边际的议论，但上陈以后却引起一阵小小的波澜。翁同龢、潘祖荫、左宗棠、彭玉麟、张之万、张树声、张之洞等主战派给以支持，那拉氏和淮系则给以冷遇和忌恨。事隔三十年以后，张謇还愤愤不平地回忆说：“时张靖达公（树声）回粤，李（鸿章）复督直，嗤为多事，阁置不议。乃自宛转致于京朝大官。大官中独吴县潘文勤公（祖荫）、常熟翁相国称善。宝竹坡侍郎（宝廷）曾采以入告，孝钦（那拉氏）询政府，政府奉教于李（鸿章），亦斥之。”[①] 条陈落空还不说，连张树声、吴长庆两员大将不久也郁郁病故，翁同龢、张謇等人心情的沮丧是可想而知的。

然而这次事变却促成张謇与“清流”的关系更进了一层。他的策论虽然未被政府采纳，却在士大夫当中赢得了声誉，[②] 甚至成为一些督抚延揽的对象，因为他毕竟有一年多与日本侵略者打交道的直接经验。1885 年春夏之交，张謇到北京参加顺天乡试，又结识了黄绍箕、沈曾植、盛昱、丁立钧等，这些人都是翁、潘门下的“清流”名士。据文献记载，盛昱的《条陈朝鲜事宜疏》，就是由张謇代为起草的，可见他们的共同语言很多。十月，乡试发榜，张謇被录取为第二名，循例称为“南元”。[③] 对于南派

① 张謇：《为东三省事复韩子石函》，《张季子九录·政闻录》。

② 如著名的桐城派文人吴汝纶，就曾一再鼓励张謇出仕。

③ 清代南方人中“北榜”第二名的不多，据说从顺治年间到光绪十一年（1885）前后一共只有三人。物以稀为贵。他们虽不是“会元”（第一名），却向例称为“南元”，就是顺天乡试南方应试者中魁首的意思。

“清流”们来说，举人这样小小的功名当然算不了什么，然而他们却趁此机会在张謇身上做了许多文章。

据张謇自订年谱记述：“九月十一日，听录，中第二。潘、翁二师期许甚至。翁尚书先见予优贡试卷，试前知余寓距其宅不远，访余于庙（张謇寓于关帝庙——引者）。余一答谢。潘师命为乡试录前序，翁师命为后序。”此事在翁同龢日记中也有记载，所谓“期许甚至”，丝毫没有夸张。此后，张謇与主考的翁同龢正式结成师生关系，与“清流”的关系也就更密切了。

但是，正如南派“清流”在一场力量悬殊的政治较量中进展甚难一样，张謇中举后的场屋生涯也是屡遭蹉跌。

1885—1894 年，整整十年当中，张謇一次又一次参加会试，一次又一次名落孙山。他没有固定的职业，没有固定的工作，也没有固定的处所，这不能不使他感到懊丧和厌倦，甚至把常用的一套考具也丢掉了。其实，翁同龢比张謇本人更着急，自从 1886 年以来，他们利用手头仅有的一点录取权力，经过四次暗中摸索，都未能把张謇取中为进士。直到 1894 年，张謇抱着侥幸一试的渺茫希望，最后一次赴京参加会试。殿试的时候，翁同龢命令“收掌”（收卷官）坐候张謇交卷，然后直接送到自己手里。匆匆评阅以后，立即得出“文气甚老，字亦雅，非常手也”的结论。第二天评定前十名次序，他一清早便跑出去向其他阅卷大臣活动，结果大家都赞同把他评阅的卷子列在第一。

“清流”们一无兵，二无钱，只有用这样迂缓的办法，来选拔一些人才，增强一点实力。

二

天下事也真有这样的巧合，张謇的中举正赶上中法战争期间的主战与主和两派之争，他的“大魁天下”又赶上了甲午中日战争期间的帝后党争。

先是，载湉于 1889 年“大婚”以后实行有名无实的“亲政”，这就引起“清流”们的极大幻想。翁同龢立即进呈《校邠庐抗议》，诱导年轻的皇帝学习“西方富强之术”，并且时刻关心着这个学生的成长。有一次，载湉自作主张，“通饬各省藩臬专折奏事”。翁师傅高兴极了，连忙赞美说：“盖出诸圣心，近日读圣训，有所得也。”① 自然，他们心里也明白，单靠“圣心睿智”是不行的，更重要的还得让载湉真正掌权。为了帮助皇帝争权，翁同龢等人时时都注视着可以削弱后党与淮系的时机。

甲午中日战争正是这样可以利用的时机。李鸿章在那拉氏的宠信和支持下，竟然对后起的小国日本也表现出那样屈辱的投降姿态，这不能不引起社会舆论更为猛烈的抨击。以翁同龢为首的“清流”们，趁机围绕着载湉进一步结合起来，形成并无正式组织形式的帝党，重整旗鼓向后党和淮系进行挑战。当时，统治阶级内部主战、主和两派之争，可以说就是帝后两党之争。

由于翁同龢的大力援引，张謇很快就卷入帝后党争的内部。

5 月 28 日，在新进士们进乾清宫“引见”的时候，翁同龢特别奖誉说：“张謇江南名士，且孝子也。”② 极力想给皇帝留下一个良好的印象。第二天，载湉在太和殿授予张謇翰林院修撰的官职。当晚，张謇在日记上工工整整写道：“小臣德薄能鲜，据非所任，其何以副上心忠孝之求乎？内心悚然，不敢不勉也。”③ 从此他死心塌地投入帝党怀抱，并且成为翁同龢周围重要的谋士之一。这一点，甚至连一些依附过淮系的文人也看得很清楚，他们事后攻击说：“甲午以前，孝钦显皇后（那拉氏）与德宗景皇帝（载湉）意见甚深；德宗景皇帝困于孝钦显皇后尊严之下，久思出人头地。迨至甲午与日本构怨，德宗景皇帝意欲跃武国外，凭陵母后，轻视日本，颇欲灭此而后朝食。时常熟（翁同龢）秉政，误入殿撰（张謇）之言，亦谓日本不足平，迎合上意，极力主战。”④ 甲午战争爆发以后，后党为了缓和舆论的愤激，于 1894 年底先后起用翁同龢、李鸿藻等入值军机，而翁同龢在孙毓汶病免后便位居汉人军机大臣之首，这就更加显示出张謇作为决策人物的重要性。

---

① 《翁文恭公日记》己丑十月二十日。

② 《翁文恭公日记》甲午四月二十四日。

③ 《张謇日记》甲午四月二十五日。

④ 刘声木：《苌楚斋随笔》，四笔。

从1894年7月8日到10月中旬，翁、张之间书信频繁，通信内容主要是讨论战争对策问题。① 归纳起来，要点如下所述。

第一，7月底以前，主要是建议加强战备，起用湘系宿将和刘永福等爱国将领，极力推动清政府对日宣战。

第二，8月份，战争正式爆发以后，主要是建议拨“庆典”款项电购铁甲兵舰，派舰船进援叶志超军，加强渤海防务，预防日军偷袭津、京等。

第三，9月以后，随着战事节节失败，统治集团内部争吵更趋激烈，翁、张等积极策划推倒淮系头子李鸿章，要求起用奕訢以谋进一步抑制后党。

翁、张之间这些密议决不是孤立的，它是整个帝党活动的一个组成部分。关于这一点，另一帝党健将文廷式事后说得很清楚：“总署事极秘密，余则得闻于一、二同志，独先独确，因每事必疏争之，又多言于众，使共争之，尝集议具稿。”② 所谓“言于众”“共争”“集议”，无非指帝党分子的集体行动。我们只要把张謇历次上书与其他帝党分子（如志锐、安维峻、丁立钧等）的主战奏折稍加对照，就不难看出他们之间的密切配合关系。

帝党在甲午战争期间的主要攻击目标，是后党最为依靠的淮系首领李鸿章。

早在1894年7月底，张謇已经一再建议严惩李鸿章。8月中旬以后，随着战局的迅速恶化，翁同龢与张謇、沈曾植、沈曾桐、丁立钧、黄绍箕、文廷式等频频密议。8月23日，首先由珍妃胞兄志锐出面，奏劾李鸿章衰病昏庸，请求另行“简派重臣至津誓师”③。两天以后，长麟、高燮曾等再次抨击并要求撤换淮系北洋海军提督丁汝昌。9月以后，帝党倒李和夺取军权的斗争更迅速进入高潮。

9月中旬，黄海之战遭到挫败，日本侵略军的凶焰很快就蔓延到中国

① 张謇历次上翁同龢书，见陆史一抄件；翁致张函件，则收于《翁松禅致张啬庵手书》（影印本）。

② 文廷式：《闻尘偶记》。

③ 《清光绪朝中日交涉史料》。

东北边境。与此形成鲜明对照的是，清朝宫廷中仍然醉生梦死，歌舞升平，为那拉氏的六十寿辰挥金如土。愤怒抗议的舆论与日俱增，多少具有爱国心的官僚士大夫也感到不能容忍，人们把憎恶的感情一股脑倾泼在李鸿章身上。9 月 17 日枢臣会议，经过李鸿藻等人的力争，终于发出会拟上谕，给李鸿章以“拔去三眼花翎，褫去黄马褂”的惩罚。[①] 这是帝党及主战派凭借社会舆论对后党及主和派一次小小的打击，也是后党为缓和民愤而勉强吞下的一口苦药，但是仍然说不上谁胜谁败。

帝党的下一步棋，是要求重新起用闲置十年的恭亲王奕訢，以此作为倒李的重要伏笔。早在 9 月 20 日，翁同龢在病中写信给张謇，即已认为：“将不易，帅不易，何论其他?”[②] 第二天，翁奉旨“力疾入朝”，商量对日战事问题。退朝后，张謇、文廷式、丁立钧赶来探视，并且有所商议。六天以后，帝党骨干们奔走串连，酝酿联名奏请起用奕訢。9 月 28 日翰林院集议于全浙会馆，由文廷式起草请求重新用奕訢秉政的奏折，列名者达五十七人之多。这显然是出诸翁同龢授意，与载湉内外配合的一个部署。[③]

9 月 29 日，在各方面压力下，那拉氏不得不勉强同意起用奕訢在内廷行走，管理各国事务衙门并添派总理海军事务。第二天，载湉又谕令前敌各军统由新任帮办北洋军务的宋庆节制。偏袒李鸿章的桐城派大师吴汝纶，当时就看出这些措施的用意在于倒李。他暗中对密友说：“朝中不信李相，颇有意摧折之，幸太后尚倚重耳；然军事棘手，君臣之间亦在危疑……”[④] 用“危疑”二字来形容载湉与李鸿章之间的关系，其中当然是大有文章。

奕訢是“清流”们认为能够扭转乾坤的“贤王”。十年前，奕訢被那拉氏赶下台，张謇曾经以此作为晚清“朝局政变”的起始。十年后，奕訢重新上台，张謇在当天的日记上写道：“上召恭邸，太后延见达六刻之久，有令总理海军之命，人心为之一舒，芸阁（文廷式）入见，上甚忧劳，且

---

① 《清光绪朝中日交涉史料》。

② 《翁松禅致张啬庵手书》。

③ 《缘督庐日记》亦称：“（李盛铎）来约联名递封事，请起用恭邸，因昨日南，上两斋先入告，伯葵（陆宝忠）前辈召对，圣意欲得外廷诸臣协力言之也。”

④ 《桐城吴先生全书》，尺牍卷一。

谕北洋（李鸿章）误事。北洋之肉，其不足食也。”这就进一步证明，帝党确实是把起用奕訢作为倒李的一个重要步骤。

果然，奕訢起用不过六天，丁立钧便领衔并联合翰林院三十五人上《请罪李鸿章公折》，张謇则单独上《推原祸始防患未来请去北洋折》，两折都是经由翰林院掌院学士代奏。张謇对李鸿章的旧仇新恨在这件流传甚广的奏折中发泄无遗。他从“先事、临事、事外、事中”四个方面，指责李鸿章不仅一贯主和误国，而且还一贯败坏和局。他愤怒地谴责：“试问以四朝之元老，筹三省之海防，统胜兵精卒五十营，设机厂、学堂六七处，历时二十年之久，用财数千万之多，一旦有事但能漫为大言……曾无一端立于可战之地，以善可和之局，稍有人理，能无痛心？”他还借此机会重新指控李鸿章在十年前对吴长庆的各种打击，说吴“遂因与李鸿章积忤之故，愤恚致死”。最后，他请求“另简重臣，以战求和”①。这是他与翁同龢筹议已久的八字方针。

帝党和主战派对李鸿章的猛烈抨击，揭露了统治阶级内部投降主义路线的丑恶面目，并且强烈要求继续抵抗日本的武装侵略，这在客观上反映了一些民间渴望反抗外侮和维护主权的高涨情绪。但是，帝党本身的力量毕竟是弱小的，他们虽然发动了一场倒李斗争，但在内心深处又感到实在没有办法取而代之。张謇向翁同龢建议的“鞭策而用之”的方案，正好反映出他们这种无可奈何的心情。连张謇的好友袁昶也不能不说：“韩事之不可为，不自今日始。中外所倚仗以了事者，西平（李鸿章）而外，无人能任。……平日之文衎武嬖，盘乐怠傲，误国者多矣。临变则责之西平一人，西平能尽任其咎哉？”② 这段话虽然不无替李鸿章开脱之嫌，但却能说明为中外反动派所共同倚重的李鸿章，是帝党、“清流”们难以最后推倒的。

同时，帝党人士期望甚殷的奕訢，也已经成为苟延残喘的老朽。文廷式事后曾以失望的笔调追述奕訢起用后的无所作为：“恭邸复用之后，惟设督办军务处，授宋庆帮办军务，余无所建白。……恭邸至冬间乃直军

---

① 此折已收入《张季子九录·政闻录》。

② 《袁忠节公遗墨》，甲午七月二十三日致袁敬孙函。

机，年又老，又叠经废置，且一时将相多非所习，遂因循焉。上始向之殷，久之乃竟不足恃，天下之望亦愈孤。”① 他们自然不能认识，奕訢不过是皇室中一个已经失势的洋务派，其买办性并不亚于李鸿章。即令他不是那么老朽，也不可能把对日战争引导到坚决抵抗的道路上。

其实，就连帝党本身也不是民族利益真正可靠的维护者。他们不敢也不能依靠广大人民群众雄伟的斗争力量，因而也就始终难以看到反侵略斗争的胜利前景。他们提出“以战求和”的口号，正表现出缺乏抵抗到底的坚定性。随着整个战局的严重恶化，他们很快就走上幻想借助英、德以抗日本的歧途。10 月 3 日，张謇与沈曾植、黄绍箕、丁立钧“申议联络英、德”，第二天即正式“定联络英、德之议”。两天以后，志锐首先奏请“联英伐倭”。10 月 7 日，更由文廷式领衔并联合翰林院三十八人同上《奏请密联英德以御倭人折》，建议拿出二千万两经费，敦请英、德出兵帮助中国反击日本。其理由是：“且与其议和而用为赔费，何如战胜而出以犒师。”② 此类建议当然充满不现实的幻想，但却能够说明：帝后两党之间、主战与主和两派之间的斗争，在不同程度上都交织着英、俄、德、日之间在中国的争夺。

在文廷式等人的奏折中，有句话很值得注意，那就是：“英、德使臣皆已微示其意，湖广督臣亦经密与商谋。”因为，一个多月以后，张之洞果然用同样的语言劝说李鸿章：“鄙意与其失地、赔费，求和于倭，不如设法乞援于英、俄，饵以商务利益。似可探询英、俄所欲，如尚在情理，即可许之，英、俄当可为我用。”③ 而其真实意图则专注于联英。当张之洞奉调署理两江总督以后，他就通过芜湖海关道袁昶与英国领事福格林之间的联系，积极筹划借用英、美兵力“保护”长江腹地。④ 这几乎可以看作以后义和团时期所谓“东南互保”的发端。张之洞出身于“清流”并且仍然与“清流”保持密切联系的非淮系地方大员，他的政见与活动往往能与“清流”们达成默契。

---

① 文廷式：《闻尘偶记》。

② 《清光绪朝中日交涉电料》。

③ 《张文襄公全集》，电牍。

④ 《于湖文录》甲午十一月十九日，“禀南洋商宪”。

“联英伐倭”的方案，至少在客观上适应了英国侵华政策的需要。英国既不愿日本在中国，特别是在他的既得利益比较集中的长江流域攫取过多的益，又害怕战事延长会把清政府推向沙俄的怀抱，同时还担心长期战争会使它的对华贸易遭到较大损害。所以便开始改变它在9月以前支持日本的态度，而在10月初开始试探各国联合“调停”的可能性。所谓“调停”，实质上就是要求中国立即投降以换取日军停止进攻。这与帝党所企盼的“联英伐倭”已经不是一码事。

由于列强的各怀鬼胎，连英国的联合“调停”也未能实现，而后党及主和派都乘此公开加强了求降活动。那拉氏的心腹，军机大臣孙毓汶和徐用仪，一方面向赫德要求英国出面调停，一方面又唆使翰林院中一些人上书奕訢，要求“忍辱求和”。在此期间，帝党活动频繁，继续鼓吹拒和速战，然而再也拿不出什么比较切实可行的办法。10月12日晚，张謇连夜访问翁同龢，“危言耸论，声泪交下”。第二天，显然是出于翁的授意，张謇与丁立钧、黄绍箕、沈曾植等商议。14日，张謇再次向翁同龢上书，报告集议结果。但就在这紧要关头，张謇突然接到父亲病亡的消息，只得循例离职回籍守制，于18日匆匆离开政争纷纭的北京。翁同龢在送别信上说：“此别未知何日相见……日来心思甚劣。”① 这种消沉情绪的自然流露，说明他们已经无从阻止投降主义逆流。

此后战事节节败北，帝党无所作为，只有坐视那拉氏、李鸿章放手求降。1895年4月17日，《马关条约》正式签订，中国更加沦入半殖民地的痛苦深渊。帝党对条约的反应非常强烈，文廷式、丁立钧、黄绍箕、余联沅、易顺鼎等继续在北京上书抗议。远在南方的张謇也在日记上录下“和约十款”的主要内容，并且特地注明：“几罄中国之膏血，国体之得失无论矣。”不过此后“清流”们这些典雅而又不免流于迂腐的谴责言辞，已经被维新派和广大人民更为激烈的变法救亡呼声淹没了。

---

① 《翁松禅致张啬庵手书》。

三

帝党与维新派的结合，是从甲午中日战争开始的。

在统治集团主战、主和两派斗争激烈之际，维新派明确站在主战派一边。梁启超就曾经通过张謇，建议翁同龢打电报劝说李鸿章赞成抗战。事后，他对友人说："前仆已托通州君（张謇），若相见时，可再托之。但得常熟（翁同龢）允致电，其电语或由本人自定，或仆处代拟亦可耳。"① 可见，维新派首先是在主战这一点上获得了与帝党联合的政治基础。

《马关条约》订立以后，帝党又和维新派一起抨击了后党和淮系集团的卖国投降。此后，帝党中间的一部分人，在空前严重的民族危机刺激下，逐渐倾向于支持维新变法，这更引起维新派极大的兴味。当时，民族资本主义经济极为幼弱，民族资产阶级很不成熟，还没有形成一种独立的政治力量。他们的政治代言人，主要是一些愿意向资产阶级转化的封建知识分子，而帝党则是他们在清朝政府中唯一可以寻求支持的盟友。1895 年 7 月 8 日，梁启超对友人说："本欲于月之初间出都，惟日来此间颇有新政。上（载湉）每言及国耻辄顿足流涕，常熟亦日言变法，故欲在此一观其举措。"② 稍后，他又向人表示："顷因此间颇有新政，一、二同志又有所整顿，苦被相留，是以迟迟。"可见，作为维新派最活跃的骨干，梁启超从一开始就对载湉和帝党寄予很大的期望。

1895 年 7 月，康有为、陈炽等在北京创办《中外纪闻》，作为鼓吹变法的喉舌，在官僚士大夫当中迅速扩大了影响，维新运动在反投降、反割台的激昂声浪中蓬勃展开。正是在这样的时候，一度畏祸"乞假南归"的帝党健将文廷式忽然重回北京。③ 他与丁立钧、陈炽等帮助康有为于 8 月正式成立强学会，以谋"合大群""开知识""开风气"，推动政府变法救亡。帝党参加北京强学会的，除李鸿藻、翁同龢、孙家鼐三大前辈外，还

---

① 《梁任公先生年谱长编》甲午年"与穗卿足下书"。穗卿，即夏曾佑。

② 《梁任公先生年谱长编》乙未年"与穗卿足下书"。

③ 《马关条约》订立以后，文廷式屡次谏陈，放言无忌，因此为那拉氏，李鸿章所憎恶，亟谋有以严惩。盛昱略有所闻，乃劝廷式乞假南归以避之。

有文廷式、沈曾植、沈曾桐、丁立钧等。因此，可以把强学会的成立看作帝党与维新派正式联合的标志。帝党要利用维新派的筹谋献策和社会影响，维新派则把帝党看作通向中央政权的桥梁。

张謇在南方的活动，一直是与北京的帝党相呼应的。

1895 年 9 月，张謇与沈曾植、丁立钧、康有为等不断有书信往还。[①] 10 月，强学会在上海设立分会，张謇很快就加入这个团体。上海强学分会是由黄绍箕、康有为等联合张之洞发起建立的，会员中有黄遵宪、梁鼎芬、黄体芳、黄绍第、蒯光典、汪康年、屠仁守、陈三立、沈瑜庆、志钧等，大多是张謇的友好和帝党骨干。

帝党在政治上这样活跃，早已引起后党的恼怒和不安。1895 年 12 月，他们以“离间两宫”的罪名，把所谓“翁门六子之首”吏部右侍郎汪鸣銮和户部右侍郎长麟革职永不叙用。稍后，李鸿章的亲戚杨崇伊又以“植党营私”等罪名奏请查封了强学会。1896 年 2 月 25 日，后党又下了两步棋：一方面是李鸿章奏准带同儿子李经方前往彼得堡祝贺俄皇加冕；另一方面是谕令撤去满汉书房，旨在断绝翁同龢等与载湉单独见面商谈的渠道。[②] 显然，后党与淮系由于三国“干涉还辽”，自觉得到沙俄的实力支持，在政治上又重新强硬起来，因而接二连三地向他们的政治对手进行反击。作为翁同龢的门生和同道，张謇虽然远处通州，而且主要是进行企业活动，也未能逃避这场政争的牵连。

1896 年 3 月底，在李鸿章授意下，杨崇伊再次出面奏劾文廷式“遇事生风”，那拉氏随即严令把文廷式革职并驱逐回籍。这是那拉氏与淮系串通策划的一个大阴谋，他们打算把帝党骨干一网打尽，后党甚至还想把载湉赶下龙座。稍后，张謇在日记上追述此事：“闻二月李鸿章临使俄时，请见慈宁（那拉氏），折列五十七人，请禁勿用，第一即文道希（廷式）。李出京，而御史杨崇伊弹道希之疏入矣。杨，李戚也。又闻慈宁为毅庙（同治）立端王之孙溥伦为子（指将废载湉）瞻望北辰，忧心如踌。告者

① 《张謇日记》乙未八月。

② 后经力争，汉书房未撤。

曰：‘五十七人之中，子名殊不后。’”[①] 这段记载并非无根据的谣传。当时汪大燮致汪康年、汪彭年函也说：“正月十三停毓庆宫。十四，杨崇伊为合肥访查台馆弹劾东事之人，开一清单，凡三十余人……十八，杨即以弹芸阁章就正于合肥。合肥将行有言：‘我归，看他们尚做得成官否?’至津又告人云：‘劾我诸人，皆不安矣!’”[②] 除所述黑名单开列人数不同以外，其他情祝与张謇所得消息大体相近。

但是，后党和淮系的政治打击，反而加速了维新变法的步骤。帝党为了自卫和争夺权势，只有企望在联合维新派实行有限度的革新中谋求出路。张謇在得到上述消息的第二天，便先后与沈瑜庆、郑孝胥等“纵谈周昌、贾谊、萧望之等以论常熟”，显然是希望翁同龢尽力辅佐年轻的皇帝，在政治上打开一个新的局面。

不知道滞留南方的张謇等人与北京的翁同龢之间究竟有过哪些计议，但至少两者对时局的判断和政治主张完全是一致的。面对后党咄咄逼人的攻势，帝党并没有长期沉默下去。在瓜分狂潮和维新运动同时高涨的新阶段，载湉与翁同龢毅然提出变法图强的救亡决策。1898 年 1 月 16 日，载湉会见枢臣，“颇诘问时事所宜先，并以变法为急。恭邸默然。臣（翁同龢自称）颇有敷对，谓从内政根本起，诸臣亦默然也”[③]。奕訢不表态，或许是年老怕事；其他大臣缄默不语，实际上有些人是反对变法。翁同龢与载湉师生二人的主张成为曲高和寡的阳春白雪，他们在一宫廷之内限于孤立，于是只有诉诸社会舆论，在一定程度上也可以说是诉诸民意的仲裁，宫廷内部的斗争因此被引向紫禁城外。而维新派，就是他们在宫廷之外的主要奥援。

1898 年 1 月 24 日下午，翁同龢听取康有为关于变法的陈议。第二天翁把康的建议转告载湉。于是命康有为条陈所见，并进呈所著《日本变政考》《俄大彼得变政考》。与此同时，维新派在社会上加强了变法救亡的鼓吹，维新运动形成相当高涨的声势。

---

① 《张謇日记》丙申四月八日。

② 《汪穰卿先生师友手札》。

③ 《翁文恭公日记》戊戌十二月二十四日。

张謇正是在这样紧要的历史关头，到达北京销假复职。

张謇于4月24日离开通州，先到上海与文廷式、何嗣焜、郑孝胥等有所筹议。当时，日本驻沪总领事小田切万寿之助等正在拉拢文廷式、郑孝胥等成立亚细亚协会，标榜所谓“中国亟宜仿日本变法自强，勿念宿嫌”①。由于后党投入沙俄怀抱，迫使原来反日的帝党中一部分人士转而趋向于亲近日本。不过张謇这时还未完全化除对日本的“宿嫌”。他认为“日人言则甘矣，须观其后”。因此，他没有参加亚细亚协会的活动，匆匆赶到政潮汹涌的北京。

变法还未正式展开，帝后两党斗争已经相当激烈。就在张謇到达北京的前几天，安徽藩司于荫霖奏劾翁同龢“误国无状”，气得张謇大骂于荫霖只知道攻翁“而皖灾不报也”。5月6日，守旧派对在湖南推行新政颇见成效的陈宝箴、江标、徐仁铸发动了攻击。5月17日，后党和守旧派在破坏了保国会以后，进一步奏请查封保川、保滇、保浙等会，随即又在19日奏劾翁同龢“朋谋纳贿”。另一方面，帝党与维新派也毫不示弱。5月20日，军机处领班大臣奕訢病死，他们趁机加速了维新变法的步伐。御史杨深秀、侍读学士徐致靖于6月初上疏请定国是。载湉随即在6月11日正式诏定国是，宣布变法。著名的百日维新至此揭幕。

在这段时间里，张謇与翁同龢的关系仍然是很密切的，翁同龢在6月6日的日记上写道：“看张季直各种说帖，大旨办江北花布事，欲办认捐及减税两端，又欲立农务会，又海门因积谷滋事，欲重惩阻挠者，此君的是霸才。”两天以后，他又“约张季直小饮，直谈至暮”，并且再度称赞这个门生“毕竟奇才”。② 就在载湉正式宣布变法的前一天，张謇还亲眼看过翁同龢“所拟变法谕旨”，③ 这说明张謇确曾协助翁同龢参与策动变法的幕后活动。6月13日，也就是载湉亲自召见康有为的这一天，张謇很兴奋地走访翁同龢。关于这次会见，用翁同龢的话来说，就是“谈至暮，盖无所不谈矣”。而张謇则在当天的日记上记道：与“虞山（翁同龢）谈至苦”④。

---

① 郑观应：《盛世危言》后编卷二。

② 《翁文恭公日记》戊戌四月。

③ 《张謇日记》戊戌二十二日。

④ 《张謇日记》戊戌四月二十八日。

长谈而达到“至苦”的地步，可见师生之间商谈范围的广泛。谈话的内容虽然缺乏具体的记载，但也并非毫无蛛丝马迹可寻。翁同龢当时给张謇的一封信上说：“雄论钦服，法刓必变。有可变者，有竭天下贤智之力而不能变者矣。”① 这说明，他们所赞成的不过是有限度的革新，而由于张謇这时已经兼具大生纱厂资本家的身份，翁同龢则是任职十余年的户部尚书，所以他们商议的大抵以经济方面的改革为主。从这一阶段张謇起草的《农工商标本急策》《代拟请留各省股款振兴农工商业折》等文件中，也可以想见翁、张计议的某些内容。

百日维新从一开始就面临着严重的阻力，简直可以说是危机四伏，吉凶难卜。康有为的弟弟康有溥对这一点倒是比较敏感的，他对友人说：“伯兄（康有为）规模太广，志气太锐，包揽太多，同志太孤，举行太大。当此排者、忌者、挤者、谤者盈衢塞巷，而上又无权，安能有成？弟窃深忧之。……伯兄非不知之，惟常熟告以上眷至笃，万不可行。伯兄遂以感激知遇，不忍言去，但大变法，一面为新国之基，一面令民人念圣主，以为后图。弟旦夕力言，新旧水火，大权在后，决无成功，何必冒祸。”② 这番话真可以说是不幸而言中，但首先冒祸遭殃的并不是新进躁急的康有为，而是老成持重的翁同龢。这倒是帝党和维新派都未能料想得到的。

6 月 13 日，张謇除了与翁同龢“谈至暮”以外，还为即将创建的京师大学堂拟订了办法。师生二人的主张和行动都是谨慎而温和的，但万万没有想到，两天之后（15 日）那拉氏就以闪电般的手段驱逐了作为帝党首领的翁同龢。面临这一沉重打击，帝党显得十分惊惶失措。张謇在当天的日记上写道：“见虞山开缺回籍之旨，补授文武一品及满汉侍郎均具折谢皇太后之旨，亲选王公贝勒游历之旨，所系甚重，忧心京都，朝局至是将大变，外患亦将日亟矣。”③ 第二天（16 日），翁同龢驯顺地赶到宫门向载湉叩头诀别。“上回顾无言，臣亦黯然如梦。”④ 二十三年的师生情谊之深，

① 《翁松禅致张啬庵手书》。

② 康有溥：《致易一书》，《戊戌六君子遗集》。

③ 《张謇日记》戊戌四月二十七日。

④ 《翁文恭公日记》戊戌四月二十八日。

已经超过了封建礼制所规定的范围，他们不是一般的君臣关系，而是有共同政治抱负的知己。所谓“回顾无言”，并非真无言，而是不能言，不敢言。载湉与翁同龢内心的痛苦是可想而知的。当天，“城南士大夫人心惶惶”。[①] 城南，历来是“清流”和帝党名士们喜欢寄寓与集议的地方，这里的情绪变化是政治气候的晴雨表。6 月 17 日，张謇奉旨到乾清宫引见，“瞻仰圣颜神采凋索，退出宫门，潸焉欲泣”[②]。与维新派相比较，帝党更加缺乏斗争勇气，他们只能在后党的屠刀底下相向引泣。

张謇唯恐老师遭到杀身灭族的大祸，因此在6 月 18 日“引朱子答廖子晦语劝公（翁）速行”。就是用宁武子“邦有道则智，邦无道则愚”的故事[③]来讽说翁同龢趁早退出政争旋涡。他还赠诗一首：“兰陵旧望汉廷尊，保傅艰危海内论。潜绝孤怀成众谤，去将微罪报殊恩。青山居士初裁服，白发中书未有园。烟水江南好相见，七年前约故应温。”所谓“七年前约”就是师生偕隐江南，张謇自己也要临阵脱逃了。

7 月 1 日，这一天余栋臣在四川大足再次起义，而中英威海卫租界专条也恰好在同一天正式订立，在帝党分子心目中，“内乱”和瓜分的大祸仿佛马上都要来了。也就在这一天，翁同龢启程离开北京，张謇和其他门生故旧赶到马家堡京津铁路车站送别。[④] 据说“送者数百人，车马阗咽，有痛哭流涕者”[⑤]。临别之际，有个湖南青年知识分子对翁同龢挥泪说：“吾为天下，非为公也。”悲怆的送别，未尝不可看作对后党的抗议，但这种行动毕竟是消极无力的，是缺乏奋战到底的英雄气概的退却。不过半个多月，张謇也以“通州纱厂系奏办经手未完”为借口，再次向翰林院请假，匆匆离开北京南下。历史表明，封建性更为浓厚的帝党不过是变法运动的同路人，他们并不是维新派的真正同道。至于翁同龢和张謇，由于他们过早地离开北京，所以根本不是百日维新的主角。

此后，翁同龢与张謇仍然保持着私人之间的深厚情谊，然而这种交往

---

① 《张謇日记》戊戌四月二十八日。

② 《张謇日记》戊戌四月二十九日。

③ 《张謇日记》戊戌四月三十日。朱子语见《朱文公文集》卷四五。

④ 见五月十三日翁、张日记。

⑤ 唐文治：《茹经堂文集》。唐亦送行者之一。

在政治上已经失去了原来那样重要的意义。“当时缇骑动四海，逐臣窜伏鬼神骇。”他们畏怯地注视着载湉的被囚，六君子的惨死。他们不敢为变法作丝毫辩护，更不敢公开参与此后对于废立载湉阴谋的抗议。自称“身在江湖，心在魏阙”的翁同龢，早已失去了以前的政治抱负，而把身家性命置于国家安危之上。有一次张謇函邀老师渡江同游通州名胜狼山。翁同龢连忙辞谢说：“紫琅（狼山）之约殆成虚愿；无事尚腾口语，矧扁舟出游耶？乍寒，千万珍重！”① 这个久经宦海浮沉的老人，已经游离于政治斗争主流之外了。载湉的被囚，使帝党失去了精神上的领袖；翁同龢的罢黜，使帝党失去了实际的领导人。此后，这股本来就很松散的政治力量更加趋于涣散，他们或则逃亡国外，或则苟安国内，不再成为政治生活中一个重要的因素。至于这些帝党分子此后的不同去向，那是需要另作专文探讨的。

通过以上概略的勾画可以看出，翁同龢与张謇之间将近三十年的交往，与晚清政局变化的关系相当密切。其间经过中法战争、中日战争、戊戌变法等重大事件，而他们始于相互倾慕，继而成为师生，终于成为同党，在反对后党和投降派的长期斗争中，患难与共，生死不渝。他们的友谊蒙上一层古朴而淳雅的封建宗法面纱，而察其实质，则与一场统治集团内部权力再分配的长期斗争相终始。在这场实力悬殊的斗争中，他们所代表的帝党是弱者，因此失败是必然的。

但是不能以胜败论英雄，更不能把帝后两党之争看成是没有非曲直可言的狗咬狗的斗争。在一个半殖民地半封建的国度里，统治阶级中主要掌权的集团，大多利于投靠外国侵略者以维护作为自身权势基础的旧制度；而某些不掌权或不甚掌权并心怀怨望的分子，则往往有可能在民族危机的刺激下倾向于抵抗与革新。在晚清，后党代表前者，而帝党属于后者。载湉是一个年轻勤学、爱国而又寻求进步的皇帝，翁同龢对于他的成长费尽了心血，做出了贡献。从主观愿望来说，翁同龢想塑造的可能是一个像康熙、乾隆那样雄才大略的封建皇帝，但时代的推演却使他的学生必须扮演彼得大帝和明治天皇那样的革新家。长期处于那拉氏淫威压制之下的载

---

① 《翁松禅致张啬庵手书》。

湉，自然不免存在性格上的弱点。然而在瓜分之祸迫在眉睫的严重关头，他能够不顾个人安危，挺身而起，主张抗战，决心改革，在某种程度上向骄横不可一世的母后挑战，对于这种勇于变法图强的精神是应该给以尊重的。而作为皇帝最主要的决策人，翁同龢在这场斗争中也是作了极大努力的。

翁张交谊从属于帝后党争，但是张謇的地位和作用，以及他与翁同龢的关系，也有一个发展变化过程。中法战争前后，他处于南派“清流”的外围，不过是主战清议的应和者。地位的低下，决定了他的作用的有限。甲午中日战争期间，张謇戴着状元的桂冠列为“翁门六子”之一，成为翁同龢身边重要的决策人物，在反对后党和主和派的斗争中崭露头角。及至戊戌变法，张謇的社会政治地位又有所提高，经验和声望较前也有明显增长，然而他在这场新旧斗争中反未起多大作用。原因何在？主要并非由于他所依靠的翁同龢过早垮台，而是由于他的思想与维新派存在着很大差距。甲午战争后，张謇虽然由于创办大生纱厂而正在向资产阶级转化，可是由于他与封建主义的关系太深，并没有具备明确的资产阶级的自我意识。他自称“言商仍向儒”，并且把投身实业看作“以皭然自待之身，溷秽浊不伦之俗”。因此，他和其他帝党分子当时最多也只不过达到《校邠庐抗议》的水平。维新派提倡发展民族工商业和引进西方科学技术，他们是完全赞成的；但对于立宪派宣传的议会与民权，尽管是很有限的资产阶级民主权利，他们却持冷淡以至反对的态度，并且把维新派推行的那样温和的改良也视为操之过急。这就是他们中途与维新派离异的思想根源。

帝党一般出身于地主阶级，从属于封建文化营垒，而且已经具有中上层的官绅身份。这就决定了他们在甲午战争前后所表现出的某些进步倾向是短暂的，极不牢固的，而在他们思想中占支配地位的始终是封建主义文化，特别是封建的纲常名教已经成为他们终身服膺的道德规范。如果说，戊戌变法期间，作为帝党偶像的载湉及其少数追随者，还多少表现出一些青春活力，表现出为挽救民族危亡而革新旧制的政治抱负。那么，随着变法的失败和载湉的沉沦，帝党中的大多数人便迅速失去了理想，失去了灵魂，剩下的不过是为他们紧紧抱持的帝制躯壳。他们随即站在与资产阶级革命相对立的方面，并且在辛亥革命以后成为历次帝制复辟的活动分子，从而受到人民理所当然的唾弃。

历史已经做出结论：封建性极为浓厚的帝党不可能改变晚清政局的腐败，而迷恋封建帝制的人必然要堕落成为历史的渣滓。

关于第三次日俄密约*

余绳武

十月革命以后，沙皇俄国和其他帝国主义国家订立的大批秘密条约陆续公布于世，1912 年第三次日俄密约就是其中之一。通过缔结这项协定，日本和沙俄将整个内蒙古和东三省西部划分为它们的特殊利益范围；这一肢解中国的严重步骤，无疑是近代中外关系史上一件大事。但是长期以来，我们对它的来龙去脉并没有给予足够注意。本文试图对这个问题进行初步探讨，请同志们指正。

日、俄两国缔结第三次密约的倡议是由日本方面首先提出的，而沙俄趁中国发生辛亥革命的时机大举入侵蒙古地区，则是促使日本提出这一分赃要求的主要原因。

沙俄觊觎中国蒙古地区已有几百年之久。从 19 世纪下半叶起，沙俄以中俄《北京条约》和《改订条约》等不平等条约为护符，不断加紧对蒙古地区的渗透；特别到日俄战争以后，沙俄被迫退出东三省南部，力图攫取蒙古作为补偿，更加速了侵略这一地区的步伐。与此同时，日本控制“南满”后也力图向内蒙古伸张势力，因此两国一面为巩固各自在东三省的侵略阵地和抵制美国资本的竞争，逐渐走上合作的道路，一面又因争夺内蒙古开始发生新的摩擦。1907 年第一次日俄密约订立以前，沙皇政府在谈判中曾要求日方承认全蒙古地区为俄国的势力范围。日本极力抵制这一要求，主张此约不要

---

* 本文原载《近代史研究》1981 年第 4 期。

涉及蒙古问题。双方反复讨价还价，最后日本作出一定的让步，承认俄国在外蒙享有特殊利益（见密约第三款）。至于内蒙古问题，第一次密约完全没有涉及。1909 年美国在东三省加强金元攻势，抛出了锦瑷铁路计划和“满洲铁路中立化”方案。沙俄针对锦瑷铁路计划提出另一主张，提议建造张家口—库伦—恰克图铁路，并由俄国资本参加，企图趁机把内外蒙古变成第二个“北满”。但这一倡议没有得到有关各国赞同，结果落空。1910 年，日本和沙俄为了对抗美国在东三省的扩张，订立第二次密约，也没有涉及内蒙古问题。这样，两国争夺内蒙的矛盾依然没有解决。

辛亥革命给沙俄带来了在中国蒙古地区大显身手的机会。1911 年 12 月，沙皇政府怂恿喀尔喀反动王公、喇嘛发动叛乱，这一事件立即在日本引起强烈反响。东京政府断定俄国下一步将把长爪伸向内蒙古，因此急不可待地要求划定两国在内蒙古的势力范围，以防沙俄捷足先登，独占这一毗连“南满”的广大地域。1912 年 1 月上旬日本外相内田康哉致电驻俄大使本野一郎说：根据第一次日俄密约，日本政府虽已承认俄国在外蒙古享有特殊利益，但是关于两国在内蒙的利益并未做任何规定，“本大臣认为，日俄两国在适当时机……在内蒙古划定两国势力范围，对于根除将来一切误会……实属最为必要”①。这封绝密电报反映了日本帝国主义急欲分尝一脔的心情。不过内田说这只是初步打算，日本政府尚未作出最后决定。

正在这时，1 月 11 日俄国外交部忽然发表一份举世瞩目的公报，声明沙皇政府已通知清政府；俄国愿在清政府和蒙古之间担任调停，条件是中国不得在蒙古驻军、移民和设置行政机构，中国在蒙古的一切措施必须征得俄国同意。这份公报中仿佛说的是外蒙古问题，但全文并无一处出现“外蒙”的字样，从头到尾都使用“蒙古”一词，它既可理解为仅指外蒙古，也可以解释为泛指整个内、外蒙古。显而易见，沙俄在一份向全世界公布的外交文件中采用这样一个含糊不清的字眼，绝非由于疏忽，而是经过仔细考虑的。它的险恶用心是：如果各国特别是日本对这个用语没有提出异议，沙皇政府即有理由认为它们已默认俄国在全蒙古（包括内蒙）享

---

① 《内田外务大臣致本野驻俄大使电》，1912 年 1 月 10 日；邹念之编译：《日本外交文书选译——关于辛亥革命》（以下简称《外交文书选译》），第 132—133 页。

有特殊地位。公报发表后，敏感的日本政府立刻觉察沙俄的意图，对此感到十分不安。1月16日东京内阁举行会议，专门研究沙俄在内蒙的动向和日本的对策。内田在会上强调指出：俄国政府在上述公报中声称俄国与蒙古有特殊关系，“而其所主张之特殊关系，仿佛并不限定于外蒙古范围以内。对此，帝国政府若默然放过，即有恣纵俄国不顾《日俄秘密协约》第三条之规定而将其特殊关系向蒙古全域扩张之虞。因此，本大臣认为，帝国政府有必要及时就俄国政府上述公报中所述‘蒙古’一词之含义向该国政府提出质问”①。会议采纳了他的建议，并决定借此机会向俄方提出划分两国在内蒙古势力范围的要求。

17日，本野向俄国外交大臣沙佐诺夫递交备忘录，就公报中“蒙古”一词的确切含义提出严厉质问。当时日本已成为亚洲的头号军事强国，沙俄对华侵略在很大程度上仰赖日本的支持；两国之间既争夺，又勾结，但总的来说，勾结比争夺对于俄国有更重要的意义。这样微妙的相互关系，不容许沙皇政府在内蒙古问题上完全排斥日本的侵略要求，因此沙佐诺夫见诡计已被日本识破，本野来势汹汹，连忙声明公报中的“蒙古”一词专指外蒙古而言，“俄国政府绝无违反日俄协约而另行活动之意”②。18日，本野会见沙俄总理大臣科科弗曹夫，正式提议两国划定在内蒙的势力范围。科科弗曹夫认识到沙俄不可能独吞这块肥肉，除了和日本共享之外别无选择，于是表示“欣然允诺”。这样，日俄双方便就瓜分内蒙问题举行谈判一事取得一致意见。

同月21日，日本政府拟定瓜分内蒙古的具体方案，主要内容是：第一，延长第一次密约规定的两国势力范围分界线，由托罗河（即洮儿河）与东经122°交叉点起，沿乌珑楚尔河（交流河）及木什匣河（归流河）与哈尔达台河分水线，再沿黑龙江省与内蒙古境界线至内、外蒙古境界线。第二，以张家口至库伦的大道为界，划内蒙古为东、西两部，日本政府承认俄国在该分界线以西部分的内蒙古享有特殊利益，俄国政府承认日

① 《日本政府关于开始第三次日俄密约谈判的内阁会议决议》，1912年1月16日，《外交文书选译》，第150—151页。

② 《本野驻俄大使复内田外务大臣电》，1912年1月18日；《外交文书选译》，第152页。

本在该线以东的内蒙古享有特殊利益。[①] 上述第一点是 1907 年分界线的向西延长，目的是划定两国在东三省西部的势力范围；第二点是该方案的核心，自北至南将内蒙古分为两半，西部属俄国势力范围，东部属日本势力范围。24 日，本野奉命将提案递交沙佐诺夫。

日本在这个提案的第一点中明确承认俄国在广大呼伦贝尔地区享有特殊地位，沙皇政府对此没有任何异议。至于第二点，沙皇政府虽已在原则上同意和日本瓜分内蒙古，却千方百计地图谋多占土地，绝不甘心同日本平分秋色。因此，它坚决反对日方提出的分界方案，并决定将这一问题作为谈判的重点。2 月 20 日，沙俄外交部向本野提出口头照会说："从俄国的利益来看，联结库伦与张家口、北京、天津的道路所经过的地带，是内蒙古最重要的部分。俄国商队往来必经这些道路；俄国正是沿这条路线维持着同中国的邮务往来；张家口这一向俄国陆路贸易开放并有俄国人居住的城市，正位于这条路线穿过长城的地点。在这种情况下，帝国政府不能承认日本在提交俄国方案中所指定的地区内享有特殊利益，不能放弃俄国在这些要害地方根据中俄条约所享有的地位。"照会还说："将近二百年来，俄国在直隶省有重大实际利益，因而需要将势力范围扩展到该省边境。日本提案阻断了俄国进入直隶省的一切通道，俄国政府不能同意。"[②] 总之，沙俄坚决要求独占库伦至张家口一线及其附近地带，以遂其控制内蒙古要害地区和进一步向直隶扩张、威胁京津的野心。

日本政府也力图通过谈判为自己谋取最大限度的侵略利益。但是它看到沙俄把库—张一线视为禁脔，不容日本染指，便决定在这个问题上稍作让步，以免谈判半途而废。3 月中旬内田电告本野说，日本政府准备将分界线稍向东部移动，现正由陆军当局派人进行实际勘测。与此同时，日本一再催促俄方提出自己的方案，具体说明俄国准备将分界线划在何处，以便两国根据双方提案研究协调办法。沙皇政府见日本急于摸底，愈加表现得不慌不忙，迟迟不拿出它的腹案，借以增加对方的困惑和不安。日本政

① 《日本驻彼得堡大使致外交大臣通知》，1912 年 1 月 24 日；《帝国主义时代国际关系》(以下简称《国际关系》) 第 2 编，第 19 卷下册，383 号文件。同见《外交文书选译》，第 158 页。

② 《外交部致日本驻彼得堡大使本野口头照会》，1912 年 2 月 20 日，《国际关系》，第 2 编，第 19 卷下册，499 号文件。

府盼望加快谈判速度，久等不见俄方动静，只得于 4 月 20 日照会沙皇政府说：日本前次提案“丝毫无意妨害现时库伦—张家口商路的自由和安全，或者损害俄国的条约权利”，如果俄国政府仍持反对态度，“日本帝国政府愿将分界线定于该商路以东，足以避免从日本势力范围干扰该商路的地方”①。同时本野奉命向沙佐诺夫提出，希望分界线不要距离库伦至张家口的道路太远。

日本的让步恰恰起了刺激沙俄贪欲的开胃酒作用。沙佐诺夫接到日本来照后喜形于色，一面向本野表示两国意见日趋接近，问题不难解决，一面加紧和总理大臣等进行密商，决定继续要求日方作更大的让步。5 月 1 日，沙皇政府自谈判开始以来首次提出自己的分界方案，共分三条，其中第二条这样写道：“内蒙古分为两部分：一部分位于北京经线（东经 116°27′）以东，另一部分位于此线以西。俄罗斯帝国政府约定，承认日本在上述经度以东的内蒙古享有特殊利益，并予以尊重，日本帝国政府约定，承认俄国在上述经度以西部分的内蒙古及这一地区境外的中国领土上享有特殊利益，并予以尊重。”② 这就是说，日本应该确认俄国的势力范围不仅包括内蒙古大部，而且还包括今宁夏、甘肃和新疆等中国西部广大地域。同日，沙俄外交部在面交本野的一份备忘录中也明确地表示：新条约中应写明“日本承认俄国在中国西部地区享有特殊利益”③。

日、俄双方在开议之前原已商定此次订约限于划分两国在内蒙古和东三省西部的势力范围，沙俄的新要求完全违背上述原则，这种节外生枝、漫天要价的做法引起日方极大不快。5 月 10 日，日本内阁会议讨论了沙皇政府的提案，认为可以向俄方再让一步，同意以北京经线划分两国在内蒙古的势力范围，但是绝不能同意在约文中规定俄国在中国西部享有特殊利益，否则此次协约将成为不对等条约。18 日，本野向沙佐诺夫详细陈述了日本政府的上述立场。沙佐诺夫力图通过第三次密约全面划分两国在华势

---

① 《日本外务省致俄国外交部备忘录》，1912 年 4 月 20 日；《国际关系》，第 2 编，第 19 卷下册，787 号绝密文件。

② 《国际关系》，第 2 编，第 19 卷下册，834 号文件附录。

③ 《外交部致日本驻彼得堡大使本野备忘录》，1912 年 5 月 1 日；《国际关系》，第 2 编，第 19 卷下册，834 号绝密文件。

力范围，这时竟以中国福建省作为筹码，表示如日本接受俄国的要求，沙皇政府也可同意在条约中写明：俄国承认日本在福建省享有特殊利益。日本对福建早有吞并之心，但是它担心这样一来将使日俄新协约“涉及中国全面问题”，难保不引起他国反对，因此本野当即表示拒绝。随后沙佐诺夫又说，如果日本坚持反对意见，条约中也可不提俄国在中国西部地区的特殊地位，“但另以交换秘密文件形式加以规定”。本野再次断然拒绝，并向他提出严重警告：“如果俄国政府坚持此种要求，帝国政府即不得不中止此项谈判。”① 言毕辞去。

由于日本强烈反对把条约适用范围扩大到中国西部，沙皇政府费尽心机也无法使它改变态度，最后只得放弃这一要求。5 月 22 日，沙佐诺夫将此项决定通知本野，同时要求日方以书面形式详细说明它反对这样做的原因。本野对此表示同意。27 日，日本政府照会沙皇政府说，俄国希望日本在密约中承认它在中国西部享有特殊权益，“日本帝国政府认为，此次商谈之协约，其适用范围应限定于满洲及内蒙古两地区。倘若俄国政府坚欲维持上述条文，则日本帝国政府亦不得不提出日本在中国其他地区如福建省等地所享有之权利及利益，要求俄国政府予以承认。如此结果，即等于在时机到来之前开始商谈中国全面问题，而日本帝国政府则认为目前还不是讨论此等问题之时机”②。这实际上是说，日本之所以不赞成在密约中涉及中国西部地区，仅仅因为全面瓜分中国的时机目前尚未成熟，并无根本否认俄国在中国西部享有特殊地位之意。沙佐诺夫接到照会后立即禀奏沙皇说“我们的目的是为自己保有在中国西部的行动自由”，日本来照中“提及俄国在中国西部的特殊利益”，符合俄国的目标，“可以认为满意”。③ 这些话虽然不无自我解嘲的意味，却也不是没有一点根据。

以沙俄撤回上述要求为契机，日俄谈判从此急转直下，迅速达成全面的协议。7 月 8 日，第三次日俄密约在彼得堡正式签字，主要内容是：第一，划定两国在东三省西部的势力范围，分界线的走向与 1 月 24 日日本政

---

① 《本野驻俄大使致内田外务大臣电》，1912 年 5 月 19 日，《外交文书选译》，第 173 页。

② 《日本政府致俄国政府不署名备忘录》，《外交文书选译》，第 175 页。

③ 《外交大臣上尼古拉二世奏文》，1912 年 6 月 4 日；《国际关系》，第 2 编，第 20 卷上册，130 号文件。尼古拉二世在奏文上批示，“同意”。

府提案中的第一点建议相同。第二，以北京经度为界划定两国在内蒙古的势力范围。这个密约严重地损害了中国主权，破坏中国领土完整，是彻头彻尾的帝国主义瓜分中国的强盗协定。

综观第三次日俄密约的缔结经过，一方面，日本作为首先提议订约的国家，无疑在其中起了重大作用；另一方面，沙俄的重要性也不容忽视。第一，辛亥革命时期沙俄利用中国的动荡局势，在长城以北展开大规模的领土掠夺活动，带头掀起又一次帝国主义瓜分中国的狂潮。日俄关于缔结第三次密约的谈判正是在这一背景下开始举行的，是它们为了肢解中国而共同采取的一个重大侵略行动。第二，谈判过程中，沙皇政府坚持将俄国在中国西部地区享有特殊利益一节写进约文，力图把新协约的适用范围扩大到半个中国，全面划分两国在华势力范围。它的胃口之大，就连密约的倡议国日本也不能及。第三，沙皇政府第一个提出以北京经度划分两国在内蒙古势力范围的倡议。密约第二款关于这一问题的规定，实际上照抄沙皇政府的上述倡议。沙俄根据这一款不仅牢牢控制从库伦到张家口的交通要道，为进一步向直隶省渗透获得了便利条件，而且把它在内蒙古的势力范围比尼古拉二世内定的最低限度要求向东扩展了经度两度之远。[①] 以上三点充分说明，沙俄对第三次日俄密约应负的罪责绝不小于日本。近年来，齐赫文斯基之类的苏联历史家为了掩盖沙俄侵华罪行，竟然随意曲解第三次密约，声称此约“几乎把整个内蒙古交给了日本”[②]，“根据俄、日两国于 1912 年 7 月 8 日签订的秘密协定，内蒙被划为日本的势力范围”[③]。如此说来，原来好心的沙皇政府并没有通过该约为自己谋取丝毫侵略利益：任何人读了这段引文，都不能不钦佩齐赫文斯基先生非凡的说谎才能。然而历史不容伪造，谎言毕竟代替不了事实。齐赫文斯基纵有瞒天过海的本事，难道就能改变历史真实吗?

---

① 《外交大臣上尼古拉二世奏文》，1912 年 6 月 4 日；《国际关系》，第 2 编，第 20 卷上册，130 号文件。

② 兹拉特金：《蒙古人民共和国史纲》，中译本，第 108 页。

③ 齐赫文斯基主编：《中国近代史》，523 页。茹科夫主编的《远东国际关系史》一书也说：“根据 1912 年和日本签订的协定，内蒙已被承认为日本的势力范围。”见该书第 1 册（1973 年版），中译本，第 347 页。

试论革命党人在民初政争中的策略*

朱宗震

前　言

1912 年 4 月，辛亥革命的结果，产生了统一的中华民国。封建帝制的覆灭，议会民主政治的建立，一度在资产阶级革命党人中唤起了胜利的喜悦。孙中山说："此次革命成功如此神速，实梦想不及。"① 就是比较激进、敏锐的一批革命党人办的《民权报》也表示兴高采烈："数月以来，我国民馨香祷祝，日夜所仰望之政府，至是已崭露头角，出现于东亚大陆，俾吾侪国民群享共和幸福，其一种欢欣鼓舞之状，已如久旱枯渴，骤获甘霖，足为二十世纪初开幕之中国贺。"② 他们认为破坏告终，建设开始，对前途寄予无限希望。

但是，这个中华民国的中央政权落在大地主大买办阶级的政治代表袁世凯的手里。袁世凯在帝国主义的支持下，挟北洋六镇的兵力，迫使资产阶级革命党人向他妥协，从而攫取了临时大总统的职务。不过，在袁世凯就职之初，辛亥革命中发展起来的革命党人的政治、军事势力依然存在，

* 本文原载《近代史研究》1982 年第 1 期。为了避免与民初复杂的党派关系相混，本文所称的革命党人，是指辛亥革命党人，但不包括辛亥革命后脱离同盟会另组政党的集团。

① 在北京同盟会欢迎会上的演讲，上海《民权报》1912 年 8 月 31 日。

② 牛霹生：《内阁责任制与国会之关系》，上海《民权报》1912 年 4 月 2 日。

拥有不可轻视的力量；而袁世凯自己则立足未稳，在地方上，只有直、鲁、豫一带能够直接指挥，对中央政权的控制也有待巩固。因此，袁世凯需要巩固和发展自己的势力，扩大政治同盟，分化辛亥革命时的独立各省，瓦解和孤立资产阶级革命党人，准备在条件成熟的时候，与革命党人一决雌雄。

袁世凯与清朝立宪派的政治联盟，是在政治上战胜革命党人的关键。还在清帝宣布退位后不久，即 1912 年 2 月 23 日，决定联袁的梁启超就致书袁世凯，代为运筹划策。梁向袁建议："惟有利用健全之大党，使为公正之党争，彼（指同盟会——引者）自归于劣败，不足为梗也。健全之大党，则必求之旧立宪党与旧革命党中之有政治思想者矣。"① 梁的建议，正投袁之所好。袁在复信中极为赞赏："政党一层，所策皆至确不易，中心藏之，何日忘之。"② 后来，由清朝立宪派、官僚政客和从革命党人中分化出来的章太炎—孙武一系先后组合成的统一党、共和党和民主党，支持袁世凯实行"开明专制""总统集权"，反对所谓的"莠民社会之乱暴势力"③，也就是他们所谓的"暴民政治""暴民专制"。1913 年，梁更在袁的资助下，将三党合并为进步党。因此，梁启超门徒吴贯因竟然以为"现总统则非国民党派之领袖也"④。这些资产阶级右翼党派构成了袁世凯反对革命的同盟军。

军队是袁世凯的命脉。统一的民国政府成立之后，当革命党人热衷于从武装斗争转入议会活动的时候，袁世凯丝毫没有放松战争准备。正像吴鼎昌后来指出的那样："项城得意之极（指出任临时总统——引者），一面敷衍元勋，一面尽全力为秘密军事上之准备。"⑤ 当时，北洋各军一直在整补扩充。据李纯的参议李廷玉事后透露，他在 1912 年底，就曾为李纯筹划"简练劲兵，迅筹军实九策，而以兵力统一南北为尤要"⑥。他的方案得到

① 《梁任公先生年谱长编初稿》（台北版），第 382 页。

② 同上书，第 384 页。

③ 梁启超：《共和党之地位与其态度》，天津《庸言》第 1 卷第 10 号。

④ 吴贯因：《共和国体与责任内阁》，《民国经世文编・政治一》。

⑤ 吴鼎昌：《赣宁战祸之原因》，《民国经世文编・内政五》。

⑥ 李廷玉：《平赣日记》序。

了袁世凯和段祺瑞的认可。袁的军队，在1912—1913年间，相当可观地充实了。

资产阶级革命党人虽然把中央政权让给了袁世凯，但是，他们并没有放弃最终掌握中央政权、贯彻自己的政治主张的战略目标。当时，他们享有很高的声誉，拥有相当规模的政治、军事、经济力量，如果他们善于把合法斗争和应变的部署很好地结合起来，他们是有条件把民主共和的大业向前推进的。可是，革命党人做不到这一点。既然他们因为害怕决战而和袁世凯达成妥协，也就难于指望他们在妥协的道路上很快清醒过来。何况，软弱的中国资产阶级革命党人，找不到一股真正有力的社会力量，来实现自己的目的。因此，除少数人比较清醒之外，他们长时间地迷惑于假共和的局面，幻想凭借徒有其表的议会民主制度，争取议会选举的胜利，来达到执政的目标。这就束缚了自己的手脚。尤其严重的是，调和妥协的倾向，使革命党人的革命意志衰退了，使他们的队伍处于麻痹和分散的状态。革命党人已经没有统一的指挥，在内部纷争之中各行其是。因此，他们不仅没有发展辛亥革命的成果，向着胜利的目标前进一步，而且，抵抗不了袁世凯咄咄逼人的进攻而趋于失败，终于使辛亥革命的成果丧失殆尽。

一　革命党内的策略分野

1. 孙中山的社会事业

孙中山在临时大总统任内，因党内妥协倾向的包围，“忝为总统，乃同木偶”①，不能实施革命方略，不得不让位于袁世凯。孙中山鉴于党内革命意志衰退，保守思潮抬头，因而对党务和政治抱着消极悲观的情绪。于是，他决心另谋出路。当时，孙中山曾“欲率同志为纯粹在野党，专从事扩张教育，振兴实业，以立民国国家百年根本之大计，而尽让政权于袁氏”②。他以为，在自己执政的时候，尚且不能实施革命的政治纲领；在自

① 1914年致邓泽如函，《“国父”全书》台北版，第520页。

② 陈其美致黄兴函，《陈英士先生纪念全集》卷2。

己下野以后，再与袁世凯进行政治角逐，更不能有所作为。因而索性对袁世凯表示信任，希望袁维持一个小康的局面，自己则独辟蹊径，为民国谋长远的利益。所以，孙中山在 1912 年 8 月间致书宋教仁说："民国大局，此时无论何人执政，皆不能大有设施。盖内力日竭，外患日逼，断非一时所能解决。若只从政治方面下药，必至日弄日纷，每况愈下而已。必先从根本下手，发展物力，使民生充裕，国势不摇，至政治乃能活动。"① 孙中山的主张，没有得到党内多数人的赞同。然而他依然独树一帜，埋头于社会事业。经过一段时间的准备，孙中山提出了利用外资，在十年内建筑二十万里铁路的雄心勃勃的计划。为了实施这个计划，他决定应袁世凯的再三邀请，偕黄兴一起北上，与袁会谈。这时，袁世凯与黎元洪秘密勾结，于 1912 年 8 月 15 日夜，在北京突然捕杀武昌起义骨干张振武及随员方维。袁、黎违法杀害革命有功之士的暴行，激起了革命党人的无比愤怒。时孙、黄已定于 8 月 18 日起程。在起程的前夕，张、方被杀的消息传到上海，京、津党人来电劝阻孙、黄北行，形势很紧张。上海方面，在革命党人讨论时局的会议上，蔡元培、吴稚晖等也极力反对孙、黄冒险进京。但孙中山力排众议，坚持北上，仅请黄兴暂留，以防不测。孙中山如期登上轮船之后，还向忐忑不安的送行的人们表示："无论如何不失信于袁总统，且他人皆谓袁不可靠，我则以为可靠，必欲一试吾目光。"② 孙中山抵京后，受到袁世凯的隆重接待，双方的会谈更是十分投机。孙中山在京，一方面向同盟会议员们疏通，劝告他们顾全大局，平息张案风潮，调和党派纷争；一方面向各界宣传他的铁路计划，解释有关的方针政策。9 月 9 日，袁世凯授予孙中山以筹办全国铁路全权，满足了孙中山入京的重要目的。后来，黄兴更以支持袁的亲信赵秉钧出任总理，换得袁世凯支持内阁成员全体加入国民党（同盟会已改组为国民党）。这样，革命党人遂沉浸在南北调和的自我陶醉之中。孙黄入京的结果，陷入了袁世凯的骗局。

李剑农认为，"当时革命党果采用中山的方针，专事下层培养民众的

① 《民立报》1912 年 8 月 22 日。
② 《民权报》1912 年 8 月 19 日。

工作，确是一个好办法”[1]。其实不然，孙中山的方针，是以袁世凯没有帝制自为的野心，在将来能和平让渡政权为前提的；他的方针并没有应变的部署。孙中山说：“为中国目前计，此十年内，似仍宜以袁氏为总统，我专尽力于社会事业。十年以后，国民欲我出来服役，尚不为迟。”[2] 因此，他的前提就是根本错误的。事实上，暂时的和平只是一种假象，敌对双方重兵在握，焉能免于一战？以为可以和平地发展经济，只是一种幻想，更无论和平地接管北洋军阀的政权了。何况经济发展本身，也是受到政治状况的制约的。正如孙中山后来觉悟到的那样：“一国之内，人民的一切幸福，都是以政治问题为依归的，国家最大的问题就是政治。如果政治不良，在国家里头，无论什么问题都不能解决。”[3] 事实上，由于宋教仁案的发生，孙中山很快就停止了他在铁路事业方面的活动。

不过，孙中山与革命党内妥协倾向严重的宋教仁一派不同，他只是一时折入迷途。他本来就不赞成和袁世凯妥协，而希望战斗到底。当他不得不妥协之后，他既不愿与宋教仁为代表的稳健派一起降低革命纲领，同袁世凯进行徒劳的政治角逐，又不可能马上折回武装斗争的道路。因此，他是在探索中误入歧路的，正因为如此，他也比较容易从迷途中清醒过来。

2. 激烈派的反袁活动

革命党内的一部分人，始终不信任袁世凯，他们几乎天天在揭露袁世凯，批判袁世凯，他们一再鼓吹用武力推翻袁世凯的统治。这些人被泛称为激烈派。不过，他们并没有形成一个有组织的派别。

还在南京临时政府结束后不久，戴天仇（季陶）就指出，袁世凯“才足以帝制自为，智足以压服民党，魄力足以借刀杀人”[4]。第一任内阁总理唐绍仪被迫弃职离京之后，湖北同盟会支部骨干、国务院内务部顾问杨玉如致书袁世凯，痛责袁“名虽为共和而实乃真专制”[5]，离京南归。社会上也盛传着袁将效拿破仑第一故事（即称帝）的流言，二次革命风说相应地

---

① 李剑农：《戊戌以后三十年中国政治史》，中华书局 1965 年版，第 167 页。

② 《民立报》1912 年 9 月 3 日。

③ 《孙中山选集》下卷，第 705 页。

④ 《民权报》1912 年 4 月 24 日。

⑤ 武汉《国民新报》1912 年 6 月 24 日。

越传越烈。反对党人乘机攻击同盟会，传闻在湖北都督府会议上，“其议案第二条有云：同盟会在京争内阁恐不胜，特派杨玉如君回鄂运动军队，以王宪章君为主动”①。王、杨被迫离鄂赴沪。不久，同盟会鄂支部骨干祝制六、江光国、滕亚纲因组织改良政治团，被黎元洪以三次革命的罪名于1912 年 7 月 17 日捕杀，何海鸣、凌大同主办的《大江报》也被黎封闭，何、凌遭黎通缉，逃亡上海。张振武案的发生，使激烈派大为愤慨，戴天仇强烈指责革命党内关于法律解决张、方案的主张，他公开鼓吹武力解决。他说：“吾人今日之维持，非对于已死之张振武言也，对待违犯法律杀人之袁世凯、黎元洪耳。卵不能敌石，空言不足抗实力。以武力破坏法律者，仍以武力治之而已。”“百万言之锦绣文章，终不如一枝毛瑟”②，同时，上海、湖北的一批激烈派分子正在策划实际行动。何海鸣竟公开宣传：“军人秉其拥护共和之决心，以进行恢复固有之名誉，破除宵小之奸谋，使中华民国赖鄂军以成立，仍赖鄂军而巩固者，惟鄂军人能之。”③ 于是，由王宪章、何海鸣等在上海主持，派人入鄂，发动了 1912 年 9 月 24 日的武昌南湖马队暴动。这次暴动，由于孤立无援，顷刻之间就瓦解了，凌大同也于是役被杀。此后，在南北调和的气氛中，激烈派的活动比较消沉。待到 1912—1913 年之交，正式国会即将产生之际，《民权报》的尹仲材、何海鸣等人，尖锐地指出了北洋军警干涉临时参议院的严酷事实，为此他们组织了一个规模很小的欢迎国会团，鼓吹国会南迁，避开北洋军警的干预，独立行使职权。但因遭到包括革命党内的稳健派的广泛批评和袁世凯的压力，难以活动。

革命党内的激烈派虽然在政治上比较敏感，对袁世凯的揭露也符合事实，其武力反袁的主张自系合理的。但是，这一派本身不具有什么力量，他们同样不懂得如何去组织革命力量。因此，理论上、舆论上的呼叫严重地脱离了他们所能采取的实际行动。他们的行为，往往带有青年知识分子的偏激和游民无产者的狂躁习气。例如，戴天仇写过一篇短文，题目就叫

① 同盟会上海支部致黎元洪电，《民立报》1912 年 7 月 2 日。

② 戴天仇：《张振武案解决法——武力解决》，《民权报》1912 年 8 月 21 日。

③ 何海鸣：《鄂军干政与北军干政》，《民政报》1912 年 9 月 2 日。

《杀》，文曰：“熊希龄卖国，杀！唐绍仪愚民，杀！袁世凯专横，杀！章炳麟阿权，杀!”① 措辞耸人听闻，连当时从袁世凯系统中分化出来、倾向同盟会的国务总理唐绍仪都在排斥之列，真是鲁莽极了。他们中间另有一些人长期在会党中活动，他们的活动与革命党的领导并无直接关系。除上述的马队暴动外，在 1913 年 5 月底，即宋教仁被刺后，张尧卿、韩恢、柳人环等人冒用黄兴、陈其美的名义，组织游民进攻上海制造局，是激烈派分子盲动的突出事件。结果，陈其美发现此事后，先期向制造局方面告发，致使进攻惨遭失败。由于激烈派的行动偏激而又缺乏群众基础，因此，他们所能发挥的实际作用很小。

3. 宋教仁的议会活动

资产阶级革命党人的主要政治力量所在，是那些从政的集团，其中可分为两种类型。一是以宋教仁为代表的内阁议会派，他们由同盟会本部及其议员集团组成，是同盟会内稳健派的中坚，以争取议会多数，组织政党内阁为奋斗目标。一是以胡汉民、李烈钧为代表的地方实力派，他们主张地方分权，维护革命党人在南方既得的军政势力。这两派的政治策略不尽相同。据胡汉民回忆，在南京临时政府行将结束的时候，他和宋教仁之间就国家体制和对付袁世凯的策略问题进行了一次讨论。宋教仁主张中央集权，他认为“改总统制为内阁制，则总统政治上权力至微；虽有野心者亦不得不就范，无须以各省监制之”。胡汉民主张地方分权，他认为“内阁制纯恃国会，中国国会本身基础犹甚薄弱，一旦受压迫，将无由抵抗……今革命之势力在各省，而专制之余毒，积于中央……倘更自为削弱，噬脐之悔，后将无及”②。在南京临时政府结束之后，由于孙中山、黄兴、汪精卫不管党务，宋教仁成了同盟会本部的实际主持人。1912 年 7 月 21 日，宋又接替汪精卫出任总务部主任干事。因此，同盟会在中央政治斗争中的活动，由宋直接指挥。

宋教仁最基本的思想是要建立一个实行责任内阁制（即主要的行政权力在内阁，而不在总统，内阁对议会负责，由议会产生和更迭）的共和

① 《民权报》1912 年 5 月 20 日。

② 《胡汉民自传》，第 64 页，台北版《革命文献》第 3 辑。

国。早在武昌起义后，他在武汉起草民国的政治制度时，就“内审国情，外察大势”[①]，竭力主张内阁制。南京临时政府否定了宋教仁的主张，但在袁世凯出任临时大总统后，临时参议院在制定临时约法时，又采纳了宋的主张。临时约法赋予内阁和议会以很大的职权，总统命令必须内阁副署，每个国务员的任命都必须经议会通过。在正式国会选举之后，宋教仁更坚决主张民国的正式宪法采纳内阁制。他说：“吾人则主张内阁制，以期造成议院政治者也。盖内阁不善而可以随时更迭之，总统不善则无术变易之，如必欲变易之，必致摇动国本，此吾人所以不取总统制而取内阁制也。欲取内阁制则舍建立政党内阁无他途，故吾人第一主张即在内阁制也。”[②]

在辛亥革命之后，关于内阁制和总统制之争，包括孙中山和宋教仁之争，在实质上并不是当时世界上存在的议会民主制度中两种政治体制的区别，而是要不要把议会民主政治立即付诸实施的问题。袁世凯谋求扩大总统权力，只是向着独裁和称帝的目标前进的一个台阶，梁启超本来就主张开明专制，章太炎更主张袁世凯“便宜行事”，要求参议院“暂舍高权”[③]，也就是停止议会民主政治。孙中山也不赞成宋教仁的主张，他的本意是要实行革命方略，运用军事专政，扫荡腐朽的旧势力，为革命事业的胜利开辟道路。在他看来，议会民主制度，要等到革命政权巩固之后，才能逐步实施。唯宋教仁不顾斗争的实际形势，盲目地推行议会民主制度，而这种内阁制，只有在资产阶级的统治比较稳定的时期，才有可能实行。

尽管临时约法为中华民国规定了责任内阁制，但是，宋教仁的种种努力，并不能凭借约法使资产阶级的力量真正壮大起来，他甚至不能为保卫临时约法进行坚决有力的斗争，相反，他却竭力谋求与以袁世凯为代表的旧势力妥协。他只是幻想借助于已经建立起来的议会民主政治的躯壳去谋求资产阶级的实质性胜利。因此，他所追求的只是一种自我麻醉的表面的胜利。

---

① 徐血儿：《宋渔父先生传略》，《宋渔父》前编。

② 宋教仁在上海国民党欢迎会演说词，《民立报》1913 年 2 月 20 日。

③ 章太炎等致黎元洪电，北京《新纪元报》1912 年 7 月 25 日。

民国第一届内阁的组成，从表面上看，袁世凯只掌握了陆军、内务两部。内阁总理唐绍仪，在南京组阁期间，正式加入了同盟会。在内阁各部中，同盟会员占五席（包括挂名会籍的海军刘冠雄），故被反对派视为同盟会内阁。总理唐绍仪本人也“颇有意举责任内阁之实，以避袁氏与各方之冲突”①。但是，唐很快就遭到袁世凯和共和党人的排挤和打击，因而无所作为。对此，同盟会竟不能为唐撑腰，而一味消极地主张退出内阁。当时，宋教仁在给孙武的信里曾谈到唐于 5 月间企图辞职，“于是，弟（宋自称——引者）所提议之大政方针案遂无有人论及者，厥后弟又提议一二次，亦无有响应者。弟自是乃确知此政府之不足有为，辞职之心不可遏矣”②。不久，袁公然违背约法，侵犯总理职权，未经总理副署即任命王芝祥为督办南京军队事宜。王拿了非法的任命令，于 1912 年 6 月 14 日南下履任。翌日，唐即被迫弃职离京。同盟会阁员和本部明知责任内阁“徒托空言”③，却没有起来保卫约法，向袁世凯进行坚决的抗争。他们竟没有从这一事件中预感到袁世凯必然的独裁趋势和共和大业的严重危机，仅仅把这次政治风潮归结为各党派组成混合内阁的弊病。为此，他们以退为进，同盟会阁员全体辞职，并以在将来组织同盟会内阁为目标，向袁世凯陈述了政党内阁的主张（即由议会多数党组阁）。有人甚至还幻想袁或许会敦请同盟会组阁。袁世凯则托词说：“余之主义在于得人，但问其才与不才，无论其党与不党。”④ 以所谓的人才主义抵制了政党内阁的主张。

袁随后任命超然派的陆征祥为总理，企图利用陆的嘘声来掩盖陆的傀儡面目，从而加强自己对内阁的控制。同盟会本部没有抵制陆的任命，仅决议“此次既系超然内阁，凡本会员皆不得自由加入”⑤。陆征祥在向参议院提请通过内阁成员名单时，暴露了他的无能和傀儡面目，引起了参议院的骚动，第一次陆内阁成员名单被全部否决。袁世凯和北洋军警向参议院施加了巨大的压力。袁公然声称不允许议会更迭总理，军警们更扬言解散

① 岑学吕：《三水梁燕荪先生年谱》上，第 121 页。

② 《民立报》1912 年 7 月 4 日。

③ 同盟会本部致沪机关部电，《民立报》1912 年 7 月 1 日。

④ 袁世凯与同盟会代表的谈话，《政府公报》1912 年 6 月 22 日。

⑤ 《民立报》1912 年 7 月 3 日。

参议院。于是，参议员们屈服了，通过了第二次陆内阁成员名单。至此，议会的价值丧失殆尽。尽管激烈派在大叫："呜呼，共和休矣！"[①] 要用铁血政策来对付袁的兵力威胁，主持同盟会本部的稳健派却更热衷于争取议会多数的活动，继续在自己虚构的议会政治的框框里兜圈子。

国民党的成立，是宋教仁为代表的稳健派争取议会多数的一大"杰作"。当时，同盟会和共和党在议会内势均力敌，统一共和党是介于共和党与同盟会之间的中间党派。宋教仁"图政治手腕制胜，力联他党为合组大党之计"[②]，乘陆内阁风潮时与统一共和党之间形成的政治联盟，又争取其他四个小党派，商议合并，于8月13日发布国民党宣言，25日，即孙中山抵京的第二天宣布成立。国民党宣布，他们是要组成"强健而良善之政党"，"为运用政治之中心势力"，以造成二党对峙的共和立宪政治。[③] 为此，宋教仁放弃了同盟会的平均地权、男女平权一类的激进主张，甚至企图甩掉同盟会内的激进派。不过后一企图并未实现。所以，以参议院议长、清立宪派人士吴景濂领衔的北京统一共和党人在致上海同人（岑春煊等）的电报中说："名虽合党，实系新造……同盟会牺牲一切，从我主张，尤为难得。"[④] 这样，同盟会演变为国民党，实际上是向立宪派的政治立场靠拢，从革命的立场，折入了改良之途。这就使章太炎"革命军起，革命党消"的主张，至此得以完全实现。因此，共和党人对国民党的成立表示了热烈的欢迎。共和党的《亚细亚日报》评论说："宋遯初氏专选优秀稳健一派而遗其爆（原文如此——引者）烈分子，且欲牺牲其民生主义，以冀有完全之政党出现，此吾所深欢迎者也。"[⑤] 接近共和党政见的名记者黄远生也说："非国民党某君云，使遯初不以国民党为前提，则彼出言造计，直与我辈之中立人物无异。盖深赞之也。平心论之，宋君此次主持国民党改组之功，于中华民国历史上必有不可磨灭者耳。"[⑥] 后来，陈其美在总结

---

① 戴天仇：《兵力专制之大成功》，《民权报》1912年7月28日。

② 邹鲁：《中国国民党史稿》第1篇第3章，第106页。

③ 《国民党宣言》，北京《民主报》1912年8月13日。

④ 《民权报》1912年8月14日。

⑤ 哲维：《予之政党观》，北京《亚细亚日报》1912年8月10日。

⑥ 黄远生：《政谈窍听录》，上海《时报》1912年10月5日。

二次革命失败的教训时说："（国民党）自形式上言之，范围日见扩张，势力固征膨胀，而自精神上言之，面目全非，分子复杂，薰莸同器，良莠不齐，腐败官僚，既朝秦而暮楚，龌龊败类，更覆雨而翻云。"① 然而，当时同盟会本部在通告海内外的公函中，竟得意地说："自斯而后，民国政党唯我独大，共和党虽横，其能与我争乎?"② 他们从根本上搞错了，与革命党人相争的主要敌手，并不是共和党，而是袁世凯的枪杆子。

当 1913 年初，国民党在正式国会选举获胜之后。宋教仁竟为表面的胜利冲昏了头脑，他在长沙作了组阁的部署之后，遵汉赴护，一路上公开演说，抨击时政，效法欧美，作"光天化日之政客竞争"③。他谢绝了朋友的忠告，对敌人毫无警惕。结果，正当宋教仁于 3 月 20 日晚奉袁之召准备进京之际，在上海沪宁车站，被袁世凯政府收买的凶徒下了毒手。宋教仁在生命垂危之际，仍请黄兴代笔，致电袁世凯："伏冀大总统开诚心，布公道，竭力保障民权，俾国家得确定不拔之宪法，则虽死之日，犹生之年。"④ 真是至死不悟，能不令人浩叹!

以宋教仁为代表的稳健派，迷惑于假共和的局面，试图照搬照抄胜利了的资产阶级国家的议会民主制度。他们理论思想的错误在于只是从抽象的原理出发，而不顾实际的斗争形势，因而不能区分事物的现象和本质。他们把民国、共和、责任内阁制这些临时约法规定的纸面上的、徒有其表的东西，当作实际的东西。他们再从这样一个错误的大前提出发，进行简单的形式逻辑推理，以此来指导自己的行动，因而看不清真正的政治形势。在张振武案风潮时，稳健派的章行严的理论和《民权报》对他的批评，是个很典型的事例。现摘引如下：

> 行严："张振武案之责任，当归于陆军部长，而不当归之于总统。盖总统在责任内阁之国，当然不负责任。而此次军令（指袁杀张的命

① 陈其美致黄兴函，《陈英士先生纪念全集》卷 2。

② 《中国国民党史稿》第 1 篇第 3 章，第 107 页。

③ 《宋遁初先生遇害始末记》，上海《国民月刊》第 1 号。

④ 《民立报》1913 年 3 月 22 日。

令——引者），实由段总长署名，故责任当课于其身也。”①

仲材：“‘此案当陆军部长负责，总统在责任内阁之目当然不负责任。’记者欲驳此说，不免先有一疑窦。盖曾闻行严其人者留学伦敦而归国者也。吾意此人身虽归国而其心必尚在伦敦，不然，何以所言皆英政府之事实，而于我国袁世凯近日以武力盗国之手段，兵胁参议院通过阁员、毁约法而废责任内阁之事实，毫无所知耶？”②

以宋教仁为代表的稳健派，是中国历史上一批昙花一现的议会迷。他们作为同盟会的主流派，集中地反映了中国旧民主主义革命的妥协性和软弱性。

近年来，有的同志不赞成批评宋教仁患有议会迷的病症，甚至把这种病态当作健美加以讴歌。他们以为，资产阶级当然主张议会民主，所以，对宋教仁的争取议会民主的活动无可非议。这就犯了与宋教仁类似的理论错误，即只看抽象的原理，不顾实际的历史格局。诚然，资产阶级的政治思想是议会民主，但是，问题不在于宋教仁的理想，而在于如何为实现这个理想而奋斗。在民国初年，摆在资产阶级革命党人面前的客观任务理应是准备武装斗争来保卫辛亥革命的成果，但宋教仁放弃了武装斗争的准备，在敌人的暴力面前，幻想通过议会选举去掌握政权。这难道不正是议会迷的典型病症吗？这种病症，难道不正是中国资产阶级的软弱性和妥协性的具体表现吗？其实，不只是宋教仁患有议会迷的病症，包括孙中山和激烈派在内，当时都或多或少沾染有这种病症，对民国的议会民主存有幻想，不过，他们没有宋教仁那样强烈、那样典型罢了。持上述观点的同志有个误解，他们以为只有在无产阶级运动中才存在议会迷的病症。其实，宋教仁并非如胡汉民所说的那样，中了“修正改良派社会主义之毒”③，而是患了资产阶级革命时期，软弱的资产阶级政治派别的流行病。马克思在《路易·波拿巴的雾月十八日》一书中说：“1848 年以来，在全欧洲大陆

① 章行严：《张振武案解决法》，《民立报》1912 年 8 月 20 日。

② 尹仲材：《阅民立报者请注意》，《民权报》1912 年 8 月 22 日。

③ 《胡汉民自传》，第 60 页，《革命文献》第 3 辑。

上流行着一种特殊的病症，即议会迷，染有这种病症的人就变成幻想世界的俘虏，失去一切理智、一切记忆，失去对外界世俗事物的一切理解——只有这种议会迷才可以说明，为什么秩序党在它已亲手消灭了议会势力的一切条件并在它反对其他阶级的斗争中不得不消灭了这些条件之后，仍然把它的议会胜利看做胜利，并且以为打击了总统的内阁阁员也就是打击了总统本人。"① 在那个时候，议会迷的病症还没有传染给无产阶级队伍。在中国历史上，只是在民初的特殊条件下，才发生了议会迷的病症。

4. 地方实力派的军政措施

同盟会的地方实力派虽然支持本部的议会活动，但他们比议会派聪明一些。他们在地方上掌握着军政财产大权，他们并没有让议会政治的迷雾去削弱自己的权力。他们是用政权的力量去控制议会，而不是让议会来控制自己。江西省议会就曾说过："李督对于本会感情甚恶。"② 广东省议会议员也曾在孙中山面前发牢骚："政府欲办之事，则利用省会，省会决议事项，均置之脑后，岂省议会代议士尽为政府傀儡乎？"孙中山反驳说："权限是谁与之者？从公理求之也。革命党之权，谁与之者？少数人牺牲性命于公理上求之也。"③ 否定了议会权力牵制行政权力的企图。粤、赣两省都督都没有愚蠢地与反对派讲什么民主，而是压制了反对派的活动，因此被指责为"独裁""一党专制"。

地方实力派对于袁世凯削弱同盟会的地方势力的阴谋也进行了比较坚决的抵抗。迎合袁世凯的意图，黎元洪于 1912 年 4 月 10 日就提出了军民分治的主张，袁世凯立即表示支持，并且，迫不及待地要加以实施，企图以此来削弱同盟会都督的权力。对此，李烈钧率先起来反对，他指出："革命方法原分三期：军政、约法、宪法是也。今日中央政府由军政时期进而为约法时期，各省现状则尚在军政时期中。"因此，他认为："约法时期之各省都督，似应统揽一省之治权。"④ 胡汉民也坚决反对军民分治，他

① 《马克思恩格斯选集》第 1 卷，第 665 页。

② 江西省议会致江西参议员电，《民权报》1912 年 5 月 13 日。

③ 孙中山在广州与各界谈话，《民立报》1912 年 6 月 16 日。

④ 李烈钧通电，《时报》1912 年 4 月 22 日。

强调："非国基大定，宗社党无从煽动，不宜行军民分治。"[①] 李、胡积极活动各省都督，共同抵制袁世凯实行军民分治的阴洪。李、胡的活动遭到反对同盟会的党派的强烈攻击。例如，《时报》在《论李烈钧之野心》一文中，就露骨地说："民国成立，各省都督之别具野心者有二人焉，一为粤督胡汉民，一为赣督李烈钧。二人之手段皆专制之手段，其目的则皆以反对中央为职识者也。胡汉民反对中央集权，李烈钧亦反对中央集权；胡汉民反对军民分治，李烈钧亦反对军民分治。彼二人又互相联络，一旦中原有变，说者谓胡、李二人即各抱一割据思想。李借胡以出海，胡又借李以出长江，掎角之势既成，进则可逐鹿中原，退亦不失为一方之霸。"[②] 而社会上也时时流传着广东独立，七省联盟之类的谣言。

确实，地方实力派与议会派不同。议会派在为民主共和而奋斗的时候，几乎完全放弃了武装斗争的手段。在他们眼里，"二次革命者，即自杀之代名词也"[③]。地方实力派尽管不像激烈派那样鼓吹积极的武装反袁，但当袁世凯的压迫降临时，他们是准备用武装斗争来保卫辛亥革命成果的。因此，他们是革命党人的中坚。在江西民政长事件中，李烈钧就和袁世凯进行了一次武装对抗。1912 年 12 月 20 日，投靠袁世凯的汪瑞闿受命到达南昌出任江西民政长，李烈钧即效法袁世凯对付参议院故事，在幕后策划，让江西军警两界于 12 月 29 日召开拒汪大会，扬言"武力驱汪出境"[④]。汪被迫离赣。袁世凯立即予以报复，收买了九江镇守使戈克安，令戈扣留正从上海运抵九江的江西所购军械，并派军舰驶赴九江、湖口，企图用武力从外国商船上强行提取军械。李烈钧当即向长江一线调动军队，用武力威胁军舰不得妄行提取。武装冲突一触即发。戈克安一再向袁世凯政府报告："南昌已备兵伐"[⑤]，"李督现正多方布置，一意反抗中央，志极坚定"[⑥]。李烈钧终于迫使袁世凯发还枪械，将民政长任命搁置起来。不仅

---

① 《中华民国新文牍汇编》卷 2，第 17 页。

② 《时报》1912 年 8 月 2 日。

③ 王无生：《论今日宜辟邪说》，《民立报》1912 年 7 月 12 日。

④ 《民立报》1913 年 1 月 5 日。

⑤ 戈克安 1913 年 1 月 31 日电，中国第二历史档案馆藏北洋政府陆军部档。

⑥ 戈克安 1913 年 2 月 4 日函，出处同上。

如此，李又出兵驱逐了叛将戈克安，使鞭长莫及的袁世凯无可奈何。李烈钧为革命党人在民初的政治斗争中，赢得了唯一一次胜利。江西民政长事件的结果表明，辛亥革命的成果，必须用武装斗争来保卫。

但是，中国资产阶级革命党人致命的弱点，正是掌握不住军队。当时，孙中山和同盟会本部几乎完全忽视了军队工作。孙中山抱着“军人所以卫国，非以乱国，所以防外，非所以防内”① 的错误思想，对北洋军警表示信任。因此，同盟会停止了对北洋军队的渗透和瓦解的工作。革命党人自己在辛亥革命中发展起来的军事力量，这时已经没有指挥中心。革命党人的军事领袖黄兴，在袁世凯扣压军饷不发的情况下，因无法克服饷源缺乏的困难，抱着功成身退的消极情绪，于 1912 年 6 月 14 日卸去了南京留守职务。革命党的各省都督和统兵将领，在战后的裁军整编过程中，缺乏足够的应变部署，因而军队在裁遣后的整补、训练的工作，进展十分缓慢。辛亥革命史论者，每每简单地批评革命党人，指责他们裁军的错误。其实，除湖南之外，在裁军之后，掌握在革命党人手中的军队的数量，并不算少。而且，在当时的形势下，军队的裁遣整编是完全必要的，因为，辛亥革命中盲目招收的大量军队，不是当时的财力所能支持的。更重要的是，这些军队中游民成分充斥，所谓“金陵召募之师，大半乞儿车仆”②，正像李书城指出的那样：“从汉口、汉阳失败的经验看来，想依仗这种军队去冲锋陷阵，一直打到北京，是靠不住的。”③ 南京临时政府时，黄兴在南京地区拥有一二十万庞大的军队，既不敢与区区北洋六镇决战，在民国成立之后，又养之何用？而且，这些军队中，兵变时起。如江西，所谓“有匪皆兵，无兵不匪，口唱洪江，大呼革命，狐鸣篝火，一夕数惊”④。因此，革命党人必须整训他们的军队。问题的症结在于，他们模糊了与北洋军队的界限，而且他们只是仿照欧美常备军的办法来建设军队，因此，在中国当时的条件下，这样的军队素质，不可能加以革命的改造。由于中国资本主义经济的幼弱，资产阶级不可能以自己的经济力量建立起一支精

---

① 《“国父”全书》，第 528 页，在北京国民党成立大会上的演讲。

② 《章太炎再论黄克强》，《新纪元报》1912 年 9 月 20 日。

③ 《辛亥革命回忆录》第 1 集，第 201 页。

④ 李烈钧致北京各团体函，上海《中华民报》1913 年 2 月 7 日。

壮的子弟兵，由于农民没有从辛亥革命中获得利益，也就不可能改造军队的基础，由于民族资本主义经济缺乏生命力，军队高级将领除少数忠贞之士外，在强大的帝国主义、封建主义、官僚资本主义的政治经济势力的诱惑面前，不可避免地发生蜕化和叛变。因此，辛亥革命后，资产阶级革命党人掌握的军队，不仅没有加强，反而被削弱了。这种削弱，主要表现在革命的战斗意志的衰退，特别是高级将领在袁世凯的笼络下，纷纷变节。当一旦面临与袁世凯进行生死攸关的决战的时候，革命党人必然要手足无措了。

二　宋教仁被刺后的斗争

当国民党人兴高采烈地酝酿制定宪法、选举总统、组织内阁，一句话，准备重掌中央政权之时，宋教仁被刺身死，革命党人对袁世凯的幻想破灭了。党内各派在倒袁这一点上一致起来。但是，在如何倒袁的策略问题上依然存在严重的分歧。

孙中山是一个意志坚强、百折不挠的伟大的革命家，他虽然一度陷于迷惘，但刺宋的枪声很快使他惊醒过来，他毅然支持激烈派，主张兴师讨袁。他强调指出："袁氏手握大权，发号施令，遣兵调将，行动极称自由。在我惟有出其不意，攻其无备，迅雷不及掩耳，先发始足制人。"① 但黄兴不赞成。他认为"南方武力不足恃，苟或发难，必至大局糜烂"，因而主张法律解决："民国已经成立，法律非无效力，对此问题宜持以冷静态度，而待正当之解决。"② 不过，黄兴又决然相反地主张以其人之道还治其人之身，即"欲以暗杀袁世凯，省事免牺牲"③。这表现了严重的怯战情绪。孙中山不赞成暗杀，双方争论不决。

当时，激烈派极力向稳健派呼吁："中华民国之局，非民贼破坏之，维持大局之志士以姑息破坏之也。吾国民其醒矣！"④ 可是，宋教仁虽然死

① 陈其美致黄兴函，《陈英士先生纪念全集》卷2。

② 1915年孙中山致黄兴函，《"国父"全书》，第591页。

③ 田桐：《玄玄遗著》，第190页。

④ 戴天仇：《呜呼维持大局》，《民权报》1913年4月16日。

了，其调和妥协的精神依然存在，并未消逝。当宋案证据公布之后，《民权报》在号召：“嗟乎，国民！惟能死者乃能生存，惟能战者乃能得平和，惟能除暴者乃能保全其国家！”① 而宋教仁的生前好友徐血儿仍在从容论道：“记者对于本案之主张，即袁、赵自行解职，组织特别法庭，以受法律之裁判是也……国民苟以是主张到底，民意可以御甲兵，独夫何畏焉。苟法律而尚不能完全解决，则以政治解决可矣……国会当依据约法提出弹劾案，使袁、赵解职，由国民组织特别法庭，为公正之审判，以为此案最后之解决也。”② 在稳健——法律派看来，再也不应该革命。他们说：“前次大革命之后，元气凋丧，民力疲极，并力恢复，犹虞不及，庸能再受莫大之损失乎？且社会心理，莫不翘首企踵以渴望太平之隆盛，一闻变起，心惊胆裂，寝食为之不宁，较诸前次革命时，闻兵变而色然以喜者，盖大相悬绝者矣。夫人民之厌乱既如此，则尚有谁敢为戎首，轻心发难乎？发难之后，谁肯附从之乎？此我国之无二次革命之余地可知。”③

我们从历史实践的结果来考察这场争论，应当说，双方的观点都是有错误的。尽管革命的任务要求以武力推翻袁世凯的统治，但是，革命党人的军事力量和他们的政治任务之间，产生了尖锐的矛盾。法律派指出的力量不足，群众反应冷淡等，确是事实，武力派实际上并没有取胜的法宝。两派都看不见民主革命的力量源泉——农民。因此，武力派没有足够的根据去说服别人。但是，法律取胜的观点更加虚幻，实际上寸步难行。两种观点所选择的实际道路，并不是以武力取胜，或是法律取胜，而是孤注一掷地投入战斗，在战斗中赢得光荣的失败呢，还是在妥协的道路上继续消磨自己的革命意志？对于一场革命来说，暂时的失败并不可怕，而如果没有血战到底的勇气，它就等于放弃了夺取最后胜利的希望。恩格斯指出：“在革命中，也象在战争中一样，在决定性的关头，不计成败地孤注一掷是十分必要的。历史上没有一次胜利的革命不证明这个原理的正确……顽强奋战后的失败是和轻易获得的胜利具有同样的革命意义的。”④ 因此，选

① 徐谦：《布告国民》，《民权报》1913 年 4 月 27 日。

② 徐血儿：《综论大暗杀案》，《民立报》1913 年 4 月 27—29 日。

③ 朱宗良：《二次革命声中之冷眼观》，《民立报》1913 年 6 月 1 日。

④ 《马克思恩格斯选集》第 1 卷，第 568 页。

择战斗的道路是合理的，这也是辛亥革命按其革命的本性来说，不可避免地最终要选择的道路。

1913 年 4 月间，孙中山和黄兴向各省革命党的都督和统兵将领征询讨袁的方略，并在上海召开了军事会议。当时，赣督李烈钧、皖督柏文蔚主战，两省结成了反袁联盟，他们的军队一度向前沿开进。粤督胡汉民本人主战，曾通电强硬表示："粤省兵力雄厚，械亦精利，军心团结。谁为祸首，破坏共和，当共弃之。"① 但实际上，粤省内部掌握军权的陈炯明与胡不睦，两人钩心斗角。袁世凯乘机对陈竭力拉拢，挑拨胡、陈关系。陈对起兵不积极，他的师旅长们更受到袁的收买，竟发布通电，"宣言不干预宋案事"②。因此，当孙、黄电询意见时，胡不赞成马上起兵。湖南革命党人具有左右都督谭延闿的力量，使谭不得不附和革命。但湖南五师新军已全部遣散，至此一兵未练，只能表示加紧准备，无法立即起兵。江苏革命党的将领，尤其是驻南京的主力第八师，因整补尚未完成，强调保存实力，也不赞成马上起兵。结果，形成了这样的格局："带兵者多力主慎重，而不带兵的党人则多主速战。"③ 结果，第一次军事会议上只是议决进行战争准备。当 4 月 26 日宋案证据公布，4 月 27 日袁世凯准备战争的违法的大借款成立，革命党人对袁世凯的愤怒达到了顶点，各地纷纷声罪致讨袁贼赵犯之声不绝于耳。孙中山乘机再次主张速兴问罪之师，但依然没有成功。他打算亲自前往广东主持独立，也被劝阻。这样，武力讨袁的主张一度消沉了。黄兴在致黎元洪的复电中表示："兴对于宋案，纯主法律解决，借债要求交国会通过，始终如一。"④ 形势为之一折。正如黄远生所说："宋案初发生时，法律派力不敌武力派，故无所主张。今武力虽未用，而大势已到尽头，故法律派复活。"⑤

法律解决只是一个使人战斗意志消沉的泥坑，根本不能解决问题。关于宋案，由于袁世凯的抵制和阻挠，久拖不决，落得个"公判不成，律师

---

① 《亚细亚日报》1913 年 4 月 19 日。

② 广东第二师参谋长呈段祺瑞文，中国第二历史档案馆藏北洋政府陆军部档，原电未见。

③ 《辛亥革命回忆录》第 1 集，第 548 页。

④ 《民立报》1913 年 5 月 14 日。

⑤ 黄远生：《最近之大势》，《时报》1913 年 5 月 27 日。

抗告，法庭冰阁，政府抵制，不但事实不进行，连新闻都没有”① 的冷落局面。关于大借款案，袁世凯根本不理会议员们的喧嚣，一口咬定前参议院已经通过（实际上只是讨论过大体），拒不交付议会通过。当时，共和、民主、统一党，在袁的支持下，由梁启超主谋，正在筹议合并为进步党。三党议员在国会中反对否认大借款，与国民党议员一再发生冲突，他们以不出席开会为手段，使议会无法开会，更无从表决大借款问题。尽管议会尚在扯皮，五国银行团已提前向袁世凯政府付款。所谓国会通过，完全成了空谈。

本来，法律倒袁是以国民党掌握国会的多数为前提的。而这时，这个表面的多数也正在崩塌。袁世凯和反对党人四出活动，用各种手段拉拢和收买国民党议员。一些投机的国民党议员也震惊于南方的武装反袁活动，纷纷脱党。因此，国民党虽然在参议院还继续保持多数，它在众议院的多数党地位很快就丧失了。早在国会开幕（4 月 8 日）后的议长选举中，国民党在众议院就遭到失败，由民主党的汤化龙和共和党的无名小卒陈国祥当选为正副议长。同时，袁世凯又收买一些人另组小团体，使国民党四分五裂。如刘揆一的相友会，据报载袁给予津贴十万元，孙毓筠的民宪党，袁给予开办费四十万元，但此数似属夸大。景耀月的政友会、夏同龢的超然社、陈家鼎的癸丑同志会、郭人漳的自由俱乐部，虽并不都是倒向袁世凯的，但这些小团体的出现也肢解了国民党。田桐、白逾桓等激烈分子也另行活动。国民党本部仅张耀曾等在孤守残灯。宋教仁苦心经营的大党，一遇风吹草动，就分崩离析了。所谓的议会多数，不过是些水中浮萍而已。

袁世凯一直在进行战争准备。大借款成立后，他即于 1913 年 5 月 3 日发布除暴安良令，准备与革命党人公开决裂。5 月 12 日，驻信阳的李纯所部北洋第六师，应黎元洪之招，挥师入鄂，进驻兴国、田家镇、武穴一线，根据黎的命令，准备“相机直捣九江或南昌”②。5 月 15 日，袁又取消了黄兴的陆军上将衔。北洋军人更纷纷发表通电，点名辱骂黄兴、李烈

① 《民立报》1913 年 6 月 8 日。

② 1913 年 5 月 7 日李纯致陆军邮电，中国第二历史档案馆藏北洋政府陆军部档。

钧、胡汉民，而领头的竟是两位国民党都督——陕督张凤翙、晋督阎锡山。袁更大肆活动，收买南方高级将领。在袁咄咄进逼面前，革命党人士气消沉。谭人凤面责黄兴说："每日车马盈门，所议何事？自己失计，而曰人心已死乎？两月以来，大言炎炎，方以为必有后盾，孰知毫无准备，徒托空言。"① 于是，革命党人的策略又为之一折，从法律倒袁变为南北调和。5月18日，谭人凤偕王芝祥自沪进京，晋谒袁世凯，一再以"撤兵，毋易赣督为请"。袁态度强硬，仅虚与委蛇地表示："赣督去留，我亦尚无成见。"② 同时，粤皖两督也分别派人进京疏通，以求缓和矛盾。李烈钧虽仍表示强硬，但也不得不撤退了瑞昌前沿马头镇的军队。国民党议员更就大借款案发布哀求性的宣言："为今之计，唯有政府迅将合同提交议院，本党亦无不力予维持，俾底于成。否则，本党惟有终始一致，不承认此违法之签约。"③ 可是，袁政府已决心一战，连这点面子也不给。6月2日，汪精卫、蔡元培自欧洲回国到上海，他们立即与赵凤昌、张謇联系，通过赵、张与袁谈判调和，其基本条件是国民党选袁为总统，宋案罪名到洪述祖为止，袁方面则申明不于临时政府期内对地方都督有所撤换。调和妥协的倾向，几乎把宋教仁抛弃，正像抛弃张振武一样，让他们成为袁总统宝座的垫脚石。

但是，袁世凯已决心对革命党人采取强硬措施。1913年6月9日，袁罢免了李烈钧的江西都督职务，6月14、30日，又相继将粤督胡汉民、皖督柏文蔚调离都督任。当赣督免职令下，孙中山即派张继等赴赣，动员李烈钧起兵。李鉴于党内妥协倾向弥漫，也顾虑重重起来，打起了退堂鼓。他没有同意起兵，竟卸职赴沪准备出国。胡汉民把都督一职交给陈炯明，希望陈接任、取得军政全权后起兵讨袁。陈任粤督是袁为离间革命党人而任命的。陈明知为人利用，因而在双方争取之下犹豫不决，迟迟不肯接印。柏文蔚卸任后，索性赴宁"闭门谢客，借以休息"④。革命党人的南北调和再一折而变为隐忍待时，一场革命的发动，眼看就要烟消云散。

---

① 谭人凤：《石叟牌词叙录》，《近代史资料》1958年第3期。
② 同上。
③ 《国民党国会议员会对于大借款问题宣言书》，《民立报》1913年6月8日。
④ 柏文蔚.《五十年经历》，《近代史资料》1979年第3期。

然而，这种不战而败的隐忍，实在太屈辱，也太痛苦了。革命党人到了忍无可忍的地步，也只有冒险一战。李烈钧赴沪之后，遭到激烈派的强烈批评，他不得不改变了出洋的打算。1913 年 7 月初，在孙中山的坚持下，革命党人下了起兵的决心。7 月 8 日，李烈钧返抵江西湖口，7 月 12 日，湖口起义，九江战事爆发，难产的二次革命终于打响了。

但是，当二次革命爆发的时候，革命党人正处于南北停战议和以来最不利的战略地位。当时，袁世凯对各省作了充分的布置，北方各省几乎全部处于袁的控制之下，湖北成了北洋军队的前进基地。西南四省滇、黔、川、桂，以蔡锷为首，结成了抵制革命的联盟。苏督程德全、浙督朱瑞、闽督孙道仁、湘督谭延闿虽然还在脚踏两只船，依偎于袁世凯和革命党人之间，但事实上，他们要使革命无形消灭。在革命党的中坚省份，袁进行了有效的策反工作。在江西，袁笼络第一师师长欧阳武以护军使名义取代李烈钧执掌军权，欧阳对袁表示效忠，打乱了李的军事部署。在安徽，袁笼络第一师师长胡万泰，胡与新任民政长兼代都督孙多森狼狈为奸，阻挠革命。在广东，梁士诒、李准、黄士龙三个系统的势力，在军政商界猖狂活动，被笼络的第一师师长锺鼎基、第二师师长苏慎初和独立旅旅长张我权对革命进行了消极的抵制，革命党人掌握的军队，已经严重动摇。在军事方面，李纯于 7 月 5 日挥师入赣，进驻九江，向沙河一线布防。北洋第四师臧和斋团在郑汝成率领下，以海军警卫队名义由海道南下，于 7 月 6 日抵达上海，进驻制造局这一军械重地。本来倾向革命党人的海军，也为袁所收买，改变了立场。这样，九江、上海两地的北洋军队，在海军支持下，犹如两把尖刀，插入南方腹地。结果，士气颓丧的二次革命，不过两个月，就土崩瓦解了。革命党人与袁决战的结果，使辛亥革命成果几乎全部丧失，表明了辛亥革命的最后归宿。

三　革命党人失败的教训

二次革命失败后，孙中山总结了失败的经验教训，归结起来，大体可分为三个要点。

第一，他认为革命后没有实行革命方略，革命的主义无从贯彻。因此，他在组织中华革命党时，在章程中重申了同盟会规定的革命进行分作军政、训政、宪政三时期的革命方略。他强调“务以武力削彼暴政，先破坏而后建设，敷施方云顺序”[①]。

第二，他认为在辛亥革命时投机分子涌入党内，瓦解了党的精神。因此，要求中华革命党“（一）屏斥官僚，（二）淘汰伪革命党”[②]，纯洁组织。

第三，孙中山特别强调了革命党人不听党魁命令、各行其是的危害。他说：“党员皆独断独行，各为其是，无复统一，因而失势力误时机者不少。识者论吾党之败，无不归于散涣，诚为确当。”[③] 因此，他强调“革命之际，当行军令，犹贵服从”[④]。他坚决主张：“此次立党（指中华革命党——引者），特主服从党魁命令，并须各具誓约，誓愿牺牲生命自由权利，服从命令。”[⑤]

孙中山在总结失败的教训之后提出的上述主张，在当时遭到许多革命党人的反对，在以后也遭到广泛的批评。其实，在无产阶级登上政治舞台之前，孙中山作为一个资产阶级革命家，为夺取革命的真正胜利而提出的上述主张，基本上是合理的，问题主要在于，他没有找到一支力量，将他的主张真正付诸实践。下面，围绕孙中山的总结，就革命党人失败的教训，谈谈我们的看法。

孙中山关于军政、训政、宪政三时期的设想，是个脱离实际的、机械的划分，就无产阶级世界观的高度进行分析，孙中山的思想存在轻视人民群众的错误。但孙中山的核心思想，是要用革命暴力对付反革命的暴力，是要运用革命的暴力来摧毁旧社会的基础，镇压反对革命的势力，巩固革命胜利。这个认识是合理的。当然，无论是辛亥革命时期，还是以后，他都没有能够真正贯彻这一主张，而是一再和反对革命的势力妥协。至于蒋介石假借孙中山的主张为自己的独裁辩护，镇压人民革命，那是性质根本

---

① 1914 年致坝罗同志函，《“国父”全书》，第 590 页。

② 《中华革命党宣言》，《“国父”全书》，第 579 页。

③ 1914 年致邓泽如函，《“国父”全书》，第 520 页。

④ 1914 年致南洋洪门同志函，《“国父”全书》，第 584 页。

⑤ 1914 年致邓泽如函，《“国父”全书》，第 520 页。

不同的两回事。同样的概念，往往可以表达完全相反的内容。在辛亥革命时，宋教仁对于革命方略缺乏起码的认识，愚蠢地要在军事对抗时期实行责任内阁制。革命是一种外部对抗的形态，要以新生的、幼弱的力量去冲破传统的庞然大物，在生死存亡之际，不能不要求建立强有力的战斗体制，议会民主政治的真正实施，只有在资产阶级的统治巩固之后才有可能进行。当封建统治刚刚被打乱之际，就实施起资产阶级太平盛世的政治制度，那就意味着要和传统的势力讲普遍的民主，共同分享政权。这不仅会使革命的力量陷入软弱无力的分散状态，而且会使反对革命的势力得以利用传统的影响而复苏，从而把革命扼杀在萌芽阶段。因此，在革命取得初步胜利之后，仍然必须运用暴力压迫敌人，以防止旧势力死灰复燃。宋教仁主张责任内阁制本身，实际上是谋求和旧势力妥协的产物。民初和平的议会运动的失败，充分暴露了革命党人在胜利后放弃运用暴力的致命弱点。当时，倒是革命党人的地方都督为实际的斗争所迫，不能不有限度地实施革命方略，勉强维持他们在地方上的统治。问题的关键在于，资产阶级革命党人首先必须取得实质性的胜利，这一点高于一切，不应该让民主自由的清谈，去削弱自己的战斗力。因此，孙中山作为革命的旗手，重新提出革命方略，是理所当然的。

但是，孙中山在辛亥革命时之所以没有实行革命方略，并不是没有这个愿望，主要是缺乏力量。革命党人失败的根本原因之一，是同盟军问题。在辛亥革命的准备时期，资产阶级革命党人从新军和会党中找到了微薄的群众力量，当武昌起义之后，革命党人不是从左翼去扩大同盟军，而是向右翼去寻求支援。这就不能不使大量投机分子涌入革命队伍。为了与右翼达成政治联盟，革命党人不得不降低革命的纲领和水准，把革命引向妥协和失败之路。中国近代阶级关系调度的进程，在辛亥革命时期，没有形成一个激进的小资产阶级的政治派别，因而使这场革命缺少一条联系工农群众的纽带。不能指望资产阶级去直接发动工农。正因如此，辛亥革命时期没有一支群众性的力量登上政治舞台，以推动资产阶级革命向前发展。而中国资产阶级本身，则是十分软弱的，它没有魄力将革命进行到底，不能不谋求中途妥协。

孙中山仅仅消极地吸取了与右翼结盟的教训，在组织中华革命党时表现了排斥右翼同盟军的偏狭倾向，因而遭到黄兴的批评。黄兴向孙中山要求："宜宽宏其量，受壤纳流，使异党之存爱国心者，有所归向。"① 但孙中山没有接受。由于意见分歧，甚至以黄兴为代表的一批革命党人都被关在了中华革命党的门外。孙、黄的分歧在于，黄没有接受辛亥革命的教训，而孙则没有解决既要争取右翼同盟军，又要坚持革命队伍纯洁的问题，因而表现为简单的排斥。无论是孙中山还是黄兴，都看不见左翼同盟军，这是问题的根本所在。结果，孙中山把中华革命党办成了一个狭小的团体，无所成就。当资产阶级的右翼发动护国战争时，孙中山重新与右翼结盟，又重犯了辛亥革命时的错误。直到五四运动之后，孙中山才逐渐认识到左翼同盟军的力量。

资产阶级革命党人的力量薄弱，就是这有限的力量也处于涣散的状态。这是他们的妥协倾向造成的恶果。因此，资产阶级革命党人没能形成一个最能代表本阶级根本利益的指挥中心。孙中山在辛亥革命前就曾谋求建立领袖的权威地位，但当时这个矛盾不突出。至二次革命失败，他坚决主张发挥领袖的个人权威作用，防止革命党人在纷争之中分散力量，贻误战机。后来他还解释说："党用人治的长处很多，人治力量乃大。"② 但是，孙中山的主张遭到许多革命党人的强烈反对。如黄兴就批评孙中山："以人为治，慕袁氏之所为。"③ 李烈钧也以"牺牲一己自由，附从党魁为屈辱"④。为此，他们拒绝加入中华革命党。

其实，黄兴的批评是不合适的，他混淆了革命的个人权威作用和反革命独裁之间的区别。路易十四的名言是："朕即国家。"拿破仑则说："我就是革命。"⑤ 而孙中山则一再向人们解释："我这三民主义、五权宪法，也可以叫做'孙文革命'。所以服从我，就是服从我所主张的革命。服从我的革命，自然应该服从我。"⑥ 这三个人的话尽管在形式逻辑上相似，但

① 黄兴复孙中山函，《湖南文史资料选辑》第 10 辑。

② 1920 年 11 月 4 日在上海中国国民党本部会议席上的演讲，《"国父"全书》，第 887 页。

③ 黄兴复孙中山函，《湖南文史资料选辑》第 10 辑。

④ 1915 年孙中山复杨汉孙函，《"国父"全书》，第 594 页。

⑤ 《拿破仑日记》中译本，第 134 页。

⑥ 1920 年 11 月 4 日在上海中国国民党本部会议席上的演讲，《"国父"全书》，第 887 页。

他们所代表的阶级利益是不同的，甚至是完全相反的。路易十四的名言是封建专制统治的典型思想，而拿破仑则反映了法国资产阶级结束革命的情绪，孙中山则是为了集结力量，争取中国资产阶级民主革命的胜利。我们是不能等量齐观的。同样，孙中山为了革命谋求建立个人权威和袁世凯独裁的性质也是根本不同的。

在世界历史上，在资产阶级革命时期激烈的阶级对抗过程中，运用个人权威和军事独裁的手段，是一种难以避免的现象。资产阶级一方面要推翻封建统治，另一方面又要控制甚至镇压为革命诱发起来的群众暴动，它就必然要产生个人集权的政治体制。因此，在英国革命中产生过克伦威尔的军事独裁，在法国革命中，前期有罗伯斯庇尔的形似暴君式的恐怖统治，后期有拿破仑的集权，甚至称帝。法国资产阶级革命时期的历史学家米涅说过："在一切革命中都会涌现许多领袖人物，而当革命需要服从的时候，它只承认独一无二的领袖。"[①] 即使是拿破仑的称帝，马克思也认为，帝国制度是由"新兴资产阶级社会作为摆脱封建制度的工具建立起来"的。[②] 因此，克伦威尔、罗伯斯庇尔、拿破仑等人的统治，是资产阶级革命斗争形势的产物，不应该用个人野心来加以解释。尽管这种恐怖、独裁的统治，产生了种种错误，同样不可避免地导致失败，但这在世界资产阶级革命史上却是一种合理的现象。所以，马克思高度评价了法国革命时期的斗争："不管资产阶级社会怎样缺少英雄气概，它的诞生却是需要英雄行为、自我牺牲、恐怖，内战和民族战斗的。"[③]

孙中山谋求领袖个人的权威作用，是为了适应斗争环境的合理要求，不这样做就不足以把有限的力量集中起来，进行生死存亡的斗争。这是孙中山力图勇猛精进的表现。其实，像李烈钧在江西执政时期，在实践上也不能不实行军事独裁，从形式上看，同袁世凯的所作所为，也并无多少区别。否则，他们的统治也很难维持下去。就是立宪派也懂得，"大乱之后，非用专制手段必不能整齐庶政"[④]。所以，吴贯因在 1911 年底曾估计，如

---

① 米涅：《法国革命史》中译本，第 51 页。

② 《马克思恩格斯选集》第 2 卷，第 374 页。

③ 《马克思恩格斯选集》第 1 卷，第 604 页。

④ 吴贯因致梁启超书，《梁任公先生年谱长编初稿》，第 369 页。

果黄兴执政，也是非用专制手段不可的。黄兴等人在理论上的“纯洁”，并没有导致他们在行动上更坚强起来，相反，正掩盖了他们行动上的软弱、迟疑、怯懦和动摇。

但是，孙中山在革命形势高涨的时期，既不可能运用个人权威，在革命形势低落的时期，又何能借此部署队伍？他的努力并不是在斗争中形成的一种自然格局，而是一种缺乏斗争基础的勉强奋斗。因为，他既缺乏一个在经济上壮大起来的资产阶级的支持，又缺乏从封建桎梏中解放出来的农民的狂热拥护。没有这一切，他的个人权威并不能真正形成一股强大的力量。于是，孙中山只能依靠宣誓和打手指模来维系他的脆弱的个人权威，无益地吓跑了一批同盟者。因此，他的努力没能开拓中国革命的新局面。无论是孙中山或者黄兴，都不能正确地指导中国的资产阶级革命取得胜利。但孙中山毕竟是在积极地进行不屈不挠的奋斗，正是这种奋斗的精神，才能使他在新的政治局面中，实现由旧三民主义向新三民主义的伟大转折。

19世纪60—90年代清朝统治集团最高层内部斗争概述*

丁名楠

近三十多年来，中国近代史的研究取得了可喜的进展，极大地丰富了我们的历史知识，开阔了视野，加深了对中国半殖民地半封建社会的历史发展规律性的理解。当然，需要深入探索的方面和问题还有很多，例如，关于这个时期统治阶级内部斗争的专著几乎完全阙如，有关的论文也寥若晨星，不能不说这是近代史研究中存在的许多薄弱环节之一。当权的统治者及其派系斗争，由于他们当时所处的地位，对历史是有影响的，尽管影响力暂各不相同。本文试图对19世纪60—90年代清朝统治集团最高层的内部斗争作粗略的考察，时间大体上与洋务运动相一致。1861年那拉氏勾结奕䜣发动的政变，有的近代史著作已有所涉及，吉林还出版了一部以这次政变为背景的历史小说《慈禧前传》；至于90年代的帝后党争，近来也有论文发表。① 本文对前者略去不谈，对后者尽量从简。由于有关这个时期斗争的资料很零散，可以汲取的成果有限，加上时间长，情况比较复杂，文中错误不当之处，恳请读者加以批评指正。

---

* 本文原载《近代史研究》1982年第1期。

① 任茂棠：《试论甲午中日战争时期的帝党》，《晋阳学刊》1980年第5期；章开沅：《翁张交谊与晚清政局》，《近代史研究》1981年第1期。

一　那拉氏由依靠奕訢巩固权位到折辱奕訢立威

1861 年 8 月，咸丰帝奕詝在热河病死，载淳（同治帝）生母叶赫那拉氏勾结恭亲王奕訢发动宫廷政变，夺得了清朝最高权力。[①] 那拉氏有极强烈的政治野心，又善于玩弄权术，但她这时还缺乏统治经验，又与朝臣没有多少接触，要凭她应付风雨飘摇的危局，几乎是不可能的。当时英法联军虽已撤离北京，但仍在天津盘踞。对清政府说来，搞好同侵略者的关系是头等重要的大事；其次，各地农民起义风起云涌，摇撼着清朝的统治，定都南京的太平天国更是清政府的严重威胁，必须竭全力加以消灭。此外，载垣、端华、肃顺的残余势力尚待肃清，被英法联军攻占北京，以及各地农民起义打乱了的统治秩序亟须重建等。处理这些繁重而又紧迫的任务，那拉氏必须而且只有依靠奕訢。奕訢是道光帝的第六子，咸丰帝的异母兄弟，曾于 1853—1855 年间任军机大臣。1860 年英法联军逼近北京，咸丰帝仓皇逃往热河，临行前命奕訢留北京主持政务。奕訢一年多主政期间，留京文武官员奉其号令，听其指挥，无形中成了清政府的重心。他同英、法、俄等国分别订立了《北京条约》，又主持新成立的外交机构总理各国事务衙门，经常与外国侵略者打交道，他的“曲全邻好”的态度，博得了他们的赞赏。再加上帮助那拉氏政变有功，因此，没有比奕訢出来主政更合适的人选了。那拉氏于政变后，封奕訢为议政王，赐食双俸，极意加以笼络。奕訢领导军机处和总理衙门，又兼内务府大臣，宗人府宗令，总揽了外朝内廷的大权。那拉氏特许他在紫禁城骑马（即乘坐四人轿），还把只有中宫嫡长女才叫固伦公主的称号给予他的长女，以示优宠。在 60 年代的头几年里他们之间的关系是融洽的。奕訢在那拉氏的支持下，罗致了文祥、宝鋆、董恂等人，作为他的得力助手，并依赖他们，竭力谋求与列强“和好”相处。奕訢继续执行肃顺的重用汉人地主知识分子的政策，

---

① 咸丰帝皇后、载淳嫡母为钮祜禄氏。据记载：钮祜禄氏懦弱无能，虽然她与那拉氏同以两宫名义，垂帘听政，而且名位在前，但实权操在那拉氏手里，她不过徒有虚名而已。

依靠曾国藩、左宗棠、李鸿章等人镇压了太平天国。他对这些人是“有请必行，不加遥制”。奕訢惩办了载垣等人的党羽，分别充军或免官；又将受肃顺排挤而休致的大学士翁心存、祁寯藻等复职。由于奕訢等人的通力合作，清政府渡过了难关，使得经受内外沉重打击而摇摇欲坠的政局逐渐稳定下来。封建史学家称这段历史为“同治中兴”，赞扬奕訢“豁达大度”“定乱绥邦”，推颂他为“贤王”，一片赞美声，这是不奇怪的。

正当奕訢权势煊赫，“声誉日隆”的时候，那拉氏突然对他施加打击，奕訢从权力的高峰跌落，从此每况愈下，无法恢复到早先的地位。众所周知，那拉氏权力欲望极其强烈，当她需要奕訢出力的时候，可以对他百般优容，而在太平天国的燎原大火被扑灭，清朝统治“中兴”以后，奕訢对于她来说就显得不那么重要了。何况奕訢“功高震主”，那拉氏感到有必要使全体官员知道她才是清朝的主宰，其他的人包括奕訢在内只不过听指挥，供驱使的臣仆而已，于是她抓住日讲起居注官蔡寿祺的一个奏疏，折辱奕訢立威。

1865 年 3 月，蔡寿祺上疏，给奕訢罗列了揽权、纳贿、徇私、骄盈等一系列罪名。[①] 蔡寿祺是个狡黠的官僚，曾在胜保军营中供职，同满族大员关系较密。在此以前，曾上过一份试探性的奏折，窥测方向，委婉地指责奕訢结讬曾国藩等汉人疆吏，居功自傲。那拉氏没有照例加以申饬，于是他接着就直截了当地弹劾奕訢。蔡寿祺列举的罪状虽没有确证，但那拉氏却借此企图罢黜奕訢。4 月 2 日，她召集大学士周祖培、瑞常、吏部尚书朱凤标等，交出一道由她亲笔书写，错别字连篇的诏旨，斥责奕訢妄自尊大，目无君上，暗使离间，令其毋庸在军机处议政，革去一切职务，不准干预公事。奕訢在清政府中“位高望重”，那拉氏骤加重谴，予以罢黜，不啻是晴天霹雳，不仅公然暴露了清朝最高层的巨大裂痕，而且由于处分的严重和突然，使得许多人惊慌失措。绝大多数王公大臣不支持那拉氏的决定。惇亲王奕誴[②]首先上奏说：“自古帝王举措一秉至公，进一人而用之

① 吴相湘：《身系安危的恭亲王》，见《晚清宫廷实纪》，以下有些材料转引此文，不一一注明；参看吴庆坻《蕉廊脞录》卷一，又刘体智《异辞录》卷一。

② 奕誴是道光帝第四子。

无贰，退一人而亦必有确据。”奕訢“议政以来，办理事务未闻有昭著劣迹……若遽行罢斥，窃恐传闻中外，议论纷然，于用人行政，似有关系，殊非浅鲜。”他要求召开廷议，公开讨论。醇亲王奕譞①也说奕訢“事烦任重……若遽行罢斥，不免骇人听闻”。大学士周祖培公然顶撞了那拉氏，他说：“此惟两宫乾断，非臣等所敢知。”军机大臣李棠阶说：奕訢“有定难功，时方多故，不当轻弃亲贤”②。内阁学士殷兆镛、左副都御史潘祖荫等进言：“恭亲王辅政以来，功过久蒙睿照，重臣进退，关系安危，尚祈持平用中，熟思审处。”③ 给事中谭钟麟、广诚说：“海内多事之秋，全赖庙堂一德一心，共资康济，且以懿亲为尤甚。若庙廊之上，先启猜嫌，根本之间，未能和谐，骇中外之观听，增宵旰之忧劳，于大局实有关系。”内阁侍读学士王维珍、御史洗斌更以奕訢深得洋人信任为理由，要求重新予以起用。他们说：“该王素为中外所仰重，又为夷人所信服，万一夷人以此为请（指要求奕訢复职），从之则长其骄肆之心，不从则别启猜疑之渐。”此外通政使王拯，御史孙翼谋等纷纷奏请任用奕訢。那拉氏罢斥奕訢的仓率决定，招来了一大堆的非议，上自亲王、大学士、军机大臣，下至给事中、御史等，几乎众口一词，要求奕訢复职。只有大学士倭仁等几个人表示附和，为她改正错别字，修饰文句。在这种气氛下，那拉氏难违众论，特别考虑到外国人对奕訢的态度，不得已于七天后发出明谕，仍令他管理总理衙门。奕訢入谢以后，于 5 月 8 日，恢复他首席军机大臣的职务，但议政王的称号从此被取消了。这对奕訢来说是个不小的打击。一场轩然大波算是平息了，奕訢的地位从而削弱。此后奕訢对那拉氏小心谨慎，甘拜下风，遇事模棱，退缩不前，在统治阶级中的声望随着下降，而那拉氏作为最高统治者的地位更加确立不摇了。民国初年，一位叫作蔡东藩的人说：“西太后之才，玩一亲王于股掌之上，谴责之以示威，开复之以示恩，能使王公大臣以下敬畏有加，何其善于操纵也。”④ 话虽出于小说家之口，这个评论并没有夸张。

① 奕譞是道光帝第七子。

② 《清史稿》列传 178 卷，《李棠阶传》。

③ 《清史稿》列传 209 卷，《殷兆镛传》。

④ 蔡东藩：《西太后演义》。

那拉氏罢黜奕訢，在地方疆吏中也引起反应。两江总督曾国藩得到消息后，满腹愁绪，在日记中写道："见三月八日革恭亲王差使谕旨，有目无君上诸多挟制，暗使离间，不可细问等语，读之寒心，惴慄之至，竟日忡忡，如不自克。"① 江苏巡抚李鸿章复曾国藩信也说："恭邸近事，轩然大波，倏忽转幻，朝廷听谗可畏，从谏亦可喜也。"另一信又说："恭邸似可渐复，惟与艮相（倭仁字艮峰）嫌衅日深，恐波澜未已。"② 他们都不满于那拉氏借端斥辱奕訢，两人态度同清朝中央绝大多数王公大臣是一致的。

二 那拉氏利用奕譞、李鸿藻牵制奕訢

那拉氏利用蔡寿祺的奏折打击奕訢，对奕訢和王公大臣是一次示威，对后者来说，还是一次政治测验，由此看出对奕訢的态度，从他们的反应里表明奕訢确实得到绝大多数王公大臣的拥护，要消除他的影响不是轻而易举的。为了削弱奕訢的势力，以便有朝一日把他从政府中驱逐出去，那拉氏决意扶植与奕訢相对立的力量。她首先从王室内部拉出奕譞来，使他由奕訢的支持者、追随者变为他的批评者、反对者。其次，她把同治帝的师傅、内阁学士李鸿藻，于 1865 年底派入军机处，对奕訢进行牵制，使军机处内部有了不同的声音。奕譞在皇族中的地位仅次于奕訢，又是那拉氏的妹夫，其才干虽不及奕訢，但对政治却同样热衷。李鸿藻同理学大师倭仁、徐桐以及广寿、翁同龢过从极密，在封建士大夫中具有"清望"。奕譞、李鸿藻在政治上是顽固派或者保守派，都主张抵制和排斥外来新事物，是封建传统和封建道德的捍卫者。他们对奕訢等人提倡学习西方语言文字，引进先进技术，采用机器以及对外妥协退让强烈不满，认为是擅改祖制，以夷变夏。他们的保守思想得到守旧的满洲贵族、官僚士绅，以及多数八股士子的拥护，有广泛的社会基础，是一股相当大的社会势力。那拉氏有意利用奕譞、李鸿藻牵制奕訢，而他们自觉或不自觉地充当她的政

---

① 《曾文正公书手日记》，同治四年三月二十八日。

② 李鸿章：《朋僚函稿》卷 7，第 15，16 页。

治斗争的工具。1865 年以后，奕譞、李鸿藻等与奕訢等洋务派的斗争，在那拉氏的纵容下，日益增多起来。1867 年，关于同文馆招不招收学员学习天文算学是一场涉及意识形态方面的斗争，是洋务派和顽固派一次严重的交锋。

1866 年，奕訢建议招收有功名的封建知识分子入同文馆学习天文算学，御史张盛藻表示反对。李鸿章致友人信说："中国学西学，舍语言文字便无阶梯，若躐等以求，则向壁虚造，徒劳无益。"又说："中国士大夫囿于积习，不以此事为重，清门望族，自矜地望，未必肯以子弟充当学生。"[①] 张盛藻所表示的正是李鸿章批评的那种旧思想、旧传统。第二年，倭仁上了《立国之道，尚礼义不尚权谋；根本之图，在人心不在技艺》的奏折，支持张盛藻。倭仁说："天下之大，不患无才……何必夷人，何必师事夷人？"以此来否定奕訢的主张。[②] 奕訢援引李鸿章的意见，进行反驳。他说，中国置办机器各局，与倭仁抱同样见解的人，"无事则嗤外国之利器为奇技淫巧，以为不必学，有事则惊外国之利器为变怪神奇，以为不能学"，指出倭仁"以忠信为甲胄，礼义为干橹"是极其谬误的。[③] 倭仁遭到驳斥，但奕訢的计划也因而受到挫折，投考同文馆的人寥寥无几。这个如何对待中学西学，要不要学习西方先进科技问题上的一场大论战，不全是李鸿章所担心的奕訢与倭仁个人之间的"嫌衅"。这时李鸿藻丁忧在家，没有公然支持倭仁，但对他抱同情态度，多次与徐桐、翁同龢等人集会，帮助他解脱困境。[④] 在反对学习西学这一点上，李鸿藻是倭仁的同道。

1870 年 6 月，天津爆发反教会斗争，群众焚毁教堂，杀死法国领事和外籍教士等多人。这是 70 年代初发生的一起重大涉外事件。从处理这次教案中看出洋务派和顽固派对外态度的明显分歧。教案发生后，清政府派曾

---

① 《李文忠公尺牍》第二册《复监督出洋肄业事宜福建候选道周子玉》。

② 《筹办夷务始末》同治朝，47 卷，第 24 页。

③ 《筹办夷务始末》同治朝，48 卷，第 3—4 页。

④ 翁同龢同治六年三月二十日日记："朝堂水火，专以口舌相争，非细故也。访兰生（即李鸿藻）点定数语。"又三月二十四日，"遇艮翁于途，因邀至家谈许久……与邸（奕訢）语几至拂衣而起也。有顷，兰荪来邀，艮翁在座，商酌无善策"。见《翁文恭公日记》7 册，第 23—24 页。

国藩到天津查办。法国代办罗淑亚威胁清政府必须惩办“凶手”，处罚天津地方官员，甚至扬言不惜进行战争。其实这不过虚声恫吓，法国当时刚被普鲁士击败，不可能挑起侵华战争。但奕訢、曾国藩在罗淑亚的要挟下，决定镇压群众，惩处天津知府和知县，以免引起战端。全国舆论严厉抨击曾国藩，斥之为汉奸、卖国贼，并要求清政府对法作战。清政府内部也有两种严重的对立意见。军机大臣宝鋆、沈桂芬，总理衙门大臣董恂等支持曾国藩。湖广总督李鸿章也说：“津案拿犯一节，实为题中要义，乃三辅绅民及都中士大夫，群以为怪。”① 他认为对法国“断不可用兵”，要以“一味软磨为主”。江苏巡抚丁日昌称赞曾国藩“老谋深算，必当如此办理”②。另一派以奕譞为首，大学士瑞常、朱凤标、倭仁等人主张“宜顺民心”，特别反对将天津知府、知县和直隶提督陈国瑞治罪。双方争论十分激烈，这是清政府对外政策的一次大辩论。奕訢终于以中国军备不足，不能对法作战为理由，决定以赔款，派员赴法道歉、判处死刑、流刑各二十余人，将天津府、县革职发配黑龙江，了结天津教案。翁同龢参与这次大辩论，在日记中记录了奕譞对奕訢的严厉指责。奕譞质问说：“素日无备，故临事以无可如何四字塞责，自庚申至（今）十年，试问所备何事?”③ 奕譞会后愤而辞去御前大臣等一切职务，以示抗议。他宣称：“在事诸臣，汲汲以曲徇夷心为务”，他“耻与同列”，也就是说不愿与奕訢、沈桂芬、董恂等人共事。经那拉氏多次劝说，奕譞到第二年初才再次出来任职，事前还写了一份密折。他说：“皇太后垂帘听政，今已十年……夷务尚无起色。……推原其故，委因办夷之臣即秉政之臣，诸事有可无否所致。此格不破，将来皇上之前，忠谏不闻，闻亦不行，甚可畏也。”④ 奕譞直率地指出奕訢等对外国侵略者的要求“有可无否”，即只有接受、顺从，没有抵制、反对，全盘否定了奕訢执行的对外政策，对奕訢个人进行了最严厉的谴责。这实际上是要求奕訢下台，自己上台。密折流露了奕譞内心的真实思想，而这正是那拉氏暗中怂恿、助其滋长的，它成为后来两人合

① 《朋僚函稿》卷12，第21页。
② 《翁文恭公日记》10册，第56页，庚午六月二十五日。
③ 同上。
④ 引自吴相湘《晚清宫廷实纪》，第122页。

谋黜退奕訢，全部改组军机处的契机。李鸿藻对处理天津教案是站在同奕訢相对立一边，他在军机处内因而“颇被排挤”，是理所当然的。

1875 年 1 月，同治帝载淳病死，那拉氏立载湉为帝，改元光绪。那拉氏不在皇族中选择年龄大、辈分低的近支王子继承帝位，而强立童稚无知的载湉为帝，完全出于个人的贪恋权位。[①] 载湉是奕譞长子，与载淳同辈，尚在襁褓之中，等到他成年亲政，总要十余年时间。在此以前，那拉氏仍可继续垂帘听政，独揽大权。她挑选载湉为帝的另一个原因是奕譞福晋为她的亲妹，载湉既是她的侄子，又是外甥，双重关系，对她自然格外顺从。当奕譞最初听到立载湉为帝的消息，惊悸欲绝，昏厥在地。他深知那拉氏为人狠毒，此举不仅把他的长子从身边夺走，而他本人也很可能遭到不测之祸。但奕譞无力违抗那拉氏的决定，于是随即上了一个“旧疾复发，曲赐矜全”的折子，要求免去一切职务，“为天地容一虚縻爵位之人，为宣宗成皇帝（道光帝）留一庸钝无才之子，使臣受帡幪于此日，正首邱于他年，则生生世世，感戴高厚鸿施于无既矣”[②]。那拉氏同意免除他“所管各项差使”，只要求“如遇朝廷大政，仍宜时备顾问”。但奕譞内心是矛盾的，他曾强烈地反对奕訢的对外政策，甚至以辞职来表示抗议，虽然写了这样惹人哀怜的奏折，但决不是像他所表示的那样甘于寂寞。载湉即位以后，他不便以皇帝生父之尊，直接干预政事，但由于他的地位，无形中增添对政局的影响。不仅那拉氏自此更加笼络和利用奕譞来牵制、排挤奕訢，而且一些趋炎附势之徒，为了升官牟利，竞相奔走于奕譞之门，挑拨他与奕訢的关系。[③] 有人记载说：“穆宗（同治帝）厌世，德宗（光绪帝）由亲藩入承大统。醇邸挟太上之尊，树用私人，结党相倾，恭王之势渐孤。”[④] 事实证明，光绪帝即位不是奕譞恬退，从而置身局外的开始，却是

---

① 同治以前，清朝无兄终弟及的制度。载淳、载湉辈分相同，按清制应由溥字辈接统为帝。但如溥字辈王子即位，那拉氏由皇太后变为太皇太后，不便再由她垂帘听政。如果继位者年已成人，更不能垂帘听政了。

② 《光绪朝东华录》，总第 3 页。

③ 胡思敬：《国闻备乘》卷 1：“德宗立，醇王之势渐张，趋附者益众，日伺器王之短而攻之。”

④ 胡思敬：《审国病书》。

更深地卷入政治斗争的旋涡之中。

三 “清流派”与军机处内部的斗争

军机处是清朝“权而要”[①] 的机构。部院大臣、地方督抚的任免，对外的方针和政策，国家财政的收支，军队的调动和部署，以及其他重大事件，都由军机处经办、决定。奕訢长期主持军机处工作，其主要成员有文祥、宝鋆、沈桂芬、李鸿藻等。奕訢与文祥、宝鋆、沈桂芬等政见投合，相处和洽，李鸿藻同他们格格不入，他与沈桂芬更是水火不相容。文祥长期是军机处的实际负责人，性格融通，善于肆应，“又引李棠阶（入军机），而结欢恭亲王，故同治初年，罔有缺失”。[②] 话虽说得过于夸张，但也表明一个事实，当时军机处内部的关系是和谐的。1865年，李棠阶死，李鸿藻被派入军机处，但第二年丁忧去职，前山西巡抚沈桂芬于1867年入军机处。次年，李鸿藻丧满复职。当时文祥多病，宝鋆“但持大端”，草拟谕旨，批答章奏，多由沈桂芬“主笔”，而李鸿藻“不肯附和”。宝鋆与沈桂芬“交最契”。军机处内部分南北两派。沈桂芬，江苏吴江人，李鸿藻，直隶高阳人，他们分别为南北两派的首脑。李鸿藻地域观念极重，“素持南北之见，其甚不得已用南人，则当择其较善者”[③]。但他们的根本分歧，是由于政见不同。沈桂芬为洋务派，而李鸿藻为顽固派。1876年，文祥去世，沈桂芬地位上升，沈李矛盾加剧。李鸿藻在军机处势力孤单，将其盟兄景廉拉入军机处，借以改善其孤立处境。景廉在西北驻防带兵多年，对清中央情况不熟，除追随李鸿藻之外，能提出的意见、办法不多，于李鸿藻帮助不大。李鸿藻依仗军机大臣的身份和多次充任学政、考官，门生故旧众多的条件，“引荐端士”，把大批新进的御史、翰林聚结在自己周围，壮大声势。这些人自视甚高，一般大胆敢言，“托攘外美名图不次峻擢”，把李鸿藻作为飞黄腾达的靠山。他们议论风发，专事搏击，号称

---

① 陈夔龙《梦蕉亭杂记》称：“内务府一差，权位与御前大臣。军机权臣相鼎峙，御前班列最前，但尊而不要。军机则权而要，内务府则亲而要。”

② 胡思敬：《国闻备乘》卷1。

③ 黄濬：《花随人圣盦摭忆》，第333页。

“清流”，有“四谏”“十朋”等名称。[①] 有人把张佩纶、黄体芳、宝廷、何金寿等四人称为“四谏”，“十朋”则为张之洞、张佩纶、宝廷、陈宝琛、黄体芳、张观准、吴大澂、刘恩溥、吴可读、邓承修。据说：“黄体芳、张佩纶、陈宝琛、宗室宝廷等十数人，常于松筠庵为会，讨论朝政，一时殿陛风生。”[②] 李鸿藻与张之洞、张佩纶关系尤其密切。当时人记载说：“二张（指张之洞、张佩纶）一李（李鸿藻），内外唱和，张则挟李以为重，李则饵张以为用，窥探朝旨，广结党援。”[③] 另一记载说：“李鸿藻好收时誉，诸名士皆因之而起。光绪初年，台谏词垣弹章迭上，号为清流，实皆鸿藻主之。”“鸿藻每入见（太后），凡承旨询问，事不即对，辄叩头曰，容臣细思。退朝即集名士密商，计既定，不日而言事者封奏纷纷上矣。南皮张之洞、丰润张佩纶，尤为鸿藻所器重。”[④] 李鸿藻的后人李曾侗说：“张之洞、陈宝琛、张佩纶多以公（指李鸿藻）马首是瞻，彼等所上奏折，亦先得公之同意。”[⑤] 那拉氏暗中放任“清流”议论时政，当作“公论”“清议”来牵制奕訢等洋务派。景廉且公然宣称：“政府如射之有的，言者期其中耳，于我辈阿憾。且诋政府者无罪，未必非大臣之福也。”[⑥] 其实御史言官等“清流”诋毁、攻击的，主要不是李鸿藻、景廉等守旧大臣，而是奕訢等洋务派。景廉的漂亮话所掩盖的就是这样的事实。在李鸿藻的支持下，张之洞、张佩纶猛烈攻击沈桂芬。张之洞说：“吴江昏谬私曲，既无公事之法，又不实修战备，调将帅，筹将帅军火，筹借饷，百方阻止，惟其心必欲使大局败坏而后已。”[⑦] 张佩纶致李鸿章的信说“吴江阴狠”，“吴江势焰愈张，中国危端立至”。[⑧] 李鸿藻又一个盟兄弟，

---

① “清流”之名，见《清史稿》张之洞、张佩纶等传。“四谏”可参看张志潜（张佩纶子）《涧于集·奏议后序》及黄濬《花随人圣盦摭忆》。“四谏”有人以陈宝琛或邓承修代何金寿，其他三人不动。“十朋”之名，见赵炳麟《光绪大事汇录》。

② 魏元旷：《坚冰志》。

③ 李慈铭：《越缦堂日记》詹詹录下，第 32 页。

④ 胡思敬：《国闻备乘》卷 2。

⑤ 《李鸿藻先生年谱》，第 288 页。

⑥ 《清史稿》列传 226 卷《景廉传》。

⑦ 《李鸿藻先生年谱》，第 313 页。

⑧ 《涧于集·书牍》卷 1，第 27、30 页。

内务府大臣荣禄利用与那拉氏“独对”的机会，倾陷沈桂芬，建议将他外放为贵州巡抚，那拉氏采纳了这个意见。① 当时沈桂芬是协办大学士兼兵部尚书，官阶正一品，巡抚官阶为从二品。沈桂芬任巡抚，不仅意味着被贬了官，被逐出军机处，而且是降级。后来虽未成事实，但派系斗争的激烈可见。沈桂芬感到自己地位不稳，把门生、湖南巡抚浙江仁和人王文韶拉入军机处，“援王以厚南派之势”。② 1880 年，沈桂芬病死，李鸿藻的地位升高，他“延纳清流，以树羽翼”，“假借讲官之力，排斥异己”③，决意排挤王文韶出军机。当时，云南省军费报销案不实，牵连到主管单位的首脑户部尚书景廉和户部侍部王文韶。御史洪良品上疏，怀疑景廉、王文韶受贿。邓承修、张佩纶为景廉开脱，专攻王文韶。邓说“胥吏必赃证俱确，始可按治，大臣当以素行而定其品评”，他认为“景廉素称谨饬，不应晚节而顿更”，而王文韶“赋性贪邪”，“惟利是图”，“才不足以济奸，而贪可以误国”，认定王受贿贪污。④ 张佩纶更进一步为景廉辩护，他说“景廉崎岖西域十有余年，如果素行贪婪，拥军截旷，久可致富，何必今日而始货殖以自封”⑤，也断言王文韶接受赃款。他们攻击王文韶贪污，但没有确实证据，显然是出于派系倾轧。王文韶不安于位，请求免职，那拉氏一再慰留，张佩纶再三弹劾，终于 1882 年解职回杭州原籍。在此以前，张佩纶又劾罢长期实际主持总理衙门的户部尚书董恂等人。李鸿藻“柄政”期间，一面排除异己，一面提拔亲信。清流派要角张之洞 1879 年为国子监司业，1881 年外放山西巡抚，不到三年，官阶由正六品升到从二品。张佩纶由 1881 年的翰林院编修，1883 年补授为侍讲学士、总理衙门大臣，三年内由正七品而升为从四品。这些人的飞黄腾达，“官符如火”，希图倖进之徒，无不望之眼红。李慈铭、郭嵩焘对李鸿藻等人造成的风习，极为不满。李慈铭攻击说：“近日都门自北人二张以谏书为捷径，鼓扇浮薄，渐成门户。”又说：“张之洞佥壬首祸，李鸿藻要结取名，遂使纤

① 陈夔龙：《梦蕉亭杂记》卷 1。

② 黄濬：《花随人圣盦摭忆》，第 332 页。

③ 陈夔龙：《梦蕉亭杂记》卷 1。

④ 邓承修：《语冰阁奏议》卷 3，《枢臣被参，请旨罢斥折》。

⑤ 张佩纶：《涧于集·奏议》卷 2，《云南报销一案，可疑三端片》。

人小夫为捷径。”[①] 郭嵩焘也说：“三四年来，言官毛举细故，见事生风，大率因睚眦之小怨，用影响疑似之传闻，胪列入告……其甚者，疆吏之贤否，藩臬之迁擢，皆取决言官一疏。”[②] 他们的批评，不是没有道理的。张佩纶诋毁王文韶时，还说王接受了沈桂芬的衣钵，而沈的“应付之法”，又受丁日昌、郭嵩焘的影响，[③] 把丁、郭二人看成败坏国事的祸首罪魁。[④]

李鸿藻诬陷、攻击郭嵩焘，简直到了不择手段的地步。郭嵩焘是曾国藩的幕僚和密友，曾任广东巡抚，是有名的“洋务理论家”。奕訢也说他“洋务精透”。[⑤] 1876 年，清政府第一次正式派遣驻外使节，由于李鸿章的推荐，奕訢决定派郭嵩焘出使英国。封建士大夫对他出任驻英公使，痛心疾首，肆意诋毁，编造联语说：“出乎其类，拔乎其萃，不容于尧舜之世；未能事人，焉能事鬼，何必去父母之邦。”李鸿藻对郭嵩焘担任这个职务，非常不满，蓄意同他为难。第一步是收买刘锡鸿，把他安置在郭的身边，充当打手。刘锡鸿原是郭嵩焘任广东巡抚时的一名属员，受到郭的赏识，但思想与郭不同，曾认为“洋炮轮船不足学”。郭嵩焘任公使后，他央求随郭出洋。郭嵩焘“怜其穷困，因奏充参赞，稍恃以代笔墨之劳”[⑥]。李鸿藻故意制造矛盾，提升刘锡鸿为副使，并密嘱其携带“折件”出国，以备举发郭嵩焘之用。刘恃李鸿藻为奥援，到英国后，对郭嵩焘事事处处挑剔，罗织罪名，甚至郭嵩焘站着见“巴西国主”也列为三大罪状之一，说什么“堂堂天朝，何至为小国主致敬”[⑦]。其他两大罪状是郭到外地参观时，因天冷穿了英国人的外衣御寒以及参加白金汉宫音乐会时，索阅了节目单。刘锡鸿认为这些都有辱国体，恣意攻击，闹得彼此势不两立。第二

---

① 李慈铭：《越缦堂日记》詹詹录下，甲申二月十一日，五月二十三日。

② 郭嵩焘：《因法事条陈时政疏》，见《养知书屋奏疏》卷 12。

③ 《涧于集·奏议》卷 2，《再请罢斥枢臣王文诒折》。

④ 《涧于集·奏议》卷 3，《法谍谣传不足征信片》称：“自各国互市，沿海设防，士大夫以洋务为仕官捷径，争为诞妄之举，渐成邪僻之学，阴蓄一畏事怯敌之念，而托于顾全大局，亦若恃之有故，言之成理。丁日昌，郭嵩焘傅以古义，诡幻谬悠，至今弥甚。”

⑤ 《朋僚函稿》卷 17《致郭意城中书》。

⑥ 《郭嵩焘先生年谱》，第 538 页。引驻美使馆档案，光绪四年十一月初六日，郭嵩焘来咨。

⑦ 同上书，第 675 页。引驻美使馆档案，光绪四年十一月初六日，郭嵩焘来咨。

步，李鸿藻指使编修何金寿奏参郭嵩焘“有二心于英国，欲中国臣事之”[①]，把郭嵩焘称颂西方物质文明的言论斥之为汉奸行为，要求将他赴英途中逐日记录所见所闻，送总理衙门参考，并已印刻的日记《使西纪程》毁版。李鸿章从国内函告郭嵩焘：“执事日记一编，初闻兰孙（李鸿藻号兰孙）大为不平，逢人诋毁。何君（金寿）乃逢迎李、景（即景廉），发言盈廷。总署惧而毁版。”[②] 接着张佩纶上疏要求撤换郭嵩焘。张说：“出使外国最难其选，非得忠义坚定，警敏晓事之员，鲜不贻误。”又说“郭嵩焘人太暗钝，易于受绐”，应“令老成沉默、通知洋务者代之”。[③] 郭嵩焘在李鸿藻等人的一再打击下，怏怏回国，从此不再在政府里任职。郭嵩焘被奕訢、李鸿章推许为第一流的洋务人才，而李鸿藻、张佩纶等却公然指责他完全不懂洋务。

四　奕訢下台，奕譞上台

奕訢等洋务派军机大臣自从载湉即位以后，或明或暗地受到清流派的指责，后来甚至遇到天灾、“星变”等灾害和自然现象，往往被端出来公开羞辱一番。1877 年，顺直大旱，何金寿援引汉代天灾策免三公的故事，奏请罢免军机大臣。第二天，那拉氏下令将奕訢等褫职留任。1880 年内阁学士宝廷指责军机大臣说，“古贤君每值天变，恒下罪己之诏，引咎自责”，“今言者有所指陈，不惟不肯引咎，且多方粉饰，自弥缺失，此皆枢臣之深心。为君文过，即以自文”。[④] 1881 年，北方出现彗星，御史邓承修据指此责宝鋆、王文韶“老猾贪庸”，要求将他们革职。[⑤] 张佩纶责备奕訢“因循疲玩”“韬晦自全”。左庶子陈宝琛谴责宝鋆“畏难巧卸”。[⑥] 奕訢受到奕譞的指责和清流派的交相攻击，遇事更畏缩不前，地位更加不

① 王闿运：《湘绮楼日记》6 册，第 25 页。

② 《朋僚函稿》卷 1，第 25 页。

③ 《涧于集·奏议》卷 1，《请撤回驻英使臣郭嵩焘片》。

④ 《皇朝经世文续编》卷 11，《请力除四弊疏》。

⑤ 《语冰阁奏议》卷 2，《星象示变·宜任贤去邪以固邦本折》。

⑥ 《清史稿》卷 386，《宝鋆传》。

稳。1884 年，那拉氏又利用左庶子盛昱的奏折，将奕訢等军机大臣全体罢黜。

19 世纪七八十年代之交，法国加紧侵略越南。1882 年攻陷河内，第二年又占领国都顺化。越南是中国近邻，清朝统治者既不愿它被法国吞并，从而威胁中国西南边疆的安全，又没有抵抗法国侵略的决心。军机处面对法国侵略，态度软弱，步调纷乱，遭到御史言官的强烈指责。1883 年，那拉氏指派奕譞"会商越南事宜"，直接插手军机处的工作。第二年 4 月，盛昱上了一份"疆事败坏，请将军机大臣交部严议"的奏折，其本意只要求奕訢等人振作精神，力图补救。盛昱指出：李鸿藻曾举荐唐炯，徐延旭任云南、广西巡抚，统率清军应敌，而唐、徐不战溃逃，应予李鸿藻以滥保处分，奕訢、宝鋆亦应负连带责任。他说："李鸿藻内参进退之权，外顾安危之局，义当博访，务极品位，乃以轻信滥保"，"恭亲王、宝鋆久值枢廷，更事不少，非无知人之明，与景廉、翁同龢之才识凡下者不同，乃亦俯仰徘徊，坐观成败，其咎实与李鸿藻同科。"那拉氏抓住这份奏折，把奕訢、宝鋆、李鸿藻、景廉、翁同龢一概逐出军机处，任命礼亲王世铎、户部尚书额勒和布、阎敬铭、刑部尚书张之万、工部侍部孙毓汶等五人为军机大臣，组成新的军机处。又命庆郡王奕劻主持总理衙门，首席军机大臣不兼总署大臣。谕旨说："恭亲王奕訢等始尚小心匡弼，继则委蛇保荣。近年爵禄日崇，因循日甚，每于朝廷振作求治之意，谬执己见，不肯实力奉行。"对奕訢的处分是"开去一切差使"，"家居养疾"，宝鋆是"原品休致"，李鸿藻、景廉是"开去一切差使，降二级调用"，翁同龢革职留任，退出军机处，仍在毓庆宫行走。[①] 那拉氏对五个人的处罚不同。奕訢、宝鋆最重，李鸿藻、景廉其次，翁同龢最轻，前二人强令退休，后三人仍在政府中任职。那拉氏这次罢斥奕訢等人和组成新军机处的人选，是同奕譞密商后决定的。这道上谕文字典雅，出自孙毓汶之手。[②] 这次罢黜奕訢与上次不同，她不仅得到奕譞的同意，而且是一起策划的。李鸿藻

① 《光绪朝东华录》，总第 1676 页。

② 据李宗侗等编《李鸿藻先生年谱》称，这道上谕是奕譞心腹赵某草拟的，因孙毓汶当时去湖北出差，不在北京。

在军机处虽同奕訢等人进行了长期的斗争，忠心耿耿地为那拉氏效劳，但他也一同被逐出军机处。那拉氏罢黜奕訢后，随即下了一道上谕，命令军机处遇有紧急事件，会同奕譞商办。礼亲王世铎名义上是首席军机大臣，实际是个挂名的傀儡。从此以后，军机处的权力，掌握在奕譞和他的心腹孙毓汶的手里。

那拉氏这次作出这样严厉的处分，不仅一般人没有预料到，连盛昱本人也十分吃惊。他上这份奏疏是想使奕訢等人振作起来，改变拖拉作风，加强抗法措施。当他得知奕訢等人全遭斥逐，世铎等组成新军机处后，又上了一份奏折。他说："恭亲王才力聪明，举朝无出其右。""李鸿藻昧于知人，暗于料事，惟其愚忠不无可取。""以礼亲王世铎与恭亲王较，以张之万与李鸿藻较，则弗如远甚……可否饬令恭亲王李鸿藻仍在军机处行走。"[①] 御史丁振铎上疏，请那拉氏"存录亲旧"。他说"恭亲王在枢廷二十余年"，"宝鋆身事三朝"，李鸿藻"夙负众望"，他责问那拉氏"二十多年之亲旧，同时俱罢，则是二十余年中亦无功之可纪也，亦无效之可言也。二十余年之亲旧举不足信，则皇太后二十余年之功德亦举不足信耶?"[②] 郭嵩焘虽罢职闲居，听到奕訢黜退，写了《因法事条陈时政疏》，托李鸿章、左宗棠代递。他说"恭亲王精明仁恕，小心敬畏，于洋务尤所深谙，远出一时廷臣之上，而不敢以己见理处，一切付之公论，洋人皆服其诚……闻其罢退，无不咨叹"，要求重新起用奕訢。[③] 那拉氏对这些意见一概置之不顾，把盛昱的第二个折子掷在地上，骂他"利口覆邦，欲使官家不任一人"，把反对的声音压了下去。

奕訢等退出军机处后，新的军机处领班大臣世铎无权，掌权的奕譞又不参加军机处议事，奕譞通过他的心腹孙毓汶处理军机处各项重大事件。孙毓汶，山东济宁人，道光朝体仁阁大学士孙玉庭之孙，咸丰朝户部尚书孙瑞珍之子，咸丰六年（1856）会试一甲第二名，授编修。1860 年，他在原籍办团练，被僧格林沁参劾，革职遣戍（后捐纳巨金获免）。奕訢说他

---

① 《李鸿藻先生年谱》，第 411—412 页。李慈铭说，世铎等代替奕訢等为军机大臣是"易中驷为驽产，以芦菔代柴胡"。见《越缦堂日记》詹詹录下，第 40 页。

② 同上书，第 413—415 页。

③ 《养知书屋奏疏》卷 12。

“世代国恩”，却带头抗捐抗饷，因而不受重用。孙毓汶奔走于奕譞之门，充当醇王府“蒙师”，成为奕譞的心腹。改组后的军机处里，孙毓汶官阶最低，班次居后，因其与奕譞关系密切，而又“权奇饶智略”，善于出谋划策，所以地位很特殊。《清史稿·孙毓汶传》说：“醇亲王以尊亲参机密，不常入值，疏牍日送邸阅，谓之‘过府’。谕旨陈奏，皆毓汶为传达，同列不得预问，故其权特重。”孙毓汶任军机大臣，“倚势骄横，每入对，班在后而发言最先，孝钦（那拉氏）尝目送之，见毓汶如见醇王也”。[①] 1890 年，奕譞死，孙毓汶成为军机处的掌权者。

那拉氏黜退奕訢等人的罪名是“委蛇保荣，办事不力”，当时中法战争正进行中，仿佛奕譞代替奕訢以后，政府中将出现新气象，准备同法国大干一番。但是新成立的军机处不但没有积极组织力量，坚决抵抗法国侵略，而是很快同它妥协，最后且在军事获捷声中，卑怯地同法国订立和约，结束战争。奕譞当政以后，执行的仍然是过去的对外妥协退让政策，而且比奕訢走得更远。奕訢 1867 年同倭仁辩论同文馆招收官员学习天文算学时曾说：“臣等查阅倭仁所奏，陈义甚高，持论甚正。臣等未曾经理洋务之前，所见亦复如此。”奕譞曾严厉地抨击奕訢对外“有可无否”，屈辱退让，自己上台后，很快完成由顽固派到洋务派的转变过程。他甚至让赫德插手中法战争，一手包办对法交涉，订立和约的主要谈判者是赫德亲信英国人金登干，而不是李鸿章。结束中法战争而订立的丧权辱国的《天津条约》，签字人名义上是李鸿章，实际上他所起的作用，不过只就细节和约文加以核对，如他所说那样，“督同中法翻译官详确考究，讲解文字”而已。[②] 奕譞对赫德十分信任，1887 年中葡关于澳门的《里斯本议定书》，代表清政府签字的又是金登干。1888 年英国发动第一次侵略西藏地方的战争，奕譞派赫德的弟弟赫政去西藏协助驻藏帮办大臣升泰同英国代表交涉，由此赫政掌握了清政府的对英的外交机密，出现了双方都是英国人坐在一起谈判关于英国侵藏问题的怪事。这种情况是前所未有的，说明当时的清政府更加投靠外国，中国半殖民地化的程度正在加深。

---

① 胡思敬：《国闻乘备》卷 2。

② 《清季外交史料》卷 58，第 11 页。

奕訢在台上时，那拉氏纵容台谏词垣，议论朝政，扼制奕訢等洋务派。李鸿藻于 1880 年到 1884 年在军机处“主笔”期间，清流派气焰特别嚣张，不可一世。刘声木说：“光绪初年，都中风气，以喜言国是弹劾大僚为贵，谓之清流。”① 但那拉氏对清流派并没有特殊偏好，更没有真正重视他们的意见，不过是加以利用而已。罢斥奕訢以后，她的主要目的已经达到，这些专事搏击、好为大言的清流派对她已没有用处，而且随着李鸿藻、景廉退出军机处，清流派失去了依靠。奕譞说“近年言事陋习，畛域不分”②，表明他憎恶清流派。那拉氏、奕譞通过孙毓汶设法把一些头角峥嵘的清流派首要，派到地方去担任军职，“使书生典戎，以速其败”③。陈宝琛、吴大澂分任南北洋会办大臣，张佩纶任福建海疆会办大臣。陈宝琛因曾保举唐炯、徐延旭，加上与南洋大臣曾国荃意见不合，被加重处分，降了五级。张佩纶除举荐唐、徐以外，又因马尾战败，被革职遣戍塞外。黄体芳、宝廷、邓承修在此前后，或者自请免职，或者受到处分。只有张之洞出任封圻大吏以后，从清流派转变为洋务派，不仅没有受到挫折，而且步步高升，成为洋务派后起要角。新的军机处成立后，正如人们所指出的：“当国者益厌言路纷嚣，出张佩纶等会办南北洋、闽海军务，余亦因事先后去之，风气为之一变。”④ 那拉氏完全能够控制奕譞和文武大员，听从她的摆布，无须这些专事抨击，惹是生非的鹰犬了。

五 帝党后党之争，帝党失败

1890 年，奕譞病死后，帝党后党的斗争逐渐开展起来。

那拉氏指定载湉为皇帝，目的在继续把持政权。1886 年，光绪帝十六岁，那拉氏不便照旧垂帘听政，宣布次年由光绪亲政。奕譞了解那拉氏贪恋权位的心理，他联合王公大臣吁请她继续训政，等光绪帝二十岁时再“亲理庶政”。翁同龢以及南、上书房的官员也上了一份《吁请暂缓归政以

① 刘声木：《苌楚斋随笔·三笔》卷 6。
② 《光绪朝东华录》，总第 2563 页。
③ 黄濬：《花随人圣盦摭忆》，第 70 页。
④ 《清史稿》卷 436，《孙毓汶传》。

懋圣学》的奏折。那拉氏忸怩作态，经过一番做作以后，下谕“勉允所请，于皇帝亲政后，再行训政数年”。所谓“训政”，实际上仍是听政。1889 年，光绪十九岁，再“训政”也不便了，只好宣布撤帘归政。御史屠仁守揣摩那拉氏不肯交权，奏请“明降懿旨，外省密折，廷臣封奏，仍书皇太后圣鉴字样，恳恩披览，然后施行”。这次她竟然大发雷霆，下谕说：“垂帘听政，本属万不得已之举。深宫远鉴前代流弊，特饬及时归政。”“今若于举行伊始，下降懿旨，饬令仍书圣鉴，披览章奏，是出令未几，旋即反覆，使天下后世视予为何如人耶?”[①] 这个倒霉的御史不但没有加官，反而因此被革职。那拉氏真想交出政权吗？当然不是。

光绪帝亲政以前，清朝文武官员都是那拉氏的臣仆。京官大学士、军机大臣、六部九卿，外官督抚、藩臬、提镇，无不仰承鼻息，唯命是从。清政府是那拉氏的“一统天下”。光绪帝亲政以后，那拉氏继续干涉用人行政大权，同光绪帝接近的人，愤愤不平。南书房行走、侍读学士陆宝忠向光绪帝进言：“母后只可婉劝，不可奉命惟谨。”[②] 御史安维峻上书指责那拉氏，“皇太后既归政皇上，若仍遇事牵制，将何以上对祖宗，下对天下臣民”[③]。光绪帝周围逐渐形成以翁同龢为首的“帝党”小集团。翁同龢原先受那拉氏信任，1875 年被指派为光绪帝的师傅，他在政治上追随李鸿藻，1884 年退出军机处后，仍保留工部尚书职位，第二年调任为户部尚书。光绪帝亲政后，他的耿耿忠心逐渐从那拉氏转移到光绪帝身上。《清史稿》说“同龢善伺上意，得遇事进言”，光绪帝也“每事必问同龢，眷倚尤重”。这个与集合在那拉氏周围的庞大官僚集团“后党”相对立的帝党小集团，其主要成员是光绪帝的近臣和翁同龢的故旧门生，如珍妃、瑾妃的胞兄礼部侍郎志锐，珍妃的师傅侍讲学士文廷式，以及经筵讲席官李文田，侍读学士陆宝忠，翁同龢的至好吏部侍郎汪鸣銮，门生张謇，还有被称为“后清流”的编修黄绍箕、丁立钧，国子监祭酒盛昱，刑部主事沈曾植等。此外御史安维峻、高燮曾等或者是帝党或者政治上接近帝党。后

① 《光绪朝东华录》，总第 2568 页。
② 转引自王芸生《六十年来中国与日本》卷 2，第 192 页。
③ 《光绪朝东华录》，总第 3516 页。

清流的靠山是翁同龢。帝党除翁同龢在政府中有相当权势外，其余无权无勇，多是词馆清显，台谏要角，议论风生，没有实权。军机大臣孙毓汶是后党首要，他同李鸿章沆瀣一气，互为声援。李鸿章长期任直隶总督，北洋大臣，在封疆大吏中地位最高，权力最大，政治上接近那拉氏。甲午战争中，帝党后党的斗争逐渐激化。

1894 年，日本侵略朝鲜，挑起了对中国的战争。李鸿章主张对日本妥协退让，以保全北洋地盘和淮系实力，翁同龢主张对日强硬，希望一战而胜，为光绪帝多争得些实权，双方矛盾加剧。这一年正值那拉氏六十岁，她一心举办盛大庆典，支持李鸿章对日妥协，免得耽误做寿。日本在朝鲜肆意扩大侵略，全国舆论强烈要求清政府用实力阻止日本侵朝。在光绪帝的督促下，李鸿章被迫派出所部入朝应敌。8 月，中日两国宣战。清朝陆海军接连溃败，帝党发动御史言官上疏，要求严惩李鸿章。志锐主张罢斥军机大臣孙毓汶、徐用仪。高燮曾奏请将祝寿费用移充军费。光绪帝示意朝臣，多上条陈，并要上书房、南书房两处人员，轮流奏请停止祝寿。翁同龢、文廷式等请求那拉氏准许奕訢出来主持政局，领导对日作战，借以削弱孙毓汶的权力。那拉氏在舆论的压力下，不得已宣布停止做寿，对李鸿章给予象征性的惩罚，拔去三眼花翎，褫去黄马褂，允许奕訢重新主持总理衙门和军机处，正式任命翁同龢、李鸿藻为军机大臣。但是，与帝党的愿望相反，奕訢上台后，不是领导继续对日作战，而是加速议和。其原因是奕訢作为多年失势的洋务派头目，过去又一再遭受那拉氏的打击，这时更不敢违抗她的旨意。

那拉氏对帝党的主战活动十分反感。对光绪帝鼓动朝臣要她停止举办庆典，更加恼怒异常。她公然宣称："今日令吾不欢者，吾将令彼终身不欢"①，把满腹怨愤倾泻在他身上，蓄意对光绪帝实行报复。10 月，她以珍妃、瑾妃非分干请的罪名，将这两名光绪帝最亲信的妃子降为贵人，随后又任命志锐为乌里雅苏台参赞大臣，调到边远地方去，使他不能参与中央的政治活动。接着又撤销满汉书房，剥夺光绪帝与亲信朝臣接近的机会，并将安维峻以"肆口妄言，毫无忌惮"的罪名，发往"军

① 转引自王芸生《六十年来中国与日本》卷 2，第 222 页。

台效力赎罪”。

甲午战争以中国割地赔款，签订屈辱的《马关条约》而告结束。李鸿章、孙毓汶、徐用仪因坚决主张割让台湾受到全国人民的唾弃。台湾人民曾发出檄文说“我台民与李鸿章、孙毓汶、徐用仪不共戴天”，发誓要杀死这三个卖国贼。那拉氏在举国上下的反对下，于 1895 年 8 月免去李鸿章直隶总督、北洋大臣的职务，只保留文华殿大学士的虚衔，命其留京入阁办事。孙毓汶、徐用仪也于同年七、八月先后退出军机处。这些人的免职是对后党的一大打击，但那拉氏决不容忍帝党得势。此后荣禄代替了孙毓汶的地位。这年年底，她又将侍郎汪鸣銮、长麟同时革职，永不叙用，罪名是“离间两宫”。第二年又指责文廷式“遇事生风”，将他革职驱逐回籍，只翁同龢还暂时留在光绪帝身边，但在戊戌变法前夕，他也被勒令回籍。帝党重要分子全遭斥逐。戊戌变法失败，光绪帝被囚禁起来，失去了自由。那拉氏又恢复了她的“一统天下”。

19 世纪 60 年代开始，清朝统治集团分裂为洋务派和顽固派两个主要政治派别。顽固派人多势众，六部九卿，台谏词垣多由他们充当、把持。洋务派人少权重，军机处、总理衙门这两个重要机构，主要由他们盘踞。那拉氏与奕訢集团和帝党的斗争，是清朝最高层的斗争，曾给予封建统治阶级以极大的震动，但不是顽固派和洋务派的斗争。那拉氏在这些斗争中，曾利用顽固派来打击奕訢等洋务派和帝党，从她一面来说，完全是权力之争而不是其他。而洋务派与顽固派之间的倾轧，除争权外，还有不同政见之争。那拉氏是中国历史上黑暗腐朽势力的集中代表。

有些研究者认为那拉氏是顽固派。这个说法是值得商榷的。她作为清朝最高统治者，由于所处的地位，在洋务派和顽固派钩心斗角的倾轧里，超然于两派之上，处于两派之外，而不是同其中一派站在一起。采取这种态度有利于保持清政府“统一”的外貌，使她更巧妙地加以操纵和利用。60 年代初起，在奕訢出面主持下逐渐开展起来的洋务运动，是清政府为了摆脱内外困境的运动，是地主阶级的自救运动。这个运动在中央得到文祥、宝鋆等人的全力支持，在地方得到曾国藩、李鸿章等人的衷心拥护。80 年代中期以后，洋务运动由奕譞、李鸿章、张之洞等人继续加以推行。这个历时三十多年，规模大、花钱多的运动，是在那拉氏的同意和支持下进行的，尽管这种支持有时是三心二意的，但如果没有她的同意和支持，要搞起这样一个长时间的运动是不能设想的，而支持这个运动的那拉氏却是顽固派，更是不可思议的。

19 世纪后半叶，中国更深地陷入半殖民地的困境。奕訢等人同英法订立《北京条约》以后，认识到侵略者并不要推翻清朝统治，只要严格遵守条约，按照规定办事，清政府同外国保持“和好”关系是可能的。据此他们制定了一条对外妥协退让的政治路线，洋务运动就是在这条路线上产生和发展起来的。这时的中国封建统治者不处理好同侵略者的关系，没有外国势力的支持，是不可能长久、安稳地坐在“宝座”上，保持权位的。那拉氏长期以来迎合、顺从侵略者的意旨，通过主要是洋务派的军机大臣和总理衙门大臣实行于外国有利的政策，执行了这条政治路线。奕訢于 1860 年从顽固派转化为洋务派。奕譞原是顽固派，曾强烈指责奕訢的对外政策，自己上台以后，经历了相同的道路，从仇视侵略者到信任侵略者，从反对修铁路到提倡修铁路，迅速转变为洋务派。60 年代以后，掌握清政府实权的只能是洋务派，有些顽固派一时风云际会，爬到高位，但如不实行转化，就会很快地被赶下台来，或者像世铎那样，只是傀儡，不起什么作用。那拉氏之所以长期是清朝最高统治者，除别的原因外，还因为她支持洋务运动，忠实地贯彻了对外妥协退让的路线。甲午战争以后，随着洋务运动的失败，洋务派作为一个政治派别，不再存在了，但是这条半殖民地的对外政治路线，却完整地保存了下来，从袁世凯到蒋介石这些旧中国的统治者，继承那拉氏的衣钵，为了保持他们的地位和权势，不惜投靠帝国主义，出卖民族利益，他们骨髓里依然是洋务派，是那拉氏的嫡传和再传子孙。这是历史事实，而历史事实是无法改变的。

国际银行团和辛亥革命*

夏良才

距今七十年前，中国正处于社会大变动时期，国内外各种矛盾空前激化，终于酿成辛亥革命。

辛亥革命的爆发和失败，是由很多因素造成的。以往，我们在评述这些问题时，侧重于考察中国资产阶级的活动，指出了它在领导这场革命斗争中的历史作用，也分析了它的软弱性和妥协性给革命带来的影响和后果。这无疑是重要的，也是主要的，但仅止于此，又显得不够。因为决定事物性质变化的，是矛盾双方的运动。如果我们不太了解近代中国社会矛盾的主导方面——帝国主义侵略在辛亥革命时期的具体活动和它的特点，我们就不容易把握住客观事物变化的全局。究竟帝国主义侵略对这场革命运动有什么影响？它们和中华民族的矛盾是在激化、深化，还是仅处于次要地位？要回答这些问题，只有根据大量历史事实，进行详细具体的分析研究，才能得出如实的结论。我们只要举出如下两点事实，就可以说明这些问题是值得探讨的。例如，我们知道，酿成武昌起义导火线的，是四国银行团与清政府签订的湖广铁路借款合同；导致“二次革命”爆发的，是六国、五国银行团提供给袁世凯的善后大借款。那么这些国际银行团是怎么一回事呢？究竟起了什么作用？搞清楚它们的活动和特点，是有助于回答上述问题的。我们想从这些方面做些初步的探索。

---

* 本文原载《近代史研究》1982 年第 1 期。

一　帝国主义侵华的新形式

国际银行团是一种金融垄断组织，它由几家实力雄厚的帝国主义在华财团联合组成。最初出现的是 1909 年 7 月成立的英、法、德三国银行团，其成员有英国方面的中英公司（The British & Chinese Co. Ltd.）、汇丰银行和华中铁路公司（Chinese Central Railways，Ltd.），以东方汇理银行为代表的法国财团，以德华铁路公司（The Deutsch-Chinesische Eisenbahn Gesellschaft）和德华银行为代表的德国财团。1910 年 11 月，美国财团加入银行团，这就是四国银行团。辛亥革命以后，1912 年 6 月日本横滨正金银行（The Yokohama Specie Bank，Ltd.）和以俄亚银行（Russo-Asiatic Bank）为代表的俄国财团加入成为银行团成员，四国银行团因而扩大为六国银行团。1913 年 3 月由于美国财团宣告退出而成了五国银行团。一般来说，这些银行团可统称为国际银行团。

国际银行团在辛亥革命时期出现和形成并不是偶然的，这是帝国主义列强在中国激烈争夺和中国人民反抗斗争加剧的结果。自 19 世纪末叶起，各帝国主义国家在中国掀起了划分势力范围的狂潮，用资本输出加深侵略活动，强行修路、开矿、设厂成为当时的重要手段。日俄战争前后，在对华的争夺战中，日本的侵略势力得到急剧膨胀，同时太平洋彼岸的美国打着“门户开放”的旗号，企图进一步分享各国在华的权益。这样，各国争夺对华垄断权的矛盾就更加突出和复杂化。由于竞争的加剧，大国之间的相互牵制，以及中国人民收回利权运动的兴起，使它们攫取对华权益受到一定限制，因此用国际垄断来代替各国竞争，就被认为是避免相互削弱的唯一办法。列宁说过：“随着资本输出的增加，随着各种国外联系和殖民地联系的扩大，随着最大垄断同盟的势力范围的扩张，‘自然’会引起这些垄断同盟之间达成国际协定，形成国际卡特尔。”① 1905 年 10 月 2 日，英、法两国财团首先在这方面作了“尝试”，把原先以英国资本为主的华

① 《列宁选集》第 2 卷，第 788 页。

中铁路公司，扩大为国际合资公司。[①] 按签订的协定来看，两国合资的目的就是以下两个方面：一是“消除”两国财团对信阳至浦口铁路和汉口、信阳一带至成都铁路线的竞争；二是在遇到外来竞争时，两国财团进行竭力抵制。[②] 这一国际合作协定，在1906年4月获得了两国政府的批准，无疑对后来形成国际银行团产生了很重要的影响。[③]

国际银行团的组成，使各国的侵略势力不致因竞争而相互抵消或削弱，有利于各国合伙对付中国，攫取更大的权益。美国财团代表司戴德（W. Straight）认为：“争夺对华让与权的办法，既会导致一条死胡同，又会引起战争的威胁。如果外国资本家要在中国投资发展经济，就必须以合作替代竞争，并为此组成一国际联合的银行团。”[④] 垄断是国际银行团的基本特征。自1909年三国银行团成立以后，这种国际垄断权力被不断扩大，到1910年11月的伦敦会议上，四国银行团就规定了在对华借款中的权利、机会和承担义务上的合伙办法，擅自把垄断权扩大到包括所有四国银行团承办或将承办的铁路借款及其垫款（除经四国财团同意的除外）。[⑤] 以后，银行团与中国政府正式签订各种借款合同中，都明确规定银行团拥有“优先承办”的权利。这样，垄断就扩展到政治领域、财政领域，形成了国际银行团对华借款的垄断时期。在这期间，中国的借款自主权就没有了，不仅被堵绝了其他借款来源，而且银行团乘机提出极其严酷的监督条款，如果中国不接受而另向别的资本集团借款，就立即会招来银行团的奚落、抗议、逼债和破坏。清末最后一笔借款郭都（B. Cottu）借款，民国元年（1912）英、比财团借款和克利斯浦（B. Crisp）财团借款，尽管都已签订了合同，最后仍因银行团的横加干涉而被取消。在六国、五国银行团期间，要不是争夺引起更大竞争，使这一垄断组织自行解体，中国就根本无

---

① 华中铁路公司成立于1904年，由中英公司和福公司（Peking Sydieate Ltd.）组成。扩充后，法国参加的有东方汇理银行、法兰西银行、合股公司等。另留给比国公司和美国公司一小部分股份，但美国拒绝参加。

② 马慕瑞：《中外条约与协定汇编》（英文）第1卷，第534—535页。

③ 参见《法国外交文件》即《黄皮书》第3编第1卷，第457页。

④ 克罗莱：《司戴德传》（英文），第344页。

⑤ 《美国对外关系文件》（英文）1912年，第92页；克罗莱，前引书，第352页。

法打破国际资本的垄断罗网。

从表面来看，参加银行团的各国银行或财团都是私人资本，并不代表政府，因而银行团这一金融组织也不能算官方机构。但实际上银行团与各国政府的关系是十分密切的。这可从两方面来看，第一，各国政府对于参加这一垄断组织的本国银行或财团，采取了大力支持和保护措施，授予它们在对华业务中的特殊地位和垄断权力。第二，反过来，这些银行或财团的在华活动，在很大程度上须受政府对华殖民政策的制约，在银行团的重大借款合同中，一般都掺杂了各国政府的政治意图，特别是善后大借款则完全在各国政府直接干预下进行。

尽管国际银行团本身先后有过多次变化，但各国参加银行团的成员大体上是有数的几家大财团。以英、法、德、美、日、俄六国银行团为例，它们的代表分别是汇丰银行、东方汇理银行、德华银行、美国财团、横滨正金银行、俄亚银行。这些银行或财团，与其说是代表企业本身，倒不如说是代表企业背后的列强政府，私人垄断和国家垄断是交错在一起的。它们中间，有的就是国内的大金融工业资本集团的联合体①，与各国政府本来就关系密切。有的则处于“准国家”银行的地位，如俄亚银行的前身华俄道胜银行，早就被看作俄国财政部的一个分支机构。日本横滨正金银行的章程规定，该行总经理须由国家银厅副总裁兼任，大藏省有监督权等。②德华银行的董事会是由德皇任命的，并规定它必须为德国海外殖民利益服

① 如在法国财团中就有法兰西银行（或译巴黎国家贴现银行 Comptoir National d' Escompte de Paris)、巴黎里昂信贷银行（Credit Lyonnais)、合股公司（即法国振兴商工业合股公司 Soci'éte Générale Pour Favorizer le Developpment du Commerceet de l' Industrie en France）等十余家大财团参加。以上三家则是法国三家最大的银行（《列宁选集》第 2 卷，第 756 页）。又如德华银行的合股者有国内著名的四大“D”字银行，即兑现公司管理处（Direction der Dis-conto-Gerellschaft)、德意志银行（Deutsche Bank)、德莱斯登银行（Dresdner Bank）和达姆斯太国民银行（Bank fur Handel und Industrie）以及另外几家大财团参加，它们拥有金属业、机械业、交通业、化学业等几百个单位。列宁说过，上述的德国四大“D”字银行可对工商界“发号施令”，实行“恐怖主义”（《列宁选集》第 2 卷，第 766 页)，说明它们的巨大势力。美国财团的参加者也是全国乃至全世界有名的托拉斯，如摩根公司（J. P. Morgan & Co.)、坤洛公司（Kuhn，Loeb & Co.)，以及第一国民银行（The First National Bank)、花旗银行（即纽约国立城市银行 The National City Bank of New York)。

② 周葆銮:《中华银行史》，第 58 页。

务。[1] 所以上述几家银行名义上是私人企业，实际上都处于各国政府的严密监督之下。法国在世界上被公认是政府控制资本最有效的一个国家。汇丰银行的情况有所不同，在国内不算最大企业，但它早就得到英国外交部的支持，取得了在华金融界的特殊地位。

自19世纪末叶以来，帝国主义列强在侵华过程中已出现过金融资本的作用，但那时是分散的，自从成立国际银行团以后，就出现了强权外交同金融资本相结合的垄断形式。这样，参加银行团的各家银行或财团，与各国政府之间的勾结更加紧密，一般情况下就不会轻易地改变。很明显，越是垄断、集中，就越能产生巨大的政治影响。一家法国报纸在辛亥革命后评论对华借款政策时说："资本团结合之目的，原在防止各国银行单独行动。竞争投资不顾利害，势必令中国财政越加紊乱，终于引起列强干涉……若欲中国不生内乱，复于外人权利无损，惟有乘其危急，协力以致死命，俾其不能不听列强调度。"[2] 这就是说，银行团已不是单纯的牟利单位，而是列强手里的侵略工具。民国初年的著名记者黄远生曾评论说："银行团最酷之事，莫过鼓励其本国公使，指定各一银行，为各一国资本家之代表，实为共同监督财政之先一著。"[3] 我们从下面叙述银行团的具体活动中可以看出，所谓国际银行团就是帝国主义强权外交同金融资本相结合的组织形式。

国际银行团作为一种组织形式，有它的特点，其中最重要的是一种"银行团间会议"（Inter-Bank Conference），基本上所有重大的对华借款决策，都是在这种会议上作出的。它定期地在伦敦、巴黎、柏林秘密举行，起到了银行团"总部"的作用。通过与会的各国银行或财团成员，上可以同各国政府取得密切联系，下对银行团驻华代表发出指令，是协调各国和金融资本活动的重要环节。这种会议除了确定银行团的成员国问题外，主要议决事项都与中国有关：第一，拟订对华借款的项目和提出借款条件；第二，调解银行团成员国之间为争夺权益引起的纠纷。尽管会议决议的事

---

① Feng Djen Djang, The Diplomatic Relatians between China Germany since 1898, p. 238.

② 《独立周报》第一年（1912年）第11号，见《革命文献》第42、43合辑。

③ 《黄远生遗著》第2册，第11页。

项都与中国有关，但除指定要有中国代表参加外，其他一概都是背着中国搞的私下交易，实际上是一种国际分赃会议。这种会议的主要参加者有伦敦汇丰银行经理阿迪斯（C. Addis）、巴黎东方汇理银行经理西蒙（St. Simon）、柏林德华银行经理乌毕希（Fn. Urbig）、美国财团代表达比逊（H. P. Davison）、司戴德等人；在六国银行团期间，又增加日本横滨正金银行代表竹内（K. Takeuchi），彼得堡俄亚银行总办维尔斯特拉特（M. Bepcrpat）。就这样，与会的几个东西方金融寡头，可以在挥指间决定中国的某些政治和财政命运。

在辛亥革命时期的国际银行团，对当时中国政局和财政产生过极其重要的影响，特别是通过垄断借款攫取各种保证、监督和优先权，成为列强合伙侵华的新形式。

二　四国银行团和湖广铁路借款

1911 年 4—5 月间，四国银行团与清政府先后签订两笔巨额借款合同，一是湖广铁路借款合同，二是改革币制和振兴东三省实业借款合同，其中以湖广铁路借款影响最大。

早在 1898 年，清政府就把该路承筑权出卖给了美国合兴公司（American-China Development Company）。以后由于发生很多纠葛，到 1905 年，湖广总督张之洞以六百七十五万美元的高价赎回了路权，交由鄂、粤、湘三省官督商办或民办。但到 1908 年，清政府又命张之洞（时任军机大臣）兼任两湖粤汉路、鄂境川汉路督办大臣，统筹两路借款兴建事宜。张之洞因在赎回路权时借过英国香港政府的钱，就先与英国的中英公司代表濮兰德（J. O. P. Bland）商洽。但濮兰德漫天要价，乘机勒索，要求由该公司统管筑路、用人和购料一切大权。交涉数月，没有结果。这时德国驻汉口总领事、德华银行经理柯达士（H. Cordes）秘密与张之洞接洽，表示愿以津浦路“宽优”条件提供借款。1909 年 3 月双方达成协议，签署了草约。这一下使英国财团着了慌，它不能容忍把长江流域的利益拱手让给德国财团，于是急忙改派北京汇丰银行经理熙礼尔（E. Hillier）与张之洞的代表重开谈判。张之洞答应英国财团参加借款，不过仍坚持按津浦路借款办法办理。最后英、德两国财团达成协议，共同承担两湖粤汉路和鄂境川汉路的借款，并参照津浦路“宽优”条件签订合同。[①] 这时法国财团根据华中铁路公司协议的规定，也争着要分享这笔铁路借款权利，三国财团背着清政府在柏林举行秘密会议，终于在 5 月达成协议。6 月 6 日，三国财团与张之洞签署了两湖粤汉路和鄂境川汉路也即湖广铁路借款草合同。[②] 7 月 6 日，三国财团之间为垄断今后的铁路借款，签订了组成三国银行团的协定。按协定规定，三国资本可以单独与清政府谈判和签订各种铁路合同，但必须通知并允许其他未签字的财团也能按此协定原则分享各种权益。[③] 换句话说，三国银行团对湖广铁路实行国际垄断的原则，也适用于其他方面。

但事情并没有因此而结束。本来在中国，大国之间的竞争是按“实力”、按“资本”来进行的，当暂时的均势被打破以后，立即会引起新的竞争，直至牺牲中国主权使列强达成新的均势时才能暂时休止。正当三国财团与清政府草拟合同条文时，美国政府也采取了行动，强行要求清政府“履行”1904 年对美国所作的“保证”，即在该路借外债筑造时，应尽英、美资本家优先承办。[④] 6 月 9 日，新任的美国国务卿诺克斯（P. O. Knox）正式向英国提出组成一个“强有力”的美、英、法、德四国银行团的建议。[⑤] 11 日，美国政府出面组成对华借款团，并商定派原驻奉天总领事司戴德为财团代表奔赴欧洲、中国进行交涉。司戴德初步活动的结果，使湖广铁路草合同原定上奏时间推迟了。但三国银行团仍然反对美国财团以平等资格参加借款，为了争夺包括任用工程师、购料和承包里数等各方面的权利，四方代表背着中国进行了长时期的讨价还价，直至 1910 年 5 月 23 日，才达成一项四国银行之间的湖广铁路协定。当在分赃过程中，四国财团以牺牲中国铁路主权来作为相互交易的筹码，擅自把不属于湖广铁路借

---

① 所谓津浦路“宽优”一条件，就是把借款和造路分为两事，合同双方只有债务关系，借款由税收抵押，铁路建造和管理由中国掌握，但可聘用外国技师等。

② 合同全文见王铁崖编《中外旧约章汇编》第 2 册，第 574—585 页。

③ 协定全文见马慕瑞，前引书，第 1 卷，第 833 页。

④ 《美国对外关系文件》1909 年，第 144—145 页。

⑤ 同上书，第 151 页。

款范围的川汉路延伸线也私下进行了瓜分①，这样湖广铁路借款问题就不仅是一条路权的丧失，而是涉及一大片。1910 年 11 月 10 日，四国财团代表正式签署了一项组成四国银行团的协定。这一协定与一年多以前的三国银行团的协定基本相同，不过是把三国银行团的国际垄断，扩大为四国银行团的国际垄断；它规定不论是哪个财团单独签订的各种借款合同，都应通知并允许其他三国财团分担和分享各种借款的义务和权利。② 很显然，这不仅仅涉及某些铁路借款问题，而是四国银行企图包揽除东北以外（因那里是日、俄的势力范围）的全部铁路权益。其后果不堪设想！

四国银行团达成协议后，就转过来合伙对付清政府，强迫它马上签署湖广铁路借款正合同。当时，国内正掀起声势浩大的收回路权运动，湖北绅民一度争回商办本省铁路的权利。为此清政府不能同时把一条铁路既归商办又要拍卖给列强，使自己陷入进退维谷的窘境，于是一再与四国银行团密谋策划。结果，后者稍作让步，暂时取消川汉路延伸线的要求，又把原拟的荆门州至汉阳的支线，改为由宜昌至四川夔州府③的干线，并给予借款半数存放政府银行的实惠。清政府即在 1911 年 5 月 9 日悍然发布铁路干线国有化的上谕。5 月 20 日，邮传部尚书盛宣怀与四国银行团代表正式签订湖广铁路借款合同，借款总数为六百万英镑。④

铁路干线“国有化”政策，从根本上说是四国银行团逼出来的。当事人盛宣怀曾解释说：“查四国借款合同不能消灭，所以提议铁路国有。如铁路不为国有，则借款合同万不能签字。是铁路国有之举，其原动力实在于借款之关系。”⑤ 说起来，激起清末保路运动风潮的是清廷铁路“国有化”政策，而究其原委，罪魁祸首实在是四国银行团。当清廷宣布铁路“国有化”上谕后，最先表现出兴高采烈的是四国银行团代表。美国财团的司戴德在上谕颁布后的第二天给北京花旗银行经理梅诺克的信中说：“我认为邮传部采取的措施将证明对中国非常有利，我也期望这将有利于

① 《美国对外关系文件》1910 年，第 281 页。

② 协定全文见马慕瑞，前引书，第 1 卷，第 828 页。

③ 夔州府原治奉节、巫溪、巫山等县，民国后废除。

④ 另规定可续借四百万英镑，见《中外旧约章汇编》第 2 册，第 722—736 页。

⑤ 见陈旭麓等主编《辛亥革命前后》（盛宣怀档案资料选辑之一），第 170 页。

四国辛迪加。我强烈感到，在目前无论如何不能干出任何有损于邮传部在这一事情上的地位。”① 有利于辛迪加和清朝统治阶级，必然会损害广大人民的利益。

四国银行团在清末的两笔大借款，借款的总数达一千六百万英镑，这是自 1896—1898 年间向俄法、英德财团三次借款以来的又一次大借款。如果借款到手，对清政府无疑是一大支持，但事实上至清廷临终时还是一纸空文，虽然银行团垫付过东北实业借款四十万英镑，而杯水之急已挽救不了涸辙尺鲤的厄运。相反，四国银行团乘机夺取各种权益，徒然给清政府增添了出卖主权新纪录，就不能不激起人民的强烈反抗。

三 四国银行团在武昌起义后的“金融中立”政策

武昌起义后，清政府立即命陆军部尚书荫昌率军亲征，企图一举扑灭革命火种。但战争一开始，筹饷就是一大问题。当时清廷国库空虚，税款锐减；要发饷购械，唯一的办法是向外国借贷。

从武昌起义后的第三天起，清政府就四处求援。到 10 月底，单是向英国驻华公使朱尔典（J. Jordan）和四国银行团提出借款要求就有四次之多；第一次是 10 月 18 日，要求以延期偿付庚子赔款办法提供财政援助和紧急垫款五十万两；第二次是 19 日，要求给予度支部二百万两和邮传部一千万两借款；第三、四次是在 10 月底，要求按湖广铁路借款合同办法，支付借款总数的一半即三百万英镑，另外再借款五百万两用来稳定上海的金融市场。② 对这一系列借款要求，四国银行团没有明确的答复。这时清政府危在旦夕，一再紧急呼吁，倒是非银行团成员国的日本和其他资本集团给予了一点“声援”。这就是 10 月 23 日，清陆军部与日本大仓洋行签订二百

---

① 《花旗银行档》3900 卷，第 23 页。原件藏上海档案馆，此译文承中国人民银行总行金融研究所翻译室提供，特此致谢。

② 《英国外交部档案》，朱尔典致葛雷电，1911 年 10 月 18、19 日，11 月 1 日。转引自 Chan-Lan-kit-Ching，“British Policy of Neutrality during the 1911 Revolution in China”，*Journal of Oriental Studies* 1970（2），pp. 362 – 367.

七十多万日元的购买武器合同；另是10月27日，由度支部载泽与法人郭都为代表的英、法、比财团签订一亿五千万法郎借款合同。

是不是四国银行团不支持清政府了呢？事实并非如此。当时在北京的美国财团代表司戴德和法国的贾思纳（J. M. M. Casenave）积极主张借款，他们对革命运动颇为反感，认为革命不会给列强带来什么好处，“只会导致无政府状态”，而且也不相信清政府会因此垮台。[①] 美、德、法驻华公使或代办在给各自政府的报告中，也有类似的看法。只有朱尔典稍有不同，他认为现时提供借款不太适宜，但如果要给钱的话，必须坚持有严格的借款监督条件，并且清廷应让袁世凯出来组织“革新政府”。[②] 不论怎么说，四国银行团并没有关闭借款的大门；之所以没有作出决定，主要是在局势的急剧变动时刻，各大国之间还没有商定出合伙对付中国的办法。因此美、英政府对立即提供借款持反对态度，法国政府则表示要慎重，只有德国政府愿意“慷慨解囊”。11月8日，四国银行团的巴黎会议作出决定，暂取“金融中立”政策，并宣称：目前中国局势混乱，不能考虑财政援助，一旦证实中国已建立起“负责政府”，就准备谈判和提供借款。[③] 不仅四国银行团停止了一切新的借款或垫款，以后还通过法国政府阻止郭都借款的债券在巴黎金融市场上发放，迫使这笔借款合同取消。

四国银行团的“金融中立”，同各国政府在武昌起义后宣布的“严守中立”是相配合的。由于革命形势的迅速发展，11月3日，全国最大商业城市上海光复。帝国主义面对这一形势不得不有所顾忌。特别是在长江流域拥有巨大利益的英国，并不希望战乱扩大和持续不断，这不仅会极大地影响它的商业和贸易利益，而且也担心别国乘机干涉且引起国际争夺，因此认为在这一时刻给任何一方提供借款都是不符合其政治意图的。从另外一方面看，帝国主义对清朝能否做它们的“代理人”维持统治，也已产生了怀疑。除了日本政府做了别有用意的支持外，西方大国一般都采取观望态度，而且越来越感到再用财力物力支持清朝贵族把持的政府，不仅无济

---

① 克罗莱，前引书，第417页。

② 彼得·劳：《大英帝国与日本1911—1915年》（英文），第61页。

③ 《美国对外关系文件》1912年，第103页。

于事，还会进一步惹起义和团事件的重演。英国则期望能有一个“强有力”的人物出来为清廷收拾残局，而又不损害列强的既得利益。他们物色了具有实力的野心家袁世凯。

袁世凯在武昌起义后的第四天，被清廷重新起用为湖广总督兼前线“剿办”事宜，11 月 16 日又奉命组成以他为总理大臣的新内阁。在英国公使朱尔典的策动下，清朝政局发生两个重大变化：一是袁世凯于 11 月 27 日向革命派提出停火建议和准备和平谈判；再是 12 月 6 日，摄政王载沣被迫下台，朱尔典自供这是他认为“唯一应干预”的一件事，[①] 从而使袁世凯获得了清政府的实权。但事情并不如此而已。就在载沣返归私邸不闻政事的同一天，朱尔典就马上让汇丰银行为袁世凯提供借款，并建议袁世凯向革命派解释借款“有利于”和谈和“征得他们的同意”。[②] 这样既可维持所谓“金融中立”的姿态，又能帮助袁世凯。当晚，银行团驻京代表开会并连夜请示上级，要求授权垫款三百万两，“以便使袁世凯克服议和期间的困难”。[③]

但各国政府考虑就更多一点，因为这将涉及列强之间许多政治和经济利益。英国外交大臣葛雷（E. Grey）首先与各国（包括不是银行团成员的日、俄两国）进行密商。从 12 月初到 20 日，各国先后作了答复。德国政府仍持原来态度，认为不必把“革党同意”作为借款的“绝对条件”。[④] 法国、日本政府同意按英国公使提议的办法垫款，但后者增加一条，即不能让垫款“用于军事目的”。[⑤] 美国政府先表示赞成“小额垫款”和借款的“广泛国际化”，后来又认为目前形势下“任何借款”都“不是时机”。[⑥] 俄国政府一直反对银行团的活动，特别不愿与美国在对华问题上实

① 《英国外交部档案》，朱尔典致葛雷电，1911 年 12 月 3 日，转见彼得·劳，前引书，第 72 页。

② 《英国外交部档案》，朱尔典致葛雷电，1911 年 12 月 6 日，转见波得·劳，前引书，第 368 页。

③ 《美国对外关系文件》1912 年，第 102 页。

④ 孙瑞芹译：《德国外交文件有关中国交涉史料选译》第 3 卷，第 208 页。

⑤ 《英国外交部档案》，朱尔典致葛雷电，1911 年 12 月 3 日，转见彼得·劳，前引书，第 366 页。

⑥ 《英国外交部档案》1912 年，第 105、107 页。

行金融合作。[①] 显然，这时提供借款已不单纯是财政援助问题，而具有严重的政治意义。由于各国在对待袁世凯态度、赞成共和还是君主立宪、对议和前途，甚至对银行团本身的看法等问题上，都存在一系列分歧意见，因此不得不把借款问题搁置一边。

但迫使帝国主义不敢贸然行事的还是革命势力的发展。12 月 11 日，上海革命军外交代表伍廷芳发表声明，反对向清政府提供任何借款，还通知上海的汇丰银行说，对这一类借款，革命政府决不承认。由于革命派的反对和抵制，汇丰银行和英国驻上海总领事不得不电请朱尔典停止与清政府的借款谈判，以免引起革命派发动抵制运动。这样，银行团的三百万两垫款计划没有实现，仍然维持所谓的“金融中立”政策。

1912 年 2 月清廷下诏退位，袁世凯窃取临时大总统职务，这时四国银行团立即恢复与袁世凯的借款谈判，并在 2 月 28 日交付第一次垫款二百万两。以后，不仅临时性垫款源源而来，而且还开始了巨额的善后大借款谈判。形势已大有利于袁世凯的统治，因此银行团所谓的“金融中立”也就没有什么意义了。

四　从四国银行团到六国银行团

四国银行团是由西方的英、美、德、法财团组成，没有包括在中国东北拥有侵略势力的日、俄两国财团。在清末四国银行团签订的币制实业借款中，由于合同第十六条保证给予今后借款的优先权，并规定以东北税款担保，这样就触犯了日、俄的利益，因而引起它们的抗议，以致使这笔借款的债券始终未能发行。很显然，四国银行团要全面垄断对华借款，还必须与日、俄合伙才能办到。从那时起，西方大国与日俄之间为合伙干预中国借款，一直在暗中进行交易。

在四国银行团所属的国家中，英、法两国分别与日、俄有政治上的同盟关系，它们与美国在涉及东北问题时所采取的立场是不同的，尤其在欧洲面临着德国威胁的情况下，更不愿意伤害它们东方盟友的利益。法国政

① 《帝国主义时代的国际关系》（俄文）第 2 编，第 19 卷上册，第 269 号。

府早于1911年7月正式照会俄国政府给予了这样的保证。辛亥革命后，美国的银行团政策也稍有变化，在列强“协调一致”的名义下，提出对华借款“广泛国际性”的主张，12月初，美国财团曾提出建议，邀请日、俄两国参加银行团。

但日、俄两国对银行团的活动一直抱怀疑和对立的态度。俄国政府一心想搞垮四国银行团，它试图利用与法国的同盟关系，要求法国退出四国银行团，然后另外组织以俄法为首的垄断中国北部借款的新财团。为此目的，1911年12月，俄国外交大臣沙查诺夫（С. Д. Сазонов）、彼得堡俄亚银行总办维尔斯特拉特专程访问巴黎，同法外交部长德·塞尔夫、巴黎东方汇理银行经理西蒙举行会谈。沙查诺夫要求法国退出四国银行团，以促使它垮台；但德·塞尔夫不愿放弃法国银行的在华利益，认为不如俄国加入银行团，使俄、日、英联合一起“在银行团中取得优势”[①]。这次会谈没有达成协议。1912年2月，一个有俄亚银行参加的英、比财团正策划给袁世凯提供一笔借款，以此同四国银行团竞争。[②] 日本政府采取另外一种办法，它让大仓、三井等财团出面，不理睬银行团的垄断权力，直接向南方革命派提供汉冶萍、招商局、沪杭铁路三笔借款，企图乘机把侵略势力扩张到长江流域。

新的借款竞争，使四国银行团的垄断局面受到一定威胁。为了维持列强之间的“国际合作”，2月17日即袁世凯被选举为临时大总统后的第二天，伦敦汇丰银行经理阿迪斯向英国政府提议说：现在邀请日、俄参加银行团“正是时宜”。他的建议得到了葛雷的批准。[③] 3月12日，四国银行团在伦敦会议上决定分期给袁世凯一千三百万两垫款，并答应善后大借款的要求，同时正式向俄、日两国发出邀请，以便共同分享借款的权利和义务。

---

① 《帝国主义时代的国际关系》（俄文）第2编，第19卷上册，第269号。

② 英比财团由英国的许乐德公司、东方银行等，比国的合股公司、海外银行等联合组成，俄亚银行也是成员之一，但俄外交部指令它只能作为一个不出面的参加者。3月14日，该财团与唐绍仪签订了一百万英镑借款合同，曾垫付二十五万英镑，但由于四国政府和银行团的反对以及俄国政府态度的变化，合同在5月2日被迫取消。

③ 彼得·劳，前引书，第127页。

日本政府在3月7日已表示：由于大借款具有明显的“政治性质”，因此它的参加是必不可少的。3月18日就指派横滨正金银行与四国银行团谈判加入的条件，它提出的条件有如下几点：“第一，日本承担的债券应允许在国外市场上发放；第二，借款不能损害日本在南满以及南满毗邻的内蒙东部的特殊利益；第三，在聘用技师等方面应利益均等；第四，修改或取消币制实业借款合同的第十六条规定。”①

这时，俄国仍坚持它的反对立场。沙查诺夫继续向法国施加压力，并恫吓说，如果给中国提供巨额借款，就会“引起亚洲国家反对欧洲列强”的严重后果。他声称，俄国“最接近中国”，不得不为此付出代价，这样是不符合三国协约的利益的，他甚至威胁要用“武力”迫使中国政府放弃借款。② 实际上，俄国正借此机会进行要挟，勒索在满蒙和新疆的特权。在俄国咄咄逼人的姿态面前，西方国家采取圆滑的态度。美国和英国政府分别照会俄国说，只要俄国与各国“行动一致”，它可以采取措施“保护鉴于条约或协定所具有的权利和利益”③。但对俄国提出的新要求却避而不管，不作明确表态。法国政府早就主张迁就俄国，一再保证不会忽略它的利益，劝它依靠俄法、日英同盟关系，在银行团里取得“一个多数”地位。④ 在这种情况下，俄国政府于4月6日指派俄亚银行与四国银行团谈判，并训令其代表提出如下条件：第一，借款不得用于满洲、蒙古、东土尔克斯坦（即新疆）有关企业；第二，在聘用技师上有同等权利；第三，反对银行团有垄断权；第四，俄国必须参加币制实业借款。⑤ 5月15日，六国银行的代表在伦敦举行会议，日、俄代表在会上根据各自政府的训令分别提出了要求。但四国银行代表认为，一方面，这些问题属于政治范围，银行团无权讨论并表示拒绝；另一方面，在如何发行债券问题上也存在分歧。日、俄两国本来资金匮乏，它们要求把承办的债券由本国财团在

① 《帝国主义时代的国际关系》（俄文）第2编，第19卷下册，第804号。附件。

② 张蓉初译：《红档杂志有关中国交涉史料》，第378页。

③ 《美国对外关系文件》1912年，第76页。

④ 《法国外交文件》(《黄皮书》) 第3编第2册，第167页。

⑤ 《帝国主义时代的国际关系》（俄文）第2编，第19卷下册，第828号。

国外金融市场上发放，不受银行团的限制。[①] 四国银行的代表当即表示反对，使会议陷入僵局。6 月初和 18—20 日，会议移到巴黎继续进行，在法国的圆场和撮合下，双方经过几番激烈争论，终于达成了妥协，签署了内部协定。按协定规定，各方平均承办借款份额和责任，共享权利；俄国可以通过比国财团在布鲁塞尔发行不超过三分之一的债券；日本名义上承担六分之一，实际上后来都作为“余股”（Residuary participation）转让给英、法、德国财团，分别在伦敦、巴黎、柏林等地发行。此外，在议事录中还决定满足日、俄的政治要求，保证每一财团“不办理为其政府所反对的业务”，同意日、俄“在利益有所抵触时，可以退出本协定”。[②] 于是六国银行团宣告正式成立。但是由于各国之间矛盾重重，六国银行团的内部协定并没有涉及 1911 年 11 月的四国银行团协定，两者实际上是截然分开的，在东北范围内，日、俄财团仍保留了单独的借款权。

六国银行团的内部协定，实际上是各国背着中国搞的又一次政治交易。日、俄两国达到了预期的目的，银行团保证不承办与它们“利益有所抵触”的业务，等于承认了两国在东北、蒙古等地的特殊利益。英国外交部曾供认说，由于在谈判中始终受到以法国为后盾的俄国的压力，“出于政治上的原因，不得不达成协议”。[③] 所谓的“政治原因”，无非是列强之间为牺牲中国主权来满足各自的侵略野心，这就势必为争夺势力范围而引起更大的竞争。我们将在下面看到，六国银行团是这一垄断组织的极峰时期，不久后，它就从这个极峰走向下坡，出现了瓦解的征兆。其次，对中国来说，六国银行团的成立，造成了更大的威胁。银行团凭借对华借款的“绝对”垄断权，从此提出的借款条件越来越苛刻，各种勒索接踵而来。

---

① 日本横滨正金银行要求日、法合资的日法银行在欧洲金融市场募集资金。俄国团本来是由俄亚银行和英、比、法国等财团组成，主要成员与英比财团完全一样，此外还有法国的施毕策公司（A. Spitzer & Co.）和比国的铁路合股公司（Société Belge d’Etudes de Chemins de Fer en chine），所以俄国财团的大部分资金也得依靠欧洲金融市场提供，实际上是要求由不属于银行团的英比法财团来分担。

② 马慕瑞，前引书，第 2 册，第 1021—1025 页。

③ 彼得 · 劳，前引书，第 128 页。

五 善后大借款和“二次革命”

国际银行团为袁世凯提供五次垫款和善后大借款，同时都提出了空前严酷的借款条件，主要是要求“财政监督权”，企图借此达到控制中国的目的。

第一，关于垫款的条件。四国银行团在 1912 年 2 月 28 日支付第一次垫款以后，第二天又接到唐绍仪提出 3—6 月或 7、8 月的垫款要求。3 月 9 日，四国银行团通知袁世凯关于垫款的条件有四点，其中主要有两点：其一，北京政府必须以盐税为担保，先交付金镑国库券为凭据；其二，此后所需垫款和善后借款，应允四国银行团优先承办。袁世凯签名复函，完全接受银行团的条件。[①] 当天，银行团支付第二次垫款一百一十万两。5 月 17 日，双方又就垫款监督条件达成临时协议，其中包括成立稽核处，聘用洋员会签支款清单；财政部采用新式账目，将支款清单交洋员查核公布；由政府委派高级将官会同各地海关税务司，监督和查核遣散各省军队支款并会同画押等，[②] 这些监督条款达成协议后，银行团在 5、6 月间，支付第三次、第四次、第五次垫款，每次三百万两。但苛刻的垫款条件不仅涉及财政领域，而且扩大到了军事范围，监督权则完全由洋员和海关税务司来把持，无异使政府的某些的财政、军事职权部落入帝国主义列强手里。从 5 月 18 日起，银行团在第三次垫款后就指派德国人龙伯（C. Rump）为洋稽核员，规定有关垫款的任何支付命令，均要有龙伯签字“才有效”。[③] 直至 9 月大借款谈判中断、垫款停止支付时，这位洋稽核员才被撤销。

第二，关于善后大借款的条件。唐绍仪在 2 月 29 日提出半年内紧急垫款的同时，还正式就此后五年内提供六千万英镑的善后大借款问题，开始与四国银行团驻京代表谈判。但在 3 月 12 日的伦敦会议上，银行团提出严厉的监督条件，迫使唐绍仪在 3 月 14 日另与英比财团签订了借款合同。这

---

① 《美国对外关系文件》1912 年，第 119—120 页。

② 高劳：《银行团借债及垫款之交涉》，《东方杂志》第 9 卷第 1 号。

③ 《花旗银行档》3832 卷，第 51 页。

时，四国银行团恼羞成怒，指斥中国违反3月9日诺言，勒令取消这笔借款。唐绍仪不得不屈服于银行团的压力，被迫赔礼道歉。6月20日六国银行团成立，24日，驻京的六国银行团代表会见北京政府外交总长陆征祥、财政总长熊希龄，正式递交了进一步垫款和善后大借款的条款，其主要内容有如下几点：中国政府负责提出借款支用的详细清单，由六国银行团监督其用途；作为抵押的盐税，须由海关或类似机构来管理；在善后借款合同规定的五年内，中国不得向银行团以外的银行借款；在此期间，银行团应为其财政代理人。① 这种骇人听闻的监督条款，连熊希龄也大吃一惊，不敢贸然画押。他叹息说，清政府签署了铁路借款合同，“违背民众意愿”，结果爆发了革命；如果本政府接受这样的条件，“必将遭到同样的命运”。他乞求把借款数额减为一千万英镑，同时“放宽”借款条件。② 但银行团根本不作回答，熊希龄被迫辞职。

为了打破六国银行团的垄断地位，北京政府又暗中与英国一家克利斯浦财团进行谈判，8月30日签订了一笔一千万英镑借款合同，借款以盐税担保，没有其他监督条款，签字后在9月24日交付五十万英镑垫款。③ 这笔借款，对袁世凯政府来说正是求之不得，但各国政府在得此消息后，如同对待英比财团借款一样，立即采取对策，首先是提出正式抗议，然后强行要求：如果借款合同不取消，则中国政府必须于12月底偿清所有庚子赔款到期欠款和其他外债的欠款。在列强的压力下，克利斯浦借款合同在12月23日宣布作废。

这些情况表明，北京政府已掌握不住财政命运，冲不破六国银行团的垄断罗网。8月上任的财政部长周学熙不得不与银行团重开交涉，祈求可能接受的借款条件，但银行团执意必先取消克利斯浦借款合同才同意商议借款条件。至12月下旬克利斯浦借款合同取消，银行团则把借款条件稍作

---

① 《美国对外关系文件》1912年，第141—142页。

② 同上书，第147页。

③ 克利斯浦（B. Crisp）财团由如下几家伦敦大银行组成，如鲁意特银行、京都省银行、伦敦西南银行等。它们极力想打破英政府给予汇丰银行对华借款的垄断地位，曾在国会中引起激烈争论。袁世凯总统顾问、前英伦《泰晤士报》记者莫理循（G. E. Morrison）在撮合这笔借款中起了重要作用。

变动，这样才达成初步协议。据周学熙向议会提出的借款“特殊条件”来看，主要有如下几条，指明用途并开列清单，支款须按审计处规则办理，规定盐务稽核所办法，限制续借和不准另借等条款。①

本来借款条件既已谈妥，合同就该签字了。但各国银行代表为争夺监督权展开了一场搏斗，持续时间达半年左右。

原来按借款条件规定，北京政府必须设置盐务稽核所、审计处、外债室等机构，聘请洋员来执行监督权。最初，北京政府提名三人，即丹麦人欧森、德国人龙伯、意大利人罗西，分任上述三个机构的顾问。但法国认为应按国籍分配，设六个席位各占一席；德国则力争盐务稽核所的洋总办的职务，理由是英国早已掌管了海关权，法国掌管了邮政权，因而盐政管理权应归它掌握。各国相持不下，几至决裂，直至合同签字那天才算分赃妥当。后来袁世凯发布聘任名单如下：英国人丁恩（R. Dane）为盐务稽核所洋总办，德国人斯泰老（Hen von Strauch）为上海盐务稽核所洋所长，俄国人克内维罗夫（N. Konovaloff）和法国人马肃（H. Mazot）为审计处洋稽核，德国人龙伯为外债室洋稽核，1913年6月龙伯去世，由上海德华银行经理樊馥（H. Pfeiffer）继任。②

在这次争夺中，美国没有捞到好处。美国驻华公使嘉乐恒早在2月21日中就埋怨说，银行团不再是“国际合作”组织，而是某几个“利益相同的大国”来合伙达到“自私的政治目的”。③ 驻法国的美国大使主张解散银行团，让中国“自由借款”，由美国另外组织的新银行团提供“援助”，以“得到中国好感”。④ 3月18日，美国新任总统威尔逊（W. Wilson）宣布对华政策时，表示不再支持美国财团留在六国银行团内。这样，美国财团在21日正式退出，于是六国银行团成为五国银行团。

如上所述，五国银行团正为争夺监督席位闹得不可开交，又为增加半厘利息和佣金问题上纠缠不休，看来大借款遥遥无期。4月20日，周学熙不得不秘密去天津同另外一些英、美财团商洽借款。五国鉴于美国财团退

---

① 《东方杂志》第9卷第12期。

② 《远东时报》（*The Far East Review*）1913年9月第4期。

③ 《美国对外关系文件》1913年，第164页。

④ 同上书，第168页。

出和北京政府想摆脱控制会导致银行团的分化，因而一方面阻止天津一些英美财团的借款活动，另一方面就向袁世凯施加压力，要他把周学熙找回来立即与银行团签订借款合同。与此同时，袁世凯指使刺杀国民党领袖宋教仁的案情已被揭露，南方革命派发动了猛烈抨击，国内形势十分紧张。袁世凯知道不使用武力镇压已制服不了反对派，他决心全盘接受五国银行团的借款条件，以便用洋款做战争准备。人称“二总统”的袁世凯心腹梁士诒曾这样说过：“行政当局颇欲得外援筹军费，为对内立奇功计，因别有所图，至是合同（即指善后大借款合同——引者）遂告成立。”[①] 这是促使大借款告成的重要原因。

4 月 26 日凌晨，大借款合同正式签订。借款总数为二千五百万英镑，其中英国财团和法国财团分别承担七百五十万英镑左右，各占总额的 29.7%，德国财团承担六百万英镑左右，占总额的 24%，俄国财团（包括比国财团）分担四百万英镑左右，约占总额的 16%，另外 6% 为银行的佣金，日本财团实际上没有承担股份。[②] 从上述分摊比例看，善后大借款主要是欧洲大国的一次对华借款，反映了这些国家通过支持袁世凯来控制中国财政的意图。按合同规定，借款年息为五厘，以票面价值的九折付款。用途都有明确规定，首先是偿付庚子赔款的结欠、币制实业借款垫款、过去的外债欠款、银行垫款等，[③] 所以说起来银行团借款二千多万英镑，实际上大部分仅是办理一次转账手续而已，根本不用拿出现钱来。经过上述几项扣除以后，袁世凯所得不过 40% 左右；而大借款合同的签订，造成国家主权的丧失、经济上的损害则是空前未有的。

首先，是经济上的损失。借款年限长达四十七年，超过历史上任何一次借款限期，年限越长，利息就越多，单是这一项就得付出四千二百八十五万英镑。其次，债券按票面价值打九折，加上银行佣金 6%，中国实收仅 84%，损失四百万英镑，这也是近代公债史上少见的。再次，是作为抵押的盐款，一律先存入外国银行，存息低，借息高，两者相差的损失为二百四十七万余

---

① 《三水梁燕孙先生年谱》上卷，第 133 页。

② 见雷麦《外人在华投资》，蒋学楷译，第 266、324、466、479、490 页。

③ 《中外旧约章汇编》第 2 册，第 867—871 页。

英镑，另外还有汇费损失、垫款利息损失、汇率损失等。最后，这些利息和损失约为五千一百万英镑，加上偿付本金二千五百万英镑，共计七千六百多万英镑，为原借款的两倍多。这给中国人民带来了何等沉重的负担！

再说政治上的危害和后果。如果我们拿银行团在武昌起义以来对待袁世凯和革命派的态度相比较的话，情况在一开始就是清楚的：它对前者是支持，对后者是反对的。虽然银行团在民国元年（1912）的垫款中，有一部分是交付南京临时政府作为遣散革命军队的费用，是为减少对帝国主义的威胁，同时也为袁世凯铲除异己武装。

伟大革命先驱者孙中山，是以欧美资产阶级共和国方案为其革命蓝图的，在他的建国方略中从不反对利用外资来开发中国资源。辛亥革命前后，他为革命和建设募集资金，曾向欧美各国寻求财政援助，包括直接与银行团进行接触。1911 年 11 月，孙中山在回国途中路过伦敦的短暂停留期间，曾通过中介人约四国银行团代表商谈，希望他们停止给清廷贷款，而向革命派提供财政援助，但无结果。随后，孙中山抵达巴黎与东方汇理银行经理西蒙会晤，同样要求法国财团能支持临时政府，也遭到拒绝。[①] 总之，孙中山受到欧美金融界的一片冷遇，是空着两手回到国内的。相反，银行团对袁世凯却是一片热心，如我们在第三节中所说的，要不是银行团顾忌中国革命势力的抵制，恐怕在武昌起义后不久就会把钱送到袁世凯的手里（当然也有勒索）。民国元年（1912），袁世凯几次急需用款时刻，如 3 月初京津兵变、6 月端午的传统发饷时节，尽管列强并未承认袁记政府，借款条件也尚未谈妥，但仍有源源不断的银行垫款，帮助他渡过难关。在清末民初，清政府无钱关饷，孙中山回国时一文莫名，结果都敌不过有银行团为奥援的袁世凯。

善后大借款的签订，则直接成了“二次革命”爆发和失败的重要原因，因袁世凯正是利用这笔大借款（另外还有几笔借款），发动了对南方革命派的军事讨伐。朱尔典在给本国政府的报告中曾透露说：“他（指袁世凯——引者）在未确保财政来源之前，一直保持最大限度的守势和克制……一旦善后大借款取得成功，为北军提供了动力，他就向顽抗的省份

① 张振鹍：《辛亥革命期间的孙中山与法国》，《近代史研究》1981 年第 3 期。

发出警告，同时把军队开赴汉口、长江一带……”[①] 朱尔典这番话很清楚地说明：袁世凯在这以前口口声声要消除“党见”，并邀请南方革命领袖北上“共商国是”等，原来都是一种假象，实际上他是在等待银行大借款的签字，为消灭革命势力筹备足够的军费。

银行团的“善后”借款实际上有两个意图：一是对中国实行财政监督；二是支持它所选择的一派政治势力，具体来说就是支持袁世凯。孙中山对这方面是有所察觉的，所以他借的外债，主张“脱离国际关系，俾成个人交涉，方无后患”，[②] 即反对银行团的借款垄断权。当 1912 年 5 月银行团提出借款监督条款时，同盟会就发起过国民捐运动，用募集国内资金办法来抵制借款。各地特别是南方各省的商、工、军、学界纷纷响应，一度颇有声势，以致使朱尔典感到这场运动“有类似反对湖广铁路借款的不祥之兆”。[③] 他要求袁世凯采取严厉措施加以制止。

善后大借款合同签订后，全国掀起了更大反抗浪潮。面临南方革命派的反抗，袁世凯加紧勾结帝国主义，阴谋策划军事镇压。

与武昌起义时不同，这次帝国主义列强虽然在表面上都宣称“不介入”，但已无法协调一致发布“中立”声明，因各国立场不完全相同。日本正利用这场战争谋取它的利益，暗中派人参与南方革命派的反袁活动。西方列强则表示拒绝调停争端，他们估计袁世凯可稳操胜券，南方革命势力得不到上海和各省城市商民的支持，决不可能持久。英国驻华代办艾斯敦（B. Alston）甚至建议，由五国银行团出面发表一项联合声明，向南方革命派提出警告。[④] 这时美国虽已退出银行团，但它在 5 月 2 日率先单独承认袁记政府，这当然是支持袁世凯的重要表示。7 月，“二次革命”爆发，英、美、德、日、法五国军舰云集长江下游，进行严密监视。各国又派遣水兵在上海登陆，与当地的“义勇队”一起驻防租界和闸北地区，还

---

① 《蓝皮书》1914 年，中国第 1 号，第 32 页。

② 《总理全书·演讲》上册，第 103 页。

③ 《英国外交部档案》，朱尔典致葛雷电，1912 年 5 月 31 日，转自 *Modern Asian Studies* 1971 (5)，pp. 365 – 366。

④ 彼得·劳，前引书，第 103 页。

警告革命党人“不准利用租界散布诽谤和攻击政府的言论”。[①] 西方列强袒护袁世凯的倾向，比武昌起义时期要露骨得多，其中很重要的原因是善后大借款的成交，使两者的勾结更加紧密。袁世凯发动对革命派的讨伐，实际上背后有帝国主义在鼓动。朱尔典在大借款签字后的第二天曾向英政府报告说，他主张马上签订合同的理由之一，是为了“在与国民党斗争前夕鼓励袁世凯”。[②]

事实上，银行团的大借款帮了袁世凯大忙。他拿这笔钱的一部分（其中大部分要偿付欠款）发放军饷、犒赏部下、收买行贿等，极大地有利于他的军事进攻和阴谋活动。就在借款合同签订后的第三天，银行团以前所未有的速度向袁世凯政府财政部拨款五十万英镑。这笔钱的一部分分送给驻扎于兖州、徐州的张勋、徐宝山部，名为军饷或裁兵费，实为发动内战的准备。战争一开始，巡逻长江的北军海军有同情南方的倾向，袁世凯立即拨发军饷，稳定了阵脚，又收买了南军的某些军官为他所用，使袁世凯在一开始就在战场上占了上风。[③] 在上海，北军的舰队和江南制造局的开支，大部分是靠银行团大借款来维持。[④] 一般说，南方革命派发动讨袁战争是仓促上阵的，不仅国民党领袖中意见不一致，而且在军力上也无法与袁世凯的北洋军相比；但袁世凯利用银行团的借款作为军费，不能不说是革命派迅速崩溃的重要原因之一。

到底袁世凯有多少战费来自善后大借款，已无从统计，不过美国驻华代办卫理（E. T. Williams）在战争平息后的一份报告中提到大借款情况时说，这笔款子“除尚未交给政府准备用于盐政和行政改革的四百四十万英镑外，大概都已消耗殆尽”，他还听说，政府还“亏空了二千万美元”。[⑤] 这就是说，袁世凯从大借款中除了扣除偿付欠款和整顿盐政等费用外，绝大多数已转用于镇压“二次革命”的军事开支。

---

① 《美国对外关系文件》1913 年，第 122 页。

② 《英国外交部档案》，朱尔典致葛雷电，1913 年 4 月 28 日，转自 *Modern Asian Studies* 1971（5），p. 370。

③ 詹逊：《日本人与孙中山》（英文），第 164—165 页。

④ 中国史学会编：《辛亥革命》第 8 册，第 480 页。

⑤ 《美国对外关系文件》1913 年，第 188 页。

从根本上说，帝国主义列强支持袁世凯发动对革命派的讨伐，主要是为扩展它们在华侵略势力。但就当务之急来说，却是支持袁世凯控制全国的盐税和其他税款收入，因为大借款的担保是用盐税和其他税收作抵，如果袁世凯控制不了全国的税款，那么银行团大借款的偿本付息就要落空。如以江苏为例，该省摊派作抵的中央税款为三百六十万两，盐税收入估计有一百五十万两，共五百余万两，这是一笔令人垂涎的财富。但在“二次革命”前，江苏省基本上控制在革命派手里，处于半独立状态，这样即使借款合同规定了严密的监督条款，也不过是一纸空文。西方列强认为，如果袁世凯断绝财政来源，或者收入不足，他的地位肯定保不住。美国代办在 8 月 22 日的报告中说得很清楚：“中国现时最大的问题是财政问题，只要反叛的头目保持着地方军队，拒绝向北京解款，那么北京政府只能不断削弱下去。……解除反叛议员和逃亡都督的职务，有助于中央控制这些省份，从而也就控制了地方税款。如果做到达一点，共和国就会比过去更加强盛。”① “二次革命”失败，袁世凯势力遍及全国，各地财库也就统归他来控制，不久财政收入就大有改善。据北京花旗银行的梅诺克在 12 月 16 日给司戴德的报告说，现在北京政府“比革命前（指二次革命——引者）任何时候都好。我想产生这一感觉，主要是因为盐税大有改善，已有两个月，中央政府每月的盐税收入达到三百万元”②。这比过去一月仅十几万盐税收入要强多了。

六　垄断引起更大的竞争
——国际银行团的解体

袁世凯统治时期，列强的侵略势力得到了进一步扩展，而首先从中捞到好处的是帝国主义的各种财团。“二次革命”以后，清末签订而因革命中断的湖广铁路借款合同，又重新提到日程上来了。1913 年 9 月 12 日，原四国银行团同袁世凯政府的交通部签署了一项补充协定，增加了原合同

---

① 《美国对外关系文件》1913 年，第 128—129 页。

② 《花旗银行档》4027 卷，第 163 页。

中没有的查账制度和聘用洋稽核员的条款,[①] 湖广铁路才正式投资施工。但四国银行团还不满足于获得该路两湖段的权益，于1914年1月再次致函交通部总长周自齐，提出了新的勒索，借口湖广铁路延长至广州才有“商业价值”为理由；强行要求把广东铁路商办一案撤销，由四国银行团提供必需的资金兴建。[②] 这样一来，在清代张之洞、盛宣怀还不敢贸然出卖的湖广铁路粤路段主权，到民国时代的袁世凯手里被轻易地断送了。除此以外，自1912年9月至1914年第一次世界大战爆发前夕，袁世凯强行收回各省商办铁路权利多起，先后与各国财团签订大量铁路借款合同，如陇海路、洮南路、浦信路、钦渝路、宁湘路、沙兴路、同成路等，总里数达一万一千公里。据估计当时全国已修铁路才六千公里，而袁世凯在两年时间内就出卖路权超过原有铁路的一倍左右，又一次引起了各国争夺中国铁路权益的高潮。

“二次革命”后，银行团本身也出现了分裂。各国财团在拼命争夺各种借款权利的过程中，已根本不理会银行团的垄断协定，各行其是，重新展开了大竞争。1912年8月，德国财团代表首先在银行团内提出建议，要求把实业借款同财政借款区别开来，允许各国财团自行承办各种铁路借款，无须经银行团同意。[③] 1913年开始，银行团就为这一问题展开了争论。1月11日，六国银行团（当时美国还未退出）在伦敦举行会议决定“开放”实业借款和铁路借款，由各国银行团自由竞争，但英国银行代表仍坚持要求订出几条限制条款,[④] 以此来弥补裂缝。但由于不久美国财团退出了银行团，再加上来自银行团内外的美、英、比、法、奥地利一些资本集团拼力争夺，终于打破了这一垄断组织的樊篱。同年9月，英、法、德三国银行代表举行会议，撤销了原四国银行团1910年11月垄断铁路借款的内部协定，终于承认了实业借款中各国财团早已自由行动的既成事实。

在这以后到大战爆发，五国银行团争议的主要问题是新币制借款和第二期善后大借款问题。原来在清末签订的币制实业借款，由于日、俄两国

① 《中外旧约章汇编》第2册，第920页。

② 《花旗银行档》4114卷，第71页。

③ 孙瑞芹，前译书，第3卷，第332页。

④ 《美国对外关系文件》1913年，第150页。

的反对而一直未能发行债券。但签订合同的四国银行团曾垫付过四十万英镑借款，这笔垫款的延期偿付协定至1913年4月到期并在10月付清欠款，美国财团至此解除了这一借款承担的义务和权利。这时，袁世凯就向五国银行团提出新币制借款二千五百万英镑的要求。至1914年4月，五国银行团在巴黎会议上决定把币制借款同第二期善后大借款合并办理，只等袁世凯同意签字就提供二百万英镑垫款。不过这次协议并没有具体结果，一方面是由于日、俄两国仍然反对以东北税款作抵押，另一方面袁世凯也担心日本参加币制借款后会乘机要挟，在顾问席位上重新惹起国际争端，因此拒绝了银行团合并两种借款的提议。[①] 事实上，从当时实际情况看，各国银行及其政府已顾不上争夺对华借款了，因为欧战的阴霾密布，形势已极端紧张，特别是英、法与德国之间出现尖锐对立，由对立国家组成的银行团，实际上不等欧战爆发已完全处于瘫痪状态。

在金融资本时代，垄断不仅不能消除竞争，还会引起更大的竞争。我们从银行团在不长时间内的多次变化中可以看出，来自银行团内外的各种竞争始终与垄断并存，产生许多特别尖锐的矛盾、摩擦和剧烈的冲突，一旦垄断控制不了竞争，这一垄断组织就只能垮台，代之而起的是新的一轮争夺垄断权的斗争。在第一次世界大战期间，日本趁西方大国无暇东顾之际，企图实行对华军事冒险和造成一国的金融垄断局面；美国不等大战结束又急忙发起法、英、日、美新四国银行团来与之对抗。帝国主义强权外交与金融资本相结合的侵略方式，仍然在变本加厉的推行之中。与辛亥革命时期不同的是，俄国发生了十月社会主义革命，中国开始了新民主主义革命时期，对帝国主义的侵略有了本质的认识，因而新银行团的活动更是没有什么结果了。

自鸦片战争以来，由于外国资本和帝国主义的侵略和掠夺，中国逐步沦为半殖民地半封建社会。帝国主义在侵华过程中采用了各种各样的方式，其中有军事的、政治的、经济的、文化的侵略。在辛亥革命时期，帝国主义主要是利用国际银行团作为工具，采用了国际垄断资本同强权外交相结合的方式，形成了这一时期帝国主义侵华的新特点。

---

① 参见彼得·劳，前引书，第140—141页。

之所以出现这种情况，也是特定的历史条件造成的。从外部来说，资本主义已发展到帝国主义金融资本的垄断时代，大量的资本输出是这一时期的主要侵略方式。从内部来说，清末民初，伴随着政治危机的是财政危机，全国岁入的半数以上，要靠外债来维持，不论是清王朝，还是民国初年的袁世凯，都面临着国库如洗的严重局势，在他们的统治下，全国的财政命运已系在帝国主义金融财阀手里。对资产阶级革命派来说，由于认识不到从广大人民群众中积聚力量，主要靠募集资金从事单纯的政党和军事活动，这使他们同样遇到极端困难的财政来源问题，以致不得不对拥有财力的金融帝国主义抱着幻想。关于这一些，帝国主义者是看得很清楚的，一个曾任驻华公使的法国外交官施阿兰（A. Gérard）说过，在中国“钱的问题是首要的”，列强要发挥作用，“财政借款是有效而迅速的手段”①。我们从以上的叙述中可知，在辛亥革命时期，国际银行团的活动特别活跃，凭借它手中雄厚的金融实力，左右中国的政局。列宁曾对这一时期的对华国际银行团做过如下的评述：“六个强国（英、法、俄、德、日、美）的‘银行团’，力图使中国破产，以便削弱和破坏共和国。”② 尽管在辛亥革命时期，帝国主义并没有动用武力，但它们找到了另一种武器——国际银行团，用国际垄断资本同强权外交相结合的侵略方式，同样起到了“削弱和破坏共和国”的作用。这说明，虽然帝国主义在这一时期的侵略方式有所不同，但它与中国人民之间的矛盾仍在进一步深化、激化，这是不容忽视的历史事实。

---

① 瑞德:《满清退位与列强》（英文），第 296 页。

② 《列宁全集》第 19 卷，第 9 页。

论谘议局的性质与作用*

耿云志

清末立宪派活动的一个重要基地就是各省谘议局。特别是东南沿海及长江流域各省立宪派力量较强的地方，谘议局是立宪派同清朝专制统治进行斗争最主要的阵地。本文试图对这些谘议局的性质及其作用做一些初步的分析，以供研究者参考。

一

清政府于1906年9月1日宣布预备立宪，这一举动曾给资产阶级以极大的鼓舞。但改革官制暴露了其“假立宪之名，行专制之实”的反动意图，使立宪派大失所望。立宪派认为，“专制政体与立宪（政）体之别，其唯一之标识即在于议会之有无”。① 所以他们积极致力于争取早日开设议会。1907年夏，立宪派的支持者，两广总督岑春煊上一道奏折，希望朝廷预备立宪要注意“实事”，不要徒托空言。他所指的“实事”主要就是在中央成立资政院，在各省设谘议局。② 岑折反映了立宪派的要求。清廷为了稳定已开始感到失望的立宪派，于是年10月19日下诏，决定将在各省

---

* 本文原载《近代史研究》1982年第2期。

① 廖治：《谘议局经过大事记》，《宪政新志》第1号。

② 岑春煊奏折，见故宫博物院明清档案部编《清末筹备立宪档案史料》上册，中华书局1979年版，第497—503页。

设谘议局。1908 年 7 月颁发了《谘议局章程》和《议员选举章程》，并宣布谘议局明年即行成立。立宪派遂把注意力都转到创办谘议局的活动中去。

起初，各省督抚大多把谘议局视为新设的官办衙门，一般都以藩、臬、学台等高级官吏充当谘议局筹办处的督办或总办。立宪派的骨干顶多只能充会办或参议人员。但清末积习，事事名实相乖。督办、总办等大员一般并不办事，真正办事的还是立宪派的骨干们。

在筹办过程中，立宪派不满于地方官员和旧绅的拖沓，采取各种方式加以督促。旅沪闽省同乡会的郑孝胥等人曾致书闽浙总督松寿，要求迅速着手筹备选举事宜。湖北省总督陈夔龙原派筹办处总办喜源是个旧绅，对于筹办事宜不让绅商学界与闻。立宪派极为不满，曾集会质问，迫使喜源辞职，改由留日出身的周云接任总办，并聘汤化龙、张国溶（两人皆留日）两人为参事。[①]

立宪派力量较强的省份，相继组织会社团体，督促筹办工作。江苏有谘议局调查会，继有谘议局研究会，山东有谘议局研究会，湖南有谘议局议案研究会，浙江、福建、江西则有谘议局议案预备会等。广东的粤商自治会也极力督促筹办事宜。

谘议局筹办处最重要的工作是举办议员选举。

据《谘议局章程》规定，凡属本省籍贯、二十五岁以上的男子，具有下列条件之一者即有选举权：1. 在本省地方办学务及其他公益事务满三年以上并著有成绩者；2. 在国内外中等以上学堂毕业得有文凭者；3. 有举贡生员以上之出身者；4. 曾任实缺文七品、武五品以上未被参革者；5. 在本省地方有五千元以上之营业资本，或不动产者（非本省籍贯，寄居满十年以上，如有一万元以上的营业资本或不动产者亦得有选举权）。由于这些条件限制，广大劳动群众均被排除在外。但受过新式教育的知识分子和资产者得以与闻政治，这是资产阶级立宪派经过奋斗所争得的重要结果。

选举代议士，这是中国开天辟地未曾做过的事情。可以想见，在人口众多、交通不便、教育不发达的条件下，举办此事是极端困难的。为了做

---

① 见《时报》光绪三十四年十月三日、十月九日、十月十六日、十月二十七日。

好选举人调查，一方面由各地商会、教育会、劝学所、善堂等公共团体挑选有识者组织调查机关，同时由上述各团体公推善于演说之士到四乡宣讲选举的意义。浙江谘议局筹办处所撰拟的一篇白话演说稿，极清楚地说明了资产者和其他有产者与谘议局选举的利害关系。它说："叫有财产的人举出议员，到省城谘议局里面议事，自然代你们有财产的人计算利益，从前苛派勒捐的事，就可不至再有了。"①

由于选举资格的限制和许多地方风气闭塞，交通不便，选举调查的结果，所得选举人非常之少。各省选民加在一起只有一百六十七万人，选民在全国人口中只占 0.42%，即每一万人中只有 42 人有选举权。各省选民同人口的比例相差很大。选民最多的直隶省有 162585 人，占全省人口的 0.62%；选民最少的黑龙江省只有 4652 人，占全省人口的 0.23%；选民比例最低的是甘肃省，占全省人口的 0.19%。

议员选举分两级进行，县一级为初选，获选者到府一级进行复选。复选当选即为议员。在资本主义较为发展的东南沿海，有些地方的资产阶级对选举表现了相当的热情。如江苏武阳的大资本家恽祖祁，主动垫出选举费用，以保证该县的选举及早顺利进行。②

选举中舞弊涉讼事件各地都有发生。据浙江谘议局筹办处的统计，全省初选诉讼事件 47 起，复选 23 起。③ 其他各省当可类推。对于选举丑闻，革命党的报纸屡多揭载，就是立宪派的报纸刊物也不讳言。如《宪政新志》第 3 号载广州府复选中有一票卖五百金者；潮州府则有卖三百金者。联系到广东有些赌商或其亲信获选的情况，这些消息是大体可信的。尤其是湖南这个还算较为开化的省份，选举中竟出了好多笑话。有人竟在选票上大书天津著名歌伎杨翠喜（丁未政潮中，有人弹劾首席军机奕劻，说段芝贵为运动升官而买下杨翠喜送给奕劻之子载振作妾。杨伎因此名噪全国）和长沙名伎周宝钗的名字。这或许是反对立宪的人故意开的玩笑。④

选举舞弊、涉讼，甚至闹出种种笑话，这在发达的资本主义国家也不

---

① 见《浙江谘议局筹办处报告》乙编卷下《文牍（三）·批饬类》，第 3 页。

② 见《东方杂志》1908 年第九号《宪政篇》。

③ 见《浙江谘议局筹办处报告》，《补遗·文牍（一）》，第 14 页。

④ 见《时报》宣统元年四月二十九日。

能免。所以这一点还不足深加诟病。真正有些煞风景的是选举活动未曾唤起人民的热情。大多数人采取冷眼旁观的态度，许多选民并不参加投票。据报载，福州初选时，城区选民“到者仅十分之四”，乡村各选区到者竟“十不及一二”。① 广州府有选民一千六百余人，参加投票者仅三百九十九人。②

选举在许多地方搞得冷清，原因是多方面的。最基本的原因是下层绅商缺乏政治知识，不知选举为何事，不知权力为何事，抱着多一事不如少一事的想法，自以冷眼旁观为宜。受过新教育的知识分子较有政治热情，但其中一部分可能接受革命党的宣传，对立宪持批判态度。这样真正热衷选举的人就很少了。

各省选举最迟到 1909 年 8 月亦告结束。

综览各省谘议局议员名单可以看出，具有举贡以上出身的人占了大多数，不具功名的人是极少数。张朋园在《立宪派与辛亥革命》一书中根据奉天等五省的材料，列成《奉天等五省士绅当选谘议局议员百分比较表》③，统计得出进士、举人、贡生等所谓上层士绅占议员总数的 66.9%，生员，所谓下层士绅占 24%，两项加在一起占总数的 90.9%，其他当选者只占 9.1%。这个表容易使人产生一种误解，以为进士、举贡生员出身的人几乎包占了议员席位，而其他社会成分，或具有其他资格的人只占一个零头。事情显然并不这样简单。事实是具有进士、举贡生员出身的人，大多数同时还具备他种资格，他们的当选常常是他种资格起了主要作用。即以奉天为例，袁金铠是捐贡生，但他的当选主要是长期办地方保甲，充团董，后又充自治期成会会长。吴景濂是举人，但他又长期办教育，是奉天教育会长，这是他受到推崇的更主要的理由。再以江苏谘议局为例，姚文枏、黄炎培都是举人，又是著名教育家。张謇是进士，又是颇出名的大资本家。类似情况很多。此外还应当注意到，有相当一部分知识分子被选进了谘议局。他们或者是留学生，或者是在国内受过新式教育，或者是曾出

① 《时报》宣统元年闰二月二十八日。

② 见张朋园《立宪派与辛亥革命》，第 18 页。

③ 同上书，第 27 页。

国考察。仍以奉天为例，据不完全统计，其议员中具有以上三种经历的人有 16 人，占总数的 31.37%。

由于资料缺乏，对各省谘议局议员做详尽的分析，暂时还办不到。不过有一点是比较清楚的，即资产阶级立宪派的活动分子，大多进了谘议局。个别立宪派的著名人物没有进谘议局，往往都有特殊的原因。如福建的郑孝胥，因长期居住上海，并在那里从事活动，没有当选本省议员。浙江的汤寿潜在郡本已当选，但因热心于浙路公司事务，须长期驻上海，所以坚辞议员。

清政府非常害怕革命党人被选进谘议局，曾屡饬督抚严密防范，但终竟还有些革命党人进了谘议局。如江苏的黄炎培，浙江的褚辅成，福建的郑祖荫、黄乃裳，山东的彭占元，山西的解荣辂、刘绵训、杜上化，四川的龙鸣剑、程莹度等。广西、贵州两省有较多的革命党人及其同情者进入谘议局。但革命党人在谘议局中并没有实行什么不同于立宪派的特殊的政治方针。

各省谘议局的议长、副议长是采取完全民主的程序公选出来的。相继担任过谘议局议长、副议长的已查得共有 79 人，其中进士 36 人，举人 22 人，贡、附生员 7 人，又留学日本者 20 人，赴日考察者 3 人。江苏议长张謇，浙江副议长沈钧儒，四川议长蒲殿俊，湖北议长汤化龙，[①] 湖南议长谭延闿，福建副议长刘崇佑，山西议长梁善济等，是早已著名的立宪派领袖。各省谘议局的书记长则多由留学生或受过新式教育而略习法政的人担任。如福建的林长民（留日），江苏的孟森（留日），广东的古应芬（留日），山东的张汉章（留日），河南的胡汝霖（京师大学堂）等。

资产阶级立宪派的议员在各省谘议局中并没有占据数量上的明显优势。即以江苏而论，125 名议员中，预备立宪公会会员只有 17 人，再加上其他积极参加立宪活动的分子，也不会达到超过半数的程度。但是由于像张謇等一些声望素著的立宪派领袖，拥有很大社会影响；其他如雷奋、杨廷栋、孟昭常等是一批受过新式教育与训练的精明强干的活动分子；他们结合在一起可以发挥一种左右舆论的作用。而一般议员，虽不必跻身立宪

---

① 汤初为副议长，第一届常会后，原议长吴庆焘（旧绅）辞职，汤继任。

派之列，但由于或多或少同资本主义经济有联系，也就易于接受张謇等人的影响。这是资产阶级立宪派在谘议局中发挥领导作用的基本原因。当我们进一步分析谘议局的活动内容时，就可以对这种领导作用有更明确的了解。

二

谘议局给资产阶级立宪派提供了一个合法的言论场所，得以干预政治，他们颇感兴奋。《宪政新志》有一篇文章说：“所谓宪政之萌芽而为中国最新之产物者，其各省之谘议局欤？……代议之政治，参政之权利，我国民将于谘议局中先尝一脔焉。”① 可见立宪派对谘议局怀着非常殷切的希望。各省谘议局（新疆未设）于 1909 年 10 月 14 日（旧历九月初一日）宣布开会。议员提议案、人民请议案非常之多。如江苏谘议局第一届常会共收到议案 184 件，其中督抚交议案 15 件，议员提议案 98 件，人民请议案 71 件。浙江第一届常会收到议案共 66 件，其中督抚交议 11 件，议员提议 34 件，人民请议 21 件。广东第一届常会收到议案共 25 件，其中督抚交议 7 件，议员提议 13 件，人民请议 5 件。从这三省的情况看，议案多寡同那里的立宪派的力量成正比。立宪派的力量越强大，他们就越是充分利用谘议局为他们服务。这三省的材料还表明，议员提议案是谘议局议案的重心所在。这表明议员具有一定的主动精神。

谘议局主要讨论了哪些议案，其内容性质如何，反映了哪些人的利益呢？

各省谘议局议案大体包括下述各类：立法、实业与教育、财政、维护主权、纠劾官吏。下面我们略举实例加以说明。

（一）有关立法的议案

谘议局一成立，议员们就急切设法巩固自己的法律地位，以求在实际上发挥监督行政的作用，保护自己的立法权。我们从各省谘议局所订的议事细则，可以清楚地看出议员们为此而做的努力。

---

① 廖治：《谘议局经过大事记》，《宪政新志》第 1 号。

如《福建谘议局议事细则》第十章《质问》，其中规定：

1. 议员对于本省行政事件及会议厅[1]决议事件，有十人以上赞成，即可对总督质问。

2. 谘议局会议中，议员对于总督及其代理员之发言有疑义时，可发质问。

3. 议长认质问书为合格，应呈达总督，并印刷颁布于各议员。总督经呈达后，当即行批答或明示批答的日期。总督若认为必当秘密不能批答时，应明示秘密之理由，并将质问事件的大致缘由向谘议局说明。

4. 议员对于总督的批答不能得要领时，得求议长请总督及其代理员到会更为详细之质问。

5. 根据议员质问的需要，总督除批答外，并应交阅案卷以资详核。谘议局有权呈请总督调取案卷阅看。[2]

可以看出，这些条文的根本主旨是要督抚接受谘议局的监督。

各省谘议局为了巩固作为立法机构的地位，还制定了有关本省单行章程的公布规则。

江苏谘议局第一届常会通过的《本省单行章程规则截清已行未行界限，分别交存交议案》，是张謇提出的。该案首先声明谘议局有参与制定本省单行章程、法令之权责。因此决定："以本年九月初一日谘议局开办之日为断，嗣后如有所定之本省单行法，自应照章由本局议决，然后呈请公布施行，始为有效。其以前宁、苏两属所有已经制定通行之单行法，应即归入旧案。但有必须增删修改之处，一切仍照局章第二十一条第六款办理（即亦须经局议决——引者）。"[3] 浙江谘议局所定《谘议局议决权内之本省行政命令施行法》明确规定，凡涉本省岁出入之预算决算，本省税法

---

① 会议厅系督抚大吏为自己组织的一种参谋机构。

② 见《福建谘议局第一次会议速记录》第1册，第22—23页。

③ 见《江苏谘议局第一年度报告》第1册，第53页。

及公债，人民担任义务之增加，权利之存废等事件，非经谘议局议决，巡抚不得公布施行。如不在谘议局常会期内，督抚认为紧要事件，可召集临时会议决之。凡关涉书省单行章程规则之增删修改事件，不在谘议局会期而巡抚认为必要者，可加“试行”字样，待下届会期交局核议。如经否决，即应停止施行。巡抚若不照本案规定施行，即是违法侵权，谘议局可呈请资政院核办。[1] 江苏谘议局第二届常会上所议决的《本局议案公布施行后之实行方法案》，又进一步申明了对行政官员施行谘议局议决案的情况实行监督的权力。其中规定地方官及各局所应按期报告施行情况，并请督抚密派委员稽核所报是否属实。如事前未尝声明窒碍情形无故延宕者，谘议局得据实纠劾。

谘议局巩固立法权和监督行政权的努力，是对督抚的传统权力的严重挑战。

(二) 有关实业、教育的议案

中国近代资本主义经济是在外国资本主义侵略的刺激下才逐渐发展起来的。资产阶级立宪派渴望发展民族资本主义，力图摆脱经济上内受封建势力的摧残，外受帝国主义侵凌的痛苦境遇。因此谘议局成立后，规划本省实业建设成了他们最关心的题目之一。如江苏第一届常会有关实业议案有 18 件，浙江有 6 件，山东也有 11 件之多，奉天谘议局开会前预备议案中，实业方面的议案竟占了 42.3%。

在立宪派看来，教育不但关系到实业的发展，而且关系到开发民智，推行宪政的根本大计。立宪派中许多人直接从事教育事业，所以发展教育也是他们最感兴趣的题目。江苏谘议局第一届常会有关教育的议案有 14 件，浙江有 11 件，山东有 7 件，山西有 9 件，其他谘议局的情况大抵类似。

关于实业议案的具体内容，这里无须罗列。有关教育议案的内容，有必要指出值得注意的下述几点：1. 特别注意发展小学教育和推广识字课本，力图减少文盲。2. 提倡因地制宜地发展实业教育。如浙江倡办水产学堂、江苏倡办医学堂、山西倡办矿物学堂等。3. 注意发展女子教育。这反

---

① 见《浙江谘议局第一届常年会议事录》第 2 册，第 61—62 页。

映了进步的民主主义精神。4. 注意改良社会风俗。如大力提倡禁烟、禁赌、戒缠足乃至改良戏剧等。福建谘议局对于推广国语案的认真讨论，反映了中国幼弱的资产阶级有着建设现代的统一的民族国家的强烈愿望。

当然，谘议局有关实业、教育的议案，在腐败的清政府统治之下，是很难收到实行的效果的。但我们不能因此而抹杀它们的进步意义。

（三）关于财政的议案

各省谘议局开会后，大量议案都涉及财政。比如在第一届常会期，江苏谘议局有关财政议案有 45 件，占议案总数的 41.28%；浙江有 17 件，占议案总数的 25.75%；顺直谘议局有 16 件，占议案总数的 44.44%。立宪派议员们一方面热心举办新政，一方面又不得不尽量节省经费。唯一的办法是尽一切可能清理各种税收积弊，革除官吏书役的贪污中饱，以便在推进宪政的同时，减轻人民负担。

江苏谘议局第一届常会，巡抚瑞瀓交下《改定厘金征收办法案》。谘议局经过认真讨论，认为施行此案实际会加重商民的负担，因此将该案否决。

浙江谘议局第一届常会，巡抚松寿交下《完漕试办规则法律案》。谘议局经讨论指出，该案完全着眼于监督民户如何按规定完粮，而对于“官吏浮收，狡书舞弄等弊，毫无规定”，认为此案“于人民无利益”，予以否决。①

该局议员褚辅成所提出的《革除漕粮积弊案》，其精神与上述巡抚交议案正相对立。他主张裁撤原有官署委派的稽查委员，在开仓收缴时，由各地人民推举公正士绅充当稽查员，严格查稽，发现有勒索民户等弊，立即报告州县，州县官必须认真究办，稍有偏隐，即以违法论。②

其他各省谘议局有关财政案，其内容精神大抵类此。如山西谘议局第二届常会议决的《严禁各卡需索留难案》《剔除征收钱粮积弊案》等，顺直谘议局第二届常会议决的《裁撤关卡，剔除积弊以苏商困而裕税源案》，山东谘议局第二届常会议决的《剔除税契积弊案》等，都是着眼于革除积

① 见《浙江谘议局第一届常年会议事录》第 1 册，第 13—16 页。

② 见《浙江谘议局第一届常年会议事录》第 2 册，第 108—114 页。

弊，减轻人民负担。但他们的议案交由腐败不堪的行政系统去执行，其结果是可以想见的。

谘议局议员们讨论财政问题的最大意义是在于，他们借此机会尽情揭发了清政府财政混乱、官吏贪污、书役舞弊、贿赂公行等种种黑暗情形，使人倍增痛恨。如浙江谘议局议员陶保霖提出《裁革州县衙门供应案》，其中指出："中国积习，上级官厅一切私用，均取之于下级之州县衙门。州县官不能自破私囊，则取之于浮收钱粮及差徭而已。"① 明白地揭示了捐税浮收的根源是政治腐败，官吏贪酷。福建谘议局在讨论裁减关卡陋规一案时，揭露出关卡勒索商户的名目，有所谓船例、单礼、干水、件钱、印钱、哨礼、春彩年尾、尺礼、盐配、平余、缘金、杂税、浮标费、驳例、折酒、谕帖、查驳、驳单、厨子费等近二十种。湖北谘议局在《清剔孝感县钱粮积弊并拟定办法案》中缕述征收钱粮过程中人民遭受种种苛索与摧残的情形。其中说："浮收之数有数百钱一户者；有串余钱一户者；有一人数户多纳数串者；有因争执钱数，为柜书以闹粮诬堕，致被笞责架号者；有稍不遂意，延至半夜始给粮券者；有钱已勒尽，券不早给，以至冻饿坐于檐下而太息者；有哀告而受辱詈者；有被殴打且受拘留者；有浮收已重，复不全给粮券，催差旋即将券裁出，送官责押致荡家产者；有故意多索，逼令花户将钱私交，许以永不裁券，名曰打商量者；有以酒食愚弄花户，将钱收清许交粮券终不交出者；有催差站柜，择肥而噬，将花户行至锁拿，诡云券已裁出，恣意讹索，与柜书分饱私囊者。投诉无门，禀官需费；兼之官恒庇护，冤不能伸。极其流弊，花户视粮柜为陷阱，畏书吏如虎狼，裹足不前，征收反无起色。病国病民，难以言罄。"② 这是对横征暴敛的血泪控诉，是对于野蛮专制的有力攻击。

（四）维护主权的议案

清末的资产阶级改革运动，从戊戌变法到立宪运动，都是在外患严重威胁的背景下展开的。资产阶级立宪派企图通过政治改革，谋求周家的独立和富强。自然，他们的目的也不可能达到。但他们始终关心国家的独立

① 见《浙江谘议局第一届常年会议事录》第 2 册，第 103 页。

② 见《湖北谘议局第一次常年会议决案报告书》下卷。

主权，这是不应抹杀的。

谘议局成立后，顽固派曾竭力叫嚣不许谘议局议及涉外事项。但是他们无法阻止议员们对于涉及国家主权尊严和人民切身利害的问题发表议论。

浙江谘议局第一届常会上，副议长沈钧儒提出《收回宝石山、莫干山地亩，以保内地主权案》，指出宝石山、莫干山均非通商口岸，纯属内地。根据现有约章，外人不得在内地购置私产。所以外人在宝石山、莫干山置造私人住房是违约侵犯主权的举动。要求政府当局：1. 明令该处县官即日通告该处洋人，于接得通知后不得再行续购地亩。如有正在交易者，应即停止。同时严谕当地人民，不准再有出卖土地与外人之事，违者重办。巡抚应将此办法札洋务局知会各国领事。2. 详细调查上述两地洋人有无在当地营业及购地而攫得利益之事。3. 设法筹款收回外人已置房产。①

江苏谘议局第一届常会提出的《租界外民地买卖停转道契案》与上述沈钧儒提议案性质相同。其旨在杜绝外人在宝山县境购地置产，阴图扩大工部局势力，破坏我国主权，要求政府当局不再给外人购地办理手续。并指出，此事关系国家主权，“无所用其瞻顾”，应以果断行之，不必与外人商量。②

福建谘议局议及抵制外人，维护主权的议案尤多。

自从台湾割让日本，福建失去屏蔽，列强势力侵入更深。谘议局成立后，议员们首先亟谋保护本省矿权，提议组织闽矿公司，公请南洋侨商胡国廉回籍主持。事虽未果，其志不可没。关于“修正鼓浪屿公界章程”一案，指出，帝国主义乘义和团运动和八国联军入侵之机，诱使地方官同意订立此章程，竟认鼓浪屿为公共地界，于我国土地权、裁判权、租税权、警察权丧失无遗。要求地方当局就此与各领事提出谈判，修订章程，以求逐渐收回各项主权。③

福建谘议局还讨论了取缔外人在内地违约举动以弭隐患案，禁售土地

① 见《浙江谘议局第一届常年会议事录》第 2 册，第 141—143 页。

② 见《江苏谘议局第一年度报告》第 5 册，第 23 页。

③ 见《福建谘议局第一次会议速记录》第 1 册，第 8—16 页。

与外人案，兴化人民请禁阻外人设立洋油池案等，都反映了议员强烈反对帝国主义侵略压迫，力谋保卫国家主权的立场。

这里还应提到，福建谘议局充分注意到保护海外华侨的正当权益问题，要求国家与列强交涉，保证华侨免受歧视和虐待。

山东谘议局在第二届常会上，也提出和讨论了重申约章限制外人随意游历案；收回外人在泰山建置房屋案；泰安县绅民私将徂徕山公产借与教士据理取消案；限制洋商在龙口行驶轮船案等维护国家主权的议案。

最后应当提到湖北谘议局对于英国驻汉口领事干涉谘议局议员言论所采取的严正立场。1909年第一届常会期间，英国领事照会鄂督瑞澂，称议员议及禁烟问题时，宣扬中国如十年不能禁尽，英国将向中国索求赔偿。(据约，中国定十年禁种禁吸鸦片计划，印度承诺十年之内每年对华出口鸦片递减十分之一，十年减尽。为此印度财政短绌之款，由英国补偿。)英领声称“谘议局既以此乱言上禀，足见已经传播甚广，天下之人必皆以为然”，又称“此乱言是有挑动百姓均存排外之心理”，将会“再酿巨大之祸”。这反映出帝国主义者对谘议局可能唤起群众性的反帝运动，怀有很大的忧虑。瑞澂接得照会，即转给谘议局，要求谘议局“更正”其言论，“用笃邦交”。谘议局当即回文，断然拒绝英领事的照会，指出，根据局章，议员在谘议局议事范围内所发言论，不受局外人之诘责。并严正声明，嗣后“该领事不得任意诘责，以符定章而重国权”①。谘议局的态度同总督瑞澂的态度成了鲜明对照。可以看出，中国刚刚诞生的资产阶级，尽管力量十分脆弱，但在涉及国体尊严和主权的问题上，却能够采取严正的爱国主义的立场。

(五) 纠劾官吏的议案

《谘议局章程》第二十八条规定：“本省官绅如有纳贿违法等事，谘议局得指明确据，呈候督抚查办。”② 谘议局议员们极力利用这一合法依据，同贪官污吏和抵制宪政的顽旧官员作斗争。这种斗争常常寓于各种类型的议案之中。如山东谘议局，在调查第一届常会议案执行情况过程中，发现

① 见《湖北谘议局文续》上卷《补遗》，第1—2页。

② 《各省谘议局章程》，见《清末筹备立宪档案史料》(下)，第678页。

地方官多以饬行的议案为空文，并不实力奉行。有的甚至借故翻更成案。谘议局在给巡抚呈文中纠举了这类玩忽职守的现象。江苏谘议局则较进一步，点名纠举徐州府属丰县、邳州官吏不遵照谘议局议决的筹措地方自治经费有关规定，超额蒙收，加重人民负担，要求予以彻查。

在纠劾地方官这方面，福建谘议局表现了更为强硬的斗争精神。

如议员卢初璜、连贤基纠劾永定县令刘锡濂，指明其罪迹有四点：1. 玩误宪政。拒不按期办理地方自治，多次饬催，则以无知劣绅充数敷衍。2. 纳贿违法。借踏勘命案等机会勒索夫马、敬仪数千两。尤其令人愤恨的是，在办案期间，令其无赖公子随同，与门丁弄权舞弊，公然“改票易名、择肥攫噬”，勒索罚款及夫马费至二千八百余两。3. 贪污公款。4. 破坏警政。刘锡濂的劣迹可视为清末劣吏的一个典型代表。

议员陈锡朋等纠举兴化协镇幕僚冯楫等挟伎聚赌，吸食鸦片，大伤风化。地方公益社绅董当场拿住，送官请办。而兴化知府徇情枉法，偏听被告一面之词，反诬绅董劫抢财物。① 要求依法严惩冯楫等。此案反映了地方较开明的绅商学界人士同顽固腐败的旧势力之间的斗争。谘议局坚决支持他们的斗争，给自己增添了声望。

特别引人注意的是由福建谘议局副议长陈之麟提出，有副议长刘崇佑、议员黄乃裳等赞助的一件劾案。其内容是连江县令王荣绶，以个人挟嫌，搜罗证据诬控乡绅曾检三在地方聚结光复会，蓄意煽乱。劾案要求对王荣绶判以诬枉罪。

此案值得注意的是：1. 曾检三确是革命党人。据郑祖荫《福建辛亥光复史料》记载：“连江光复会，为吴适（任之）所组织，以郑家琪、曾检三、林祥熊、林复良等为中坚。（辛亥）三月二十九日羊城（广州）之役，该会同志埋骨黄花岗者，至少九人之多，其幸获生还者亦不在少数。”② 2. 当王荣绶禀控曾检三之时，正值谘议局闭会期间，驻省的谘议局常驻议员一致出面替曾氏辩护。声称，当地并无光复会名目，只有广东人与福建人合办的某一“广福公司”，所谓“光复会”云者，实是“广福公司”音

---

① 见《福建谘议局第二次会议速记录》第10号。

② 引自《中华民国开国五十年文献》第1编第12册，第90页。

转致讹。这样就把曾检三完全开脱了。3. 到谘议局第二届常会开会时，又决议反劾王荣绶枉法残民，进一步打击仇视革命、仇视进步的反动官吏，回护革命党人。这些情况有力地表明了福建谘议局的政治倾向性。

清末吏治窳败，大小官吏贪酷下劣，唯以残贼百姓为能事者，所在多有。他们层层庇护，互为因缘，即使纠举出来，督抚也不可能认真惩办。立宪派议员们指望在推行立宪的轨道内，通过谘议局的纠劾，申明法纪，澄清吏治，自然是办不到的。但刚刚获得一席合法地位的议员们，就同地方官吏展开斗争，无情地揭露他们残民的劣迹，这毕竟是有进步意义的。由于这一方面的活动，谘议局成为进步势力瞩望的一个中心，因而也就更激起了督抚们的嫉视。

三

清政府设谘议局原只是为了应付立宪派。可是谘议局毕竟是经过选举产生的新机构，资产阶级立宪派尽量利用它来牵制和限制督抚的权力，这就不可避免地要同督抚发生矛盾和斗争。

江苏谘议局在 1909 年的第一届常会期间，就同两江总督张人骏发生了冲突。有一次，张人骏札复谘议局议案共十一件，其中有两件交令复议，有五件驳回，而且行文中用了“劝告”的字样。按谘议局章程“劝告”是一种惩戒用语。该章程第八章规定，如谘议局议事逾越权限而又不听督抚劝告时，得令其停会，直至奏请解散。这就是说，如果江苏谘议局不接受张人骏的劝告，就会有遭致停会乃至解散的厄运。此事传开，人们非常关注。《时报》发表长文抨击张人骏有意排斥谘议局，骂他“肉食者鄙”。议员们也纷纷表示不满。这年 6 月间，朝廷为笼络人心曾把奏阻立宪的陕甘总督升允开缺，对顽固派颇有一点震动。张人骏见舆论反应强烈，遂宣称“劝告”二字系幕僚拟稿疏忽，并无他意。谘议局议长张謇也持调和态度，矛盾就此弥缝过去。

其他各省谘议局，在第一届常会期间，尚未同督抚发生较大的矛盾和斗争。到 1910 年第二届常会时，立宪派所发动的国会请愿运动正进入最高潮，清朝统治者陷入更加孤立的境地。这时，各省谘议局的立宪派议员们表现出高涨得多的政治情绪，他们在更大的规模和更尖锐的程度上同督抚展开了斗争。

斗争主要围绕着下述几个方面。

（一）为履行监督财政权而进行的斗争

在清末，清政府每年要向列强缴付大量赔款和偿还债务，又要筹集练兵经费，所需巨款都由各省摊派。于是财政问题成为各省行政中最关重要的问题。而按规定，谘议局有权监督本省财政，所以谘议局同督抚的矛盾和斗争，很大一部分是围绕财政问题展开的。例如，江督张人骏为替上海三家倒闭的钱庄偿还所欠洋商的债务，擅借外债三百五十万两，随后又以维持市面的名义续借外债三百万两，都未经谘议局讨论。江苏谘议局认为这是严重侵犯谘议局权限的违法事件。而且着重指出，由官方替私人偿还洋债，既有损国体，又加重人民负担，是开了一个恶劣的先例。全体决议上控资政院。湖南谘议局为巡抚杨文鼎不经谘议局讨论，擅自决定发行本省公债二百万元，起而抗争。他们认定这是违法侵权事件，呈请资政院核办。资政院据此奏请朝廷对杨文鼎予以惩处。由于军机大臣袒护，朝廷降谕只是说，公债理应交谘议局议决，杨抚没有交议，系属“疏漏”。但这项公债既已经度支部许可，仍可发行。资政院认为这是中央政府庇护违法官吏，既无视谘议局的地位，也无视资政院的地位。经再三讨论，最后决定上折弹劾军机大臣失职。云南谘议局为总督李经羲擅自决定盐斤加价事停会抗议，并以全体议员辞职相要挟，迫使李经羲削减加价金额以示让步。议员并不满足，仍电请资政院核办。江西巡抚冯汝骙不经谘议局，自行决定将统税改征洋码，实际增加了税率，加重了人民的负担，也引起谘议局的强烈抗争。

像这类反对督抚随意决定重要财政事项的情况，几乎各省都有。谘议局的斗争，有些固然是反对增加人民的负担，但更多、更主要的是捍卫监督财政的权力。这一点从围绕宣统三年预算案展开的斗争中看得更清楚。

争预算案是第二届谘议局常会中各省普遍发生的问题。由于各省督抚迟迟不交预算案，议员们一再催索。许多谘议局提出，不交议预算案，即以停会抗议。各省谘议局互相联络，约定采取共同的斗争方针。这里可以福建和江苏谘议局作典型来说明这一斗争的发展情况及其意义。①

第二届常会一开会，福建谘议局即就预算案问题向总督提出质问案，声明：“本局有议决预算案之责，督部堂有提交预算案之责，本局断不肯放弃责任。”经再三催索，总督松寿才提交地方行政经费的表册。但有支出而无收入，有总数而无细数。谘议局要求提交预算收入详册，松寿迟未交出，谘议局遂停会抗议。松寿札文称：“竭诚劝告克日务即照常开议。”②议员对“劝告”一词大为不满，当即严正驳复。指出，谘议局停会是因为预算案不完全，谘议局无法开会核议，因此停会是行政官未尽职造成的。后来谘议局复会，议员对总督代理员布政使尚其亨提出严厉质问。尚力辩称“劝告”一词乃中国习惯语，并无他意。对这种解释，议员仍不满意。议长高登鲤强烈指责行政当局对预算案一再拖延，表示谘议局坚持力争，为此全体议员有“等待解散之决心”。③

福建省的预算案一直拖到年底在临时会上才勉强通过。其他各省也都是在常会闭会后特召集临时会来通过预算案的。有的省到 1911 年 3 月才通过预算案。

预算案虽通过了，但督抚们并不尊重谘议局的议决案，因此又引起谘议局继续抗争。如江苏谘议局将督抚提交的预算案删减五十余万两，江督张人骏大为不满，既不公布施行，也不交谘议局复议，俨然否认谘议局的议决权。谘议局议长、副议长及常驻议员全体辞职抗议。随后一般议员也相继宣布辞职，谘议局无形解散。这是相当严重的局面。江苏乃至全国舆论沸腾，均对江苏谘议局表示支持。省中绅商学界特成立预算维持会，参加者有二百五十多人。在北京的江苏籍官绅集议拟上书揭露张人骏匿灾殃民、截留京饷、仇视宪政等罪迹。各省谘议局函电驰援。张人骏得到朝廷支持，本想借所谓议员辞职违背定章的口实，给谘议局以相当的惩罚，但事情越往前发展越对谘议局有利。朝廷看到舆论沸腾的情形，不敢遽然下令解散谘议局，想寻求一种转圜办法，既不惩戒谘议局，又保全江督面

---

① 《福建谘议局第二次会议速记录》第 2 号。

② 《福建谘议局第二次会议速记录》第 12 号。

③ 《福建谘议局第二次会议速记录》第 13 号。

子。军机大臣乘张謇到京之机，特为探询意向。张謇明确表示，预算案不公布，就只有解散谘议局，别无转圜办法。这时朝廷才下令要江督公布预算案。但所公布的既非交议的原案，也非谘议局议决案。事情的结局没有完全满足谘议局的要求。但毕竟迫使张人骏退了一步，象征性地保全了谘议局监督财政的权力。

（二）为捍卫谘议局议案的法律效力而进行的斗争

前面在分析谘议局议案时，曾指出谘议局为巩固自己的法律地位而采取的一些立法行动。这里要谈的是，由于督抚等不尊重议案的法律效力而引起的冲突和斗争。按谘议局章程，谘议局议决案经督抚认可公布后，即应具法律效力，无故不遵照执行就是违法。可是在专制制度下训练出来的地方大吏，毫无宪政知识，久已习惯于专断行事，对谘议局议案往往采取蔑视态度。或者迟迟不予公布，或者公布后而不督促执行，有时甚至作出违反议决案的决定。由此引起谘议局奋起抗争。

湖北谘议局鉴于第一届常会闭会后，所议决各案迟迟不见公布于官报，各主管衙门及各府、厅、州、县皆漠然处之，特呈文指责官吏“视议案等诸条陈”，不肯“破其蒙蔽依违之旧例”。严正指出，谘议局议决案经督抚公布，“即为法律上有效之言论，主管衙门决无反对之余地”。[①] 要求切实督促实行。广西谘议局因巡抚违反第一届常会议决案而提出强烈抗议。原来，在第一届常会上曾议决定期禁绝鸦片烟案。到第二届常会开会时，某些烟土店照案应予封禁。但巡抚张鸣岐不通过谘议局，擅自决定延期封禁。谘议局认为这是破坏谘议局议案的法律效力，是蔑视谘议局的违法行为。要求张鸣岐撤销违法命令，执行上年决议。全体议员以辞职力争，并呈控到资政院。朝廷据资政院奏，降谕宣称，上年议案应当遵照执行。看来是谘议局胜诉了。然而朝廷不肯让它的钦命大臣丢面子，不久即下令将张鸣岐调升两广总督。顺直谘议局第一届常会曾议决全省警务划一案。到1910年第二届常会时，顺天府尹竟无故推翻成案，擅自另立顺天警务公所。谘议局认为“殊属侵夺谘议局权限”，一致决定向资政院提出

① 《湖北谘议局文牍》上卷，第13页。

控告。[①]

(三) 力图打破专制权力的斗争

立宪派议员们把谘议局视为推进宪政的基本阵地。从这里进行了一系列反抗清政府和地方大吏的专制权力的斗争。浙江谘议局为反对清朝廷处分汤寿潜而进行的斗争，是一个很典型的例子。1910 年谘议局第二届常会开会前夕，浙江铁路公司总理汤寿潜奏劾刚刚回任的邮传部左侍郎盛宣怀，指斥他是出卖路权，破坏浙江路政的罪魁祸首。此事触怒了朝廷，下令将汤寿潜革职，不准他再“干预路事”。汤是浙江立宪派的领袖，在保护路权的斗争中赢得很高的声望。浙江谘议局内有很多人是他的朋友和追随者。议员们认为，朝廷处分汤寿潜，目的在压制立宪派。所以都很愤慨，决心同统治当局进行斗争。他们首先要求召集谘议局临时会以研究对策。巡抚增韫不允。接着他们要求增韫代奏请朝廷收回成命，仍准汤寿潜“在路效力”。结果遭到朝廷申斥。到谘议局开会之期，议员们援引清政府颁布的公司律，指出，汤寿潜任浙路公司总理系绅商公举，非政府任命，因而不得由政府免职。他们再次要求增韫代奏。增韫鉴于前次代奏遭到申斥，拒绝再次代奏。于是谘议局宣布停会。增韫先后五次劝告谘议局开会，议员不予理睬。增韫又邀请议长、副议长面谈，答应如三日内开会即允代奏。谘议局决定开会。届时，议员们得知增韫并未代奏，便哗然散去。增韫便以议员届时不入会场，要挟行政长官为辞，指责谘议局逾越权限，勒令停会三日。接着又续令停会三日。当时增韫与清政府频电往还，酝酿解散谘议局。邮传部公开出面驳斥浙江谘议局，声称，公司律不适用于铁路公司。这种解释引起全国资产阶级的不安。江苏谘议局特呈文指斥邮传部“弁髦钦定之商律”，致使“商业之全局岌岌可危”。[②] 要求重新申明公司律的普遍有效性。其他各省谘议局也纷纷对浙局表示声援。浙江谘议局对增韫追随清政府用专制办法对待谘议局，十分恼火。遂上书资政院，控告他无视谘议局的法律地位，妄施惩罚，继续停会抗议。他们一直坚持到 11 月 4 日，增韫在全国舆论的压力下，答应再次代奏谘议局的要

① 《直隶督院复谘议局议案并札行文件汇编》，第 61—66 页。

② 《江苏谘议局第二年度报告》第 1 册，第 58 页。

求。这时，谘议局才宣布开会，比规定日期迟了三十三天。

福建谘议局严厉处分了一个追随总督，企图破坏谘议局声誉的议员，打击了总督专制的气焰。该局议员邹含英，向总督捏造情报，助其压抑谘议局。一次，谘议局推选会议厅审查科员，名单报给总督后，迟迟不见批复。经质问，才知道，原来邹含英歪曲事实，诬称选举不合民主程序。大多数议员对邹含英非常不满，指斥他暗与局外勾串，破坏谘议局声誉，以便其私图，品行可鄙。同时呈文总督，对邹含英捏诬各节一一批驳，并声明，对邹含英，要根据本局规则交付惩罚。邹不服，又控称正、副议长对他采取威吓手段，意欲动武。松寿便下札批评谘议局。谘议局一一予以驳回。邹含英两次诬控谘议局，表明他甘当专制势力走卒，蓄意破坏谘议局，引起众怒。结果以三十六票对十二票的多数决定将其除名。这是对松寿的一个直接打击。

顺直谘议局为推动本省实业教育，决议将官办的实业学堂改为官督绅办。总督陈夔龙反对，引据农工商部先前所定规则予以驳回。谘议局坚持自己的主张，并指出陈所引据的规则，早经宪政编查馆删除，弄得陈夔龙又羞又恼，不得不将此案呈送资政院和农工商部核办。

从上述各省谘议局同督抚的矛盾斗争情况可以看出：1. 各省谘议局同督抚的斗争，是随着全国政治形势的发展而发展的。在谘议局刚成立的第一届常会期间，只有少数省份发生这种斗争，还远未发展到激化的程度。到第二届常会时，这种斗争就较普遍地展开了。连立宪派力量很弱的北方各省如直隶也发生了这种斗争，而且多半是围绕一些重要的问题展开的。在立宪派力量较强的地方，斗争发展到相当尖锐的程度。2. 谘议局同督抚的矛盾和斗争，无论从形式上还是从内容上看，都是资产阶级立宪派反对专制制度的斗争。斗争有时是直接针对清朝廷的，如浙江谘议局反对朝廷罢免汤寿潜的斗争。即使针对督抚的斗争，由于朝廷往往这样那样地支持和回护督抚，所以仍可看出实质上也是指向清朝廷的。在这些斗争中，各省谘议局除了互相声援外，更重要的是得到社会舆论的广泛同情和有力支持。这是他们能够取得一定程度的胜利的主要原因。3. 谘议局毕竟是刚刚建立的机构。虽然是经过选举产生，但仍缺乏牢固的社会基础，缺乏实力。资产阶级立宪派有先天的软弱性。这就决定了他们的斗争不可能达到预期目的，往往只能取得象征性的胜利，只能取得政治宣传上的成功，并不能真正打破专制的樊笼。但这种斗争的进步性是应予肯定的。

四

在前述各节中，我们已经看到，谘议局因系选举产生，所以原则上不同于清政府的官办衙门；我们又看到资产阶级立宪派竭力利用谘议局抨击清政府，力谋改革，并因此同督抚展开斗争的情况。现在我们来集中讨论一下谘议局的性质和作用的问题。

有的研究者根据对《谘议局章程》的分析，认为谘议局只是督抚的一种咨询机构。这是值得商榷的。第一，撇开谘议局的实际活动，单从其章程文句上寻觅其性质是很不全面的。第二，即使单就谘议局的章程来分析，说它仅是督抚的一种咨询机构也是不妥当的。

《谘议局章程》共十二章六十二条。[①] 其中于谘议局的性质至关重要者有第一章“总纲”、第六章“职任权限”、第八章“监督”。

“总纲”说：“谘议局钦遵谕旨，为各省采取舆论之地，以指陈通省利病，筹计地方治安为宗旨。”这里语意含糊，只是指明谘议局为一省舆论汇归之地，议员可讨论本省庶政。但它同其他机构有何关系，则未指明。

要具体弄清章程赋予谘议局的性质地位，最重要的是看它同本省行政机构的关系。章程中说明这种关系的是第六章和第八章。

第六章具体指明谘议局的任职权限，共计十条，其要点有以下几点：1. 谘议局应议事件有本省兴革事件；本省预算、决算、公债、税法；本省义务增加事项，本省单行章程规则增删修改事项；本省权利存废事件；选举资政院议员；申复资政院咨询；申复督抚咨询；公断本省各自治会争议；受理本省人民建议等。2. 谘议局议定可行事件，呈请督抚公布施行之。如督抚不以为然，应说明理由，交局复议。谘议局议定不可行事件，呈请督抚更正施行。督抚不以为然，亦应说明理由，交局复议。凡督抚交局复议事件，如谘议局仍执前议，则由督抚将全案送资政院核办。3. 对本

---

① 《谘议局章程》见《清末筹备立宪档案史料》(下)，第670—683页。

省行政事件，或会议厅议决事件，谘议局有权提出质问。4. 督抚如侵夺谘议局权限，或违背法律，谘议局得呈请资政院核办。5. 本省官绅如有纳贿违法者，谘议局得指明确据，呈候督抚查办。6. 凡经资政院核办事件，谘议局与督抚均得遵照执行。

从上述规定可以看出，谘议局拥有一定的立法权和监督行政、监督财政权。因此它是拥有相对独立性的政治权力机构。说它是督抚的咨询机构显然不妥。任何咨询机构，都没有议决权，只有建议权。对其建议，行政官任便采纳与否，无须交其复议；在有异议时，更无须呈请上级机关裁断。至于章程规定谘议局可对督抚违法侵权行为向资政院控告，对本省官绅纳贿违法，可纠举要求惩办，更非咨询机构所应有的职能。事实上谘议局的议决权和复议权，在很大程度上牵制了督抚，使其无法像过去那样随心所欲地专断行事。

但《谘议局章程》的制定者们为了照顾当权者的利益，在第八章里又规定了督抚对谘议局的监督权。其主要内容是：1. 督抚有监督谘议局选举及会议之权，对谘议局议案有裁夺施行之权。2. 遇有下述情形时，督抚可对谘议局实行惩戒：谘议局议事逾越权限而又不受劝告；所议事件违背法律；议员在议场有狂暴举动，议长不能处理。惩戒办法是令谘议局停会(以七日为限)。如果谘议局所决事件有轻蔑朝廷，妨碍国家治安时，或不遵停会命令，或屡经停会仍不悔改时，议员多数不赴召集，屡经督促仍不到会时，督抚可解散谘议局，重新选举。

这一章的规定有显然同第六章相矛盾的地方，例如督抚对谘议局议案有裁夺施行之权。所谓“裁夺”之权，即是最后加以可否之权。按这种说法，督抚不同意谘议局议案可径予否决，无须说明理由再交复议，更无需呈上级机关裁断。由于存在这种矛盾，所以督抚与谘议局异议时，各说各理，相持不下。至于督抚解散谘议局之权，这大致是模仿资本主义国家政府解散议会之权。但立宪国的政府是选举产生的，而清朝督抚是皇帝钦命的，而且资本主义立宪国家一般都明确规定了同一届政府不得两次解散议会，因此从精神实质上看，立宪国家政府对议会的监督惩戒仍在立宪轨道之内，而清朝督抚对谘议局的监督惩戒，却是在立宪轨道之外的一种特权。这是《谘议局章程》中保留专制最明显的地方。

总结上述可以看出，《谘议局章程》既规定了谘议局有立法权和监督行政权，又规定了督抚对谘议局议案的裁夺权和对谘议局的监督惩戒权，而且在措辞上就留下了明显歧疑矛盾之处。所以有关谘议局的性质在当时就有争论。在顽固守旧营垒中，人们对谘议局产生了两种极端的错觉。以顽固派于式枚为代表，他认为，“谘议局权限之大，不可思议”，“谘议局立于一省行政唯一监督之地”。甚至说“暗则以议长代督抚任权矣”。[①] 他的议论显系偏执。宪政编查馆大臣议复于式枚奏折中，明确说“监督全省之行政，以及一切之政权实在督抚，而不在谘议局”，认定于式枚的议论是“涉于过虑”和“不免误会”。[②] 另一些顽固派，如张人骏之流，则无视《谘议局章程》的规定，把谘议局完全当成自己的下属机构，仅备咨询而已。在第一次常会期间，他答复谘议局札文中，对某些议案竟提出“劝告毋庸提议”。[③] 想根本抹杀谘议局独立议事之权，结果大遭舆论抨击。第二次常会时，他不改故态，在开会词中最后仍说：“谘诹谘询，求通民隐，斯则使者区区之愚，愿与诸君子交相策勉者也。”[④] 仍把谘议局当作咨询机构。

立宪派议员们是怎样认识谘议局的性质呢？他们十分注意《谘议局章程》中有关其职任权限的规定。《宪政新志》的编者在登载于式枚奏折时附加按语说：“于氏虑谘议局立于一省行政唯一监督之地。曾不知我国所需乎谘议局者，正欲使之为一省行政监督之机关也。”并明确认定：“谘议局之性质为政治上之立法与监督之机关也。”[⑤] 这些说法是多少夸大了《谘议局章程》中的有关规定。但它确实反映了资产阶级立宪派对谘议局的想法。值得注意的是，某些较开明的督抚也承认谘议局是立法机关和监督机关。如东三省总督锡良与吉林巡抚陈昭常在《奏吉省创设行政会议处折》中就说：“今者谘议局将次成立，固已建设一省之立法机关。”[⑥] 江苏巡抚

---

① 《考察宪政大臣于式枚奏各省谘议局章程权限与普国地方议会制度情形不符折》，《宪政新志》第 2 号，第 140—147 页。

② 《宪政编查馆奏议复考察宪政大臣于式枚奏陈谘议局章程权限》《宪政新志》第 2 号，第 149、147 页。

③ 《江苏谘议局第一年度报告》第 2 册，第 6 页。

④ 《江苏谘议局第二年度报告》第 3 册，第 3 页。

⑤ 见《宪政新志》第 2 号，第 158、161 页。

⑥ 见《时报》宣统元年七月十五日。

瑞澂在江苏谘议局第一届常会开会时致辞说："惟是谘议局既为辅助行法（政）之机关，又处监察行政之地位，与各国地方议会名异而实同。"[①] 继瑞澂任江苏巡抚的程德全，在第二届常会开幕式上说："以法理言之，则诸君子负代表国民之责任，任监督行政官之责任。"[②]

应当说，除了于式枚出于顽固愚陋，出言过于偏执之外，其他人的议论基本上是各执一面之词。说谘议局只是督抚的咨询机构，根本没有立法权和监督行政权，那是无视章程有关谘议局职任权限的规定。说谘议局很完全地拥有立法权和监督行政权，则显然又忽略了局章中有关督抚对谘议局实行监督的规定。比较平允一点说，谘议局拥有一定程度的立法权和监督行政权，是具有相对独立性的政治权力机构。

因为《谘议局章程》有互相矛盾的规定，又考虑到中国社会专制主义传统势力的牢固，所以各省谘议局究竟能在多大程度上发挥其立法和监督行政的作用，这完全要看那里的资产阶级立宪派的力量如何以及一般社会开化程度如何而定。

这里有一个值得注意的问题，即在谘议局与督抚互相斗争之中，作为掌管地方军、政、财、警大权的督抚，显然处于绝对优势的"实力地位"，而谘议局除了议员的言论以外，一无所有。那么为什么督抚不能制服谘议局，使其为己所用？为什么许多谘议局一再表现桀骜不驯，动辄辞职抗议，而督抚不敢下令解散谘议局呢？这就不能不联系清末的整个政治形势加以考察了。

纵观清末国内阶级斗争的整个形势，有四种主要力量在起作用。一是革命党，它有明确地推翻清朝统治的革命纲领。革命党接连举行的武装起义，是对清朝统治最沉重的打击，最后终于由武昌起义的爆发而导致清朝的垮台。所以毫无疑问，革命党及其所领导的武装斗争是辛亥革命时期推动历史的主导力量。二是以农民为主体的到处出现的自发反抗斗争。它没有明确的政治纲领，但却起着不容忽视的打击清政权的作用。三是以资产阶级立宪派为主体的要求改革的力量。这种力量虽然主张保

---

① 见《江苏谘议局第一年度报告》第3册，第5页。

② 同上书，第4页。

留清朝的皇统，但由于它坚持以资产阶级立宪制度代替封建专制制度的目标，所以实质上，它仍是清政府的敌对力量。处在这三种力量打击之下的清朝统治者是第四种力量。前三种力量之间虽互有矛盾，但必须看到它们同清政府之间的矛盾具有更基本的性质。否认这一点，就离开了马克思主义阶级分析的基本要求。清政府被迫搞预备立宪，确是想拉拢立宪派为己所用。但考察自戊戌维新到辛亥革命的历史，反动的清朝统治者从来没有把代表资产阶级要求改革的力量看作属于自己的营垒。在镇压了维新运动以后，它遭遇到空前的政治危机，想以立宪的招牌哄骗资产阶级，争取时间，加紧集权，渡过难关。所以，它不敢过分得罪立宪派，生怕人心散去，不可收拾。有时稍事镇压仍力求不使立宪派全体反叛。在这种方针之下，各省督抚不得朝廷首肯，是绝不敢解散谘议局的。而从谘议局方面说，它越是勇敢地同督抚专制作斗争，就越是取得广泛的舆论支持和同情，它在政治上就越占据有利的地位，从而也就越能发挥它自己的政治作用。

如果就谘议局的议案所发生的实际效果来看谘议局的社会作用，那自然是很有限的。江苏巡抚程德全在谘议局第二届常会上致辞时说："环考各省谘议局案，议决可行之事，不尽见诸实行，议决不可行之事，不尽遽予取消。"① 张謇在同一次会上说："议会成立之初，执行机关未尽相应，收效遂迟耳。"② 张謇一面承认"收效遂迟"，一面指出其原因在于"执行机关未尽相应"。他的说法是正确的。议案的执行效果如何，主要责任在行政机关。而清末行政机关之腐败是人尽皆知的。谘议局面对这一实际情况不能不有所迁就。《湖北谘议局第一次常年会议决案报告书》的"叙言"这样写道："理论必合诸事实，始可以推行而无滞。就今日之事实而论，行政之组织乱丝纠纷，欲窥其内容，无精密之统计，无详实之报告，荆天棘地，斩无着手之路，则革弊难。国家税地方税未划分以前，谘议局无干涉财政之权力。一省之岁出岁入既莫知其总数，一有改作，徒增人民之负担。而官制未经改良，随在生推诿掣肘之弊，则掖新难。坐此之故，不能

① 见《江苏谘议局第二年度报告》第 3 册，第 4 页。

② 同上。

为根本之改革，不得不补苴罅漏，以为一时之计。……非邦人父老之所望于议员，亦非议员之本心，而其势不能不出于此，则其弊亦即发生于此。”湖北立宪派的这种感慨，道出了全国大部分立宪派的心理。

各省谘议局议案执行情况到底如何，很少见到具体材料。山东谘议局第一届常会后作了一次议案执行情况的调查，被调查的州县共九十六个，被调查的议案有六项，其结果如下：①

议案执行情况及所占百分比

禁革差徭案：已革州县31，占32.2%；未革州县45，占46.8%；未尽革州县20，占20.83%。

禁革官价案：已革州县33，占34.37%；未革州县29，占30.21%；未尽革州县34，占35.04%。

推广种树案：有成效州县14，占14.58%：无成效州县82，占85.41%。

维持银号钱业案：公平价买州县58，占60.41%；勒定官价州县36，占37.50%（缺2县）。

张贴判决书：已行州县20，占20.38%；未行州县73，占76.04%；未尽行州县1，占1.04%。

整顿词讼案：已行州县13，占13.54%；未行州县78，占81.25%；未尽行州县5，占5.21%。

从上述引文看，总的来说未执行议案的州县居多数，执行议案的州县居少数。山东省就其开发程度而言，在全国只能算是中等省份，我们可以从山东的情况，大体推知其他各省的情况。一般来说，东南各省立宪派力量较强，那里的情况可略好些，北方或边远省份，情况可能更差一些。

由于议案执行情况主要取决于行政系统。所以，不宜以此作为判断谘议局社会作用的主要依据。事实上，谘议局真正产生较大作用的还是在于

① 见《山东谘议局议案》（宣统二年）第1册，第32—36页。原书中只有已行、未行州县数，百分数是作者计算的。

政治方面。主要是:

1. 资产阶级立宪派利用谘议局的合法讲坛，无情地揭露了清朝统治的黑暗。这对于打击专制势力，唤起人们的不满和愤怒是有重要作用的。

2. 谘议局同督抚展开的斗争，相当程度上削弱了专制统治的力量。在清末政治中，督抚起着重要的作用。资产阶级立宪派通过谘议局牵制了督抚，使其不能专断自如，从而也就造成清朝统治机器更加转动不灵，便于革命党人进行致命的最后一击。

3. 谘议局以其揭露和打击专制制度，纠劾贪官污吏，吸引了许多对清政府及其地方官不满的人，起了促进清朝统治趋于瓦解的作用。

4. 谘议局参与领导的国会请愿运动，特别是在本省组织请愿游行，曾发生了很大的政治影响。① 1911 年的保路运动，特别是在两湖和四川，谘议局同样起了重要的领导作用（关于保路运动的著作很多，限于篇幅，本文亦不详述）。而这一运动直接为武昌起义的爆发创造了必要的政治条件。

5. 谘议局本身的活动是模仿西方资产阶级的议会制度进行的，具有相当完备的民主程序。这对资产阶级和广大群众进行了有益的民主的教育与训练。而这种教育与训练对于资产阶级和人民群众来说，是十分必要的。任何新的社会制度都不会凭空创造出来。暴力革命可以为新制度的发展扫除障碍，但它不可能凭空创造出新制度。马克思对暴力革命做过一个十分精辟的比喻，他说:“暴力是每一个孕育新社会的旧社会的助产婆。”人们知道，助产婆只能从怀有成熟胎儿的母体中接出孩子来，而绝不能从任何未曾怀胎的女人肚子里接出孩子来。这是十分明显的道理。

为了进一步说明谘议局的历史作用，有必要简单谈一下各省谘议局联合会的活动及其影响。

各省谘议局联合会（下文简称联合会）是在国会请愿运动高潮中，于 1910 年 8 月 9 日②在京正式成立的，由各省谘议局委派代表组成。其根本目的是通过各省谘议局把全国的立宪派联合起来，同清政府展开政治斗

---

① 参见拙著《论清末立宪派的国会请愿运动》，载《中国社会科学》1980 年第 5 期。

② 张玉法《清末的立宪团体》第 406 页，称谘议局联合会于宣统二年七月六日（8 月 10 日）成立，误。《时报》七月六日专电报道为七月五日（8 月 9 日）成立。

争。限于篇幅，本文只着重谈联合会的第二次会议。因为这是临近辛亥革命爆发的时候举行的，其所产生的政治作用自应更加重视。由于清廷镇压国会请愿运动和各省谘议局同督抚迭次发生冲突和斗争，资产阶级立宪派的政治态度急剧发生变化。清政府为摆脱困境却越来越投靠帝国主义，列强则乘机加紧掠夺，竞相扩大在中国的利益范围。它们在东三省的争夺，尤使一切爱国者感到忧愤。1911 年春，革命党人所发动的广州起义虽未成功，但却发生了很大的震动。各地人民的反抗运动有增无减。全国的政治形势出现了异常紧张的情况。面对这种形势，立宪派一面考虑乘机迫使清朝廷就立宪之范，一面考虑万一不能达此目的，须做好应变的准备。所以联合会的第二次会议实际是部署应变的会议。5 月上旬，参加会议的各省代表陆续到京。其中有各省谘议局议长、副议长共 22 人，资政院议员 18 人及各省谘议局议员代表 23 人，一共 63 人。

这次会议刚好在皇族内阁出笼和清廷宣布铁路国有政策之后。这时，清政府自己撕下了掩饰集权的最后的遮羞布，连立宪派中最保守的人物也禁不住起而反对了。[①] 联合会认为，必须集中力量反对皇族内阁，打倒皇族内阁。

他们两次上书朝廷，强调指出："皇族内阁与君主立宪政体有不能相容之性质。"[②] 并毫不客气地批评说，搞皇族内阁，表明"朝廷于立宪之旨有根本取消之意"。并指出，如此"使人民对于政府生希望断绝之感，实非国家前途之福"。[③]

联合会的参加者们对上书并不寄予多大希望，而只是把它作为同统治者作斗争的一种手段。他们更多地注意组织自己的实力。联合会同上海商团和武汉商团保持密切联系，把这两个拥有相当的经济力量和武装力量的团体视为自己强有力的后盾。在联合会闭会的那一天（6 月 25 日），孙洪伊和汤化龙都谈到了充分利用商团的问题。汤化龙说："内阁问题提出之

① 见张謇《啬翁自订年谱》辛亥四月："政府以海陆军政权及各部主要，均任亲贵，非祖制也；复不更事，举措乖张，全国为之瓦解。至沪，合汤寿潜，赵凤昌诸君公函监国，切箴之。……赵庆宽为醇邸旧人，适自沪回京，属其痛切密陈，勿以国为孤注。"

② 见《直省谘议局议员联合会第二届报告书》，第 67 页。

③ 同上书，第 80 页。

先，逆料必无结果。……是以本会员来京之先，即与汉口各商团联合会斟酌，先由联络内地各商会做起。以为唤起舆论之起手。现存该会已遣干事到各省去。”我们现在找不到汉口商团派人到各省活动情况的材料。但是根据汤化龙在会上的郑重发言，和武昌起义后汤化龙同各省立宪派联络的情况判断，武汉商团到各省有所活动，并起了一定作用，是可以相信的。汤化龙还强调说：“大家要知，我们提倡此种舆论是极健全而不可抗之舆论。果能布告国民，使国民确知现政府之不可恃，生出种种恶感，将来政府一定能推倒，此是确有把握的。”①

这里值得注意的是：1. 联合会定下了推倒政府的斗争目标。2. 为此要在全国造成普遍舆论，使人人憎恨政府，必推倒之而后已。3. 注意实力，利用现有的汉口及上海商团为中坚，联络各地商会参加这一斗争。

资产阶级立宪派的议员们决定按此方针进行活动时，他们主观上不过是学着西方资产阶级政党政治的模式，搞一次“倒阁”运动。但是他们忘记了，中国距离政党政治还远得很。在清朝专制统治下，推倒内阁也就意味着推倒皇室的专制。这种斗争，绝不可能在合法范围内进行。可以断定，只要资产阶级立宪派坚持推翻现政府的方针，客观上它迟早与革命党合流。

联合会的另一项重要议案也很耐人寻味，这就是大办民兵。他们一面上书朝廷建议举办备补兵，以为征兵预备，由谘议局、自治会参与其事；一面在各地由谘议局协同各团体举办体育社，选择精壮，定期训练，发给枪支。省设总社，府、厅、州、县设分社。他们显然是打算在各地都建立起类似上海和武汉商团那种性质的武装力量，以做应变的准备。

联合会及时向各省通报了自己的活动，宣传以推倒现政府为主要目标的斗争方针。各地资产阶级立宪派绝大多数都赞成这一方针。《时报》发表一篇极其引人注目的社论：《论国民宜为谘议局联合会之后盾》。其中说：“以欧洲过去之历史而论，则国民先有能力以对付腐败之政府，然后可以对付列强。”“今日吾国外患既逼……外患似急于内患。然而内患不除，则外患终无自而弭。”它所说的“内患”是什么呢？请看下面：“夫内

---

① 见《直省谘议局议员联合会第二届报告书》，第 65—66 页。

患之名目亦至不一矣。在政府一方面则曰：革命党遍地，伏莽堪虞，非先除此内患不足以保富贵。……在国民一方面则曰：预备立宪数年，编纂宪法不许国民参与末议，致有种种非常可怪之特权发见于《宪法大纲》之中。又新内阁甫一成立，而参与国务人臣者，皇族中居大半多数焉。非先除此内患不足以保政治之平等。倘萃我国民之能力与政府决一胜负，则外患不战而自弭也。"① 认为现政府是国中大患，必除之而后已。这是资产阶级立宪派政治态度非常重大的转折。而这一点由一向发言持重的立宪派喉舌《时报》公开宣布出来，也是很不寻常的。它标志着资产阶级正在普遍走上反叛清朝统治的道路。

当然，如果没有革命党人发动武装起义，立宪派是不可能自动以武力反抗清政府的。革命党是辛亥革命的真正主导力量。对此不应有任何怀疑。只是在明确这一点的同时，还应看到，各省谘议局联合会把全国资产阶级立宪派的大多数都组织到反对清政府的斗争中来，这对于促进保路风潮的迅速高涨，对于加速全国革命危机的最后成熟，是起了不可抹杀的历史作用的。

① 见《时报》宣统三年五月六日。

论戊戌变法失败的思想因素*

汪荣祖

引　言

戊戌变法为晚清极惊心动魄的一幕，亦可说是清帝国存亡的一个转折。假如变法成功，中国未尝不能步武彼得的雄图，明治的富强。但是戊戌变法来得骤，去得也迅，以悲剧收场。近代学者探究此事，莫不孜孜于其失败之由，或谓帝后之冲突，或谓新党操之过急，或谓袁世凯卖主求荣，或谓有国际之背景（联俄派胜联英派），都言之成理，有所依据。但对于戊戌变法失败的思想因素，似尚未有系统的解释，本文乃就此一问题加以述论，略进一解，并无意摒弃前人所说。

一　戊戌变法的思想背景

戊戌下诏维新时，变法思想已有四十年的激荡。咸同以降，有识之士不断寻求变通之道，其形诸笔墨者，已颇具新思想之色彩。[①] 但此一新思想如一颗种子，尚需时间与环境的培养，方能壮大。思想的种子一旦传播，便可形成新的世界观，或德国人所谓的“时代思潮”（Zeitgeist）。新

* 本文原载《近代史研究》1982 年第 3 期。

① 对此一新思想之分析见拙撰《晚清变法思想析论》，《史学评论》1979 年第 1 期。

的时代思潮一旦形成，新的形动犹如水到渠成，莫之能御。换言之，假如时代思潮尚未形成而欲推行新行动，自会遭到冲突与阻抑。从人生的角度看，四十年不是短时光；但从思想成长史来看，就微不足道了。康有为曾说：

> 日本承二百五十余年封建之残局，坏乱极矣……卒能起八洲三岛之人才，与之一德一心，力图新政，不二十年，而致富强，抗衡欧墨大国。①

明治维新虽略当晚清自强运动之时，但其能在二十年中致富强，不仅仅由于日本人的一德一心。事实上，日本二百五十余年的封建残局，并不如是之坏乱。日本人于锁国之前，已与西欧文明约有一百年之接触，对日本人的思维与生活已有影响。锁国之后，仍有和兰学的存在。兰学虽遭幕府的压制，但民间学者锲而不舍，除语言文字外，旁及各种学问，而且撰述不辍。到幕末时期，洋学早已为其知识分子所知，维新的意愿与计划亦早植诸藩，故一旦明治维新，寻即风靡，德川武力莫能阻挡。反观中国，自利玛窦以后，西学中绝几二百年。直至鸦片战争前后，西学始再东来，徐继畬编《瀛环志略》、魏源撰《海国图志》，都成于斯时，但类似著作早见之于德川中叶，如新井白石的《西洋纪闻》《采览异言》、前野良泽的《露西亚本纪》、桂川甫周的《万国图志》等书，都不逊于徐、魏所作。至于青木昆阳的《和兰货币考》与《和兰文学略考》等著作，则为徐、魏所不及。可见新思想种子播植日本远早于中国，其变政之成功亦有思想因素在焉。

徐、魏所编撰者，旨在介绍西国情伪。龚自珍的《著议》与《胎观》进而讥评时政，都可视为变法之先声。但较显著的变法思想初见于冯桂芬著《校邠庐抗议》，此书撰成于同治初年，未得刊印，到光绪八年、九年

---

① 见康有为《日本变政考》，载蒋贵麟主编《康南海先生遗著汇刊》第10册，台北宏业书局1976年版，第136页。（下引此书作《康著汇刊》）

问冯世澂始印此书于天津。[①] 冯书之后，郑观应、王韬、郭嵩焘、薛福成等变法主张，更为精进。但于当世的影响力仍极有限，少数变法家的言论尚不能转移“思想气候”（Climate of opinion），绝大多数的士大夫对变法思想的“理念”（Ideolization）与“概念”（Conceptulization）尚不能有正确的认识。因此，戊戌变法前夕的思想界只有少数的变法派，较多数的守旧派，而绝大多数的属中立派。所谓中立派者，显然对守旧已起动摇，但对维新尚无把握，只能见风转舵。这一情况可从一项史料中获得证明。此项史料为二百余本经过加签的《校邠庐抗议》（简称《抗议》），当初光绪皇帝下诏变法后，曾重印《抗议》发给各衙门加签，不啻是一对官僚士大夫的“思想测验”。签注人现已知者计三百七十二人，包括大学士、内阁学士、学正、助教，以及其他中央级官员。据李侃与龚书铎两位学者的统计，极大部分可属“唱和派”，也就是下诏变法前的中立派，至此皇帝要变法，乃随声唱和，其实不知所云。较有见地为赞成派与反对派，但两派之间的思想距离仍极遥远。[②] 例如属赞成派的阔普通武签注道：

> 其全书精粹最妙者二语，曰法苟不善，虽古先吾斥之；法苟善，虽蛮貊吾师之。旨哉斯言，千古名论也。[③]

而属反对派的兵部尚书刚毅仍有落后而顽固的论调：

> 有藤牌地营，则枪炮不足畏；能徒手相搏，则洋人膝直硬，中屈弗灵，必非我敌。[④]

此一政治思想测验显示，变法思想仍在初步发展的阶段，在思想界显

---

① 参阅拙撰 Feng kuei-fen's Perception of Reform, in Monumenta Serica, Vol. XXXI（1974－1975），pp. 132－134。

② 见李侃、龚书铎《戊戌变法时期对〈校邠庐抗议〉的一次评论》，载《文物》1978 年第 266 号。

③ 同上。

④ 同上。

得扞格不入，尚不能形成“气候”。换言之，当时的思想水平与声势尚不足指导、推广变法运动。然则，变法运动又因何而突兴呢？实因甲午一役，中国惨败，士子引为奇耻大辱，乃奋起思有所变，如文廷式所言：“中国人心至是纷纷欲旧邦新命矣！”① 在群情激昂下，遂有公车上书，有强学会与保国会的召开。到戊戌瓜分之祸日深，如康有为所说：

> 俄北瞰，英西睒，法南瞬，日东眈，处四强邻之中而为中国，岌岌哉！况磨牙涎舌，思分其余者尚十余国，辽台茫茫，回变扰扰，人心皇皇，事势俛俛，不可终日。②

此种危亡无日的恐惧遂导致变法行动的早产。所以，促成戊戌变法的动力是昂扬的“情绪”（Sentiment），而非成熟的思想（Rational thought）。而趁此运会而崛起之思想领袖——南海康有为——又是一位热血的理想主义者，凭其博学强识，议论纵横，颇能风靡群伦，倾动朝士，并得光绪皇帝的倚重，遂有变法运动的骤兴。但其忽视时代思想水平，复于变法思想先天不足的情况下，持论过高，以为“三年而规模成，十年本末举，二十年而为政于地球，卅年而道化成矣”③，显然不切实际。探康之意，无非要借帝王之力，以及少数人的坚强意志，扭转乾坤，其志虽然可佩，但不免螳螂当车，于事无补。六君子之一的康有为幼弟康广仁实已洞悉先机，有云：

> 伯兄规模太广，志气太锐，包揽太多，同志太孤，举行太大，当此排者、忌者、挤者、谤者盈衢塞巷。④

---

① 文廷式：《闻尘偶记》，载《青鹤》1932 年卷一第二期。

② 见康有为《强学会叙》，《康著汇刊》第 19 册，第 1 页。

③ 康有为：《康子内外篇》，见蒋贵麟编《万木草堂遗稿外编》册上，（台北）成文出版社 1978 年版，第 9 页。

④ 见康广仁《康幼博茂才遗文》，沈云龙辑：《近代中国史料丛刊》第二辑，第 601—602 页。

康有为于长兴里讲学时，曾语其弟子曰："虽天下谤之而不顾，然后可以当大任也。"① 这就是康氏不计失败而一往直前的精神，但在政变之前，梁启超已觉察到风气未开，行事无效的苦恼，曾希望专事培养风气，以待将来，与其师有为书中有云：

> 视一切事，无所谓成，无所谓败，此事弟子亦知之。然同学人才太少，未能布广长舌也。如此则于成败之际，不能无芥蒂焉矣。尚有一法于此，我辈以教为主，国之存亡与教无与，或一切不问，专以讲学授徒为事，吾党俱有成就之后，乃始出而传教，是亦一道也。②

但康党已欲罢不能，虽风气犹未大开，也只好不计成败，不计天下谤之，六君子亦只能死而后已了。

二 康有为变法理论之省察

康有为的变法思想，尤其是具体的革新主张，是承继咸同以来变法思潮而来。但在变法理论上，康有为有突破性的创获。他由重诂传统思想求思想解放，托经今文公羊三世说以改制。此一创获使他成为"变法运动的中心人物和领导者"，也成为"整个十九世纪改良派思潮的最伟大的代表"③。康氏对变法思想的贡献及其在近代学术史上的地位，论者已多④，毋庸在此复述。在此拟进一步检讨者，为康氏变法思想与戊戌变法失败之间的关系。理论系行动的纲领，行动之失败是否与理论有相互之因果关系，何以此一突破性的变法理论，不能导致成功的变法运动？

康有为的思想在 30 岁左右已成熟，其变法理论也于戊戌变法前完成，

---

① 见康有为《长兴学记》，载《康著汇刊》第 9 册，第 11 页。

② 梁启超：《与康有为书》，载翦伯赞等编《戊戌变法》，上海，1954 年，第 2 册，第 544 页。

③ 李泽厚：《康有为谭嗣同思想研究》，上海，1958 年，第 45 页。

④ 近人研究康有为著作中，以萧公权师的英文巨著最为精湛，见 Kung-chuan Hslao，*A Modern China and a New World*，*K'ang Yu-wei Reformer and Utopian*，*1858 – 1927*，Seattle，University of Washington Press，1975。

代表作即光绪十七年（1891）的《新学伪经考》，以及光绪二十二年（1896）的《孔子改制考》。如前书旨在破旧，后书则在立新。欲探究此二书在戊戌前夕之影响，必先对其内容有所认识。

《新学伪经考》在说明经原无今古之分，秦皇焚书，只烧民间所藏。“若博士所职，则诗书百家自存”，汉十四博士所传，亦即是孔门足本，并无残缺。孔子所用字体，即秦汉间的篆书。因此，以文体论也无今古之目。然则古文经又从何而来？康氏的肯定答复是，皆刘歆伪作，其目的在毁灭孔圣的微言大义，以佐王莽篡汉。于是，所有经古文，无论周礼、左传、毛诗都成了伪书。又刘歆欲掩遮伪作的痕迹，乃窜乱一切古籍。后人不察，咸奉伪经为圣法。康氏曰：

> 凡后世所指目为汉学者，皆贾、马、许、郑之学，乃新学，非汉学也。即宋人所遵述之经，乃多伪经，非孔子之经也。[①]

这是对正统儒家思想的挑战，将两千年奉为神圣之圣经一举而否定之。

《孔子改制考》则在阐明孔子非述而不作的圣者，而是创教的教主，六经皆孔子所作。孔子不仅著作，而且有著作的目的，即托古改制，以实施心目中的理想制度。孔子虽非唯一的教主，周秦诸子莫不托古改制，故莫非教主，但孔子是唯一的“万世教主”——“中国义理制度皆立于孔子，弟子受其道而传其教以行之，天下移其旧俗。”[②] 就树立义理制度而言，孔子可说是改制的王者。孔子虽非真正掌权而具有名义的“文王”，却是事实上的“质王”或“素王”（素者质也）。康说：“孔子既为素王，则百王受治，亦固其所改制之说。”[③] 即尧、舜、文王之事，亦是孔子所制作，“所谓托先王以明权，孔子拨乱升平，托文王以行君主之仁政，尤注意太平，托尧舜以行民主之太平”。[④] “可知六经中之尧、舜、文王皆孔子

---

① 康有为：《新学伪经考》，见《康著汇刊》第1册，第3页。

② 康有为：《孔子改制考》，见《康著汇刊》第2册，第343页。

③ 同上书，第354页。

④ 《康著汇刊》第3册，第460页。

民主君主之所寄托。"[①] 然则两千余年，中国不得见太平之治，乃由于"降孔子之圣王而为先师，公羊之学废，改制之义湮，三世之说微"[②]。于是康氏作改制考，以彰圣王的微义，为其本人变法理想作理论的根据。

就儒学传统言，《新学伪经考》与《孔子改制考》可谓空前的"翻案"与"革命"。在康之前，今文家虽已有批伪之作，然多就某一古文经而发，未尝举一切古文经而废之。廖平撰《古学考》明古学之伪，别无政治意图。且"但取心知其意，不必大声疾呼，以骇观听"[③]。但康有为正欲大声疾呼，为变法先声，故其所起之影响与所受之反响，远非廖平可比。又在康之前，倡导变法之士对传统思想与制度已多加抨击，但大致依傅正统而求变，如"古已有之说""西学源出中土说"，从比傅中求认可。但《新学伪经考》则对正统学说作全面之挑战。《孔子改制考》亦不啻怀疑尧、舜、文王之历史而具破坏性。就哲学创作而言，康氏对儒学的重诂自有其发明与见识。[④] 再就近代思想史而言，康氏对正统思想作大胆的冲击，也有其解放思想的贡献。[⑤] 但就戊戌变法言，康思想的负面影响似远超过正面影响。其原因是伪经与改制之理论太具"争论性"（too controversial），在风气尚未火开的戊戌时代，太多的争论引起太多的混淆、疑惧，甚至转移了问题之中心——变法。

康有为作伪经、改制两考，原意由学术思想着手，以说服当时的士大夫，风尚变法。但古文皆伪之说、素王改制之说，殊少历史的根据，在儒教尊严与权威尚盛之时，甚难破旧权威以别立新权威。顽固派士人因视康说为毒蛇猛兽，即康之友人以及心向革新者，亦不以康之武断为然。文廷

---

① 《康著汇刊》第 3 册，第 462 页。

② 《康著汇刊》第 2 册，叙，第 6 页。

③ 廖平：《古学考》，台北，1969 年，第 1 页。

④ 萧公权师对康氏在哲学上的创见有综合性的说明，见 Kung-chuan Hsiao，"KangYu-wei and Confucianism"，*Monumenta Serica*，1959，p. 163。

⑤ 五四时代的思想解放固非康氏所预见、所愿见。在戊戌时代，他犹不信攻古文经会导致攻击儒学之全部，曾说："若虑攻经之后，它日并今文而攻之，则今文即孔子之文也，是惟异教直攻孔子，不患攻今文也。"见康有为《致朱蓉生书》，《万木草堂遗稿外编》册二，第 808 页。五四打倒孔家店，岂不是直攻孔子？民国之后，康氏实已护经（不论今古），不再攻经。康氏作《伪经》与《改制》有意变法法难变，无意打孔孔遭打。

式就瞧不起公羊学的学说：

> 国初人讥宋学家不读书，近时讲汉学者标榜公羊、推举西汉，便可以为天下大师矣！计其所读书尚不如宋学者之夥也。[①]

义乌朱一新（蓉生）虽属金华学派，上窥两汉古文，与康学绝异，但与康情属至交。《新学伪经考》出，朱氏不惜与康有为一再辩难。朱氏所争者，并非今古文家法之争，实不以康说的武断与浮夸为然，有云：

> 合己说者则取之，不合者则伪之……儒者治经但当问义理之孰优？何暇问今古文之殊？导以浮夸……人心同伪，士习日嚣，是则可忧耳！……凡古书之与吾说相戾者，一皆诋为伪造！……足下以历代秕政归狱古文，其言尤近于诬。[②]

朱氏所虑者，乃惧康氏武断与浮夸之说有害于人心士风，所谓"明学术而学术转歧，正人心而人心转惑"[③]。但康氏正欲转换人心士风以求变，并不计较学术的客观性与正确性，故对朱之答辩，一味坚持孔子大义，曰"二千年中虽大儒辈出，然无一人知今古之辨者"[④]。所谓微言大义，大都口传，难以证实，康氏不过是要托孔子以改制，间接发挥政见，学以致用，原不在学术的精确。朱氏认为"学术在平淡，不在新奇"[⑤]。但康氏则曰："盖天下义理，无非日新……义理以求仁为主，若其不仁，安知平澹之不特无益，而且以害人乎？"[⑥] 又说："气则有阴阳，世则有治乱，天道日变，异于旧则谓之新，仆所谓新者如此。"[⑦] 康进而表明其学术之态度：

---

① 文廷式：《纯常子枝语》，上海，1979 年，卷六，第 10 页。

② 见《朱侍御答康有为第二书》，载《翼教丛编》，台北，1970 年，第 14 页；《朱侍御答康有为第三书》，第 25、26 页；《朱侍御答康有为第四书》，第 32、34 页。

③ 同上书，第 27 页。

④ 康有为：《答朱蓉生书光绪辛卯》，载《万木草堂遗稿外编》第 2 册，第 815 页。

⑤ 见《朱侍御致康有为第四书》，第 26 页。

⑥ 康有为：《致朱蓉生书光绪辛卯》，第 806—807 页。

⑦ 同上书，第 816 页。

“仆之言学及应改制度，盖日日公羊之，非待掩饰闭藏，阳儒阴释者也。”①康氏既有实际的目的在胸，自不顾学统家法，即今文公羊之说，亦不受传统之牢笼。如康之三世说显已杂糅大乘佛教平等极乐之旨，以及西洋天演之论，以作为政治进化与兴革之理论。但就纯学术观点而言，康之理论不免重权威而轻实证，坚信念而少阙疑，强主见而略客观，学者如朱一新便难接受。康氏欲借此说服一般士子，不仅失败，而且引起强烈之反感。帝师翁同龢相传为推荐康之一人，但对康《新学伪经考》大有异词，在甲午日记中记道：

> 康长素祖诒，庚未举人名士，《新学伪经考》以为刘歆古文无一不伪，窜乱六经，而郑康成以下皆为所惑云云，真说经家一野狐也，惊诧不已！②

翁氏的看法在当时应甚具代表性，野狐也者，诚如梁启超所谓“出世太早而已”③。

再就政治纲领言，伪经与改制之说在当时亦弊甚于利，因政治纲领尤宜谐和而少纷争。但《新学伪经考》与《孔子改制考》不仅引起不必要之纷争，而且几乎淹没变法主题，如反对派竟不言反对变法，而谓康乃“非圣无法”。如文悌在“严参康有为折”中有云：

> 自三传以下，假托圣贤以伸己说者，何可胜数？又焉能于蠹简之余，欲尽废群籍，执一家之言，而谓为独得圣人改制之心哉?!④

文悌遂疑康以变法为名，实欲立异说，图异志，“如明之李贽……胆

① 康有为:《致朱蓉生书光绪辛卯》，第 817 页。

② 翁同龢:《翁文恭公日记》，上海，1925 年版，卷三四，第 43 页。台北商务版，第 17 册，第 6943 页。

③ 语见梁启超《康南海传》，载《康著汇刊》第 22 册，第 45 页。

④ 《翼教丛编》，第 82 页。

大妄为，不安本分，性非安静”[①]。文悌且自谓并不反对变法，有云：

> 奴才于咸丰庚申年始，年十二三岁，即留意西学，故三十余年所见泰西书籍颇多，亦粗通其二十六母拼字之法，及其七十课学言之诀，颇有志习学其天算格致之术。前者在户部会计光绪七年出入计账，全用西洋岁计算法，非绝口不谈洋务者。[②]

纠弹康有为的尚书许筠庵亦曰：

> 窃臣世居粤峤，洋务夙所习闻，数十年讲求西法，物色通才。[③]

文、许等明言不反对变法，而反对康之“非圣无法”，而“非圣无法”之由来，即为“伪经考”与“改制考”二书。如就实际政治而言，岂非太阿倒持，授人以柄，而予人以攻击之口实？或曰文、许辈有鉴于光绪锐意变法，不得不附和，以免阻挠新政之罪，遂转移攻击之目标，非圣无法云云，借口而已。然细察此辈言论，非圣无法之恐惧，似非无中生有，如举所有古文经而废之，实有“鲁莽灭裂”之嫌，亦即文悌所谓“国家变法，原为整顿国事，非欲败坏国事”[④]。是则，康有为意在变法，却换得“乱法”之名。政变突发后，那拉氏亦斥康、梁乱法，而不以变法入罪。诚然，守旧派欲加之罪何患无辞？但康氏予以加罪之辞，不免画蛇添足之讥！诚如章太炎所说：

> 康有为善傅会，张以拨乱之说……其实自欺。诚欲致用，不如椽史识形名者多矣！今日欲以三统五行之说定人事，此何为哉?!……且公羊师说亦云孔子为汉制法而已，今则为百世所法，此又凭于公羊

① 《翼教丛编》，第90页。

② 同上书，第83页。

③ 见《许筠庵尚书明白回奏折》，载《翼教丛编》，第74页。

④ 文悌：《严参康有为折》，载《翼教丛编》，第92页。

博士也。①

太炎原属古文派，与康之今文异趣，然于戊戌变法时代颇同情，甚至赞助康之变法运动。虽不以今文改制为然，但于守旧派诋康说经而并及其行事，亦不以为然，曾云：

> 苟曰生心害政耶？以去岁变法诸条，使湘人平心处之，其果以为变乱旧章，冒天下之不韪乎？抑不过盱衡厉色而诋之乎？且说经之是非与其行事，固不必同。②

章氏作此语于政变后一年，自是有感而发，但康有为既以其经说为其“行事”（变法）之理论根据，岂能仅诋其经说而不及其行事者乎？若然，则其行事受其经说之累岂非甚明？总之，康有为是戊戌变法的思想领袖，然当时变法思想所依据的两大著作，石破天惊之论引发多方责难，并屡遭禁毁，于变法的政治活动实害多而利少，对变法的失败或亦不无因果关系。

三 戊戌时代变法思想的分歧

康有为的变法思想一方面遭到守旧派、古文派、宋学家的强烈挑战，另一方面又未得到其他变法思想的支援。当时的思想界，不仅是新旧对立，新思想界亦呈分歧之状态，康、梁一派可谓孤军奋斗。梁启超曾说：

> 晚清西洋思想之运动，最大不幸者一事焉，盖西洋留学生殆全体未尝参加于此一运动。运动之原动力及其中坚，乃在不通西洋语言文字之人，坐此为能力所限，而稗贩、破碎、笼统、肤浅、错误诸弊，

① 章绛：《与王鹤鸣书》，《国粹学报》1910 年第 1 期。
② 章炳麟：《翼教丛编书后》，载汤志钧编《章太炎政论选集》，第 96 页。

皆不能免……畴昔之西洋留学生，深有负于国家也。[①]

梁氏所指的运动若是变法言论活动，西洋留学生并非全体未尝参加。最杰出者，也是梁氏极尊崇的严复，在甲午之后，就积极倡导变法。除言论外，还开学堂、办报馆。戊戌变法起，他又上皇帝书，畅言变法。其他西洋学生如容闳、何启、胡礼垣，也都参与了变法的思想活动。尤其是何、胡合著的《新政真诠》，为戊戌时代重要的变法论著。但若梁氏所谓的运动仅指戊戌变法，则西洋留学生全体确不曾直接参与。之所以如此，并不是有意"有负于国家"，而是他们的变法思想与康梁一派有异同，未尽契合。而康梁一派为戊戌变法思想的主流，亦未企图调和融合。然则，假如西洋留学生"有负于国家"，康梁也有负于西洋留学生也。

康党据公羊三世以及今文改制之理论，在实施时即欲结束"据乱世"（君主专制）而向"升平世"（君民合治）推进。所谓"君民合治"就是君主立宪，于是大倡民权、议院等，欲一举而变政，这就是旧派指责康党"激烈"之由来，辜鸿铭且指康、梁为"雅各宾党"（法国革命的极端派）[②]，可见一斑。旧派反对固然是反对民权，反对议会。但康党以外之新派亦大有反对者，他们并不反对民权与议会，而反对即刻实施，因尚非其时。反对的理由虽异，反对的事实则一，康党之孤立亦由此可见。当时康党虽孤立犹不异中求同，可能与康氏迷信帝王之力不无关系，以为可借皇帝之权威强行之。早年在《康子内外篇》中即说："匹夫倡论，犹能易风俗，况以天子之尊，独任之权，一笑嚬若日月之照临焉，一喜怒若雷雨之震动焉。"[③] 后在进呈的《日本变政考》中更明言："人主欲转移天下，收揽大权，不过稍纡尊贵，假词色，即可得之，亦至易矣。"[④]

有为即深信可借帝王之力强行之，对一切反对者便可置若罔闻，西洋留学生的变法观点于康有异，也就难以直接参与变法运动。今就严复、何启与胡礼垣的变法观点以见与康党之异。

---

① 梁启超：《清代学术概论》，第 101 页。

② 参阅 David Arkush Ku Hung-ming, Papers on China, Vol. 19 (December, 1965), p. 216。

③ 见《阖辟篇》，载《万木草堂遗稿外编》第 1 册，第 5 页。

④ 见《康著汇刊》第 10 册，第 37 页。

严复是当时最通晓西洋思想的变法家，从其新观点视之，今文改制之说实甚鄙陋。然其由天演论而来的变法思想，又颇具开明保守主义的倾向，主张缓进，反对激进，如天演派斯宾叟（Herbert Spencer，1820—1903）所云：“民之可化至于无穷，惟不可期之以骤。”据此，严氏认为在新政之前必先有新文化，而新文化则需长期的培养，以期鼓民力、开民治、新民德。因为“国之贫富、强弱、治乱者，其民力、民智、民德三者之征验也，必三者既立，而后其政法从之”①。如果不从三者入手，只求治标，“标虽治，终亦无功，此舍本言标之所以无当也”②。又于《致梁卓如书》中有云：

> 以智、德、力三者为之根本，三者既盛，则富强之效，不为而成……是以今日之政，于除旧宜去其害民之智、德、力者；于布新宜立其益民之智、德、力者。以此为经，而以格致所得之实理、真知为体。本既如是，标以从之，本所以期百年之盛大、标所以救今日之阽危。③

严氏虽未明言康、梁变政为“标”、为“末”、为“无当”，但其意自见。即在民智、民德、民力未张之时，伸民权、开议院是无用的。曾曰：“论者动言中国宜灭君权，兴议院。嗟呼！以今日民智未开之中国，而欲效泰西君民并王之美治，是大乱之道也。”④ 严氏认为在当时能够取法的西政，是沙俄之政，因其政教风俗较近之故。而康梁欲一蹴而就西方议会政治，在严氏看来，自属激烈而又不切实际。戊戌变法后，严有“伏尸名士贱，称疾诏书哀”之句，悲悼六君子之殇，但对康、梁舍本逐末，躁进无当，仍不无微词，在给熊纯如信中说：

> 吾国自甲午、戊戌以来，变故为不少矣，而海内所奉为导师以为

---

① 严复：《原强》，载《严几道文钞》，台北，1971 年，第 48 页。

② 同上书，第 53 页。

③ 此书见《严几道先生遗著》，新加坡，1959 年，第 119 页。

④ 严复：《中俄交谊论》，载郑振铎编《晚清文选》，上海，1927 年，第 682 页。

> 趋向标准者，首屈康、梁师弟。顾众人视之以为福首，而自仆视之，则为祸魁。何则？政治变革之事，蕃变至多，往往见其是矣，而其效或非；群为善矣，而收果转恶。是故深识远览之士，愀然恒以为难，不敢轻而掉之，而无予智之习。而彼康梁则何如？于道徒见其一偏，而出言甚易。①

严复与康、梁变法思想之歧异可见。严氏而外，属西洋留学生之何启与胡礼垣也与康党思想多有不协。何、胡对政、刑、法、军商诸政之兴废，颇有卓见，但不以今文改制为然："康君欲变中国，而不能正谊明道，挈领提纲，斯亦已矣！乃复以经义之说进，使今学宗于古法，时事蔽于陈言。"② 同时，何、胡亦不以康的义愤之词为然。康在保国会演说时有谓："四万万人，人人热愤，则无不可为者，奚患于不能救？"但何、胡觉得康不免"以救时之心，为趋时之说"。因为变法救国需冷静的胸怀，理智的考虑，不能感情用事，故曰："从康君背水沉舟诸说，中国不特不能变，即其民将欲复如今日之居覆屋，在漏舟，作犬羊，为奴隶，或亦不可再得。"③

何、胡二氏认为康之热愤又适足以趋党争，演党祸，"今事未办，党已先成，崩败可为预决"④，已预见政变之将发生，因为"新旧相若则不相能，相胜则不相下，故局一设则论必异，论一异则党必成。党一成，则祸必起。且使新进之士，言听谏行，旧日诸员视同疣赘，然一人谋之，十人起而阻之；一人策之，十人合而败之，未有能济者也"⑤。

何、胡二氏特重民权，如谓："吾正欲使天下之人，人人皆可以为官；天下之士，人人皆可以从政。"⑥ 又谓："民权者，树之干也，邑之市也，名理之会通也。天下有无君之国，不闻有无民之国。民权在则其国在，民

① 严复：《与熊纯如书》，载翦伯赞等编《戊戌变法》，上海，1954 年，第 2 册，第 600 页。

② 见《康说书后》，何启、胡礼垣《新政真诠》，上海，1907 年，篇四，第 15 页。

③ 同上书，第 17、21 页。

④ 同上书，第 13 页。

⑤ 同上。

⑥ 同上书，篇二，第 4 页。

权亡则其国亡。”[①] 虽说如此，他们并不认为旧制可以骤废，民权可以骤兴。从这一点而言，何、胡亦属缓进派，曾说：

> 夫室虽陋矣，而新宅未完，必不可毁；舟虽漏矣，而江心之际，必不能抛。[②]

何、胡此语并非凭空而来，实在是因虑康党操之过急，有以正之。其与康党之异亦极明显。

康党变法既未得到西洋留学生的直接参与，也未得实力派如李鸿章、张之洞等的协调与合作。李鸿章为当时洋务之重镇，其识见与经验皆可资变法之用。然甲午丧师之后，群情激昂，年少气盛之士，疾首扼腕，以鸿章为罪魁，故意排之。身与变法的王照（小航）曾建议康党奉皇太后以变法，以阴弭宫闱之争[③]，不但不听纳，康党更以鸿章为后党而拒之，可见党见之深，以及党祸的难以避免。

至于张之洞，为疆吏中最积极求变者。自马江败后，张之洞即“阴自图强，设广东水陆师学堂，创枪炮厂，开矿务局，疏请大治水师，岁提专款购兵舰，复立广雅书院，武备文事并举”[④]。甲午之后，更大治新军，组江南自强军，“采东西规制，广立武备、农工商、铁路、方言、军医诸学堂”[⑤]。戊戌新政起，张之洞时在湖北，与湖南巡抚陈宝箴响应最力，并推荐爱徒杨锐为光绪四章京之一。政变后，康有为与张之洞书颇多责难，但犹谓张之洞“颇讲变法，其望救中国，不为无心矣”[⑥]。可见即康有为也承认张之洞是讲求变法的。

张之洞未因变法得罪，可能因其曾撰《劝学篇》一书，多有正人心之语。但《劝学篇》非因避祸而作，论者不可倒果为因。张撰《劝学篇》时

---

① 见《康说书后》，何启、胡礼垣《新政真诠》，上海，1907 年，篇四，第 22 页。
② 同上书，第 16 页。
③ 见王照《在逃犯官王照笔谈一则》，载《史地周刊》1936 年第 95 期。
④ 《清史稿》第 41 册，中华书局 1977 年标点本，第 12378 页。
⑤ 同上书，第 12379 页。
⑥ 康函见翦伯赞编《戊戌变法》第 2 册，第 523 页。

祸尚未作，乃新政初兴之时，是书于戊戌春三月上呈，光绪帝并饬勉有加，着总理衙门排印三百部①，岂会是反对变法之书？政变既作，张之洞又极力营救杨锐②，非如康谓张"以惧保身，而大义灭亲矣"③，则避祸云云实不攻自破。

《劝学篇》一书实是张氏变法思想的代表作，其主题有二：开风气与正人心。前者求变通，后者固国本。其内容与要旨与康说有异，但亦有同，固不能因异同而谓张氏撰述之目的在反康，甚至反变法。

求变通凡外篇十五章，尤涉及洋务。但张氏所述论的洋务，不仅仅是技器，遍及西学、西政、西艺、非畴昔自强派洋务运动所能涵盖。张氏且特别提出"变法"一章，认为变法虽由上而下，但要成功有赖于士民的"心志"和"议论"④，颇有见地。张氏自称其书"大抵会通中西，权衡新旧"⑤。但后人偏偏以体用来概括张之思想，认为是不通的两分法。近代著述亦极少以张为变法派者。始作俑者，殆即梁启超。梁说：

> 其流行语，则有所谓"中学为体，西学为用"者，张之洞最乐道之，而举国以为至言，盖当时之人，绝不承认欧美人除能制造，能测量，能驾驶，能操练之外，更有其他学问。⑥

梁氏把张氏思想简化、矮化，后人但阅梁书，以定张说，体用一说乃不胫而走，大为风行。⑦ 张氏诚如梁所说不知欧美人更有其他学问吗？请阅《劝学篇》中的《学制》章：

---

① 详见《张之洞致京湖北臬台瞿函》，载翦伯赞编《戊戌变法》第2册，第615页。

② 见《康与张之洞书》，上引书，页五二三。

③ 张之洞：《劝学篇·外篇》，湖北，1898年，第18页。

④ 同上。

⑤ 语见翦伯赞编《戊戌变法》第4册，第230页。

⑥ 梁启超：《清代学术概论》，第100页。

⑦ 体用说一直风行到美国，已故李文孙教授大作体用二分论的分析，见 Joseph R. Ievenson, *Confucian China and Its Modern Fate*, A. Trilogy, Berkeley: University of California Press, 1968, pp. 59-78. 对体用二分法的纠正可参考王尔敏《晚清政治思想史论》，台北，1969年，第72—100页。

> 外洋各国学校之制，有专门之学，有公共之学。专门之学极深研几，发古人所未发，能令人所不能，毕生莫殚，子孙莫究，此无限制者也。公共之学所说有定书，所习有定事，所知有定理，此有限制者也。[①]

可见张氏明明知道除技器外，更有其他学问。至于“中学为体，西学为用”一语在《劝学篇》中偶不一见，见时亦不似梁氏所指之浅陋。如张氏论新学堂时有云：“新旧兼学，四书五经，中国史事、政书、地图为旧学，西政、西艺、西史为新学，旧学为体，新学为用，不使偏废。”[②] 并未将体用视作“二分法”，而将二者“循序”“会通”，其意不过是洋为中用，而不失为中。[③] 至于张氏内篇正人心，固根本诸说，倡言忠君、爱国、纲常、伦理，似与保守派同调，也是误张为反对变法的原因。事实上，张之洞有鉴于当时的情势，有心而发，并隐含规劝康党之意。缘自甲午战争后，张之洞与陈宝箴在两湖力求变通，开风气，到戊戌时湘中风气渐开，但康党之活动亦日趋激烈。张之洞初极不以今文改制说为然，力诋公羊，复恶偏颇言论，惧“倡为乱阶”[④]，时又有“保中国不保大清”之流言，乃提出三保之说以力求安定，安定而后能言变法。张曰：

> 夫三事一贯而已矣！保国、保教、保种合为一心，是谓同心保。保种必先保教，保教必先保国。[⑤]

所谓保国者，保大清也，也就是维持现有政权。国何以保？忠、爱、纲、常是也。张氏似愚忠可笑，但其未尝没有实际的考虑。当时新旧相争日厉，朝政日衰，人心日涣，若没有维持社会与政治秩序的伦理道德，则

---

① 张之洞：《劝学篇・外篇》，第 11 页。
② 同上书，第 8 页。
③ 参阅拙撰《晚清变法思想析论》，《史学评论》创刊号 1979 年第 1 期。
④ 语见张之洞《致长沙陈抚台黄臬台书》，载翦伯赞编《戊戌变法》第 2 册，第 609 页。
⑤ 张之洞：《劝学篇・序言》，第 2 页。

“法未行而大乱作矣”[①]。大乱作，国固不保，法亦无以变。故自张视之，正人心的道本实为变法的条件与基础，必不能弃之，忽之。张氏变法思想的思路，亦即其《劝学篇》序中所谓：“内篇务本，以正人心；外篇务通，以开风气。”[②] 外篇在规守旧者毋因噎而废食，内篇在劝维新者毋多歧亡羊，舍本逐末。正人心以务本，体也；开风气务通，用也；本体固始能尽变法之用也。此为张之洞的变法论。

张氏的变法论在内容与方法上皆可称为稳健缓进，与康党之好奇勇进自有歧异。张、康之冲突可见之于张氏一再劝诫与匡正《湘学报》的言论。[③] 张对康之批评也日见严厉，甚至斥为“谬论”，如民权、议院等。但张之反对民权和议院之说，与守旧顽固派有异，而与严复同调。张曰：

> 将立议院欤？中国士民至今安于固陋者尚多。环球之大势不知，国家之经制不晓，外国兵学、立政、练兵，制器之要不问，即聚胶胶扰扰之人于一室，明者一，暗者百，游谈呓语，将焉之？[④]

张意如严，认为议院非不善，唯民智未开，时不相宜而已。但严之变法思想与张并不尽合，曾讥张氏之言体用为牛体马用。[⑤] 何启、胡礼垣与张说亦有歧异，贬《劝学篇》《变法》一章为“皮毛之语”[⑥]。可见，戊戌时代变法思想之重镇皆互有歧异，不仅新旧对立，变法家之间亦少见契合。思想既难一致，行动更少协调与支援。戊戌变法的失败固然由于守旧思想太强，维新思想也未免过于脆弱。

小　结

百日维新之兴，大致由于甲午丧师之耻，戊戌割让之祸，群情激昂，

① 张之洞：《劝学篇·外篇》，第20页。
② 张之洞：《劝学篇·序言》，第1页。
③ 语见《张之洞函》，载翦伯赞编《戊戌变法》第2册，第610页。
④ 张之洞：《劝学篇·内篇》，第21页。
⑤ 见《严几道文钞》，第241页。
⑥ 见何启、胡礼垣《新政真诠》，篇五，第33页。

康梁乘之，光绪从之，而后有下诏变法的盛举。但就思想背景而论，变法尚未成熟，自难普遍为人接受，此为戊戌变法先天不足。然又继之以后天失调，初则康著《新学伪经考》与《孔子改制考》为变法之理论基础，不仅不能说服一般士子，反而引起强烈的争论与猜忌，于变法行动颇有损害。继则康欲借帝王之知遇，强力推行新政，虽知不可为而为之。勇气虽然可嘉，终于事无补。康有为于《日本变政考》中偶曰求变“必有新旧相攻，去小异、取大同而后有融洽之政”[①]。惜其于戊戌变法期间未能身体力行，反而去同存异。王小航曾建议康党预防愚民之顽梗，阴弭宫闱之变乱，默化徐桐等伪儒之反侧[②]，亦未见听。康党变法依据今文三世之说，欲入中国于“升平世”，在政治上亦即要实施君主立宪政体，以结束长期的君主专制政体。君主立宪必须提升民权，以达到所谓君民共治之目的。为了沟通君民，议院不可不设。在理论上，议院也为君主立宪政体不可或缺。戊戌变法之初，康有为确是向此目标前进的。如上清帝第五书中有云：

> 明定国事，与海内更始，自兹国事付国会议行，纡尊降贵，延见臣庶，尽革旧俗，一意维新。[③]

同时，变法派也有实际行动，如置散卿、议郎以备顾问，通下情。备顾问与通下情原是西洋中古议院之模式，近代议会制度之雏形。康氏之目的在先创立一议政的政体，以别于由行政权专断的传统政体。康氏虽犹未主张民选议会，又所谓民权并非替代君权，而是从民无权到民有权，但在当时之保守气氛中，不论何种民权、何种议院，都将遭到强烈的反抗与抵制。至戊戌夏间，新旧冲突日厉之时，康党中之激进派如谭嗣同，如林旭仍“欲开议院”。康氏本人虽“力止之”，但“止之”之故乃因“旧党盈

---

① 见《康著汇刊》第 10 册，第 274 页。

② 王照：《水东全集》，台北，1964 年，卷四，第 6 页。

③ 见康有为《上清帝第五书》，载翦伯赞编《戊戌变法》第 2 册，第 194 页。民国六年康氏《与冯国璋书》中有云“夫中国以国为公有，而言立宪也，实创于仆戊戌所请”，可为旁证，见《康著汇刊》第 23 册，第 132 页。

塞”，仅是策略的退却，而非政见之放弃。乃主张先“开懋勤殿以议制度”[1]。康氏所欲拟议的制度仍是君主立宪政体。康氏的政见就戊戌时代的思想水平与风气而言，不免树义过高，以致引起过多的争论与反对，导致新政的失败。

---

① 见《康氏自编年谱》，载《康著汇刊》第23册，第64页。

马克思主义在中国的初期传播与近代中国启蒙运动*

姜义华

近代中国，风起云涌激荡于思想界的启蒙运动，以其锐利的锋芒，指向传统的经学、世界观、国家制度与社会经济秩序，为行将到来的反对帝国主义及推翻封建专制统治的伟大革命，启发和武装了人们的头脑。

同西方先辈们一样，中国启蒙思想家们所从事的，是一场体现着资本主义发生、发展要求的资产阶级运动。然而，19 世纪末叶和 20 世纪初的中国，既不同于 18 世纪的法国，也不同于 19 世纪前期的德国和 19 世纪中期的俄国。西方启蒙学者们所热烈向往和讴歌过的理性、博爱、自由、平等，在实际生活中究竟意味着什么，已经不是秘密。仍然与广大民众同命运的中国启蒙思想家们，不能不正视富有者与贫穷者对立空前尖锐化的严峻现实，也不能不关切地注意到国际工人运动的普遍高涨和马克思主义的广泛传播。历史前提的巨大差别，决定了中国启蒙思想家们一边在为资本主义的发展开辟道路，一边又对资本主义采取了批判的态度。这样，近代中国启蒙运动因之便具有与西方启蒙运动非常不同的内容与形式；而其中最为显著的特点，便是这场运动，几乎从它一开始，便同马克思主义在中国的介绍、传播联系在一起。

---

* 本文原载《近代史研究》1983 年第 1 期。

近代中国启蒙运动为马克思主义在中国的传播提供了必要的思想基础。甚至可以说，马克思主义在中国的初期介绍与传播，以及它在中国思想界所发生的深刻影响，已成了近代中国启蒙运动不可或缺的一个有机组成部分；这一运动的每一步重大发展，都同马克思主义在中国影响的扩大息息相关。深入研究这一课题，无疑将可以更为准确地把握近代中国启蒙运动的特征，了解中国近代的觉醒同马克思主义传播的内在联系，更为具体而全面地认识中国人民接触和接受马克思主义的艰难而曲折的历程。

一

1871 年巴黎公社的伟大斗争，成了世界近代历史的转折点。“自由”资本主义开始向垄断资本主义转变，世界经济与政治的深刻变化，推动国际工人运动开始了马克思主义普遍发展、社会主义政党大批建立、成长和成熟的时期。根据目前所能查阅到的资料，可以看到，也正是从 19 世纪 70 年代开始，中国人开始对国际无产阶级的斗争和马克思主义有了最初的、零星的了解。

中国最先报道巴黎公社斗争的，是香港的《华字日报》《中外新报》等报纸。《华字日报》创办于 1864 年，《中外新报》创办于 1858 年。普法战争爆发后，刚从欧洲游历归来的王韬与张芝轩、何十洲及陈霭廷等，“午夜一灯，迅笔瞑写”，译撰了大批报道，交《华字日报》等报发表。1871 年，王韬将这些报道汇集起来，补充以其他资料，编成《普法战纪》十四卷，刊刻发行，使读者面从香港、广州一隅扩大到了内地。今天，《华字日报》等搜寻不易，但我们从《普法战纪》这部著作中，可以考知当时人们是如何观察与理解巴黎无产阶级的壮烈斗争。

什么是公社？王韬写道：“先是法京各乡间，欲行保甲，例各自不相辖，赋税则由自征；徭役则由自供，兵勇则由自出，上之人一概毋得钤制之。”这就是绝对的地方自治，公社有权确定和分配捐税，建立自己独立的政权机关和武装力量。

公社的主体是谁？王韬写道：“其所谓乱党者，即京师内外之护勇与居民也。而其始发难端者，则民也。”当梯也尔卖国投敌、与普鲁士签订和约之时，“勉拿他［今译梅诺蒂，即加里波第］振臂一呼，乱者四应，从之者十余万。各村乱民，无不斩木揭竿，蠢然竞起。弹指之间，其乱已成”。

巴黎公社是怎样建立的？3 月 18 日起义一成功，起义者便“传檄远近，示期于三月二十二日公举人员”。巴黎公社建立后，发布宣言：“兹已公立朝廷，名曰保民而卫国，凡属苍黎，时萦宵旰。此心所发，薄海咸知。”

反革命派是如何残暴地屠杀起义者的？“获即击杀，极形残酷。兵刃相接，杀人如麻。积骨成丘陵，流血成沟浍。”“擒得乱党，概治以军律，用枪击杀。每次以五十人或一百人为一队，火枪所拟，溃肠洞腹，碎首裂脑，诛戮亦惨矣。”

巴黎人民以怎样的英雄气概对待反革命的屠杀？他们殊死作战。尤其是巴黎的妇女们，无论在街垒里和在刑场上，都视死如归。“其临阵从容，决机猛捷，皆刚健中含婀娜之气，非及笄之姝，即待字之女，力强而气锐，其鸣枪发炮，娴熟而敏速，虽久历疆场之士，无此精练。”

究竟怎样评价这场斗争？王韬写道：“推其致乱之由，则皆因自主二字害之也。法国廷臣之转为自主之国也，民间嚣然，皆以为自此可得自由，不复归统辖，受征徭，从役使，画疆自理，各无相制。爹亚［今译梯也尔］以为不可，于是衔之切齿，揭竿竞起。明知势不能敌，法京断不可守，但愿与城偕亡。”

尽管《普法战纪》的编撰者视巴黎无产者为乱民、乱党，赞成梯也尔镇压巴黎公社，表现了明显的阶级偏见，然而，这些记述终究将世界近代历史上具有划时代意义的伟大斗争的一些重要特征，以较为原始的形式及时地介绍到中国来了。

巴黎公社失败后，欧洲各国统治阶级都加紧了对无产阶级的进攻。然而，结局与他们的愿望相反：马克思主义传播的范围从欧洲、南北美洲扩大到了澳大利亚、新西兰和亚洲；在许多国家都奠定了建立独立的无产阶级政党的基础，第一个马克思主义的政党德国社会民主工党则走在这些政党的最前列；俄国、西班牙和其他许多国家年轻的工人阶级开始走上了政治舞台。国际政治发展中的这些重要动向，在 19 世纪 70—90 年代的中国报刊书籍中，或多或少地得到了反映。

江南制造局编印的《西国近事汇编》（以下简称《汇编》），自1873年至1882年初，逐周汇述各国重要时事，不定期出版，是当时中国人借以了解世界形势的一个重要窗口。从中，人们可以看到1873年英国煤矿工人大罢工、谢菲尔德机械工人大罢工和1874年英国造船工人和煤铁矿工大罢工的情况，可以看到英国议会由于工人组织的强烈要求而通过九小时工作制及限制童工、女工工作时间立法的情况。[①] 从中，人们还可接触到德国社会民主党活动的消息。1874年1月10日德国举行帝国议会改选，社会民主党人在八个选区中当选为议员，《汇编》立即作了报道，称他们为“主欧罗巴大同之议者”[②]。1878年，德国首相俾斯麦借德皇威廉一世遭刺事件，强行通过“镇压社会民主党企图危害治安的法令”，迫害社会民主党人。《汇编》对此也多次作了报道，叙述了议会多次辩论，致使俾斯麦“严治乱党章程”迟迟未获通过的情况，称德国社会民主党或为“康密尼人”，或为“乱党”，或为“民党”，还介绍“德人茂林［今译梅林］著一书，名《日耳曼民党通议》，其党目有一百五十人。此外有数新报馆，亦其党羽。有成册者，名《新世界录》［今译《新世界》］，购观者甚众，每售三万五千本”。[③] 后来，大批社会民主党人遭到放逐，《汇编》也作了报道：“德国民党为国家逐出柏林者一百五十五人，汉倍克［汉堡］者一百五十五人，拉拔雪茄［莱比锡］者七十人，共四百二十人，皆有家属妻子赖以养赡，自被逐后，分往英、美。”[④]《汇编》还以相当篇幅报道了西班牙、美国和俄国工人运动发展的情况。比如，1873年便连续报道了西班牙起义的状况，逐城报道了亚尔科等城市各工会要求“借境内富室积产，按名公晰，以赡贫困，其工值所得亦公晰，以均有无”的消息[⑤]；1875年报道了俄国政府惊呼必须防止“创为贫富均财之说”的消息[⑥]；1878年报道

① 见《西国近事汇编》同治癸酉年卷一、卷二、卷三，同治甲戌年卷一。

② 《西国近事汇编》同治甲戌年卷一。

③ 《西国近事汇编》光绪戊寅年卷二。

④ 《西国近事汇编》光绪辛巳年卷四。

⑤ 《西国近事汇编》同治癸酉年卷一、卷二、卷三。

⑥ 《西国近事汇编》光绪元年卷二。

了美国“康密尼党”“唆令作工之人与富贵人为难”，并“演练为兵”，图谋起义，“以偿其贫富适均之愿”的消息。[①] 康密尼党，即共产主义党人的音译，而“贫富适均”等，则正是这时对社会主义学说的原始译述。其时，中国驻德使臣李凤苞在他的《使德日记》中也曾用这些名词，介绍德国社会民主党及其他国家社会主义者的活动。比如，1878 年 12 月 5 日日记就写道：“先是欧洲有‘莎舍尔德玛噶里会’，译言‘平会’，欲天下一切平等，无贵贱贫富之分。”1879 年 1 月 2 日日记又写道：“德国……之‘平会’，西语‘莎舍尔德玛噶里’，各国皆有之。瑞士为民政国，故混迹尤多。在俄者曰‘尼赫力士’，在法者曰‘廓密尼士’。今各国禁逐。……又闻柏林有平会五万八千人，且有充议员者，德君不能禁也。”这里的“莎舍尔德玛噶里”，就是社会民主党的音译；尼赫力士，就是民意党的音译；而廓密尼士，则与康密尼同，都是共产主义的音译。应当说，正是这样一些报道与记述，打开了中国人的眼界，使人们对欧美各国工人运动和社会主义运动高涨的情况有了最初的了解。

《汇编》之后，给人们提供了西方工人罢工和社会主义运动发展较多消息的，是《万国公报》。从 90 年代开始，西方传教士们为向渴求变法的中国知识分子兜售西方的宗教救世说教，开始在这个刊物上有意识地译介一些当时流行于欧美的资产阶级、小资产阶级社会主义学说，并极力使之皈依于基督教救世教义。比如，1891 年 12 月至 1892 年 4 月《万国公报》第三十五册至第三十九册，便连载了贝拉米著、析津译的《回头看纪略》(原名《回顾 2000—1887 年》)，描绘了公元 2000 年一个空想的社会主义社会，国家占有一切生产机构与分配机构，在高效率的机器大生产基础上，实现政治的、经济的和社会的完全平等。从 1894 年 12 月《万国公报》第七十一册到 1899 年 5 月《万国公报》第一百二十四册，英国教士马林先后发表了《以地租征税论》《再论以地征租之利》《富民策》《各国富国策辨》《地工本之说》等文，系统介绍了亨利·乔治的土地国有论及单一税论。特别值得注意的是，1899 年 2—5 月，《万国公报》第一百二十一册至第一百二十四册连载的《大同学》，承认机器大工业的发展，并未

---

① 《西国近事汇编》光绪三年卷二。

带来普遍的幸福，“分利之人日益富，生利之人日益贫”，结果，工人们便“合众小工而成一大力，往往停工多日，挟制富室，富室竟一筹莫展”。此文在阐述这一趋势时，曾直接引证马克思的话，说：“其以百工领袖著名者，英人马克思也。马克思之言曰：‘纠股办事之人，其权笼罩五洲，突过于君相之范围一国。吾侪若不早为之所，任其蔓延日广，诚恐遍地球之财币，必将尽入其手。然万到此时势，当即系富家权尽之时。何也？穷黎既至其时，穷已计无复之，不得不出其自有之权，用以安民而救世。’”① 文章中还写道：“今世之事，恐将有更甚于古者，此非凭空揣测之词也。试稽近世学派，有讲求安民新学之一家，如：德国之马客偲［即马克思］，主于资本者也；美国之爵而治［即亨利·乔治］，主于救贫者也；美洲又有拍辣弥［即贝拉米］，主于均富者也；英国之法便［即费边］，尤以能文著。皆言：人隶律法之下，虽皆平等，人得操举官之权，亦皆平等，独至贫富之相去，竟若天渊。语语翔实，讲求政学家至今终无以难之。”②《大同学》系据英国企德［今译颉德］《社会进化》一书的节译。《社会进化》一书出版于 1894 年，作者并不赞成马克思主义；这部著作的主要目标，就是要将生物进化学说与非理性主义的宗教结合起来，书中引述马克思的话及其他社会主义流派的言论，最后还是为了论证：要消除社会的分裂状态，必须求助于超理性的宗教力量。但是，尽管如此，《万国公报》上所刊登的这些文章，毕竟使它的读者对西方各派社会主义学说有了较多的接触，并首次知道了马克思。

甲午战争后，维新变法运动日渐高涨，大批宣传变法的报刊问世。在这些出版物中，报道第二国际和各国社会党活动，介绍所谓“均富”“无君”思想的文章，也日渐增多。③ 还有一些著作，给中国介绍了圣西门、

---

① 李提摩太节言、蔡尔康撰文：《大同学》，《万国公报》第一二一卷。

② 李提摩太节言、蔡尔康撰文：《大同学》，《万国公报》第一二三卷。

③ 比如，《时务报》第六册便刊登了《社会党开万国大会》的消息，报道了 1896 年第二国际伦敦大会的情况。该报第四十七册《论英国机器制造各工匠停工事》，便专门评述了举世闻名的 1897 年伦敦机械工人大罢工事件。

傅立叶和欧文的学说，专门评介废除私有财产的各种主张。[1]

19 世纪 70—90 年代对于国际无产阶级斗争和马克思主义的了解，尽管还是零星的、初步的，而且往往是扭曲了的，是许多错误的东西混在一起的，它还是在中国思想界产生了不可忽视的影响。它使许多向往西方的思想家，对于资本主义的政治制度和经济制度开始持保留态度；它最为显著的结果，就是康有为大同思想的酝酿与初步形成。

康有为在回溯自己思想发展与转变的历程时说过，他就是在 1879 年得到《西国近事汇编》《环游地球新录》及其他几种西学书籍，并游览了香港后，“乃始知西人治国有法度，不得以古旧之夷狄视之”，由此而“渐收西学之书，为讲西学之基”。这里，他所列举的第一部著作，就是《西国近事汇编》。1884 年，康有为“始演大同之义”；1885 年，康有为“手定大同之制，名曰《人类公理》”；1886 年，“又作《公理书》，依几何为之者”。[2] 如今，《人类公理》手稿已不复可见，《公理书》在 90 年代初的修订稿《实理公法全书》抄件仍存。这份手稿包括凡例、实字解、公字解、总论人类门、夫妇门、父母子女门、师弟门、君臣门、长幼门、朋友门、礼仪门、刑罚门、教事门、治事门、论人公法、整齐地球书籍目录公论等十六部分。康有为指出：“凡天下之大，不外义理、制度两端。义理者何？曰实理，曰公理，曰私理是也。制度者何？曰公法，曰比例之公法、私法是也。实理明则公法定，间有不能定者，则以有益于人道者为断。然二者均合众人之见定之。”据此，康有为宣布“天地生人，本来平等”等为“实理”，他所宣布的“公法”有“人有自主之权”“以平等之意，用人立之法”“圣不秉权，权归于众”等。中外各种现实的制度，都被他宣布为“不合几何公理”“与几何公理全背”，例如“人不尽有自主之权”“君民共主”“君主威权无限”“圣权无限，凡奉此圣之教者，惟以此圣为主，不以理为衡”等，便都如此。[3] 康有为思想发展的这一过程，以及《实理公法全书》中的这些观点，显然不是凭空产生的。将他的思想演变与社会主

---

① 比如，傅兰雅口译、应祖锡笔述《佐治刍言》，法思德《富国策》，汪凤藻等译，便都有专章讨论这些问题。

② 以上俱见《康南海自编年谱》。

③ 康有为：《实理公法全书》，抄件。

义学说在中国传播的历程加以比较，不难看出这两者的内在联系。像康有为一类知识分子，这时并不真正了解什么是马克思主义，什么是社会主义，更不可能接受这一无产阶级的崭新世界观和无产阶级革命学说；但是，这却并不能阻止他们试图从与西方启蒙学者不同的角度去思考如何解决自己时代所提出的各种课题。中国启蒙运动在其初期阶段，便产生了《人类公理》《实理公法全书》这样一些闪着特异光彩的著作，其思想基础当即在这里。

二

中国人对马克思主义获得较多的了解，是在20世纪最初那几年。一方面，戊戌变法、义和团运动迭遭失败，人们焦虑彷徨，如饥似渴地急于找到救国救民的新路；另一方面，随着留学运动急速展开，大批青年学子来到日本，与正在勃兴的日本社会主义运动有了直接接触，读到了前此在国内根本接触不到的一大批社会主义著作。正是在这两种因素的刺激下，1902—1904年，一度形成了将日本社会主义方面的著作译介到中国来的热潮。

这期间，也有一些人在欧、美接触了社会主义思潮。比如孙中山，早在1897年在伦敦时，就可能“研究了马克思、乔治、穆勒、孟德斯鸠以及其它人”。[①] 他曾自称此时“始知徒致国家富强，民权发达，如欧洲列强者，犹未能登斯民族极乐之乡也。是以欧洲之士，犹有社会革命之运动也”[②]。但即使是他，事实上也是1897—1903年旅居日本期间，才与社会主义思潮有了较多接触。

根据目前掌握的材料，1902—1904年至少出版了以下八种译自日文的评介社会主义的专著。

1. 《广长舌》。作者：幸德秋水。译者：中国国民丛书社。商务印书馆1902年12月出版。

---

① ［美］史扶邻：《孙中山与中国革命的起源》，丘权政等译，第119页。

② 《孙文学说》，第92页。

这是一部宣传社会主义的通俗读物。商务印书馆此书的广告说："欲知吾人今日世界之主眼，不可不读是书；欲探世界将来之影响，不可不读是书。"①

2.《社会主义》。作者：村上知至。最初由支那翻译会社编辑发行的《翻译世界》译成中文，刊登于 1902 年 12 月至 1903 年 1 月出版的《翻译世界》第一期至第三期。作者误为"村上知玄"。另有侯士绾译本，1903 年 6 月由文明书局出版。同年广智书局还出版了罗大维的译本。

村上知至是日本社会主义研究会会长，这是他系统阐明自己社会主义观点的一部理论著作。作者是一个基督教徒，所以这部著作宣称："古代之基督教，代表近时之社会主义"，"近时之社会主义，阐发古代之基督教"。第十章"理想之社会"甚至论证"今则工业之时代将去，而道德之时代将来"。

3.《近世社会主义》。作者：福井准造。译者：赵必振。广智书局 1903 年 3 月出版。

这部书分四编：第一编题为"第一期之社会主义——英、法二国之社会主义"，依次介绍了巴贝夫、圣西门、傅立叶、欧文、卡贝、蒲鲁东，路易·勃朗的生平、著作和学说；第二编题为"第二期之社会主义——德意志之社会主义"，介绍了马克思的生平、学说，第一国际的历史、洛贝尔图斯与拉萨尔的生平和学说；第三编题为"近时之社会主义"，介绍了无政府主义、社会民主主义、国家社会主义，基督教社会主义等各流派的沿革及其观点；第四编题为"欧、美诸国社会党之现状"，分别介绍了英国、法国、德国、中欧诸国、东欧诸国及美国社会党的活动。

在该书中卡尔·马克思译作"加陆·马陆科斯"，恩格斯译作"野契陆斯"。福井准造在介绍了圣西门、傅立叶、欧文和路易·勃朗、蒲鲁东等人的理论后，毫不含糊地指出，所有这些学说，都是"空想的学理"和"儿戏的企图"，"故全然失败"。马克思主义与他们不同，第一，它是"以深远之学理，精密而研究之，以讲究经济上之原则，而认信真理与正理，故于多数之劳民，容易实行其社会主义"；第二，它不是局限于一个

① 《外交报》壬寅第二十六号插页。

地区或一个国家，“其性质实注重于世界，故可成广大之场所，而集多数之人”，将它付诸实施。

《近世社会主义》依次介绍了《哲学的贫困》（译作《自哲理上所见之贫困》）、《共产党宣言》（译作《共产主义宣言》）、《英国工人阶级状况》（译作《英国劳动社会之状态》）、《政治经济学批判》（译作《经济学之评论》）、《资本论》等马克思主义经典著作的写作过程与主要内容。福井准造指出：“加陆·马陆科斯创设社会主义之实行，与国际的劳动者同盟［今译国际工人协会，即第一国际］，以期社会之雄飞，其学理皆具于其《资本论》。”他在书中力图说明马克思“剩余价值”学说的基本内容和马克思对资本主义制度内在矛盾所作的深刻分析，以证明“从来之社会主义者，大都架空之妄说”，只在马克思之后，社会主义才成为科学。所以，他热烈赞颂马克思“为社会主义定立确固不拔之学说，为一代之伟人”，“马陆科斯之《资本论》，为一代之大著述，为新社会主义者发明无二之真理，为应服膺之经典”，并说：“必以学理为社会主义之根据，以攻击现社会，以反对现制度，而创立新社会主义，以倡道于天下，舍加陆·马陆科斯其人者，其谁与归？”

总的说来，作者的观点并没有超出当时第二国际所持的立场，具有明显的议会主义倾向。广智书局在新书广告中说：“本书关系于中国前途者有二端：一为中国后日日进于文明，则工业发达不可限量，而劳动者之问题大难解释，此书言欧美各国劳动问题之解释最详，可为他日之鉴法；一为中国之组织党派者，当此幼稚时代，宗旨混淆，目的纷杂，每每误入于歧途，而社会党与无政府党尤在疑似之间，易淆耳目，如社会党，本世界所欢迎，而无政府党乃世界所嫌恶，混而一之，贻祸匪浅，是书晰之最详，俾言党派者知有所择。”①广告的用意，正是欲突出第二国际各党派的议会主义倾向，借反对无政府党的名义，否定当时中国正在日益高涨的暴力革命倾向。此书译文也很草率，译名前后常不统一，许多语句扞格不通。然而，尽管如此，它毕竟相当系统地介绍了马克思主义与世界社会主义运动的概况。

① 《新民丛报》第二十九号插页。

4.《社会党》。作者：西川光次郎。译者：周子高。广智书局 1903 年 2 月与《近世社会主义》一书同时出版。

这是一本简明扼要的小册子，分前后两编。前编，依次介绍了德国、比利时、荷兰、丹麦、波兰、俄国、奥地利等国社会党和工人运动的状况；后编专门介绍瑞士的各种社会保护和社会福利制度，将瑞士和新西兰说成“今日之世界上社会主义者之理想国”。广智书局为此书的出版也做了一则广告，说：“均产之说，出现于十九世纪之欧洲，虽未易达其目的，而掷汗血而为最大多数谋最大幸福者已非勘浅。我国劳动者一蜷伏于资本家之肘液，曾未一伸其气，亦可谓放弃自由权利之甚者也。此篇胪叙欧洲劳动社会之举动，其发因结果，盛水不漏，而译笔足以副之。留心经济问题者，不可不以为党筏也。”出版者所赞赏的，其实也是这部书中的议会主义倾向。

5.《近世社会主义评论》。作者：久松义典。译撰者：杜士珍。1903 年 2—4 月，连载于《新世界学报》癸卯第二期至第六期。

全书十二章，例言说：“社会主义者，非诡激狂暴之空想也。世人不察，以社会党与无政府党相混淆，实则宗旨颇相异。本书辟前此之谬见，叙斯主义之起源及其变迁之大略，并有说明政治、经济上应用之大纲领。”但是，译者只翻译了评论马克思主义以前各派社会主义学说的部分，作者所希望说明的这些问题，很大一部分也就没有与中国广大读者见面。

杜士珍自称“译撰”，是因为他对原书是“润其辞，删其繁，先译述之，而断之以己见”，不仅对原文多所删节，而且在每一章都加了许多按语，说明译述者自己的观点。

6.《社会主义神髓》。作者：幸德秋水。译者：中国达识译社。浙江潮编辑所 1903 年 9 月出版。后来，又有两种中译本：一为蜀魂遥译，中国留学生会馆社会主义研究社 1906 年出版；一为创生译，东京奎文馆书局 1907 年 3 月出版。

幸德秋水是日本近代一位著名的社会主义运动的先驱者，《社会主义神髓》是他宣传社会主义的一部最为重要的理论著作。该书日文原本出版于 1903 年 7 月，中文译本的出版与之相隔仅两个月。这部著作分为七章，简述贫困的原因、产业制度的变化、社会主义的主张与贡献、社会党的运动，基本上是依据《共产党宣言》和《社会主义从空想到科学的发展》二书，表述科学社会主义的主要观点。

7.《社会主义概评》。作者：岛田三郎。1903 年底、1904 年初由作新社翻译出版。

作新社为此书也发了一则广告，称这部著作“详论德、美各国之社会党、俄罗斯之虚无党，加以评论而定其范围，俾世之社会主义者不致错杂纷淆，是国民进步之大佽助也”①。

8.《新社会》。作者：矢野龙溪。《大陆报》在 1902 年 12 月出版的创刊号上译载了其中一部分，后未续登，由作新社于 1903 年单行出版。这部著作用通俗的文艺形式，描绘了社会主义理想在日本如何得到实现，宣传了社会主义的一些主要观点。

除去译自日文的这八部专著外，这时出版的其他不少历史学、社会学、经济学、法学方面的译著，也曾涉及社会主义学说。报刊上除发表各国社会主义运动的有关消息外，还发表了一些由中国人自己执笔撰写的介绍或讨论社会主义的专门论文。

马克思的名字、马克思的生平与著作、马克思所献身的事业，这时对于中国读者来说，已不再是完全隔膜且陌生的了。综观这一时期的出版物，就介绍马克思主义而言，无论是其广度，还是其深度，与前一时期相比，都已不可同日而语。

首先，一些出版物已经认识到马克思主义乃是一种崭新的世界观。马君武 1903 年 2 月发表的《社会主义与进化论比较》一文②便指出：“马克司者，以唯物论解历史学之人也。马氏尝谓：阶级竞争，为历史之钥。”达识译社翻译的《社会主义神髓》，对于这种崭新的世界观更作了具体的说明。书中写道：

社会主义之祖师凯洛·马尔克斯者，为吾人道破所以能组织人类社会之真相者，曰：“有史以来，不问何处何时，一切社会之所以组

① 《大陆报》第二年第一号插页。

② 《译书汇编》第二年第十一期。

织者，必以经济的生产及交换之方法为根底。即如其时代之政治及历史，要亦不能外此而得解释。”

……

故音盖尔（恩格斯）亦曰：“一切社会变化，政治革命，其究竟之原因，勿谓出于人间之恶感情，勿谓出于一定不变之正义。最真理之判断，夫唯察生产交换方法之态度。毋求之于哲学，但见之各时代之经济而已。若夫现在社会组织一无定衡，昨日为是，今日非焉，去年为善，今年恶焉，亦其生产交换之方法默就迁移，适应于当初社会之组织不堪其用，可知也。”

然世界之历史者，产业方法之历史也；社会之进化与革命者，产业方法之变易也。①

根据这一崭新世界观，幸德秋水概括地分析了人类社会从原始共产社会向奴隶制、封建制以及资本主义制社会发展的客观过程，显示了历史发展的内在的规律性。幸德秋水还说明了资本主义社会如何由于这一生产方式的内在矛盾而必然要由社会主义社会所代替。《近世社会主义》等著作，也详略不同地分别介绍了五种社会形态更迭发展的学说。这样，他们就为人们较为真切地了解马克思主义的世界观，以及学会如何运用这种世界观来分析社会实际问题，做出了榜样。而这又使人们对马克思主义的认识，较之以前前进了一大步。

其次，这一时期的出版物，又一个重要特点，就是较多地注意到了介绍马克思的剩余价值学说及其政治经济学的要点。虽然这种介绍还很粗略，而且，连价值与价格的区别都未辩明，剩余价值被译成了“剩余价格”，但是，仍然不失其重要意义。它表明，社会主义不再是出于义愤，或基于对贫苦的民众的怜悯而设计出来的某种主观的救世方案，而是客观的经济生活和阶级构成运动变化的必然结果。

这个时期的出版物所介绍的社会主义学说，尽管依旧非常混杂，但是，其中很大一部分，都已经注意到了科学社会主义与空想社会主义、无

---

① ［日］幸德秋水：《社会主义神髓》，中国达识译社译，第 11—14 页。

政府主义的区别，而不再像往昔那样将它们混为一谈。在阐明科学社会主义诸原理时，尽管当时第二国际内部正日益滋长起来的形形色色的机会主义，常常被不加辨别地当作正确的东西给介绍进来，但是，对于中国来说，它毕竟使人们开始了解到什么是阶级斗争，什么是社会革命，以及为什么说“革命者，进步之产婆也”①。

最后，还有一个非常重要的特点，就是这个时期人们对马克思主义的三个来源，即德国古典哲学、英国古典经济学，以及法国空想社会主义，都有了一定的介绍。以哲学而言，《新民丛报》上发表了梁启超的《近世第一大哲康德之学说》，马君武的《唯心派巨子黑智儿（黑格尔）学说》，《大陆报》第一期上就刊登了康德、费希特、谢林和黑格尔的传略；以政治经济学而言，上海南洋公学出版了严复所翻译的亚当·斯密的《原富》，此前，这部著作在中国的译本不下五六种，但都只译过一些片断，这时才有了完整的译本；梁启超在《新民丛报》上刊登了长篇论文《生计学学说沿革小史》，《政艺通报》还发表了严复撰写的《计学大家斯密·亚丹传》；以空想社会主义而言，马君武就先后在《译书汇编》《新民丛报》上发表过《社会主义之鼻祖德麻司·摩儿（托马斯·莫尔）之华严界观》《圣西门之生活及其学说》《佛礼儿（傅立叶）之学说》。这些介绍，为人们接触和了解马克思主义提供了方便。

1903 年 2 月，《政艺通报》上发表了一篇题为《论社会主义》的文章，它开头就写道：

> 于二十世纪之天地，欧罗巴之中心，忽发露一光明奇伟之新主义焉，则社会主义是也。其主义于现今世界，方如春花之含苞，嫣然欲吐。其将为大地所欢迎，而千红万紫团簇全球乎，抑为其反对者之所摧折，而绿惨红愁飘零无迹乎，虽未可知，而要之其能腾一光焰，照耀众脑，万人一魂，万魂一心，以制成一社会党，其党人复占环球各党之最大多数焉，则其主义之价值可知也。②

---

① ［日］幸德秋水：《广长舌·革命问题》，中国国民丛书译。

② 邓实：《论社会主义》，《政艺通报》第二年癸卯第二号。

这一段话，形象地说明了 20 世纪初年的中国，如何在国际社会主义运动的强烈刺激下，开始重视马克思主义的价值。客观的事实也表明，正是在当时国际社会主义思潮的直接影响下，中国经由日本，开始和马克思主义有了接触，开始对马克思主义有了一些认识。

三

社会主义学说被介绍到中国来，尽管规模还相当有限，并夹杂大量非科学的成分，它还是在中国思想界引起了强烈的反响。

许多人似乎一下子就成了社会主义者。1903 年 8 月出版的《江苏》第五期发表的署名壮游的《国民新灵魂》便说：

> 我中国个人经济主义太发达，故不能具有政治思想；而下等社会之困难于经济，类皆受上、中二等社会之压制；故共产均贫富之说，乃个人所欢欣崇拜，香花祝而神明奉者也。……
>
> 社会党者，欧洲今日之神圣法团也，求平等博爱而未得，故以流血为之先。今其势力骎骎占优胜矣，吾欲以此铸我国民之魂。吾先献身破产，铲平阶级，以为国民倡。

同年 10 月与 11 月出版的《浙江潮》，连载了署名“大我”的《新社会之主义》一文，也对社会主义学说赞美不已，说：“医有卫生术、治疗术，将以保身体之康宁，而消弭其苦痛也。社会主义者，将以增人间之福祉，而消除其厄难也，普及之卫生术、治疗术也。”

伟大的革命先行者孙中山这时正旅居日本。1902 年，他在与章太炎讨论如何改革中国土地制度时，还曾批驳社会主义者的主张，说：“彼工商废居有巧拙，而欲均贫富者，此天下之大愚也。”① 其后，随着对社会主义学说了解渐多，特别是通过“与日本平民社领导人幸德秋水交往，就社会

① 章太炎：《定版籍》，《訄书》修订本。

主义的实行问题交换意见"[①]。1903 年 9 月，孙中山离日赴檀香山；同年 12 月，他从那里致函国内，明确表示他对社会主义的态度，说：

> 所询社会主义，乃弟所极思不能须臾忘者……欧美之富者富可敌国，贫者贫无立锥……夫欧美演此悬绝之惨境，他日必有大冲突，以图适剂于平。盖天下万事万物无不为平均而设，如教育，所以平均知识，宫室衣服，所以平均身体之热度，推之万事，莫不皆然。则欧美今日之不平均，他时必有大冲突，以趋剂于平均，可断言也。然则今日吾国言改革，何故不为贫富不均计，而留此一重罪业，以待他日更衍惨境乎？此固仁者所不忍出也。故弟欲于革命时一起做起。[②]

1905 年初，孙中山由美抵欧在中国留学生中从事革命宣传组织活动。这年 2 月，他曾在布鲁塞尔专程到第二国际书记处访问第二国际主席王德威尔得和胡斯曼，要求加入第二国际。[③] 孙中山在谈话中曾反复表示："中国社会主义者要采用欧洲的生产方式，使用机器，但要避免其种种弊端。"中国要吸收西方文明的精华，而决不成为其糟糕的牺牲品，这样，"中世纪的生产方式将直接过渡到社会主义的生产阶段，而工人不必经受被资本家剥削的痛苦"。孙中山说，他要与第二国际各社会党的原则"更趋一致，防止往往一个阶级剥削另一个阶级，如像所有欧洲国家都曾发生过的那样"。[④]

同年 8 月，他在东京领导成立了中国同盟会。11 月，在同盟会机关报

---

① 《孙中山年谱》（中华民国史资料丛稿），第 59 页。

② 1904 年 4 月 26 日《警钟日报》。

③ 日本《直言周刊》第二卷第二十七号（1905 年 8 月 6 日）以《社会主义在中国》为正题。以《孙逸仙访问万国社会党本部》为副题，也报道了这一消息。孙中山除代表中国革命党人要求加入第二国际外，还要求派遣代表出席第二国际下一次代表大会。孙中山在介绍中国社会主义运动情况时，曾说："中国已有社会党的报刊五十四种，中国的社会主义运动已非处于幼稚阶段。"

④ 伯纳尔：《孙中山访问第二国际书记处》，《近代史资料》1979 年第 3 期。

《民报》创刊号的《发刊词》中，他将“社会主义”一词改译为“民生主义”,[①] 说：

> 近时志士，舌敝唇枯，唯企强中国以比欧美。然而欧美强矣，其民实困，观大同盟罢工与无政府党、社会党之日炽，社会革命其将不远。吾国纵能比迹于欧美，犹不能免于第二次之革命，而况追逐于人已然之末轨者之终无成耶！夫欧美社会之祸，伏之数十年，及今而后发见之，又不能使之遽去。吾国治民生主义者，发达最先，睹其祸害于未萌，诚可举政治革命、社会革命毕其功于一役。还视欧美，彼且瞠乎后也。

根据孙中山所确定的方针，《民报》第二号和第三号发表了蛰伸（朱执信）的《德意志社会革命家小传》，介绍了马克思的生平、《共产党宣言》的主要内容、剩余价值学说以及拉萨尔、倍倍尔的活动，“所期者数子之学说行略，溥遍于吾国人士脑中，则庶几于社会革命犹有所资也”[②]。《民报》第四号发表了《欧美社会革命运动之种类及评论》的译文，介绍了社会主义、无政府党、土地均有党三派的状况，并将它们作了分析比较。《民报》第五号又发表了劈斋（宋教仁）撰写的长文《万国社会党大会略史》，介绍了第二国际历次代表大会的情况，说明“现世界”已区别为“掠夺阶级与被掠夺阶级”，“一种独占生产之机关，一种以劳力而被其役使”。“阶级斗争之幕既开矣，旗鼓堂堂，为执戈立矛而进于两阵之间”，富绅者虽有政府、警察、军队、学人、僧侣等为之援助，平民则占多数，一旦集合起来，“是即至强优之势力，其结阵而进战也，可决其必得战利品耳”。其后，《民报》第七号又刊载了渊实（廖仲恺）所译的《社会主义史大纲》，梦蝶生（叶夏声）撰写的《无政府党与革命党之说明》。梦蝶生的文章介绍了《共产党宣言》的十大纲领，叙述了马克思主义与无政府主义斗争的过程，断言“社会主义较无政府主义其根据确实”。《民报》

① 《民报》第四号冯自由《录中国日报民生主义与中国政治革命之前途》中曾写道：“民生主义（Socialism），日本人译名社会主义。”《民报》第十二号民意《告非难民生主义者》写道：“孙先生曰：民生主义一名词，当为 Demosology，而不为 Socialism，由理想而见诸实际之意也。”

② 《民报》第二号该文，第 4 页。

第三号号外《民报与新民丛报辩驳之纲领》曾明确宣布：“《民报》鉴于世界前途，知社会问题必须解决，故提倡社会主义。”为此，孙中山和他的追随者朱执信、廖仲恺、胡汉民、汪精卫等在《民报》上还发表了一系列长篇论文，加以鼓吹。戴季陶回忆这时情况说：“当《民报》时代，朦朦胧胧的有两种思想径路。一种在思想上接近马克思之科学的社会主义，在实际政策上尤其接近德国社会民主党的主张。一种是接近奥伯来因一流的农业社会者的主张，并也采用亨利·乔治的土地政策论。这两种思想和主张，并不是很明了的分派。不过我们可以看出，这两种思想，一派特别注意工业问题，一派特别注意农业问题，而都是很热心的民生主义提倡者。在实际的活动上，也是直接遵从总理（孙中山）的主张来实行。民报社中的精卫、汉民、执信，都是明明白白为这一种思想宣传的健将，执信尤其是热心于工业革命问题。”① 就《民报》初期的倾向而言，戴季陶这一段话大体上还是符合事实的。

马克思主义是革命的无产阶级的思想体系，而在20世纪初年的中国，一批激进的资产阶级、小资产阶级革命家，却成了它热心的介绍者。之所以产生这样一种特异的现象，首先当然是因为中国资本主义经济虽已有了一定的发展，整体说来，却还相当可怜，近代企业寥寥可数，无产阶级的力量因此还非常弱小，他们还远没有形成一支独立的政治力量，更没有把他们的斗争同马克思主义直接联系起来，在正迅猛崛起的民主革命风暴中，他们还只是激进的资产阶级、小资产阶级革命家的追随者。同时，这种特异现象之所以产生，还因为现代社会主义，正如恩格斯所说，“就其理论形式来说，它起初表现为十八世纪法国伟大启蒙学者所提出的各种原则的进一步的、似乎更彻底的发展”②。对于激进的中国资产阶级、小资产阶级革命家来说，他们一度重视和欢迎马克思主义，并不是因为他们打算率领无产阶级去进行推翻资本主义的斗争，而是因为他们觉得自己有能力预先进行一场“社会革命”，确保法国启蒙学者们一百多年前提出的各项原则得到完全、彻底的实现，那就可以避免一场未来的无产阶级领导的

① 戴季陶：《国民革命与中国国民党》。

② 恩格斯：《社会主义从空想到科学的发展》，《马克思恩格斯选集》第二卷，第451页。

革命。

列宁在评论孙中山的思想时说过:"从学理上来说,这个理论是小资产阶级'社会主义者'反动分子的理论。因为认为在中国可以'防止'资本主义,认为中国既然落后就比较容易实行'社会革命'等,都是极其反动的空想。"对于科学社会主义来说,这些理论确实是极其反动的空想,可是,对于资产阶级民主主义来说,可以说,正是由于形成了这样的理论,孙中山的思想才成为真正的"战斗的民主主义思想体系",并且,"与民主主义的含义不同,比民主主义的含义更广泛"。[①] 马克思主义在中国的初期传播,在中国思想界所产生的影响,也正是主要表现在这里,它使得中国近代启蒙运动因此比之一般的资产阶级民主主义具有更加广泛的含义,并具有更加强烈的战斗性。

在西方,资产阶级启蒙运动所承担的历史使命,只是对封建主义的批判;批判资本主义,是从空想社会主义思潮出现时才开始的。圣西门、傅立叶、欧文这三个伟大的空想社会主义者,雄辩地证明了按照18 世纪启蒙学者的原则建立起来的资产阶级世界,"也是不合乎理性的和不正义的,所以也应该像封建制度和以往的一切社会制度一样被抛到垃圾堆里去"[②]。在中国,这两个不同的历史时代的思想运动与社会运动,却需要由资产阶级启蒙运动同时承担起来。中国曾经试图模仿日本、普鲁士、俄国,走自上而下实行维新的道路,结果发现,此路不通。人们又急切地希望走法国大革命的道路,自下而上地进行变革。这条道路是否走得通呢?西方的现实证明,即使这条路走通了,前面也并非"理性的王国"的真正实现。中国不能简单地照着西方启蒙学者所指引的那条路径去走;中国需要探索一条新的前进之路。这条新的前进之路,不仅要区别于中国传统的封建主义,而且要区别于已经发展为帝国主义的西方资本主义。它也只有借助于对这两者的深入批判,才能较为有效地去探寻。现代社会主义对近代中国启蒙运动的推动作用,首先就表现在这里。这就是它打开了人们的眼界,使中国急遽扩大了对于世界环境和历史进程的了解,使人们懂得了,完全

---

① 列宁:《中国的民主主义和民粹主义》,《列宁选集》第二卷,第 361、360 页。

② 恩格斯:《社会主义从空想到科学的发展》,《马克思恩格斯选集》第三卷,第 406 页。

可以寻找一条新的前进之路，从18世纪法国启蒙学者所确定的各项原则那里继续前进，使之得到完全而彻底的实现。

正因为如此，在近代中国启蒙运动中，对于资本主义经济制度和政治制度种种弊病的揭露和批判，成了一个非常突出的方面。中国资产阶级、小资产阶级革命家们，还提出了形形色色的取代资本主义制度或消除其弊病的救世方案。比如，孙中山便大声疾呼，要实行以土地国有和单一税制为主要内容的“平均地权”，要制定和实行教育、考试权亦自行独立的“五权宪法”；章太炎便要求借助于“限袭产之数”“田不自耕殖者不得有”“官设工场”等办法来“抑富强、振贫弱”，要求借助于总统民选、司法独立、立法与教育不受政府钳制、实现“直接民权”等办法来“抑官吏，伸齐民”①。尽管中国资产阶级、小资产阶级代表人物对于现代社会主义学说并不真正了解，尽管他们对于资本主义的批判不能准确地抓住要害，尽管他们所制定的种种救世方案并没有越出资本主义自身所能容许的范围，然而，他们的努力所具有的意义仍不可低估。他们敢于正视资本主义文明丑恶的一面，他们不愿让中国重蹈西方前辈们的覆辙，他们为寻找一条适合现代世界总形势而又切合中国国情的前进之路而思考、而探索，尽管问题并没有解决，但毕竟敏锐地提出了这一问题，为解决这一问题进行了摸索，这不能不说是对于中国历史发展的一大贡献。

现代社会主义对近代中国启蒙运动的又一重要影响，表现在它使中国革命家们较早地开始注意社会经济制度变革的决定性作用。

在西方，在法国启蒙思想家那里，“思维着的悟性成了衡量一切的唯一尺度。那时，如黑格尔所说的，是世界用头立地的时代”②。人的头脑以及通过其思维发现的原理，被视为一切人类活动和社会结合的基础，启蒙思想家的使命就是进行思维，发现永恒的理性、正义、真理。在中国，在现代社会主义学说和现代社会主义运动的影响下，近代启蒙思想家们较早地就已意识到仅仅进行思想革命或政治革命还不能根本解决社会问题，必须正视中国社会经济发展的实际状况和中国社会各阶级的实际关系，充分

① 章太炎：《代议然否论》，《民报》第二十四号。

② 恩格斯：《社会主义从空想到科学的发展》，《马克思恩格斯选集》第三卷，第40页。

重视社会经济制度的变革。中国启蒙思想家们并没有真正懂得唯物史观，他们观察社会历史的方法，从总体上说，也还是唯心主义、头脚倒立的。然而，比之西方的先辈，他们确实更多地关注社会经济制度的变革在社会发展中的作用。他们中间一些人已经有了初步的阶级划分与阶级斗争的观点，甚至已经自觉或不自觉地开始结合人们的社会经济地位的不同，来考察人们的道德、精神以及对于革命的态度上的差异。这不能不被看作近代中国启蒙运动较快地就从幼稚阶段跨入成熟阶段的一个突出标志。近代中国启蒙运动远没有西方启蒙运动那么广泛、深入、持久，然而，它的成熟却远比西方先辈们迅速。这种早熟性的形成，固然是世界形势与中国社会自身的状况所决定的，从思想上说，则不能否认正是现代社会主义学说的初期传播，在中国思想界起了重大的催化作用。

现代社会主义对近代中国启蒙运动的又一个重要影响，表现于它在中国革命与国际工人运动、国际社会主义运动之间，建立了初步联系。近代中国资产阶级民主革命，本来是世界资产阶级旧民主主义革命的一部分，然而，帝国主义的侵略与奴役，使中国人民的命运与西方各资本主义国家无产阶级及劳苦大众的命运逐步联系起来。孙中山要求加入第二国际，中国革命党人在东京与日本早期社会主义者幸德秋水、堺利彦、山川均等人的密切交往，都不是出于个人的一时冲动，它反映了中国资产阶级、小资产阶级革命家对国际社会主义运动的真挚同情和热切期待。它也表明，中国革命是多么强烈地要求从西方工人阶级与被压迫民众的斗争中找到借鉴。由于第二国际自身的机会主义以及他们对于东方的轻视，中国革命与国际社会主义运动之间的桥梁并没有真正建立起来，然而，近代中国启蒙运动毕竟已不完全从属于旧的历史时代；对于西方各国工人运动及这些国家被压迫民众斗争经验的密切关注和高度重视，已经在不知不觉中给中国革命注入了新的世界历史的时代精神。

近代中国启蒙运动带有很多弱点，并且，有一些还是致命的弱点。但是，它也有不少突异的光辉之处。在19世纪末20世纪初年的世界与中国这样一个特定的环境中，资产阶级启蒙运动要担负起与帝国主义、封建主义这两个不同历史时代的产物相颉颃的使命，不能没有新的思想武装。以上事实说明，这也正是现代社会主义学说在中国的初期传播所产生的主要实际作用之所在。

四

由于现代社会主义学说，在近代中国启蒙运动中，主要是被作为18世纪法国伟大启蒙学者所提出的各项原则进一步的、似乎更为彻底的发展来对待的，结果，在20世纪初年的中国，对待现代社会主义亦即马克思主义究竟采取什么态度，便反过来成了衡量人们是否真正愿意彻底实现18世纪法国启蒙学者所提出的诸项原则的尺度。

康有为、梁启超以及他们的追随者过去曾为中国近代启蒙运动的推进做出不可磨灭的贡献，这时，他们也仍然在为通过启蒙造就一代代“新民”而大声疾呼。然而，他们认为，要使中国资本主义急速发展，使中国臻于繁荣强盛，就必须考虑与照顾资产阶级的特殊利益。梁启超主张：“当以奖励资本家为第一义，而以保护劳动者为第二义。”他并说：“唯有奖励资本家……虽作始数年间，稍牺牲他部分人之利益，然为国家计所不辞。”① 以此，他们对18世纪法国启蒙学者们所提出的原则常常持保留态度。18世纪末的法国大革命，虽然已经过去了一个世纪，一提起来，他们还感到战栗；面对着中国民主主义革命浪潮的高涨，他们更感到恐惧与不安。这种犹豫彷徨、进退失据的政治立场，决定了他们对待现代社会主义，同孙中山等人便很不一样。

1901—1902年，康有为在印度将酝酿已久的《大同书》撰写成书。“大同吾有道，吾欲度生民。廿年抱宏愿，卅卷告成书。”② 康有为这里所说的“廿年”，系从1884年算起，至1902年，首尾正好二十年。“卅卷”，当系早先分卷，后来合并为十部。康有为自称，他“起而上览古昔，下考当今，近观中国，远揽全地，尊极帝王，贱及隶庶……全地之上，人人之中，物物之庶，无非忧患苦恼者矣”③。怎么办呢？他认为只有实行大同太

① 梁启超：《杂答某报》。

② 康有为：《大同书题辞》墨迹，见《大同书》，中华书局1935年版，扉页。

③ 康有为：《大同书》，第6页。

平之道，他说："吾救苦之道，即在破除九界而已：第一曰去国界，合大地也；第二曰去级界，平人民族也；第三曰去种界，同人类也；第四曰去形界，保独立也；第五曰去家界，为天民也；第六曰去产界，公生业也；第七曰去乱界，治太平也；第八曰去类界，爱众生也；第九曰去苦界，至极乐也。"①

这部著作，很明显保持了作者早先在《人类公理》《实理公法全书》等著作中表现出来的那种无情地批判旧世界一切迷信、偏私、特权和压迫的革命精神，而内容又远比过去那些著作丰富与充实。毫无疑问，如果不是广泛地注意从 19 世纪 90 年代以来各种社会主义著述中汲取养分，这部著作决不可能达到如此的广度与深度。

《大同书》以后又陆续有所增删，但其主要部分，当系这时写成。这部著作表明，康有为政治上虽然因为把自己的命运与光绪皇帝载湉紧紧联结在一起而变得日趋保守，思想上的火花却还没有熄灭。由于 19 世纪末 20 世纪初社会主义思潮的刺激，他的"大同思想"较前确实跃进了一大步。然而，政治上的保守，终究还是锁住了他的脚步。他写了《大同书》，却不敢将它公之于世，"书成，既而思大同之治，恐非今日所能骤行，骤行之恐适以酿乱，故秘其稿不肯以示人"②。他意中，须"待之百年"③以后方可实行。他论证了实行"太平大同"之道在于"破除九界"，当然非常激进，但是，一从空中落到实处，看一看"九界"究竟该怎样破除，就可明白这位康子圣人其实是多么懦弱和温和。"九界"是要破除的，但不是靠阶级斗争，更不是靠一个阶级推翻另一个阶级的大革命，康有为在《大同书》中发明了一个最廉价的方法，这就是："但使大明天赋人权之义，男女皆平等独立，婚姻之事，不复名为夫妇，只许订岁月交好之和约而已。行之六十年，则全世界之人类，皆无家矣，无有夫妇父子私矣。其有遗产，无人可传，其金银什器，皆所赠人，若其农田工厂商贾，皆归之公，即可至大同之世矣。全世界之人，既无家，则去国而至大同易易矣。

---

① 康有为:《大同书》，第 79 页。

② 张伯桢:《康南海先生传》。

③ 康有为:《大同书题辞》。

于是时也，最难去种界之别，当小需岁月而已。”① 进入天堂所需要的，原来只是一张如此廉价的门票！空怀着巨人的宏伟理想，却只愿迈出侏儒的步伐。这就是康有为悲剧之所在。《大同书》清楚地表明，生机蓬勃的社会主义思潮是如何在康有为的心中播下了龙种，却很可惜只收获了跳蚤。

社会主义思潮在这位南海圣人的高足与得力助手梁启超身上也留下了深深的烙痕，而且这烙痕上的色彩格外斑驳陆离。

梁启超身居日本横滨，正主编着影响很大的《新民丛报》，对于国内译介社会主义著作热潮的出现，比之其远居印度大吉岭的老师要敏感得多。1902—1903 年，他曾一度摇摆于革命与保皇之间。在对待 18 世纪法国启蒙学者的遗产上，一方面，他热烈地赞颂，专门写了《法理学大家孟德斯鸠之学说》《民约论巨子卢梭之学说》等文章加以讴歌与介绍；另一方面他却又对专门反对卢梭学说的伯伦知理顶礼膜拜，专门写了《政治学大家伯伦知理之学说》，反过来论证“卢氏之说，其有功于天下者固多，其误天下者抑亦不少”，说“卢氏之说，欲易专制的君主主权而代以专制的国民主权”，致使“大革命之祸”因之而起并因之而继续，现在必须改弦易辙，宗奉伯伦知理的国家有机体论，集权中央，扩张政府权力，断言“中国今日所最缺点而最急需者，在有机之统一与有力之秩序，而自由、平等直其次耳”②。在对待法国启蒙学者伟大原则上表现出来的这种双重性格，决定了梁启超对待现代社会主义，也必定是双重性格的。

1902 年 10 月，梁启超在《新民丛报》第十七号上发表了《干涉与放任》，即一面承认“社会主义其必将磅礴于二十世纪也明矣”，一面又将社会主义曲解为伯伦知理所鼓吹的“干涉主义”，说什么“社会主义者，其外形若纯主放任，其内质则实主干涉者也，将合人群使如一机器然，有总机以纽结而旋掣之，而于不平等中求平等”。在《新民丛报》第十八号上，他又发表了《进化论革命者颉德之学说》，一方面称麦喀士（马克思）为“社会主义之泰斗”，承认“麦喀士谓今日社会之弊，在多数之弱者为少数之强者所压伏”为“持之有故，言之成理”，另一方面，却又诬称麦喀士

① 康有为：《大同书》，第 380 页。

② 力人（梁启超）：《政治学大家伯伦知理之学说》，《新民丛报》第三十二号。

“虽能难人，而不能解难于人”，仿效李提摩太先前在《万国公报》上的做法，公然要用主张以宗教来补充进化论的颉德取代马克思。在紧接着发表的其他一些文章中，他还居心叵测地将现代社会主义与许行之说、王莽的“分田劫假”混为一谈，甚至将垄断资本托拉斯说成“合于麦喀士之学理，实为变私财以作公财之一阶梯”。[①]

1903 年夏秋间，梁启超出游新大陆，在伯伦知理、波伦学说的影响下，更远地离开了 18 世纪法国启蒙学者们所提出的诸原则。“吾自美国来而梦俄罗斯者也”，“吾之思想退步，不可思议”——政治一直倒退到提倡“开明专制论”。他且明白宣示：“不惮以今日之我与昔日之我挑战。”[②] 他对现代社会主义，此时也就采取了完全敌视的态度，对孙中山和《民报》这一方面的宣传鼓吹，尤其深恶痛绝。

这一时期，梁启超反对现代社会主义，主要有以下三个方面原因。其一，社会主义是基于经济问题与分配问题而发生，“我国今当产业萎靡时代，尚未有容此问题发生之余地”[③]。其二，“社会主义学说，其属于改良主义者，吾固绝对表同情；其关于革命主义者，则吾亦未始不赞美之，而谓其必不可行，即行亦在千数百年后”[④]。《新民丛报》第八十九号发表的仲遥《社会主义论》宣称，“有狭义的社会主义，有广义的社会主义”；马克思主义便属于“欲破坏现在之社会组织以谋再建设”的狭义的社会主义，“一名社会革命主义”；“广义的社会主义者，欲于现在之社会组织之下，谋有以矫正个人主义之流弊者也，一名社会改良主义”，包括国家社会主义、自助的社会主义、慈惠的社会主义。这是对梁启超理论的具体诠释。大同世界的实现被推到了“千数百年后”，梁启超比他的老师康有为将实现的时间一下子延长了十几倍。其三，在中国提倡“社会革命”，只不过是“利用此以博一般下等社会之同情，冀赌徒、光棍、大盗、小偷、乞丐、流氓，狱囚之悉为我用，惧赤眉、黄巾之不滋蔓，而复从而煽之”，

① 参阅梁启超《论中国学术思想变迁之大势》《中国之社会主义》《二十世纪之巨灵托拉斯》等文。

② 《癸卯新民丛报汇编》，第 138 页。

③ 饮冰（梁启超）:《社会主义论序》,《新民丛报》第八十九号。

④ 饮冰（梁启超）:《驳孙文演说中关于社会革命论者》,《新民丛报》第八十六号。

最后不是“出一伟大之专制君主”恢复秩序，就是使国家“永坠九渊”。[①]

在现代社会主义面前，梁启超如此战栗与恐惧，同康有为写成《大同书》而又秘而不宣一样，正是他们一直企图从法国启蒙学者所提出的诸原则那里倒退回去所带来的必然结果。他们对现代社会主义转为采取明显的敌视态度，正暴露了他们对较为彻底并较富有战斗性的资产阶级民主主义是多么格格不入。这些近代中国启蒙运动早期的突击手为什么会那么快地就沦为这一运动的绊脚石，答案显然可以从这里去找寻。

五

20 世纪初年马克思主义在中国的初步传播，非常有力地推动了近代中国启蒙运动的发展。然而，中国激进的资产阶级、小资产阶级民主主义者，终究不可能真正了解并正确地掌握马克思主义，用以科学地解决中国革命的实际问题。这样，马克思主义的传播在他们那里，一旦临界 18 世纪法国启蒙学者所提出的各项原则的充分化、彻底化这一界限，就必然要停顿下来；一旦超越了他们的这一界限，就不免要为他们所嫌恶，以致使传播遭到夭折。也正因为如此，中国资产阶级、小资产阶级民主革命家们，就不可能领导近代中国启蒙运动继续发展，完成它所应完成的伟大历史任务。到了 1907—1908 年，前些年译介社会主义著述的热潮就已经冷却了下来。除去一些无政府主义者这时译介了马克思、恩格斯著作的一些片断外，直到十月革命爆发，马克思主义在中国的传播基本上完全处于停顿状态，它非但没有能继续前进，反而一度为无政府主义思潮在中国的泛滥所压制，为各种社会改良主义思潮所冲击。

历史的进程出现这样的曲折，原因是多方面的。而其中并非无关紧要的，则正是马克思主义在中国初期传播所具有的弱点。

马克思主义在中国的初期传播，可以说是在“先天不足，后天失调”的情况下进行的。先天不足，指的是资本主义在中国很不发达，无产阶级力量非常弱小。不成熟的资本主义生产状况，不成熟的资本主义生产关

① 饮冰（梁启超）：《开明专制论》，《新民丛报》第七十七号。

系，不成熟的阶级状况，决定了马克思主义理论传播还缺乏成熟的社会基础与必要的思想准备。

后天失调，首先指当时的中国并没有对马克思主义进行过系统的、独立的、直接的研究，因而也就很难准确地了解马克思主义的本来面貌。那时，人们对马克思主义的了解，主要依赖译自日文的那些观点相当混杂的小册子，以及第二国际各党派，特别是德国社会民主党的实际活动。直到 1908 年春，无政府主义的刊物《天义报》发表了《共产党宣言》的第一章“资产者与无产者”，1888 年恩格斯为该书英文版所写的“叙言”，以及恩格斯《家庭、私有制及国家的起源》的一个片断，中国一般的读者才首次读到马克思、恩格斯的原著。马、恩著作的日译本，那时也非常稀少。日本一些图书馆虽然也收藏有德文版或英文版的马、思著作，但是中国留日学生们却根本没有那样的决心与毅力去问津。这样，各种小册子中形形色色的混乱观点，第二国际各党派实际活动的议会主义与社会改良主义倾向，常常便被不加区别地给误会为马克思主义。朱执信在《德意志社会革命家小传》中，曾经好心地为各社会党的议会主义倾向做过一番解释，说：“学说既衍而渐广，徒党亦日盛，则欲为不利焉者愈多，势不能不有所倚恃。三十年来，社会革命家时有干谒卿相，与坚相接纳者，是非诚心与之，其策略有不得不然者。”然而，背弃暴力革命而迷恋于和平过渡，毕竟是当时第二国际各党派无可遮掩的事实。正因为如此，在那时不少人的眼中，现代社会主义变成了争取选举权和议员席位的斗争，暴力革命反倒与无政府主义紧紧联系在一起。《民报》第七期发表的梦蝶生（叶夏生）《无政府党与革命党之说明》一文，在说明社会主义与无政府主义的区别时，便特别强调了“全灭脱无政府之习气，而趋于建设的、进化的、政治的之良风，此即社会主义之历史及其与无政府主义分离之特色也”。这当然是对马克思主义的极大歪曲。这样，中国的革命家们实际地去从事暴力斗争时，便反而要去宗奉无政府主义，用无政府主义取代科学社会主义。

其次是指当时中国资产阶级、小资产阶级革命家并不懂得如何运用科学社会主义学说来分析中国实际情形，指导中国反对帝国主义及其清朝的革命。他们主观地设想“毕其功于一役”，不仅给梁启超等人提供了借口，即便在革命派内部，也遭到不少人的怀疑反对。邓实《论社会主义》一文断言："社会主义者，又极不切于中国之主义也。"该文认为："凡人类进步之次第，由射猎而游牧，而耕稼，而工商。惟入工商之期，而后有社会主义。"可是，我国"犹在耕稼之时代"，所以，"吾国今日之所急者，亦惟国家主义而已；吾人所抱持而不失者，亦惟爱国心而已矣"。[1]《警钟日报》也持有相似意见。1904 年 11 月 6 日，该报第二五五号"社说"，题目就是《论大同平等之说不适用于今日之中国》。后来，冯自由在《民生主义与中国政治革命之前途》一文中，曾专门批评了这篇文章，说过："以维持公理如上海之《警钟日报》，犹不免有'社会主义若行，可以立亡中国'之论，噫，是则大可怪也矣！"[2]《政艺通报》与《警钟日报》的这些撰稿人，应当说，都是一些真诚的革命者，他们固然过分强调了"排满"是当前急务，但是，他们认为中国不能在那时就立即实行社会主义，却也并非完全是无根之谈。这种思想在当时有相当的代表性。他们都不了解，马克思主义学说作为一种崭新的世界观，对中国资产阶级民主主义革命同样可以起指导作用。人们当时没有实际地将现代社会主义与中国革命结合起来，马克思主义的初期传播也就无法深入下去和普及开来。

最后，后天失调还指中国热烈鼓吹"社会革命"的革命家们，借口中国劳资分化不严重，根本不想到下层民众中去做宣传组织工作，将社会主义学说同民众自身的斗争结合起来。他们总是幻想不经过无产阶级殊死的阶级斗争，而仅凭他们发明一套完善的社会制度，通过宣传，就能使世界听从他们的安排。马克思主义使社会主义从空想发展为科学，而他们这样做，恰好是要使社会主义从科学重新变为空想。当时，热衷于提倡无政府主义的张继曾经批评他们说，欧洲革命党人的革命"以劳民为基础"，而中国革命党人则"恒运动中等社会"，以至一事无成。[3] 应该承认，这一批评确实击中了要害。

正由于存在上述问题，作为对于机会主义惩罚的无政府主义趁势滋蔓开来，近代启蒙运动无法继续前进去完成自身的历史使命。然而，历史进

---

① 《政艺通报》癸卯年第二号。

② 《民报》第四号。

③ 《张继君由伦敦来函（其二）》，《衡报》第四号（1908 年 5 月 28 日）。

程的这一曲折终究只是暂时的，既然资产阶级、小资产阶级不能领导革命走向胜利，既然中国工人阶级的队伍随着资本主义经济的发展必然要不断地扩大与成长，既然中国社会各种深刻的矛盾继续驱逼着人们去重新寻求救国救民的真理，那么，马克思主义在中国的传播以及它同中国工人运动的结合，以及指引中国革命走向胜利，即成为必然。

唯物史观与历史研究*

蒋大椿

在充分具备大工业发展、无产阶级发展、自然科学和社会科学发展等一系列客观条件的历史前提下，马克思把唯物主义和辩证法结合起来，运用他当时所掌握的各种科学知识，研究人类社会的历史，大约在 1845 年春，首先发现了唯物主义历史观。1846 年写成《德意志意识形态》，第一次从文字上对唯物史观作了比较完整的表述。1847 年的《哲学的贫困》，则用同蒲鲁东公开论战的形式，对这个历史观的基本原理，作了科学的表述。其后，马克思结合政治经济学和实际历史的研究，继续对这个崭新的历史观加以探讨，使之不断完善。1848 年 2 月发表的《共产党宣言》，以及马克思、恩格斯后来的许多历史著作，则是将这个崭新的历史观，运用于革命实践和历史研究中，获得成功的最初的光辉典范。1859 年 1 月，马克思在《〈政治经济学批判〉序言》中，对唯物史观基本原理作了更为成熟的表述。同年 8 月，恩格斯在《卡尔·马克思〈政治经济学批判〉》一文中，第一次正式称这个崭新的历史观为“唯物主义历史观”。1867 年，《资本论》第一卷出版。马克思通过大量确凿的事实，从经济基础到上层建筑以及意识形态，对整个资本主义社会进行了极其深入透彻的研究。于是唯物史观作为科学假说，得到光辉的证明，成为唯一真正科学的历史哲学。19 世纪 80 年代和 90 年代，马克思逝世以后，恩格斯在许多著作和书

---

* 本文原载《近代史研究》1983 年第 2 期。

信中，对唯物史观基本原理作了系统的发挥和重大的发展。并于 1892 年 4 月，在《社会主义从空想到科学的发展》一书的英文版导言中，最先将这个历史观定名为“历史唯物主义”。

中国读者第一次见到马克思的名字，根据目前掌握的材料，是 1899 年的《万国公报》。20 世纪初，在当时出版的某些书刊中，曾经介绍过唯物史观的一些基本原理，但实际影响不大。在中国第一次全面系统地介绍唯物史观的，乃是李大钊。1919 年 5 月，由李大钊担任责任编辑的《新青年》杂志，出版了“马克思研究专号”，转载了日本著名学者河上肇的著作《马克思的唯物史观》。李大钊本人也发表了著名论文《我的马克思主义观》，对唯物史观的要点作了概括论述。后来，经过陈独秀、李达、瞿秋白、蔡和森等对唯物史观的介绍，这个科学的历史观遂为越来越多的中国革命者和进步学者所接受了。

唯物史观的发现，是人类科学思想中最大的成果之一。它在人们的社会历史观中实现了彻底的变革，为一切有关社会领域的科学研究，开辟了崭新的前景。正是因为唯物史观的发现，历史学才有可能发展成为真正的科学。

过去人们常说，由于唯物史观的发现，历史学真正地发展成为一门科学。虽然一般说来，这个提法也可以成立。但我认为，应当细加斟酌，使这个提法更趋精确，方能使唯物史观对历史研究起到更加切实有效的指导作用。

因为唯物史观和历史科学，两者虽然同以人类发展过程为研究对象，但研究的方法却不同。前者从抽象的角度，研究社会各种因素相互关系及其发展的最一般规律，属于哲学的范围。而后者则从具体的角度，按照时间顺序描述人们的实践活动和实际发展过程，属于实证科学的范围。人们可以说，唯物史观的发现，标志着历史哲学由过去非科学的臆说发展成了科学的历史哲学。但却不能说，因为唯物史观的发现，也就自然标志着历史学发展成了科学。这是因为两者是不同范畴的知识形态。唯物史观虽然已被发现，但如不将它运用于实际历史研究领域，旧史学照样可以存在，并不能自然地发展成为科学。

那么，能否说，只要将唯物史观引进历史研究领域，历史学就发展成为科学了呢？也不尽然。19 世纪 70 年代和 80 年代，在法国和德国出现了这样一批“马克思主义者”。“他们只是用历史唯物主义的套语（一切都可能变成套语）来把自己相当贫乏的历史知识……尽速构成体系，于是就自以为非常了不起了。”“他们一把这个标签贴上去，就以为问题已经解决了。”① “唯物史观朋友”们的这种做法，使马克思本人曾极为不满地声明：“我只知道我自己不是马克思主义者。”这种拿唯物史观做标签的运用法，在后来的苏联和中国的史学界，也曾程度不等地存在过。这样挥舞唯物史观的旗帜，不仅无法使历史研究成为科学，而且像一切旧史观一样，是拿自己的意识形态强加并曲解了历史，这只能“引起过惊人的混乱”②。

1892 年，德国历史学家梅林的《莱辛传奇》发表。恩格斯读到此书非常高兴，给奥·倍倍尔的信中说：“梅林发表在《新时代》上的《莱辛传奇》我已读过，感到十分满意。这的确是一篇出色的作品。……令人鼓舞的是，二十年来唯物史观在年轻党员的作品中通常只不过是响亮的词藻，现在终于开始得到恰当的应用——作为研究历史的引线来应用。”③ 恩格斯在另外一封信中指出：“如果不把唯物主义方法当作研究历史的指南，而把它当作现成的公式，按照它来剪裁各种历史事实，那末它就会转变为自己的对立物。”④ 由此我们应当得出如下的结论：唯物史观的发现，并不能使历史学自然而然地变成科学，而只是给历史学发展成为科学提供了实际的可能性。必须在实际历史研究中，正确地运用唯物史观，也就是在历史研究中把唯物史观基本原理作为指南和引线来应用，历史学才能真正地发展成为科学。

那么，正确地运用唯物史观，究竟给历史研究带来哪些根本变化，从而使历史学真正成为科学了呢？

为了叙述的准确，在具体论证这个问题之前，我们还有必要首先来明确一下这里讲的“历史学”“历史科学”本身的含义。以中国史学而言，在前人的文献里，史学是一个包含内容十分广泛的概念。就其性质大别而

---

① 《马克思恩格斯选集》第 4 卷，第 475 页。

② 同上书，页 479 页。

③ 《马克思恩格斯全集》第 38 卷，第 310 页。

④ 《马克思恩格斯选集》第 4 卷，第 472 页。

言，既有历史上的人们关于当时事实的记载，即史料；又有在搜集材料的基础上，按照一定理论和方法编纂成的历史著作。我国古代的史论家，至少从唐朝刘知畿开始，已经作了这样的区分。《史通·史官建置》篇说："夫史之为道，其流有二。何者？书事记言，出自当时之简；勒成删定，归于后来之笔。"所谓"书事记言"便是当时的史料记载。"后来之笔"便是按一定方法纂成的历史著作。南宋郑樵将官方记载当时事迹的史料称为"史"，而将史家的史学著作称为"书"①，也作了同样区分。清人章学诚则将二者分别称为"记注"和"撰述"，作了更加充分的发挥②。这里说的历史学，即指刘知畿说的"后来之笔"、郑樵说的"书"、章学诚说的"撰述"一类历史著作，而非指记注性的史料记载。我们之所以将历史学的含义指历史著作，因为正是在这里，才明显地看出历史学从非科学到科学的根本变革。

还要说明的是，在马克思主义文献里，"历史科学"也有多种含义。最广泛的含义指包括研究自然史的自然科学在内的一切科学③；另一种含义则指除自然科学而外，但包括哲学在内的一切科学④。我们这里说的作为具有专门研究对象的历史科学，范围更要狭窄。它既不包括自然科学，也不包括哲学和以现实社会中各个专门领域为研究对象的各门社会科学，它是一种按照历史顺序"描述人们的实践活动和实际发展过程的真正实证

---

① 郑樵："有文有字，学者不辨文字；有史有书，学者不辨史书。史者，官籍也。书者，儒生之所作也。自司马以来，凡作史者皆是书，不是史。"（《夹漈遗稿·寄方礼部书》）

② 章学诚："易曰'筮之德，圆而神，卦之德，方以智。'间尝窃取其义以概古今之载笈。撰述欲其园而神，记注欲其方以智也。夫智以藏往，神以知来。记注欲往事之不忘，撰述欲来者之兴起。故记注藏往似智，而撰述知来拟神也。藏往欲其赅备无遗，故体有一定而其德为方。知来欲其抉择去取，故例不拘常而其德为圆。"（《文史通义·书教下》）

③ 马克思、恩格斯："我们仅仅知道一门唯一的科学，即历史科学。历史可以从两方面来考察，可以把它划分为自然史和人类史。"（《德意志意识形态》）

④ 恩格斯："凡不是自然科学的科学，都是历史科学。"（《卡尔·马克思〈政治经济学批判〉》）又说："包括哲学在内的历史科学。"（《路德维希·费尔巴哈和德国古典哲学的终结》）又说："在第三类科学中，即在按历史顺序和现在的结果来研究人的生活条件、社会关系，法律形式和国家形式以及它们的哲学、宗教，艺术等等这些观念的上层建筑的历史科学中。"（《反杜林论》）。

的科学”[1]。

任何一门学问，人们承认它达到的科学水平，乃指其能正确地、（近似正确地）反映出被研究的对象，揭示客观对象的内在联系，向人们提供关于该研究对象的比较系统的真理性知识。所谓唯物史观的正确运用，使历史学真正地成为科学，总的说来，就是指唯物史观给历史家提供了研究历史的正确途径和科学方法，使得历史学能够同唯物主义基础协调起来。并在这个基础上，结合辩证法，加以根本改造，从而达到比较正确地描述出人类历史实际过程，以向人们提供系统的关于人类历史过程的真理。由于历史科学本身的性质，这种历史真理是具体的，而非抽象的。

这个问题如果充分展开来谈，人们可以从各种不同的角度来进行论证。下面我主要从实际历史研究过程中，所遇到的几个基本环节，来谈谈自己的一些初步体会。

第一，马克思唯物史观揭示了历史学的研究对象——人类历史的客观性质，指出人类历史是一个自然历史过程。从而在历史研究出发点上实现了深刻变革，认为研究历史必须从最顽强的事实出发，才有可能如实地反映和揭示历史的真相。这为历史研究取得科学成果，提供了正确的前提。

是否承认自己研究的对象具有不以研究者主观意志为转移的客观性质，乃是一门学科能否成为科学的基本的也是必需的条件。

历史学研究对象有两个特点：其一，它不同于自然科学。自然科学研究的是没有意识的盲目的事物。它可以设法面对这些对象，搜集材料，进行实验，弄清其中的奥秘。而历史学研究的对象是人。人具有理智、感情、意识，情况已经显示出比前者复杂。其二，历史学研究的不是人的现实生活。社会现状还可以直接观察和调查，而历史学只能依凭过去留传下来的历史资料。历史学研究对象的这种特殊性和复杂性，使得数千年来很多的历史家，对于自己研究对象的客观性质，甚不了然，结果是许多史学家分不清客观历史与历史记载的区别。章学诚说：“古人著书，即彼陈编，就我创制，所以成专门之业。”[2] 就反映了这种情况。据一位西方史学史家

---

① 《马克思恩格斯选集》第1卷，第31页。

② 章学诚：《文史通义·释通》。

说："史之一字，其义有二：一为事迹之记载，一为事迹之本身。……古人不知事与人虽无人为之记载，而本性自属历史。彼辈所谓历史，专指研究与记载而言，而非应当研究应当记载之人事。称各种现象为历史盖现代事耳。"① 可见许多古代的中外史家，并不知以客观历史过程作为研究对象。

在另外一些学者那里，主要是近代以来的资产阶级学者，则明确地否定人类历史的客观性质，把历史研究的对象自觉地规定为主观形态的东西。实用主义者把历史比喻为任人摆弄的一百个大钱，或者说成任人涂抹的少女，是人们所熟知的。对这个问题作了系统论述的是何炳松。他在《历史研究法》中说（根据自序，此书理论方面完全本诸德国教授朋汉姆、法国历史家朗格罗亚和塞诺波的观点）："再就史料所供给之消息而论，大体可分三类：其一，为人与物。人死不能再生，物毁不可复得。故史家所见，皆非本真，盖仅心灵上之一种印象而已。其二，为人群活动。史家所知者亦仅属主观之印象，而非活动之实情。其三，为动机与观念。其类凡三：一系撰人自身所表出者，一系撰人代他人表出者；一系吾人以已意忖度而得之者。凡此皆由臆度而来，非直接观察可得。故史之为学，纯属主观，殆无疑义。"在这一类史家的眼中，如马克思早就指出的，历史不过是"想象的主体的想象的活动"②。像这样把历史研究对象自觉地归结为主观的东西，自然就谈不上使历史研究成为科学。

以往的史学界，无论中外，也有不少史家已经认识到历史学是记事的。他们在个别历史事实的研究上，也已能够做到从历史事实出发进行研究，如史料考据学者们所做的。但是，由于他们不了解人类历史的发展是一个客观的自然过程。一旦他们将历史作为过程来对待，便不可避免地要以自己的主观联系来代替客观联系，从而曲解了客观历史的真相。

总的说来，唯物史观发现以前的学者们（唯物史观发现后，不接受这个科学历史观的唯心主义学者也一样），研究历史过程的基本出发点乃是研究者所制造出来的观念。他们对历史过程的所谓研究，不过是拿历史材

① 绍特韦尔：《西洋史学史》，第 3—4 页。

② 《马克思恩格斯选集》第 1 卷，第 31 页。

料作为证明自己某种愿望或设想合理的工具。黑格尔的研究，便“从纯粹思维出发”①，将历史作为其逻辑结构的证明。即使在18世纪的唯物主义者那里，也是“思维着的悟性成了衡量一切的唯一尺度”。他们从资产阶级的人性论、平等、自由等理性观念出发看待历史，于是，“以往的一切社会形式和国家形式，一切传统观念，都被当做不合理的东西扔到垃圾堆里去了”。② 这种从原则出发的研究方法，必然产生出“非历史的观点”。而“这样一来，对伟大历史联系的合理看法就不可能产生，而历史至多不过是一部供哲学家使用的例证和插图的汇集罢了”。③ 至于遭到马克思严厉批判的神圣家族里的青年黑格尔派英雄们，同样从思辨观念出发对待历史，只是更加荒谬。当“这些理论家们一旦着手探讨真正的历史主题，例如十八世纪的历史，那末他们也只是提供观念的历史……他们抱的目的是为了使某个非历史性人物及其幻想流芳百世而编造过去的历史，根据这一目的他们根本不提真正的历史事件，甚至不提政治对历史进程的真正历史的干预，他们的叙述不是以研究为依据，而是以任意的虚构和文学胡诌为根据，如像圣布鲁诺在他已被人遗忘的十八世纪历史中所做的那样”④。像布·鲍威尔《十八世纪政治、文化和启蒙的历史》之类从观念出发写出来的东西，是不可能成为科学的。一切按照这样先入为主的成见来编造的史书，自然也不可能成为科学形态的著作。

马克思对历史学的巨大贡献之一，首先就是明确揭示了史学研究对象的客观性，指出历史学研究的历史，乃是人类的客观发展过程。还在《1844年经济学—哲学手稿》中，马克思就指出：“历史是人的真正的自然史。”《资本论》的德文版序言更指出：“我的观点是：社会经济形态的发展是一种自然历史过程。”列宁曾经强调指出马克思这个思想对历史学的意义：“主观主义被把社会过程看做自然历史过程的观点代替了，没有这种观点，当然也就无所谓社会科学。”⑤ 马克思在人类史上首次明确地论

① 《马克思恩格斯选集》第2卷，第120页。
② 《马克思恩格斯选集》第3卷，第404—405页。
③ 《马克思恩格斯选集》第4卷，第225页。
④ 《马克思恩格斯选集》第1卷，第46页。
⑤ 《列宁全集》第1卷，第388页。

述了人类历史作为自然发展过程的客观性质。向历史家指出，这个客观过程乃是历史学研究的真正对象。号召人们排除各种唯心的意识形态对历史的曲解，以再现客观历史的本来面目。这如同一盏灿烂的明灯，照亮了在黑暗中摸索的史学家应该达到的目标。

马克思的上述揭示，在历史研究的出发点上实现了深刻的变革。如恩格斯所说："从黑格尔学派的解体过程中还产生了另一个派别，唯一的产生真实结果的派别。这个派别主要是同马克思的名字联系在一起的。同黑格尔哲学的分离，在这里也是由于返回到唯物主义观点而产生的结果。这就是说，人们在理解现实世界（自然界和历史）时，决意按照它本身在每一个不以先入为主的唯心主义怪想来对待它的人面前所呈现的那样来理解；他们决意毫不怜惜地牺牲一切和事实（从事实本身的联系而不是从幻想的联系来把握的事实）不相符合的唯心主义怪想。除此以外，唯物主义根本没有更多的意义，只是在这里第一次对唯物主义世界观采取了真正严肃的态度，把这个世界观彻底地（至少在主要方面）运用到所研究的一切知识领域里去了。"[①] 马克思说过"感性必须是一切科学的基础"，科学"只有从自然界出发，它才是真正的科学"。而人类"历史本身是自然史的一个现实部分"[②]，研究历史当然也必须从历史事实出发，"从最顽强的事实出发"[③]，历史学才能成为真正的科学。

既然一切研究结果之具有科学性质，是以正确地反映所研究的事物的真相为标志，那我们就只能从客观存在着的事物出发，才能经过研究者的思维运动，使我们的认识逐渐地尽量同对象相符合，从而使研究结出真实的果实。应当说，有些古人已经自发地明白这个道理了。我国的《汉书·河间献王传》便提出过"实事求是"的命题。西方古代史家中，也已有人达到了这种认识，如修昔底德。但当时人们对研究出发点的这种唯物认识，尚带有朴素的性质。他们只能处理简单的个别的事实，而对复杂的事物，尤其像历史过程这样复杂的社会存在，仅从个别资料中是难以求出

---

① 《马克思恩格斯选集》第 4 卷，第 238 页。

② 马克思：《1844 年经济学—哲学手稿》，第 81—82 页。

③ 《马克思恩格斯选集》第 2 卷，第 120 页。

"是"的，甚至会得到错误的结论。马克思强调指出，社会历史是极其错综复杂的，因此，"研究必须充分地占有材料，分析它的各种发展形式"，而后才有可能探寻出"这些形式的内在联系"。① 关于探寻内在联系，后文另述。马克思的这段研究经验总结，包含着以下三层意思：其一，所谓研究要从事实出发，不是一句空话，而是要从具体的实际材料着手。除了唯心主义的胡诌，研究历史，总是要选择一定空间和时间范围里的历史过程来着手。大过程由小过程构成。每个过程又是由一系列历史现象所构成。为了真实地揭示过程，首先必须准确地弄清构成此过程的各种历史现象。历史现象大都随时间流去而消逝，我们只能依凭实物的和文献的资料来进行研究（口碑史料终归也会转变成文献记录）。因此研究历史从事实出发，实际上又体现为从历史材料着手。其二，占有的材料必须"充分"。因为我们的研究目的，不只是整理排列资料，而是通过历史资料弄清客观历史的真相。构成社会历史现象的因素极为复杂，将该现象记载下来又受各种社会因素的影响。故即使只是研究历史过程中的单独现象，也必须详细占有有关该事实的尽可能全的材料，才有可能加以比较、鉴别以求真。况且，马克思主义的历史研究，除了弄清单个历史事实，还必须经过研究，再现一个或长或短，或广或狭的历史时期的真相。这就必须要像列宁所说的那样，"从事实的全部总和，从事实的联系中去掌握事实"，这样，事实才是"证据确凿的东西"。② 所以，马克思要求"研究必须充分地占有材料"。其三，经验告诉人们，过去传下来的历史材料，一部分本身就是假的，或者真伪相杂。以文献材料而言，尽管材料本身是真的，但却不一定真实地反映客观历史事实真相。故必须对材料进行分析研究，去伪存真。马克思曾经嘲笑过某些唯心主义学者："经常把文献的历史和现实的历史当作意义相同的东西而混淆起来。"③ 他要求必须分析材料的"各种发展形式"，无疑这里包括辨别真伪、剔除虚假的材料以及材料中的虚假成分。这是一项十分艰苦的工作。马克思本人正是从这里开始，辛勤地进行研究

① 《马克思恩格斯选集》第 2 卷，第 217 页。

② 《列宁全集》第 23 卷，第 279 页。

③ 《马克思恩格斯全集》第 3 卷，第 551 页。

工作的。恩格斯在向人们介绍马克思的著作时，曾针对马克思的艰辛劳动，深有感触地写道：“即使只是在一个单独的历史实例上发展唯物主义的观点，也是一项要求多年冷静钻研的科学工作。因为很明显，在这里只说空话是无济于事的，只有靠大量的、批判地审查过的、充分地掌握了的历史资料，才能解决这样的任务。”① 只有首先对充分占有的历史材料进行彻底研究，去伪存真，我们方能从正确地（近似正确地）反映客观历史事实的真实材料出发，进一步研究下去，才有可能向着历史的真理接近。

第二，马克思唯物史观揭示了各种历史现象的内在本质，为历史现象的科学分类提供了根据。这样便给整理历史资料提供了极大方便，使纷纭复杂的历史资料能够秩序井然地连贯排列在一起，为对这些资料作进一步研究，发现其中的内在联系，提供了切实的可能。

马克思指出，科学研究的任务之一，是“要把可见的仅仅外表的运动，还原为内部的现实运动”。② 为达此目的，找到历史现象间的“内在联系”，首先必须对历史现象进行科学的分类。

然而，对于没有掌握唯物史观的人来说，眼前的由一件一件堆积起来的历史材料，真是纷纭繁杂，如一团乱丝。章学诚虽然提出过：“学者之要，贵乎知类。”③ 但古人看不出社会领域各种历史现象的本质，因此也就不可能对历史现象作出科学的分类。近代资产阶级学者中有一派，更是见难而退，认为历史现象根本无法进行分类，历史研究只能记载一个一个史实，如德国巴登学派的所谓“个别记述方法”。

历史上的人和事，从单个的表面现象上看，千变万化，各有不同，似乎无法进行科学分类。但是，自从马克思发现唯物史观，便解决了这个难题。马克思从对人类历史发展的观察研究中，经过艰苦的探索，抽象出来若干最一般的结果，这就是唯物史观的基本范畴，即生产力、生产关系、经济基础、上层建筑、社会存在、社会意识、社会形态等。由于人们社会分工的不同，在每一个基本范畴里，又包括若干内涵稍窄的范畴。这些范

① 《马克思恩格斯选集》第 2 卷，第 118 页。

② 《资本论》第 3 卷，第 384 页。

③ 章学诚：《文史通义》《易教》下。

畴，正是实际历史生活中无数同类历史现象的共同性的高度概括。

秦末的陈胜拿着锄和犁种地，明朝的叶宗留抡起铁镐开矿，近代的某个产业工人开动机器等。即使同样是种地、开矿、开动机器，由不同的人操作时，具体情况也各不相同。表面上看，这里似乎没有任何共同性。但在唯物史观看来，不管陈胜种地，叶宗留开矿，工人发动机器等，各有何具体特点，他们有一点是相同的：都在运用生产工具改造自然物，以满足人们物质生活的需要，即都表现了当时人与自然界的关系。这就是上述一类历史现象的共同的本质。马克思把它高度抽象为生产力。江南某个农民租种地主的水田，向地主交纳水稻或大米。淮北某个农民租种地主的旱地，向地主交纳小麦或谷子。近代某个织布工人受雇在某个纺织资本家的厂里劳动，为资本家织布。另一个制针工人受雇在针厂老板的工厂里干活，为老板制针，等等。这里表现出来的是各种各样具体不同的人与人的关系。马克思从研究大量的这类现象中发现："人们在生产中不仅仅同自然里发生关系。他们如果不以一定方式结合起来共同活动和互相交换其活动，便不能进行生产。为了进行生产，人们便发生一定的联系和关系。"①马克思将这种关系抽象为生产关系。这就是上述一类历史现象的共同本质。唯物史观还把与一定的生产力相适应的生产关系的总和，概括为社会的经济基础。并将在这个经济基础上耸立的各种不同的政治性设施，像政府机构、军队、法庭、监狱等，抽象为政治上层建筑。柏拉图和王充进行逻辑推理，李白和莎士比亚挥毫作诗，就个人具体活动来看，似乎更无任何共同性可言。唯物史观则指出，这些都是在一定社会存在的条件下，运用脑力进行的思维活动。马克思把这些思想领域活动的结果，抽象为社会意识形态。当然，相同历史条件下的人与自然的关系，相同历史条件下的人与人间的生产关系，相同历史条件下的政治上层建筑和意识形态，共同的东西就更多些。研究家可以从这里归纳出不同类型的生产力、生产关系、经济基础、上层建筑、意识形态等。并能从与一定的生产力相适应的生产关系着手进行分析，这"就有可能把各国制度概括为一个基本概念，

① 《马克思恩格斯选集》第 1 卷，第 362 页。

即社会形态”。[1] 这些范畴都反映了各个历史时期各类历史现象的共同的本质。

同仅仅依据表面现象分类的形而上学者不同，马克思进一步指出，作为各类历史现象共同本质反映的这些唯物史观范畴，并非互不相关的、孤立的、平列的。它们之间是密切相关的，有着内在联系的。而它们之间的这种关系，正是实际历史生活中各类社会现象之间关系的反映。应当说明，历史科学本身并不研究这些抽象的历史哲学范畴。但历史家根据马克思唯物史观的科学概括，就能够看出历史现象的内在本质，将所掌握的大量历史资料，以唯物史观的范畴为引线，结合时间顺序和空间范围，进行归类。那么，历史资料就不再是一团乱丝，而是一类一类，一层一层，次序井然了。如同马克思所说，这些抽象的历史哲学范畴，“它们绝不提供可以适用于各个历史时代的药方或公式”。但是，却“能对整理历史资料提供某些方便，指出历史资料的各个层次间的连贯性”。[2] 这就是以马克思唯物史观为指导的历史科学，在纷乱如麻的历史资料面前，所显示出的巨大优越性之所在。这种对历史资料的科学分类和整理，就为进一步研究分析这些资料，揭示客观历史现象间的内在联系，提供了切实的可能。

第三，马克思唯物史观全面地揭示了人类发展过程的历史内容，尤其指出了生产力以及与其相适应的生产关系乃是历史的现实基础，从而极大地开阔了历史家的视野。为历史家将同一时期历史现象联系起来作综合考察，以揭示被研究的历史对象所处的地位和实质，指明了方向。

唯物史观以前的史学家，除极个别人认为历史无所不包，过分扩大了人类历史的内容外[3]，占支配地位的看法则是将人类史的内容理解得过于狭窄。首先是政治史观，视历史为帝王将相的家谱，政治的发展过程；还有些学者则将历史视为人类理性的发展，如黑格尔。人类历史过程中的经济事实，过去史学家不是根本不提，就是仅从统治集团的财政着眼，附带地看到。至于体现人同自然关系的生产发展史实，除了零星记载，在正式

---

① 《列宁选集》第 1 卷，第 8 页。

② 《马克思恩格斯选集》第 1 卷，第 31 页。

③ 如我国清代学者章学诚说：“盈天地间，凡涉著作之林，皆是史学。”（《报孙渊如书》）龚自珍也说过：“史之外无文字焉。”（《古史钩沈论二》）这无疑将自然界也包括进人类史中了。

撰述的史著中，则基本被排除了。抽去了历史的这个现实基础，旧史学就不可能深刻全面地揭示历史的真貌。

早在1844年1月，恩格斯就曾呼吁："要求把历史的内容还给历史。"① 马克思对此进行了艰苦的探索。针对西方前人对历史内容理解得过于狭窄，马克思在开始探索这个问题时，认为历史的内容必须包括得更加广泛。《德意志意识形态》中，马克思起初提出："我们仅仅知道一门唯一的科学，即历史科学。"可见开始马克思认为历史科学所研究的历史的内容，也包括了自然界。但不久，马克思就将历史科学研究的历史，只规定为人类的实际发展过程了。那么，历史科学描述的人类"实际发展过程"，包括了什么内容呢？以往学者着重描述的政治、宗教、艺术、文学、哲学，当然包括在历史的内容中，但马克思特别强调了历史过程中的经济内容。唯物史观最伟大的发现就是指出人与自然的关系即生产力，以及与此相适应的人们相互间的生产关系乃是人类历史的现实基础。马克思说："过去的一切历史观不是完全忽视了历史的这一现实基础，就是把它仅仅看成与历史过程没有任何联系的附带因素。根据这种观点，历史总是遵照在它之外的某种尺度来编写的：现实的生活生产被描述成某种史前的东西，而历史的东西则被说成某种脱离日常生活的东西，某种处于世界之外和超乎世界之上的东西。这样就把人对自然界的关系从历史中排除出去了，因而造成了自然界和历史之间的对立。"② 马克思还进一步批判"德国历史编纂学"："难道批判的批判以为，只要它从历史运动中排除掉人对自然界的理论关系和实践关系，排除掉自然科学和工业，它就能达到即使是才开始的对历史现实的认识吗？难道批判的批判以为，它不去认识（比如说）某一历史时期的工业和生活本身的直接的生产方式，它就能真正地认识这个历史时期吗？"③ 很显然，在马克思看来，将人与自然关系以及人们相互间生产关系、经济关系这部分基本内容排除在历史之外，那么，编造出来的历史著作就不可能是科学的。马克思挖苦德国人"从来没有为历史

① 《马克思恩格斯全集》第1卷，第650页。

② 同上书，第44页。

③ 《马克思恩格斯全集》第2卷，第191页。

提供世俗基础，因而也从来没有过一个历史学家”①。

马克思在《德意志意识形态》中一开始就指出，人类历史活动内容的第一个方面（或者叫因素），是“生产满足这些需要的资料，即生产物质生活本身”。第二方面是“已经得到满足的第一个需要本身，满足需要的活动和已经获得的为满足需要的工具又引起新的需要。这种新的需要的产生是第一个历史活动”。上述两个方面总起来说，就是物质生活资料和生产资料的生产和再生产。历史内容的第三个方面是“每日都在重新生产自己生命的人们开始生产另外一些人，即增殖”，即家庭关系。第四个方面是人们相互间的社会关系。“这种联系是由需要和生产方式决定的，它的历史和人的历史一样长久；这种联系不断采取新的形式，因而就呈现出‘历史’。”最后，马克思说：“当我们已经考察了最初的历史的关系的四个因素，四个方面之后，我们才发现，人也具有‘意识’。”由于生产效率的提高，需要的增长等，“意识获得了进一步的发展”。总之，人类历史的内容是极其丰富的，它既包括人与自然界的关系，即生产活动、科学技术发展等种种史实；也包括人们的社会关系，即经济关系和政治关系等；还有作为社会存在反映的思想领域。马克思、恩格斯还曾强调指出，在私有制社会中，人们社会关系主要表现为阶级关系。因此，阶级和阶级斗争便成了私有制社会历史中的突出内容。

上述对历史内容的全面揭示，大大地开阔了历史家的视野。过去的历史家们将历史的现实基础抽去，他们就看不到创造了历史现实基础的劳动群众的历史贡献。他们认为历史只是政治或者思想文化的发展，因此便只看到元首和国家的丰功伟绩，或者圣人贤哲们的创造贡献。既然这些历史家根本无视历史基础内容的存在，他们对自己研究的那些人物或事件，不是就事论事，便也只能在极狭窄的范围内看到一些表面上的联系。因而他们笔下的那些杰出的人物和事件，都失去了历史活动的现实舞台，最多只是向人们提供了一些既夸张而又极为浅薄的影像。

唯物史观则向历史家指出，人类历史存在多方面内容。各部分历史内容之间是互相联系的。历史家作为研究对象的任何人物或事件，总是处于

---

① 《马克思恩格斯选集》第 1 卷，第 32 页。

当时社会历史结构的一定地位上。我们在研究时，不仅应当把这个人物、事件与同处一个历史内容侧面的人和事联系起来考察，而且要与当时实际发生关系的各部分历史内容联系起来作更深入的横向考察，才能真正理解这个人物和事件。研究文学家鲁迅，当然要弄清鲁迅本人的生平事实，弄清他在哪些学校教过书，办过什么刊物，弄清他与文学界朋友的往还，与文学界敌人的争论。而且应与当时整个思想界联系起来，与当时的政治关系、党派斗争联系起来，与当时中国社会基础的变化联系起来考察，我们才能真正认识既是文学家又是思想家、革命家的鲁迅。研究戊戌变法这样一个政治事件，当然要将康有为、梁启超等维新派以及与清廷帝党、后党间的政治关系史实弄清楚，而且应与当时中国社会基础的变化以及思想领域状况联系起来考察，才能真正了解这个事件。显然，唯物史观将全部历史内容揭示在历史家眼前，为人们对所研究的对象与当时各方面历史内容联系起来考察，打开了思路，指明了方向，使研究工作避免片面性和表面性，真正揭示出被研究的历史对象所处的地位及其实质，从而更接近历史的真相。

唯物史观又指出，人类历史中的一切内容，都是由人类自己创造出来的。要正确地描述历史，就必须对创造历史的人及其活动进行全面深入的分析研究，从而取得正确的认识，否则就决难使自己的历史研究达到科学水平。

唯物史观坚决摒弃蔑视人民群众历史创造作用的个人英雄史观，同样也反对各色以唯物史观面目出现的排斥个人历史创造作用的种种非科学的见解。

早些年，我国史学界流行一种观点，叫“人民群众是历史的主人”。这种提法在马克思的著作里是没有根据的。其他革命导师的著作，似乎也不见这样的提法。人民群众是社会主义新中国的主人。而在社会主义以前的实际历史过程中，人民的基本成分——劳动群众从来都是奴隶（奴隶制社会不用说，封建制社会的基本劳动者被称为“农奴”，资本主义社会的无产阶级被称为“雇佣奴隶”），并不是主人。因此，“人民群众是历史的主人”的提法，无论从理论上，还是从历史事实上，都没有根据。如果按这种原则来编写私有制社会的历史，历史的真面貌就难免走样。

还有一种提法更通行，叫“人民群众是历史的创造者”。如果指的是社会主义现实，这个提法基本上是可以的。但如用在历史上，又将其含义实际理解成只有人民群众才是历史的创造者（过去这种提法的真实含义，其实正在这里），则就很难说是完全正确的了。马克思坚决反对和批驳英雄史观，但从来没有讲过只有人民群众才创造了历史。如果只有人民群众创造历史，那也就不存在“个人在历史上的作用”这个马克思主义命题了。假如彻底按照这个原则编写历史，那么不属于人民群众的阶级、集团、个人的历史作用，便只能从历史著作中抹去。这样的著作也决不能说是科学地反映了历史的真貌。

实际上，马克思的唯物史观认为，社会物质生产是历史的现实基础。而这主要是由劳动群众的生产活动创造出来的。故历史的创造者首先是物质生产领域的劳动群众。“最强大的一种生产力是革命阶级本身。”① “历史的动力……是革命”②，而革命基本力量是群众。因此，最终决定历史结局的是广大群众。“历史活动是群众的事业。随着历史活动的深入，将必是群众队伍的扩大。”③ 以上就是马克思关于人民群众在历史上的创造作用的基本观点。

但历史的内容又并非只有物质生产。它还包括在此基础上产生的人们相互间的各种经济、政治关系和思想关系。它们之间相互作用，又反过来影响物质生产。这类领域的历史内容，在无产阶级成为统治阶级以前，通常是由历史上占支配地位的剥削阶级当权集团及其代表人物（当然也包括他们的反对派和人民群众）所创造出来的。1877 年，恩格斯写了一篇马克思小传。当介绍到马克思发现的唯物史观时，恩格斯写道：“因为在人类发展的以前一切阶段上，生产还是如此不发达，以致历史的发展只能在这种对抗形式中进行，历史的进步整个说来只是极少数特权者的事，广大群众则不得不为自己谋取微薄的生活资料，而且还必须为特权者不断增殖财富。这种历史观以上述方法对以往的阶级统治作了自然而合理的解释，不

① 《马克思恩格斯选集》第 1 卷，第 160 页。

② 同上书，第 43 页。

③ 《马克思恩格斯全集》第 2 卷，第 104 页。

然这种阶级统治就只能用人的恶意来解释。"[①] 可见，从马克思观点看来，在以前的一切对抗历史的阶段上，历史的基础是由劳动群众创造的。然而，"历史的进步整个说来只是极少数特权者的事"。抹杀人们在这些领域的历史创造作用是不科学的，也不符合马克思思想的原意。

问题在于，我们应当根据什么历史尺度来判断这些历史人物及其活动的性质呢？马克思说，生产力是社会发展水平的"指示器"[②]。列宁发挥马克思的思想说，生产力是"社会发展的主要标准"[③]，是"社会进步的最高标准"[④]。当然，各类社会关系发展水平也是历史的尺度，但不是主要的最高的尺度。因为人们创造出的这些社会关系，究竟是前进，还是倒退，要由它们对生产力这个最高历史尺度的发展，是起促进还是促退作用来决定。这样，马克思的唯物史观就为判断历史过程中人们的历史创造活动，就为判断私有制社会中各个阶级、集团、人物的历史创造活动，提供了唯一科学的历史尺度。依据马克思所阐明的基本原理，结合历史实际，我觉得可以得出以下认识，即在一定的历史时期中，凡属直接地或归根结底地促进了生产力发展的阶级、集团、人物的历史实践活动，便是推动当时历史向前发展的动力（如劳动群众的生产活动；科学技术实践；革命的阶级斗争；剥削阶级当权集团及其代表人物在生产关系和上层建筑领域内的向着促进生产力发展方向变化的改革活动；社会意识各个领域的思想家、科学家、文艺家和人民群众凡是推动各该意识领域向着更加正确地反映客观实际，向着更加接近人民的方向发展，并通过政治、经济等中介，归根到底对生产力发展起到促进作用的科学的或文艺的创造实践等）。反之，凡属阻碍生产力发展的阶级、集团、人物的历史活动，则是历史发展的阻力、反动力（如历史上各个反动没落阶级在经济、政治、文化领域的各种倒行逆施等）。唯物史观认为，人民群众的历史创造活动，为在历史上起重要作用的个人活动提供了现实的舞台。任何个人的历史创造活动最终只

① 《马克思恩格斯选集》第2卷，第41—42页。马克思当时还在世。根据他们二人工作的习惯，尤其是这样的文章，当然经马克思过目的。因此，这也可以看作马克思的观点。

② 《马克思恩格斯全集》第23卷，第204页。

③ 《列宁全集》第32卷，第224页。

④ 《列宁全集》第13卷，第223页。

有同当时人民群众的历史创造活动联系起来考察，才能获得真正的理解。历史家在实际研究过程中，因为受掌握的历史资料及各种因素的影响，要能对具体历史人物及其活动作出正确的描述，还会遇到很多困难。但有一点是无疑的，只要真正掌握了唯物史观所提供的这个历史尺度，就一定能够帮助我们洞识一切历史创造活动的实质，克服片面性和各种具体困难，以准确地描述历史真相，从而使历史研究的成果达到真正科学的水平。

第四，唯物史观指出，一切历史现象都是发展的，整个人类历史是遵循一定规律曲折地向前发展的过程，并且发现了支配历史发展的基本规律。它告诉历史研究者，在实际历史过程中，一切历史因素都是相互作用的。但归根结底，是生产力决定了生产关系的发展，经济基础决定了上层建筑的发展，社会存在决定了社会意识的发展。从而为历史家将被研究的历史对象放在历史过程中进行纵向考察，正确地揭示和描述历史发展过程，指出了基本的途径。

受唯心史观支配的历史家，有一些人，除了自己研究的那些史实，根本没去考虑过整个人类历史的状况。另一些眼光注意到这个问题的学者，或者认为历史是倒退的，越古越好，这种观点在我国旧史学界有着巨大的传统影响，或者认为历史是停滞的，万古如此。天不变道亦不变，或者认为历史是循环的，中国古代有所谓五德终始说、元会运世说。西方则有汤因比的历史循环论。也有一些学者认为历史是发展的，但将发展的根本原因归结为政治的或思想的因素。如同恩格斯说的，支配着以往的整个历史观的是政治史观，认为“显赫的国家的政治行为是历史上决定性因素的这种观念，已经象历史记载本身一样古老了”①。对于政治背后实际上存在的更深刻的经济原因，绝大多数史家对此都视而不见。另一些学者则认为，政治法律行为由人的思想产生，故历史发展的最终原因乃是人的社会思想，如卢梭在《社会契约论》中所说。然而真实的情况是，历史上的人们创造出了许多实际的历史，但却根本不了解自己创造的这些事实。因此，用思想作为历史发展的终极原因，显然说不清历史的真实发展。总之，按照上述诸种观点，或者对历史过程的根本认识就错了，或者虽然承认历史

① 《马克思恩格斯选集》第 3 卷，第 199 页。

是发展的，而对这种发展原因的看法则是肤浅的，甚至是颠倒的。因而他们就不能揭示出历史事实间的纵向的内在的联系，当然也就不可能如实地描述出实际历史发展过程的全貌。

只有唯物史观才指出了正确描述历史发展过程的基本途径。马克思说，在实际历史发展的过程中，"不是人们的意识决定人们的存在，相反，是人们的社会存在决定人们的意识。社会的物质生产力发展到一定阶段，便同它们一直在其中活动的现存生产关系或财产关系（这只是生产关系的法律用语）发生矛盾。于是这些关系便由生产力的发展形式变成生产力的桎梏。那时社会革命的时代就到来了。随着经济基础的变更，全部庞大的上层建筑也或慢或快地发生变革"①。诚如恩格斯在介绍马克思思想时所说："人们的意识决定于人们的存在而不是相反，这个原理看起来很简单，但是仔细考察一下也会立即发现，这个原理的最初结论就给一切唯心主义，甚至给最隐蔽的唯心主义当头一棒。关于一切历史性的东西的全部传统的和习惯的观点都被这个原理否定了。"② 一种崭新的说明历史发展的科学方法终于找到了。

正像恩格斯指出的："唯物主义历史观及其在现代的无产阶级和资产阶级之间的阶级斗争上的特别应用，只有借助辩证法才有可能。"③ 在实际历史的研究中运用唯物史观，也必须借助辩证法。早在《德意志意识形态》中，马克思就已指出，历史过程中各个不同方面之间的关系，是"相互作用"的。这里不存在任何绝对的东西。各个历史因素间，并非只有一方才是积极的，另一方则完全是被动的。但相互作用的力量是不均衡的。归根结底，是生产力决定了生产关系的发展，经济基础决定了上层建筑的发展，社会存在决定了社会意识的发展。因为一切历史因素间是相互作用的，故实际历史的道路是曲折的，有时甚至会出现暂时的倒退；又因为在各种历史因素的相互作用中，经济运动归根结底起最终决定作用，故历史又终究是在曲折中向前发展的。这就是唯物史观给历史家指出的说明历史

① 《马克思恩格斯选集》第2卷，第82—83页。

② 同上书，第117—118页。

③ 《马克思恩格斯选集》第3卷，第377 378页。

发展的基本线索。这条线索是确定的，又不是绝对的。至于在实际历史进程中，究竟哪个具体影响了哪个？在具体的历史场合，哪种历史因素起了更为主要的作用？则只能依据历史事实作出结论。唯物史观本身是不提供，也根本提供不了现成答案的。

历史家接受了唯物史观提供的说明历史发展的基本原理，应当在充分研究事实的基础上，把被研究的历史对象作为发展的现象来考察，并放在整个历史发展的过程中来考察。从历史现象的发生、发展和消灭中来考察历史的运动、变化和发展。历史家无须在自己的著作中，泛论历史发展的一般规律。历史学要让事实来说话。它应以上述基本原理为指导线索，从实际出发，将所掌握的历史材料贯穿起来，以发现历史事实间前后的内在联系。

综上所述，我们在实际历史研究过程中，依据唯物史观指示的基本途径，当然，还需结合其他各种行之有效的具体的历史研究方法，坚持从历史事实出发，将所搜集、掌握的大量历史资料，按照唯物史观所揭示的历史现象的本质，结合时间顺序和空间范围，进行分类和整理。进一步研究时，既注意到历史现象的横向联系，又注意到它们之间的纵向联系。那么，这些历史资料就不再是死的了，便都动起来了，具有生命了。历史家拿起笔来，就能够在历史著作中，把这些历史资料放在它们应处的位置上。这些历史材料间的具体联系，不是历史家主观人为的，乃是被它们反映的历史现象间本来所具有的。由一系列历史现象所构成的实际历史过程，终于通过历史家的著作，大体上得到再现。应当承认，这种在丰富历史材料的基础上，正确地描述了客观历史过程真相的著作，就是具有科学水平的了。

马克思唯物史观为改造现实社会，也为历史研究提供了最锐利的思想武器。虽然马克思逝世已经一百周年了，但革命实践和历史事实证明，唯物史观依然是当代唯一真正科学的历史观。只有它，才为历史学发展成为科学提供了实际的可能。只要我们在历史研究中，在扎扎实实做好资料工作的同时，真正将唯物史观作为指南，将它的基本原理作为研究历史的引线来应用，那么，我们的历史研究就一定会结出更加丰硕的科学果实。

论中国资本主义两个部分的产生

——兼论洋务企业和中国资本主义的关系问题*

汪敬虞

中国资本主义在其发展过程中，分成官僚资本主义和民族资本主义两个部分，这是毛泽东同志的科学论断。它符合中国资本主义发展的历史实际，也为中国新民主主义的革命实践所完全证实。

对于中国资本主义两个部分产生的研究，是一个还没有很好被开辟的学术阵地。已有的研究取得了不可忽视的成绩，但是许多问题还有进一步研究的余地。直到目前，一个为许多人所接受的看法，似乎没有得到应有的探讨。这个看法是：由于官僚资本和民族资本的性质不同，因此，两者的产生，也必然沿着截然不同的途径。从早期的洋务派企业到北洋军阀官僚资本以至四大家族的形成，这是官僚资本主义发生和发展的一条途径。而早期的民间近代企业，则是继承封建社会中的资本主义萌芽来的，由此而发展为民族资本主义。

这样一个论断，至少包括两个值得讨论的问题。

第一，中国早期的民间近代企业和封建社会的资本主义萌芽，究竟存在一种什么关系？二者之间，有没有继承关系？如果有，它是怎样继承的？这种“继承”又意味着什么？如果没有，或者不是主要的，那么主要

---

* 本文原载《近代史研究》1983 年第 3 期。

的途径又是什么？

第二，洋务派的企业和中国的资本主义究竟存在一种什么样的关系？洋务派的官督商办企业，是否只有发展为官僚资本的一个前途，还是同时又存在分化出民族资本或者向民族资本转化的另一个前途？

我想就这两个问题，谈一点个人的看法。不当之处，请批评指正。

一

在中国现代工业产生的 19 世纪 70 年代，许多部门中原有的手工业，并没有发展成为使用机器生产的现代工业。例子不必遍举，不妨集中分析一下采掘工业中的煤矿和纺织工业中的纱厂这两个部门的情况。这是两个比较有影响和代表性的部门。

中国第一代新式煤矿，从 1875 年的磁州煤矿起至 1890 年大冶煤铁矿止，十五年间，前后共出现过十四家新式煤矿。从这十四家煤矿成立的情况看，从原有的手工采煤的煤窑向机器采煤的煤矿转化，在它们之间，是不存在的。这十四家煤矿，绝大多数是官办或官督商办。它们中有七家是大官僚或主持，它们是磁州、兴国、基隆、荆门、骆马山、淄川、大冶煤矿；有三家是洋行买办，它们是开平、池州、贵池煤矿，还有四家是中小官吏、绅士和商人创办，它们是峄县、费县、利国驿、临城煤矿[①]，却没有一家是原来用手工采煤的所谓土窑的业主。这十四家煤矿中，有两家（兴国和临城煤矿）最初是用手工开采[②]，似乎可以称得上由手工到机器。但是，它们都是由一批和原来土窑没有关系的人在试办的时候采取的措施，而不是原有土窑的进一步发展。相反，很多地方的原有土窑在新式煤矿出现以后，反而陷入进一步的衰落。台湾基隆煤矿矿区之内，原有手工煤窑九十二处。[③] 基隆开办以后，“概令封闭停工，不准再行采取”[④]。开

① 参阅孙毓棠编《中国近代工业史资料》第一辑，科学出版社 1957 年版，第 1170—1173 页。

② 同上。

③ 《淡水厅志》卷 4，1871 年刊，第 213 页。

④ 《申报》1877 年 10 月 25 日。

平煤矿矿区，原有煤窑，包括设窑烧炭、凿石烧灰在内，不下百处。[①] 开平开办以后，不但境内不准另开煤矿，原有土窑开采之煤，也不许随便销售。[②] 在这种情况之下，原有土窑的进一步衰退，自然是在意料之中。

新式煤矿对原有土窑的改进，有的似乎也在进行“帮助”。例如，淄川煤矿苏家隍官煤井，“旁有民井十余处，悉由官井代为吸水”[③]。乍看起来，这似乎有助于原有手工煤窑向机械开采的转化。但是，民井用机器吸水以后，所得煤觔“须以四成缴官，以资津贴”[④]。一望而知，这实际上是对手工煤窑的另一种方式的扼杀。

由此看来，中国原有的手工开采的煤窑，如果代表中国封建社会的资本主义萌芽，那么，在中国新式煤矿出现之前，它们既没有发展为资本主义企业；在新式煤矿出现以后，它们更难于发展为资本主义企业。这是不可否认的客观现实。峄县煤矿的主持人朱采说：“假令官窑停止，此等寻常土窑能筹巨款接办乎？”[⑤] 在朱采看来，回答自然是否定的。这实际上是否定原有土窑向新式煤矿转化的可能性，亦即否定煤矿业中所谓封建社会中的资本主义萌芽向民族资本主义过渡的可能性。朱采是新式煤矿的当事人，他发表这个意见，是在中国资本主义现代企业出现第一个高潮的1883年。他的话免不了有夸张的一面。但是，这个当事人对当时客观形势的估计，今天看来，仍然有值得肯定之处。

一位考察京西煤矿历史的经济史研究者在进行深入研究以后得出结论说：“在我国的采煤业中奴隶制劳动也一直延续到解放以前。光绪八年湖南巡抚卞宝第所记述湖南耒阳县煤矿中的‘水承行’，1921 年《新青年》杂志所记述的湖南桂阳县煤矿中的情况，与清代前期京西地区的关门锅伙相较，有过之而无不及。”[⑥] 这就是说，就中国原有的手工采煤业的整体而

---

① 《皇朝经世文续编》卷 57，第 18 页。

② 盛宣怀：《愚斋存稿》，盛世思补楼刻本，1914 年版，卷 2，第 16 页；周叔媜：《周止庵先生别传》，出版社不详，1937 年，第 26 页。

③ 《益闻录》，1588 年 11 月 3 日。

④ 同上。

⑤ 朱采：《清芬阁集》卷 8，1908 年版，第 12 页。

⑥ 方行：《清代北京地区采煤业中的资本主义萌芽》，《经济研究所集刊》第 2 集，1981 年，第 205—206 页。

言，从中国封建社会开始有了资本主义萌芽起一直到中国资本主义的黄金时代，它们内部的生产关系，一直原封未动。这实际上是从另一个角度对上述意见的肯定。

上面关于煤矿的分析，可能给人一种印象，似乎煤矿业中资本主义萌芽之所以不能发展成为资本主义现代企业，完全是由于受到官办、官督商办企业控制、排斥以至扼杀的结果。事实当然不是这样简单，至少并不完全如此。中国封建社会中资本主义萌芽之所以未能得到正常的发展，有更深刻的社会原因和历史条件。我们之所以在煤矿之外再选取纱厂作为分析的例证，目的就在于比较具体地说明这一点。

为了便于分析，我们最好拿中国和资本主义的最早摇篮英国进行比较。

英国纺织业中的资本主义萌芽，最早出现在古老的毛纺织业中。根据马克思主义的经典理论，“创造资本关系的过程，只能是劳动者和他的劳动条件的所有权分离的过程，这个过程一方面使社会的生活资料和生产资料转化为资本，另一方面使直接生产者转化为雇佣工人”①。在英国的毛纺织业中，这个过程至少在 16 世纪之初，便已经开始。在商人包买主的控制下，原来是独立的、自有原料和生产工具的家庭手工纺织业者，先是被剥夺了原料，随后又进一步被剥夺了生产工具的所有权。如果说，在 16 世纪，由包买主供给原料的家庭毛纺织业者，还自有生产工具，保持着外表上的独立，那么在 17 世纪末和 18 世纪初，小生产者生产工具的被剥夺，在英国西南部的毛纺织业中，便已开始出现。② 而在 18 世纪末叶，毛纺织业的商人包买主→手工制造业者→工厂老板的过渡便已基本完成。③

马克思说，从封建生产方式开始向资本主义的过渡，有两条途径：一是“生产者变成商人和资本家”，二是“商人直接支配生产”。④ 如果说，英国的毛纺织业走的是第二条道路，那么，棉纺织业就是第一条道路的典型。

---

① 《马克思恩格斯全集》卷 23，人民出版社 1972 年版，第 752—783 页。

② Paul Mantoux，The Industrial Revolution in the Eighteenth Century，1961，pp. 64—65.

③ Ibid.，pp. 265—266.

④ 《马克思恩格斯全集》卷 25，人民出版社 1974 年版，第 373 页。

在第一个使用水力转运的纱厂在兰开厦出现以前，处于萌芽状态的资本家和工人，也有将近两百年的历史。向分散的手工业者散发原料的商人，也广泛存在于产业革命以前的英国手工棉纺织业之中。[①] 但是，英国新的一代纱厂老板，却不是或主要不是来自散发原料的商人包买主，而是来自像皮尔（Peel）、拉德克里夫（Radcliffe）和费尔登（Fielden）这样一些农民兼手工业者的家族。[②] 他们成为纱厂资本家，几乎是跳跃式的。拉德克里夫家族的威廉·拉德克里夫（William Radcliffe）在1785年才开始投身棉业，1789年就成为一个具有相当规模的工场场主，1801年，他的手工工场就成为一个拥有千人以上的大工厂。[③] 费尔登家族的约瑟亚·费尔登（Joshua Fielden）在1780年还是一个兼营手织的农民，到了18世纪末，他那由三间小农舍组成的和由九名子女参加劳动的手工纺纱工场，已经发展成为一家五层大楼的工厂。[④]

这两种途径，在中国棉纺织业的发展过程中，甚至在19世纪70年代资本主义大工业出现以前都是不存在的，或者至少是没有实现的。不可否认，中国的手工棉纺织业中，也存在过包买主控制下的家庭手工业，不但鸦片战争以后存在，就是在鸦片战争以前的封建社会中，也有类似的迹象。但是，它们却没有一个发展成为资本主义大工厂。至于由独立的手工业者发展成为大工业的资本家，那在中国第一代纱厂的建立时期，也不见于历史的记载。像威廉·拉德克里夫和约瑟亚·费尔登这样的人物，在中国棉纺织工业史上，可以说是绝无仅有的。

当然，在以后的年代里，棉纺织工业中由工场手工业向大机器工业的过渡，也若有轨迹可寻。进入20世纪以后，这种现象似乎还相当普遍。例如，1929年无锡丽华织布厂有手工织布机152架，同时又有动力织机42架。[⑤] 1932年杭州广生棉纺织厂有手织机143架，同时又有动力机27台；

---

① S. D. Chapman, The Cotton Industry in the Industrial Revolution, 1972, p. 13.

② Paul Mantoux, The Industrial Revolution in the Eighteenth Century, 1961, pp. 370—371.

③ Ibid., p. 371.

④ Ibid..

⑤ 《无锡年鉴》第一回，转见严中平《中国棉纺织史稿》，科学出版社1955年版，第301页。

永新织布厂有手织机 35 架，同时又有动力机 50 台；振华织布厂有手织机 56 架，同时又有动力机 11 台。[①] 1934 年，重庆三峡染织工厂有手织机 76 架，又装动力织机 30 台。[②] 同年，上海、江苏、浙江、安徽、江西、山东、河北、山西 8 个省市的 415 家小型染织厂中，有手织机 11886 台，同时又有电力机 11208 台。[③] 据此，一位研究中国棉纺织史的专家说道："假使我们记起 19 世纪初英国织业动力化的开展，或许要把中国手工场的此类现象，认作中国织业动力化的原始形态。""但事实上，中国大机器织布工厂都不是这样演进而来的。而手织工场之能这样实行部分机械化者，也只是极少数。"[④] 这个评价和估计，无疑是正确的。中国手工工场向大机器工厂的过渡，不是发生在大机器工业出现之前而是发生在大机器工业出现以后，这是中国资本主义产生的一个重要特点。[⑤]

这个特点的出现，离不开中国封建社会原有的社会经济结构。

马克思在分析鸦片战争以后外国资本主义商品对中国的入侵时，多次说到中国的小农业和家庭手工业相结合的社会经济结构。他在 1858—1859 年间，接连指出："在以小农经济和家庭手工业为核心的当前中国社会经济制度下，谈不上什么大宗进口外国货。"[⑥] "对华进口贸易迅速扩大的主要障碍，乃是那个依靠着小农业与家庭工业相结合的中国社会经济结构。"[⑦] 农业和家庭手工业的结合，在封建社会，是一个带有普遍性的现象。在现代资本主义产生前夕的英国农村，也存在这种紧密的结合。18 世纪的 70 年代，在斯托克普（Stockport）的密罗村（Village of Mellor）中，每 50—60 家农户中，只有六七家的收入全部来源于农业，其余的农户都要

① "Chinese Economic Bulletin", 1932 年 5 月 14 日，转见严中平《中国棉纺织史稿》，第 301 页。

② 《重庆之棉纺织工业》，转见严中平《中国棉纺织史稿》，第 301 页。

③ 《全国棉纺织厂统计资料汇编》，转见严中平《中国棉纺织史稿》，第 301 页。

④ 严中平：《中国棉纺织史稿》，第 301 页。

⑤ 参阅樊百川《中国手工业在外国资本主义侵入后的遭遇和命运》，《历史研究》1962 年第 3 期。

⑥ 《马克思恩格斯全集》卷 12，人民出版社 1962 年版，第 605 页。

⑦ 《马克思恩格斯全集》卷 13，人民出版社 1962 年版，第 601 页。

靠家庭的纺织收入加以补充。[①] 在里兹区（Leads District），“没有一个农民不干一点城镇交易而单靠农业就能维持生活”[②]。可见，这种结合，就是在现代资本主义企业黎明期的英国，仍然相当普遍。

但是，在中国，这种结合却表现了特殊的坚韧性。对于这个问题的解释，现在还需要进行深入的研究。从一个方面看，由于中国地主制经济所制约的小农业和手工业的结合，对新的生产方式具有较大的排斥力，又由于小农承受封建剥削的严重，只有依靠这种结合才能对封建剥削具有较大的负荷能力，可能是一个原因。特别是在鸦片战争以后，由于鸦片走私、战争赔款以及各种封建剥削的增加，加重了农民身上的负担，使农村中农业和家庭手工业的结合，在某些方面说来，更加趋于牢固。农民除在小块土地上辛勤耕作，忍受沉重的地租剥削之外，还不得不从事更多的家庭手工业生产，以抵交沉重的租税。专靠农田，已不能维持一家的最低生活，而兼营一些小手工业，则简单的再生产，还可望继续维持。被称为“善经济之学”的包世臣（1775—1855）说，农民兼营织布，“虽暴横尚可支持”[③]。寥寥七个字，准确地反映了贫苦农民不得不从微薄的家庭手工业中寻找出路这样一个严峻的现实。

为什么中国的棉纺织在资本主义现代企业产生以前不曾出现英国毛纺织或棉纺织业所出现的情景；为什么中国手工棉纺织向机器生产的转化迹象，反而发生在资本主义大工业已经出现之后，从这里是不是可以得到一点解释呢？我想，这至少是值得进一步加以探索的。

二

中国资本主义现代企业的黎明时期，有没有由手工向机器过渡的事例呢？有的。在70年代大机器工业出现的前后，适应市场扩大的需要，某些

① W. Radciffe, Origin of the New System of Manufacture Gommonly Called “Power Loom Weaving”, 1928. 转见 Mantoux, p. 63.

② Report on the State of the Woollen Manufacture，转见 Mantoux, p. 63.

③ 包世臣：《安吴四种》1891年版，卷26，第34页。

手工业有恢复和发展的趋势，其中有些部门有相当多的手工工场出现的迹象[①]，产生了向大机器工厂转化的可能性。从我们现在所占有的资料看，这种过渡，主要出现在和对外贸易有关的行业之中，也就是说，主要出现在为外国资本主义掠夺原料、推销成品服务的行业中，至少在资本主义现代企业发生的70年代是这样。这里不妨选取两个有代表性的行业，作比较具体的分析，从中观察这种“过渡”究竟意味着什么，应该得出什么样的结论。这两个行业，一是广东的缫丝业，一是上海的船舶修造业；一是服务于中国生丝的出口，一是服务于外国船只的运输。

广东的南海、顺德、三水一带，原来是手工缫丝的一个集中地区。这里有大量的、以家庭女工为主体的手工缫丝工人。她们有长期的生产经验。这些都是这个地区较早地出现缫丝工厂的历史条件。至于说到这个地区第一个由手工向机器过渡的缫丝厂——继昌隆丝厂之在南海出现，则不能不首先说到这个工厂的创办者陈启沅。

陈启沅是广东南海的一个华侨商人。他的家庭世代“以农桑为业”。[②] 1854年，他开始出国经商，前后近二十年。大约他在国外看到机器缫丝的工艺，产生了创办丝厂的念头，因此，1873年回国以后，就在他的故乡南海简村创办一个名叫继昌隆丝偈的缫丝厂。[③] 最初规模很小，丝釜不过数十部。它的主要改进，在于采用锅炉热水，以蒸汽煮茧代表手工缫丝的炭火煮茧，还不能断定已经采用蒸汽作为动力来源。不过在当时或稍后的记载中，有的说它“用机器牵轮，互相引动”，[④] 或云“用机器展动各轮”。[⑤] 有的说这种缫丝工厂有很高的烟囱，机器声响很大。[⑥] 因此，即使最初没有使用蒸汽动力，但随即很快地采用了蒸汽动力和传动装置，这是可以肯定的。

---

① 参阅彭泽益编《中国近代手工业史资料》卷2，生活·读书·新知三联书店1957年版，第100—155页。

② 陈启沅：《蚕桑谱》，1903年重刊，自序。

③ 同上。

④ 《上海新报》1881年11月7日（以下简称《新报》）。

⑤ 徐赓陛：《不自谦斋漫存》，1882年版，卷6，第21页。

⑥ “North China Herald”，1874年6月13日，第526页（以下简称Herald）。

从1873年第一个丝偈开始，新式缫丝工业在珠江三角洲上以相当迅速的步伐向前发展。在继昌隆成立的第二年（1874），机器缫丝就“采行于顺德”。[①] 一年以后，又有人在当地仿照陈启沅的机器，另建了四个丝厂。[②] 进入80年代，机器缫丝又扩大于广州。1881年，广州、顺德、南海地区的丝厂，已增加到十家，有丝釜两千四百位，生丝年产量近一千担。[③] 80年代中期以后，新式缫丝工业“在广东已经牢固地树立了根基”。[④] 当时除了顺德、广州、南海以外，附近的新会，也添了三家。[⑤] 进入90年代，一向是农业区的三水，也逐渐变成产丝区，第一次出现了两家缫丝厂。[⑥]

这些缫丝厂，有的可以判明是由原来的手工缫丝即所谓手紝转化而来的。19世纪末叶，海关的报告说，三水“西南有一缫丝局，闻已创设十有四年矣。惟用机器者不过五年而已”[⑦]。这就是一个具体的例证。估计这种情形，在广州、顺德、南海、新会等处，也会大量存在。

另一方面，手工缫丝也并没有全部消失。如果说，机器缫丝是应付出口的需要，那么，手工缫丝在国内市场上仍然保持着自己的阵地。80年代以后，效率较高的足缫机——踩紝，逐渐取代了手缫的手紝。与此同时，陈启沅设计的一种半机械的缫丝小机，也逐渐为广大的手工业者所接受。90年代以降，广州府“通府县属用此法者，不下二万余人”[⑧]。这样，手工业和机器，在20世纪的广东缫丝业中，又形成“并行不悖”的局面了。

更值得注意的是：机器缫丝也没有长期昌盛下去。广州机器缫丝出现以后，在中国生丝的出口方面，曾经取得显著的地位。80年代初，当广东厂丝最初见于海关贸易统计时，一年出口不过一千二百多担。到了90年代

① 吕学海：《顺德丝业调查报告》（未发表）。参阅《民国顺德县续志》卷1，1929年版，第25—26页。

② “China Maritime Customs”. *Special Series*, No. 3, *Silk*, 1881, p. 151.

③ 同上，参阅North China Daily News，1882年1月16日，第47页（以下简称Daily News）。

④ Great Britain Foreign Office, Diplomatic and Consular Reports on Trade and Finance，1885年，广州，第4页。

⑤ 陈启沅：《广东蚕桑谱》，1897年版，《广东厘务总局详》，《申报》1887年12月5日。

⑥ China Maritime Customs, Decennise Reports on Trade, 1892—1901，三水，第264页。

⑦ 《通商各关华洋贸易总册》（以下简称《关册》），1898年，下卷，第73页。

⑧ 《蚕桑谱》，自序。

之初，就已经突破一万担的大关。20 世纪开始，再一跃而至三万五千担。到了第一次世界大战前夕，更猛增至四万五千多担。战后仍然有过一度短期繁荣，出口生丝曾经突破五万担。全省丝业收入达到一亿元以上。[①] 但繁荣转瞬即逝，进入 30 年代以后，广东缫丝工业不管手缫也好，机缫也好，都呈现一片衰败的局面。丝厂大批停闭，工人大量失业，生丝出口一落千丈。在 1930—1934 年间，全省开工的丝厂由一百二十一个减少到三十七个，生丝出口由四万七千多担下降到不足三万担。平均价格由每担 728.65 元下降到 298.95 元。资本损失在一千八百万元以上。失业工人不下二十万人。[②]

继昌隆本身的结局自然也不例外。这个工厂后来经过多次转手，营业不振。30 年代以后，有人到这个丝厂的所在地简村进行调查，发现那里已无一丝厂存在，而当年继昌隆的厂址，则已还原为陈氏遗族的住宅了。[③]

与广东的缫丝业一样，在上海的船舶机器修造业中，也可以找到由手工向机器过渡的轨迹。中国机器工业中最早出现的一家船舶修造厂——发昌机器船厂，就是一个例证。

这家船厂的成立，大约在 60 年代初期。[④] 这个时候，长江已被西方侵略者强迫开放，上海和日本之间的航运，也在迅速增长。这给上海港口的外国航运业，带来了前所未有的繁荣。1860—1864 年，上海进出口的船舶吨位，由四十三万吨增加到一百八十七万吨以上。[⑤] 和航运发生直接联系的船舶修造业，自然成为外国资本家注意的焦点。在这五年中，上海一共成立了九家船厂。两家最大的外国船厂——祥生（Nicolson & Boyd Company）和耶松（Farnham & Company），都是在这个时期以内设立的。发昌船

① C. W. Howard, *A Survey of the Silk Industry of South China*, 1525, pp. 8, 38.

② 参阅《中国蚕丝问题》，第 51—52 页；《关册》，1930 年、1934 年，Kwangtung Raw Silk Testing Bureau Reports for Season，1931—1932，1934—1935；《广东建设所生丝检查所四周年年报》，1935 年，第 6、18—19 页。

③ 吕学海：上引书。

④ 这家船厂的创办时间，没有直接记载。但 1884 年该厂在报上刊登广告，说它在上海开设已有二十余年（《沪报》1884 年 10 月 26 日）。1893 年另一家上海报纸刊登了这家工厂的广告，则称开设已“历卅余年”（《申报》1893 年 5 月 17 日）。据此推断，其成立应在 60 年代初。

⑤ Herald，1864 年 1 月 16 日，第 11 页；1865 年 6 月 25 日，第 98 页。

厂之成立于60年代初期，反映了这个形势对华商资本插足于船舶修造业的刺激作用。

这家工厂的创办人，据说是两个手工业者出身的广东人。一个是在上海当过打铁店的学徒和流动的手工打铁工人的方举赞，一个是本乡素业打铁制造农具的孙英德。[①] 在初创的时候，只有打铁炉一座，四五名工人。[②] 由于他们和外国船厂搭上了关系，专门为外国船坞锻制、修配轮船零件，发展较快。不过十余年，便能制造轮船上的机器部件以及车床、汽锤、铜铁器皿。[③] 大约这个时候，也就是70年代中期，发昌已经使用机器。70年代中期以后，开始制造轮船。在1876—1884年间，先后制造和装配小轮多艘，[④] 工人数量也有较大的增加。[⑤]

在发昌发展的过程中，其创办者的社会地位也发生了变化。他们和外国洋行以及中国买办，有广泛的交往。在船厂之外，又和洋行买办纠集在一起，合办其他工厂。[⑥] 发昌船厂本身，也进一步和外国资本发生密切的联系。80年代中期以后，上海的外国船业资本家戴克（G. T. Darke）、阿美士丹（O. Armstrong）和史丹福（B. R. Stanford）等先后打入了船厂的经理部。[⑦] 实际上和中国老板共同经营着这个企业。

尽管如此，这个船厂还是经受不起上海外国船业巨头的长期压力。1895年以后，船厂业务逐渐冷落，这时全厂只有六十余人，也不再建造船只，只作一些零星修配的业务。[⑧] 到了1899年，终于落入上海最大的一家外商船厂——耶松船厂之手，成为这家船厂的一个车间了。[⑨]

---

① 《上海民族机器工业》，1979年版，第77—78页。

② 同上书，第79页。

③ 《新报》1876年12月2日；《申报》1877年1月24日。

④ 《申报》1876年7月3日，1877年1月24日；1880年2月8日，1883年3月16日、3月31日；Herald，1884年2月6日，第152页。

⑤ Herald，1884年10月29日，第472页。

⑥ 例如孙英德在1882年就曾和平和洋行（Messrs Birt and Co.）老板以及中国买办唐茂枝等人合办中国玻璃公司，参阅Herald，1883年12月12日，第679—680页。

⑦ The Chronicles and Directory for China Japan and the Philipine，1886，1891.

⑧ 《上海民族机器工业》，第85页。

⑨ 《申报》1899年7月11日，《上海民族机器工业》，第86页。

工厂转入外商之手以后，工厂老板也转入外国洋行，成了洋行的买办。[①]

从继昌隆和发昌的历史中，可以得出什么样的结论呢?

它是中国封建社会中资本主义萌芽的进一步发展吗? 答案是否定的。继昌隆出现以前的广东缫丝业，“经营方式，在手机时代，多半为家庭式的手工业，即兼营的小商品生产工业”。“凡操手机者，多半为蚕村中的老妇。”“自汽机丝厂创设后，手机缫丝往往变为丝厂的附庸，盖丝厂间有将劣茧选出，另设小室或小工场雇用女工用手机缫之。”[②] 这就是说，在机器缫丝出现以前，广东的缫丝基本上还停留在小手工业的阶段。能够勉强算作手工场的，乃是在机器缫丝业出现之后、作为丝厂附庸的那种专缴劣茧的“小室”。当然，继昌隆的工人，系本村左邻右舍原有的手工缫丝女工，它使用的机器图样，虽然来自外洋，但机器的制作，仍是出自广州的一家铁器作坊。[③] 没有手工缫丝以至手工铁器制作的原有基础，继昌隆的出现，虽非绝不可能，至少是很困难的。但是这个工厂之非由原有的手工缫丝自身发展的结果，这是可以肯定的。断言中国民族资本主义现代化工业普遍地经历了小手工业→工场手工业→大机器工业三个阶段，以之解释继昌隆的产生，是不能令人信服的。

至于发昌机器船厂出现以前，上海手工锻铁铸造等手工业所达到的水平，情况比较复杂，遗留下来的文献记载也比较少。根据新中国成立后的调查，大体上可以说除了冶铸以外，其他各行业，包括船舶修造在内，都还停留在小手工业阶段。作坊规模很小，内部尚无明确分工。[④] 发昌虽然是由手工生产直接发展为机器生产，但它是处在一种比较特殊的情况下。它是作为外国造船工厂的附属工场而存在和发展的。它“在生产上与外国资本主义机器工业发生依赖关系”。这种关系的发生，实际上是“中断了这些手工业自己独立发展的道路”，使“这种转化一开始便具有半殖民地

---

① 《申报》1899 年 7 月 11 日，《上海民族机器工业》，第 78 页。

② 吕学海，上引书。

③ 陈天杰、陈秋桐:《广东第一间蒸汽缫丝厂继昌隆及其创办人陈启沅》，《广州文史资料》1962 年第 2 期，第 61 页。

④ 《上海民族机器工业》，第 1 页。

的明显特征”。[①]

民族资本主义现代工业的产生，不排斥手工业向大机器工业转化这样一个途径。这一点是必须明确的。但是，如果为了和“自始就带有买办性”的洋务派官办企业到四大家族官僚资本这个途径相对立，就规定“封建社会中的资本主义萌芽”到“早期的民间近代企业”这样一个民族资本主义企业产生的途径，认为只有这样一个途径才代表民族资本产生的途径，只有沿着这个途径所产生的现代企业，才是民族资本主义的企业，那就失掉了事实上和理论上的依据。

半殖民地半封建社会中出现的民族资本主义，不可能与本国的封建主义和入侵的资本主义相绝缘而产生，在内外反动势力夹缝中成长的民族资本主义企业，也不可能摆脱与它们的联系而存在。当广东第一代缫丝工厂受到手工丝织业的反对时，继昌隆和其他缫丝厂首先是求助于封建官府。不成，则独自迁往澳门，以求澳门殖民当局的庇护。[②] 发昌机器船厂的产生和发展，都离不开外国船厂对它的业务上所给予的支持。甚至在它最后为外厂所兼并时，它的老板，仍然醉心于洋行买办的职位。如果把这些说成是“继承封建社会中的资本主义萌芽而来”的民族资本，那么它们的民族性也并不那么纯粹，它们也并不是一点买办性都没有的。

中国近代史上大机器工业的产生，洋务派企业也好，民间近代企业也好，都不意味着中国之由封建社会进入资本主义社会。它只是中国进入半殖民地半封建社会的一个标志。中国封建社会中资本主义的萌芽，在没有达到向资本主义大工业转化的阶段，就遭到外国资本主义的入侵。外国资本主义的侵入截断了中国资本主义发生和发展的正常道路。在这种条件之下，所谓中国“早期的民间近代企业是继承封建社会中的资本主义萌芽来的”，既不可能是大量的，更不可能是主要的途径。即使有一些，也失去了原来的意义。把中国民族资本主义的产生过程，比附于正常的资本主义的产生过程，必然陷入事实上的失据和理论上的混乱，

---

① 《上海民族机器工业》，第 2 页。

② 陈天杰等上引文，第 70 71 页。

从而不能正确掌握中国资本主义性质和中国资产阶级性格的特点。

三

那么，什么是中国民族资本主义企业产生的主要途径呢？照我看来，途径不止一种。[①] 既有包括手工业者创办在内的纯粹商办企业，也有并非采取纯粹商办的形式产生的企业。而在后者之中，由洋务派官督商办企业中分化出来的商办企业，是一个很值得注意的产生途径。

将近二十年以前，学术界中曾经就洋务运动和资本主义发展的关系问题，展开了一次讨论。[②] 那次讨论中涉及的上海织布局的性质和所经历的道路，它对中国民族资本主义产生的途径提供了一个具体的例证，这个问题，今天还有重新提出来加以讨论的价值。

那次讨论的一个中心问题是：官督商办的上海织布局，是否只是变成洋务派的“官僚私产”，还是同时在其中也出现了反对沦为“官僚私产”的力量？推广而言，也就是：洋务派的官督商办企业，是否只有发展为官僚资本的一个前途，还是同时又存在分化出民族资本或者向民族资本转化的另一个前途？

我认为：符合事实的结论应该是后者。

官督商办形式在 70 年代的出现，不是偶然的。在洋务派官督商办企业出现之前，民间对于新式企业的活动，已经早有酝酿。拿棉纺织业来说，早在 50 年代末期，在江苏太湖洞庭山的席姓商人家族中，有一个自称“湛深西学”的席长卿，就曾和一些外国在华商人讲求“机器织布之道”。1865 年，他和外国资本家又进一步地“招股聚议自制颜料备染布匹等事”，“详细考究”。[③] 不但在工业上，就是在农业方面，也有过同样的试探，当太平天国刚刚被镇压下去之时，在上述同一地区，就有人“拟用西洋机

① 请参阅拙文《关于继昌隆缫丝厂的若干史料和值得研究的几个问题》，《学术研究》1962 年第 6 期。

② 参阅《新建设》1963 年 3 月号、8 月号，1964 年 1 月号、5—6 月号邵循正、汪敬虞、黄逸平等人的文章。

③ 《新报》1878 年 8 月 6 日，1879 年 2 月 27 日。

器”，进行“垦辟之事”。[①] 60 年代民间出现的这些新式企业的试探，为洋务派的官督商办，提供了客观的可能性。

官督与商办是对立的统一体。所谓官督商办，就是“官为维持”，“商为承办”，官“总其大纲”，商“自立条议”。“商为承办”则企业资本，应由商筹集；“官为维持”则企业经营，应能从官方得到一定的好处。商出资本，因而“自立条议”；官有权势，因而“总其大纲”。拆穿了，一个要利用对方的资金，一个要利用对方的权势，既有相互利用，当然也就产生相互矛盾。

官督商办企业内部的官商矛盾，是一个普遍的现象。在所有的官督商办企业中，几乎都存在三种人物。一是代表“官督”的洋务派官僚，具体到上海织布局，就是李鸿章。二是受洋务派官僚委派经理企业的总办、会办，拿上海织布局来说，先后有郑观应、经元善、龚寿图、杨宗濂这样一班人物。三是不掌实权的商股股东，他们的组成也是多种多样：有和总会办有瓜葛的重要股东，也有并无瓜葛的一般股东。这三种人物彼此之间，甚至同一种人物之间，都存在各种各样的矛盾。集中到一点，都可以概括为官商矛盾。

有关官督商办企业中官商矛盾的一般论述，许多文章都已谈到。本文只着重就这三种人物彼此之间的关系，作进一步的具体分析，以追查官督商办企业的前途。

首先，作为官督一方的洋务派官僚和商办一方的民间商股，存在深刻的矛盾。例如，既有官方的扶持，就要有商方的报效，庇护之下，控制随之而至。如此等等。已有的论述，在这一点上也都是一致的。但是，对问题的分析，不能停滞在这里。还需要进一步看一看矛盾的复杂性。

首先是洋务派官僚和企业中的总办、会办的关系。一般地说，总办、会办，出自洋务派官僚的委派，他们彼此的立场，应该是比较一致的。实际上，由洋务派官僚委派的总办、会办，有时也和洋务派官僚发生某种程度的不一致。拿减免税收一条来看，人们常说，李鸿章、张之洞等大官僚在很多方面为官督商办企业取得免税和减税的待遇，并且拿上海织布局作

---

① 《申报》1887 年 3 月 27 日。

例子，证明这一点。如上海织布局的成品，在上海销售全部免税，销入内地，只完正税，比进口洋纱洋布的税负减轻。如此等等。这种说法，有它正确的一面，但也有不完整的一面。事实上，上海织布局享受的减税和专利两项待遇，都是出自负责局务郑观应的要求，而且他向李鸿章提出的这个要求，都没有得到完全的满足。按照郑观应的意见，生产专利应“酌给十五年或十年之限”，“通商各口无论华人、洋人均不得于限内另自纺织”。而产品运销，应照“洋货已进口之例”，只纳 2.5% 的子口半税，“概免抽厘”。[①] 到了李鸿章那里，专利定为十年，税负改为 5% 的正税。[②] 即专利只从郑观应的最低要求，而抽税则倍于是。这表明，在税收的问题上，李鸿章和郑观应是不一致的。从李的角度看，在于保证税收，是纯粹官的角度，而郑观应尽管为李所委派，却在为布局产品的销路打算，甚至有“防外人争利”的一面，接近商的立场。

官督商办企业中的总办和会办，一般地说，是联络官商关系的纽带，是企业的实际主持人。然而，同是总办、会办，他们对待企业的态度，又可以判然不同。龚寿图和经元善在上海织布局期间对织布局的经营所持的不同态度，就是一个例子。经元善出身商人，他心目中的织布局和出身官僚的龚寿图的看法，有着显著的差别。他比较重视招来商股，为了取得商股的信任，他主张“凡所招股本户名银数及收款存放何庄，每月清单布告大众”[③]。在他的“招商集股章程”和“招股启事”中，特别强调织布局的商办性质，极力芟除“官场浮华习气”,[④] 并在报上公布代收股份的钱庄、商号、详列入股办法。[⑤] 如此公开的招股办法，在当时是少见的。它受到一般入股者的欢迎，但却遭到把织布局当作衙门的龚寿图等人的反对。他们不赞成公开招股的方式，极力加以阻挠，双方争论了很长的时间，虽经郑观应的“苦心调停”，还是“道不同，不相为谋，终难水

① 郑观应:《盛世危言后编》，1921 年版，卷 7。

② 李鸿章:《李文忠公全集》，1905—1908 年版，奏稿，卷 43，第 44 页。

③ 经元善:《居易初集》，1901 年版，卷 2，第 36 页。

④ 《申报》1880 年 10 月 13—15 日。

⑤ 《申报》1880 年 11 月 17 日。

乳”,[1] 最后以经元善的离职而结束。到了 1887 年，筹办织布局的实权，终于落在龚寿图这一批官场人物的手中。

存在于总办、会办与商股股东之间的关系，也有种种不同的情况。和龚寿图等人相比，经元善、郑观应等人显然比较重视商股的利益。例如，在郑、经接手以后的织布局招商集股章程中，就明确规定公司董事“由股份人公举”“品望公正、熟悉商情者”担任，“凡有公事，邀请咨商”。[2] 这说明商股权益在局中受到的尊重。这种情形，在郑观应主持的其他官督商办企业中，也同样存在。[3] 这是把企业当作衙门的龚寿图之流所不可企及的。当然，这里对商股权益的尊重，也可能只是徒具形式。而且，即使有实惠存在，多半也只限于股东中的大户。因为，在一般情况下，能够进入董事会的，大半为这些大户所独占，一般商股，特别是中小商股的利益，并不能真正具有保证。

事实上，官督商办企业中的官商矛盾，主要表现在总办、会办和一般商股之间。上海织布局的历次招股和整理，就足以说明这一点。在 1880 年郑观应接手筹办织布局之时，曾因投机活动发生亏空。1887 年，龚寿图接手招集新股，却把从前的老股一律打七折，限期要老股东每股（一百两）加价银三十两，美其名曰“辅助新股”，逾期不交，则并三股作一股，换给新股票。[4] 这实际上是对老股的敲诈。因为补加价银的，一股还能值 70 元，不补加价银的，一股只值 33 元。因此，办法一公布，上海《申报》马上就出现了一幅“在股含冤同人”的公启，对这种敲诈进行控诉。其中有一点值得注意，即“旧股中甚有借本易产而买股者，多年官利无着，本剩七折，吃苦已极，总办其事者，反躬自思，勿以人尽可欺耳”[5]。这些借本易产而买股的“在股含冤同人”，显然是一些不当权的中小股东。两年以后，当龚寿图等再度使织布局发生亏空时，最早参加织布局的股东卓培芳，又在《申报》上刊登启事，指责“旧局已经亏空甚巨，此次又复蹈故

① 经元善：上引书，卷 2，第 36—38 页。
② 《申报》1880 年 10 月 13—15 日。
③ 郑观应：上引书，卷 10，第 5 页。
④ 曾国荃：《曾忠襄公奏议》卷 31，第 14 页。
⑤ 《申报》1888 年 7 月 13 日。

辙”，要“邀集股东诸君”，“与其理算，以顾众商血本”。[①] 卓培芳是和郑观应同出于一个洋行的买办，他可能是一个资力较大的股东。但他所要邀集的，当然包括众多的中小股东在内。这说明中小资本家之受排挤打击，同样出现于官督商办企业之中，并不局限于由手工业转化的“民间近代企业”以内。

官督商办企业之中，的确存在变这些企业为官僚私产的力量。这一方面的分析，在已经发表的文章中，已经相当充分。[②] 但是，它的确也同时存在反对把它变为官僚私产的力量，亦即变这些企业为真正的商办企业的力量。这当中不但有中小股东的力量，也有大股东的力量（如卓培芳），不但有不当权的商股力量，也有当权的总办、会办的力量（如经元善）。尽管他们的表现十分软弱而程度又各不相同，但反对力量的存在，这是不能否认的。邵循正同志说，经元善和龚寿图等人的争端，“实际上是发展道路的分歧”。[③] 这应该是持平之论。

当然，上海织布局从 1878 年开始筹办到 1893 年全部焚毁，十五年间，始终没有能够脱离洋务派官僚的控制，走上独立商办的道路。但是，只要一有机会，商股力量就寻求表现自己。这是有迹可循的。一个突出的事例是：当 1880 年经元善等人接办织布局的时候，曾经广泛公开招集股份，他们招股的范围，遍布北京、天津、汉口、广州、香港、澳门乃至海外的长崎、横滨、新加坡、旧金山等二十八个城市，共设三十六个招股机构，并提出一系列保护投资人的措施，造成了极大的声势。[④] 经过这样一番布置，附股者极为踊跃。招股不到一个月，入股即大大超过定额。[⑤] 这和前此织布局在官僚手中招股艰难的局面，形成鲜明的对照。[⑥] 而当他们刚接手的时候，还打算沿着前任的步子，要求官款的接济，说什么“非秉承宪示，

---

① 《申报》1890 年 11 月 1 日。

② 60 年代以前，这方面的论文很多，不一一列举。汪熙的《论晚清的官督商办》一文（《历史学》1979 年第 1 期），有比较充分的论述。

③ 邵循正：《关于洋务派民用企业的性质和道路》，《新建设》1964 年 1 月号，第 66 页。

④ 《申报》1880 年 11 月 17 日。

⑤ 《申报》1880 年 11 月 16 日，1882 年 5 月 26 日；经元善：上引书，卷 2，第 38 页。

⑥ 参阅张国辉《洋务运动与中国近代企业》，中国社会科学出版社 1979 年版，第 275 页。

请拨官款，不足以昭郑重”，这时却以“历年官局易招物议。若承领官款，则属目尤难”为辞，转而拒绝官款了。[①]

由此可见，以经元善等人为代表的一股力量，在机会来临之时，表现得相当富有活力。尽管经元善等人最后没有扭转上海织布局的局面，但是，正如邵循正同志所公正指出的：这个官局中“出现了最早的民族资本主义成分，这又是十分重要的事实”[②]。

1887 年，龚寿图再度上台以后，商股老股中尚存二千九百余股。如数加价者一千六百股。[③] 这表明，在改组以后的织布局中，经元善所代表的旧商股，尚有一定的势力。招集新股，也在同时进行。筹集新股的主要人物，是周晋镳、徐士恺、唐廉等这样一些上海的所谓闻人。这些人物，可能和官场的关系密切一些，但都说不上是官僚。如周晋镳是上海商会中的著名人物，当时的官衔只是一名候选知县；[④] 徐士恺可能也是商人，后来当过上海道聂缉椝的账房，当时也只是一个浙江候补同知。[⑤] 唐廉可能是后人所说的“上海道台唐松岩”，[⑥] 当时则是在金陵铸钱局当差的一位分省补用道。[⑦] 他们在织布局中，仍然代表商股的势力，认为“新股是官僚及其依附者的分肥”，[⑧] 和旧股完全不一样，这并没有充分的事实根据。

上海织布局被焚以后，华盛纺织总厂代替了织布局，盛宣怀总揽全厂大权，并把全国纱锭和布机分别限定在四十万锭和五千张之内。人们常说，这个时候盛宣怀“把官厂变为私厂”，官督商办企业成了“北洋的私产”。[⑨]

---

① 郑观应：上引书，卷 7，第 11 页。

② 邵循正：《关于洋务派民用企业的性质和道路》，《新建设》1964 年 1 月号，上引文，第 64 页。

③ 曾国荃：上引书，卷 31，第 14 页。

④ 《申报》，1888 年 4 月 22 日。

⑤ 《恒丰纱厂的发生发展与改造》，1959 年版，第 4 页；《申报》1888 年 4 月 11 日。

⑥ 严中平：上引书，第 342 页。

⑦ 《申报》1888 年 4 月 22 日、5 月 19 日。

⑧ 邵循正：《新建设》1964 年 1 月号，上引文，第 68 页。

⑨ 严中平：上引书，第 118 页；邵循正：《洋务运动和资本主义发展关系问题》，《新建设》，1963 年 3 月号，第 7 页；黄逸平：《论洋务派所办官督商办企业的性质及其对私人资本的阻碍作用》，《新建设》，1964 年 5—6 月号，第 127 页。

顶替上海织布局的华盛总厂，的确处在盛宣怀独揽之下。这个时候，总厂内部已不可见经元善这样的人物。但是，经元善所代表的力量，却仍然存在。

还在上海织布局享受十年专利的后期，这种力量已经相当活跃。80 年代末 90 年代初，在商人阶层中，不断地出现了冲击这个限制的尝试。早在 1888 年，福州商人就“曾谋试办一个纺纱厂”，股东们因此“亏折了本钱”。[①] 1890 年在远离上海的湖北沙市，也出现过筹办纱厂的酝酿。[②] 即使在织布局所在地的上海，在同一时期，也出现了同样的事例。1890 年的山东籍商人翟世昌和 1891 年上海买办商人丁玉墀先后企图在上海创设轧花纺纱工厂，[③] 就是已经被公开出来的一、二事例。这些情况，表明十年专利的条款，不但在期满以后，而且在期满以前，已经遭到现实生活的攻击。

1891 年以后，情况又有所进展。如果说，丁玉墀、翟世昌以前，还只是处在议论酝酿的阶段。那么，在此以后，就有了实际的行动。从 1891 年到 1895 年《马关条约》签订之日，五年之间，上海、武昌、宁波等地先后出现了六家棉纺织厂。其中在华盛总厂以前成立的，有华新（1891）、湖北织布官局两家，在华盛同时或以后成立的，有裕源（1894）、通久源（1894）、裕晋（1895）和大纯（1895）四家。这些棉纺织厂，除了武昌一家是官办的以外，其他五家，根据邵循正同志的意见，都在官督商办范围之内。它们只是向洋务派官僚集团开放。也就是说，上海织布局的限厂也好，华盛总厂的限锭限机也好，为的都是向洋务派官僚“集团中一些人开放设厂的权利”[④]。邵循正同志对官督商办的考证，花了很大功夫。他的考证，是可信的。但由此得出只向洋务派官僚集团开放设厂权利的结论，却大可商榷。我们不妨对这五家官督商办的棉纺织厂，进行逐一考察，看看它究竟是否只向洋务派官僚集团开放。

---

① China Maritime Gustoms Decennial Reports，1892—1901，福州，第 95 页。

② London and China Express，1890 年 8 月 8 日，增刊，第 1 页。

③ 《申报》1891 年 12 月 16 日；《沪报》1892 年 3 月 30 日。

④ 邵循正：《新建设》1963 年 3 月号，上引文，第 11 页。

1. 华新纺织新局

它实际上是前面所说的周晋镳等人搞起来的。他们参加上海织布局以后，在老股纠纷没有解决之前，已经筹集了二十四万两资本，另设纺纱新局，在织布之外，专门纺纱，“以为布局先声”[①]。这些人和官场的关系虽然密切一些，但不一定都是洋务派官僚，这一点上面已经讲过了。

2. 通久源纱厂

它的老板是曾经当过李鸿章幕僚的严信厚。他在创办纱厂的时候，已经脱离了幕僚的地位。在此以后，他又办了面粉、造纸、榨油等一系列工厂。[②] 人们一向把它们看作民族资本的企业。因此，把纱厂这一个企业单独提出来作为北洋官僚集团的企业，那是讲不通的。

3. 裕晋和裕源

这两个厂的老板，一个是和洋行关系很密切的湖州丝商黄佐卿，[③] 一个是“以服贾昌其家”，[④] 据说最初来到上海随身只有一把雨伞的安徽泾县人朱鸿度。[⑤] 至于大纯纱厂，情况不明。邵循正同志“怀疑开设大纯的盛某就是盛宣怀自己”[⑥]。但是，根据当时的记载，它和织布局，“本系两家，未有来往”[⑦]。看来，这个猜测也是很难成立的。

由此可见，这五家棉纺织厂的创办人，从他们的身份看，至少不能说都是洋务派官僚集团的人物。创办人的身份如此，一般参加投资的人，应当更是如此。因此，在没有更多的证据以前，断言它们只是向洋务派官僚集团开放，这是不能令人信服的。

除了这五家以外，还有一个筹办而未开工的纱厂，也值得一提。这就是杨宗濂、杨宗翰兄弟筹办的同孚吉纱厂。

杨宗濂是一个和李鸿章关系较深且在天津商界又有些声誉的人物。他

① 《申报》1888 年 4 月 22 日。

② 请参阅拙编《中国近代工业史资料》第二辑，1957 年版，第 1092 页。

③ Herald，1887 年 12 月 10 日，第 1042 页；1902 年 7 月 15 日，第 131 页。

④ 李经方：《朱幼鸿先生五十寿言》，不著年月。

⑤ 据安徽泾县吴则虞先生提供的资料。

⑥ 邵循正：《新建设》1964 年 1 月号，上引文，第 69 页。

⑦ 《沪报》1896 年 9 月 22 日。

和他的弟弟杨宗瀚进入上海织布局，是在 1891 年龚寿图发生亏空离开织布局以后。他们上台之后，织布局的确挤进来了不少洋务派官僚集团的资本，李鸿章并且“拨借绥巩局银十余万两，以资营运”[①]。正如邵循正同志所说，此时织布局的确是“商办性质减少，而洋务派官僚集团私产的性质愈来愈强了”[②]。但是，即使在这个时候，他们也没有放弃利用商股的念头。杨宗瀚在 1893 年 7 月给李鸿章的禀帖中说，“织布机层累曲折，工繁费重，不如纺纱工简利近”，应“及时推广”。他具体建议“另招商本规银三十万两，即就布局中间余地，附建纱厂一座”，“与布局外合内分”。在他所拟招股章程中写道：“此局全系商人股本，不领公款，不请委员，但责成商股中之廉干谨饬者总理厂务。”8 月，他得到李鸿章的批准，在上海挂起了“同孚吉机器纺纱厂”的招牌，并且把股本扩大到六十万两，公开招集股份。[③] 只是由于 10 月间布局被焚，杨宗瀚退出了布局，这个计划才随之搁浅。

对于这一件事实，专门研究官督商办的汪熙同志补充了重要的史料，他说：“一八九三年李鸿章的幕僚杨宗濂禀请在织布局内附设纱厂一座，得到批准，于是回到无锡筹款，‘在家搜罗，只有三万，尚缺二万，拟将济通典本四万余串并房屋一并作抵’，凑足五万两。这证明官僚地主有将封建剥削资金转向近代工业资本的愿望，这本来是好事。此事后因织布局被焚，未成事实。但是，即使成了事实也一定是命运多舛的。因为在当时的条件下，杨宗濂要想挣脱官督商办的控制，冲破重重阻力，纵然不是不可能，也一定是极端困难的。”[④] 的确，“这本来是好事”。不但对 19 世纪中国资本主义的发展是好事，对现在我们的讨论也有好处，因为作为“淮系官僚”的杨宗濂为这个纱厂而罗掘一空，也不过五万两之数，他的六十万两股份，不向洋务派官僚集团以外的人开放，看来是难以济事的。至于作为官督商办的上海织布局的总办，却“要想挣脱官督商办的控制”，那更说明洋务派官僚集团垄断的难以为继了。

---

① 杨寿彬等：《杨藕舫行状》，不著年月。

② 邵循正：《新建设》1963 年 3 月号，上引文，第 9 页。

③ 以上均见《杨宗瀚遗稿》，前上海历史文献图书馆藏。

④ 汪熙：上引文，第 113 页。

当然，我们并不以单纯的推理为满足，还应该有事实的依据。

人们常说，洋务派官督商办企业的垄断，表现在设厂的限制上。但是，从上海织布局到华盛总厂，人们能够看出一个变化的过程。上海织布局最初是直截了当地对设厂进行限制，也就是李鸿章在 1882 年初所说的："只备华商附股搭办，不备另行设局。"① 这个限制是严格的。正如上面所说，在织布局取得专利权的最初十年（1881—1890），尽管民间多有创设棉纺织厂的酝酿，但却没有一个设厂计划能够成为现实。1891 年以后到织布局被焚为止，虽然有华新纺织新局的出现，但是最初也是附搭上海织布局，连单独的名称也不许有（华新是 1893 年华盛总厂成立以后才有的名称）。至于杨宗瀚兄弟筹办的那个纱厂，也要与上海织布局保持"外合"的名义。凡此都说明这个限制，最初是严格执行的。但是，到了后期，这个限制的约束力，有明显的衰退。上面讲的杨宗瀚兄弟的纱厂计划，就是一个例子。这个名厂和上海织布局虽然名义上保持"外合"，骨子里却重在内分。用杨宗瀚的话来说，就是"划清界限，期于布纱两局，不稍迁混"②。最后还是打出了同孚吉机器纺纱厂的招牌，连"外合"的幌子也不要了。

到了上海织布局被焚，盛宣怀规复织局，成立华盛之时，他就明确提出："股商远虑他日办好，恐为官夺，拟改为总厂，亦照公共章程，请署厂名，一律商办。"③ 根据这个建议，李鸿章才定名总厂为华盛，另在上海及宁波、镇江等处，招集华商，分设十厂、官督商办。④ 各厂不但有自己的厂名，而且有自己的董事，所有厂务统归本厂董事管理，官方不再派遣大员管理各厂。邵循正同志说："各厂私营的性质显著了。""商办的性质加强了。"⑤ 这是公允的论断。

与上海织布局的限制相比，华盛纺织总厂还有一个明显的不同。前者是笼统地限制设厂，后者则只限制纱锭和布机的数目。李鸿章说："合中

① 李鸿章：上引书，奏稿，卷 43，第 44 页。

② 《杨宗瀚遗稿》。

③ 李鸿章：上引书，电稿，15。

④ 李鸿章：上引书，奏稿，卷 78，第 10 页。

⑤ 邵循正：《新建设》，1964 年 1 月号，上引文，第 70 页。

国各口综计，无论官办商办，即以现办纱机四十万锭子，布机五千张为额，十年之内，不准续添，俾免雍塞。”[①] 人们注意到，这时华盛总厂只请办纱锭七万，实际上只装成五万；布机只请办一千五百张，实际上只装成七百五十张，便已“力难筹款”。[②] 剩下来的数目，除了湖北织布官局摊去一部分以外，应该说，各分厂还大有活动的余地。这和上海织布局严格禁止设厂比起来，还是保持了较多的灵活性。事实上，到 1890 年为止，全国纱厂的纱锭，不过十七万，布机不过一千八百张，无论纱锭或布机，都不及李鸿章所定限额之半。甚至在清政府“放松了对私人办工业的控制”的甲午战后，在 90 年代后半期的设厂高潮中，全国纱锭到 1899 年止，也不过三十三万余枚。四十万的限额，一直到 1907 年才第一次被突破。[③] 也就是说，全面敞开，不加限制。民间纱厂倾全力以赴，也经历了十几年的光阴，才能突破四十万锭的数额，在这种情况之下，断言四十万锭的限额是对民间设厂的限制，断言洋务派官僚“把广大私人资本排斥在 40 万纱锭以外”，断言“甲午战前棉纺织工业在洋务派垄断下，私人资本根本无法插手”[④]，这是难以解释的。

汪熙同志说，作为官督商办特点之一，是它“产生了第一代的官僚资本”[⑤]。这是以往多数人比较同意的一种看法。如果把第一代官僚资本理解为官僚资本的雏形，或者胚胎[⑥]，我也认为是可以这样看的。但是，官督商办可不可以同时看作民族资本的胚胎呢？更确切一点说，从官督商办的演变中，能不能也产生民族资本呢？我看也许是可以的。至少官督商办企业的演变是中国民族资本现代企业产生的途径之一，我认为这是中国资本主义产生的一个特点，是半殖民地半封建社会中的民族资本主义的一个特点。再重复一遍：在半殖民地半封建社会中出现的民族资本主义，不可能

---

① 李鸿章：上引书，奏稿，卷 78，第 12 页。

② 盛宣怀：上引书，卷 24，第 10 页。

③ 严中平等：《中国近代经济史统计资料选辑》，中国社会科学出版社 1955 年版，第 107—108 页。

④ 黄逸平：上引文，第 130 页。

⑤ 汪熙：《历史学》，1979 年第 1 期。

⑥ 参阅夏东元《论洋务派》；《新建设》1964 年 5—6 月号，第 122 页。

与本国的封建主义以及入侵的外国资本主义相绝缘而产生，在内外反动势力夹缝中成长的民族资本主义企业，也不可能摆离与它们的联系而存在。深入一层来看，这也是半殖民地半封建社会本身的一个特点。

近代中国工业资本主义经济中的工场手工业*

彭泽益

近代中国工场手工业在工业资本主义经济中占有十分重要的地位。遗憾的是，迄今在有关中国工业资本主义发展史的论著中，大多只着眼于烟囱冒烟的工厂，对于工场手工业的地位和作用专门讲到的不多，有的或者根本忽略不谈。这样使得中国工业资本主义发展史的形象不够完整，不能不说是一个缺陷。现本文提出这个问题，希望能够引起重视，充实这方面的调查研究。

一 中国工场手工业在工业资本主义经济中的地位和比重

在近代中国工场手工业兴起之前，清代封建社会内已孕育着一批具有资本主义生产萌芽的工矿企业。18 世纪二三十年代以降，包括四川井盐、造纸、制茶、制糖、棉织、木材采伐、煤、铁、铜、铅、锡、银矿等行业中，就有采取大作坊和手工工场生产经营的形式。鸦片战争后，这类企业仍多继续存在，不过生产各有消长。50 年代起，在清朝政府镇压农民起义的反革命内战年代里，国内生产事业受到严重破坏，直到 70 年代初才逐步

* 本文原载《近代史研究》1984 年第 1 期。

恢复。通商口岸被迫增开和适应市场扩大，在手工业商品生产增长的基础上，手工业中的资本主义关系有所发展。七八十年代，缫丝、制茶、榨油、造纸、井盐等行业中工场手工业不断兴建，采矿冶金业在新式矿厂出现以前，在采的矿厂约有50家。19世纪末20世纪初，各通商口岸和附近地区新兴的手工业发展，如火柴、皂烛、卷烟、玻璃、榨油、制茶、制糖、缫丝、棉织、针织、地毯等行业中的大作坊和手工工场纷纷兴起，并且，还促进了当时城乡资本主义家内作业的兴盛。

上述各行业的手工工场，只能根据尚不完整的资料，得出一些集计数字，尚缺乏全面的、系统的材料可资利用。关于全国的工业调查统计，那是比较晚期的事。最初官方是以工厂利用原动力与否作为标准来登记统计。按工厂法规定："凡用发动机器的工厂，平时雇佣工人在三十人以上者，适用本法。"这就是说，凡不符合工厂法的工厂，即不使用原动力或者说不用发动机、雇佣工人不满三十人的小厂，实际上，都可视为手工工场或大作坊之类。

根据这些调查统计资料，就有可能把工场手工业同工厂工业进行比较。据1912年调查，辛亥革命前后，全国20749家工厂中不使用原动力的手工工场占98.25%，使用原动力的工厂只占1.75%。到1919年，手工工场在全国10515家工厂中仍占96.58%，用原动力的工厂占3.42%。后至1947年底，手工工场在全国14078家工厂中仍占76.47%，合于工厂法的工厂占23.53%。

表1　　全国工厂中使用原动力和不使用原动力家数比较

年代	家数			比重（%）	
	共计	用原动力	不用原动力	用原动力	不用原动力
1913	21713	347	21.366	1.60	98.40
1915	20746	488	20258	2.35	97.655
1917	15736	481	15255	3.06	96.94
1919	10515	360	10155	3.42	96.58
1947	14078	3312	10766	2353	76.47

资料来源：1913—1919年据历次《农商统计表·工厂表》，1947年据《全国主要都市工业调查初步报告提要》分别计算。引见彭泽益编《中国近代手工业史资料》，中华书局1962年版，第二卷，第448—449页，第736页后附录插页表（三）；第四卷，第555页。

表1的调查统计，显然是不够完备精确的，但从长期趋势观察，工场手工业和工厂的家数相比，它所占的比重之大是非常清楚的。据1954年统计，工场手工业在全国资本主义工业中的家数仍占79.1%，它的产值则占工业总产值的28.6。[①] 这些可以说是有关近代中国工场手工业的总的情势。

为了进一步分析工场手工业在整个工业结构体系中的地位，下面以1947年底全国工业调查为依据，分别从行业和地区作一些考察。

首先，从业别看，各行业家数及所占比重，有如表2所列。

表2　全国各业工厂中使用原动力和不使用原动力家数比较

业别	家数			比重（%）	
	共计	用原动力	不用原动力	用原动力	不用原动力
总计	14078	3312	10766	23.53	76.47
饮食品制造业	1379	326	1053	23.64	76.36
纺织业	3773	1089	2684	28.86	71.14
服用品制造业	1783	290	1493	16.26	83.74
木材制造业	156	42	114	26.92	73.08
造纸印刷业	1669	251	1418	15.04	84.96
化学工业	1553	410	1143	26.40	73.60
土石品制造业	152	67	85	44.08	55.92
冶炼业	494	108	386	21.86	78.14
五金业	682	217	465	31.82	68.18
机械业	1505	223	1282	14.82	85.18
电工器材制造业	303	130	173	42.90	57.10
交通用具制造业	269	47	222	17.47	82.53
杂类工业	360	112	248	31.11	68.89

资料来源：《全国主要都市工业调查初步报告提要》，据各业概况统计计算。

值得注意的是，像机械、交通工具制造、冶炼三个行业基本属于重工业之类，工场手工业家数占78.14%—85.18%；属于轻工业之类的造纸印

① 《中国资本主义工商业的社会主义改造》，人民出版社1962年版，第27页。

刷、服用品制造两个行业占 83.74%—84.96%，其他行业占比也都在 55.92%—76.36% 之间。这从另一方面反映了近代中国的工厂工业处在多么落后的阶段。

现单就工场手工业来说，在这 10766 家工场中，如按行业来统计，纺织业占第一位（24.93%），服用品制造业占第二位（13.87%），造纸印刷业占第三位（13.17%），机械业占第四位（11.91%），化学工业占第五位（10.62%），饮食品制造业占第六位（9.78%）。具体数据统计见表 3。

表 3　　　　全国手工工场分业统计（1947 年）

业别	家数	比重（%）
纺织业	2684	24.93
服用品制造业	1493	13.87
造纸印刷业	1418	13.17
机械业	1282	11.91
化学工业	1143	10.62
饮食品制造业	1053	9.78
五金业	465	4.32
冶炼业	386	3.58
杂项工业	248	2.30
交通工具制造业	222	2.06
电工器材制造业	173	1.61
木材制造业	114	1.06
土石品制造业	85	0.79
总计	10766	100.00

资料来源：据表 2 计算而得。

大致说来，这就是 1949 年前各行业手工工场的基本情况。无疑地，它给了我们一个有根据的数量概念。

其次，再从地区比较，工场手工业和工厂工业在全国各城市的分布，如表 4 所示。

表4　全国各城市工厂中使用原动力和不使用原动力家数比较（1947年）

地区	家数			比重（%）	
	共计	用原动力	不用原动力	用原动力	不用原动力
总计	14078	3312	10766	23.53	76.47
南京	888	36	852	4.05	95.95
上海	7738	1945	5793	25.14	74.86
北平	272	49	223	18.01	81.99
天津	1211	215	996	17.75	82.25
青岛	185	96	89	51.89	48.11
重庆	661	96	565	14.52	85.48
沈阳	275	117	158	42.55	57.45
西安	69	24	45	34.78	65.22
汉口	459	86	373	18.74	81.26
广州	473	269	204	56.87	43.13
台湾	985	205	780	20.81	79.19
兰州	39	17	22	43.59	56.41
汕头	121	15	106	12.40	87.60
福州	176	17	159	9.66	90.34
昆明	66	30	36	45.45	54.55
贵阳	83	48	35	57.83	42.17
长沙、衡阳	216	23	193	10.65	89.35
南昌、九江	161	24	137	14.91	85.09

资料来源：《全国主要都市工业调查初步报告提要》，据各业概况统计计算。

这里要特别提出上海来说一说。因为上海是近代中国工业化水平较高的重要城市，工厂工业相当发达集中，其中工场手工业实际仍然为数很多。1931年调查上海工厂，在1666家工厂中合于工厂法标准的，只有676家①，占40.58%，不合工厂法的有990家，占59.42%。"八一三"抗日战争爆发前，据1937年上半年调查统计，上海22376家工厂中，工厂共有

① 《上海之工业化》，《经济统计月志》第一卷第三期，1934年3月。

5525 家，手工业作坊 16851 家[①]，占 75. 3%。抗战胜利后，据 1946 年 10 月统计，上海全市登记工厂 1574 家[②]，合于工厂法的有 516 家，占 32. 8%，不合工厂法的有 1058 家，占 67. 2%。据 1947 年调查，由表 4 可知，上海 7738 家工厂中合于工厂法的只占 25. 14%，不合工厂法的则占 74. 86%。在工业比较发达的其他城市，工场手工业家数占的比重之大，也是十分明显的。如华北的天津占 82. 25%，西南的重庆占 85. 48%。

若仅就全国手工工场按地区分别统计，上海工场最多，占第一位（53. 80%），天津次之占第二位（9. 25%），南京占第三位（7. 91%），台湾占第四位（7. 25%），重庆占第五位（5. 25%），汉口占第六位（3. 46%）。

所以，不论从行业和地区来看，工场手工业家数比工厂工业多得多。当然，工厂工业家数虽少，但不能忽视它的资本集中，生产规模大。据 1933 年调查资料表明，在天津占 8. 3% 家数的大工厂，资本占 88. 4%；占 27. 8% 家数的小厂，资本占 9. 9%；占 63. 9% 家数的作坊，资本只占 3. 7%。[③] 在浙江永嘉 12. 2% 家数的工厂工业，资本占 59. 7%。[④] 至于手工工场在手工业中则具有户数少、资本多、人数少、产值大的特征。这方面的情况就不列举详谈了。总之，我们要看到两者之间的这种不同特点。

值得指出的是，前述所谓合于工厂法第一条者，其中特别是以使用原动力即用发动机器为标准，以此来划分工厂工业和工场手工业。实际上，近代中国工业中使用原动力的工厂不仅为数极少，即便是各工厂使用原动力的也是处于极端低下的水平。中华人民共和国成立前工厂工业应用原动力的状况，可以工人人数和马力匹数计算比率，可以各种工业每厂平均使用的马力匹数，代表这个行业机械化的程度。

1912 年调查全国使用原动力的 363 家工场中，全部原动力共有 24544 匹马力，每厂平均不过使用 67. 6 匹马力。1933—1934 年间调查上海合于

---

① 《一九三七年之中国劳工界》，《国际劳工通讯》第五卷第四期，1938 年 4 月，引见《中国近代手工业史资料》第四卷，第 107 页；第三卷，第 812 页。

② 陈真编：《中国近代工业史资料》，生活·读书·新知三联书店 1961 年版，第四辑，第 41 页。

③ 《第二次天津工业统计》，引见《中国近代手工业史资料》第三卷，第 811 页。

④ 《浙江永嘉之工商业》，《工商半月刊》第五卷第二十一号。引见《中国近代手工业史资料》第三卷，第 812 页。

工厂法的工厂1038家，工人总数200417人，使用原动力128430匹马力。[①]据此计算，全体工人与马力的比率为0.67，即每一工人所用尚不及一匹马力，每厂平均所用者亦仅123.7匹马力。1942年调查全国合于工厂法的3758家工厂，工人总数241622人，使用动力设备143916匹马力。[②] 每一名工人平均所用仅为0.60，也不及一匹马力，每厂平均所用只有38.3匹马力。1947年调查全国合于工厂法的3312家工厂，工人总数682399人，动力设备马力827272匹，每一工人平均使用1.2匹马力，每厂平均使用249.8匹马力。

这个情况，同资本主义国家工厂每一工人使用的马力匹数相比，不免相形见绌。美国在1908年为3.6匹马力，德国在1910年为3.9匹马力，法国在1911年为2.8匹马力。[③] 可见中国当时远远落后于当时西方工业发达国家20世纪初的水平。

当时官方工业统计讲求工厂应用原动力与否，是为了便于对工厂工业进行登记和管理。制定这个标准有它必要和合理的地方。但是，我们现在研究工业资本主义的历史，似乎不应拘泥于这一点，更不宜过于强调和高估工厂使用原动力的程度，以至把工场手工业放置在不应有的地位。其实，近代中国工厂工业的机械化程度是很低的，它同大量的工场手工业长期共存，并且在很多方面都有联系，怎好割裂开来？要是忽视了这一点，就不能很好地掌握中国半殖民地半封建社会工业资本主义发生和发展的规律性和独具的特点。

二 中国工场手工业经济的基本特点

工场手工业既然在中国工业资本主义经济中占了相当大的比重，从而有必要对这种工场手工业经济本身做些初步的探讨。

工场手工业的形成过程，主要是商业资本在手工业的生产过程以外，

---

① 《上海工业统计》(1933—1934年度)，《经济统计月志》第一卷第三期，1934年3月。

② 《后方工业概况统计》（1942年），引见陈真编《中国近代工业史资料》第四辑，第93页。

③ 《中国近代工业史资料》第四辑，第9页。

控制着手工业品和手工业原料的流通过程，从中取得利润，积累起来作为资本。商人们在这一基础上，为了把对手工业的控制力量由外部深入内部，由流通过程深入生产过程，借以掌握这两个过程的全部，并从中攫取更多的利润，就向手工业投资，开设工场。虽然手工工场也有些是个体手工业经过分化过程，由少数个别业主上升所形成，但绝大多数是在流通过程中积累了资金的商业资本投资形成的。

这种工场手工业虽是建立在资本主义私有制和剥削雇佣工人基础上的一种工业形式，但在当时的条件下，大多数的工场手工业由于资本和技术缺乏，在剧烈的竞争下，为了挣扎却尽量利用对学徒无偿劳动的榨取。

上海市曾经调查 5874 家各类手工业工场，其中工人学徒总数 28676 人，学徒 11963 人①，使用学徒人数平均占 41. 72%。在北京和天津的工场手工业中，使用学徒尤为普遍。（见表 5）

表 5　　北京各业中使用工人和学徒比较（1924 年）

业别	调查家数	工徒人数	工人占比（%）	学徒占比（%）
地毯业	19	1868	41. 3	58. 7
织布业	13	926	51. 4	48. 6
制革业	2	63	50. 8	49. 2
皂烛业	6	65	73. 8	26. 2
织袜业	2	44	0. 5	95. 5
毛巾业	1	45	33. 4	66. 6
料器业	1	130	15. 1	84. 9

资料来源：据《调查北京工厂报告》计算而得。引见《中国近代手工业史资料》第三卷，第 105、130 等页。

据当时记载说，北京各工场“如织布、玻璃、火柴、地毯各业使用学徒尤多”。如地毯业“至有欲全招学徒，仅留工头一二人者”。此外如织布、织袜各业，“往往多谓家数太多，出货不能畅销，欲减轻成本，竟谋

① 《上海市市区五，八七四家手工业概况之分析》，《实业部月刊》第二卷第六期，1937 年 6 月。引见《中国近代手工业史资料》第三卷，第 665 页。

多招学徒，以省工资”①。

天津造胰工场中使用学徒人数约占 43%②；而地毯、织布、针织三业的手工工场使用大量学徒，平均占 45%，手织三业的情况如表 6 所示。

表 6　　天津手织三业中使用工人和学徒比较（1929 年）

业别	工徒人数	工人占比（%）	学徒占比（%）
总计	21051	55	45
地毯业	11568	72	28
织布业	7873	35	65
针织业	1610	28	72

资料来源：《中国近代手工业史资料》，第三卷，第 168 页。

就京津比较而言，北京地毯业中工人和学徒的比例为 1∶2.9（有些工场达到 1∶20.9 或 1∶10.9③），天津则仅为 1∶0.4。学徒“因无工资，而厂主利其值廉，作工时间与成年毫无区别”。④ 这使学徒制度不仅成为提供熟练劳动力的来源，也是提供最廉价劳动力的来源。

工场手工业经营的另一特点是，由于它控制了流通和生产两个过程，于是加速了资本的积累进程，其最主要的方法，还不是控制一般的生产过程，而是重点控制须有一定技术和设备条件的手工业品最后一道复制过程，即以大量的资本，收购个体手工业，或农民手工业生产的成品或半成品，然后在工场内部集中进行加工、修整、复制。手工业资本家所控制的这一道工序，也就是手工业产品流通过程中最集中的、最需要有一定的生产设备的一道工序。对于这一道工序的控制，就能掌握住这一产品利润的大部分，而且由于集中加工，产品规格和质量统一，适于在市场上大批销

① 《调查北京工厂报告》，《农商公报》第 122 期，1924 年 9 月。引见《中国近代手工业史资料》第三卷，第 164、165 页。

② 《天津造胰工业状况》，1935 年 4 月。引见《中国近代手工业史资料》第三卷，第 655 页。

③ 《北京地毯业调查记》，1942 年。引见《中国近代手工业史资料》，第三卷，第 131 页。

④ 《吾国地毯业概况》，《工商半月刊》第三卷，第 22—23 期；《调查北京工厂报告》，《农商公报》第 122 期。引见《中国近代手工业史资料》第三卷，第 165、166 页。

售，也适于接受大批订货，这就能获得高于平均利润的利润。

因此，当时工场手工业在大多数场合下，可以说都由一个生产大部分产品的首要作坊和千百个从商人兼工场主那里领得原料而交出成品，但是却在自己家里或小作坊里进行生产的手工业所组成的。工业资本利用个体手工业的形式有多种多样，涉及的行业也多，这里列举两个主要方面的情况。

关于制造半成品或某一工序。工场手工业或工厂工业利用个体手工业制造半成品，在自己工场中只以一定的技术设备进行某些工序，然后当作自厂产品出售；或在自己工场中完成若干工序，而将其中某些工序交给个体手工业者去做。这样就使许多个体手工业成为自己工场的附属作坊。

广东汕头的织布厂，江苏常熟的织布厂，有在厂内设机者，有完全放机者，几乎各占一半。① 其他各地棉布织染手工工场，自织自染的在总产量中占的比例小，大都是用“发原料收成品”或“用原料换成品”的计件工资形式，取得城乡个体手工业生产的土布，然后在自己场内染色压光，作为自产产品出售。

天津的纺毛线工厂，其实只自办弹毛，弹出熟毛一概发给厂外妇女，令其领毛回家，纺线送厂，然后过秤付给工价。②

上海有些毛巾工厂，自己仅有漂白、染色的设备，由棉纱织成的胚毛巾的生产过程，都是利用厂外个体手工业代织完成的。此外，在川沙、南汇、宝山、嘉定、武进、无锡、松江、南通等地织毛巾工厂，也是采取这种形式，多将原料发给各处个体机户分织，论件给资。③

江苏武进经营梳篦业的，除自设工厂，专雇工人外，并有发交场外家庭手工业者从事制造的，如篦子的削竹为条、抽丝、扣齿等作业。至于上胶、刮摩、刻花、拣齿、整理，才由工场内部来做。④

---

① 《常熟之经济状况》，《中外经济周刊》第 214 期，1927 年 6 月。引见《中国近代手工业史资料》，第三卷，第 240 页。

② 《天津工业之现状》，《中外经济周刊》第 205 期，1927 年 3 月。引见《中国近代手工业史资料》，第三卷，第 242 页。

③ 《中国实业志·江苏省》第八编。引见引见《中国近代手工业史资料》第三卷，第 646 页。

④ 《武进工业调查录》，1928 年。引见引见《中国近代手工业史资料》第三卷，第 246 页。

关于担任辅助性工序。工场手工业或工厂工业利用发原料，使分散的个体手工业劳动者在自己家内或小作坊为他们担任辅助性的工序，使这些个体手工业形似独立，而实际上是场外工人。

最典型的是火柴厂，一般都利用这种方式掌握着在家庭中从事生产的分散的个体手工业劳动者为他们糊火柴盒，把糊盒的材料发交在厂外的女工或童工，由其在家工作，按每千个或万个计算工钱。而火柴装盒、包封两部分工作，也是多由外工担任，男女童工都有，"既不必在厂住宿，饮食亦皆自备"①。

天津有些织袜厂自行雇工设机，把袜子织成后，如袜口、袜尖等部分工作，由工厂发给场外住家妇女来缝缀，计件付给工资。②

北京专织线毯工厂，所用笨线，是由厂把棉花发给博野、蠡县、深泽等县农村妇女代纺；线毯织成后，结穗工作又发交厂外家庭妇女，由其来厂将线毯领回家中做成。工资是分别按斤按打结算。③

这些事例说明，手工工场只是把某些局部工序在场内使用雇佣工人进行，大部分工序仍然是由众多的个体手工业和农民的手工业生产者担任，并严密地控制着他们，使一个手工工场和众多的个体手工业在一种产品的生产上结成一个分工进行的不可分离的整体结构。

在这种情况下，只能使剥削关系加剧。那些个体手工业劳动者得不到最低的工资保障，也得不到正常雇佣的保障。工场手工业或工厂工业运用这种方式可以省去建筑或租用厂房的费用，也可以省去工场管理费用，又可避免劳资关系，对于这些廉价的劳动力，旺季大量地吸收，淡季则无情地排挤出去。当然，如果把分散的手工业者当作雇佣工人集中在自己的工场里来剥削，在某些行业中，这对工场主来说，往往还不是最有利的形式，所以宁肯以额外低廉的价格向家庭手工业者购买现成品。这个事实说明，为什么往往众多的个体手工业还能和工场手工业同时并存。

---

① 《天津工业之现状》，《中外经济周刊》第206期，1927年4月。引见《中国近代手工业史资料》，第三卷，第244页。

② 《中外经济周刊》第198期，1927年1月。引见《中国近代手工业史资料》，第三卷，第234页。

③ 《北京信成织毯工厂之近况》，《中外经济周刊》第218期，1927年7月。引见《中国近代手工业史资料》，第三卷，第241页。

工场手工业往往一方面和大机器工厂工业联系着，另一方面又和城乡众多的个体手工业联系着，形成一个生产过程的中间环节。所以说，工场手工业既不能掌握全部社会生产，也不能对社会生产进行根本改造。它的广大基础，依然是城市个体手工业和农民的手工业生产者。这使当时手工业资本主义呈现为一个宝塔形。

如前所述，研究近代中国工业资本主义既然不能忽视工场手工业，同样的理由，也不能忽视手工业中的资本主义家内劳动即家庭工业。上面我们只着重讲了工业资本怎样利用和控制个体手工业的一个方面，另一方面，还有商业资本同样运用多种形式来控制和剥削大量的个体手工业者，在这里，资本主义关系在发展着，商人（包括工场主）不仅不去改变旧的生产方式，而且很快地就把它作为其活动的必要条件而保存下来。这本是一条比较漫长的和进步缓慢的产生资本主义生产的道路，但是这条道路也是手工业资本主义生产发展所经历过的一条道路。

这里还要谈谈旧中国个体手工业生产性质的转化和条件，这是同资本主义关系发展直接有联系的问题。

就农民家庭副业和城市手工业来说，这种个体所有制的手工业在不同的历史条件下，使它着上不同的色彩。一般来讲，在鸦片战争前的封建社会，它为封建主义服务，是封建统治的经济基础。但在半殖民地半封建社会的条件下，随着整个社会经济的改组，这种个体经济也被改造，使它在不同程度上为资本主义服务，成为资本主义经济的附庸和必要的补充形式。随着资本主义关系的发展，尽管这类手工业仍然保持原有的外形和表面的“独立”，这些手工业者也不是在工场或工厂里工作，而是仍在自己作坊或家里工作，并且往往使用的是自己的生产工具，但它的生产性质，由于产销关系的变化而有所改变，即这些手工业者实际上变成了在自己作坊和家内为占有他们剩余劳动的工商业资本家而工作的雇佣工人，其原来的工作场所则成为厂外的附属作坊。

自 19 世纪后期到 20 世纪初，中国家庭制的资本主义工业是在旧的工业形式——城市行会手工业和农村家庭工业——瓦解，以及在原先的手工业者变为“家庭”工人的基础上产生的，一部分是资本主义单独创造的。由于城乡充斥着廉价劳动力，尤其是妇女和儿童劳动力过多，对于大规模的工业资本和商业资本（包括外国的买办的）来说，更合算的是组织某些非集中形式的生产，即组织城乡的家庭工业。就像马克思所说的："这种所谓的现代家庭工业，与那种独立的城市手工业、独立的农民经济，特别是以工人家庭的住宅为前提的旧式家庭工业，除了名称，毫无共同之处。现在它已经变成了工厂、手工工场或商店的分支机构。"① 在近代中国，资本主义制的家庭劳动最初稀疏地出现于资本主义的早期阶段，伴随着资本主义进一步发展，它是对未被吸收于集中化资本主义生产的廉价劳动和"自由"劳动进行剥削的一种特殊形式。

① 《资本论》第一卷。《马克思恩格斯全集》卷 23，人民出版社 1972 年版，第 506 页。

戊戌时期维新派的社会观

——群学*

陈旭麓

一　群学的由来

群学就是社会学，它出现于甲午战争后先进的中国思想界，反映了当时维新派的社会观。

社会学并非中国所固有，作为一门学科，是资本主义的产物。19 世纪上半叶，西欧主要的发达国家正处于鼎盛时期，产业革命胜利完成，自然科学飞速发展，工业城市一座座崛起，使社会生活的各个方面空前复杂化，涌出了许多新的社会问题，集中表现为生产的社会性和生产成果的私人资本主义占有形式之间的矛盾，无产阶级反对资产阶级的斗争尖锐起来，对资本主义造成了严重的威胁。面对这种形势，资产阶级思想家们力图从资本主义社会内部机构造出新的理论，为缓和社会矛盾、医治资本主义创伤提供方案。资产阶级社会学就是在这种要求下产生的。法国实证主义者孔德（1798—1857）是社会学的倡始人，他在 1830—1842 年间完成的《实证主义哲学大纲》中首次使用了社会学（Sociology）一词，自此社会学很快成为社会科学独立的学科之一。

随之，英国赫伯特·斯宾塞（1820—1903）发展了孔德的社会学说，

---

* 本文原载《近代史研究》1984 年第 2 期。

他发挥达尔文的进化论理论和边沁的功利主义思想，建立了他自己的社会学说。斯宾塞的社会学理论主要包括两个部分：第一，社会有机体论，认为社会也是像生物一样的有机体；第二，社会进化论，他把达尔文的生存竞争、自然淘汰、适者生存的生物进化原理搬到社会生活中来，以证明优胜劣败、弱肉强食是天演的“公例”，并认为任何进化“都要遵循阻力最小的路线”。即被称为社会达尔文主义。这种社会达尔文主义的进化观点对所有改良派具有极大的吸引力。

达尔文、斯宾塞的学说在 19 世纪 80 年代前后已经星星点点地传入中国，但对思想界产生影响并与政治生活发生联系却是 19 世纪最后几年的事。1895 年，严复发表于天津《国闻报》的《原强》一文，用古雅且带有激情的文辞，以达尔文的进化论、斯宾塞的社会学理论阐明国家强弱盛衰之理。文中说，斯宾塞“则宗天衍之术，以大阐人伦治化之事，号其学曰群学，犹荀卿言人之贵于禽兽者，以其能群也，故曰群学”。群学一词首次从这里公开于世。

不久，严复译述了赫胥黎的《天演论》（即《进化论与伦理学》），进化论原理得以系统地介绍；他又于 1896—1897 年间译述了斯宾塞的《群学肄言》（即《社会学研究》）的第一章“砭愚”、第二章“倡言”，刊于《国闻报》，合称曰《劝学篇》，亦仿自《荀子》一书中的《劝学》篇名而来。1901—1902 年严复将《群学肄言》十六章全部译出，1903 年出版。斯宾塞的社会学理论也得以完整地介绍过来。

严复早年留学英国，直接接触和钻研了西方的政治社会及其学说，对西学的掌握在当时的中国人中是首屈一指的；他又有深厚的中国文化修养，以信、达、雅为译述宗旨的译笔远非一般译书可比，能折服士大夫的心。所有维新人士大都从他那里吸收西学的养料。梁启超曾深情地说：“天下之知我而能教我者，舍父师之外，莫如严先生。”① 《原强》和《天演论》《群学肄言》相继刊出后，康有为、梁启超、谭嗣同等人都接受了群学的观念。1895 年冬，康有为在《上海强学会章程》中强调群与学的旨趣说：“一人独学，不如群人共学；群人共学，不如合什百亿兆人共学。

---

① 《饮冰室合集》文集之一，第 107 页。

学则强，群则强，累万亿兆皆智人，则强莫与京。”① 1896年梁启超写了《说群序》，序中引述康有为“以群为体，以学为用”的话为论旨，阐发了他们以群学为出发点的社会观，并讲他写了《说群》十篇，但序后只有《说群一》，可能他原定写十篇，结果只写成了一篇。其后，他在《新民说》中写的“说合群”一节，进一步发挥了合群的社会思想。1898年初，黄遵宪在南学会第一次开讲中，畅谈“合群”“合国”之义，认为“人必能群而后能为人”“国以合而后能为国”。② 同年，谭嗣同的《壮飞楼治事》十篇中的第九篇更标为《群学》，阐述了他所了解的群学。他还组织了群萌学会，在《群萌学会章程》第一《命名》中说：“本会以群萌为名，盖因群学可由此而萌也，他日合群既广，即竟称为群学会。”③ 唐才常的《公法学会序》中则举了群学、种学、生理学、天演学等学科，把群学列为研究人类社会各种学科之一。

但是，社会一词，早见于中国古籍，宋人《近思录》的《治法》篇说：“乡民为社会，为立科条，旌别善恶，使有劝有耻。”察其释义，显然不是后来所称的社会。1875年，日本政论家福地樱痴（1841—1906）译Society为社会，社会一词便以近代意义在日本流行。黄遵宪1887年定稿的《日本国志》中说：“社会者，合众人之才力，众人之名望，众人之技艺，众人之声气，以期遂其志者也。”④ 谭嗣同1897年写成的《仁学》，其中亦说“于西书当通《新约》及算学、格致、社会学之书”。二者的社会一词当自日本移译而来，但他们只是偶一用之，那时他们经常使用的仍是“群”或“群学”。

严复何以要译社会学为群学？译述西方资产阶级著作，严复一般的做法总是尽可能从中国的古籍中找出相应的词语来表达。这样做，既使寝馈于古籍的士大夫乐于阅读，而且也可以表示这种思想古已有之，不致被轻视为“夷说”。所以群学要从《荀子》中找依据。荀子是战国后期的著名

---

① 《康有为政论集》上册，第472页。这里所说的“学”，虽非群学之“学”的全部含义，但是严复他们实现群学的重要途径。

② 《皇朝蓄艾文编》卷4，第18页。

③ 《谭嗣同全集》增订本，第430页。

④ 《谭嗣同全集》第37卷，第22页。

思想家，在先秦诸子百家中，他的社会思想最丰富，他书中的《王制》《富国》等篇，可以说就是社会学论著。他说人，“力不若牛，走不若马，而牛马为用，何也？曰：人能群，彼不能群也。人何以能群？曰分。分何以能行？曰义。故义以分则和，和则一，一则多力，多力则强，强则胜物……故人不能无群，群而无分则争，争则乱，乱则离，离则弱，弱则不能胜物。”这段话是说，人的体力不及其他大动物，而能驱使牛马等大动物，因为人能合群，合群则有力量，就能竞争，所以社会组织在于合群。在 19 世纪末的中国，合群具有民族觉醒的意义，是反抗帝国主义侵略的行动。严复以“群”与社会（Society）的含义相近，便译社会学（Sociology）为群学。

社会学在中国最初以群学的名义出现，反映了维新派引进西学为我所用的态度。冯自由回顾当时的情况说：“维时译事初兴，新学家对于日用名词，煞有斟酌，如社会一字，严几道译作群，余则译作人群或群体。”[①] 但严复译社会为群，如前所说是直接从英字 Society 译出的，不是从日文转译的。对译名“煞有斟酌”则是实情。正如严复自己所说，“一名之立，旬月踟蹰”。[②] 唯群学一词使用的时间不太长，20 世纪初虽然仍间有群学的论述[③]，事实上戊戌政变后即渐为较确切的社会学一词替代。1899 年唐才常已有“若大日本志士所欲饷遗于中国者，则专以政治学、经济学、哲学、社会学为岌岌”[④] 的话。严复在译完《群学肄言》全书写的“译余赘语”[⑤]，世铎等 1898 年 8 月 2 日复议康有为《应诏统筹全局折》的折[⑥]中，也都使用了“社会”一词。1902 年章太炎翻译了日本岸木能武太的《社会学》，并为《社会学》写了序，序中对斯宾塞、葛通哥斯（美国人）及岸木的社会学说有所论列。在他的《訄书》中有关社会学的内容亦不少。1903 年汪荣宝、叶澜编的《新尔雅》，其中有“释群”一节，指出“群”

---

① 《制言》第 25 期，《吊章太炎先生》。

② 《〈天演论〉译例言》。

③ 1992 年 5 月《普通学报》第 5 期有蔡寉庼（元培）的《群学说》。

④ 《唐才常集》，第 192 页。

⑤ 《群学肄言》卷首。

⑥ 《戊戌变法档案史料》，第 11 页。

即“社会”。1906年京师法政学堂所定章程，在正科政治门第一学年课程表内，列入《社会学》课。[①] 自此才以社会学的名称逐步在中国成为一门专门学科研习。

二 群学与学会

近代性质的学会，在中国是维新派在维新变法运动中倡始的，群学则是他们倡设学会的指导思想。继康有为引发的“以群为体，以学为用”的论旨后，谭嗣同也说：“夫群者学会之体，而智者学会之用。”[②] 他们的主张，一是合群，二是力学，学会则是两者的结晶，赋予了学会以普遍的社会作用。这种“群体学（智）用”说是“中体西用”思想的蜕化，他们把中、西对待的体用观变嬗为群、学（智）相契的体用观，群是社会实体，学（智）是具体运用，以学会体现群学，有外铄于人、内求诸己的要求，是借西方的社会学来发挥自我的群学观念，已不是西方社会学的原型，其实他们对西方的社会学并不太了然。

西方的社会学已如上述是医治高度发展了的资本主义内部创伤的，是挽救资本主义危机的学说。中国与西方国家的处境完全不同，是受外国资本主义强盗的剥削压迫和本国封建势力的黑暗统治，面临的紧迫问题是救亡图存，维新变法。维新派从历次对外战争和交涉失败中得到的体验，特别是经过甲午战争的惨败，他们认为广土众民的中国之所以如此衰弱，受制于人，一是由于分散隔离，互不相谋；二是由于闭塞愚陋，遇事颟顸，这些不仅对强敌失去抵抗力，而且也是破旧立新的极大障碍。所以他们大声疾呼要合群，要求知。群和独是相对的，独是寡而无助、弱而无力的，要有力量只有合群。梁启超排比地指出：“道莫善于群，莫不善于独。独故塞，塞故愚，愚故弱；群故通，通故智，智故强。星地相吸而成世界，质点相切面成人体，数人群而成家，千百人群而成族，亿万人群而成国，

---

① 参看《社会》1983年第3期介绍康宝忠一文。

② 《谭嗣同全集》增订本，第429页。

兆京陔秭壤人群而成天下，无群焉，曰鳏寡孤独，是谓无告之民。”[①] 他们把群看作社会的基数，有群的吸力才能聚为社会、成此世界，能群与否是国家强弱、社会兴衰的分界线。他们说，中国“由二千年合群之公理湮塞弗明，日销月蚀，至今日而有陆沉之惧”[②]。这里实际是指封建君主的专制统治，只顾一身一家的尊荣，背离了合群的公理。而“西人凡事得力在一群字。我则家自为谋，人自为利，亿万人不啻亿万心也，安得不贫不弱?”[③] 这样，一到资本主义国家的连续入侵，遂使中国濒临被灭亡的险境。怎样应付这个局面，合群是头等大事，因此，西方医治资本主义创伤的社会学便变而为中国维新派挽救祖国危亡的群学。

在维新派开展的一系列爱国革新活动中，具有较大社会作用的是兴学堂、办报刊和开学会三桩，三者又是相互联结的。兴学堂和办报刊着眼于学，是他们呼吁广开民智的积极步骤，以学为吸力，引向合群。开学会则是着眼于合群，通过开会的组织形式，使涣散的个人变为凝聚的社会力量，并寓学于会。而开学会更是他们视为维新变法积蓄力量、打开局面的重要途径。康有为说“开风气，开知识，非合大群不可”“合群非开会不可”。[④] 梁启超也说：“今欲振中国，在广人才，欲广人才，在兴学会。”[⑤] 维新派深信，由倡学以浚民智，以改变封建锢闭的愚昧性；由设会以合大群，以改变社会旧有的散漫性，学会是二者的集中体现，比学堂有较大的号召力，比报刊有较强的组织力，所以他们岌岌于倡设学会。

从 1895 年 8 月康有为在北京创设强学会开始，强学会虽很快遭到封禁，但在维新派的积极活动下，迄 1898 年 9 月政变止，三年间开设的学会，梁启超在《强学会封禁后之学会学堂报馆》一文中列举的学会计 33 个，其实远不止此数，有人统计达百余个。最近李文海同志作了研究，在《戊戌维新运动时期的学会组织》一文中分地区列举的学会是 75 个[⑥]，较

① 《变法通议·论学会》，见《饮冰室合集》文集之一。

② 《湘报》，光绪二十四年四月初八日。

③ 《皇朝蓄艾文编》卷 28，第 29 页。

④ 《康有为自编年谱》，《戊戌变法》资料（四），第 133 页。

⑤ 《变法通议·论学会》，见《饮冰室合集》文集之一。

⑥ 《戊戌维新运动论集》，第 54—57 页。

近实。这些学会的组织规模和着重点虽不一致，但都是从合群与力学两个方面以集会结社的形式来开展活动的。谭嗣同说，照此做法，“于是无变法之名，而有变法之实”①。它们大致可以区分为以下几类。

第一，具有全国意义的，如强学会、保国会一类。这类会以学为号召，政治性强，已具政党雏形。康有为说他们“开强学会于京师，以为政党嚆矢”②。又说“几与外国议院等”③。其后的保国会，以保国、保种、保教为宗旨，政治色彩更浓。在他们的言论中，就一再指出欧美的政党是“合大群”的形式，但他们当时还不可能倡设欧美那样“合大群”式的政党。

第二，属于地区性的，如南学会、苏学会、蜀学会、粤学会一类。以地区标名的这类学会较多，其中湖南的南学会在省城设总会，各府县设分会，既讲学，也议政，已带地方议院色彩。他们说：“大智乌乎开？开于今日之学会，由省推之府，宜设府学会以益民智；由府推之县，宜设县学会以强民智；由县推之各乡镇市，宜设乡镇市学会以通民智。”④ 这种依地区层次设立的学会，显然是后来倡议地方自治的先声。

第三，以探讨专门学问为旨趣的，如湖南的地学公会，北京的经济学会，上海的农学会、算学会、医学善会、译书公社一类。这类学会的西学实科性较强，为数也较多。梁启超说：“西人之为学也，有一学即有一学会。”他列举了农学会、矿学会、工艺学会等二十多种学会⑤，正是维新派所要一一仿设的，也是后来学会发展的本干。

第四，以昌明孔学标榜的，如广西的圣学会、湖南的校经学会、陕西的味经学会、贵州的仁学会一类。这类学会的宗旨，虽在“表明素王制作之功，御外侮，翼圣道”⑥，但已是维新派改造中的孔学，并且兼采西学，译西书，是“中体西用”的版式。其他如湖南的明达学会、北京的知耻学

① 《谭嗣同全集》增订本，第437页。
② 《康有为政论集》上册，第163页。
③ 《记强学会事》，引自蒋贵麟编《万木草堂遗稿外编》下，第568页。
④ 《南学会问答》，见《湘报》。
⑤ 《戊戌变法》资料（四），第375页。
⑥ 同上书，第380页。

会等，也大都不脱这种窠臼。

第五，有社会性较强的，如上海、湖南、广东、福建等地设立的戒缠足会或天足会及各地的戒鸦片烟会一类。这类会旨在改变社会风尚和陋习，会虽不以学名，但在说明缠足、吸烟的危害，也必然要宣传新学新知。此外如湖南的延年会，上海的女学会也属于这类有强烈社会性的学会。

以上各类学会，多数开设于上海、北京、湖南、广东、江苏，随着新学的传播，学会也像浪层一样推向其他省区，推向全国，反映了新兴的中国资产阶级亟谋发展社会力量的愿望。学会是群学的具体化，它同学堂、报刊、译书等事都是为促进新政而设，又是新政的组成部分。新兴的政治运动在其当初，学与政、言与行大都是密不可分的。学会开始出现于由改良思潮变为改良政治运动的甲午战争期间，它们尽管有的政治性强，有的学术性强，但政与学都紧紧地联系在一起。由此表现出来的事实：新学即新政，传播新学即新政的推行。所以说："当进步分子自发地继续进行自己的日常工作，使旧制发生一些小的变化，量的变化的时候，运动就是进化的。"① 而维新派的这类活动已经是在自觉进行的。

按照维新派阐发的群学观点，"群"即社会，社会是小群和大群的集结。学会是群的体现，包括各种社会法团的群体，都是由小而大，由寡而众，由分而合，发展而为脉络相通的全社会结构。且看维新派的代表人物是怎样说的：

梁启超："一群之立也，少则二三人，多至千百兆"，"善为群者，小而一地一事之法团，大而一国之议院，莫不行少数服从多数之律。"②

谭嗣同："士会于庠而士气扬，农会于疆而农业昌，商会于四方而商利孔长。各以其学而学，即互以其会而会。力小，会二三人；力

① 《斯大林全集》第 1 卷，第 277 页。

② 《饮冰室合集》专集之四，第 78 页。

大，会千万人。人人可以自致，处处可以见功，夫何惮而久不为也?”①

严复：“群有数等，社会者，有法之群也。社会，商工政学莫不有之，而最重之义，极于成国。”②

由此可见他们所说的群，即由多数个人集结而成的会，由多数纵横连贯的大大小小的会而构成社会、国家。旨在把封建统治下分散的小农经济社会改造为有组织而符合近代生活的资本主义社会。从维新派开设的各类学会来看，虽然多为十几人和几十人的小会，有几百人参加的南学会、保国会算是大会了，且零散而不成体系。但他们以学会为基点，由此加以推广，横而士农工商莫不有会，纵而从县、省社团到国家议院的设置，在他们开设的七十多个会中已露端倪。无疑，这是促进近代中国社会新陈代谢的积极行为。

社会是以共同物质生产为基础、相互联系的人类生活的共同体，它“是人们交互作用的产物”③，属于生产关系。维新派以“群”为社会的代称，群也是就有组织的人我关系而言，具体表现为会社。士农工商各种社会职业的人群，必须集结为会社始进而为群，那就是他们说的“士会于庠”“农会于疆”“工会于场”“商会于四方”。1898 年《湘学报》发表的《拟中国建立商务总会章程》，是后来 1905 年上海等地建立商务总会的预告，即维新派倡设学会的延伸，也即他们的“群体学（智）用”宗旨在实践中的发展。看来他们是以士农工商或商工政学的职业分途而撇开了社会的阶级分野，其实他们以学会的名义倡设的各类会社，“学”（智）始终是居于领先的地位。梁启超说：“群心智之事则赜矣，欧人知之，而行之者三：国群曰议院，商群曰公司，士群曰学会。而议院、公司，其识论业艺，罔不由学，故学会者又二者之母也。学校振之于上，学会成之于下，欧洲之人，以心智雄于天下，自百年以来也。”④ 他明显地指出要以知识界

① 《谭嗣同全集》增订本，第 437 页。

② 《群学肄言》卷首“译余赘言”。

③ 《马克思恩格斯选集》第 4 卷，第 291 页。

④ 《变法通议·论学会》，《饮冰室合集》文集之一。

集结的学会为其他政、商组织的主体。他们又说："夫居今之日而欲为保种保教计划，则必群天下才智之士相与讲求善民教之术，如其不然，吾华决无可以自强之日也。"① 所以他们倡议的工界会、商界会的首领，在他们的心目中也必然是经元善、曾铸这种有学识的新起的资产阶级化的商人。这种阶级意识应该说是与当时的中国社会的客观要求相适应的。

从呼吁合群到开办学会以促进合群，是19 世纪末年中国社会的新论新事，对封建势力不能没有冲击，因此，它同"民权"一样也遭到顽固派的反对。这里姑举一例：湖南的王先谦，在"戊戌"期间是以反对维新运动著称的，他也写了一篇《群论》，对"群"大加攻击："天下之大患曰群。夫子言'君子群而不党'，明非君子而群必有党，而为祸烈也。又言'群居终日，言不及义'，明终日为群，弊必至是，而不义之言，其害不可胜穷也。然则敬业乐群非欤？曰：以业相群，即以文会友主义，唯敬古乐否则殆矣。是故群者，学之蠹也。"② 他想借孔圣人的话来斥责"群"是"天下之大患"，是"学之蠹也"。其实"群而不党""群居终日"的"群"，与维新派提倡的合群，立意各不相同，论据并不成立，而抱残守缺之辈却乐此不疲。

三　群学与社会进化

以"群体学（智）用"为宗旨的群学，立足于合群，开学会一则是合群立新的张本。维新派认为只有这样，才可为竞胜争存获得条件，然后在竞争中自强，在竞争中发展，"不争则治化不进，聪明不开"，竞争与进化是相依而来的。西学与现实提供的这个逻辑，正是群学的灵魂。

竞争、进化之说，是对古老的、呆滞的中国社会及其思想注入的激素，群学是在竞争、进化观念的传播中产生的。唐才常发挥严复首先在《原强》中揭出的旨趣说："西儒达尔文之言曰：'争自存。'而锡彭塞（斯宾塞）衍其旨曰：'群与群争。'赫胥黎阐其微曰：'人与人争。'于是

① 《说党》，见《沅湘通艺录》第4 卷。

② 《虚受堂文集》卷一。

乎有群学，有种学，有生理学，有天衍学。凡所以孳孳皇皇求自存人物交战之争者，则靡不惟争之为务。”[①] 他们在达尔文的《物种起源》思想和斯宾塞、赫胥黎的社会学说的启示下，深信一个社会的存在和发展，必有所适应和竞争，否则将在弱肉强食的世界中被淘汰。这种认识和忧虑，完全是和当时中华民族的命运相联系的。

1896 年，吴汝纶接到《天演论》译稿，珍重地录了副本然后复信给严复说：“抑执事之译此书，盖伤吾土之不竞，惧炎黄数千年之种族，遂将无以自存，而惕惕焉欲进之以人事也。本执事忠愤所发，特借赫胥黎之书，用为主文谲谏之资而已。”[②] 这些话，如实地道出了严复在《原强》和译述《天演论》的民族感情，也正是吴汝纶这样一批爱国知识分子的共鸣。其后在他们的论著中更反复地予以论证：“物苟有志，强力以与天地竞，此古今万物之所以变。变至于人，遂止不变乎？人之相竞也以器。”[③] 又说“竞争者，文明之母也。竞争一日停，则文明进步立止”；“凡群之成，必以对待，苟对于外而无竞争，则精神与形式皆无所着”，“凡集结一群者，必当先明其对外之界说，即与吾群竞争之公敌何在也”。[④] 这些话，旨在说明竞争是一种动力，而竞争的对象，“必当先明其对外之界说”，外国资本主义的侵略是“吾群之公敌”。这就是他们吸收和认识竞争学说的基本精神，在于唤起民族的自我觉醒。

竞争的凭借在合群，合群的吸力在图新，以新学开民智，聚民力，图自强，而“日新”不已。维新派的“日新”说已不是先前的伦理观念，它反映了人类社会“治化日进”的客观事实。他们说：“《天演论》宗旨，要在以人胜天。世儒多以欲属人，以理属天，彼独以欲属天，而理属人。以为治化日进，格致日明，于是人力可以阻天行之虐，而群学乃益昌大矣。”[⑤] 认为群学之得以昌大，是由于《天演论》阐发的“以人胜天”，“治化日进”而来，并以社会进化与“物竞天择”的生物进化，同为天演。

---

① 《唐才常集》，第 155—156 页。

② 《桐城吴先生（汝纶）尺牍》一，沈云龙编：《近代中国史料丛刊》本。

③ 章太炎：《訄书·原变》。

④ 《饮冰室合集》专集之四，第 18、77 页。

⑤ 孙宝瑄：《忘山庐日记》，第 155 页。

严译《天演论》的最后一题即标为《进化》，从生物界说到人类社会，谓“诚使继今以往，用其智力，奋其志愿，由于真实之途，行以和同之力，不数千年，虽郅治可也。况彼后人，其所以自谋者，将出于今人万万也哉。居今之日，借真学实现之日优，而思有以施于济世之业者，亦惟去畏难苟安之心，而勿以宴安偷乐为的者，乃能得耳”。这些言论，遽然把束缚于唐虞三代、古圣先王的读书人的视线引向现在与将来的世界，确实是一股飓风。

伴随着达尔文、斯宾塞、赫胥黎等人学说的译介，维新派大倡群学，于是进化论在中国知识界得以迅速传播，成为近代中国思想启蒙运动的突出内容。可以这样说，能否接受进化论，在 19 世纪末年的中国是地主阶级知识分子向资产阶级知识分子转化的重要标志。使这种思想由外来变为内在的功绩，当然首推严复。但是在甲午战争前的二十年间，达尔文、斯宾塞等人的事迹和论著，在《申报》《万国公报》及其他译著中相继有过简介，在少数先进中国人的言论中也有所反映。如钟天纬作于 80 年代的《格致说》等文，用相当准确的文字，概述了达尔文、斯宾塞的学说[①]，即其一例。近年探讨中西文化特别是有关科技史的论著对此都有较详尽的引述，这里不一一罗列，姑以康有为接受西学反映进化论思想为例。

1879 年，得读《西国近事汇编》《环游地球新录》等与西学有关的书数种，薄游香港，览西人之设施。

1882 年，道经上海，大购译书，归而讲求西学。所作《苏村卧病书怀》诗中，有“世界开新逢进化”句。[②]

1883 年，购《万国公报》。对声光化电，各国史志，无所不读。不让女儿缠足，并在家乡立不缠足会。

1884 年，自称“以三统论诸圣，以三世推将来”。“自生物之源，人群之合，诸天之界，众星之世”，皆在探索之列。[③]

1885 年，研习算学，以几何著《人类公理》。

---

① 《刖足集外篇》，第 90—92 页，文中达尔文作达文，斯宾塞作施本思。

② 《苏村卧病书怀》诗，有的书系于 1879 年，有的书系于 1882 年，这里从后说。究成于何年？待考。

③ 据《康有为自编年谱》。

1886 年，托张延秋转告张之洞，“西学甚多新理，宜开局译之”。张之洞然其言而不果行。自研天象学，治历法。

1887 年，钻研中国古代史，其《民功篇》，从太昊帝庖牺氏谈到“禹作宫室”，认为“三代旧事旧制，犹未文明之故”。

1888 年，第一次上书光绪皇帝，请求变法。

1890 年，告学生陈千秋等以“尧舜三代之文明，皆孔子所托”，“人从猿猴变出”等说。[①]

1891 年，《新学伪经考》刊行。所撰《实理公法》中有“后人知识固胜于前人，其功亦可过前人”语。[②]

1892 年，用孔子生二千四百四十三年纪年。编《孔子改制考》，至 1897 年完编刊行。教长女同薇编书，“又将廿四史，编各国风俗制度考，以验人群进化之理焉”[③]。

上述康有为接触西书及其萌发的进化观念，在年份上容有参差，但可断言在公车上书之前，康有为已从西书中汲取了进化观念。前此谓康有为的进化论思想只得自严译《天演论》，显然与事实不相符。这不仅因为康有为在 80—90 年代初的若干言论已含有进化论的因素，而且就公羊家的“通三统”说论证夏、商、周是随时因革，“张三世”说是据乱世、升平世、太平世递嬗而进，具有明确历史进化观的《孔子改制考》，是继《新学伪经考》于 1891 年刊行后即开始编著，至 1896 年《天演论》译出后的次年刊行。康有为在看到严复的译稿时可能有所增补，而《孔子改制考》全书的体系却几乎是与《天演论》译稿同时完成的。1896 年，梁启超《与严幼陵先生书》中说“南海先生读大著后，亦谓眼中未见此等人”，表明康有为对严译的钦佩，必然从中得到启发。又说：“书中之言，启超等昔尝有所闻于南海而未尽。”[④] 这句话则说明《天演论》中有关竞争、进化等理论，万木草堂的高才生梁启超等昔已闻之于康有为，只是不及《天演论》的详尽罢了。

---

① 据《康有为自编年谱》。

② 《万木草堂遗稿外编》上，《实理公法》中引述了 1891 年的事，当成于此年或略后。

③ 据《康有为编年谱》。

④ 《饮冰室合集》文集之一，第 110 页。

由生物进化推及社会进化、历史进化，是维新派提倡群学的理论依据。当然，系统地把西方的进化论译介给中国人是严复的业绩，然而把进化论注入公羊“三世”说，改造历来的历史倒退论和历史循环论，又是康有为匠心独运的贡献。所以梁启超在所撰《康有为传》中说：“先生之哲学，进化派哲学也。中国数千年学术之大体，大抵皆取保守主义，以为文明世界在于古时，日趋而日下，先生独发明春秋三世之义，以为文明世界在于他日，日进而日盛。盖中国自创意言进化学者，以此为嚆矢焉。先生于中国史学，用力最深，心得最多，故常以史学言进化之理。”① 这里不是学生对老师的过誉，而康有为确是近代中国以进化论治史学，以历史言进化的先驱。

康有为由历史进化的轨迹推想未来，还写了著名的《大同书》，认为人类历史只有经过据乱世、升平世，然后才能进到太平世，即大同世界。与约半个世纪前洪秀全颁发的《天朝田亩制度》，同样富有理想色彩。所不同者，洪秀全是想在现有的小农经济基础上立即建立起一个绝对平均的没有剥削压迫的“天国”，康有为是想在“升平世”发展了经济、文化之后缓缓进入“大同”，并没有找到大同之路。尽管同属空想，但一个是不受时代制约，在于即施即行，一个是严划时代界限，憧憬未来，即一个是历史平面图，一个是历史进化论，反映了先进中国人的时代足迹的差异。

进化论大大地开拓了维新派的眼界，使古老的“三世”说不再是“一治一乱”的僵化公式，而是过去、现在、未来的社会进化历程，以此为核心的群学也就成为维新派组织力量、革新社会政治的实施学理。所以他们说：“《公羊》、《春秋》之旨，多与群学之公例合。”② 虽然，他们所说的“据乱之世以力胜，升平之世以智胜，太平之世以仁胜”，并没有跳出历史唯心主义的旧轨，但已装上了进化的合理内核，使他们获得了批判旧世界的武器，在合群、力学的道路上迈出了前进的步伐。戊戌维新失败之后，合群的要求，进化的魔力，在思想战线上以更宽广的路子促进中国社会的新陈代谢。

---

① 《戊戌变法》资料（四），第20页。

② 孙宝瑄：《忘山庐日记》，第156页。

论自立军起义与会党的关系*

蔡少卿

1900 年，唐才常领导的自立军起义，是中国近代史上一个具有重大意义的事件，它不仅是革命与改良的转折点，而且是资产阶级革命党人在内地联合会党进行反清起义的开端。对于这次起义，我们研究得还不够深入。特别是自立军起义与会党的关系问题，迄今还没有进行专题研究。我的这篇文章，就想对这个问题作初步的考察。

一

过去有许多著作，常常笼统地把戊戌变法以后由唐才常领导的自立军起义，与康有为发动的保皇运动等同起来；把唐才常在两湖长江一带举行的反清起义，与康有为、梁启超准备在两广进行的“勤王”起事混为一谈。其实，这是一种误解。产生这种误解的原因是，人们只看到它们之间的联系，忽视了它们之间的区别。

从表面上看，自立军起义与康有为的保皇运动发生在同一时期，名义上也属康有为领导，并打起了“勤王”旗号；但实际上，它与康有为的保皇运动，与康梁准备在两广发动的“勤王”举事，是大不相同的。为了正确认识自立军起义的性质，阐明自立军起义与会党的关系，我们首先得辨

---

* 本文原载《近代史研究》1984 年第 5 期。

明自立军起义与康有为保皇运动之间的区别。它们之间究竟有哪些重大区别呢？我认为，主要有以下几个方面。

第一，领导集团的派别和政治倾向不同。康有为原属维新派的稳健派，即中派，在戊戌维新时期，充当了变法运动的主角。戊戌政变后，他流亡国外，自称奉有光绪皇帝的“密诏”，鼓吹“惟我皇上圣明，乃能救中国”[①]，组织保皇会，发动“勤王”运动。围绕康有为的保皇会领导骨干，主要是康氏的一批门徒，如梁启超、徐勤、麦孟华等，以及海外华侨的一些上层分子，如叶惠伯、李福基、邱菽园等。他们坚持改良，抵制革命，演化为顽固的保皇党、革命的绊脚石。以唐才常为首的自立军领导骨干，原属维新派的左翼。他们是一批年轻的知识分子，不少是湖南时务学堂的急进人物，如唐才常兄弟、林圭、秦力山、李炳寰、田邦璿、蔡忠浩等。虽然他们曾追随康梁，参加了变法运动，但戊戌变法失败后，他们即背离改良，转向革命，自立军起义就是他们走向革命的一个重要标志。经过自立军起义，许多人又进一步与改良划清界限，转化为革命派的中坚。

第二，斗争的目标不同。保皇会的宗旨是“专以救皇上”[②]，因此，康梁等无论奔走呼号海外，还是准备起兵两广，目的都在“救皇上复位”。他们反对以慈禧为首的清政府顽固派，也是为建立一个“帝党新政府”[③]。这就表明，他们无意推翻清朝封建政权（建立资产阶级的新政权）。唐才常的自立会则不同，他们是“以推翻清室为职志”[④]。在自立军起义的一系列文告中，他们一再宣布：“不认满洲政府有统治清国之权”；要“保全中国自主之权”“以立宪自由之政治权与人民”；要“变旧中国为新中国”。[⑤]表明他们斗争的根本目标，是在推翻封建的清王朝，建立资产阶级的新国家。

---

① 康有为：《在鸟威士晚士打演说》，载《清议报》第 17—18 册。鸟威士晚士打（New Westminster）即加拿大卑诗（British Columbia）省的二埠市。系华侨聚居地之一。

② 《保救大清皇帝序例》，转引自汤志钧《论康有为和保皇会》，《纪念辛亥革命七十周年学术讨论会论文集》，第 1114 页。

③ 《勤王布告》，《康有为与保皇会》，上海人民出版社 1982 年版，第 146 页。

④ 张篁溪：《自立会始末记》，《自立会史料集》，岳麓书社 1983 年版，第 7 页。

⑤ 参阅《自立会史料集》。

第三，对待革命派的态度不同。康有为在亡命日本时是坚决反对跟革命派孙中山合作的，说什么“今上圣明，必有复辟之一日。余受恩深重，无论如何不能忘记，惟有鞠躬尽瘁，力谋起兵勤王，脱其禁锢瀛台之厄，其他非余所知”[①]，并处心积虑地争夺革命派的地盘。1899 年底，康有为命梁启超到檀香山，把许多兴中会会员拉进保皇会，致使那里“保皇会得力之人，大半皆中山旧党”[②]，兴中会的策源之地，竟成了保皇派的阵地。1900 年春，革命党人正在广东策划惠州起义时，梁启超即致函康有为说：“且中山日日布置，我今不速图，广东一落其手，我辈更向何处发轫乎?”[③]于是，康有为即令其门徒在广东加紧争夺势力，准备起兵勤王。唐才常一伙则不同。他们与革命派在思想上早已有一定的联系。东渡日本以后，他们通过毕永年的介绍认识了孙中山，对他“倾倒备至”[④]。他们曾多次力促孙、康两党合作，联合反清。由于康有为的反对和梁启超后来的动摇，没有取得成效。但唐才常等并未因此而动摇，他们仍积极靠拢革命派，“与孙中山定殊途同归之约，共策革命”[⑤]。因此，他们发动自立军起义，就得到孙中山和兴中会的多方面帮助。首先，他们将起兵计划与孙中山作了“甚为周详”[⑥] 的商讨。其次，除兴中会的一些骨干随唐才常回国参与谋划起义外，孙中山还将兴中会在汉口的重要关系容星桥介绍给林圭，使“汉口自立军之活动大得其力”[⑦]。最后，自立军起义将爆发之际，孙中山还命郑士良，“在广东惠州同时起义，以相策应”[⑧]。所以，自立军起义时，“遥戴中山先生，称之为‘极峰’”[⑨]。

第四，立足点和依靠力量不同。保皇会勤王活动的立足点在海外，所

---

① 冯自由：《革命逸史》初集，第 49 页。

② 《梁任公年谱长编》上册，第 124 页。

③ 同上书，第 163 页。

④ 冯自由：《革命逸史》初集，第 81 页。

⑤ 唐才质：《关于自立军起义的几个问题》，转引自邓潭洲《关于唐才常领导自立军起义的几个问题》，《史学月刊》1964 年第 11 期。

⑥ 唐才质：《自立会庚子革命记》，《自立会史料集》，第 68 页。

⑦ 冯自由：《中国革命运动二十六年组织史》，第 40 页。

⑧ 唐才质：《唐才常和时务学堂》，《湖南历史资料》1958 年第 3 期。

⑨ 吴良愧：《自立军追忆记》，《湖南历史资料》1958 年第 2 期。

以他们的领导骨干多在海外各地活动。具体分工是：康有为在新加坡负责总指挥，梁启超在檀香山负责筹款联络，何穗田、王镜如、欧榘甲、韩文举等在澳门活动，叶湘南、麦孟华等在日本活动，徐勤奔走于南洋，梁启田运动于美洲，国内方面只有梁炳光、张学璟活动于两广。[①] 他们武装勤王的力量，主要想依靠各地清军防勇“反正”[②]。他们的计划是：先“从闽粤发难”，然后“以全力取桂、袭湘、攻鄂，而直捣京师”[③]。由于他们在国内的活动没有基础，限于纸上谈兵，所以计划终成泡影。唐才常自立会的活动基地在国内，他们以上海为政治活动的中心，以汉口为军事活动的中心。他们通过一系列的政治活动，争得了国内资产阶级和社会名流的支持；通过开堂放票，招募了两湖和长江一带大量的会党群众，建立了一支拥有数万人的自立军武装。自立军起义的主要依靠力量是会党群众。虽然这次起义归于失败，但其影响却是很大的。

综合上述的不同点，我们不难看出，康有为发动的保皇运动（包括他直接筹划的两广起兵勤王），与唐才常领导的自立军起义，在性质上是不同的。前者是名副其实的勤王；后者则“虽托名勤王，而志在革命”[④]，是一次企图用暴力推翻清王朝，建立资产阶级“自立之国的革命尝试”[⑤]。

二

如上文所述，依靠会党力量进行武装反清，是自立军起义的一个重大特点。为什么唐才常等要依靠会党？他们又何以联合会党力量呢？我认为，这是多方面原因决定的。首先是由于实际斗争的需要，或者说是受客观形势所迫。原来，唐才常等人在戊戌维新运动的高潮中，也想通过清政府自上而下的改革，实行救亡图强。但是，戊戌变法的失败，彻底暴露了

① 参阅《梁任公年谱长编》上册，第 101 页。

② 康有为：《致办事诸子书》，《康有为与保皇会》，第 116—119 页。

③ 参阅《康有为与保皇会》，第 93、45 页。

④ 章炳麟：《稽勋意见书》；汤志钧编：《章太炎政论选集》，第 637 页。

⑤ 关于自立军起义的性质，请参阅拙著《略论自立军起义的性质》，《光明日报》1984 年 1 月 4 日。

清政府的腐朽无能，“睹朝局之颠倒，痛国事之危阽”，使他们醒悟到，“变之自上”的路已走不通，必须走“变之自下”的道路。唐才常表示：“对于满清已有十分之绝望，恨不即时扰乱满清之全局，组织新政府以代之。”[①] 决心“树大节，倡大难，行大改革”[②]，并“以革命家自任”，“以颠覆满清”。[③] 林圭也表示：“今日救国，非要进行人改革不可……我们大家一齐起来造反。”[④] 沈荩则持“唯一之破坏主义”，“决意与才常呼起风云与汉水”。[⑤] 总之，他们都想用革命的手段来推翻清王朝，组织新政府。但是，究竟依靠什么力量来实现这个目标呢？在当时，单靠他们少数几个激进的知识分子是根本不行的，整个资产阶级的力量也还非常弱小。唯一可依靠的巨大力量，乃是下层人民群众，特别是当时活跃在长江流域反帝反封建斗争前线的会党群众。可见，唐才常等联合会党力量，乃是他们进行武装反清的最终抉择。时人评论说“自立会意在改换中国政府以图自强，只因兵力过单，不得不借会匪之力”[⑥]，这是符合实际的。

其次，会党发展的规模及其在斗争中显示的力量，也吸引着唐才常等决意去联合他们。从19世纪60年代到90年代末，中国的会党势力有很大的发展，特别是哥老会在长江流域猛然勃兴。它的势力已从长江上游的川黔山区，蔓延到长江下游的江浙沿海。从城市到乡村，从交通码头到驻军兵营。到处都有其山堂。每个山堂的人数，“多则数万，少则数千”[⑦]。据清朝地方官的报告和外国侦探的调查，19世纪末，长江流域的会党势力已明显地向商业城镇集中。不仅沿江之汉口、九江、安庆、芜湖、南京、镇江等城市已成为会党出没的中心，就连湖南之常德，湖北之沙市、樊城、老河口，也都充塞着秘密会党。[⑧] 甚至像安徽大通附近长江水道上的小小

① 黄中黄：《沈荩》，中国近代史资料丛刊《辛亥革命》第1册，第289页。

② 《唐才常集》，第197页。

③ 张篁溪：《自立会始末记》，《自立会史料集》，第7页。

④ 《自立会史料集》，第101页。

⑤ 黄中黄：《沈荩》，《辛亥革命》第1册，第289页。

⑥ 《鄂中诛乱记》七，《党迷要录》卷4，第50页。

⑦ 《张文襄公全集》卷116，公牍31，第40页。

⑧ 清方奏报，参阅《刘坤一遗集》奏疏卷2，卷28；日本侦探吉福奥四郎的调查，周锡瑞著：《改良与革命》，杨慎之译，第25、317页。

和悦洲（俗呼荷叶洲）地方，亦会党成群，“溷迹其间”[①]。这种情况的出现，不是由于中国的“商业革命”[②]，而是由于帝国主义对中国的侵略；特别是对长江流域的掠夺，造成千百万城乡劳动者破产失业的结果。因此，这一时期长江会党斗争的锋芒，也就指向帝国主义侵略势力。反对外国轮船航行长江内河、反对外国教会侵略等群众性的斗争，在这一带连绵不断地发生。1891年长江流域反教会侵略的斗争风暴，席卷了沿江五省数十个城镇；1899年，湖北一省就发生了十次群众反抗暴动。[③] 这些斗争，沉重地打击了帝国主义侵略势力和清朝统治者。

长江会党势力的迅猛发展，及其在斗争中所显示的力量，引起了中国资产阶级各派力量的关注。1899年春，革命派首领孙中山就派兴中会会员毕永年，偕日本友人平山周，赴湖南、湖北调查和联络哥老会。毕永年化装成和尚，先到汉口邀请了唐才常的同伙林圭，三人一起入湘，遍游长沙、浏阳、衡州各地，所到之处，多劝说哥老会领袖与兴中会合作。[④] 根据这次实地调查，平山周回到日本，即向东京的《东亚时论报》发表了长篇观感。同年农历三月二十一日（公元1899年4月30日），澳门《知新报》也以《湖南现状》为标题加以转载。平山周在这篇观感中，着重叙述了哥老会的状况。其要点是：第一，“湖南夙为哥老会之巢窟，其会员约十二万，会员中多有兵士，又间有高等武官，以阴成其大势力。据闻支那十八省中，殆无地不有其会员，合之约有二百万云。彼等一意以仆朝廷为宗旨，惟彼中之人，其通达世界之大势者极少，然亦非无备高等知识者。其动为毁教堂杀洋人等暴举，毕竟以苦其地方官，因以苦其朝廷耳，决非可与一派之顽固守旧党同视。其组织之整然，实有可惊者”。第二，“各地蜂起之暴徒，大抵不堪穷苦，思至大乱。然以予所观，暴徒无人才无兵

---

① 沈葆桢、裕禄奏：《光绪朝东华录》，总第292页。

② 有的西方学者把中国近代城市流氓无产者失业群的大量出现，归结于中国的“商业革命”，我以为是不恰当的。

③ North China Herald, 1/30, 3/13, 3/27, 4/3, 4/10, 5/1, 7/7, 8/7, 9/17, 10/9/1899; 1/5/1900.

④ 林圭在《致孙中山代表容星桥筹划起义书》中说：“安兄（毕永年）会中峰（孙中山）于东而议定，与平山周游内至汉会弟，乃三人同入湘至衡，由衡返汉。其中入湘三度，乃得与群兄定约。”即此而言，见《自立会史料集》，第322页。

器，官兵虽弱，犹足败其无规律无兵器乌合之众，故彼等不久必归镇静。然亦一时镇静而已，决非全可平定者，盖其秘密会党，星罗棋布。……目下才保平和之体面者，尚无大变可乘，故会党不奋起耳。然湖南之哥老会，必可为他日革命军之一势力也”。第三，“湖南为革命派有哥老会，为革新派有南学会，比诸各省，其足以自立，不至受欧人之践踩而有余”。[①]平山周对湖南哥老会的评论，基本上也反映了毕永年和林圭的看法。毕永年和林圭返回日本以后，还分别向孙中山和唐才常作了汇报。他们报告的具体内容已不得而知，但从毕永年向孙中山报告后，平山周说“所见哥老会各龙头，多沈毅可用；永年所报告佥符事实”[②]。

从这段话即可推测，他们是积极主张利用哥老会力量发动反清起义的。孙中山根据他们的报告，就决定在湘、鄂、粤同时大举。[③] 唐才常根据林圭的报告，便与林圭、秦力山、吴禄贞等，“共商拟于长江沿岸利用会党举义”[④]。正是在这个背景下，才出现孙中山和唐才常两派间的“殊途同归之约”。

此外，他们的出身经历和社会地位，也是促使他们有效联络会党的重要因素。唐才常一派，多出身于地位较低的绅士家庭，“其人皆在二三十岁之间，无科第、无官阶，声名未显著者”[⑤]，他们都不同程度地受过资产阶级启蒙教育，接触过激进的思想理论。因此，他们与封建官场较为疏远，与人民较为接近。特别是在民族灾难深重的情况下，他们对下层人民的疾苦和斗争，也比较关心和同情。其中不少人，早已与会党在思想上或组织上有密切联系。如唐才常自 1895 年起，就写信给他二弟次丞，反复强调：“宜多与各田户、乡民来往”，“物色豪杰之士，而与之交”，“盍兵乱将起，先能得若辈之心，则仓卒中或犹有为之援者”。[⑥] 他认为，“中国以

---

① 《湖南现状》，《知新报》光绪二十七年三月二十一日，此件由中山大学历史系谭棣华同志代抄自广州中山图书馆，谨此表示感谢。

② 冯自由：《革命逸史》初集，第 74 页。

③ 同上书。

④ 《自立会史料集》，第 8 页。

⑤ 梁启超：《戊戌政变记》。

⑥ 《唐才常集》，第 244 页。

农立国，农民为国家根本，当年投身会党，亦以农民为最踊跃，军事应以农民为骨干”①。可见他后来以会党群众力骨干建成自立军，决不是偶然的。毕永年在维新运动时期，即往来于汉口、岳州、新堤、长沙之间，与哥老会首领杨鸿钧、李云彪、张尧卿、辜天祐、师襄、李堃等联系，并“投身会中，被封为龙头之职”②。他是谭嗣同和唐才常的好友，戊戌政变前，他见变法没有成功的希望，即东渡日本，加入了兴中会。后来他对自立会与长江会党的联系，起着十分重要的作用。林圭则“久与下等社会人伍，深知其性质，又善于抚慰，人多乐为所用”③。1899年他随唐才常从日本回国后，自立会联络会党多赖其力。其他如秦力山、沈荩等，也多“赋性豪侠，好与会党中人游”④。由于这些人原先与会党就有不同程度的联系，所以能在联络发动举义方面很快取得成效。

三

唐才常、林圭等招纳会党、建立自立军的活动，从1899年底开始，到1900年8月自立军起义爆发，“不数月，北至河南，南至湘桂，西至巴蜀，东至九江，凡数百万枭雄，咸乐隶于其指伪，听命唯谨”⑤。为什么他们能在短时间内取得如此显著的成果？他们在会党的联络工作中，究竟有什么独创经验？

我认为，唐才常等人联络会党方面最重要的经验有两条：一是按照会党的特点开展工作；二是将会党联络工作与建立自立军革命武装紧密结合。

关于结合会党特点开展工作，主要表现在以下几个方面。

第一，根据会党流浪江湖的特点，他们在长江一带的城市码头开办会

---

① 唐才质：《唐才常烈士年谱》，《唐才常集》，第277页。

② 冯自由：《革命逸史》初集，第74页。

③ 《林锡圭传》，《自立会史料集》，第232页。

④ 冯自由：《秦力山事略》，《自立会史料集》，第241页。

⑤ 张篁溪：《记林圭》，《辛亥革命》第1册，第280页。

馆，设立机关，招待会党，如在上海开设了大同客馆和集贤宾客栈[①]，在汉口开设了宾贤公馆，在襄阳开设了庆贤公馆，在沙市开设了致贤公馆，在荆州开设了集贤公馆，在岳州开设了益贤公馆，在长沙开设了招贤公馆[②]，在新堤开设了广贤公馆[③]。“其余各地机关，都次第组织成立。”[④] 这些馆栈，多由自立会领导人直接开设经管，如上海的大同客馆，由唐才常开设；汉口的宾贤公馆，由林圭主持。这些馆栈，表面上是经营旅社服务业，实际上是为招待会党徒众，“以为会合商议之聚点”[⑤]。到后来，这些馆栈就成为自立军新募成员的集中点。此外，他们还在一些中心城市设立了工作机关，如林圭在汉口宝顺里和英租界李顺德堂所设的机关，不仅是多处会党分子来汉联系工作的场所，而且还附设有接纳新会员的香堂。据自立会骨干吴良愧回忆，“每次开堂，室内灯烛辉煌，会党分子来往极多……当时差不多天天开堂，而每次开堂必砍鸡脑壳，所以我们在那里天天有鸡肉吃”[⑥]。唐才常等通过这些馆栈和机关，广泛联络江湖人士，指导各地的会党工作。

第二，按照会党结拜的传统，开堂放票，招纳会众。唐才常等为了迅速将大批会党群招募进自立会，他们就仿照哥老会开堂放票的办法，开立了富有山堂，并印刷“富有票”，作为入会凭证，广为散发。凡领得富有票者，即可入富有山堂，成为自立会会员。

据湖广总督张之洞奏报，这种票布“系上海洋纸石印，写刻篆印，皆极精工。上横书富有二字，直书凭票发足典钱一串。文前有编号，后有年月，背有暗号图章二颗”[⑦]。如果得到这种票布，一可向头目领钱一千文，二可免费乘坐来往长江的太古、怡和轮船，三可保护身家。因此，当时领票入会者“趋之若骛”。

---

① 《自立会史料集》，第191页。

② 同上书，第34页。

③ 同上书，第187页。

④ 同上书，第35页。

⑤ 冯自由：《中华民国开国前革命史》，第69页。

⑥ 《自立会史料集》，第105页。

⑦ 《录副奏折》光绪二十六年闰八月七日湖广总督张之洞奏。

自立会究竟发放了多少富有票，招纳了多少会众，说法很不一致。有的说“数百万”，有的说“百万”，有的说“三十万”，有的说“十余万”，还有的说“二万多”。我认为，百万或数百万之说显然是夸张，十余万之说指的是自立军人数，二万人的说法也不可靠，比较符合实际的是张之洞奏报的数字。据张之洞报告，自立会印刷的富有票约三十一万张。他们的根据是：其一，富有票系用《千字文》编号，就他亲自查获目睹者，最前有地字号，最后有职字号，职字已有七百九十四号之票。而职字系《千字文》的第三百一十字，按每字刻印一千张计算，合计有三十一万张。其二，据湖南拿获唐才常之弟唐才质供称，“上海刊印富有票三十多万”，这个数字与他在湖北查获的票号数正相符。这三十一万张富有票，除查获上缴一万张，自行销毁及未经散发的数万张外，实际散发出去的在二十万张以上，也就是说，自立会实际招募了二十余万会众。因此张之洞说，“丑类实繁，深为可虑”①。

应该指出，张之洞所说的主要是富有票在两湖长江地区散发的数目。实际上，我们从中国第一历史档案馆保存的各地奏报材料看到，富有票的散发已远远超出了这个范围。例如，据岑春煊奏称，长江哥老会大头目李金彪曾“到上海、香港、澳门等处，散放富有票，与各逆匪商谋起事，复送信往镇江勾结徐老虎”②。德寿奏报，湖南哥老会头目朱香楚，从李金彪处接受了一批富有票，到广东散发，“广东多会匪，推为头目，伪号正龙头”③。升允奏报，“在长安县拿获公匪肖青山，有保国堂票布、令旗、暗号底本”④。特别值得注意的是，山西巡抚锡良奏称：光绪二十六年十月初七日，在山西省太原城剪子巷晋元斋刻字铺“缉获邵春轩、甘瑞成二名，并起获身带富有票两张，及新刻未用之富有票板一块。……据供均系湖南湘阴人，向充勇丁，被革后转徙四方，并无定址。本年六月间，行至直隶栾城县不知村名地方，撞遇素识之湖北人李大，给伊等富有票各一张，钱各一千文，嘱令前来山西，自刻富有票，开堂立会，广招党与，俟入会人

① 《录副奏折》光绪二十六年九月九日湖广总督张之洞奏。

② 《朱批奏折》光绪二十七年十二月广东巡抚岑春煊奏。

③ 《录副奏折》光绪二十七年一月十四日两广总督德寿片奏。

④ 《朱批奏折》光绪二十七年五月十日陕西巡抚升允奏。

人众，即可起事”[①]。从这里，我们可以得知，富有票除由自立会在上海统一刊印外，传会之人，也可自刻印发。如果把这些情况估计在内，那么，富有票散发的数字，当大于张之洞奏报之数。

第三，适应破产劳动者的生活要求，发放钱银，维系会众。会党群众，大多是破产劳动者，他们漂泊江湖，生活无定。如果单靠一般的宣传动员和散放富有票就能把数十万人招进自立会，是难以想象的。即使暂时招纳入会，要将他们维系在会中，也是不可能的。怎样才能将大批会党群众招募进来，并使他们稳定在自立会组织之中呢？特别是自立军建成之后，又如何驱使他们进行反清武装斗争呢？他们首先面临的一个大问题，就是要解决这些人的生活来源。据有关记载，我们看到自立会基本上是采取“广散银钱”的办法来解决这个问题的。所谓“广散银钱”，大体又分为两个层次：第一层是，入会时即领得银钱。也就是在散放富有票的同时，发放银钱；或凭富有票领取银钱，从而使所有入会群众都得到一些好处。张之洞在一个奏折中说，唐才常“窟穴上海，设立总会，自为粮台，往来沿江沿海各处，广散银钱，购诱会匪……安排二十万元用之长江所散放之富有票”[②]，即就此而言。这里需要辨明的一个问题是，富有票究竟有无经济价值？有的记载说，富有票是没有经济价值的。[③] 我认为，富有票虽不能代替钱币，但凭此票是能领取钱币的。我们从富有票上载明“凭票发典钱一千文”，有关文献记载，“得此者（指富有票——引者）可径直领取洋银”[④]，以及李大供称，在栾城县得票一张，同时得钱一千文等材料，即可证实。由此也可说明，“欲入会者，以钱千文购此票一张”的说法，是不确切的。

第二个层次是，在自立军内，给会党头目分等发放月薪。“头目分五

---

① 《朱批奏折》光绪二十六年十二月十七日山西巡抚锡良奏。

② 《录副奏折》光绪二十六年闰八月七日湖广总督张之洞奏。

③ 例如，唐才质说：“该票虽为票币形式……若云可以代替钱币，经费缺乏之时亦可以销售票布，补充军饷，绝非事实。”（见《自立会史料集》，第75页）。田野桔次说：“欲入会者，以钱千文购此票一张。”（见《朝野新谈》，第44页）

④ 《觉迷要录》卷4，第49页。

等，二三月给洋银百元或五十元，最下一等亦有六元之数”①。这种发放银钱的办法，虽在一定时期起稳定和维系会众的作用，但却给自立会带来很大的困难。因为当时自立会的财经来源有限，除靠康有为从海外接济、会内同志捐助，及洋行银号贷款外，别无他途。而这些哥老会头目，多是“非金钱不用命”的，由于自立会“储金不丰，时支绌，要挟龃龉，往往而有”②。为了克服财源的困难，唐才常不得不命各地裁减自立军的编制。关于这一点，陈说在给唐才常的一封信中反映得很清楚：“前奉来示，嘱店事宜缩小云云。弟再四筹商，目下根基已立，各分店（指自立军各分部——引者）业已大开市面，突然收敛，似乎不易，只宜实事求是，不必另立分店。若遽裁撤，祸机立见。公老于营务，讵不知召兵容易散兵难？杰（林圭——引者）病之日增，此也。略计店款，每月经弟与渔兄（沈荩——引者）裁汰后，尚须五百元有奇。本月初旬，杰已托弟在某洋行借得三百元，准约望前归楚。缘汇兑走至，弟已失言，渔亦同觉失色。二十日各司事又要关饷，刻公诚信号之款仍来见到，弟与渔亦将病矣。计本月须给六百元，急到方资开销。嗣后每月望前，退给五百元接济，庶汉店不至前功尽弃。”③ 由此可见自立军经费拮据的程度。

第四，针对会党的分散特点，以富有山堂统一长江会党的山堂和宗旨。

为什么唐才常等要以“富有”二字命名他们的山堂和票布？按照湖南巡托俞廉三、湖广总督张之洞的说法，“盖取周易系辞传，富有之谓大业，日新之谓盛德二语，以为暗号”，“暗寓富有四海之意”④，以表示他们的宏图意愿。但实际上，主要是为了统一长江一带会党的名号和宗旨。因为当时长江地区的会党，虽然势力很大，但山堂林立，不相统属，这对于自立会发动武装反清起义是很不利的。唐才常等通过开立富有山堂，将长江地区会党的各主要帮派势力招纳进来，基本上就统一了长江会党的山堂名号。统一之后的富有山堂，就其性质来说，与哥老会洪门组织基本无异；

---

① 《觉迷要录》卷 4，第 49 页。

② 《自立会史料集》，第 41 页。

③ 《觉迷要录》卷 4，第 44 页。

④ 《录副奏折》光绪二十六年八月二十日湖广总督张之洞奏。

但它的组织机构和领导成员，要比一般哥老会山堂庞杂得多。我们从光绪二十六年八月一日岳州镇呈报搜获的富有山堂名单中看到，它的最高领导层设有：正龙头十三人，副龙头十三人；下设内八堂——总堂、座堂、倚堂、盟堂、礼堂、管堂、值堂、型堂、盟证、香长；外八堂——新副、圣贤、当家、管事、光口、巡风、大满、么满，计九十余人。[①] 在十三个正龙头中，除康有为、邱菽园外，其余十一人全是长江会党的大头目。如杨子严，即杨鸿钧，湖南人，系金龙山堂的龙头；李金彪，即李云彪，湖北人，系腾龙山堂的龙头。他们的山堂，当时在长江地区是最著名、势力最大的山堂。往下如总堂辜人杰，即辜鸿恩，原系张之洞军中的会党首领。[②] 盟堂肖子云，系安徽大通之镇山正龙头，"党徒甚众，大通水师皆其部属"[③]。再往下如香长邓福田、江守旦（姜守旦），系湖南浏阳、醴陵一带的洪江会头目。唐才常等把长江各地会党的重要头目拉进了富有山堂，实际上也就把他们各自统领的山堂势力归并于富有山堂。因此，我们可以说，富有山堂乃是长江地区会党的统一联合体。

值得注意的是，像康有为、梁启超、邱菽园、唐才常等人，本来不是会党中人，竟被列为富有山堂的正副龙头。这是什么原因？据吴良愧说，因为康有为等"当时的社会地位，经会党分子同意，故列名"[④]。这种说法比较含糊。如果从当时的实际情况分析，我认为主要出于两方面原因：一是富有山堂指望康有为、邱菽园等从海外来的经济支持；二是唐才常等为了便于利用和指挥会党力量。应该说，他们虽然充当了正副龙头之职，但基本上还是挂名领导。

至于统一会党的宗旨，则比统一山堂更为复杂。一方面由于长江会党的宗旨混乱不一。据狄楚青说，仅哥老会一种，不下数十万众，"会名不一，山名不一，每会有一票，票上有□□山，正龙头□□，副龙头□□，

---

① 参阅《自立会史料集》，第128—129页。有关外八堂的名称，与吴良愧《自立会追忆记》中所载，略有不同（见《自立会史料集》，第104页）。

② 参阅《自立会史料集》，第105页。

③ 同上书，第95页。

④ 同上书，第104页。

下方其宗旨下，或八字，或四字，或两字，语句多不通”①。另一方面，长江会党“大半皆以排外力宗旨”②，而以唐才常为首的自立会领导，出于资产阶级的软弱性，不敢正面反对帝国主义，尤其害怕会党的反帝“排外”活动。他们认为，如果自立会以会党原有的“灭洋”宗旨为号，“则无异于拳匪，东南之局，亦将不保”③。因此，如何改变会党的“灭洋”宗旨，并使它们统一于自立会的宗旨之下，确是个大难题。经过反复谋商，唐才常等决定，采取改换票布的办法来统一会党宗旨，规定凡参加自立会富有山堂的各会党，将各自原有票布一律改易富有票，用自立会富有票“救民保国”（一说“救国保种”）的宗旨，来取代会党“扫清灭洋”的宗旨。关于这一点，狄楚青在《平等阁笔记》一书中作了比较具体的记载：“友人多诘庚子事，谓何必用‘富有票’名义，以至援人口实？盖其中曲折外人知者甚少。当时实不能不利用各会党中会，因该党中，多以一票为凭信。票中要义，即为‘扫清灭洋’四字。佛尘（即唐才常——引者）筹思多日，谓此灭洋二字，足亡中国而有余。一旦国中有乱，会党蜂起，则全国均为义和团矣。如是不但国亡，种亦且灭。于是创自立会富有票名义，乃得将旧有之票一概收而毁之，其‘扫清灭洋’四字，改为‘救民保国’四字。且布告各处，谆谆诰诫第一要义，即为不可伤害洋人。此佛尘之煞费苦心也。其人虽死，其事未成，而其效乃大著。何以见之？当时北方义和团蜂拥而起杀他国之领使参赞，全国响应矣。而长江上下游会党中人不下数十万，所以安守不发而又不伤一外人者，皆佛尘一人之力焉。盖因各会党之宗旨既已改易，一切听自立会之指挥故也。”④

应该怎样看待唐才常的易改会党宗旨？有的同志认为，唐才常易改会党灭洋宗旨只起了遏制会党反帝斗争的反动作用，这未免过于偏颇。

---

① 《梁任公年谱长编》上册，第 132 页。

② 同上书，第 133 页。

③ 同上。

④ 狄楚青：《平等阁笔记》卷 4，第 19 页。狄楚青的说法显然夸张其词，实际上当时长江地区会党的“灭洋”斗争仍屡屡发生，如光绪二十六年十月十日张之洞在《致长沙俞抚台》电文中就说：“顷据英领事照会，衡属街阳、清泉、衡山、常宁、来阳、安仁六县、城乡各处大小教堂三十余所，无不被毁，教民无不被抢。”（见《张文襄公全集》卷 169，电牍 48），另外，上海的《北华捷报》也有类似的报道（见 North China Herald. 9/12/1900. The Scare of Han – kow）。

我认为，首先应该看到，唐才常易改会党灭洋宗旨的根本目的，不是为了阻遏会党的反帝斗争，而是为统一会党步伐，集中目标进行武装反清起义。这在当时主要是起了进步的作用。其实，资产阶级革命党人易改会党灭洋宗旨，不只是唐才常的自立会；辛亥革命时期许多地区的革命团体，如浙江的光复会、湖北的共进会，也多通过易改会党宗旨，把他们从“仇洋主义”统一到“排满目标”下来的。如果说，唐才常等易改会党宗旨是起了反动作用，那么，辛亥革命时期陶成章等人易改会党宗旨的进步作用又从何谈起？

其次还应看到，唐才常等改易会党灭洋宗旨，并不是一概排斥反帝。他们反对的只是南方会党和北方义和团以焚烧外国教堂等低级形式的反帝斗争，即下层群众“野蛮之排外”。他们主张的是“文明排外”，即通过资产阶级振商务、参国权，以“抵御外洋”①。虽然，自立会的纲领并没有明确提出反帝的内容。富有票布上也没有反帝的口号，但他们认为，推翻清朝慈禧卖国政权，建立“自立之国”，即可“救国保种”，摆脱帝国主义瓜分中国的局面。这实际上也包含有抵御帝国主义侵略的思想内容。我们在自立会秘密的“龙头文书”中还看到，他们痛斥清王朝向帝国主义“割地赔款”的罪行，以及表示“誓共生死”“兴中复外”的誓言②，也明显反映出他们的反帝爱国思想。因此，我们就不能因为自立会在统一会党宗旨方面表现出一些弱点，而一概否认它的积极作用。

关于联络会党与建立自立军武装结合方面，自立会领导人也有一些创造。主要表现在：第一，他们把联络会党作为建立自立军武装的基础，在招募到大量会众之后，立即建立起武装组织。第二，他们很注重利用会党关系，策动各地驻军将士参加自立军。他们认为，会党群众虽多，但多是“无兵器乌合之众”，为了筹建一支有力的武装，他们就设法在清军防营中寻找可以利用的力量。由于会党在长江地区的清军防营中有相当大的势力，因此，他们就通过会党关系，采取“打进去”和“拉出来”的办法进行策动。所谓“打进去”，就是派会党分子混入清军，并在军内散放富有

① 《唐才常集》，第188—192页。

② 《自立会史料集》，第128页。

票，发展力量。如张之洞奏称：“近有富有票匪散票勾煽，各种会匪往往顶票入会，混入各营兵勇及长江水师者甚多”，“湖南岳州文武衙署水陆兵勇各营，多有富有票匪混迹其间……该参将所请练兵百名，其中即多系领富有票者”[1]，就属于这种情况。所谓“拉出来”，就是将驻军官佐拉进自立会，然后利用他们统带的兵力。如张之洞的威字营统领黄忠浩，就是经沈荩再三劝说参加了自立会，后来充当了自立军前军统领。[2] 安徽巡抚署部卫队管带孙道毅就是由秦力山的拉拢而支持自立军的。

第三，他们紧紧掌握了自立军武装的领导权。唐才常等在招纳数十万会党群众的基础上，建成了一支拥有数万人的自立军武装。其基本成员是会党骨干和清军防营的中下级官佐和兵勇。自立军分七军四十营，即总会亲军十营，左、右、前、后、中五军各五营，先锋军五营。他们分别驻扎在长江流域的大通、安庆、汉口、常德、新堤等交通和军事重要城镇。自立军的各军统领都由唐才常的同伙和兴中会的骨干分任。唐才常任全军总指挥；秦力山和吴禄贞任前军统领，驻大通；田邦璿任后军统领，驻安庆；林圭和傅慈祥任中军统领，驻汉口；陈犹龙任左军统领，驻常德；沈荩任右军统领，驻新堤。其他如唐才质、唐才中、李炳寰、蔡忠浩、沈翔云、戢翼翚、赵必振、何来保等人，也多分别担任了自立军的帮统、粮台、文案等领导职务。从这里可以看出，唐才常等人对自立军武装的领导，与他们对富有山堂的领导相比，已有显著的不同。如果说，唐才常一派对富有山堂只是挂名领导不操实权的话，那么，他们对自立军则已基本上掌握了军事和财政等指挥大权。

总之，唐才常等为了武装反清，他们在联络会党、建立自立军武装等方面所取得的成效是显著的。他们在民族危机深重、困难当头的时刻，实现了爱国革命的知识分子和下层会党群众两股不同的社会力量的初步联合。按照唐才质、吴良愧等人的说法，就是自立会文事组和武事组的结合。文事组就是以唐才常为首的一批近代激进知识分子，武事组就是会党力量。

---

① 《录副奏折》光绪二十六年八月三十日湖广总督张之洞奏。

② 参阅《自立会史料集》，第 95、106 页。

四

1900年夏，正当北方义和团运动进入高潮时，由于八国联军入侵，局势发生急剧变化，唐才常等即乘机发动自立军起义。他们原商定8月9日（农历七月十五日）长江各路兵马同时大举，但因康、梁的汇款未到，被迫延期。这一消息未能及时通达前军统领秦力山，秦力山仍按原计划于8月9日在大通宣布起义。

从大通局部地区来说，起义是有相当准备的。秦力山到大通以后，即与安徽哥老会首领杨云龙、符焕章等在大通、芜湖、太平、裕溪和悦洲等处散放富有票布，大量招人入会，“大通及附近居民附和者充塞于途”①。同时，他还利用安徽抚署卫队管带孙道毅的关系，获得了大批军械，长江水师营弁多受约束。据上海《中外日报》报道，自立军为准备起义所需，大通各商店短衫短裤几至抢购一空。② 所以，8月9日清晨起义一爆发，自立军即斗志昂扬，大队前进，猛攻清军。清长江水师船外委洪益全受重伤，炮艇击沉八艘，兵勇溺死无数，自立军迅速占领了大通。接着，又分兵向青阳、芜湖、南陵一带进攻。义军所到之处，张贴布告，散发传单。在他们的影响下，各地会党，“均有蠢蠢欲动之势”③。8月11日，两江总督刘坤一、安徽巡抚王之春、长江水师提督黄少春调水陆营兵，大队进剿。秦力山因无后援，又以大通孤悬江心，非鏖战之地，即移师江东，且战且退，屡战失利。8月13日，退至九龙山，全军崩溃。秦力山仅以身免，辗转逃往日本。

大通发难之后，唐才常、林圭在汉口亦急欲发动。但因为康有为的汇款迟迟不到，举事一再稽延。8月14日，八国联军攻陷北京，15日，慈禧、光绪西逃以后，形势非常紧张。唐才常和林圭决定于8月23日起兵，计划先占领汉口，夺取汉口枪炮厂，然后渡江攻击武昌，

---

① 《自立会史料集》，第14页。

② 《中外日报》光绪二十六年八月七日。

③ 《中外日报》光绪二十六年七月二十五日。

拘禁湖广总督张之洞、湖北巡抚于荫霖，及清军统领张彪、吴元煊等。从 8 月 18 日起，汉口会党云集，并连日发生大火。这时，因人告密，张之洞尽悉自立军汉口起兵计划，“决计先发制人，将党人一网打尽”①。他得到了英国驻汉口总领事法磊斯签发的逮捕证后，于 23 日清晨，包围英租界李顺德堂及宝顺里自立军机关部，逮捕了唐才常、林圭、李炳寰、田邦璿、瞿清何、向联升、王天曙、傅慈祥、黎科、黄自福、郑葆晟、蔡承煜、李虎生等二十余人，先后加以杀害。接着，又大兴党狱，残杀自立军骨干百余人。

汉口失事后，右军统领沈荩即率部发难于湖北新堤。一时湖北蒲圻之羊楼峒，荆州之沙市，湖南临湘之滩头，以及嘉鱼、麻城等地会党，接踵而起，“聚众点名，打造刀械，造制号衣，储备粮食”②。据《中外日报》报道，仅蒲圻境内，即有自立军数千人，欲图围攻县城。③ 但这些部队，都因中军主力已失，人心涣散，刚一接触，即行溃散。湖南方面的自立军，原计划与唐才常、林圭同时发动，因湖南巡抚俞廉三事先得到张之洞电告消息，亦先发制人，大兴党狱，捕杀蔡忠浩、唐才中、何来得、姚小琴等百余人。自立军起义，至此全归失败。

自立军起义的失败，原因是多方面的。其中一个关键原因，就是它的会党工作存在严重弱点。首先表现在自立会缺乏一个有效动员和牢固联合会党群众的纲领口号。虽然他们屡次发布的文告表明，要推翻清王朝，建立一个“自立之国”。但这个“自立之国”究竟是什么样子？给广大贫苦农民和会党群众会带来什么好处？连自立军的领导人也不清楚。从一系列的文告内容看，他们所憧憬的“自立之国”，只是一个在光绪帝统治下的资产阶级君主立宪政权，全然没有反映下层人民群众的利益和要求。尤其是自立军打起的“勤王”旗号，与会党传统的“反清复明”口号，以及他

① 《自立会史料集》，第 19 页。

② 《自立会史料集》，第 139 页。

③ 《中外日报》光绪二十六年八月七日。

们起义时的实际要求，都是背道而驰的。[①] 更有甚者，自立军的领导人一面声称要建立“自立之国”，一面又作出许多保护帝国主义侵略特权的规定，这不仅自相矛盾，而且与会党的“灭洋”斗争大相径庭。由于自立军的纲领没有反映广大群众的反帝反封建斗争要求，就不可能对会党群众产生号召力量。因此，在自立军起义的过程中，就出现这样的现象：一面是自立军领导号召“勤王”，而会党群众却是攻打官府，开狱释囚；一面是自立军领导严禁杀洋人烧教堂，而会党群众“抢洋关、烧教堂”的事件却屡有发生。

自立会的纲领口号不能有效地动员会党群众，他们的工作，主要依靠少数会党头目。即使对这些头目，也主要靠“报名领款”[②] 的办法，把他们拉进自立会又通过这些人去散放票布，招募会众。这些会党头目，见自立会“富而多资”，纷纷参加；一旦自立会经费支绌，不能满足欲壑，他们即离队叛变。果然，后来自立会因康有为的接济落空，“杨鸿钧、李云彪率先离异，辜鸿恩则发‘贵有票’，李和生则发‘回天票’，各自为谋”[③]，起义还未开始，内部已四分五裂。

在组织机构方面，自立会虽以富有山堂的名义把长江会党统一了起来，但实际上，各地会党组织仍自成系统，在自立军内，唐才常等虽然掌握了总部和各路军的领导大权，但在起义过程中，具有实际号召力和指挥力的仍是会党头目。特别是自立军基层组织的领导权，仍由会党头目所操纵。从大通自立军统领中还保存四王爷陈英士、八王爷李梅生、七千岁周得方、三千岁石玉生等名号[④]这一情况，就可看出自立会对会党的原有组织，并没有认真改造。

会党骨干分子，大多染有流氓无产者的恶习，以这种人组织起来的军

---

① 自立军起义期间，从岳州红教会头目蒋国才身上搜出的《龙头文书》中有“除贼救民、兴中覆外”口号，并有“万象阴霾打不开，红羊劫运日相催，顶天立地奇男子，要把乾坤扭转来”的诗句（《自立会史料集》，第129页）；大通哥老会头目吴德胜供称，他们的口号是“采灭胡儿，变理阴阳”，并有“人来桃源天下行，采灭胡儿复大明，梁山根本传万代，洪主威名振乾坤”诗一首（《苏报》1900年8月24日）。可见会党反清的宗旨是十分明显的。

② 冯自由：《革命逸史》初集，第75页。

③ 《自立会史料集》，第228页。

④ 《刘坤一遗集》，第1239页。

队，如果不经严格的教育改造，其组织纪律之差，是不言而喻的。自立军起义的过程中，会党纪律败坏的最突出表现是：走漏消息，不听指挥，放纵恣肆，扰害良民。如大通起义即将爆发之际，桐城地界的会党“啸聚数百人，宰牲祭旗”①，就暴露了目标；起事发动后，会党“劫掠之案层见叠出，良民颇怀隐忧”②。汉口发难前，唐才常、林圭曾严格规定，部众不得惊动市面，劫杀平民。③ 但会党分子却在汉口连续纵火，并泄露欲抢劫汉阳枪炮厂的消息。红教会徒邓某入自立军后，因与泉隆巷某理发匠争吵，被告发捉拿，张之洞从中尽悉自立军起兵计划④，汉口起义遂告流产。同样，常德自立军的密谋，则毁于一个多嘴饶舌的会党头目石竹亭。他“在外张扬特甚，大有逢人遍告之势”⑤，因而走漏了消息，在起义暴动中，会党分子虽具勇敢斗争的精神，但他们常常“劫财掠夺，嚣嚣然唯以骚扰为事”⑥，“劫夺良民者甚多”⑦，很快就失去群众的支持。从以上情况即可看出，自立军起义的失败，乃是不可避免的。

五

自立军起义虽然以失败而告终，但它在中国近代历史上的意义和影响却是很大的。最重要的是，通过这次起义，中国资产阶级的改良主义就迅速让位于革命的民主主义，许多人从这次起义的失败中吸取了教训，坚决

---

① 《录副奏折》光绪二十六年八月十八日两江总督刘坤一安徽巡抚王之春等奏。

② 《中外日报》光绪二十六年七月二十五日。

③ 《中外日报》光绪二十六年八月五日。

④ 关于这件事，光绪二十六年八月九日《中外日报》记载说：“会匪中有邓姓者，既入新党后，即到处欺凌平民以及其邻人等。有薙发匠某，素与邓善，邓招之入会，匠却之。八月一号，邓至该处薙发，而不照常例，竟以小钱作值，匠与之争，逆至决裂。邓告匠云：‘汝之首级已将不保，尚何哓哓为?’匠闻言，遂立将其所有情事告知该处地方官，而邓就获矣。县官以甘言诱之曰：‘尔等守法良民，特为人所愚耳！此吾所深知也，尔可将会党情事详细告我，富贵不难致也。’邓乃一一和盘托出。并将该党羽住处陈明县官。立时遣差侦察，果与邓所言无异，遂立将邓正法以为儆戒。”

⑤ 《党迷要录》卷4，第41页。

⑥ 张难先：《湖北革命知之录》，第23页。

⑦ 《朝野新谈》(丁)，第50页。

走上资产阶级民主革命的道路，成为辛亥革命的中坚。关于这一点，国内外的许多学者已做过论述，不必赘述。

这里，我想着重从会党史的角度，来说明这次起义的地位和影响。

首先，我认为，自立军起义在近代中国会党发展史上，也是一个重大的转折点。它是资产阶级革命党人在中国内地大规模联合会党进行反清革命的开端。

作为资产阶级革命党人，最早联络会党从事活动的是孙中山和他创立的兴中会。但是，他们所联络的会党，仅局限于广东沿海和海外华侨之中，内地的会党，基本没有触及。虽然当时孙中山力图向内地发展，曾通过毕永年等人的联系，1899 年底召集了广东三合会和长江哥老会的头目十多人到香港开会，实行三方联合，组成了兴汉会，但这个组织很快就烟消云散，没有发挥作用。因此，真正在内地大规模联络会党，应该说是从自立军起义开始的。当然，自立会联络会党的工作，也得到了兴中会的多方帮助。自立军起义使资产阶级革命党人开始看到了革命的依靠力量；而会党和广大下层群众也由此得到先进阶级力量的领导，开始摆脱自发暴动的状态。这是一个巨大的变化，连清朝统治者也感到，“事变之奇，从来未有”①。在这种局面下的会党斗争，“声势汹涌，迥非开堂立会散放飘布可比”②。

其次，自立军起义，乃是我国第一批近代知识分子群，首次与下层会党群众在反清目标下的初步联合。这种联合，虽然是极不成熟的，但它却是个开创性的举动，当时就引起清朝统治者的密切注意。俞廉三在一个奏折中说：“大抵此项匪徒中有二等：一系文人，皆在各处学堂肄业，及曾经出洋学生，与康有为等交往素密。一系痞匪，即内地旧有之会匪痞徒。”③ 这里所说的文人，就是我国第一批近代知识分子群，他们接受过系统的资产阶级教育，特别是自立军的领导骨干，“大半肄业于日本”，接触过资产阶级革命的激进理论。他们掌握先进的思想武器，“构造邪说，创

① 《录副奏折》光绪二十六年闰八月一日湖南巡抚俞廉三奏。

② 《刘坤一遗集》，第 1273 页。

③ 《录副奏折》光绪二十六年闰八月二十一日湖南巡抚俞廉三奏。

为自立民权种种妄语”，颇具号召力量。所以“一时儇薄少年，佻达士子，罔弗被其摇惑……沿江各省莠民痞匪，靡然从风”①。为了“改换中国政府以图自强”，他们决意联络会党。起初，不免带有单纯利用会党力量的思想，但经过自立军起义和义和团运动的实战，就使他们真正看到了会党和广人农民群众的巨大力量。从此，他们就开始赞美农民革命，歌颂“义和团有功于中国”，力倡中国革命“必以下等社会为根据地”，为“革命事业之中坚”。他们所说的下等社会，首先指的是秘密社会，其次就是劳动社会和军人社会。他们认识到，要发动革命，首先必须把这个中坚力量发动起来，而其关键则在社会教育。而对下等社会的教育，首先又必须“与秘密社会为伍，转移其旧思想而注入之以新思想，转移其旧手段而注入之以新手段”②。也就是说，要通过对秘密社会进行革命的教育和改造，将他们纳入资产阶级的革命轨道。这可以说是我国第一批近代革命知识分子对会党下层群众认识上的一个飞跃。正是基于这种认识，到辛亥革命时期，革命的知识分子，其中包括自立军起义的一些幸存者，就普遍面向会党，在各地大规模开展会党工作。而且，他们之中有许多人，充当了各地会党的领袖。我们以浙江和四川的情况为例：浙江的龙华会领袖濮振声、王锡桐、沈荣卿、张恭、吕熊祥，平阳党（平洋党）的领袖竺绍康、王金发等，都是“学界中人”，有的还是留日学生。③ 四川共进会会长张百祥、共进会坐堂大爷吴永栒（吴玉章的哥哥），泸州哥老会首领佘英、井研县哥老会头目王右瑜，江津县哥老会掌旗大爷王稚峨等，都是留日学生、同盟会会员；此外，如犍为哥老会舵把子宁子周，灌县哥老会仁字号龙头大爷张捷先等，也都是知识分子。④ 如果考察一下自立军起义以前的会党情况，特别是长江地区哥老会的情况，我们就会发现，各地会党的头目，几乎多由散兵游勇和职业的江湖汉所充当，但是自立军起义之后，知识分子充当会党首领的情况就猛然增多，这是会党发展史上又一重大变化。它与当时革命知识分子大批面向会党，寻找革命的依靠力量和同盟军，是密切相

① 《录副奏折》光绪二十六年闰八月二十一日湖南巡抚俞廉三奏。

② 《辛亥革命前十年间时论选集》第一卷，上册，第 408—409 页。

③ 参阅陶成章《浙案纪略》。

④ 参阅《辛亥革命回忆录》第四册。

关的。

再次，自立会在联络会党方面的一些经验和教训，也直接为辛亥革命时期的革命派开展会党工作，提供了借鉴。如黄兴，“与毕（永年）素投契……而秦力山唐才常均倚重兴，恒资擘画，及庚子汉口事后，兴以计得全”[①]，应该说他与自立军起义有着密切的关系，对自立会联系会党的情况也非常了解，同盟会成立以前，他在湖南创立了华兴会，大力开展会党工作，采取组织“同仇会”的名义，吸收会党分子；孙武，原为自立军“岳州司令”[②]，辛亥革命时期他在湖北以“共进会”的名义联络会党。我以为，他们基本上是仿效了自立会以“富有山堂”联络会党的组织形式。又如光复会在浙江开设“会馆”，作为“革命党及会党交通之中枢”[③]，也是效法了自立会开设会馆招待会党的办法。再如辛亥革命时期各地革命党人通过会党关系打入新军，策动清军反正等，也是自立会的一条重要经验。更重要的是，辛亥革命时期的革命党人，特别是同盟会组织，从自立会联络会党工作的许多缺陷和失败方面吸取了教训，例如在同盟会的革命纲领中一定程度上反映了农民的土地要求，他们联络会党比较注重加强宣传教育和组织工作等。这样，就使他们更有成效地联合会党群众，并以会党为纽带，沟通资产阶级与农民的联系，以迎接一场大革命风暴的来临。

最后，以往人们研究中国资产阶级革命党人与会党的关系，只注意辛亥革命时期以孙中山为首的革命派和各地革命团体联络会党的活动，很少探讨唐才常等人在自立军起义时期联络会党的活动。其实，自立军起义正是充当了辛亥革命的前驱，它在联络会党、寻找革命的同盟军等方面，也为后来的革命党人提供了不少宝贵的经验和教训，这是很值得加以重视和研究的。那种把自立会联络会党说成是保皇党控制会党、反对革命的意见，未必符合历史实际。上面的叙述，只是个人的粗浅看法，希望有助于对这一问题的讨论。

---

① 邹鲁：《中国国民党党史稿》4编，第1534页。

② 张难先：《湖北革命知之录》，第189页。

③ 《辛亥革命》（一），第503页。

中国的洋务运动与日本的明治维新*

井上清

前言

19 世纪 50 年代的中国和日本同属封建社会、封建专制国家。并且，两国都开始受到西方资本主义列强（这里为方便起见，也包含美利坚合众国与沙皇帝国）的压迫、侵略，朝着半殖民地化迈出了第一步。

但是，到 19 世纪末，两国所达到的结果却完全不同。日本经过明治维新，大致完成了国家、民族的独立，在经济结构上，虽仍保留了许多封建关系，但资本主义体制已占统治地位，初步建立了近代科学技术文明的体系。日本在那之后，很快也和西方列强一样成为压迫朝鲜和中国的国家之一。中国在这期间，在西方列强半殖民地化的压迫下越陷越深，1894—1895 年的中日甲午战争以后，不仅受到西方，同时开始受到来自日本的压迫和侵略。

中日两国，几乎从同一时期、同一种状况起步，在不到五十年的时间里，却达到如此不同的结果，其原因究竟何在？

为了全面解答这一问题，不仅要将两国在这五十年间所走过的道路进

---

* 本文原载《近代史研究》1985 年第 1 期。本文是日本京都大学名誉教授井上清 1981 年 4 月在近代史研究所所作的学术报告，发表时经作者修订补充。——编者

行比较，还要把清朝统治下的中国与日本幕藩体制政治构造的民族、阶级特征，把19世纪中叶两国的经济发展程度、文化特征，把两国的地理条件以及列强对中国和日本所采取的不同政策，虽然可同称为侵略压迫，但由于地理条件以及世界史状况所造成的差异等，这一系列主要问题都进行一番细致的研究。

今天我要讲的，也将涉及这些问题，但并不是全面回答这些问题，而是作为其研究的一小部分，将中国的洋务运动与日本的明治维新进行比较，论述前者未能达成中国的独立富强而日本大致得以成功的原因所在。当然，要论述这样的问题，必须充分了解洋务运动和明治维新，而对于前者，我掌握的知识是十分浅薄的，因此，一定会有许多缺点错误。作为“可以攻玉”的“他山之石”冒昧发表拙见，望求得各位先生的批评指正。

若要给洋务运动下一个精确定义的话，似乎中国的各位学者中间也意见不一，如《吉林大学社会科学丛书》关于《洋务运动讨论专集》（1981年）一文，对“洋务运动”这一提法也不尽相同。本文为一时方便起见，将洋务运动特指为19世纪60年代初到甲午战争期间大约三十年当中，清朝高官中的一派为“求强”“求富”企图把西方的机械技术、西方的文明移植到中国所做的诸项改革措施。至于与西方的外交、贸易本身，这里暂且不提。

另外，本文所提日本的明治维新是指明治元年（1868）推翻德川幕府成立的天皇政权，在1890年大日本帝国宪法实施之前的一段时间里，在政治、军事、经济、文化各方面大致以西方为榜样所进行的诸项改革。

一 洋务运动和明治维新历史阶段相异

洋务运动和明治维新，两者虽同是把西方的科学技术文明移植到本国，以求得军事上的“强”和经济上的“富”，但两者却存在根本性质上的、历史阶段上的差异。

第一最重要的是，双方进行改革的主体的阶级性质和历史阶段不同；由此所带来的第二个不同是，在日本，“维新”是天皇政权全体一致的一项坚决的基本国策，而在清朝，洋务派只是政权内的一派而已，朝廷内存在强大的反对势力；第三，明治维新是涉及政治制度、社会经济结构、学术、技术、文化、教育所有领域的系统性改革；而洋务运动归根结底仅在军事和经济的某些方面采用西方的科学技术，并未触及政治制度和经济结构本身；第四，明治维新直接关系到人民大众，导致了政府执政阶级与人民之间的激烈阶级斗争，“维新”在两个阶级的相互作用、相互渗透中得以进展，相比之下，洋务运动与民众的直接关系甚小，始终局限在执政者的内部抗争上。

仅列举这些根本差异，就可以明白我的主张。下面，以具体事实来对这四项差异加以说明。

关于第一点差异。在洋务运动之前到洋务时期的整个期间，清朝政权的统治，从民族上讲，是满族的，而且是其中西太后一派的统治。从阶级上讲，则是满族、汉族的大地主阶级的统治。但在这一政府机关中，在洋务运动初期，1861 年新设了“总理各国事务衙门”。这一部门的设立，除了外交、贸易上的需要以外，也是为了推进学习西方近代化军需民需的机器工业和与此相关联的教育事业。它与清朝政府原有的最高权力机关军机处处于同等地位，甚至具有凌驾他人之上的强大势力。而且，在总理衙门当中，虽然长官是皇族的恭亲王，但实际上，李鸿章等其他汉族出身的高官具有极大势力，这件事本身在清末政治史上具有重大意义，但并不意味着清朝国家结构本身的改革，只不过是执政官僚之间的势力变动而已。

明治政权在成立之初，实质上就是一个取代德川幕府地位、权力的封建大领主权力。其领地大多也是从幕府以及 1868 年内乱中反对天皇政权的诸藩那里接收过来的，虽然天皇对内是日本全国的最高统治者，对外是代表日本的唯一外交权力者，但在本质上，他与过去的德川将军没有两样，像在旧幕政权下存在作为半独立封建小国家的二百六十多个藩一样，在明治初的三年多时间里，在天皇政权下也存在着藩。

但是天皇政权十分巧妙地一方面逐渐削弱各藩势力，一方面健全自己的统治机构，强化直属军队，于 1871 年，一举废除了藩。天皇政权成为统治日本全国的唯一名副其实的中央集权政权，在此之后，建立了从中央到地方的统一中央集权行政机构警察制度，废除旧武士阶级的军队，实行不论身份的全民征兵制，建立了新型的陆军、海军，施行国民义务教育制度，在普及初等教育这一普遍而牢固的基础上，又逐渐建立起中、高等教育体系。

在这一系列国家机构大改革的同时，进一步承认了在过去幕藩体制下所不存在的全体国民的职业自由、农业经营自由、居住迁移自由、婚姻自由、财产所有及处理的自由等一系列所谓市民自由。以此为前提，确立了国民土地所有权，变封建实物地租为货币土地税，进行其他土地制度方面的大改革。同时，坚决废除了旧武士阶级（领主阶级）的一切特权，特别是废除了秩禄制度（对土地享有领主权的具体存在形式）。与这些改革有着不可分割关系的是谋求资本主义机器工业的迅速发展即所谓“殖产兴业”。由此，日本社会从封建生产关系逐步走向资本主义的生产关系。

简而言之，在1871—1880年不过十年的时间内，强行进行了这样一个系统的资产阶级改革。断然实行这一改革的天皇政权的阶级实质是什么？这个问题不论在日本的学术界还是国外的学术界都有众所周知的两种不同的见解。一部分人认为，明治维新虽然遗留了许多封建因素，但本质上还是资产阶级革命，天皇政权其本质是资产阶级（包括资产阶级化的地主）的专制权力。另一部分人认为，维新是带有进步意义的资产阶级改革，但是进行这一改革的天皇政权既不是资产阶级专政的政权，也不是封建地主阶级的专政或资产阶级、地主阶级的联合专政，而是立足于新兴资产阶级和半封建（其另一面是半资产阶级的）地主阶级两方面的、实现两阶级利益但对哪一个阶级又都具有相对独立性的专制君主及其官僚专政政权。

大部分日本历史学家持后一种看法，虽然近年来持前一种看法的人渐多，但还不是多数。大部分外国学者是主张资产阶级革命、资产阶级专政政权说的。似乎在中国，持这种看法的人也颇多。现在我不能也没有必要来评论究竟哪种说法正确（我本人持后一种看法）。如果取前种说法，即资产阶级专政政权这一看法的话，不言而喻，其政权与作为彻头彻尾的封建专制权力的清朝政权带有根本性的、阶段性的不同。因此，这一政权所施行的政策与清朝官僚的一派所进行的洋务运动相比，只不过在局部现象上、外表上有相类似之处，而在本质上却完全相异，这是无可置疑的。

即便以我所持的后一种看法来看，明治政权也不是德川幕府或清朝那种封建地主阶级的专政权力，而是属于不同阶段的半资产阶级半地主阶级的权力。其政权的资产阶级改革是不彻底的，特别是在天皇制这一权力构造上与其说是资产阶级不如说是封建性质更强。但是，它的一系列资产阶级改革却是由这一政权阶级本质所决定而必然产生的，与清朝封建政权的洋务属于不同的历史阶段。在这一点上，与明治维新是资产阶级革命这一说法结论是一致的（因此，本文不评论明治维新两种学说的是与非）。

关于第二点差异。洋务运动并不是整个清朝政权所一致进行的一项基本政策，而是政权内一部分人的一小部分改革。明治维新却是天皇政权成立之初就开始的一项基本国策。但天皇政权也并不是在刚一建立就有了一整套关于国家机构的资产阶级改革、国民征兵制、教育改革以及土地改革等具体计划，而是将此逐次付诸实行。在天皇政权建立的 1868 年，还丝毫没有想过、计划过四年以后所实行的废除诸藩这件事。这是在国内动荡中、在天皇政权为强化自己政权的摸索当中得以实施的。并且，在这一摸索当中，政府内的官僚们把继废藩之后要施行的一系列疾风暴雨式的改革案逐渐形成起来了。

虽然最初并没有改革的具体计划和展望，但这一政权一经成立（当时还没有消灭旧幕府势力），天皇就率宫廷贵族、诸藩主及官僚对天地之神起誓：以天皇为最高统治者，上下一致，建立统一国家，这个国家打破封建锁国攘夷的“旧有的陋习”，与各国友好往来，“向世界求得知识”。并且，在废藩之前，就废除了旧幕府及诸藩设置的关所，实现全国交通自由化；修复港口、设置灯塔促进海上交通发展；废除封建性基尔特的商业垄断、统一货币，采取了诸项政策、措施来促进全国性的商业、产业自由发展。并且，政府一面大规模地扩大了从旧幕府及诸藩接收过来的近代军事工业，建立了新的兵工厂，一面尽可能地把旧幕府及诸藩的人才吸收到中央政府中来。

武士阶级（1869 年以后被称为“士族”）的绝大部分人极力反对天皇政权的这些政策。这种反对也表现在政府的一部分高官当中。明治初年，在政府内部开明派与反对派之间双方针锋对立，但总是开明派占优势，在废藩置县以后，政府内的反对派原则上也不敢反对改革的大方向，只是在改革的方式、缓急等问题上进行争执。这种对立，在 1873 年秋的大政变——在士族阶级中享有绝对威信的西乡隆盛下野之后，在政府内部基本上得到克服。

1871 年废藩之后，政府随即派出一个大使节团，走访美国及欧洲，目的是与各国政府交涉修改不平等条约问题，同时也实地考察、学习欧美的先进文明。这一使节团由右大臣（政府内第二高官）岩仓具视为大使、参议（辅佐大臣、参与大政、构成政权的最高机关）木户孝允、大藏卿（卿为行政各省的长官）大久保利通、工部大辅（大辅即次官）伊藤博文为副大使、各省（部）开明派中最优秀的官僚们以及翻译、随员等共四十八人组成。大使的出国时间是 1871 年 11 月，回国时间是 1873 年 9 月，为期竟达一年零十个月之久，历访美国、英国、法国、比利时、荷兰、德国、俄国、丹麦、瑞典、意大利、奥地利、瑞士十二个国家，考察了欧美的先进国、相对落后国、大国、小国、工业国、农业国，把它们作为在探讨日本今后道路时的一个参考。

无论是岩仓、木户还是大久保无不为西洋的议会政治和资本主义经济的繁荣感叹，他们把西洋的方向作为今后日本的理想。使节团回国后，就发动了前面提及的 1873 年 11 月大政变，将西乡等反对派永远驱逐出政权。随之，大久保成为政府中最大的实权者，他死后，伊藤占据了同等地位。他们认为，美、英、法等资产阶级民主主义固然好，但不能适用于日本，因此，把君主制德国以及比德国君权更大的沙俄帝国作为榜样。

在国家最高领导班子里竟有一半之多的领导人到先进国家实地考察学习近两年之久，这在日本历史上真可谓之空前绝后。国外也尚没有这样的先例。

坚持“维新”的，就是明治政权这样一个整体，这与进行洋务的清朝封建官僚的一个派别相比，所处的历史阶段不同，改革的力量更不可相比。

关于第三点差异。从上述第一点、第二点差异中，便可以很容易理解必然产生的第三点差异，即明治维新的改革和洋务运动的改革在内容上、范围上都有着本质的区别。

洋务派为了“求富”，把力量投入到生产民需商品、机器工业和矿山开发上，兴办了“官督商办”或官商合办的企业。这些做法，是否推进了中国工厂工业的发展？例如，实际上被李鸿章掌握实权的上海机器织布局

(1890 年开工) 是中国棉纺织业最初的机械大工厂，盈利大、发展快。在它之后，涌现出大大小小官督商办、官商合办或官营、民营的机械纺织工厂。但是，这并不意味着中国的棉纺织工业已开始作为独立自主的民族资本主义产业得以发展。这一时期与甲午战争后所不同的是，外国资本在中国尚未享有经营纺织工业的权利；而且国内拥有丰富的棉花原料，有大量的劳动力，有广大的棉制品消费市场，有一定的民间资金储蓄。换句话说，如果政府的政策恰当，完全具备振兴中国民族资本主义的条件。但是，当时民间资金却与国家资金联结起来，成为官督商办企业，受到无能腐败的封建官僚的支配。

上海机器织布局从政府得到垄断特权，在它开业后的十年当中，不允许其他同种企业的成立。实际上，并没有达成垄断。这是因为，清朝政府不能只给李鸿章派发大财的机会而无视其他大官僚、大军阀的利益，况且在这一时期，机械纺织工业的兴起已成为大势所趋。在与明治维新相比较时，我所考虑的问题是，洋务派的事业，毕竟是为求得他们自身的富而不是为促进中国近代产业的发展，他们的垄断要求正清楚地证明了这一点。

明治政府为了发展日本当时最大的出口商品生丝的生产，在群马县富冈设立了“官营模范工厂富冈制丝厂”，以法国进口机器、聘请技术员，从全国各地招募四百余名女工，于 1872 年开业。这个工厂在经营上没能盈利，1893 年卖给了民间企业。但是设立这个工厂的主要目的就是学习法国先进的机械制丝技术，普及到日本，以便发展日本资本主义制丝工业。这一目的充分达到了。

通过上海机器织布局和富冈制丝厂这一鲜明对照，可看出在两国资本主义形成过程中洋务派的作用与明治政府的作用之间的差别。

在教育、文化方面，明治维新与洋务运动的做法也大不相同。洋务派对于国民教育的普及、提高毫不关心，只是为了他们自己的需要才开办学习外语、科技知识的学院，派遣留学生。明治政府把从旧幕府接收的“开成所”扩大的同时，设置了学习西洋近代医学、自然科学、工学等的教育机关。而且，在政权建立后的第五年 (1872 年)，就着手建立全民义务教育制的初等教育网，在发展初等、中等、高等教育上，政府所作的努力并不亚于当时为制定国民兵役制建立新军队所付出的努力。

1872 年，明治政府制定了学制，在全国所有市镇乡设置小学校，规定满六周岁的男女儿童都必须入学（当时的义务教育规定为四年）。

设置学校以及维持的费用、教员的工资全部由各市町村（也就是市町村民）负担，学生每人每月要缴纳五毛钱的学费。如果一家有两名以上学生的话，每人可只缴两毛五分，总额不超过七毛五分钱。当时，占人口绝大多数的农民，一家人年平均收入只有四十日元左右，平均每月仅三日元。从中要付出学校的建设、维持费和五毛钱的学费，这对农民来说是承受不了的负担。因此，从这种教育学制实施之初直至 1876 年，各地曾爆发与反对强制教育有关的农民大起义，有的竟达数十万人。

政府不顾农民的强烈反对，以处罚为手段强迫家长送子女上学。就这样，十年之后，就学率从 1872 年的 28% 达到 50%，在严重不景气时期有所下降，但在三十年后的 1902 年，男童就学率达 96%，男女全体达 92%，并且废除了学费。十年之后，男女儿童就学率均达 99%（这时的义务教育已规定为六年）。

明治政府这样苛酷地强制教育，这固然需要批判，而且其指导思想是为培养天皇的“忠臣良民”，对所有国民灌输军国主义精神，结果给国家和人民带来了巨大灾害（不断的侵略战争和最后的彻底失败）。但不可否定的是，由于明治以后的日本政府从开始就高度重视教育和大力普及教育，奠定了日本所谓“近代化”成功的基础。

关于中等、高等教育，今天暂且不谈。

机器和设备只要有钱便可从国外购买。聘用外国工程师也罢，派留学生到国外学习近代工业管理技术也罢，都是可能的。这些，洋务运动都做到了，尽管洋务派也建立了个别近代化工厂，但仅此还远不能建立和发展社会性的资本主义产业。例如，近代产业的劳动力，必须具有一定的教育水平。因此，若不在一定程度上普及初等教育，不可能产生资本主义体制。并且，在封建地主制仍占绝对优势的经济体制中，也不可能具备足以发展资本主义产业的资本原始积累。国内交通往来的自由、国内关税的废除、对商品生产和流通封建束缚的打破等，若没有这些条件，就谈不上助长资本主义的发展。

洋务运动丝毫也没有想对封建生产关系和社会结构加以改革，而只是要把资本主义的果实搬进这个旧的生产关系和旧的社会结构中来。黄逸峰先生在他的论文《清政府所办近代军事工业的性质问题》（《学术月刊》1961 年第 9 期，后来收入《中国近代经济史论文集》江苏人民出版社 1981 年版）一文中指出，清朝政府的近代军事工业只不过是在柳树（封建生产关系）上嫁接桃树（资本主义生产力）枝而已，既没能挽救清朝封建制，也没能促进民族资本主义的发生和成长。我赞成这种说法。

企业在旧的生产关系上嫁接新的生产力而遭失败的例子，在明治政府中也曾有过。最典型的是在农业上曾经模仿西方做法没有成功。岩仓使节团历访欧美回国以后，在内务卿大久保利通的指挥下，进口西洋的农具、种子、种畜，为发展西洋式大农场、大牧场注入了大量国家资金。这项事业完全失败了，其原因之一是没有充分考虑到日本和美国发展农业的自然条件完全不同，然而更根本的是两国的农业生产关系不一样。

美国的农业完全是资本主义经营，自耕农的耕地面积广大，他们所进行的是追求利润的农业生产。但是在日本，虽然经过 1873 年以后的土地改革废除了封建土地制度，确立了资产阶级土地所有权，但并没能提供发展资本主义经营的条件，而是半封建性的寄生地主制占统治地位。在这种统治下所存在的是专靠家庭劳力自耕或租佃的经营面积平均只有一公顷以下的零星经营。这些农民要向国家或地主缴纳相当于封建领主制下的地租同样高的土地税或实物佃租，这种经营仅仅维持一家人的最低生活已感十分困难。在这样一个半封建的生产关系上嫁接资本主义生产力是绝不可能成活的。

关于第四点差异。洋务运动丝毫没有触动到国家和社会经济体制，其利害关系所直接涉及社会范围也很窄，因而没有发生过以洋务事业为起因而激起的阶级斗争。与此相反，明治维新却是政治、社会、经济、文化的整个改革，它给社会各阶级都直接带来了深刻的影响。旧武士阶级——士族阶层为保住过去的地位和特权，其反抗也是极为激烈的。农民大众也由于维新的诸项事业并没有给他们带来比幕藩时代更轻的负担，反而被强加上新兵役制和义务教育而极为不满，曾进行多次不同程度的反抗。明治政府必须在来自士族和民众这样两个方面的攻击中推行自己的政策。他们不得不在维新改革的某些方面上向士族妥协、后退，而另一方面向民众让步、将改革比当初预想更向前推进了一步。关于后者，我想举两个最重要的例子。

其一，在1873年土地改革当中，土地税定为耕地买卖价格的3%，附加税为1%，合计为4%。这一税率仍与封建贡租的重税相等，1873—1876年激烈的农民斗争，迫使政府不得不将土地税改为耕地买卖价格的2.5%、附加税0.5%，总计为3%。

在此之后，在全国有组织地爆发了以农民为主要社会基础的“自由民权”运动——资产阶级民主主义革命运动。政府被迫于1883年废除了过去每隔五年根据时价改定一次作为土地税课税基准的地价的规定，把当时的地价作为固定的法定地价，将法定地价和现实买卖地价相隔裂开来。这实际上大幅度降低了土地税，并且消灭了过去在土地税上潜在的封建地租因素，具有划时代的进步意义。在土地制度上的这一大前进也促进了资本主义产业的发展。

其二，革命性的自由民权运动的政治目标，可集中在这样几点上，即制定代表国民主权的宪法、确立民主议会政治、改正对外不平等条约为对等条约、完成民族独立。民权派在其中任何一点上都没能取得胜利，但是，天皇政权为对付这一人民斗争，不得不于1889年制定了多少带有资产阶级民主主义色彩的——本质仍是天皇专制的——大日本帝国宪法，并在第二年开设了帝国议会。

在改正不平等条约问题上，1887年政府与外国公使团妥协达成的修正案本质上是卖国性的。民权派看穿这一点曾进行激烈批判，终于使之废弃。紧接着，1889年，政府拟定的条约修正案虽比前一案多少有进步，但本质未变，民权派联合国权派将其废除。1894年7月，日英修改条约的交涉达成协议，签订了包括无条件地废除了治外法权等条款在内的新条约，奠定了十二年之后获得全面对等条约的基础。以民权派为先导的人民斗争，促进了国家和民族的独立。

也许有人认为以上所讲的超出了明治维新和洋务运动的比较这一范围。但是，洋务运动其结果在政治上加深了清朝政权的买办化和中国的半殖民地化，在经济上导致了封建官僚与买办资本相勾结在中国资本主义中占据统治地位，而明治维新形成和发展了日本资本主义，加快了民族独立进程。在把以上两者进行概括比较时，不能不提到在洋务和维新中人民群众的作用。

二　洋务运动和德川幕府的改革性质相同

洋务运动与明治维新只不过在一个侧面有其共同性、相似性，实质上两者无论在改革主体上、在改革的深度上，其历史阶段都不相同。因此，把这两者进行比较，在为弄清各自的本质以及历史意义这点上，起不了多大作用。更有意义的是把明治政府成立之前德川幕府及一部分大藩引进西洋机器、技术的事业与洋务运动相比较。

日本的幕府体制和清朝的全国统治体制在国家形态上有着重大区别，用中国古代政治术语来讲，前者属于“封建”制，后者属于“郡县”制。但用现代社会科学的概念来讲，两者同属封建专制国家，在经济上，封建制均占优势，在这一体制下，资本主义的诸因素有所萌芽。至于两国当时资本主义因素的成长程度是否相同还大有争论的余地，但我认为在当时中国经济较先进的长江中下游流域、珠江流域等和日本的先进地区没有本质上、阶段上的差别。处在这同一基本构造上的同一历史阶段的清朝和幕府体制的日本，几乎在同一个时期受到同一外敌——西洋列强的压迫和侵略，并且两国国内都存在激烈的阶级斗争。两国的封建统治者为了摆脱来自内外的威胁所采取的一部分政策就是中国的洋务和日本与之相类似的事业。

18 世纪末以来，在北方沙俄帝国占领千岛群岛，窥伺“蝦夷地”（北海道），向幕府施加压力，要求开放港口进行贸易。在南方，英美舰队开始出没于日本近海，直接威胁着日本。面对这种形势，渐渐出现了强调“海防”之重要的先知者。其中最杰出的就是原仙台藩士林子平。

他在 18 世纪八九十年代出版了《三国通览图说》《海国兵谈》。他认为，日本是一个四面环海的海国，因此，其防卫，首先应当建立强大的海军，熟习海战，熟悉日本海域。虽然他清楚地知道西洋的舰船和航海技术很先进，却只字未敢号召学习西洋，因为在幕府体制下那是绝对不允许的。而且，以个人的资格公然谈论国事、号召国民，这本身就被视为一大罪。尽管如此，忧国之士林子平为了使“本邦之人”日本人“不分贵贱，不论文武”都能关心日本的防卫，大胆出版了这两本书，为此，他被处以终身蛰居之刑，他的著作连同木版也被没收。

这一时期幕府的首席老中（大臣）松平定信德高望重，他尤其重视海防，阅读了大量译自荷文的著作。而他之所以要惩罚林子平，是因为林提出要靠所有日本人的力量来保卫日本的国土和民族，而当时幕府所讲的“海防”在本质上指的是保卫幕府的领土和幕府的专制体制。因为林子平无视幕府而提倡海防，所以被松平定信所处罚。

面对西方列强的压迫而提出的保卫“日本”，虽然在文字上一样，但内容上林子平和幕府所指的完全是两回事。前者指的是超越幕府和诸藩的整个日本，后者则指幕府统治的日本，归根结底是指幕府自身。保卫日本与保卫幕府在一定条件下表现为一致，但本质上是相矛盾的。幕府对林子平的处罚就是这一矛盾的最初暴露。

这一矛盾随着列强对日本压力的增加，随着在幕府封建体制下日本国及民族危机的加深而变得深刻起来。

1840 年，英国对中国发动鸦片战争，1842 年强迫清政府签订了《南京条约》，这件事给日本上下阶层以极大震动。面对这一事实，连幕府的老中也深感“唇亡齿寒”的危机，为海防问题苦心思虑。不过，他们并不想为海防而刷新旧有的制度。

例如在 17 世纪锁国以来，幕府严禁建造具有远洋航行能力的大型船只。从鸦片战争中得到启示的水户藩主德川齐昭——水户德川家实际上占有副将军的地位——再三要求幕府为海防解禁。但是幕府考虑，一旦解禁，大藩一定会建造大船，这将对幕府是极大的威胁，因此拒绝了副将军家的劝告。除此之外还怀疑德川齐昭有野心，强迫他让出了藩主的位置。对幕府来说，保护他们自身比保护日本更为重要。

在鸦片战争尚未结束之前，曾拿出私产用于研究西洋炮术的长崎市民高岛秋帆曾向幕府的长崎奉行（统治长官）提交了意见书，指出大清帝国之所以败给小国英国，是由于英国拥有卓越的军舰和大炮，日本也必须尽早掌握这些技术。长崎奉行对此给以重视，转呈幕府中央。

围绕是否采纳高岛这一提议，幕府内产生两种对立意见。最后决定请高岛到江户表演西洋炮术之后再作定论。1841年5月，在老中以及众多炮术家、兰学家面前，高岛及他的门人通过实地试验，证实了西洋的枪炮及受过西式训练的部队的强大力量。尽管如此，由于仍有人强烈反对采用高岛的炮术，结果幕府只允许向一名直属幕府的武士传授他的技术。高岛的这一套越是强有力，幕府就越担心它在各藩普及。但是到了第二年，幕府再也抗拒不了诸藩的强烈要求，终于同意藩士们接受高岛的技术，可另一方面，他们却给高岛加上莫须有的罪名，判以终身监禁。

幕府的这种顽固、反动政策，与迫害爱国英雄林则徐，无视魏源等先知者提倡采用西方舰船枪炮的清政府是何等相似。

1853年，美国的贝利司令官率领四艘以蒸汽为动力的军舰进入江户湾，敞开所有炮门威吓幕府，强迫幕府接受了美国总统要求对美开放港口的国书，并于第二年缔结了日美亲善条约。从那以后，日本便陷入了政治动乱之中。

当时的首席老中阿部正弘是进步的改革派，在他的领导下开始用西洋枪炮舰船改革军备，依靠那些过去受幕府压抑的兰学者的知识、技术，在江户设立了洋枪洋炮制作所，并试造洋式军舰。在江户还成立了一个“蛮书调所”，请幕臣及诸藩中的优秀人才作教师开始讲荷兰文、英文课，翻译西洋书籍，并教授、研究军事技术以及作为它的基础科目的自然科学、数学、世界地理、西洋概况等。开办当年只允许幕臣参加，从第二年开始，各藩藩士也被许可入学。

这可称之为德川幕府为了“求强”而开展的“洋务”的始点。

在这项事业中最有意义的是在长崎设置了“海军传习所”，使用荷兰国王赠送的一艘小型蒸汽军舰，聘请荷兰海军士官传授近代海军学。这是在1855年7月，当时不仅幕臣，各藩藩士也被许可参加了这一学习。讲课必须通过翻译，很难顺利进行，而且使教官感到更为困难的是幕臣和诸藩士之间有身份地位上下之别，同样的幕臣当中也有严格的身份差别，因而很难在他们中间确立专靠军事原则建立起的组织、纪律、任务分担和全体合作这一可称之为近代海军生命的组织机构。在这点上清朝的北洋海军更为严重。英国人曾严厉批评北洋海军由于用军事原则以外的原则驾驭部队，致使完全丧失战斗力（井上清《日本现代史第一卷·明治维新》）。尽管有很大困难，但无论是教官还是学生都热情很高，认真传习，收获很大。到 1860 年，幕府海军已经能够驾驶从荷兰进口的木造蒸汽军舰叫“咸临丸”往返太平洋（只是这次去时是在美国海军军官的指导下进行的）。

幕府在进行海军知识传习的同时，为了修理和建造蒸汽舰船，于 1857 年在荷兰技师的指导下在长崎动工建设制铁厂（1862 年全部竣工）。这就是现在的三菱长崎造船厂的起源。除此以外，在箱馆、长崎还建起了教授语言及理工科知识的学校，在江户、长崎又建起了医学校，长崎医学校请来荷兰军医作指导。

在诸藩当中，萨摩藩和肥前藩当时也开始了洋枪洋炮、舰船的制造和与此相关联的炼铁事业。其规模不亚于幕府所办。由于幕府的严格限制，当时各藩还不能直接从国外进口汽船和枪炮，又不能聘请外国人，因此那里的学者、技术家们一手捧着兰书，一手进行多次摸索试验，终于制造出能够使用的武器。当然还远不是西洋列强的对手，但与日本过去的武器相比已是具有相当威力的了。除了萨摩、肥前以外，长州、土佐等地也办起了洋学设施。

当时在民间还办起了一些西洋医学的私塾，其中最有名的是大阪绪方洪庵的适塾和江户伊东玄朴的象先堂，那里的学生既有幕臣、藩士，也有来自全国各地的庶民出身的高才。在适塾里，也研究西洋的兵书、理工著作。在幕末明治初期，适塾出身的有名洋学家，不乏其人。例如明治初期的最大的启蒙思想家福泽谕吉就是毕业于适塾的。

贝利舰队到日本之后的几年中，幕府所采取上述措施里抗拒外国而保卫幕府和保卫日本是一致的，允许各藩藩士进入“蛮书调所”和长崎海军传习所就是其表现之一。这完全是阿部老中的远见。阿部于 1857 年 6 月病故，他的事业虽在一个时期被继承、发展，但在 1858 年 4 月井伊直弼担任“大老”（临时独裁者）之后，井伊镇压了主张幕政改革的进步大名和幕府官僚，并且将帮助他们的藩士、学者处以极刑。从此，幕府的开明事业遭到废止或沉重的打击。长崎的海军传习所在 1858 年 6 月被废除，蛮书调所也基本停办了。

当时政治斗争的焦点在是否签订《日美通商航海条约》这一问题上，而井伊不经天皇和诸侯的同意，独断签订了这一协议（这是和《南京条约》性质相同的，使日本半殖民地化的条约），实现了港口开放。有人以此来判断他是个开明的大政治家，实际上他是最顽固的保守派。他擅自签订日美条约，并不是什么英明决断，而是屈服于美国的压力，并企图压倒以条约问题为武器逼迫幕府放宽独裁的改革派势力，宣示幕府专制统治的力量。

井伊的反动独裁反而促进了反幕势力的加强。过去要求幕府改革的大名们虽然表面上沉默了，但曾是他们左右手的藩士、浪人（没有主家的武士）和知识分子们越过大名和所属的藩联合起来，形成“尊王攘夷”派，站到了反幕斗争的前线，水户、萨摩、长州、土佐的藩士是这一势力的主要力量，后来的倒幕派，要求在天皇统治下统一日本全国的势力就是从这里成长起来的。

井伊在 1860 年 3 月被尊王攘夷派的志士团暗杀。在那之后的幕府政权，为了取得与朝廷和有势力大名的妥协，又开始继续和扩大阿部老中开创的军事改革、军事工业和与此相关联的洋学研究、教育设施等事业。

幕府于 1866 年开始在横须贺和横滨由法国工程师、示范工人作指导，建设类似法国兹隆海军军工厂但规模较小的炼铁、制船厂（它的整个工程尚未完成时幕府就被推翻，这项工程被明治政府接收过来，就是横须贺海军军工厂的前身）。

“蛮书调所”于 1862 年改名为“洋学所”，两年之后又改称为“开成所”，制定了模仿西洋的大学的校规，开设了荷、英、法、德、俄等外文课以及天文、地理、物理、化学、数学、物产、机器、医学、铅版印刷等学科。1866 年，仅英文、法文的学生就超过了三百人。开成所和 1861 年建立的医学所后来被明治政府接收，成为东京大学的前身。

在军事上，幕府自 1863 年以后，创建了拥有西式步、骑、炮三个兵种的新陆军。骑兵和炮兵从最下级的幕臣中选拔，步兵从幕府领地的农民中征集。虽然是以“兵赋”这种徭役形式对封建隶农课赋，还不是近代式的国民兵役制，但却是幕府军事制度改革的萌芽。从 1864 年起，又从法国请来教官团，开始了三个兵种的扩建和整个幕府军事制度的改革（这是与幕府整个机构和幕臣秩禄制度的改革、向近代内阁制的前进相联络的）。同时还着手从西方购买军舰和扩建海军。

这一系列改革相当于洋务运动的洋学移植和诸项“自强”措施。日本这样一个小国的封建领主所建立的军事工业的规模与大清帝国的洋务运动是没法比的，但实质相同。

开成所及其他洋学设施在规模上也并不比洋务派的京师同文馆等逊色。当把幕府、诸藩以及民间的洋学设施在内的洋学的发展和普及，其实用程度等方面与同时代的中国相比时，又应当怎样看呢？

在幕末明治初期日本的医学、工学、理学以及一部分社会科学的学术用语中，很多都是直接引自中国出版的汉译学术著作。例如，“主权”“自主”“自治”等词就是从中译本中得来的。日本人关于国际公法的知识也是从美国人（中文名字丁韪良）的中译本《万国公法》中学来的。由此可见，中国比日本更早接触到洋学，但从普及和实用的角度讲，我认为日本要比中国先进得多。

关于诸藩的“洋务”措施，这里就省略不谈，简单讲讲讨幕派主力萨、长两藩。这一时期的萨摩藩的军事工业和海军建设在质量上同等或已超过了幕府。长州藩在陆军建设上更是出类拔萃，他们解散了历来由门阀统治的军事机构，改编成由藩厅直接指挥的统一的军队，同时从农民以及其他庶民身份中征募志愿者编成“奇兵队”等部队。实际上后者成长为这个藩的主力部队，他们具有强烈的倒幕政治意识。指导这一改革的是当过村医、适塾出身的大村益次郎，他后来是明治政权的最高军事领导者，为国民兵役制的施行做了准备。

上述幕府（以及萨、长藩等）的新政策相当于中国洋务派初期的活动“求强”，洋务派所搞的“求富”、创办民需工厂、开发矿山等，幕府均没有进行。

在诸藩当中有两例。一是萨摩藩于1867年在鹿儿岛郊外办起一个机械纺织工厂——鹿儿岛纺织所，聘请六名英国技师指导，职工大约二百人。另一例是盛冈藩士大岛高任以釜石铁矿石为原料，自力更生筑造洋式高炉，于1857年冶炼成功。这一事业在第二年变为盛冈藩营，一年多以后又改为民营。

九州北部的一些地区蕴藏着丰富的煤矿，它的采掘为明治以后日本资本主义产业的发展提供了最大的能源。在幕末时期，无论幕府还是九州北部的诸藩都还没有着手进行煤矿的开发。长崎湾内高岛这个地方的煤质很好，肥前藩从 19 世纪初以来曾开采过，但真正引进近代的先进机器进行开采还是在幕府垮台的那一年，1868 年与英国商人格拉巴（Thomas Blake Glover）共同投资以后才实现的。

在幕府的诸项经济措施中，最重要的是 1866 年末至 1867 年期间，幕府老中和驻日法国公使之间秘密筹划引进法国资本，成立日法联营大商社，垄断以生丝为首的日本主要出口商品这样一项计划。幕府在这一时期，政治上接受法国公使的政治指导、支援，军事建设上也完全接受法国教官团的指挥，为支付从法国引进军需品的巨额开支，幕府几乎陷于穷困之地。设立日法大商社的计划就是在这种背景下产生的。与此同时，日法之间还进行着作为从法国接受军援的代偿，幕府把北海道的矿山开发权给予法国的交涉。

如果这项计划得以实现，不仅日本的生丝出口将被法国资本所垄断，生丝的生产也将受到法国资本的强大影响。除此以外，英国政府和英国资本为了对抗法国也会出面干涉，日本经济将成为西方列强资本的猎场，导致与清朝末期中国经济的同等下场。但是，在这一切实现之前，幕府就被推翻了。

幕府及诸藩改革的目的何在？前面已讲过在阿部老中时代还没有暴露是加强幕府本身的军事力量，还是加强整个日本的防卫力量这样的矛盾。但是到 1860 年以后，幕府的改革已不是为“以夷之长技以制夷”，而是专门为了对付反幕势力保卫幕府自身。特别是在幕末最后三四年间，改革已不只限于接受法国的技术援助和指导，而是政治、军事、财政各方面全部依靠法国，企图借此力量来压倒以长州、萨摩两藩为主导的反幕、倒幕派。如果这一目的实现的话，日本就一定会成为法国的从属国，幕府也将是个买办政权。

诸藩“求强”一般是为了在幕末的政治大动乱中保卫和强化自藩的地位和势力。在萨摩藩和长州藩，掌握藩政实权的是倒幕派志士团，他们的改革不但没有强化藩士及旧门阀的封建专制，反而加强了由下级藩士和支持他们的农民、商人们构成的倒幕势力。

在对外政策上，最初诸藩军备是为了“攘夷”。但实际上这里混杂着两种因素：一个是封建领主阶级所固有的排外主义；另一个是对幕府的对外屈服极为愤恨，要求坚持民族独立的民族主义。在萨、长两藩领导层中所主张的“攘夷”，排外主义的因素极少，始终贯穿的是近代民族主义。

清朝洋务派的求强求富又是为了什么呢?

被称为洋务思想起源的魏源、林则徐所主张的是名副其实的以夷之长技以制夷。具有同样思想的人也许还有很多。在以后的洋务派的文章中偶尔也出现类似的提法。任何统治者无不在自己的地位、势力受到别国侵犯时而进行抵抗。问题在于他们是把保卫中国放在第一位还是把维持清朝的封建统治或自己的势力放在第一位。

如果是这样提出问题的话，其答案便不言自明。清朝的顽固派就不用说，连后来的洋务派，在鸦片战争失败甚至十七年后连北京也被英法联军攻占时，仍顽固拒绝接受用于“制夷”的“夷之长技”。当他们看到西洋武器和西洋军队在镇压太平天国和捻军所显示的力量时，才开始为平定本国人民的反抗而采取洋务政策。

洋务派的巨头之一左宗棠在 19 世纪 70 年代曾不顾曾国藩、李鸿章的强烈反对，出兵新疆，讨伐回族酋长阿古柏，从英国帝国主义的威胁中把新疆挽救了出来。关于这件事，范文澜先生在他的《中国近代史》中有如下论述：

> 他（左宗棠）出兵新疆、虎狼般杀害南北疆人民，同在关内一样，对人民犯了极大的罪行。不过，他在击败阿古柏这点上，阻遏了英国及其附庸土耳其的侵略野心，挽救了祖国的一部分疆土和一部分人民。这个功绩不可抹杀的。

在新疆问题上，左宗棠本人的利害与中华民族的利害是一致的。他保卫新疆的功绩是不可抹杀的。但决不能以此来断言左宗棠的整个洋务活动是与曾、李性质不同的爱国事业。他在镇压太平天国时也动用了法国军官，后来还请该法国军官主管了他的福州船政局。用这个厂的军舰编成的福建舰队，在 1884 年的中法战争中被法国远东舰队一举击破。

洋务派的“求富”事业除了谋求自派的利益以外，最初还带有抵抗西洋资本主义的意图。例如李鸿章创设的轮船招商局企图从外国资本手中夺回沿海和长江的水运权，但结果还是失败了。

在日本明治维新时期，日本政府为了从美英资本垄断中夺回日本沿海的海运事业，1873 年大力支持三菱汽船公司，使之取得完全的胜利。为什么小国日本竟能成功而大清帝国却败给了并非强大的海外资本呢？这并不是由于经济能力之差。日本政府是在保卫国家、民族自主权这一坚定目的下全力援助三菱，三菱也将自身利益和国家利益统一起来，自主、合理、高效率地经营这一公司。轮船招商局却被腐败的封建官僚所支配，穷了公司富了私囊。这是三菱成功招商局失败的一大原因。

1884 年中法战争爆发，招商局的督办盛宣怀把局里的船舶和码头抵押给美国资本公司，挂上美国国旗，求得美国的庇护。这究竟是在保护民族海运权呢，还是在为了私利出卖民族尊严呢?

最后还想谈谈洋务运动不管其执行者的意图如何，最终是否促进了中国军事、科学技术的近代化和资本主义的发展。

关于这个问题，也可以把德川幕府的改革事业作为一个参考。幕府的改革为维新后新军队的建设提供了一部分人才，特别是明治初年的海军人才大体都是在幕府的海军中培养起来的。幕府的造船、兵器工业被明治政府接收之后得到迅速地扩大和加强。幕府的开成所、西洋医学所成为明治时代高等教育的出发点，开成所培养的人才当中，有的成为明治政府的精通实际业务的优秀官僚。这些事实都可以证明幕府吸收西方先进经验的政策对明治维新后的军事、行政机构、科学技术、教育的近代化起了很大作用。

但必须注意的是，这一切均是在倒幕派推翻幕府，建立经过质变的新国家、新政府之后，利用了幕府遗留下来的设施、人才，才得以实现的。

中国的洋务运动也造就了一部分多少懂得近代工厂工业和科学技术的人才以及近代化产业工人。但是，即便是辛亥革命的胜利，也没能创造出一个能使这些人才、工人得以利用、发挥作用的新的国家体制。在当时的历史条件下，洋务运动遗留下来的东西是绝不可能对中国的近代化起到任何作用的。

三 结束语

通过把洋务运动与明治维新以及德川幕府的诸项改革相比较，就可以了解在19世纪中叶到19世纪末这一期间为什么中国在半殖民地化中越陷越深，而日本却实现了独立和近代化。归根结底，也就是因为中国没能尽早地推翻清朝统治，而日本在贝利舰队来日的仅仅十五年之后，就打倒幕府、废除诸藩，建立了与过去完全处于不同历史阶段的政治、社会、经济体制。

那么，造成这种差异的基本条件又是什么？为回答这个问题，想简单谈及我在前文提出的几个大问题中的一部分。一是谈谈两国政治构造和文化特色的差异，二是谈谈列强对两国所采取的不同政策。

第一个问题。所谓郡县制的清朝，比起日本的幕藩体制，前者的封建权力较后者要强大得多。清朝即使被太平军占领了经济较先进的华中、华南，仍支配着全国的大部国土，并从那里得到军事上、物质上的力量。

在中国，除了农民大众以外，也许还有一些希望改革的中小地主、商人、下级官吏以及为他们陈述的知识分子。但这些均未成长为足以迫使清朝实行大改革的一个统一的政治势力。康有为的维新变法运动也没能超出宫廷内的派性斗争，因此很容易地遭到反动派的镇压。

相比之下，在幕藩体制下，幕府并没掌握清朝那种名副其实的全国统治权。幕末日本的农民斗争和城市群众暴动，较之太平天国真可谓巨人与幼儿之比，但却构成了对幕府、诸藩等统治阶级的巨大威胁。1868年，幕府轻易地为新政府所屈服，其背景就是由于全国，特别是在幕府所在地江户，市民已完全不服幕府所管，另外关东一带激烈的农民起义也威胁着幕府。

诸藩虽说被置于幕府控制下，但实际上却是一个独自支配领地的封建小国，并拥有着独立的军备。在贝利舰队来日本以后的政治动荡中，逐渐带有反幕情绪的全国志士们集结在长州、萨摩两藩士的周围，首先掌握了这两藩的实权，以其军事上和经济上的力量，打倒了失去民心的幕府。

如果说在郡县制的中国不具备集结全国各地反对封建势力、威胁清朝最高权力统治的政治阶梯和场所的话，那么在日本，幕府体制下的藩却恰恰成为这种场所和阶梯。

中日两国的另一大差异在文化方面。虽然占两国文化统治地位的都是儒教，比起两国接收近代西方文明的尖端水平来，中国比日本先进一点或几乎同等。但是，儒教的束缚在日本远不如在清朝那么彻底、顽固。而且，西洋文明的普及大概在日本实现得更好一些。人民群众的读写能力的普及恐怕在日本也较之中国要高得多。关于做这种推定的根据，由于篇幅的关系，这里不展开谈，只是顺便提起这个问题而已。

但是有一点在这里可以断言的是，中国几千年来发展了自己的文化，站到了世界的前列。与此相反，日本自古以来是学习朝鲜、中国、印度的文化并消化为日本自己的东西。因此，幕末时期的知识分子对于吸收新的西方文明没有任何阻力。

中国的洋务论者在说服反对派时，往往牵强地解释说，现在的“西学”源头就在古代中国，西洋的机器和技术原理早在中国古代诸子百家中就有发明，因此引进西洋的机器绝不是中华的耻辱（日本小野川秀英《清末政治思想的研究》增订版 1969 年）。

以自国为华、外国为夷、妄自尊大的清朝统治者为平定本国内乱乞请“夷”之援助时却没有感到任何自卑感。清朝就是靠英法的援助才好不容易平定了太平天国。

在幕末时期的日本，如前面所讲到的围绕是否采用高岛秋帆的西洋炮术在幕府内引起的争论当中，反对派就站在华夷论立场上，不顾眼前事实，极力主张不应当吸收夷狄技术，他们的炮术是样子货，实际上比不过神州（日本）的。赞成派反驳说，现在日本的炮术也是从葡萄牙传来的，学习外国先进的东西正是日本的传统。再顽固的人从理论上也无可反驳了。

两国执政者和知识分子对于外来文化的这种不同认识，使得清朝的改革比幕府要落后、不彻底得多。幕末时期的一个日本人曾看透并指出这种华夷思想将会导致清朝灭亡。

长州藩志士的领导者高杉晋作 1861 年曾到上海，为上海成为列强的殖民地而惊讶。他就其原因所在曾写道，清朝为了镇压本国的内乱（讨伐太平天国）借助外国的力量，清朝顽固地拒不接受外国日新月异的先进知识，这两点将使清朝灭亡。日本绝不能走清朝的路。

日本的反幕派领导者把清朝作为反面教材成长、壮大起来。在倒幕派临近决战的 1867 年 5 月，英国驻日公使馆秘书曾与倒幕派的最高领导者西乡隆盛会谈，暗示英国可以给予军事援助，他表示："现在法国在帮助幕府，倒幕派也一定需要外国的援助来对抗幕府。如果你们有什么求助于英国的，请随便提出。"对此，西乡坚决表示拒绝，"日本国内的事情由我们日本人自己解决，不好求外国人办"。

倒幕派就是靠自己的力量推翻了幕府。幕府方面的一部分人当时仍主张继续靠法国的援助抵抗到底，但结果这种想法还是没有被实行就投降了倒幕派。在这场决战中没有让英法介入，保证了明治政权的民族独立性。

最后谈谈西洋列强对清朝和对日本采取的不同政策。若用一句概括的话，就是西洋列强的对东亚政策的重点首先就是对地大物博、人口占世界第一位的中国从政治上、经济上全面扩张自己的势力。对日本，在政治上也很重视，但在经济上远不像对中国那样。另外，中国的北方有来自俄国，南方有来自英、法、美等国的侵略，列强在这种侵略的竞争中使各自的侵略势力倍增。而对日本，列强的势力却是在侵略竞争中互相起到了牵制作用。

例如 1861 年，俄国的军舰非法占领对马岛的一角，企图把那里作为海军基地以便控制中国东海和日本海，对中国和朝鲜施加压力。对这个地方，英、法、美也梦寐以求，因此，英国便强烈反对俄国的侵略行为。

在这种情况下，幕府却一味依靠英国，对马藩主还要求幕府分给别的领地以代替对马岛。他们谋求的都是自家的利益和地位，并没有为日本的一部分领土被沦为外国基地而采取认真对策。只有对马岛的渔民、农民们为阻止沙俄把对马岛作为军事基地一直抵抗到最后。在那期间英国向沙俄施加压力，迫使其撤回军舰。但最终英国也未能插进对马岛。

另外，还有一个重要的国际条件使得列强的对日政策要比对中国慎重。英国驻日第一任公使奥尔科克（R. Alcock）在 1863 年出版了一本著作《大君之都——日本逗留三年记》，在这本书中关于对日政策他这样写道：

> 日本对于英国来说是在远东与俄国争霸的前哨基地，必须把日本永远置于英国的势力之下。英国可以很容易以武力占领日本，但这样做却不能永远稳定地统治日本。“亚洲没有任何一民族能顺服征服者，他们即使在战场上失败也绝不停止反抗，只是改变反抗的形式罢了。”(例如一八五六—七年波斯人的反英暴动，一八五七年的印度士兵大叛乱、鸦片战争后的中国人民的斗争，特别是太平天国等——井上)。在这点上，“我们（英国人）最近在中国尝到了苦头”。因此，英国的对日政策必须慎重。当前在日本正由于开放港口引起经济上的混乱，在这当中“中等阶级”正在成长，蕴藏着革命的萌芽。但是英国的政策“必须是引导日本的变革，使其不是以自下而上革命的形式而是以自上而下改革的形式来实现”。

英国政府采纳了奥尔科克的这一对日战略，英国是 1863 年炮击鹿儿岛，1864 年英、法、美、荷四国的联合舰队进攻长州藩的首倡者和主力，他们用武力压服了攘夷派，并索取了巨额赔款，但是并没有强占日本领土。1866 年，在四国联合舰队的压力下，幕府被迫签署了“改税约书”，进一步降低了日本的关税，同时决定在海关雇用西洋人。不过与英国人统治中国海关的做法不同，列强并没有强求统治日本的海关。

如上所述，亚洲人民反抗侵略者的斗争，特别是中国太平天国的斗争，致使西方列强对日本采取了比对中国相对温和的政策。今天，回想这些，对于我们日本人来说是非常重要的。

以上，结束我的拙论。

（李薇译）

《天父圣旨》《天兄圣旨》和太平天国历史*

王庆成

从1983年3月以后的一年多时间里，我应邀在美国、英国和德国进行访问、研究。这些国家，特别是英国，同太平天国有很密切的因缘，去那里搜访太平天国史料是我的目的之一。这方面的收获是甚堪告慰的，我得到了若干太平天国文献和其他中、英文史料，其中最重要的是在英国发现了太平天国的两种印书：《天父圣旨》和《天兄圣旨》。

太平天国宗教是中国旧有的民间宗教和西方基督教的混合。金田起义前的戊申年（1848），杨秀清、萧朝贵开始以天父天兄附体传言的方式发布指示，处分事务。自此，天父天兄附体的杨秀清、萧朝贵就成了太平天国各种事务的最高指示者、裁决者。太平天国在壬子二年（1852）颁刻有《天命诏旨书》《天父下凡诏书（一）》两书。前者系将“天父天兄圣旨命令最紧关者汇录镌刻成书”②，摘录天父天兄之圣旨命令九条，其下限止于辛开元年（1851）十二月初三日；后者是辛开元年十月一次天父下凡的特写——揭露、处分内奸周锡能。癸好三年（1853）太平天国出版《天父下凡诏书（二）》，这是又一次对天父下凡的详细报道，其内容是天父要杖责

---

* 本文原载《近代史研究》1985年第2期。

② 《天命诏旨书》篇首天王诏，见中国史学会主编《中国近代史资料丛刊·太平天国（一）》，上海人民出版社1957年版，第59页。

天王和杨秀清谏奏天王的若干事实。这些书是研究太平天国的重要史料。但它们所记录的事，比之杨秀清、萧朝贵在长时期内频繁下凡所可能涉及的事，无疑只是很小的一部分。新发现的《天父圣旨》现存卷三，记甲寅四年（1854）正月二十七日至丙辰六年（1856）七月初九日天父约三十次下凡事；《天兄圣旨》有卷一、卷二两册，是完整的，记戊申年（1848）九月天兄初次下凡至壬子二年（1852）三月十五日间天兄一百二十余次下凡事。它们涉及金田起义和太平天国历史上许多重要的或有趣的史事，其中几乎每一件事都是我们过去不知道或不详细知道的。可以说，这两种书大大地丰富了太平天国历史。

一

金田起义准备时期的史事是太平天国研究中的难题。太平天国自己在这一时期的文献极少，传世的《太平天日》一书，叙事仅至丁未年（1847）十一月，而在封建统治者方面，也少有记录当时“拜上帝会”活动的作品。《天兄圣旨》的史料价值之一，在于它对金田起义前“拜上帝会”内部的上层情况提供了直接的记载。

太平天国《奉天诛妖救世安民谕》说：“戊申岁……三月上主皇上帝降凡，九月救世主耶稣降凡，显出无数权能，诛尽几多魔鬼。”① 但我们不知道这种事是怎样开始的。《天兄圣旨》开篇第一段说：

> 戊申年九月间，天兄劳心下凡，垂怜救世，时在平山。因萧朝隆有罪当责等事，欲一一明示天王，爰降托西王金口云：朕是耶稣。有人欲来听旨者，亦使人讲。在尔面前讲一句，头两晚，讲句话，不得乱讲，不得乱讲，讲一个，后来不算我。其时，救世主基督常唱天父上主皇上帝所题之诗，教导人。……十月二十四日平山时，天兄基督谕天王云：“洪秀全弟，尔认得朕么？”天王曰：“小弟认得。”……

① 中国史学会主编：《中国近代史资料丛刊·太平天国（一）》，第 160 页。

这是天兄初降时的情况。天兄说的话，有些不易理解。萧朝隆应是萧朝贵的弟兄行，所谓有罪当责，是说“得罪天兄”，并未明示内容。但至少可以看出，天兄最初出场，系通过自我报名，自我介绍。

自从天父、天兄通过这样的方式讲话被确认后，“拜上帝会”内部的关系也就渐起变化。

“拜上帝会”原为冯云山所手创[①]，冯云山遥奉洪秀全为教主，洪、冯二人实为主要领袖。杨秀清、萧朝贵入会年份无明确记载。他们都住在紫荆山区。根据《太平天日》，直到丁未年（1847）底冯云山被拘捕时，洪秀全、冯云山在紫荆山的活动都未见杨、萧二人参加。洪秀全在冯云山被捕后曾作诗抒怀，流露出怅惘之情和寂寞之感[②]，这从侧面说明，杨秀清、萧朝贵即使在那时已经入会，但同洪秀全并没有密切的关系。

戊申年（1848）三月、九月，杨、萧先后成为天父天兄的代言人后，他们的重要性和他们同洪秀全的关系有了很大的改变。就在天兄首次下凡后不久，洪秀全同天兄有一次对话：

> 天王曰：天兄，太平时军师是谁乎？
>
> 天兄曰：冯云山、杨秀清、萧朝贵俱是军师也。洪秀全胞弟，日头是尔，月亮是尔妻子。冯云山有三个星出身，杨秀清亦有三个星，萧朝贵有二个星。杨秀清、萧朝贵他二人是双凤朝阳也。即番郭（国）亦有一个军师。
>
> 天王曰：他姓什么？
>
> 天兄曰：姓蔡。
>
> 天王曰：既来中国否？
>
> 天兄曰：目下还在番郭（国）也。

所谓“太平时”，意为“起义建国时”。名次仍然是冯云山在前，但杨、萧自此取得了与冯云山同为军师的地位。所谓番国的蔡姓军师则不知

---

① “拜上帝会”为冯云山创立，请参看拙撰《拜上帝会释论》，见《中华学术论文集》。

② 诗见《太平天国起义记》。

何所指。

天父天兄下凡是极为频繁的，有时甚至一天下凡几次。天兄所说的，有些纯为天堂上的神话，有些是对洪秀全的吩咐，有些是对各处会友的命令，有些是指示“拜上帝会”的武装斗争事宜（这些事情之重大者，下文将另作介绍）。总之，天兄几乎对一切公私事务都作出处置，向洪秀全或其他人作出指示，杨、萧二人的实际地位越来越重要。庚戌年（1850）七月，广东高州“拜上帝会”派弟兄来报告与当地团练冲突、斗争的情况，洪秀全带同来人到天兄前听取主断：

> 天兄曰：手指甲事都要朕天兄分断吗？四处靠尔要尔灵变处治，设秀清、朝贵不在尔身边，尔又将何以分发兄弟也？天王奏曰：小弟……至今还未曾十分灵变，算是无用……天兄曰：话是无用，亦算有用。今高州些事，总是妖魔作怪，踊动外小来侵害。现忍耐先，让人三尺。……尔将朕话转谕他们回去也。

这时正是金田团营期间，有很多事待领导核心决断处理。洪秀全等并不是“无用”到“手指甲事”都拿不出主意，而是在已形成的天父天兄的权威之下，他们已不可能离开杨、萧的指示。在这次天兄下凡后数日，洪秀全、冯云山、萧朝贵、韦昌辉等都在洪山（平南鹏化山区），商定由萧、韦二人“到白塘、八洞等处教导兄弟”，洪秀全向下凡的天兄请示此事。天兄回答：明晚让萧、韦二人“先差人去吊（调）几个远方兄弟到来”。洪秀全不明所指，请求讲明。天兄说：“尔现有两个军师（按指冯、萧）在此，待朕回天后，尔问朝贵也。”天兄回天后，萧朝贵说，天兄的意思必是叫派人去象州调一名“妖魔降托”的李某来此。当天下午，天兄又下凡，天王告以萧朝贵所理解的天兄指示的意思，天兄点头称是，并与洪秀全有如下对话：

> 天兄曰：秀全，当前朕话谁人想出？
> 天王奏曰：是朝贵妹夫想出也。
> 天兄曰：是他想出，他都做得事。
> 天王奏曰：天下万郭（国）都靠秀清、朝贵二人，岂有不做

得事！

天兄曰：他二人又不识得多字墨，云山、韦正方扶得尔也。况天下万郭（国）又有几多帮手，又有珠堂帮得尔也。

天王奏曰：这边帮手不是十分帮手，秀清、朝贵乃真十分帮手。至珠堂，有好多人未醒，何能帮得手也？

天兄叹曰：秀全，朕天父天兄若不是差秀清、朝贵二人下来扶尔，尔实难矣。

天兄表扬萧朝贵能猜透他的意思，未免滑稽。这段对话表明了已形成“天下万国”大小事都需要杨、萧指点的局面。虽然天兄谦虚说他二人不识多字，冯云山、韦正方能扶保江山，但这显然是反跌语。天兄在这里说到“珠堂帮得尔”。珠堂之名在《天兄圣旨》中出现多次，旁有双竖符号，是一地名。此前之七月十八日，天兄谕天王：“秀全尔还去珠堂么？”天王说：“他们十分礼重小弟，小弟永不敢回踪矣。”次日，“天兄因珠堂人多为妖惑，欲天王等起马仍回金田”。可见，在天兄看来，珠堂的很多人是不可依靠的，但在此次同洪秀全的对话中却说“珠堂帮得尔”，这决不可能是真话。至于云山、韦正，当天兄不同意洪、冯、萧、韦商定的派萧、韦二人去白塘、八洞的意见，指出要派人去象州调“妖魔降托”的李某之时，就告诫冯云山：

天兄转谕南王曰：云山，尔要放醒来，周时肚内打稿，真草扶尔二兄也。

南王奏曰：遵天兄命。

天兄又转谕南王、韦正曰：云山、韦正，肚内灵变，扶尔二兄，不是小事，天下万郭（国）这样大事也。象州这事，现今最紧，尔两人计不及他。八洞、白塘可宽可紧，尔两人自今踌躇，难道手指甲事都要朕下来吩咐么？

南王、韦正奏曰：小弟自今晓得矣。

天兄一方面说杨、萧不识多字，冯、韦方扶得江山，另一方面则表扬萧朝贵，批评冯云山和韦正，这样，杨、萧的优越地位自然是在冯、韦之上了。但天兄和天王的上述对话，虽然显示了杨、萧的地位是无与伦比的，但也表明了这种地位当时在人事上尚未明确和固定。

韦正在《天兄圣旨》中出现始于己酉年（1849）二月。二月中旬，天兄降临为韦正及其父韦元玠题诗。

> 年宵花景挂满堂，玠人此钱自由当，
> 为子监生读书郎，正人子前二萧凉。

天兄经常下凡给人题诗，大多不甚通顺明白。但此处“为子监生”一句为今之史家解决了韦正是否“监生”出身的疑问。此次题诗后，天兄曾多次谕韦元玠，要他“识得破洪秀全做得大人起”，要他“晓得为顾三星乃云山、秀清、朝贵等”，要他“爱重韦正”，要他同意“尔子韦正跟得三星去”。所谓“三星”，即洪秀全，《天兄圣旨》中每称洪为三星、三星兄、星兄、三星禾王，洪妻为三星嫂，冯云山为云开山顶，杨秀清为禾乃、双青脚起、双星脚起，萧朝贵为月婿。此后，《天兄圣旨》中记载韦正参与了很多活动，并常同萧朝贵在一起。庚戌年（1850）七月金田团营时期，洪秀全曾住韦家。八月，“天兄欲韦正扶实天王、和顺兄弟”，谕他：“这今各处团方也，有事情，尔要时时灵变，肚里要翻翻转……有事尔同尔妹夫（按指萧朝贵）商量理酌。”这时，杨秀清正患“口哑耳聋，耳孔生脓，眼内流水”之病，看来韦正和萧朝贵担负了领导团营起义的很多工作。从《天兄圣旨》看来，韦正在己酉年（1849）八月就已被明确了他也是天父上帝之子的地位。这年八月上旬一次天兄降凡时，“天王问天兄基督曰：天兄，韦正在高天与小弟们是同胞否？天兄曰：他同朕们总是共条肠也”。金田起义后，天兄在一次下凡教导韦正的妻小时，还提到韦正是“天王军师”。

石达开在《天兄圣旨》中最初出现是在己酉年（1849）八月，这时，天兄命萧朝贵、韦正到贵县接洪秀全、冯云山去金田深藏，命石达开伴送到金田。从《天兄圣旨》中所见的石达开活动不多，但其中有一件特出的事被详细记录下来，表现出石达开某种独立的性格。己酉年冬，贵县六屈村发生了大规模的武装斗争，“拜上帝会”方面的主将是石达开，对立面是周凤鸣。当“拜上帝会”方面取得胜利后，“天兄因众等既破妖窟，准其暂行班师休息”，意即命令撤军。韦正附和天兄的主意。于是天兄命韦正差人唤石达开、黄玉绣等，传达班师指示。石镇仑、黄志忠先至，听指示毕，天兄又下凡：

救世主基督谕叶享才曰：叶享才，尔说不可班师，尔能挪得粮草么？

享才奏曰：达开哥及玉绣他说顶起粮草也。

天兄曰：石福隆、石贤隆、石镇交等粮草将尽，尔还不知么？

俄而翼王、玉绣至前。

天兄曰：韦正、达开、玉绣，现圣兵尔三人意见如何？

韦正奏曰：现大军既毁周凤鸣巢穴，他畏惧遁去，大军现宜回朝，朝见太平王也。

天兄曰：尔说是也。

翼王、玉绣俱说不可班师。

天兄厉声曰：据朕子爷在高天看来，都无些指甲事情，尔等何竟毫无胆识也。石福隆家粮草将尽，尔还不知么？

翼王、玉绣二人奏曰：小弟二人在后顶起也。

天兄不答。

这一次战斗未见地方史志记载。广西太平天国文史调查团所著《太平天国起义调查报告》记“达开乡那帮村六十六岁老人周青霄”的口碑说，有一名周老妹者跟石达开出去，后来回家被六屈村地主周凤鸣说是跟贼，捉来杀了；石达开的房屋在起义后被周凤鸣说是“贼屋”而被烧。[①] 是周凤鸣确属于仇视太平天国的敌对势力。

如石达开在天兄面前坚持己见者，在《天兄圣旨》中实为仅见。天兄最后决定班师，结束了争论。几天以后，天兄叫刘文明、叶享才回去，

① 《太平天国起义调查报告》，生活·读书·新知三联书店1956年版，第55、46页。

“转谕达开宽草（心）、放胆，不好信人挑唆也”。看来是一种安抚和告诫。石达开以后很少在《天兄圣旨》中出场，但他是核心领导分子之一是没有疑问的，金田起义后天兄有一次提到理事的领导人有“秀清、朝贵、云山、韦正、达开、日纲”。

胡以晃不在这个领导核心中，但《天兄圣旨》记有他的若干事迹。他初次出现是在己酉年（1849）十月。天兄谕他“要识得三星”，“识得冯云山、秀清等”。十一月十六日，天兄在胡以晃家下凡，“谕之曰：胡以晃，尔现在要同朝贵去朝王，特赐盔甲与尔，尔要谨紧口也”。庚戌年（1850）正月一次天兄与天王的对话中提到“胡以晃欲变卖田产为天父天兄事”，当即传唤胡以晃来面加嘉奖，并嘱他“转谕洪山各兄弟宽心”，看来胡以晃已是鹏化山一带的领袖。

天父天兄附体传言的确立，减低了冯云山的重要性，在一定意义上也削弱了洪秀全的发言权，这是一方面。另一方面，天父天兄下凡活动的重要内容之一，是要求会众“认识”洪秀全，意思是要求会众确认洪秀全是“真主”，这对于原来是一个宗教团体的“拜上帝会”逐渐政治化到最后发动起义，却起了积极的作用。

二

《天兄圣旨》提供了金田起义前后的若干重要史事，并透露了某些隐晦曲折的事实。

首先是冯云山被捕事件后洪秀全、冯云山二人的踪迹。根据《太平天国起义记》，洪在冯被捕后去广州营救，冯在被押解途中说服差役脱归紫荆山，此后他们在途中相左，至戊申年（1848）十月二人在花县见面，己酉年（1849）五月二人才一起返回广西，认可了杨秀清、萧朝贵代天父天兄传言的资格。

这是人们过去共同接受的记载。这段记载也导致了这样的分析：由于戊申年三月、九月天父天兄相继下凡，洪秀全急于去寻找冯云山商议对策。

但《天兄圣旨》中的记录却很不相同。

《天兄圣旨》表明，从天兄下凡之始，至少从戊申年十月，直到己酉年正月，洪秀全在紫荆山。上文已引述戊申年十月二十四日天兄下凡问洪秀全“尔认得朕么”的对话，此后十一月中旬、下旬，己酉年正月十六日、十八日历次天兄下凡，都有洪秀全在场并有双方对话。洪秀全去广东是在己酉年正月二十一日天兄一次下凡时提到的：

> 天兄欲天王教导妻室，无疑番人，爰降圣旨谕天王云：洪秀全胞弟，尔回去家中，时或尔妻有些不晓得，尔漫漫教导，不好打生打死也。天王曰：遵天兄命。天兄曰：尔今回东，五月上来或冬时上来也。天王奏曰：遵命。

这一段记录可以确定洪秀全回广东与冯云山见面是在己酉年正月以后。此外，可注意的还有天兄命洪秀全返广西的日期并不确定，伸缩性很大。这反映了此时并无紧迫的起义形势，故领导人还没有明确的计划。

洪秀全、冯云山自广东返还广西，确在己酉年五月。“五月二十九日，天兄劳心下凡，时在平山。天兄恐天王心有不安，思念天母，爰于是晚降谕天王、南王云：二位胞弟到来，尔且安心也。”

洪秀全于丁未年（1847）七月重游广西、同冯云山等密谋革命不数月，冯云山即于是年十一月、十二月被拘捕，约半年多后脱归紫荆山，不久即去广东追寻洪秀全[①]，直到己酉年（1849）五月才重返紫荆山。这样看来，冯云山正当开始与洪秀全等密图革命之时，即不得不脱离广西的活动长达十六七个月，只有洪秀全一人在紫荆山经历了天父下凡以后天兄又相继下凡所引起的内部巨大震动。这对于以后事态的发展有很大影响。《太平天国起义记》说洪、冯在己酉年五月同返紫荆山后认可了杨、萧代天父天兄传言的地位。天父首次下凡时，洪秀全正在广东营救冯云山。我们不知道他返回广西时对天父下凡持何态度。但从《天兄圣旨》记载的事实来看，当下凡的天兄首次询问“尔认得朕么”之时，洪秀全已经承认了

① 关于冯被拘捕、脱归和洪到广州诸日期，可参看拙撰《金田起义的准备、事实和日期诸问题试说》，载《太平天国学刊》第一辑。

他。因此，所谓次年五月的认可，很可能是洪秀全说服冯云山接受既成的局面。

己酉年正月二十一日天兄下凡时，还有一段值得注意的问答：

> 天王问：小弟问天兄，番人罗孝全是真心否？
> 天兄曰：是真心也，有牵连也。①

为什么洪秀全在回广东前夕提了这样的问题？1853 年随英使文翰访问了天京的英国船长费熙邦报道说，洪秀全在 1848 年去广州营救冯云山时，在罗孝全家中住了两三个月。② 费熙邦的报道有若干时间上的错误。但洪秀全的这一问，是否表明他在这一次或上一次回广东有与罗孝全接触的可能呢？我在美国时曾对罗孝全的档案资料做过一些搜索，但没有见到罗和洪秀全在 1848 年或 1849 年有过接触的迹象。此外，冯云山自脱归以后既然并非主要与洪秀全在一起，而是有较长时间的一人独处，他有些什么活动呢？是否与外国教士有过来往呢？这可能也是需要重新考虑的问题。

"拜上帝会"在冯云山被捕事件后，曾出现纠纷和分裂，它主要不是由于外部打击而是由于内部紊乱所引起的。当时，在"拜上帝会"内搞神灵附体传言的，不只是杨秀清、萧朝贵，而且还有别人，个个发号施令，杨秀清、萧朝贵互相联合，战胜了其他神灵，也就是战胜了"拜上帝会"内的其他人或其他派别。这是一个比较隐晦曲折久被史家忽略的事实。③ 这一事实，在《天兄圣旨》中有若干流露，而且也只有肯定这一事实，才能理解《天兄圣旨》中的不少内容。

如《天兄圣旨》中记天兄下凡之始：

① 关于"牵连"的意思，天兄在另一次下凡时谕赖培英说："培英，尔赖家要炼得好好，炼成天堂子女样。中央牵连团团转，有几多人牵，有几多人连，又有几多人反，尔赖家总不好照人反草样也。"

② F. G. Fisbbourne, *Impressions of China*, 1854, p. 54.

③ 拙撰《金田起义的准备、事实和日期诸问题试说》对此有所论证，见《太平天国学刊》第一辑。

> 有一天，黄二妹自外入厅。西王见有一妖跟入，西王奋身战妖，连战数场。

此事似可与《太平天国起义记》所记一黄姓因妖魔附体传言反对耶稣教训之事互相参证。

又如己酉年（1849）十二月十九日，“天兄因众等未能一心”，降凡与洪秀全问答：

> 天王曰：天兄，据小弟看，降托一点各星宿，总是奸心帮妖，帮妖便是妖。天兄，尔是天父封尔为天下万郭（国）救世主，又是小弟同胞大哥，要转奏天父老亲爷爷，不准各星宿讲话，总要把稳大权也。
>
> 天兄曰：尔宽心，他们总会飞，都走不得朕子爷手段过也。（着重点是笔者所加，下同）

同日，天兄在与韦正谈论前文已述的要求石达开等从六屈村班师之事时说：

> （天兄）谕韦正云：韦正，那梆（按：村名，石达开家乡）有人讲话，尔知么？
>
> 韦正奏曰：小弟知得，胡安得曾对小弟说知也。但小弟求天兄转奏天父，拿稳大权，永不准妖宿作怪也。

庚戌年（1850）正月初二日天兄降凡，洪秀全又提出：

> 天兄，降托一点口讲这妖宿，十分可恶。尔是小弟同胞大哥，要转奏天父，拿稳大权，永不准妖魔作怪也。

这种妖魔、妖宿、各星宿降托于某人讲话的情形，直到金田团营起义时期仍然存在。庚戌年（1850）七月二十九日，天兄不同意冯云山等去白塘、八洞等处教导兄弟而指示差人调取“象州这个妖魔降托李某”，此事上文已述。数日后，该李某调到，天兄亲讯，“断服其不准乱讲”，“重责妖降李来得一百，严断他曰：自今不准尔再讲，若敢仍讲，定过云中雪也。李来得奏曰：自今不敢乱讲矣”。

“拜上帝会”自发生天父天兄附体传言时起，民间宗教迷信的色彩十分浓厚。洪秀全称“三星兄”，冯、杨、萧诸人各为天上三个星、两个星。可以想见，必然也有其他一些人自称是某星宿，以某星宿附体的方式讲话。这种情况的存在一定会引起内部的不协调、不统一，因而天兄和洪秀全对这些“妖宿”采取了严厉的态度。《天兄圣旨》是在天父天兄的权威早已确立的前提下出版的，它当然不会给予其他“旁门左道”以正面的地位而加以记录。但是，它透露出即使在洪秀全、冯云山确认杨、萧作为天父天兄代言人以后，“拜上帝会”内仍有其他神灵的活动。

从己酉年（1849）八月以后，《天兄圣旨》中经常出现会内人心不一的记录，但未明示原因。例如：

己酉年八月，天兄“因贵县不信真道，乱语传扬”，命洪秀全、冯云山自贵县移住金田“避吉”“藏沉”。

己酉年十月二十三日，天兄谕天王、南王、韦正：“今信真道各小，敬一半，反草（心）一半”，要他们“各处散居”。

己酉年十二月十九日，天兄谕天王：“今信真道各小，有人一时忠草（心），一时反草（心）。”

这些情况的发生，一方面可能由于“妖宿”降托引起的紊乱，另一方面也可能由于封建统治势力的迫害引起的动荡。己酉年（1849）九月十一日天兄下凡时提到“黄为政、吉能胜在平南受苦”，为此，天兄多次下凡要求众人“科炭救护”，要求众人“切莫惊慌”“坚耐到底”。庚戌年（1850）二月，天王与天兄一次问答中提到“今贵县有五位兄弟被外小捉去，李炳章又在平南妖官捏告胡以晃等”，这已是金田起义的前夕了。

《天兄圣旨》中有一段其意义颇值得玩味的记录。戊申年（1848）十二月初七日：

> 天兄劳心下凡，因黄玉绣、黄盛通、黄为政到平山，欲伊等恳求

天父准天王早正大位，爰谕三人云：尔三人特来见尔表叔么？三人曰：然。天兄曰：尔们自今要识得洪秀全。三人曰：识得。天兄曰：尔三人买有猪肉祭天父上主皇上帝么？三人曰：然。天兄曰：尔们今晚求天父上主皇上帝，总要求天父上主皇上帝准洪秀全早坐金龙殿，朕看尔们那个会求也。三人奏曰：遵命。

“表叔”指洪秀全，黄玉绣即王玉绣等系洪之表侄。以天兄的地位而不与天父一起决定洪秀全何时坐金龙殿，反命洪秀全的表侄们去向天父提出这个问题，似乎有些异常。而且在此以后，整个己酉年（1849）中，天兄各次下凡均未有让洪秀全“早坐金龙殿”的相应指示，在庚戌年（1850）起义临近时天兄的各次指示还要求洪秀全等不可操切从事（详见后文）。据此种种，戊申年冬天天兄提出的准洪秀全早正大位之事，与其看作是起义的具体准备，不如说是萧朝贵拥护洪秀全为天王的一种政治上的表态。

有一些天兄下凡的记录显示了起义的具体酝酿和准备始于庚戌年（1850）初。这年正月初四日，天兄嘉奖胡以晃“为天父天兄事”欲变卖田产，同时又告诫他：“此事要秘密，不是非轻也。”“为天父天兄事”，在《天兄圣旨》和其他太平天国文献中的意义，都是指打江山；所谓“要秘密”，显然是指临近了的起义计划。同年正月十六日、十七日，有很多骨干分子在紫荆山聚会，这似乎是一次动员会，但仍在密谋阶段，天兄强调要求众人谨口慎言：

庚戌年正月十六日。天兄劳心下凡，时在平山。天兄因是晚有几多众小来朝，欲其慎言炼正，历久勿渝，爰降圣旨谕天王曰：秀全，今晚有好多众小到来么？天王对曰：然也。天兄谕唤众小到来，逐一断过，要谨口。……

庚戌年正月十七日，时在平山……是晚救世主基督又下凡，谕天王曰：秀全，今晚有好多兄弟到来么？天王对曰：然也。……

在这两天，天兄表扬曾天养教得四百多人敬天父天兄，即表扬他聚集得四百多弟兄。对“众小弟”，天兄要求他们“识得三星禾王、云开山顶、双星脚起、月婿”，同时告诫洪秀全“已分不可逞高，牡丹虽好，也要绿叶扶持”。二月初五日，胡以晃等在紫荆山，二月二十三日，谭顺添、蒙得恩父子在紫荆山，天兄告诫他们“各要灵变，根底不可被人识破，讲话要关前顾后”。二月二十三日天兄与天王以及谭顺添等的谈话，对准备起义之事尤有较明确的透露：

> 天兄曰：禾王是谁人？
>
> 顺添奏曰：是二兄。
>
> 天兄曰：尔要认得他。天上信实高老，信实高兄，地下信实尔二兄讲，不好忤逆，要顺从也。……太平事是定，但要谨口，根机不可被人识透也。

所谓“太平事是定”，从《天兄圣旨》中的用语惯例，即是说起义之事已定，但对外仍须保密。天兄在对谭顺添谈话后，又谕在场的蒙得恩、蒙时雍父子：“朕教一个，便是教尔众小弟也。”① 在庚戌年正二月“拜上帝会”进行上述这些活动的期间，洪秀全曾穿起黄袍，这意味着登天王位的演习。但天兄不以为然，在二月二十三日下凡时说：

> （天兄）谕天王曰：秀全，尔穿起黄袍么？
>
> 天王对曰：然也。
>
> 天兄曰：要避吉，不可令外小见，根机不可被人识透也。

庚戌年春和夏初所发生的与起义准备有关的，还有这样两件事。一是庚戌年正月初有其他起义势力来投奔“拜上帝会”，洪秀全对此有疑虑：

---

① 《蒙时雍家书》中说，他父子在庚戌年二月信拜上帝后不久，即到平在山觐见天王，“其时令甚严肃，不准轻泄机关，故此不敢轻与人言”。有学者疑此言不确并指此信为伪造。今《天兄圣旨》完全证实了这件事。

> 庚戌年正月初二日。天兄于鸡鸣时劳心下凡，时在贵县。有他方兄弟来投，天兄欲天王安抚远人，不须疑虑，爰谕天王云：秀全，远处兄弟真草、敬草，来见尔，尔要任他来，留他完（玩）耍也。……天王曰：天兄，据小弟看来，他非来扶小弟，实来破阵也。天兄曰：天父有眼认得他，天兄有眼认得他，尔亦有眼认得他也。

二是天兄提出的准备起义的一个策略：

> 庚戌年四月二十二日。天兄劳心下凡，时在平山。天兄欲天王避吉，爰谕石福隆、黄期陞曰：石小、黄小，转谕尔主，现要避吉先，待等妖对妖相杀尽悆，然后天父及天兄自然有圣旨分发做事也。

所谓远方兄弟来投，可能是指土客斗争中失败的客人，也可能是指遭受官兵打击压迫之天地会起义者。"妖对妖相杀"，则是指清朝官兵与天地会起义者即被"拜上帝会"目为匪党者的斗争。洪秀全准备在两败俱伤时乘机崛起，此事在《太平天国起义记》中亦有记载。

金田起义的实行过程隐晦不明，迄今仍费史家的研究。天兄在庚戌年四月二十二日谓：待妖对妖相杀尽悆，然后降旨分发做事。所谓降旨分发做事，意思应是指发动起义的指示，但全书未见与这个意思相适应的记录。虽然如此，仍有几件事值得注意。

首先是，《天兄圣旨》记录了洪秀全的家属从广东迁到广西。这件事，《太平天国起义记》说，庚戌年（1850）五月洪秀全派人去花县接家属。《天兄圣旨》则记有洪秀全家属到达"拜上帝会"根据地的具体时间：六月二十日。到达人员有"幼主同君王母、王次兄洪仁达、王次嫂萧二妹、正宫赖正后、长天金、次天金、次王洪天养、王舅赖桂芳"。这一天，天兄在"旧合"（地名）下凡与他们谈话。同一天，天兄与洪秀全、冯云山另有一次晤对：

> 救世主基督又下凡，谕天王云：秀全，天父天兄交威权畀尔，尔要牵带兄弟，同顶起江山畀人看也。天王对曰：遵天兄命。天兄转谕

南王曰：云山，尔要一草扶尔哥子，顾尔哥子纲常也。南王奏曰：遵天兄命。

这似乎可算得一次打江山的授权。但天兄这时仍然强调保密。同一天，天兄谕即将从“旧合”回家去紫荆山的余廷章：“廷章，到尔家说道理畀兄弟听，天下凡间同一盆水，同出一父母，总共一体也。千祈不好泄露天机，不好讲太平事先。”

洪秀全及其家属于庚戌年（1850）七月下旬到金田韦正家，不数日，胡以晃来迎去胡家“避吉”。从这时直到九月初十日，天兄多次指示对洪秀全的行踪必须严格保密，要求洪秀全“不可大声，不可外完（玩）耍，又不可令兄弟入见”，“除清、正、贵到，或他着人带信到之外，不论远近兄弟，不好畀知，不准进内房”。这些严格的保密要求，透露出打江山的大事正在进行之中。

《天兄圣旨》不是一部大事记，但关于金田团营起义也有所反映：

庚戌年八月初五日。天兄劳心下凡，时在洪山。……天兄命韦正取纸笔来，写几字与天王。天兄谕曰：星、云二弟，胡金沈放容吉也(按此句不知何解)。唱谕后，又后这团方不守天条，该杖几百。……

庚成年八月初六日。天兄劳心下凡，时在洪山。……将头晚说团方那不守天条之人怒骂。……

庚戌年八月初七日。天兄劳心下凡，时在洪山，(处分象州“妖降李某”毕）谕众等曰：这团方有人变生妖魔该砍。……

庚戌年八月二十二日。天兄劳心下凡，时在平山。……谕韦正曰：……这今各处团方有事情，尔要时时灵变。……

团营的行动伴生了相当规模的武装斗争。这在《天兄圣旨》中也稍有反映。

庚戌年六、七月，广东高州凌十八领导的拜上帝会众与当地官府团练冲突。据《天兄圣旨》记载，其事实是：

> 燕古村凌标锦在六月初六日既被外小邱贤参拿捉解送并劫去家财尽空，七月初一日又透串妖差捉欧品庄在邱贤参家。后吊兄弟抢回，殴伤妖差二三人。七月十三日又捉白鸡村陈容一人。十四早又捉西洞村李玉锦一人。在十三日，外小协同团练妖兵差等到燕古村，各处把围，约本月不日，定要交战一回。

按此事具见《清末秘密结社（资料篇）》所录当时高州府、信宜县清方官员文牍。[①] 天兄指示高州兄弟“忍耐先，让人三尺”；但事实上，七月下旬双方已发生战斗，清方死者达数十人。[②]

团营起义时期因耕牛纠纷酿成冲突之事，《太平天国起义记》和《洪仁玕自述》均有记述，但于时、地、人均不详。《天兄圣旨》庚戌年八月十三日记，李得胜寄耕牛于白沙林凤祥家，岭尾村外贼勒索银钱，往林凤祥处牵牛，被林夺回，其后双方交战，林凤祥等以少胜多，夺获对方之红粉、大炮，并团聚了一百八十余名兄弟在白沙。这支队伍系由秦日纲“章程吊马”[③]。天兄对他们的指示是：“各要灵变，切不可作过当事”，“外贼如果再来者，然后与他吊马交战不迟”。

庚戌年九月十五日，天兄在洪山下凡，谕刘子机转嘱兄弟等放胆诛妖。刘子机问：“天兄，还要吊远方兄弟否？天兄曰：现吊近处预防，不用远吊。如果外小来侵害尔，千祈转嘱各兄弟，不可临阵退缩，不妨同他厮杀也。”此时洪秀全在洪山胡以晃家密藏。更值得注意的是，庚戌年九月二十五日天兄在洪山的又一次下凡。这一次，天兄“欲令赖金英转嘱天王等作事慎密”，谕赖金英：“尔说星兄，千祈秘密，不可出名先，现不可扯旗，恐好多兄弟不得团圆矣。近处团方现匝住马，密谕远方兄弟预备多买红粉，声信一到，就好团圆也。”根据这一记录，九月下旬远方兄弟尚未开始团营，虽近处已经团营并已多有战斗，但天兄仍要洪秀全不可先出名、不可扯旗（应是指太平天国旗号），这确是谨慎的策略。

---

① 佐佐木正哉，第181—195页。

② 咸丰元年三月初九日叶名琛奏稿，见同上书，第194页。

③ 意为统率指挥。

金田起义时期同大头羊张钊等的关系也是太平天国起义史上一件重要的事。《天情道理书》《李秀成自述》和《太平天国起义记》等都谈到此事，但张钊何时投奔“拜上帝会”，颇欠明确。《天兄圣旨》记“庚戌年十一月初旬”天兄在金田下凡：

> 天兄因天父命兄弟食粥，以试其心，不料有随大头妖反革者。爰降临命众小到前谕曰：今日之事当思天父圣旨，有所谓不好怨、不好怨者。众小各宜真草、坚心耐心。今日做事，有朕天父主张，朕天兄担当，尔有欲与大头妖同群者，即是入鬼路也。……尔众小果能修好炼正，食粥由天，不食粥亦由天，顺天者必昌，时时以大头妖为戒，天父定有大大荣光畀尔等也。

这样看来，“大头杨、大鲤鱼、罗大纲”到金田投奔之期必在十一月初旬以前，可能在十月，但大头羊张钊“借名敬拜上帝，于沿江一带滋扰虐害”，“拜上帝会”部分弟兄为其所诱，天兄指醒迷途，进行抵制。张钊首鼠两端，在十一月又到向荣处投诚，至十二月乃公开与太平天国为敌。①

三

《天父圣旨》《天兄圣旨》对于研究太平天国的宗教和对传统文化的态度，也有重要的价值。

洪秀全自1843年开始接受梁发《劝世良言》的宣传起，他的早期著作如《原道救世歌》《原道醒世训》《百正歌》等所显示出来的思想，是西方基督教中敬拜上帝为独一真神的教义同中国儒家的伦理思想、社会理想的混合。这时的洪秀全是排除民间的迷信行为的，他在《原道救世歌》中说：“第五不正为巫觋，邪术惑众犯天诛。”“更有堪舆相命辈，欺瞒上

---

① 拙撰《金田起义的准备、事实和日期诸问题试说》对张钊等与太平天国的关系有所考证，《天兄圣旨》的这段记录可以订正其中的若干错误。

帝罪无疆。”[①] 他自己虽然确信病中的幻觉是他的灵魂曾经升天，但当时尚未构想出他是上帝之次子和上帝的家庭。[②] 从洪秀全第二次来到广西开始密图革命以后，特别是杨秀清、萧朝贵于1848年春、秋相继确立天父天兄附体传言的体制以后，广西原有的“降僮”迷信和在本质上同巫觋并无区别的人神交通方式，使拜上帝教增加了浓厚的中国民间宗教和迷信的色彩。洪秀全自己的宗教思想也自此产生了与初期大不相同的变化。《天父圣旨》《天兄圣旨》对此提供了许多新的事实。

比较突出而新奇的一点是，天兄下凡后常常对在场者“逐一超升”，使他们“𠹭升天堂”，然后再同他们讲话。如：

庚戌年正月十六日，有众多弟兄聚会于平山，“天兄唤众小到来，逐一断过，要谨口，逐一超升，各𠹭升天堂”，然后天兄对曾天养及其他弟兄询问、谈话；次日，天兄下凡，谕洪秀全唤“众小到前，天兄逐一断过，要谨口，逐一超升，各𠹭上天堂”，然后天兄谕众小弟。

庚戌年二月二十八日，天兄在平山下凡处置“乱言”之谢享礼毕，然后“超开谭顺添、蒙得恩、蒙时雍三人灵𠹭升天”。

起义后，辛开元年三月十八日，天兄在武宣三里下凡，叫冯云山、秦日纲着人叫各营兵将到来，“陆续超升众小弟灵𠹭登天堂，即陆续教导众小弟，要守天条，要遵命令……”次日又下凡，“叫传各营兄弟到前，逐营超升，逐营教导”。

这种超升灵魂登天堂究竟是怎么回事？萧朝贵本人有一次被天兄带上天去，其情景是：

> 戊申年十一月中旬，天兄劳心下凡，时在平山……天兄谕天王云：洪秀全胞弟，朕欲带朝贵登天好否？天王曰：正好也。天兄登时带西王登天。约有一时，天兄谕天王曰：洪秀全胞弟，朝贵登天有几久乎？天王曰：颇有一时。天兄曰：既有一时，便差他下天，他醒来

---

① 《太平天国》资料丛刊第1册，第89—90页。

② 1847年春，洪秀全对自己灵魂升天的较朴素的陈述，见罗孝全“Tao Ping Wang”，*Puinam's Magazine* Ⅷ，1856年10月。

尔问他所见如何，他便说尔知矣。西王既醒，天王问曰：妹夫，这等好睡，尔有何所见乎？……

看来，所谓“登天”，就是睡着；超升灵魂登天，也就是使人们睡去。天兄使萧朝贵睡着一时，那不会有问题，因为天兄就是萧朝贵自己。但天兄能使众多的人“登天”，的确有些奇特。我想，那可能是某种催眠术。

天兄下凡时还有一种以灯照面以唤醒被照者之心的手段。如：

辛开元年二月二十八日天兄在武宣三里下凡，“先将灯焼照西王面，化西王心；次将灯焼照南王、日纲、玉书同众小面，化南王、日纲、玉书众小心。各各宽草、放草、尽草，理天事，不可顶颈”。

同年三月十八日，天兄又在三里下凡，“先将灯焼照西王面，化他心肠”。

天父天兄下凡时还常常“大战妖魔”。前文已经提到，天兄下凡之始就曾“奋身战妖，连战数场”。庚戌年八月初一日，正当团营起义时期，天兄在洪山下凡，在场的有洪秀全、杨秀清、冯云山、韦正、胡以晃等。天兄“因妖作怪”，“救世主天兄差西王战妖。西王大骂妖魔曰：尔是乜人称相，扶得太平，我乃不得龛，尔想来董散，弄我江山，红须尔识么？大喊拿出午门朝外斩首……”

这种“战妖”究竟如何战法？是否天兄同一个被称为妖的具体人物作战？似乎不是。《天兄圣旨》记辛开元年三月十八日天兄在武宣三里下凡的情景说：

南王问天兄曰：现今四处妖魔欲来侵害，求天兄作主。天兄曰：无妨。……超升教导（各营兵将）未毕，天兄忽然叫南王曰：拿云中雪[①]来。南王递云中雪。天兄大战妖魔。天兄曰：左来左顶，右来右顶，随便来随便顶。又曰：任尔妖魔一面飞，总不能走得朕天罗地网过也。又曰：红眼睛，尔好汉就尚（上）来，朕看尔尚变什么怪。战毕，天兄又谓南王曰：尔明天回奏尔主，天下已太平，阎罗妖已打落十八重地狱，不能作怪矣。……

---

① 即刀或剑。

辛开元年五月十六日天兄在象州中平差西王战妖的景象是：

> 天兄下凡，差西王驸马战妖。战头场时，其叺唱曰：禾乃兄呀，妖不得作怪了，此回要杀绝他去，不容得了。此刻，韦正、翼王等跪求天父兄大作主张，差发天兵天将扶持西王驸马，大杀绝妖魔。求毕，此时西王驸马连大战三场，战灭妖毕，西王驸马灵叺曰：韦正、达开等，尔各宽心，那姓尚之大妖头被弟杀绝了，尚妖头之首与心胆小弟俱皆取开了。尔们众等宽心。……

所谓“姓尚之大妖头”，或指清方钦差大臣赛尚阿，但赛尚阿此时尚未行抵广西；在象州中平与太平军相持的是向荣、乌兰泰，“尚妖头”或系“向妖头”之误。天兄在武宣三里、象州中平两次战妖，被战败、斩杀之阎罗妖、尚妖头部不可能真正在场。看来，所谓“战妖”云云，都是天兄或萧朝贵的“独角戏”，并无真实的对手。① 《天兄圣旨》记戊申年（1848）十二月中旬洪、杨、萧等在贵县田寮，“赐谷、天陵等村甚响，有人从门罅看见，巷中无数兵将，捉贼一般”，“天兄曰：这就是我差天兵天将驱逐妖魔也”。这大抵也是对一种幻觉的附会，或者是无中生有的构造。

比这些更为奇特的是，天兄竟能使洪秀全在天上的妻子，甚至天兄自己的妻子——天嫂，下凡与洪秀全相会，细叙衷曲。戊申年天兄下凡之初，天王与天兄曾有如下对话：

> 天王曰：天兄，小弟在狮旺遇难时，见无数天使来救小弟。
> 天兄曰：那时不是差兵将救尔，恐尔难矣。
> 天王曰：有数妇人焉，是谁乎？
> 天兄曰：其中有一是高天尔妻子也。

---

① 《天父圣旨》中也载有一次天父差东王灵魂战妖，所谓灵魂战妖，即在睡梦中战妖。太平天国文献中多有“天父下凡、诛灭妖魔”之类的话，故天父也必定有过多次像天兄那样的“左来左顶、右来右顶”式的战妖场面。但那样的战妖是很费力的，所以后来杨秀清就宁愿梦中战妖了。洪秀全后来有一道诏旨提到东王的功绩，说他“战妖损破颈跌横”。或以为这是杨秀清在作战中受伤。其实，很可能是在“战妖”的独角戏中上下纵跳时倒地受伤。

不久，天兄在又一次同天王对话中，告诉天王：“尔妻子（在天上）同天母共房。”天王说，他记得升天时，妻生有一子。天兄告诉他：“今尔子现在高天十二岁矣，未曾安名也。”至同年十一月下旬，天兄乃带天王在天上之妻与天嫂同天王相见：

> （天兄）谕天王云：洪秀全胞弟，朕欲带尔妻同尔讲话如何？
> 天王曰：正好。
> 俄而正东宫下降云：尔爷认得我么？
> 天王曰：是我妻子否？
> 正东宫曰：是也。
> 正东宫悲，天王亦悲。
> 正东宫曰：尔爷下凡几十年，还不回朝到几时？我因为尔，心肠都激烂也。
> 天王曰：我妻放心，我做毕爷事，自然早早回朝也。
> 天王曰：天兄说我在思旺遇难时，我妻亦来救我也。
> 正东宫曰：然也。那时我来救尔，我认识尔，尔不认得我也。
> 天王曰：那时我见有数妇人，我不认得那个是我妻也。
> 正东宫曰：子十二岁矣，还未安名也。
> 天王曰：待我回朝后，然后同子安名也。
> 正东宫曰：我打马回朝矣，尔爷好早早回朝矣。
> 天王曰：我妻放心带子，我自然早早回朝也。

接着，“天兄基督之妻亦下降”，天王与之叙说“当年升高天时”天嫂照看他的情景。

所谓“狮旺”或“思旺”遇难不知何所指，太平天国的文献史料中没有洪秀全在戊申年冬天以前曾在“狮旺”或“思旺”发生什么事的记载。所谓“正东宫”，应是洪秀全已故的原配妻子，或者是他幻想中的天上的妻子，所以他在尘世中活着的妻子被称为“又正月宫”；天上的十二岁之子，应是其已故原配于丁酉年（1837）所生而殇者，或者是丁酉年洪秀全病中“升天”与幻想中的天上妻子当年所生的儿子。洪秀全同天上的“正东宫”的这次会见，如果真有其事的话，那是比汉武帝因术士之助模糊地会见已死去的李夫人尤为动人心弦的，他们双方说了话，并且都动了悲切的感情。但那样的事，即使是幻觉，是可能的吗？我希望借助于宗教和心理学的知识，今后作进一步的研究。

《天兄圣旨》的若干内容，显示了它同太平天国在壬戌年颁行的《太平天日》一书的关系。《太平天日》的主要内容之一，是对洪秀全丁酉年病幻中升天的详细描述。关于洪秀全的这一幻觉，其情节有一敷衍变化的过程，最初的叙述比较朴素简单，至《太平天日》书中已演变为洪秀全是上帝之次子、受命下凡为真主。《太平天日》出版虽晚，但封面有“此书诏明于戊申年冬”字样，故可以认为洪秀全自居上帝次子这一基本内容在戊申年冬已经确立。[①] 根据《天兄圣旨》，我们得以知道这一基本内容或其中的若干点是依据于萧朝贵以天兄名义所作的指示。戊申年十月二十四日或稍后，天兄与天王有一次对话：

> 天王问天兄云：天兄，我们天父身穿黑龙袍，小弟还记得也，但天父头上所戴，小弟却不记得矣。
>
> 天兄曰：尔升高天见过天父多少，尔就忘记乎？天父金须拖在腹，头戴高边帽，身穿黑龙袍，其坐装两手覆在膝。……
>
> 天兄基督又谕天王曰：洪秀全胞弟，星宿说及龙妖，尔还不觉乎？海龙就是妖魔头，凡间所说阎罗妖正是他，东海龙妖也是他，总是他变身，缠捉凡间人灵𬽦，尔当前升高天，同天兵天将战逐这个四方头红眼睛妖魔头就是他。尔今就忘记乎？
>
> 天王曰：微天兄说明，小弟几不觉矣。

戊申年十一月中旬，天兄带萧朝贵登天（即睡着）后使萧朝贵向洪秀全述说在天上所见：

---

① 参见拙撰《洪秀全的早期思想及其发展》，《历史研究》1979 年第 8—9 期；《太平天国上帝的大家庭和小家庭》，《历史研究》1982 年第 6 期。

西王曰：我同天兄从东方这条大路登天，遇见天父上主皇上帝在路尚（上）……吩咐我曰：萧朝贵，尔醒来要问洪秀全从前登高天是从东方这条大路否？我应曰：诺。天父上主皇上帝又曰：洪秀全是我子，有其父必有其子，我性烈，他性亦烈。……俄而行到天门，天父上主皇上帝将我手指妖魔与我看，看见这般妖魔，个个头低垂，不敢仰视，即这个四方头红眼睛之妖魔头，亦甚恐惧畏缩也。天父上主皇上帝……后差我下天，吩咐我曰：尔醒来要将此情说洪秀全知。我应曰：诺。……

《天兄圣旨》又记：

是年冬，天王问天兄基督云：天兄，孔丘在天如何？天兄曰：尔升高天时，孔丘被天父发令捆绑鞭打，他还在天父面前及朕面前跪得少么？他从前教导人之书，虽亦有合真道，但差错甚多，到太平时一概要焚烧矣。孔丘亦是好人，今准他在天享福，永不准他下凡矣。……天王曰：小弟当时升高天，天父及天兄送小弟下凡时，门首有纸票用银朱笔写云天王大道君王全七字，其来历如何乎？天兄曰：尔就忘记乎？此七字是高天写来，那时天父同朕差兵权送此七字在尔门首，畀尔作凭据。尔当时升高天，战胜妖后，天父封尔为天王大道君王全。今高天尔有殿在东廊，尔就忘记么？天王曰：天兄题起头，小弟却知尾矣。

以上引录的内容，均见以后印行的《太平天日》。由此可以确知，“此书诏明于戊申年冬”，所指必包括上述这些天兄的指示。这同我们过去认为《太平天日》的内容是洪秀全同冯云山提出的推测有差异。[①] 此外，戊申年冬天兄和天王的这些谈话，以其内容和文字与《原道觉世训》相似，

① 过去据韩山文《太平天国起义记》，以为戊申年冬洪、冯二人均在花县，所以有此推测。当然，戊申年冬诏明的《太平天日》其内容较上述天兄与天王的谈话丰富，现在仍不能排除当时“诏明”的故事有洪、冯所提供的内容。

对确定《原道觉世训》的写作年份也有帮助。①

太平天国的宗教虽然有不少中国儒家文化和民间宗教的成分，但在理论上，它仍然是排斥邪教和孔孟并奉西方基督教的新旧约为经典的，所以在1853年春建都天京后有禁绝、焚烧孔孟诸书的规定和行动，并陆续刊印新旧约圣经问世。但这一政策，在1854年即太平天国甲寅四年却发生了变化。《天父圣旨》对这一变化提供了最详细明确的资料。

《天父圣旨》（卷三）记载，太平天国甲寅四年正月二十七日天父下凡：

> 召女师女丞相曰：尔可禀奏尔四兄，转奏尔主天王，前曾贬一切古书为妖书，但四书十三经其中阐发天情性理者甚多，宣明齐家治国孝亲忠君之道，亦复不少。故尔东王奏旨请留其余他书，凡有合乎正道忠孝者留之，近乎绮靡怪诞者去之。至若历代史鉴，褒善贬恶，发潜阐幽，启孝子忠臣之志，诛乱臣贼子之心，劝惩分明，大有关于人心世道。再者，自朕造成天地以后，所遣降忠良俊杰，皆能顶起纲常，不纯是妖，所以名载简编，不与草木同腐，岂可将书毁弃，使之湮没不彰？今又差尔主天王下凡治世，大整纲常，诛邪留正，正是英雄效命之秋。彼真忠顶天者，亦是欲图名垂万古，留为后人效法。尔众小当细详天父意也。

上文已引述的天兄在戊申年谕洪秀全说，孔丘之书“到太平时一概焚烧”。建都天京后颁行的《诏书盖玺颁行论》中说，“凡一切孔孟诸子百家妖书邪说者尽行焚除，皆不准买卖藏读”。② 马寿龄记癸丑（1853）春至甲寅（1854）夏在天京目击景况的《金陵癸甲新乐府》中“禁妖书”一篇说：“搜得藏书论担挑，行过厕溷随手抛，抛之不及以火烧，烧之不及以水浇。读者斩，收者斩，买者卖者一同斩。”③ 可见太平天国不但有禁绝一切古书的规定，而且已经付诸行动。

---

① 参看拙撰《洪秀全的早期思想及其发展》，《历史研究》1979年第8—9期。

② 《太平天国》资料丛刊第1册，第313页。

③ 《太平天国》资料丛刊第4册，第735页。

但太平天国内部对这一政策可能存在分歧的意见。洪秀全的几篇早期著作和《天条书》，在重刻修改本中都删去了原有的称引孔孟的话，这是同禁绝孔孟和一切古书的规定一致的。而杨秀清则可能早有不同的见解，最明确可靠的，就是上述甲寅四年正月以天父下凡方式公开宣布对四书十三经和历代史鉴的肯定评价。这是太平天国文化政策的重要转变。洪秀全于次月即甲寅四年二月下诏删改六经，设立删书衙，规定一切孔孟古书待删改镌刻颁行后准人民阅读，这应是对天父上述指示的直接反应。①

《天父圣旨》中关于太平天国意识形态政策的另一惊人的指示是，停止出版旧约、新约圣经。甲寅四年（1854）七月初一日天父下凡说：

> 朕今日下凡，非为别事。只因尔等将番邦存下的旧遗诏书、新遗诏书颁发，其旧遗新遗诏书，多有记讹。尔禀报韦正、翼王，禀奏东王，启奏尔主，此书不用出先。

按太平天国以旧约、新约即旧遗诏书、新遗语书为圣书，于癸丑三年（1853）起陆续刻印颁行。他们在禁绝焚除“一切孔孟诸子百家妖书邪说”的同时，宣布：“当今真道书者三，无他，旧遗诏圣书、新遗诏圣书、真天命语书也。”② 我在英国图书馆所见《旧遗诏圣书》原刻本两册，封面均题“太平天国癸好三年新刻”，卷一“创世传”，红纸封面，卷二“麦西国传上”，黄纸封面，版刻纸张均精；《新遗诏圣书》一卷，系“马太福音传”，黄纸封面，“太平天国癸好三年新刻”。当癸好三年三月（1853 年 4 月）英使文翰访问天京时，他们得到了《旧遗诏圣书》中的“创世传”

---

① 《贼情汇纂》卷二十“杂载”记：“贼本欲尽废六经四子书，故严禁不得诵读……癸丑（1853）四月杨秀清忽称天父下凡附体云：‘天命谓之性，率性谓之道，以及事父能竭其力，事君能致其身，此等尚非妖话，未便一概全废。’故令何震川、曾钊扬、卢贤拔等设书局删书，遍出伪示云俟删定颁行，方准诵习。”按此条说明系据曾混入太平军中的程奉璜说。但《贼情汇纂》卷二“剧贼姓名下”曾钊扬等人名下记洪秀全下诏设局删书是在甲寅四年二月，其资料来源亦多为程奉璜说或考自太平天国的文件。杨秀清在癸丑四月是否有此诏，今《天父圣旨》卷二不存，无从核实。太平天国究于何时开始改焚禁古书为删定后可读的政策以及此项政策的实践情况，须另行研究讨论。

② 《诏书盖玺颁行论》，见《太平天国》资料丛刊第 1 册，第 313 页。

1—28 章。[①] 当年十一月法使普尔布隆到天京，得到了“创世传”的其余部分、“出麦西国传”以及《新遗诏圣书》的“马太福音传”。[②] 次年即1854 年 6 月英人麦华陀等访问天京时，得到了《旧遗诏圣书》中的又三篇：“利未书”“复传律例”“约书亚书记”。[③] 但此后即不再有续印《旧遗诏圣书》《新遗诏圣书》的记载，国内外所遗存的太平天国所印《旧遗诏圣书》《新遗诏圣书》两书的篇目，也没有超过以上外国人士所报道的范围。由此可知，甲寅四年七月初一即 1854 年 7 月 7 日天父指示“此书不用出先”以后，太平天国立即停止了《旧遗诏圣书》《新遗诏圣书》的出版进程。现在遗存的《钦定旧遗诏圣书》和《钦定新（前）遗诏圣书》若干种，那都是太平天国庚申十年（1860）以后经洪秀全亲自改定并在若干处加眉批的印本，距杨秀清之死已有四年。

天父下凡指出天父天兄所遗留之诏书即旧新约圣经“多有记讹”、停止出版，这是一件大事，故在场首先聆受天父上述指示的东府理事官傅学贤即奏称，他“不识写字”，请求天父准许他禀传各侯相及北王、翼王同来听旨。天父这次重要指示的原因，是“因凡间子女或有轻视圣旨，泥执约书，故特诏约书当改”。所谓“圣旨”，即“天父圣旨书、天兄圣旨书及天命诏旨书”，也就是杨秀清等以天父天兄名义所作的指示，后来被称为“真约”。天父此次圣旨并未指出新旧约之错讹究在哪里。后来洪秀全继续出版“钦定”本新旧约时，也说“新约有错记”[④]，但他的意思是不同意把耶稣作为上帝，这是同他当时与西方传教士关于“三位一体”的争论有关的。

---

① W. H. Medhurst, *Pamphlets lssued by the Chinese Insurgents at Nanking*, 1853，前言。

② E. G. Fjshbourne, Impressions of China, 1854, p. 224；“A Letter by the French Gesuit Missiouary Fr Stanislas Clivelin（1854, 1, 6）”, P. Clarkcand Js Gregory, *Western Reports on the Taiping*, 1982, p. 106.

③ “A Report by W. H. Medhurst and Lewin Bowring（1854, 6, 14）”, *Western Reports on the Taiping*, 1982, p. 165.

④ 《钦定旧前遗诏圣书批解》，见《太平天国史料》，1950 年，第 85 页。

四

《天父圣旨》（卷三）和《天兄圣旨》内容中的一个特点，是对政策性的问题指示较少，处分内部关系问题的指示较多。而这种处分，往往是严厉的、任意的，其干预的范围，上至洪秀全的私生活，下至一般人员的家庭关系。

天兄下凡时除了处置前已引述的某些人以“妖宿”名义说话而造成的问题外，还对有些并未假借“妖宿”名义“乱言”的人处以重罚。庚戌年二月二十八日在平山，有谢享礼、陈仕刚二人“乱言”，天兄“发令打一千焉，打毕仍令跪石至旦”，并说“理应该砍”。谢哀告并表示：“虽杀了小弟，亦要跟天父天兄及二哥也。”后因冯云山作保不再“乱言”而被饶恕。同年八月初九日在洪山，有范世光其人因“辩言乱真”，两次被天兄重责共二百七十板。此人平时“有咁多话讲”，天兄责他“口多”，“骂他以后不得多言”。同年八月十九日在平山，象州何连川等“被外人侵害”特来请示求救，因应对未妥被打一百板。起义后在武宣三里时，天兄下凡超升教导各营，“应对不来”和“应对太速”者均被杖一百。

天兄处分内部人员最详尽的一篇报道，是关于一个名为陈来的人的事件。陈来的前后事迹均不详，但看来是罗大纲的朋友，罗大纲奉命去接兄弟时，托他照顾妻室。辛开元年（1851）三月十七日罗大纲之妻去世，陈来“私自捡起他金戒指一只、银牙签一副”。次日，天兄在武宣三里下凡，有冯云山、秦日纲、陈玉书等在场，传询陈来，陈不承认自己的过失，经过几次纠缠，才招认以上错误。于是“天兄吩咐南王，叫人煲糯米饭畀陈来吃。食饱好落地狱”。其子陈得桂两次求情，天兄最后谕其往求天父，如天父准赦死罪，“朕就准也”。今《天父圣旨》卷一不存，不知如何结局。这件事，萧朝贵察访陈来的隐私然后假天兄下凡而予以揭露，实相似于后来天父下凡揭露周锡能叛变一案。但与周锡能案的记录相比较，天兄对陈来的揭露似不如天父对周锡能之严肃。当陈来抵赖之时，“天兄大怒曰：陈来，朕叫错尔来了么?”然后“吩咐南王命众小拿板子来打西王一千，叫陈来出去”。南王等跪求天兄“不要打朝贵妹夫，情愿打我们众小弟就是了”。天兄坚持不允：“尔众小弟逆令，亦不用打江山矣。”最后众人“将陈来推出大堂，乱打数百”。陈来随即招认后，天兄责骂他：“尔眼睛大，只看人不起眼。当日罗大纲是何人叫他去的？尔咁大胆，尔敢看小他。尔看小他，是看小何人也？尔把天父天兄降托秀清、朝贵是假的么？”又说：“既然尔正讲得活，尔正做得事，则秀清、朝贵、云山、韦正、达开、日纲并玉书一概都搬出小营担谷挑水，待陈来搬行李入来理事，自己顶起江山。”当陈来俯伏求赦时，天兄又说：“现今朝贵有件龙袍，畀尔穿起来，尔可顶得天父天兄星兄江山起就赦尔，尔若顶不起，尔就莫怪也。”天兄还说：“尔读得诗书多，明白过朝贵。”这些过当的情节和语言，似乎显示着萧朝贵和陈来原有的矛盾。

天父天兄对私生活的干预，有几类不同的情况，有的是对违犯第七天条即奸淫罪的管教。早在己酉年（1849）十月，因有黄汉菁其人“拐带人妻”，天兄“打汉菁一百四十，打这淫妇一百焉”。最有影响的是建都天京后天父处置高级官员陈宗扬、卢贤拔夫妇同宿事。金田起义之时规定男女分馆，自秦日纲以下所有官员将士虽夫妇不得同宿。但实际上违反这一规定者不乏其人。甲寅四年正月二十七日晚天父下凡，招集众官及东府女官，锁卢贤拔、陈宗扬二人。陈宗扬招认与其妻私合四五次，天父揭露他夫妻为瞒人耳目，欲将另一姐妹拉下染缸，“幸那女官炼正，是个贞洁之人，未遂奸谋”。卢贤拔承认“实与妻犯过天条三、四次”。陈宗扬夫妇当被天父判决一同斩首示众。卢贤拔则后由东王奏准革职，戴罪之功。[①] 陈宗扬位为秋官又正丞相，卢贤拔为镇国侯，他们因犯天条或诛或罚，是一件喧腾于内外的大事，故清方资料中对此亦有记载。[②] 陈宗扬、卢贤拔事件并非偶然和孤立的。太平天国甲寅四年（八月以前）出版的《天情道理书》的主要内容之一，就是反复告诫：“自一路而来，所有不遵天令夫妇私自团聚者，无不被天父指出，奉行天法，重究在案。”“现下残妖尚未灭尽，成家合好尚未及时，我们弟妹务须坚耐到底，合力同心，顶起上帝纲

---

① 杨秀清以天父名义处置陈宗扬、卢贤拔后不久，二月二十三日又下凡，以东王对卢处置太宽，恐他人效尤，“命女官杖东王五十板”以示警戒。

② 《贼情汇纂》卷二卢贤拔事略和谢介鹤《金陵癸甲纪事略》附粤逆名目略陈宗扬条均记此事，核之《天父圣旨》，后者于陈宗扬事颇有夸大。

常，指日扫尽妖氛，太平一统。那时天父开恩，论功封赏，富贵显扬，使我们一班兄弟室家相庆，夫妇和谐。”① 由于内部对此存在普遍的不满，杨秀清乃于同年八月二十四日以天父于东王梦中降旨：“秀清，尔好铺排尔一班小弟小妹团聚成家，排得定定叠叠，我天父自有分排也。”至此，夫妻分居和不准家庭存在的规定乃告结束。② 至次年三月，卢贤拔等前经犯罪者亦准团聚。

天父天兄对私人生活的另一类干预，是对当时所允许的正常家庭关系中某些人的管教。金田起义时，天兄在洪山因“林大立治家不严”，下凡责骂林大立：“尔缘何不管尔妻子？尔想登天，还想落地？”“尔既想登天，要打五百。”林大立乃遵命伏凳由韦正、胡以晃更番打他五百。前已提到，当庚戌年六月洪秀全家属来到广西时，天兄曾对洪秀全之母、妻、嫂、女逐一教导。在永安时，天兄又传韦正之妻曹大妹及诸妾逐人教导。这些教导的内容大多是要这些妇女孝顺父母、孝顺丈夫之类。稍稍特别的是辛开元年正月二十七日正当太平军与清军对仗之时，“天兄恐各娘娘有怠慢天王之处，爰降圣旨问韦正曰：韦正，各小婶有嫌朕胞弟么？……有怠慢朕胞弟么？”韦正答称：“无也。”天兄乃指示：“自今以后，各小婶有半点嫌朕胞弟，云中雪飞③；有半点怠慢朕胞弟，云中雪飞。不拘那一个，凡有半点嫌朕胞弟及有半点怠慢朕胞弟者，尔一面奏明，不可隐也。”这段天兄圣旨说明了几件事：洪秀全在起义之初已有多妻，故有“各小婶”之称。④《北华捷报》曾刊载一篇据说译自中文的报道，说太平天国辛开元年二月时天王有十五位娘娘。⑤ 看来可信。其次，天父天兄可以管洪秀全的

---

① 《太平天国》资料丛刊第 1 册，第 389、391 页。

② 杜文澜《平定粤匪纪略》记称，太平天国以老兄弟因不准有家而有逃逸者，乃于咸丰五年正月下令许男女配偶。史家论太平天国恢复家庭的时间均据此说。核以《天父圣旨》，杜说有误。

③ “云中雪飞”意即处死。

④ 同年十月在永安时天兄教导韦正家属，也有“尔各小婶”之称，故韦正至迟在此时亦有多妻。

⑤ 据简又文《太平天国典制通考》中册，第 1250—1255 页。

家务事，虽然是为了洪秀全不受其众妻子的怠慢嫌弃。[①] 天兄甚至指示韦正也可以插手这类事——让他如实向天兄报告情况。

这类事情的登峰造极的发展，是太平天国乙荣五年（1855）七月、八月的两次天父下凡。洪秀全曾下“天朝严肃地，速来速回”之诏，意谓洪之妻去问候洪母，必须速去速回。乙荣五年八月二十六日天父下凡至金龙殿，责洪秀全“前诏有错”，说：“朕差尔治天下，以孝道为先。宫内事不必拘执。媳来候母，孝敬之道也。尔诏天朝严肃地，速来速回。何必如是过执乎？……凡事尔若想不到，宜与尔清弟商酌为可。”而此前一个多月一次天父下凡对洪秀全家务的干预，更可说是一出闹剧。“七月十九日夜三更时候”，天父下凡，命传韦正、翼王及众朝官来扶东王登朝，天父有圣旨诏天王。其时韦、石及众官因东王金体欠安，“皆在九重天府府厅候请东王金安”，于是立即入府，护卫东王登朝，“王宗齐执军装步行，在舆左右护卫东王”。典天炮官“放无数圣炮”、典天锣典天鼓官金锣金鼓齐鸣。其时“夜静更深，朝门已闭”，天王命女官速开朝门，“奈因朝门紧闭数重，实难骤开”，“天父大发义怒，诏曰：咁久还不开朝门，真是该打”。天王赶到后急忙请罪。即将“东王金舆迎至金龙殿”。在这一次深更半夜兴师动众的下凡中，天父有什么紧急指示呢？其一，宣布“对出言触怒尔东王”的老兄弟黄期陞等从轻处分：革职，仍理原事。其二，宣召洪秀全的正宫赖氏来听吩咐。赖氏到天父面前后，“天父称赞曰：赖媳，算尔晓得时时虔敬天父，晓得敬夫主。其余众媳，当教则教，当打则打，不可枉打。如有奸草者，当奏则奏，放胆奏，亦不可枉奏”。接着，“天父又吩咐曰：全宫及清等内殿，一切事宜即俱要选老成淑女为娘娘、王娘掌理内务，以为内助。尔们思之，朕回天矣”。《天父下凡诏书（二）》和收录在《天命诏旨书》中的几次天父下凡圣旨，都有一些处分天王家务事的内容，但都没有像这一次那样深入——在深夜，可能是从被窝里把洪秀全的妻子叫出来进行教导。如果洪秀全是一个正常人，这样的举措所引起的观感是可想而知的。

---

① 《天父诗》中也录有天父要众小媳绝对服从洪秀全、不使得性、不逆得他的圣旨。《北华捷报》报道还说天父对有私逃行为的姚娘娘处以刑罚。

《天父圣旨》中对其他人员的惩处，除上述陈宗扬、卢贤拔夫妻同宿案以外，还有多起。其最有关历史的，有秦日纲、曾水源等案。秦日纲是仅次于石达开的高级将领，甲寅四年曾为燕王，这年秋冬在天京上游湖北、江西与湘军战，失利获罪。甲寅四年十二月十三日，“天父劳心下凡降圣旨诏东王于梦中曰：燕豫同如何不同，南一丈燕不杀先，三伯功深恩如海，尔为侄孝格理虔。天父降旨诏华，东王即醒，天父回天。”这几句诗难以确切理解。第一句似说燕王豫王（胡以晃）应同等看待，第二句“南一丈”不知何解，“燕不杀先”是说先不杀秦日纲。次年，乙荣五年二月十三日，其时“顶天燕（燕王之改称或降职）秦日纲屡次失守之罪，锁押在牢，未经主断”，于是天父又梦诏东王：“纲无桥过，奴其三载。”即赦秦日纲死罪，罚为奴三年。半年后，八月十七日，天父又降梦诏于东王，“恩复秦日纲原职”，但“林启容、朱文光、曾添浩、骆潮杰等以及有私自过营之汪庚扬，胆敢留宿之张有珍”，都被黜为奴，罪名不明。林启容、曾添浩都是著名将领，《天父圣旨》中未有何时免除他们为奴的记载。

《天父圣旨》中罚太平天国将士为奴的事例很多。起义元勋、总领删改六经的曾钊扬获罪（罪名未载），乙荣五年三月十九日天父梦诏，中有“曾扬错不杀为奴”之句，即曾钊扬有错，免死为奴。有林来发其人因“吸食洋烟”，经奏准斩首，而天父梦诏“奴落监牢”，即免死为奴入狱。对上面提到的汪庚扬和张有珍，天父圣旨云“弓长及汪者，非徒也，无草者，奴其也”，也都是罚为奴。又有李俊良犯“无心之错”，祁万如、胡玱祥二人犯“吸食洋烟之死罪”，均蒙天父开恩，黜为奴。“奴”的出现和“奴”在太平天国社会中处于怎样的地位，是一个待研究的新问题。《天父圣旨》中记有一人名邹煜新者，因获罪，天父指示“革职为奴，复理原事，带罪立功，以示薄惩”。但其他被罚为奴的事例则未据载明为奴后究竟从事何种劳动或工作。存世的后期太平天国门牌中，偶有“奴”这一项目出现①，过去未引起学者注意，今联系到前期多有罚为奴的记载，似乎也值得重视。

天父处置曾水源一案是尤为曲折、任意和严厉的。曾水源是起义元

① 见《太平天国革命文物图录续编》，第 75 页。

勋，官至天官正丞相，清方《贼情汇纂》等均记其事迹，今南京挹江门内小山还有他的墓。至于他的死因，据杜文澜《平定粤匪纪略》载，“咸丰五年正月，伪天官丞相曾水源往芜湖，误期削职。共弟怨悔逸去。首逆怒，疑水源所使，磔之。”① 今据《天父圣旨》，杜文澜所记多不准确。乙荣五年六月初七日，天父梦诏东王，赦天官正丞相曾水源和匡天侯黄维江二人死罪，罚为奴。在这次下凡的记录中追述前事说：“至曾水源，前蒙天父叠次劳心下凡，头次命断。复蒙天父大开仁慈，命押禁先。今早又荷蒙天父……赦伊等死罪。”三星期后，同年六月二十八日，天父下凡，命锁押在东王府理事的仆射黄仕珍、参护萧志胜以及李寿春、曾水源四人。以“东王金体违和”，命黄仕珍“去传王宗，就带灵丹到府，尔胆敢不去，重重贻误”，黄仕珍被立即斩首。天父继宣布曾水源等人之罪：“前年曾犯欺禾不禀之罪。”曾奏曰：“前蒙天父大开天恩，赦小子死罪矣。”可见初七日那次被赦之罪，就是“欺禾不禀”，禾就是禾乃，即杨秀清。李寿春是东府吏部尚书，其罪是“怠慢”东王。曾、李均向天父求恩，于是天父说：“尔三人（包括萧志胜）宽心在东牢，自有分断也。”但是，“未几，天父又复下凡”，亲自审问上述三人。曾水源、李寿春二人均因东王有病，在府门听女官讲过“东王若升天，尔们为官的都难了”这句话而“置若罔闻”，“即行押出斩首示众”。曾水源等被杀的日期是六月二十九日，他的被杀，实在是情罪并不相当。现存的墓是杨秀清死后洪仁玕到天京主政以后重修的，这或者可以理解为对他的冤案的平反。②

曾水源等被杀，系由天父即席判决，并未通过天王。从《天父圣旨》来看，天父对有些人的处置是通过天王的，如前述卢贤拔夫妻同宿一案，天父令众人“禀奏尔四兄拟定奏旨”，杨秀清以“革职带罪立功”得洪秀

---

① 见附记三。

② 罗尔纲同志早年已根据对清方记载的分析，推断曾水源系被杨秀清枉杀和曾水源墓的重修系对他的死表示昭雪平反之意。见所著《太平天国文物图释》，第103—106页。但曾水源被杀并未株连他的儿子，今曾水源墓碑上“男启彬”三字，似并不意味着曾启彬也同时被杀，附葬在内；这三个字可能表明曾水源墓系由其子启彬重修。又，清方关于曾水源事迹的记载，有甲寅四年七月杨秀清命曾攻打东坝败回、收入东牢之事。以《天父圣旨》中所见曾水源之被押禁系由于“欺禾不禀”，证之，其事似亦不确。

全旨准。前述林来发吸食洋烟案，亦系杨秀清奏准斩首。又有李得金、余世明二人“反草对天，变妖逃走二次”，也是启奏天王旨准斩首。但后两例均又由天父在临刑前开恩免死。更多的事例是由天父直接处置。陈宗扬夫妇、曾水源、李寿春、黄仕珍之处死，秦日纲、林启容等多人之罚为奴均是。丙辰六年三月初五日，天父下凡，杖责韦正四十，其错误是：“朕下凡，有时免响金锣鼓乐圣炮，伊则未出令传齐子女”，致使人们“有时不知朕下凡”。同年六月初九日，天父又下凡处分六个人。其中洪秀全之次兄洪仁达被“锁押东牢”，但并未载明原因。

《天父圣旨》所记天父最后两次下凡是丙辰六年七月初九日。这天早晨：

> 天父劳心下凡，诏曰：秦日纲帮妖，陈承瑢帮妖，放燉烧朕城了矣，未有救矣。

秦日纲、陈承瑢都是太平天国高级将领，重要官员。所谓“放燉烧城”，不知其确切含义，或是指宗教上的故事，但天父指斥他二人“帮妖”，意思明确。《天父圣旨》接着记载：

> 午时，天王御驾至九重天府。天父复劳心下凡，降圣旨云：朝内诸臣不得力，未齐敬拜帝真神。诏毕，天父回天。

这是天王亲去东王府的唯一官方记载。洪秀全为什么去东王府？张汝南《金陵省难纪略》、知非子《金陵续记》均称由于天父传召，令洪封杨秀清为万岁，李秀成供词也说“逼天王亲到东王府封其万岁”，《金陵续记》并记其时间为咸丰六年七月，与《天父圣旨》所记此次天王亲到东王府的时间相合。[①] 但《天父圣旨》未记此次天父与天王有何对话。从文字

① 其时在天京东王府的几名外国人也亲见“第一位（洪秀全）为了解决某些分歧而坐轿来到第二位（杨秀清）的宫殿里”。见柯文南、蔡少卿译《镇江与南京》，《太平天国史译丛》第 2 辑，第 69 页。

的联系来理解，天王是在天父对秦日纲、陈承瑢作了严重指责后而去东王府的，而他到东王府后，天父又批评了“朝内诸臣”，这样，天父至少把很多将领、官员变成了自己的对立面。《天父圣旨》于此结束。十八天后，天京事变作，杨秀清的生命也就结束了。

五

《天父圣旨》《天兄圣旨》还显示了不少重要的或有趣的事实，与太平天国研究有直接关系。

首先是关于萧朝贵和洪宣娇。韩山文《太平天国起义记》说萧妻名杨云娇。但李秀成自述说“天王妹子嫁其（萧）为妻”，清方亦有洪妹为萧妻之记载，于是多有学者以为洪妹宣娇嫁萧为妻是有政治意义之结合，系为牵制杨秀清之手段。至后世洪宣娇又成为文艺创作中的英雄人物。但以可征信的历史资料论，并无存在“洪宣娇”其人的确切证据。至于萧朝贵，其父名“蒋万兴”，载于太平天国后期的幼主诏旨①，萧之父何以姓蒋，亦费学者猜详。今据《天兄圣旨》的若干记录，这些问题似可获得解释。

己酉年（1849）十二月十八日，天兄在平山下凡：

> 天兄恐西王娘等未能遵正，以享永福，爰降圣旨谕之曰：尔为朕胞妹，总要炼得好好，替尔天上爷爷、妈妈、哥哥、嫂嫂争面光，又要替尔秀全兄、云山兄、秀清兄、韦正等争面光也。……又谕萧玉胜云：萧玉胜，为父母要平心，朝贵是尔子，是朕妹夫，又是秀全妹夫，又是云山、秀清等妹夫，尔切不可轻南重北也。……

这段话没有说“西王娘”是谁人，但明确说萧玉胜是萧朝贵之父。这同前述幼主诏旨说萧父名蒋万兴的矛盾如何理解？我以为很大的可能是：

① 见《太平天国史料》，第104、112页。

蒋万兴是萧朝贵的生父[①]，朝贵原姓蒋，后因故出继为萧玉胜之子，故改姓萧。萧玉胜可能有两个儿子，萧朝贵和本文第一节提到的萧朝隆。天兄初出场时就指责萧朝隆“得罪天兄”，现又告诫萧玉胜不可“轻南重北”，可以推测，萧朝隆是亲子，萧朝贵同他和玉胜的关系不会很和睦。[②]

在这一次天兄下凡教导“西王娘”要炼好以后不多天，庚戌年（1850）正月初二日天兄下凡时提到：“秀全，尔要教导宣娇。”这个需要由洪秀全来教导的“宣娇”，很可能就是不久前天兄亲自下凡做过教导的他们的共同“胞妹”西王娘。关于“宣娇”，《天兄圣旨》中有这样一段记录：“天王在萧玉胜家，常教杨宣娇读天父诗。或字眼不变，天兄基督下降教二人读焉。”联系以上所述诸事，大致可以判断，杨宣娇是萧朝贵之妻。

杨宣娇并不姓洪，当然不可能是洪秀全的胞妹，李秀成记为天王妹子云云，当是天父天兄以宣娇为女为妹因而宣娇也是秀全之妹的缘故。也许因为这样，杨宣娇也被称为洪宣娇。有趣的是杨宣娇本来也不姓杨。《天兄圣旨》记：“杨宣娇肉父黄仪政亦拜天父上主皇上帝。”天兄吩咐黄权政毁除家中各邪神，黄有些疑惧，使其妻、子“到萧玉胜家来复问天兄基督”。这也从侧面透露黄、萧两家的关系。黄权政或是王权政的避讳改称。故洪宣娇、杨宣娇云者，原来的姓名可能是王宣娇。王宣娇何以改姓杨，现还难以悬测。[③]《太平天国起义记》称萧妻为杨云娇，大概是由于宣、云二字形讹而致拼音错误。

《太平天国起义记》说，杨云（宣）娇在教徒中很有名，有“男学冯云山，女学杨云（宣）娇”之语。而《天兄圣旨》中却记：己酉年（1849）十二月初一日天兄下凡谕众人：“男人要学冯云山，女人要学胡九

---

① 幼主诏旨中有“万兴生西”、蒋万兴为西王“肉父”之语。

② 谢介鹤《金陵癸甲纪事略》载：“西贼父在长沙途中，与西贼母合……西贼与东贼遂同议斩其父母以警众。西贼转谓人曰：父母苟合是犯天条，不遵天令者不足为父母也。”（《太平天国》资料丛刊第 4 册，第 668 页）或以太平天国后期尚加封西王父，谓谢说为捏造。今知西王有两家父亲，谢说或不诬。

③ 《金陵癸甲纪事略》说，太平天国以“耶稣为天父之第一子，天贼为第二子……西贼妇杨宣娇为第六女”。又说，杨秀清与西贼妻宣娇有私，杨乃假天父下凡谕众：“宣娇我第六女，秀清同胞妹，当易姓杨。”见《太平天国》资料丛刊第 4 册，第 652、557 页。

妹。”何以有此不同？是否天父另有圣旨要“女学杨宣娇”而天兄因杨为自己（萧朝贵）的妻子而谦让改为胡九妹？这只是猜测。胡九妹后为东王府女官，其名见于《天父下凡诏书（二)》。

傅善祥是另一个人们感兴趣的人物，清方人士笔记中颇有记载，后世小说戏剧中亦多有其人。《天父圣旨》记有东王府“内簿书伏善祥”。“傅”何以作“伏”，是否由于避讳或改字，或原姓伏，清人多讹为傅，今不可知。伏善祥的确有些文化，能懂得杨秀清的意思。天父于甲寅四年（1854）正月二十七日为制止焚书、肯定古书的价值而下凡时，首先命伏善祥书写“千古英雄不得除，流传全仗笥中书”两句，然后命他解释其意。伏善祥作了长篇的解释，天父满意，说：“然，尔所解是也。”这是关于伏善祥其人其事的唯一官方记载。

《天兄圣旨》中提到的人物在一百人以上，其中的绝大部分其后的事迹不显，但仍颇有助于了解金田起义前的干部情况。林凤祥是后来的著名大将，《天兄圣旨》载有他起义时因耕牛事件引起的斗争事迹（见本文第二节）。林凤祥的早年事迹和籍贯是近年多有争议的问题，《天兄圣旨》有“白沙林凤祥家”字样，则林凤祥应是广西桂平白沙人。他是无异议的首义元勋，据《林凤祥供词》而以为他去永安做买卖时才参加太平军云云，绝不可信。现存太平天国庚申十年的一件幼主诏旨中有升封“平在山勋旧”为义爵的第一批名单，其中有些人在起义前有何活动，以前我们完全不知道，今从《天兄圣旨》中可以稍知一二。如名单中的黄玉绣，是洪秀全之表侄，起义前与石达开同攻六屈村，另外还有其他一些活动。如李世光，《贼情汇纂》但记“系金田起首老贼，在永安州病死”，今知在起义时洪秀全匿居胡以晃家期间，他与闻此项机密，天兄并通过他传话给洪秀全。如林大居，天兄曾派遣他设计调取象州以“妖宿”名义讲话之李来得，加以惩处。如赖培英，是洪秀全因与其妻赖氏同姓而认的亲。幼主升封的勋旧名单中还有刘子居其人，或即《天兄圣旨》中的刘子机，起义时天兄曾告以重要的军事部署要他转嘱各兄弟。天兄在起义前曾屡次为黄为政、吉能胜二人在平南狱中受苦操心，命众科炭打救，但《天兄圣旨》未载明打救有何结局。《金陵癸甲纪事略》记黄“至金陵，为伪丞相”，幼主封赏勋旧名单中黄为政为“烈天义”，吉能胜为“殉天义”，是吉能胜似已在当时殉身于狱中。《贼情汇纂》记余廷章其人起义时“随之入伙”，而《天兄圣旨》记余与闻机密，并称赞他：“廷章，尔是老忠臣，算尔能为顾秀清胞弟也。”幼主曾封陈廷扬为“家天义”，此人起义前供养众多兄弟，“一条草（心）到尾”。似此有助于了解金田起义前一些干部的活动和贡献者很多，限于篇幅，不能一一介绍。需要附带提到的是，当洪秀全的家属在庚戌年（1850）六月自广东来到广西时，陪同到达，也就是去广东迎接的，有秦日纲、陈承瑢、黄七妹三人。当时天兄下凡曾慰谕黄七妹说：“黄七妹，尔家敬高老，时时有兄弟姐妹到尔家，怕食完尔家么?”可见黄七妹是广西“拜上帝会”的人，很可能就是洪秀全在赐谷村的表亲黄盛均一家的，故洪秀全派他去迎接女眷。秦日纲、陈承瑢是广西的弟兄，他们二人之被派去迎接家属，也许可以同样说明与洪秀全有较密切的关系。

有助于理解金田起义前“拜上帝会”活动的经济来源问题的，是《天兄圣旨》中多次提到的“进贡”“科炭”以及若干人经常供养会中兄弟姐妹等事实。上述黄七妹、陈廷扬就是时时招待兄弟姐妹而得天兄表扬的，《天兄圣旨》中记此类的事例很多。“科炭”是会友捐资救护被捕入狱的弟兄，这种活动在起义前开展得很广泛。至于“进贡”，是指会友向首领奉献财物。《天兄圣旨》中提到的事实有：己酉年（1849）韦正之父韦元玠进贡帽子两顶；庚戌年（1850）初胡以晃变卖家产“真心纳贡”；张维坤、谭应桂“有财宝进奉二兄（洪秀全)”。后二者都是“为天父天兄事”，看来是用作准备起义的费用。《天父圣旨》中也提到卢贤拔在起义前曾“贡珠”。但“进贡”是有节制的。天兄一次询问天王关于众兄弟进贡财宝的情况，然后谕天王：“秀全，尔要问过兄弟，他家可度得日，方可收他，不然要使各拿回家也。”“拜上帝会”经费来源中与“进贡”稍异的另一种情况是大户支援军粮。如起义前六屈村之战的军粮系石福隆、石贤隆、石镇交各家“顶起”，后来石达开、黄玉绣表示他二人“在后顶起”。起义时桂平白沙林凤祥家因耕牛事件引起的战斗，系事主“李得胜之吴表亲出粮谷二千石”支援粮草。

《天兄圣旨》对了解太平军起义初期的军制也有帮助。太平军初起时究分为几个军？郭廷以曾有一说，谓分九军或十军[①]，近年据我考证研究，应为前后左右中五军。[②]《天兄圣旨》记辛开元年（1851）二月天兄下凡教导众军士，有前军、左军、后军、右军诸名号，是可确证其时只有五军。但军长以下之军官，有副军长、先锋长，此为其他太平天国史籍所未载。[③]又有各弟兄须遵“军长、百长、营长”命令的词句。据《贼情汇纂》，卒长又称营长[④]，据《金陵杂记》等，卒长亦称百长。[⑤]而此处百长、营长显为不同级的军官，百长地位在营长之上，又无师旅帅名目，故初起时军以下的编制，仍有待进一步的探讨。

《天父圣旨》《天兄圣旨》对某些词语的使用和解释，可澄清今人的误解，极有益于正确理解史事。《金陵癸甲纪事略》记韦昌辉事说：“（韦）事东贼甚谄，舆至则扶舆以行，论事不三四语，必跪谢曰：非四兄教导，小弟肚肠嫩，几不知此。肚肠嫩，浔州乡语，犹言学问浅也。”[⑥]这一段记载多为论者引用，以证明韦昌辉故意卑躬屈节，实际包藏祸心。但据《天兄圣旨》《天父圣旨》两书，“肚肠嫩”是不少人在同天父天兄应对时的常用语。如庚戌年（1850）十一月天兄下凡谕众人不得与大头妖张钊来往，韦正与众人“跪求天兄赦众小初犯之罪，化醒众小嫩心肠”。辛开元年（1851）十月，萧朝贵作战受伤，天兄下凡谕韦正不要着慌，又传见书正妻妾教导，韦正奏称，“小弟肚肠浅，经炼未深，恐事有错，求天父天兄开恩，又求赐圣神风化心”；又奏称，其妻子“有些肚肠浅，未曾多晓，恳求天父天兄化他心肠”。甲寅四年（1854）正月天父命伏善祥解诗，伏跪奏：“小女愚昧，肚肠稚嫩……”六月，天父指示不印新旧约圣经，傅学贤奏称他“肚肠浅嫩”。乙荣五年（1855）六月，天父责曾水源，曾奏：“小子无用，肚肠浅嫩……”八月，天父责天王前诏有错，天王跪奏：“小子肚肠嫩，求天父教导。”所以，“肚肠嫩”一词并非韦正专用，也不能说

---

① 《太平天国史事日志》，第107页。

② 《太平天国初期军数》，见《近代史研究》1983年第4期。

③ 咸丰元年（1851）五月、六月清方奏报中有“伪中军先锋”“伪右军先锋”之报道。

④ 《太平天国》资料丛刊第3册，第107页。

⑤ 《太平天国》资料丛刊第4册，第622页。

⑥ 同上书，第669页。

明人际关系中的问题。

《天王诏西洋番弟》是洪秀全于戊午八年（1858）冬即杨秀清死后两年多以后给英使额尔金的七言句诏书，其中历述天父的若干圣旨以明天王自己的真主地位。在这些叙述中有这样的话："爷爷预先降圣旨，师由外出苦难清，期至朝观遭陷害，爷爷圣旨总成行。……东王赎病同哥苦，瘟脱归灵谢爷恩。"这些话的意思很难理解，或以为第二、三句及末两句隐示韦昌辉由外率兵，使杨秀清遭害归天。今《天父圣旨》中有一大段似与此有关的记录。乙荣五年（1855）八月二十六日，洪秀全降语至东王府，其时杨正在内殿午睡，梦中由天父降圣旨四句："今有无好耳，边大知瘟脱归灵，小小口曰光众耳精，师由外出苦难清。"杨命韦正、秦日纲及众官解释，都不能解。至晚，天父下凡，闻众人不能解，连"四兄（杨秀清）细思半日，实解不出天父圣意"，天父大怒，命锁东王杨秀清，东嗣君及韦正哭泣跪奏，代东王求恩，天父乃息怒，亲自解释云：

> 今有无好耳，是言尔二兄恩降诏旨，金锣金鼓齐鸣，送到九重天府。尔正小与众小等俱在府前，未曾迎接诏旨。为何金锣金鼓如此响亮，尔正小与众小都听不到？此就是不好耳也。
>
> 边大者，是言朕天父之恩广大无边也。知瘟脱归灵者，昨日尔韦正登朝回至九重天府时，说明日尔二兄欲降赎罪赎病之诏，是诏明尔四兄代世人赎病，救出天下瘟疫之人，脱归尔四兄圣灵之身。尔等为何不鼓乐齐鸣，迎接尔天王诏旨，以致停锣鼓也？
>
> 小小，是众小，固然错矣，口曰光者是尔韦正之名，亦有错也。众耳精者，是言众耳皆精精，闻得降旨来到，不知接也。师游外出苦难清者，乃言朕天父恩生尔东王为劝慰师，名既外游四海，普天下皆知尔天兄赎罪之功劳，尔东王赎病之乃龚如此代世人之苦难，就是尔东王之名为清也。因何尔等不知恭迎接乎？

从天父本人所作的解释中我们知道，"师由外出苦难清"之句与军旅之事完全无关。天父对"由""游"二字是混用的。"瘟脱归灵"之句也毫无升天之意。洪秀全七言诏中"期至朝观遭陷害"句，未见于《天父圣旨》，如何理解，仍需推敲。[1]

六

天父天兄在下凡之始，并未立即在“拜上帝会”内确立权威地位，同时还有别人搞别种神灵附体传言。在这种情况下，据韩山文记载，会内有人记录了他们的言辞，以供洪秀全鉴定真伪。[2] 天父天兄下凡初始之言论，大概因此而得以保存下来。天父天兄的地位确立后，每次下凡遂有正式的记录。《天兄圣旨》卷二载：“辛开元年七月十三日午时，天兄劳心下凡，命不用抄录，不用详奏，待西王回朝，自有酌夺。”[3] 这是说，天父天兄下凡时有人作记录，然后将记录奏告天王。又《天父圣旨》卷三载：“甲寅四年六月初一日，天父因凡间子女，或有轻视圣旨……诏圣旨有错，以试众心”，于是下凡谕曾水源：“曾水源，朕天父圣旨书及尔天兄圣旨书暨天命诏旨书皆有差错。”曾水源答：“天父天兄无有错也。”“天父复诏曰：且未成文成章，尔等拿去斟酌，改好成文成章来也。”这些话表明，记录天父天兄下凡时的圣旨后，复有人加以修改润饰，使之成文成章。今所见的《天父圣旨》《天兄圣旨》以及《天父下凡诏书》的内容和出版，必定包括了现场记录、修改成文、奏呈天王、东王、西王披阅审定等过程。[4]

但太平天国的印书很多，各书的版本也很多，在戎马倥偬之际，所印各书内容的校订和版刻大都不精，因而粗疏错误之处屡见不鲜。《天父圣旨》《天兄圣旨》这样重要的书也不例外。除了标点多有错误，《天兄圣

① 天王给额尔金诏，由后来成为驻华公使的威妥玛译为英文。他把“师由外出”之“师”也理解为军队，译为“Warriors”，当然错了。“期至朝观”句，被译为“they came to cour（Nankin?）they would suffer severely”，系接续上句之译文，因而也不足参考。“瘟脱归灵”句，译为东王染疫归天谢上帝之恩，更完全错误。当时的“中国通”对天王的诏旨也大多不能理解。又，天父对“由”“游”两字混用，而洪秀全给额尔金诏只用“由”字。我在剑桥大学图书馆获见此诏原抄本，也是用“由”字。

② 《太平天国起义记》第九节。

③ 《天命诏旨书》记：“辛开七月十三日，时在莫村，天兄耶稣大骂各为私，不公草，不忠草。”这是未曾抄录的该次下凡主要内容的概括。

④ 《天父下凡诏书（一）》记该次天父下凡，洪秀全命韦正等记录。韦正等转命蒙得天、曾天芳记录，事后五天，洪秀全批阅蒙、曾的记录。

旨》中还有两处日期和地点的错误，可能引起对史实的歧解。较重要的一处是《天兄圣旨》载："辛开元年八月初一日，天兄劳心于是早下凡，时在永安，大战妖魔。"太平天国何时占领永安？据清方官私文献，时在咸丰元年（即太平天国辛开元年）闰八月初一日。《天命诏旨书》载有洪秀全在永安所发一道诏旨，日期作"又八月初七日"，列在"辛开八月十九日时在舟中"的诏旨之后，"又八月"毫无疑义即是"闰八月"。太平天国天历并无闰月，故洪秀全此诏是太平天国在辛开元年尚未实行天历之重要证据。[①]《天兄圣旨》说"八月初一日"天兄已在永安下凡，这似乎引起了天历究于何时实施的新问题。但根据太平军在八月以前行军作战的史事，根据《天命诏旨书》中记有天父"辛开七月二十六夜时在（桂平）莫村"的杀黄以镇诏、天王"辛开八月初三月时在莫村"的谕各兵将诏，"八月初一日"无论是否天历，太平天国部队均不可能已到达永安，故《天兄圣旨》中的"八月初一日"必系"又八月初一日"之误。[②] 这一天，太平军占领永安，与天兄"大战妖魔"的情事亦相符。

《天兄圣旨》中的另一处错误是辛开元年正月二十七日天兄下凡告诫洪秀全的众妻妾不得嫌弃怠慢洪秀全事，说"时在武宣三里"。按正月二十七日太平军尚在桂平大黄江与清军相持，而太平军到武宣三里系在二月十二日以后。即使以为此正月二十七日系天历，亦只相当于阴历正月二十八日，与战事史实仍不相符。考《天父诗》一百十六："天兄耶稣在石头

---

① 参考罗尔纲《天历考及天历与阴阳历日对照表》。

② 以太平军占领永安日期为"八月初一日"者，有光绪《永安州志》（据郭廷以《太平天国史事日志》）。又西文著作如 Brine, The Taeping Rebellion, Meadows: The Chinese and Their Rebellion，也都说太平军占永安在阴历八月初一，阳历 8 月 27 日。Brine 所据是 Medows 所译当时的京报。外国人不了解阴历的闰月而错译是很可能的。无论如何，八月初一日占永安的说法，即使是指天历，也不符合当时的战史实际，这是基本之点。太平天国自己的印书《天命诏旨书》，英、法、德各国均有藏本。我在英国图书馆见到该书两种刻本和一种手抄批注本，上述天王诏旨日期均作"又八月初七日"。神州国光社版《太平天国》资料丛刊第 1 册排印《天命诏旨书》系据程演生影印自法国东方语言学校藏本，亦作"又八月初七日"，但排印本编者"以诗文钞所收德国藏本校注"，称"又八月作辛开八月"，似乎太平天国自己是否有过"又八月"的说法，尚可存疑。但王重民《记普鲁士国立图书馆所藏太平天国文献》（1934）说："诗文钞所载，多有与原本不合处。"1984 年我在西柏林国立西德图书馆所见的一种《天命诏旨书》（编号与王重民所见本不同，当是别本），也未见有此异同。

脚下凡圣旨：‘天兄曰：咁多小婶有半点嫌弃怠慢我胞弟，云中雪飞。’”内容与正月二十七日圣旨完全相同，故“时在武宣三里”必系“时在石头脚”之误。石头脚在大黄江口附近，曾为天王驻所，正月二十七日太平军正在江口。

《天父圣旨》《天兄圣旨》两书收藏于伦敦英国图书馆“东方和写本部”（原不列颠博物院的一部分）。两书都是黄纸封面，黄丝线装订，但封面封里都没有印书名、刊刻年份或其他字，这与常见的太平天国印书不同。只《天兄圣旨》卷一之封四有陈旧的手写体英文：

Chinese Book

Written by the So – called ‘Heavenly King’ leader of the Taiping Rebellion 1860

F. N. S. Escott

《天兄圣旨》除“旨准书目”两叶外，卷一正文五十五叶，卷二四九叶，均每半叶十行，行二十四字。两卷正文首行有“天兄圣旨卷之一”“天兄圣旨卷之二”字样，书口写“天兄圣旨”及“卷之一”“卷之二”。《天父圣旨》只存卷三，正文首行题“天父圣旨卷之三”，书口题“天父圣旨”“卷之三”。卷三共三十四叶，也是每半叶十行，行二十四字。卷一、卷二未发现，所以没有“旨准书目”。

《天兄圣旨》开篇的“旨准颁行诏书总目”共二十九部，最后一部是《王长次兄亲目亲耳共证福音书》，其中没有本书的书目《天兄圣旨》，也没有《天父圣旨》。《王长次兄亲目亲耳共证福音书》系在庚申十年（1860）七月卅一日或八月初旨准颁刻①，《天兄圣旨》卷一封四的上述英文题注又称此书系天王写于1860年。据此，可以推断《天兄圣旨》系颁刻于庚申十年。从《天兄圣旨》和其他书的“旨准书目”的版式、字体

① 洪仁发、洪仁达于庚申十年七月卅一日将此书抄成上赛，洪秀全批示：“兄等命史官记诏，镌刻官刻颁天下可也。”

中，我们还可以推知《天兄圣旨》的具体颁刻月份。

《天兄圣旨》“旨准书目”的字体有两点特异之处。其一，第五种书目《前遗诏圣书》，“前”字字体与其他不同，显系挖去原字，新刻了一个“前”字填补。其二，书目的最后两行：“王长次兄亲目亲耳共证福音书旨准颁行共有贰拾玖部”，字体与其他各行不同，也明显是加刻填补的。

“旨准书目”为二十九部而最后两行的字体与书目其他各行的字体不统一者，除《天兄圣旨》外，还有《王长次兄亲目亲耳共证福音书》和《太平天国辛酉拾壹年新历》两书。这三种书“旨准书目”的最后两行字体，彼此完全相同。《天朝田亩制度》修改重刻本和《钦定前遗诏圣书》两种书的“旨准书目”虽然也是二十九部，但其最后两行字的字体已与书目其他各行的字体一致。据此可以推测，这五种书的刊印时间，应是《天兄圣旨》《王长次兄亲目亲耳共证福音书》《太平天国辛酉拾壹年新历》三种稍前，《天朝田亩制度》《钦定前遗诏圣书》两种稍后。

但《天兄圣旨》“旨准书目”中的第五种《前遗诏圣书》与《王长次兄亲目亲耳共证福音书》《太平天国辛酉拾壹年新历》书目中的第五种也有不同。《共证福音书》书目第五种作《新遗诏圣书》；《辛酉拾壹年新历》书目第五种也是《前遗诏圣书》，但“前”字已不像《天兄圣旨》中的“前”字，已经改刻得同其他字体一律。这一点告诉我们，当庚申十年七、八月《共证福音书》一书付刻时，太平天国仍称基督教《新约》圣经为《新遗诏圣书》，这是太平天国早年对《新约》的一贯称呼；但到颁刻《天兄圣旨》时，洪秀全已认为《新约》多有错记，把它改称为《前遗诏圣书》，以示他本人从上帝那里得到了更新更正确的启示。这一修改在颁刻《天兄圣旨》时只来得及将书目上《新遗诏圣书》之“新”字挖去，临时补上一个字体不协调的“前”字，到颁行《辛酉拾壹年新历》时则已将“前”字另行改刻，使与其他字协调。太平天国于每年十月献明年新天历盖玺。① 这样，我们可以大致确定，《天兄圣旨》是在《共证福音书》以后即庚申十年七、八月之后，《辛酉拾壹年新历》以前即同年十月以前

---

① 己未九年（1859）十月初七日天王诏旨。

颁刻的。[①]

但英国收藏的这部《天兄圣旨》并不是初刻本。这主要是根据书中有多处明显的挖补改刻的痕迹，有不少处原为两三个字的地位而挤刻为三四个字。所以它应是修改重印本。存世的多种太平天国印书修改本，如与初刻本对照，其修改处固然值得研究，但其中多数书的修改并不涉及基本事实。从英国藏本所见的改刻处虽多而改刻涉及的字数甚少来看，可以推断修改本并未改动初刻本中的基本内容。

《天父圣旨》一书书目见于《钦定前遗诏圣书》和《天朝田亩制度》修改重印本的"旨准书目"二十九部中，但不见于《王长次兄亲目亲耳共证福音书》《太平天国辛酉拾壹年新历》两书的"旨准书目"二十九部。如前所述，《共证福音书》和《辛酉拾壹年新历》应刊刻于庚申十年七、八月和十月。由此我们或者可以推测《天父圣旨》刊行于庚申十年十月以后。"旨准书目"同为二十九部而有的有《天父圣旨》一目，有的没有，是因为《共证福音书》等的书目有《天父诗》无《天父圣旨》，而《钦定前遗诏圣书》等则有《天父圣旨》而无《天父诗》，所以，它们的书目仍然都是二十九部。这使学者们长期来以为《天父圣旨》就是《天父诗》。[②]事实上，这是两种不同的书。赵烈文《能静居士日记》咸丰十一年（1861）三月二十二日记：

---

① 这一段提到的几种书的"旨准书目"字体之异同，可参阅萧一山编《太平天国丛书》第一集中《王长次兄亲目亲耳共证福音书》《太平天国辛酉拾壹年新历》和《天朝田亩制度》三书的影印本，并太平天国历史博物馆编《太平天国印书》中上述三书影印本。《钦定前遗诏圣书》一种，英国图书馆有藏本，近代史研究所有缩微胶卷，萧一山《丛书》第一集影印封面和"旨准书目"，并可参阅。

② 参阅萧一山《太平天国丛书》第一集第七册"天父诗跋"云："天朝田亩制度所附诏书总目二十九部有天父圣旨无天父诗，或即是书别称。"荣孟源《太平天国所刻书考略》云："此书（指天父诗）初刻未列入旨准颁行诏书总目中，八年末始列入。但十年以后的诏书总目又无此书名却增加天父圣旨一书。萧一山疑即天父诗改名，亦尚近理。"南京太平天国历史博物馆编：《太平天国印书》第十四册"天父诗跋"云："案《钦定前遗诏圣书》、《天朝田亩制度》所附《旨准颁行诏书总目》二十九部有《天父圣旨》一书而无《天父诗》，但《王长次兄亲目亲耳共证福音书》所附《旨准颁行诏书总目》二十九部则有《天父诗》一书而无《天父圣旨》。这部《天父圣旨》应该就是《天父诗》，把'诗'改称为'圣旨'，是为尊崇天父的缘故。"

> 到般中寓小坐，兰卿来，在夷行取得贼中书四本归，系英人到江宁携来物……贼书目《天父圣旨》一本，记贼中伪托天父下凡，所说言语，鄙俚不经，皆托东王口中传出。其初起事以前一本已失去，此本系在平山之后以迄破金陵之时。初所言皆笼络人心而已。比至金陵，则杨秀清日骄，往往假托天父下凡，肩舆直至洪秀全宫内。癸丑冬十一月内，竟传旨欲责洪逆四十，洪逆忍受，不敢求免，大众哀乞始释。①

英国图书馆收藏的《天父圣旨》卷三起自甲寅四年正月，则赵烈文所见的《天父圣旨》应为卷二，所记已失去的一本应为卷一。1861 年初英国人从南京得到而为赵烈文所知所见的，似乎只卷一、卷二两卷，这使我们可以设想现存的卷三那时还没有印出来。

天父天兄的代言人杨秀清、萧朝贵都早已在太平天国丙辰六年、壬子二年死去，因而通过他们而得到天父天兄指示之事也都早已结束，洪秀全何以在庚申十年始将《天父圣旨》《天兄圣旨》付印？如前所述，天父天兄的圣旨从记录到审定有一系列的程序，洪秀全在庚申十年审定这两种书时是否可能作何种修改？这些问题都值得另行研究讨论，这里不论。

我在英国近两个月，除了短期在剑桥大学图书馆、牛津大学 Bodleian 图书馆和伦敦大学东方学院图书馆以外，大部分时间在英国图书馆盘桓。五十多年前，萧一山在英国图书馆影、抄了二十三种太平天国印书和其他文献，编为《太平天国丛书》第一集及《太平天国诏谕》《太平天国书翰》等书出版，他和其他在英国搜集了太平天国史料的王重民、向达诸前辈的贡献是很大的。他们的收获也曾使人们认为，英国所藏的太平天国史料可能已尽于此。尤其是萧一山自己说：“（民国）二十一年余奉考察文化之命来欧洲，居英经岁，费时七月始尽读博物院东方部（即今英国图书馆东方部）之藏，了无遗珍。”② 这使我在英国图书馆搜索时，原不敢抱有过大的期望，因而当我在那里工作十天以后发现了《天父圣旨》《天兄圣旨》

① 《太平天国史料丛编简辑》第 3 册，第 169 页。

② 见《太平天国丛书第一集序》。

这两种重要资料时，不禁喜出望外，心情万分激奋。事实上，“遗珍”并不只有这两种，有些已经传回国内的太平天国各类文书印书，也有不少的字句错漏。英国收藏太平天国史料的处所，除了图书馆以外，还有英国公共档案馆。近些年来，英国太平天国史专家柯文南先生已从中发现了若干太平天国文献，并且无保留地送给中国发表[①]，但中国学者对这一有待深入开发的宝藏尚未涉足。我在英国期间，原拟对图书馆、档案馆都进行搜访，不巧的是，档案馆那时正因拆修全部通风道而闭馆，因而只好专注于图书馆。这个不幸带来的好处是，我可以在图书馆方面工作稍稍深入一些。但时间终究只有七个星期，遗漏一定还有。就以我现在的一些收获来说，那也是在柯文南先生的帮助和伦敦大学的资助邀请使我有这次英国之行的条件下获得的。英国图书馆的 Howard Nelson 先生、Francis Wood 女士，特别是 Beth Mckilopp 女士对我的工作给予了便利和帮助。《天父圣旨》《天兄圣旨》等资料如果有益于太平天国研究，我必须首先感谢他们。Mckilopp 女士不久前来信说，英国图书馆最近又征集到《颁行诏书》的别本。这是一个好消息。我们已知的太平天国佚书还有不少。就以赵烈文日记所记的四本书来说，《天父圣旨》今只存一卷，《钦命记题记》今未发现。我希望，在中国学者和英国朋友的共同努力下，《天父圣旨》的另外两卷和《钦命记题记》等将来仍有发现之日。（1981 年 12 月）

---

① 主要见于近代史研究所编《太平天国文献史料集》。

关于光绪“密诏”诸问题*

汤志钧

戊戌政变前夕，光绪皇帝颁发的两道“密诏”，是研究维新运动的重要资料，也是康有为后来保皇活动的重要凭借。然而，“密诏”发布，即有人产生怀疑①，与康有为一起流亡日本的王照也说是“伪作”②。近年来，关于“密诏”的来源、时间、内容、性质诸问题，引起了人们的注视，如台湾黄彰健先生即有专门考核，爬梳资料，反复论辩。③ 我过去也试作剖析，但未鞭辟入里。④ 近年续有所得，特别是客岁赴日讲学，接触到一些档案、报刊，有助对“密诏”问题的探索。本文准备就旧有的、新见的各种文献，提出对“密诏”的一些看法。

一

“密诏”是怎样露布的？刊发中又有哪些变动？这是首先要弄清的

---

* 本文原载《近代史研究》1985 年第 4 期。

① 如《深山虎太郎与康有为书》云：“独闻足下去国，因奉有衣带密诏，故出疆求救云云，则仆未足解天下之惑。”并以康有为“迟迟而去，悠悠而行”，和在烟台购物，不迳去“外国而赴上海”，疑“密诏”为伪。

② 王照：《与木堂翁笔谈》：“今康刊刻露布之密诏，非皇上真密诏，乃康伪作者也。”见《关于戊戌政变之新史料》，天津《大公报》1936 年 7 月 24 日《史地月刊》。

③ 黄彰健：《康有为衣带诏辨伪》，见《戊戌变法史研究》1971 年 6 月，台版。

④ 拙撰《关于康有为的密诏》，见《戊戌变法史论丛》，湖北人民出版社 1957 年版。

问题。

较早提到“密诏”的是1898年9月27日（光绪二十四年八月十二日）的《字林西报》，谓：“闻本月初二日，皇上曾密谕康有为作速出都，此间怨家太多，不宜久处。”接着，香港《孖剌报》（*China Mail*）刊载该报记者10月6日（八月二十一日）与康有为的谈话。[①] 10月17日（九月初三日）的《字林西报》简述谈话内容后，录有“密诏”英译。10月19日（九月初五日），上海《新闻报》载康有为的《公开信》，中附“密诏”，并于10月24日（九月初十日）由《字林西报》译出。10月25日（九月十一日），《台湾日日新报》有《清帝密谕》，谓“从友人处抄得康主事有为所奉密诏两道，乃洞明是事之源委，爰急刊布以告天下”，下有诏文。12月21日（十一月初九日），日本外务省收到日本驻上海总领事代理一等领事小田切万寿之助抄送《康有为事实》和康有为《奉诏求救文》，录有两道“密诏”[②]，《台湾日日新报》在1899年1月29日（十二月十八日）又将《奉诏求救文》刊出。五月，梁启超《戊戌政变记》印出，在第二篇第三章“戊戌废立详记”中也将“两谕揭载”[③]。

至于康有为，在旅日期间也多次谈到“奉诏求救”，如《戊戌八月国变记事四首》的第三首谓：“吾君真可恃，哀痛诏频闻。”第四首谓：“南宫惭奉诏，北阙入无军。”[④] 逃亡日本时，也屡屡言之。在《保救大清皇帝会例》第一条即称“遵奉圣诏”[⑤]，后面附有谕文，《保皇歌》亦云：“痛

---

① 谈话记录为《字林西报》1898年10月14日（九月初一日）转载，译文见《戊戌变法》第三册，第506—511页，“密诏”略去。

② 《康有为事实》和《奉诏求救文》，均见日本外交史料馆：《各国内政关系杂纂》支那之部1—6—1—4—7—2，前者编号为491183—491211，后者编号为491222起。又，此项档卷曾编入《日本外交文书》第三十一卷第二册，有“密诏”全文。

③ 《戊戌政变记》初在《清议报》连载，自第一册至第十册而止，当1898年12月23日（光绪二十四年十一月十一日）至1899年4月1日（光绪二十五年二月二十一日），没有第三篇，1899年印行单行本时始补入。出书广告，见《清议报》第十三册，光绪二十五年三月二十一日出版。又日本外务省档案秘甲204号，有《清国人书籍出版の件报告》，专门报告《戊戌政变记》出版。报告为五月二十八日，知五月已出，但《饮冰室合集》本则有删改，内容也有更动。

④ 康有为：《戊戌八月国变记事四首》，载《清议报》第一册，见拙编《康有为政论集》上册，中华书局1981年版，第379页。

⑤ 《亚东时报》第二十一册，1900年4月28日出版，见《康有为政论集》，第415页。

衣带诏之求救兮，伊中外而求索。”[1] 1900 年 10 月（庚子九月），还写《上皇帝书》“历陈奉诏出行，开会筹救，万国尊信，公请复辟情形”[2]。慈禧死后，杨锐之子杨庆昶于 1909 年（宣统元年）将第一道“密诏”呈缴都察院，赵炳麟“疏请宣付实录”[3]，并将此诏录入赵氏所编《光绪大事汇编》卷九。后来罗惇曧《宾退随笔》也录两诏。[4] 康有为去世后，《康南海先生墨迹》印行，中有“密诏”两道，但它是抄件。

“密诏”刊布情况，略如上述。

二

如今看到的光绪皇帝“密诏”，来源不一：一是杨锐之子杨庆昶缴呈的第一诏，即《光绪大事汇编》卷九所载；二是报刊上登出的两道“密诏”全文，如《新闻报》《字林西报》《台湾日日新报》；三是罗惇曧之由王式通、赵熙“录以见示”的；四是康有为、梁启超记述的，如《保救大清皇帝公司序例》《奉诏求救文》《致英国驻华公使照会》[5]《戊戌政变记》《康南海先生墨迹》。

在这四类中，罗惇曧所录第一诏来自杨庆昶所缴呈，文字稍异（见后），第二诏或据报刊传抄。至于报章所载，最早刊登的《新闻报》，前有康有为的信件，日本外务省档案和《台湾日日新报》也是附在康有为《奉诏求救文》之后。那么，两道“密诏”的来源，实际是两个：一是杨锐之子，一是康、梁。前者只有一道，后者则有两道。

这两道“密诏”，第一道由杨锐之子缴呈都察院，赵炳麟据以录入，这时慈禧、光绪刚去世不久，在他的呈文中，述及手诏“令其珍藏”及杨

---

① 见《康有为政论集》，第 419 页。

② 《清议报》第六十七册，光绪二十六年十一月一日出版。

③ 赵炳麟：《谏院奏事录》卷六《请宣布德宗手诏编入实录疏及再疏》。

④ 见《庸言》第一卷第三号。

⑤ “署光绪二十四年”，见蒋贵麟《万木草堂遗稿外编》下册，（台北）成文出版社 1978 年版，第 521 页。

锐“复奏大纲”经过①，自有根据，赵炳麟据以录出，当为可靠。两诏全文之用中文刊出，则最早为1898年10月19日的《新闻报》。这样，要探索“密诏”的真伪及其演变，就得首辑赵炳麟所录和《新闻报》刊出的“密诏”。

今先论第一诏。其一，诏文据赵炳麟所录为：

近来朕仰窥皇太后圣意，不愿将法尽变，并不欲将此：辈老谬昏庸之大臣罢黜，而用通达英勇之人令其议政，以为恐失人心。虽经朕屡次降旨整饬，而并且随时有几谏之事，但圣意坚定，终恐无济于事。即如十九日之朱谕，皇太后已以为过重，故不得不徐图之，此近来之实在为难之情形也。朕亦岂不知中国积弱不振，至于阽危，皆由此辈所误，但必欲朕一旦痛切降旨，将旧法尽变，而尽黜此辈昏庸之人，则朕之权力实有未足。果使如此，则朕位且不能保，何况其他？今朕问汝：可有何良策，俾旧法可以全变，将老谬昏庸之大臣尽行罢黜，而登进通达英勇之人令其议政，使中国转危为安，化弱为强，而又不致有拂圣意。尔其与林旭、刘光第、谭嗣同及诸同志妥速筹商，密缮封奏，由军机大臣代递。候朕熟思，再行办理，朕实不胜十分焦急翘盼之至。特谕。

罗惇曧《宾退随笔》即源自杨锐之子所缴。②

其二，第一次密诏，据《新闻报》1898年10月19日《国事续闻》二十六所载则为：

朕维时局艰难，非变法不能救中国，非去守旧衰谬之大臣不能变法，而太后不以为然，朕屡次几谏，太后更怒。今朕位几不保，汝可与杨锐、刘光第、谭嗣同、林旭诸同志妥速密筹，设法相救。朕十分

① 黄尚毅：《杨叔峤先生事略》，见《杨叔峤文集》卷首，成都昌福公司刷印本。

② 罗惇曧：《宾退随笔》“通达英勇”作“英勇通达”，“全变”作“渐变”，“熟思”下增“审处”二字，余尚略同。

焦灼，不胜企望之至。特谕。

日本外务省档案《奉诏求救文》后所附，除“非去守旧衰谬之大臣”下加“而用通达英勇之士”；后面“汝可与杨锐、林旭、谭嗣同、刘光第”下增“及”字。1898 年 10 月 25 日《台湾日日新报》作“汝可与谭嗣同、林旭、杨锐、刘光第及诸同志”。《保救大清皇帝公司序例》在“今朕位几不保”下，作“汝康有为、杨锐、林旭、谭嗣同、刘光第可与诸同志”，其余与《奉诏求救文》所附相同。

《致英国驻华公使照会》作“而用英勇之士”，下为“汝可与谭嗣同、林旭、杨锐、刘光第及诸同志”。

《戊戌政变记》第二篇《戊戌废立详记》所附，则“而太后不以为然”，作“而皇太后不以为然”，下面也作“汝康有为、杨锐、林旭、谭嗣同、刘光第等可与诸同志”。

《康南海先生墨迹》抄录此诏，作“汝可与谭嗣同、林旭、杨锐、刘光第及诸同志”，与《台湾日日新报》同。又“而用通达英勇之士”则添加于右侧。

此外，苏继祖《清廷戊戌朝变记》，则“而用通达英勇之士”作“而用通达少年之士”，下作“汝与康有为等同心设法相救”。

根据上述，第一次“密诏”来源不一，内容有异，除杨庆昶所缴外，余几都出自康、梁之手，而文字也有不同。

杨庆昶所缴“密诏”（下简称“杨本”），既有缘由，语气亦合；而出自康、梁的“密诏”（下简称“康本”），则与之不同。主要差异是：

第一，“杨本”是“仰窥皇太后圣意，不愿将法尽变”，感到自己“权力实有未足”，既想改变旧法，“而又不敢有拂圣意”，从而颁诏，嘱“妥速筹商”的。词意婉转，内容近实。而“康本”则一开始就从“朕维时局艰难，非变法不能救中国”着眼。“杨本”只说如果“痛切降旨”，将“旧法尽变”，则“朕位且不能保”。“康本”则作“今朕位几不保”，语气大有差别。

第二，“杨本”作“尔其与林旭、刘光第、谭嗣同及诸同志妥速筹商，密缮封奏”，而“康本”初刊时作“汝可与杨锐、刘光第、谭嗣同、林旭诸同志妥速筹商，密缮封奏”。查“密诏”交杨锐传出，谕中“尔”应指杨锐，不应再有“杨锐”之名，下面为林旭、刘光第、谭嗣同三人，则传谕军机四卿，原无康有为之名。“康本”在《新闻报》初刊时，“尔”作“汝”，说是“汝可与杨锐、刘光第、谭嗣同、林旭”云云，变为“密诏”是交给康有为的了。后来且写成“汝康有为……”把康有为的名字都写了上去。显然，这是中经改篡。①

照此说来，“杨本”和“康本”的不同在于：“杨本”只说变法危机，嘱军机四卿想出既能“转危为安”，又不“有拂圣意”的“良策”，而“康本”则明言“朕位几不保”，嘱“设法相救”（“设法相救”四字，即为“杨本”所无）。“杨本”的“尔”指杨锐，谕交四卿；“康本”的“汝”指康有为，后来且径添康名②。显然，“杨本”是真诏，而“康本”则经改篡。它不是一般传抄错误，而是另缮重写；不是稍有增删，而是改易谕意。关键之处是“设法相救”和把“密诏”说成是写给康有为的。

至于光绪皇帝的第二道“密诏”，在《新闻报》最早发表时作：

> 朕今命汝督办官报，实有不得已之苦衷，非楮墨所能罄也。汝可速出外，不可迟延。汝一片忠爱热肠，朕所深悉。其爱惜身体，善自调摄，将来更效驰驱，朕有厚望焉。特谕。

《台湾日日新报》元首句，开始为“汝可迅速出外”；“将来更效驰驱”下增“共建大业”四字。

《保救大清皇帝公司序例》《戊戌政变记》《宾退随笔》有首三句，下与《台湾日日新报》同。

日本外务省档案则作“汝可迅速出外国求救”，下有“共建大业”③。

---

① 即第二次“密诏”，也作“汝”，未见康有为之名。

② 即袁世凯《戊戌日记》亦谓谭嗣同见到“密诏”后，至袁世凯处出示“墨笔”所书，也说“亦仿佛上之口气”，下云“饬杨锐、刘光第、林旭、谭嗣同另议良法”，只有四卿，没有康名。

③ 《日本外交文书》第三十一卷，第一册，第417页载此诏，“求”下落“救”字。

《康南海先生墨迹》“共建大业”四字则添加于右侧。[①]

第二道“密诏”是给康有为的，与第一诏之另有杨庆昶缴呈之本不同。它既乏原件，又只有康有为一个来源，无法判定“真诏”。但即就康有为历次所说，也有不同。如最初只有“汝可速出外”，后来在《奉诏求救文》下加了“国求救”三字，意义就大不相同。至少可说“国求救”三字是初刊没有，后来出现的。“共建大业”四字也得怀疑。[②]

照此说来，两道“密诏”，均有改篡，其关键之处，除表示写给康有为外，是在“设法相救”，“出外国求救”，而第二诏之加上“国求救”三字，又是在《奉诏求救文》后添加上去，作为“奉诏”“出外国求救”的张本的。

三

由于康有为将“密诏”改篡，王照又称为“伪作”，引起了人们的怀疑，甚至怀疑光绪曾有否此诏书，而予根本否定的。我认为，这还得具体分析。

第一，光绪皇帝曾发下两道“密诏”，第一道“密诏”交由杨锐带出。宣统元年（1909），杨锐之子缴呈都察院，说明确有其事。又据《谕折汇存》：“三十日，召见军机及崇礼、杨锐。”七月三十日，即第一诏发出之期。第二诏于八月初二日由林旭传出，同日，光绪颁发明谕：“著康有为

---

① 《康南海先生墨迹》所载两道“密诏”，旁边均有增添，第一诏增“而用通达英勇之士”，第二诏增“共建大业”，《台湾日日新报》、日本外务省档案并同，可知同一来源。又，第一诏所加，杨庆昶缴呈之件中有此句，想系康有为后来忆及补上；而第二诏是否原有“共建大业”，则滋疑窦。

② 据《康南海自编年谱》说，康有为接“密诏”后，曾草疏谢恩，“并誓死救皇上，令暾谷持还缴命”（见《戊戌变法》第四册，第 161 页），查康有为《谢奉到衣带密诏折》作“迅速出外”，有“共建大业”，无“国求救”，仅折后谓“臣奉诏求救”，见康同璧编《万木草堂遗稿》卷三。又康有为未刊文稿《请钦派督办官报折》也无“国求救”，但有“共建大业”。《康南海先生墨迹》在致李提摩太第三书后所附诏文也作“迅速出外”，“共建大业”则添加右侧。《台湾日日新报》、日本外务省档案等也就有了“共建大业”。查《墨迹》两诏添加两句，均涉传本有无，自滋疑窦。

迅速前往上海，毋得迟延观望。"① "密诏" 首言 "朕今命汝督办官报，实有不得已之苦衷"。明谕饬其迅速离京，"密诏" 再予慰勉，合乎情理。再查《谕折汇存》："八月初二日，召见军机及袁世凯、成勋、周莲、陈春瀛、林旭。" 与《康南海自编年谱》"初三日早，暾谷持密诏来"，梁启超《南海先生诗集·明夷阁诗集》下 "按语" "第二次乃八月初二日，由四品卿衔军机章京林旭传出者" 相合。即袁世凯在八月初三日见谭嗣同持来墨笔所书 "密诏"，也说 "亦仿佛上之口气"，知 "密诏" 是确实有的。

第二，王照称之为 "伪作"，但他并未说没有 "密诏"。政变发生，王照和康有为、梁启超同往日本，在他和犬养毅的笔谈中，就承认有此 "密诏"。他说：

> 皇上本无与太后不两立之心，而太后不知，诸逆贼杀军机四卿以灭口，而太后与皇上遂终古不能复合。今虽欲表明皇上密诏之实语，而无证矣。惟袁世凯亦曾见之，而军机之家属亦必有能证者。然荣禄、刚毅谮皇上以拥太后，此时无人敢代皇上剖白作证，天下竟有此不白之事。②

这份笔谈，甚为重要，他不但说明确有 "密诏"，还说 "诸逆贼杀四卿以灭口"。他提到的袁世凯、四卿家属 "必有能证者"，也有根据。袁世凯《戊戌日记》既有记载，杨锐家属又持以缴呈，可见王照是承认光绪发过 "密诏" 的。

王照 "笔谈" 主要说明光绪 "本无与太后不两立之心"，据杨庆昶缴呈第一诏，也言 "仰窥皇太后圣意"，对变法以为过重，想望能有 "使中国转危为安、化弱为强，而又不致有拂圣意" 的办法。但它恰恰承认有 "皇上密诏之实语"。

---

① 见康同璧编《万木草堂遗稿》卷三，《德宗景皇帝实录》卷四二六第二叶。

② 王照与犬养毅笔谈，日本冈山木堂纪念馆藏，手迹一纸，边注 "王照，北京人，礼部主事"。下揭 "木堂翁笔谈"，木堂即犬养毅，但它是后来刊发在《大公报》上的。

再看王照所说“伪作”，见后来发表的他和木堂翁（即犬养毅）的笔谈[①]，原文是：

> 皇上密谕章京谭嗣同等四人，谓朕位今将不保，尔等速为计划，保全朕躬，勿违太后之意云云。此皇上不欲抗太后以取祸之实在情形也。另谕康有为，只令其速往上海，以待他日再用，无令其举动之文也……今康刊刻露布之密诏，非皇上真密诏，乃康伪作者也。

这里，他还是承认有“密谕”，是有“真密诏”的；而说如今康、梁所传播的，则为伪作，这也符合事实。他说“皇上密谕章京谭嗣同等四人”与杨庆昶缴呈第一诏即相一致，上揭《新闻报》最初露布时的第二诏，也只有“迅速出外”，没有“令其举动之文”，即《康南海先生墨迹》在致李提摩太书后抄附密诏，也无“求救”二字。康、梁在政变后传播的“密诏”，是可以称之为“伪作”的。

又查陈少白《兴中会革命史要》：“而在康有为此次来京的时候，都说是奉了光绪皇帝的衣带诏，要他到外国请兵求救的。人问他要密诏看时，他又说临出京时，因某事之必要，已经烧掉了。”康有为连光绪给他的第二诏也拿不出来，增加了人们对光绪要他到“外国请兵求救”的不相信。

康有为将第一诏改为写给他自己的，无非表示他奉有衣带之诏，是“奉诏”，是能代表光绪旨意的；至于加上“设法相救”“出外国求救”，又是他为政变后流亡海外、保皇复辟做舆论准备，表示“奉诏求救”。

康有为最早在报刊登出“密诏”时，就有了“奉诏求救”的设想。当时，他曾分函中、西各报，要求“遍告天下”。中文报中，《新闻报》说是“本馆虽用华文，本系西报，故将原函不易一字，并所抄之密谕二道照录于后”。康有为的原信是：

> 天祸中国，际此奇变，吕、武临朝，八月五日遂有幽废之事，天

---

① 此项笔谈，以《关于戊戌政变之新史料》在天津《大公报》发表，谓“录王照与木堂翁笔谈”，系“香港某君邮来，盖转辗抄传者”，但日本冈山木堂纪念馆未见此件。

地反复，日月失明，天下人民，同心共愤。皇上英明神武，奋发自强，一切新法次第发行，凡我臣庶，额手欢跃。伪临朝贪淫昏乱，忌皇上之明断，彼将不得肆其昏淫，而一二守旧奸民复环跪泣诉，请其复出（以革怀塔布之故，此事皆荣与怀赞成之者）。天地晦冥，竟致幽废。伪诏征医，势将下毒。今实存亡未卜，诚人神之所共愤，天地之所不容者也。伪临朝毒我显后，鸩我毅后，忧愤而死我穆宗，今又幽废我皇上，罪大恶极，莫过于此。仆与林、杨、谭、刘四君同受衣带之诏，无徐敬业之力，只能效申包胥之哭。今将密诏呈上，乞登之报中布告天下（中文报不能登，西文报亦可）。皇上上继文宗，帝者之义，以嫡母为母，不以庶母为母，伪临朝在同治则为生母，在皇上则先帝之遗妾。再《春秋》之义，文姜淫乱，不与庄公之念母，生母尚不能念，况以昏乱之宫妾而废神明之天子哉！若更能将此义登之报中（中西文皆可），遍告天下，则燕云三十六州，未必遂无一壮士也。

信中称慈禧为“伪临朝”，称幽废光绪，“罪大恶极”，提出“无徐敬业之力，只能效申包胥之哭”，表示要“奉诏”“出外求救”了。

这时，康有为避居香港，他对香港《中国邮报》记者的谈话中也说：“皇上命我到外洋去为他设法求援，因此我打算立即动身到英国去。英国是以世界上最公正的国家驰名的……依据我个人的想法，英国如果能利用这个机会支持中国皇帝和维新党，是于他本身有利的，因为这样去做，就无异乎同时也协助了中国人民，而中国人民则会视英国为他们最好的、最可靠的朋友。如若英国不能及时而起，那末西伯利亚铁道一旦竣工，恐怕俄国势力就会在全国各地取得压倒一切的优势。如果英国能协助皇帝复辟，我将毫不踌躇地说，皇帝和维新党的领袖们都不会忘记他的感情。”[①]说是光绪命他到“外洋去为他设法求救”，表示要“动身到英国”“求救”了。

接着，康有为发出《奉诏求救文》，首数慈禧“大罪”十条，继言光绪“勤政爱民，大开言路”等圣明。末谓：“凡我大夫君子、志士仁人。

---

① 译文见《戊戌变法》第三册，第512—513页。

成为大清之臣民，其忍戴异姓之淫子乎?”“若屈膝以事伪主，甘心而立牝朝，则万国攘臂而仗义，天下裂眦而公愤。”至于康有为自己“过承知遇，毗赞维新，屡奉温室之言，密受衣带之诏”，准备“效申包胥之痛哭，普天洒血，遍地飞霜”，请求“大地数十友邦吊吾丧乱”。下面即附两道“密诏”，说明他是“奉诏求救”。怎样“求救”呢? 在第二道“密诏”中加上了“迅速出外国求救”，到哪个外国去“求救”呢? 主要目标除上面提到的英国外，还有日本。

康有为等资产阶级改良派对英国和日本存有幻想，是与当时国际、国内的形势有关的。由于慈禧亲俄，沙俄在华势力的扩大，英国、日本与之有矛盾，曾想支持一个符合英、日利益的政府。康有为等也希望英、日能够扶植维新运动。他们对帝国主义是这样认识的：“联俄则燃眉噬脐，旦夕即成异类；联日以联英，则皮肤之癣，犹可补救于将来。”[①] 早在维新运动期间，康有为等改良派就已向往英、日“支持”了。他们不止一次鼓吹与英、日联盟。[②] 北京强学会筹组时，英国李提摩太“曾来会”，“并得到英国公使欧格讷很大的鼓励”[③]，使改良派“感到深刻的兴趣”。政变前夕，康有为建议李提摩太担任光绪皇帝顾问，且授意宋伯鲁、杨深秀疏荐，以为叫“借箸之筹”[④]。这时，日本伊藤博文来华，康有为访诸使署，告以光绪之无权，慈棺之掣肘，顽固守旧大臣之阻挠，并请伊藤博文于觐见慈禧时“剀切陈说”，以使“太后回心转意”[⑤]。他们对英、日存有幻想。

英、日两国对维新运动也曾表示关注：政变发生，英国驻华公使窦纳乐在北戴河度假，立即电告英国外交大臣索尔兹伯里，还通知英国驻华海军司令西摩“迫切需要他带着舰队开到大沽”。梁启超的逃亡，也是在日本的帮助下潜逃的。

---

① 唐才常：《论中国宜与英日联盟》，《湘报》第二十三号，光绪二十四年三月十一日出版。

② 如上揭唐才常《论中国宜与英日联盟》；又如康广仕撰《联英策》，见《知新报》第四十五册，光绪二十四年二月十一日出版。

③ 李提摩太：《留华四十五年记》，译文见《戊戌变法》第三册，第 555 页。

④ 宋伯鲁：《请速简重臣结连与国折》，见《戊戌变法档案史料》，第 170 页；杨深秀折见《戊戌变法》第三册，第 15 页。

⑤ 《游清纪语》上，《台湾日日新报》明治三十一年十一月十三日、十五日。

康有为、梁启超在逃亡时，一方面刊发“密诏”，散布《奉诏求救文》，一方面也展开了“求救”活动。如上所述，他在香港，即准备“动身到英国去”，并“先告英使署参赞，及上海领事、香港总督，请其电英廷相救”，还谒见英国子爵柏丽斯辉，“请其出力相救”。[①] 在康有为未刊稿中，有《致英国驻华公使照会》，内引“密诏”，说是“游走万国，涕泣陈辞”，请求“奏明”英国政府“主持公义，凋兵会议，速为救援”[②]。1899 年春，在加拿大发表演说：“欲将中国危亡之故，陈说于英女皇前，请英皇能开导中国西太后，令其勿复死心庇俄，以误其国。”[③] 到了伦敦，康有为还想“运动”英国干涉中国内政，扶助光绪复辟。

康有为、梁启超逃亡日本前后，也不忘“求救”。梁启超、王照于 9 月 27 日（八月十二日），在大岛军舰中，上书伊藤博文，请他与英美诸公使商议揭破慈禧“欲弑寡君之阴谋，诘问其幽囚寡君之何故”，“若大皇帝有大故，某等各国将下国旗绝邦交，兴问罪之师，代支那讨弑君贼”，并请营救谭嗣同等。[④] 康有为也请犬养毅予以“支持”[⑤]。十月二日，康有为又上书近卫笃麿，说明“受衣带之诏，万里来航，泣血求救”[⑥]。

康有为把他向英国、日本的“求救”活动，说是“奉诏求救”，因为“密诏”中有他加上的“设法相救”“出外国求救”的字样。

结果，日本政府在清政府的交涉下，不让康有为居住日本。四月三日，康有为终于自横滨渡太平洋赴加拿大。与此同时，英国的态度也已改变，它为了保持其既得的侵华利益，转而支持慈禧统治。十月十三日，英国公使窦纳乐在给外交大臣索尔兹伯里的报告中说：“我认为中国的正当变法，已大大被康有为和他朋友们的不智行为搞坏了。”[⑦] 对改良派表示不满。十九日，索尔兹伯里同日本驻英公使加藤高明谈话时，即认

---

① 康有为：《谢奉到衣带密诏折》。

② 见蒋贵麟《万木草堂遗稿外编》下册，（台北）成文出版社 1978 年版，第 521—522 页。

③ 《清国遗臣行踪》，见《清议报》第十四册，光绪二十五年五月初一日出版。

④ 《伊藤博文关系文书》八，《外国人书简》八，第 413—414 页，塙书房版。

⑤ 康有为与犬养毅笔谈记录，共二纸，日本冈山县木堂纪念馆藏。

⑥ 《近卫笃麿日记》第二卷，鹿岛研究所出版社昭和四十三年六月版，第 184—185 页。

⑦ 《英国蓝皮书》1899 年第 ·号第四〇一号文件。

为“不必担心外国利益会因反改革运动（政变）而受到特别的损害，中国的政治将如以往那样发展下去”[①]。英国已无意支持康有为“逐去西后而复扶皇上”。

即使如此，康有为仍旧没有忘记“奉诏求救”，1899年7月20日（六月十三日），组织保皇会，《保救大清皇帝会例》第一条即称“此会钦奉光绪二十四年七月二十九日皇上交军机杨锐带出康工部密诏”云云。[②] 此后，又托英国公使交李鸿章代递折，说是“臣奉循衣带，仰天痛心，蹈日本而哭庭，走英伦而号救，洒泪以宣圣德，雪涕以厉国民，奔走经年，往还重溟”[③]。特别提到英国、日本，说是“蹈日本”“走英伦”，是实践他的“奉诏求救”。

※　※　※

由于第一道“密诏”有“妥速筹商，密缮封奏”的话语，康有为再加上自己的名字，表示“奉诏”。第二道“密诏”最初发表只有“迅速出外”，这个“出外”，对照当天光绪公开的明诏，是“著康有为迅速前往上海”，“出外”，是叫他离开北京，后来康有为却以“出外国求救”，标明“求救”。这样一来，两个“密诏”成为“奉诏求救”的根据。

康有为要扶植光绪复辟，排除后党统治，借助光绪皇帝的“密诏”；为了使“奉诏求救”有“合法”的根据，不惜把“密诏”改篡，而篡入的语句，关键在“奉诏求救”。他在政变后的一系列活动，诸如攻击慈禧“淫昏”，表扬光绪“圣德”，散发公开信，组织保皇会，以致奔赴英、日，“运动”干涉内政，都和“密诏”有关。那么，对研究政变前夕的帝后党争和政变后康、梁的思想和活动，探索“密诏”的真相，无疑是有帮助的。

---

① 《日本外交文书》第三十一卷，第一册，第685页。

② 同上书，第454页。

③ 见《康有为政论集》上册，第454页。

大革命失败后党的组织基础的变动及对它的不同认识*

梁尚贤

大革命失败后，随着党的工作重心的转移，党的组织基础发生了巨大的变动。如何正确认识和对待这种变动，是关系到加强党的建设，取得革命胜利的重要问题。对此，共产国际、党中央和各根据地的领导人，是有不同认识的。对于他们的不同认识和态度，本文将略作分析。

一

1927年秋天开始，中国共产党的实际工作重心逐步向农村转移。一大批党员和干部离开城市，下到农村，从事武装斗争。他们长期在农民群众中活动，并大量吸收农民中的先进分子入党。农民党员的大量增加，使党的组织状况发生了前所未有的变化。

这时的城市党组织由于遭到敌人的沉重打击和破坏，党员数量在“各大城市都大大地减少”①。随着农村游击战争的开展，党的组织发展“几乎百分之七十以上是农民同志”，而城市中党的发展则“非常迟缓”②。虽然

---

* 本文原载《近代史研究》1986年第3期。

① 《中央通告第三十二号》，1928年1月30日。

② 《中央通告第四十七号》，1928年5月18日。

党中央力图扭转这种状况，把“党的成分的改造”[①] 放在组织工作的第一位，但党内农民成分仍然有增无减，所占比重越来越大。例如在江西，1927 年 12 月间，全省党员中农民成分已“占百分之八十以上”[②]；半年之后，“农民成分占了百分之九十以上”，而“工人的成分还不到百分之十”。为此，江西省委发出“这实在不能不令人咋舌”[③] 的惊叹！在农民暴动比较频繁的赣南和赣西地区，那里的群众已经起来，党已有了大的发展，“但工人成分几乎等于零甚至等于零”[④]。

随着南方各地的红军和农村革命根据地的建立，党内农民成分急剧增加。到中共六大召开时，在全国党员中，农民党员已由五大时占百分之二十，迅速上升到百分之七十六，工人党员则由百分之六十五，急剧下降到只占百分之十，工人党员中产业工人仅占“极小数量”[⑤]。六大后，红军和农村革命根据地有了发展，农民中的先进分子也就更多地加入党内来。尽管党中央一再强调发展工人入党，但到六届二中全会召开时，工人党员的比例不但没有扩大，反而从六大时的百分之十“缩小到百分之七”[⑥]。在农村游击战争迅猛开展的地区，工人党员的比例更低，如鄂西地区约两千名党员中，“城市工人则微乎又微不过十余人耳”[⑦]（约占千分之五）。二中全会后，“党员数量在工人成分上较半年前并无若何增加”[⑧]，“每省的农村党员都要超过城市党员好多倍”[⑨]。

1930 年上半年，由于各地红军和农村革命根据地都有了较大的发展，加入到党内的农民成分更多，工人成分则进一步下降。据 7 月中央召开的全国组织会议统计，“全党工人党员的成分仅占百分之五点五”[⑩]。全党产

① 《中央通告第三十二号》，1928 年 1 月 30 日。

② 《江西省委报告》，1927 年 12 月 12 日。

③ 江西省委：《江西工作近况——综合性报告》，1928 年 7 月 8 日。

④ 《中央关于江西工作大纲的指示——关于党的工作、工农运动以及军事运动》，1928 年 4 月 30 日。

⑤ 六大《关于组织问题草案之决议》附一《组织问题决议案提纲》。

⑥ 六届二中全会《组织问题决议案》，1929 年 6 月。

⑦ 周逸群：《鄂西特委给中央的报告》，1929 年 9 月 19 日。

⑧ 《中共中央政治局给中共驻共产国际代表团诸同志的信》，1929 年 11 月 2 日。

⑨ 《中共中央政治局致驻莫斯科中共代表团的信》，1929 年 11 月 22 日。

⑩ 《目前政治形势与党的组织任务》，1930 年 7 月 22 日全国组织会议通过。

业工人的数量更少，三个月间统计“仅占千分之二十五”[①]。到9月召开六届三中全会时，十二万党员中产业工人只有两千多人，仅占千分之十七。“在全国党员数量上，工人成分竟成了相对的减少（即是说工人成分的增加，赶不上其他阶级出身的党员之增加的速度）。”[②] 情况表明，党内工人成分减少与农民成分增加，已成为不可逆转的趋势。

中国共产党的组织成分的变化，给党的建设带来一系列新的问题，其核心是在党内农民成分大量增加并占绝对多数的情况下，如何保持党的无产阶级性质。对此，共产国际、党中央和各根据地领导人之间，存在明显的意见分歧。

二

共产国际的领导人对于中国共产党的工作重心转移所引起的党的成分的变化，表示出严重的忧虑和不安。1928年2月25日，共产国际执委会九次全会通过斯大林、布哈林参与起草的《关于中国问题的议决案》，就含蓄地批评了中国共产党在“组织上的动摇”。6月19日，布哈林在中共六大上作报告，对中国共产党内有人主张将党的基础“由无产阶级方面向农民方面移动”的倾向，公开作出强烈的反应。他认为这种倾向“有使我们力量分散及分裂的危险；有使党不能察觉无产阶级的镇定性及组织力不足的危险；有使党在艰苦时期中，分散自己的力量以致被敌人各个击破的危险；有使党不能尽最高限度的可能来改进自己的队伍，重新团结工农群众的组织，联贯城市与乡村运动的关系，以便巩固将来广大范围的武装暴动的危险”[③]。布哈林一口气说了四个“危险”，现在看来，近乎危言耸听，但在当时，却是最有权威性的意见。他的中心思想是，中国共产党要是以农民为基础，就会脱离城市工人阶级，造成革命力量的分散和党的分裂，势必危及将来包括中心城市在内的“广大范围的武装暴动”，导致中国革

① 中共中央《为发展党的组织告全党同志》，《红旗》第87期，1930年3月26日。

② 六届三中全会《组织问题决议案》，1930年9月。

③《中国革命与中共的任务——国际代表在中国党第六次大会的政治报告》。

命的失败。

之后，共产国际东方部部长库西宁也对中国共产党的“大部分党员不是工人阶级成分，而是农民”的状况，表示不满。他说：“我们兄弟的中国党有这样的社会成分，当然是十分不正常的。”① 当共产国际得知中国“全党工人成分最高数量不过四千人”② 后，立即表示中国共产党的组织状况“是完全不能令人满意的”③。共产国际的另一位领导人皮亚特尼茨基更指责中国共产党“目前没有充分的无产阶级基础”，“它几乎不依靠工人”，党的干部都是“由小资产阶级出身的人组成”。④ 按照他们的说法，中国共产党还是不是一个无产阶级性质的党，就很值得怀疑。

共产国际认为，要阻止中国共产党的组织基础变动，解除由此引起的种种“危险”，唯一的办法是根本改善中国共产党的社会成分，尽快增加工人成分的比重。为此，共产国际第六次代表大会明确指示中国共产党，在党内工作方面，应当努力“改善党的社会成分，同时特别注意在各大工厂和铁路工厂中最重要的生产部门建立党的支部”⑤。

1929 年 2 月，共产国际指示中共中央，要“借鉴”即照搬欧洲各国党的经验，建立许多秘密的小规模的产业支部，作为“党组织的可靠基础”⑥。

1931 年 8 月，共产国际又进一步指示中国共产党，“不仅要在政治路线上，而且要在党的成分上，以及工人在党的领导机关中所起的作用上，成为无产阶级的党”。为此“应当在国内所有各大中心城市恢复和加强党的组织”，“应当在较大和最大的企业中建立自己的基层组织”，“要大胆

① 《库西宁关于殖民地和半殖民地国家的革命运动的报告》，共产国际第六次代表大会，1928 年 8 月 14 日。《共产国际有关中国革命的文献资料》（以下简称《文献资料》）第一辑，第 431 页。

② 《中共中央政治局向共产国际的报告》，1928 年 11 月 28 日。

③ 《共产国际执行委员会给中国共产党中央委员会的信》，1929 年 2 月。

④ 《皮亚特尼茨基在共产国际执委会第十次全会第七次会议上的发言》，1929 年 7 月 6 日。《文献资料》第二辑，第 38 页。

⑤ 《殖民地和半殖民地的革命运动》（提纲），共产国际第六次代表大会，1928 年 7 月 17 日至 9 月 1 日。贝拉·库恩编：《共产国际文件汇编》（以下简称《文件汇编》）第三册，第 125 页。

⑥ 《共产国际执行委员会给中国共产党中央委员会的信》，1929 年 2 月。

地、有步骤地，同时突击式地征收优秀工人入党，这应当成为党的一切支部和委员会的最重要的政治任务”。①

这样，共产国际就给中国共产党规定了一条以产业工人和产业支部作为党的组织基础的路线，要求把党的组织工作的重点放在各大中心城市的较大和最大的企业上，大量征收工人入党，以改变工人成分减少农民成分增加的趋势，从成分上保证党的无产阶级的性质。这条组织路线，是和共产国际为中国共产党确定的城市中心的方针相一致的。

共产国际的上述观点和态度，给了中国共产党以强烈的影响。

从共产国际代表罗明纳兹指导的八七会议开始，在一段时间内中国共产党内弥漫着唯成分论的空气，过分强调领导干部的单纯工人成分，把一切机会主义的罪恶都归之于小资产阶级出身的知识分子干部，产生了排斥知识分子干部的倾向。但在党员成分上，这时因为农民成分增加的趋势不甚明显，还未出现片面强调工人成分的倾向。例如，1927 年 8 月 7 日党中央致信闽北、闽南临委，“应多量吸收农民、工人分子”入党。12 月 1 日，党中央又致信闽北、闽南两特委，提出“党员成分必须尽可能吸收工农分子”。就是说，不分工人分子还是农民分子，只要是能勇敢奋斗的，一样无限制地发展入党。广州暴动失败后，党中央从广东海丰地区党员发展的数量农民占了百分之八十五的事例中，开始感到党的组织成分已发生“问题”②；党在组织上的主要危险，已不复是知识分子充满指导机关，而是农民分子充满各级组织。

正当党中央对党内“工人成分太少”③ 的现象产生了“危机”感时，布哈林强烈地批评了中国共产党的基础向农民方面移动的倾向。按照布哈林定下的调子，中共六大立即宣称：“党的基础有由工人阶级移到农民的危险。”④ 农民党员已超过工人党员七倍，“党内这样现象不是应当有

① 《共产国际执行委员会主席团关于中国共产党的任务的决议》，1931 年 8 月 26 日。

② 《中央致广东省委信——策略与组织》，1928 年 1 月底补发。

③ 《中央关于江西工作大纲的指示——关于党的工作、工农运动以及军事运动》，1928 年 4 月 30 日。

④ 《中央通告第二号——第六次全国代表大会的总结与精神》，1928 年 9 月 17 日。

的”[①]。

六大后，中央又根据布哈林报告和共产国际六次大会的精神，指出大革命失败后，中国“党的发展由城市转向乡村”，这使“党的工人成分减少”，表现了党的“非无产阶级化”，“党的组织显然有离开无产阶级的危险”[②]。中国共产党的发展方向和组织成分的变化，是和共产国际要求中国共产党推行的城市中心方针相抵触的。

党中央甚至从共产国际对中国共产党大部分党员是农民的不满中，引申出全党面临变质的危险的结论：“现在全国的党有一个普遍的危险，就是无产阶级在党的成分上和领导上的缩小，有形成农民党的严重危机。”[③]中央还特别指责福建的党员成分，“农民竟占百分之九十二，工人仅占百分之五，这是其他各省所没有的。如此，福建的党，在数量上已经充分地农民化了”[④]。

六届三中全会则认为，大城市工人党员的增加很慢很少，“这种主观力量的落后，对于目前革命运动的发展，对于最近将来武装暴动的准备，对于在这些斗争中革命领导的保证，正是一种主要的危险”[⑤]。就是说，工人党员太少，这对于即将准备的中心城市武装暴动是极其不利的。

王明“左”倾分子上台后不久，也对全国党员最大多数在苏区、苏区党内则是农民成分占“绝大的多数”表示不满，指责目前整个党的组织发展仍然是“畸形的状态”[⑥]。他们向共产国际发誓：“要征服过去党员发展的畸形状态。”[⑦]

由上可见，在共产国际影响下，党中央对党内农民成分的大量增加，长期采取了否定的态度。

根据共产国际关于以产业工人和产业支部作为党的组织基础的指示，

---

① 六大《关于组织问题草案之决议》附二《中国共产党组织决议案草案》。

② 《中央通告第六十九号——创造无产阶级的党和其主要路线》，1928 年 10 月 17 日。

③ 《中共中央关于国际国内形势及目前应采取的路线给润之、湘赣边特委及四军军长的指示》，1928 年 10 月。

④ 《中央致福建省委信——关于目前形势与党的紧急任务的指示》，1928 年 10 月 4 日。

⑤ 六届三中全会《组织问题决议案》，1930 年 9 月。

⑥ 《中央关于发展党的组织决议案》，1931 年 3 月 5 日中央通过。

⑦ 《中共中央关于组织工作给共产国际的报告》，1932 年 2 月 12 日。

中央认为要克服农民成分增加而引起的“危机”，解决农民成分增加同城市中心方针的矛盾，首先就要从改变党员成分上入手。

六大前，中央鉴于党员数量的急剧减少，提出了要在“六个月内增加二万新党员”的计划，规定“其中须有百分之六十的工人，百分之三十的农民”①，并按省区分配了发展党员的数额，要求各地必须“执行”中央有关工农成分比例的规定②。中央还针对一些地区“党的成分中工人分子占极少数”，提出要“特别注意工人成分的增加”③，并把党员成分问题与城市工作联系起来，强调要“极力注意城市的工作，在党中扩大工人同志的成分”④。也就是说，只有以城市工作为中心，把主要力量放在领导工人斗争上，并在斗争中大量吸收工人入党，才能促使党内工人成分增加，并使党的组织和城市中心的方针相适应。

为了彻底扭转党的基础向农民方面移动的趋势，六大按照布哈林报告的精神，正式提出恢复和重建党的基础问题。强调“必须坚决努力复建党的基础于工人阶级，尤其是城市大工业和交通工人之上”⑤；规定“以后党的工作应当转变过来”，使党的发展由向着农民转为向着工业无产阶级，“使着无产阶级分子成为党的基础”⑥。

六大后的中央，尤其急切地要求“增加工人同志的成分，使党由农民化的党转变为真正工人的党”⑦。中央还把党的成分问题同党的布尔塞维克化联系起来，认为“只有创造党的无产阶级的基础，才能保障党的布尔塞维克化”⑧。“到产业工人中去，建立强固的工厂支部，增加党的工人的成分，集中注意于全国产业区域的党的组织的健全，造成党的新生命，这是

① 《广州暴动之意义与教训》，中共中央临时政治局会议通过的议决案，1928 年 1 月 3 日。

② 《中央通告第三十一号》，1928 年 1 月 16 日。

③ 《中央关于江西工作大纲的指示——关于党的工作、工农运动以及军事运动》，1928 年 4 月 30 日。

④ 《中央关于江西工作大纲的指示——关于党的工作、工农运动以及军事运动》，1928 年 4 月 30 日。

⑤ 《中央通告第二号——第六次全国代表大会的总结与精神》，1928 年 9 月 17 日。

⑥ 六大《关于组织问题草案之决议》附二《中国共产党组织决议案草案》。

⑦ 《中央致福建省委信——关于目前形势与党的紧急任务的指示》，1928 年 10 月 4 日。

⑧ 《中央通告第六十九号——创造无产阶级的党和其主要路线》，1928 年 10 月 17 日。

目前党的布尔塞维克化主要的道路。"[①] 这是把党的组织建设，特别是党在产业区域的组织建设，即工人成分的增加和工厂支部的建立，放在党的建设的首位。这样做，既不可能改变党内工农成分的悬殊比例，也不可能真正实现党的布尔塞维克化。

六届二中全会鉴于党在产业无产阶级中的基础"仍是异常薄弱"[②]，根据共产国际 1929 年 2 月来信的指示，着重强调"改善（党员）质量的主要条件在成分"，"首先深入到产业工人群众中去以改变党员的成分"，"尽力发展并巩固产业支部使它成为党的组织基础"[③]。1929 年 12 月 2 日，中央"为巩固与发展党的无产阶级基础"，专门发出第五十九号通告，要求"各级党部应勇敢地向产业工人开门，尽量吸收产业工人群众入党"。

1930 年上半年，在李立三主持下的党中央，再次强调"在党的组织上，目前最严重而且最中心的任务，是要很坚决地、大胆地向产业工人开门"[④]，并特别规定从 4 月到 5 月，在广东、直隶、江苏等十七个省区中，最低限度要发展工人党员八千七百五十人，产业工人党员三千五百二十人，还按省区分配了具体的发展指标。[⑤] 中央为适应发动城市暴动的需要，而硬性规定发展工人党员的数量，这种做法，在党的组织发展史上是没有先例的。为纠正李立三错误而召开的六届三中全会，仍然继续强调党在组织上的主要关键，在于"增加党内工人核心和工人干部人才之比重"，提出"要最大限度和最大速度地发展党的无产阶级成分"，"要使吸收产业工人入党成为一种潮流"[⑥]。这在实际上是提倡加快或优先发展产业工人入党，放慢或停止农民入党，来达到根本改变党员的阶级构成，使工人成分占绝对优势。

王明"左"倾中央更是迫不及待地要将党的组织工作的重心"移到产

① 《中国共产党中央执行委员会告全体同志书》，1928 年 11 月 11 日。

② 六届二中全会《政治决议案》《组织问题决议案》，1929 年 6 月。

③ 同上。

④ 《中央通告第七十三号——发展产业工人党员加强党的无产阶级基础》，1930 年 3 月 22 日。

⑤ 同上。

⑥ 六届三中全会《组织问题决议案》，1930 年 9 月。

业中去”，“加紧吸收产业工人入党”，在纪念五卅运动期间“党的无产阶级成分要发展到百分之十以上”[①]，最近“务期达到党员社会成分的大转变”[②]。1933年11月30日，王明在共产国际执委会十三次全会上，不顾“左”倾错误导致白区党的组织几乎损失百分之百，为数不多的白区工人党员几乎损失殆尽的事实，吹嘘说白区党员已由去年的三万人发展到六万人，“党的成分也大大改变了”。工人党员所占的比重，已由“过去平均为百分之十五至二十”（六大以后，从未达到过这个平均数），“增加到百分之二十五至三十”。王明并不以编造的“百分之三十”的工人成分为满足，竟然提出“全党成分工人化”[③]的极左口号，即达到百分之百的工人成分，完全彻底地排斥农民和其他小资产阶级成分。这就把六大以来通过增加工人成分来重新创造党的无产阶级基础的路线，推到了极端。

对于共产国际和党中央反对农民成分大量增加的态度，和片面强调增加工人成分的主张，以毛泽东、方志敏等为代表的农村根据地的领导人是有不同意见的。六大前后，毛泽东、方志敏等人在开辟农村包围城市的革命道路的同时，也在努力探索如何解决由于农民成分增加而给党的建设带来的新问题。

各个农村根据地的党组织，无例外的是农民成分占绝大部分。如湘赣边界地区，各县的党“几乎完全是农民成分的党”[④]；在主要由农民组成的红四军中，“党的组织基础的最大部分是由农民和其他小资产阶级出身的成分所构成的”[⑤]。在赣东北地区，据1930年统计，七千五百多名党员中，农民出身的党员占百分之九十二。在这种情况下，党内无产阶级思想和各种非无产阶级思想，主要是农民小资产阶级思想的冲突，将是无法避免的。毛泽东清醒地估计到在农村环境中，“‘斗争的布尔塞维克党’的建

---

① 《中央关于发展党的组织决议案》，1931年3月5日中央通过。

② 《中央关于全国组织报告的决议》，1931年5月1日通过。

③ 《王明在共产国际执委会第十三次全会第六次会议上的发言》，1933年11月30日。《文献资料》第二辑，第229页。

④ 毛泽东：《井冈山的斗争》，1923年11月25日。

⑤ 毛泽东：《关于纠正党内的错误思想》，1929年12月。

设，真是难得的很”[①]，如果对党内种种不正确思想放任自流，不仅“对于执行党的正确路线，妨碍极大”[②]，而且有使党变质的可能。周逸群也认为：“鄂西党员成分，大部分是农民。所以地域观念特别浓厚，地方主义的确可以影响工作，其结果有分家的危险。”[③]

他们认为，要抑制党走向非无产阶级的道路，关键不在于单纯增加工人成分，而在于坚持党的无产阶级思想领导。

由方志敏领导的赣东北党，十分注意对党员进行无产阶级的思想教育。他们于 1928 年春编写了《怎样做一个好共产党员》的教材，明确指出共产党是无产阶级的政党，“既加入党了，就应该始终如一做个好党员。任凭怎样艰难困苦、威胁利诱，都不能改变我们对党的信仰”。这本教材严格要求每个党员必须做到“服从党的命令”，“遵守纪律”，“对党忠实”，“严守秘密”，“勇敢参加阶级斗争”，“勤习革命理论”，“要明了政治”，“接受批评”，“牺牲个人”，“永不背党”。针对当时党内存在的农民小资产阶级思想，这本教材特别提出要打破六个错误观念，即“打破家庭观念”“打破地方观念”“打破亲族观念”“打破雇佣观念”“打破领袖观念”“打破迷信观念”。在组织上，赣东北党所发展的党员“大部分是群众斗争的领袖”，他们坚持吸收党员“是以斗争坚决，在群众中有威信，对革命忠诚，工作积极为主要标准”，至于“成分问题只是标准之一”[④]。

邓子恢、张鼎丞、郭滴人等领导的闽西党，在开展闽西游击战争的艰苦年月中，同样十分重视对党员的思想教育工作。他们认为，“我们党是无产阶级的政党，是工农群众的先锋队”，为要健全自己的组织，就必须“加紧党的教育训练工作，提高一般党员对革命及对党的认识，提高一般党员政治水平线及工作能力”，同时“应该肃清一般非无产阶级意识，如个人主义、地方主义、机会主义与盲动主义等”。在组织上，要“严格党的纪律”；“应该在城市工人及各乡农民群众中发展党的组织，吸收进步的

① 毛泽东：《井冈山的斗争》，1923 年 11 月 25 日。
② 毛泽东：《关于纠正党内的错误思想》，1929 年 12 月。
③ 《周逸群给中央信》，1938 年 8 月 22 日。
④ 邵式平、汪金祥：《闽浙皖赣（赣东北）党史》。

勇敢的工人和贫农入党"[①]，而不只是片面要求吸收城市工人入党。

在井冈山斗争中，毛泽东针对党内农民成分占优势和农民小资产阶级思想的严重影响，特别强调"无产阶级思想领导的问题，是一个非常重要的问题"[②]。他认为对于农民出身的党员，最重要的是"加以党的基本理论的训练"，进行思想改造，"极力铲除一般同志的机会主义思想和封建小资产阶级思想，确定无产阶级革命的人生观"[③]。只要"经过长期的斗争锻炼和党内教育"[④]，他们带到党内来的农民小资产阶级意识就不难逐渐克服。至于农村党的发展，则要"特别注意质量"，"必须使每个党员成为无产阶级的战斗员"，规定"党员成分必须是先进的觉悟的忠实的勇敢的贫苦工农分子"[⑤]。就是说，不论是工人还是农民，只要是先进的、觉悟的、忠实的、勇敢的分子，都可以发展入党，而不是单纯强调工人成分。同时，执行布尔塞维克党的"铁的纪律"，"洗刷不斗争的腐化分子"。只有这样，"才能集中革命先进分子的力量团集在党的周围，使党壁垒森严、步伐整齐地成为强健的斗争组织"[⑥]。毛泽东率部到达赣南、闽西后，又根据红四军党内各种非无产阶级思想一度泛滥的教训，在古田会议决议中指出："红军党内最迫切的问题，要算是教育的问题。为了红军的健全与扩大，为了斗争任务之能够负荷，都要从党内教育做起。不提高党内的政治水平，不肃清党内各种偏向，便决然不能健全并扩大红军，更不能担负重大的斗争任务。"[⑦] 决议提出通过加强党的思想建设，加强马克思列宁主义和党的正确路线的教育，纠正各种错误思想，从而解决党内无产阶级思想与农民小资产阶级思想的矛盾。决议还提出要加强党的组织建设，厉行集中指导下的民主生活，严格地执行纪律，以克服组织松懈的现象，规定"党员的发展路线，以战斗兵为主要对象"[⑧]，即以穿军装的农民为主要对象，

---

① 《龙岩县委扩大会议关于龙岩政治状况与党的任务的决议》，1928 年 10 月 15 日。
② 毛泽东：《井冈山的斗争》，1928 年 11 月 25 日。
③ 《湘赣边界各县党第二次代表大会决议案》，1928 年 10 月 25 日。
④ 毛泽东：《井冈山的斗争》，1928 年 11 月 25 日。
⑤ 《湘赣边界各县党第二次代表大会决议案》，1928 年 10 月 25 日。
⑥ 同上。
⑦ 《中国共产党红军第四军第九次代表大会决议案》，1929 年 12 月。
⑧ 同上。

强调必须具备党员条件的人才能介绍入党，以提高党员质量。

与此同时，以贺龙为书记的湘鄂西前委针对红军中“游民无产阶级分子”即破产农民很多的特点，提出了“改造红军中党的组织，并加紧党内教育工作”的任务，要求在思想上“用教育的方式训练新的同志”，在组织上“用铁的纪律处分违反党的纪律的同志”①，以强健党的组织，克服涣散的现象，使党在士兵群众中起核心作用。以周逸群为首的鄂西党不同意当时流行的把党的无产阶级基础的建设片面解释为单纯增加工人成分的观点，明确提出“党的无产阶级基础的含义：一部分当然是指无产阶级的分子，如城市的工人，乡村的雇农，一部分是指无产阶级的意识，即所谓无产阶级化”②，而后者更为重要。

所有这些，就是由古田会议决议所体现的并为各根据地的党所坚持的路线。它的基本精神是：既不惧怕农民成分占绝大多数，又不放任农民小资产阶级思想自由发展，而是在大胆吸收农民中的先进分子入党的同时，加强党内无产阶级思想教育，克服他们带来的各种非无产阶级的思想，把他们提高到无产阶级先进战士的水平上来，从而保证党的无产阶级思想领导，保持党的无产阶级性质。

三

这样，在 20 年代末 30 年代初，共产国际、党中央和各根据地的领导人之间，由于对工人成分减少和农民成分增加的现象持截然相反的观点，形成了两条相对立的路线，一条是共产国际制定的、党中央长期执行的以增加工人成分为中心的路线，一条是以毛泽东、方志敏等人为代表的以加强思想教育为中心的路线。这两条路线，实质上反映了中国革命以城市为中心还是以农村为中心，走中心城市暴动道路还是走农村包围城市道路的分歧。实践证明，前一条路线行不通，因为它既违反了中国革命的发展规律，又不符合中国共产党所处的社会环境。

---

① 贺龙：《湘鄂西前敌委员会报告》，1929 年古历 8 月 8 日。

② 鄂西党第二次代表大会《关于鄂西党的组织决议案》，1929 年 12 月。

自有共产党以来，还没有过哪一个党像中国共产党一样，农民成分占了这样大的比重。大革命失败后，中国共产党在城市难以立足，被迫转入农村。为了生存和发展，必须发动和组织农民，开展游击战争，建立革命根据地，进行土地革命，并适应农村斗争发展的需要，大量从农民中发展党员，壮大党的组织，使之成为密切联系广大农民群众的党。这是求生取胜之道。在以农民为主要群众的半殖民地半封建的中国，城乡工农革命运动的发展极不平衡，敌人严密控制城市，工人运动一直比较低落，在这种情况下，要求党内工人成分大量增加，显然是不可能的。因此，党内农民成分的增加并占了很大的比重，是十分正常的现象。党的发展由城市转向农村，党的组织基础由工人方面转移到农民方面，这是中国革命的发展规律所决定的，是党的工作重心实际上已由城市转移到农村的反映，没有什么可担心的。

然而，共产国际的领导人担心中国共产党内农民成分所占比例过高，这会造成一种无法控制的局面。共产国际的领导人作出这样的反应，当然是不奇怪的。在共产国际的所有文件中，一讲到党的无产阶级的性质，就是同党员的社会成分联系在一起的。共产国际历来强调共产党只能是由产业工人所组成，明确规定“布尔什维克党是一个产业工人的党”[①]，在党员的社会成分中，要“使工业无产者的人数占明显的优势”[②]。为做到这一点，党在扩大和巩固自己的组织时，“必须把重点放在主要城市和大工业工人群众的中心区域”[③]。共产国际认为：“任何一个共产党，如果它在工厂、矿山、铁路等等中没有建立起巩固的基层组织，就不算是一个力量强大的、组织严密的群众性的共产党。”[④] 为此规定以生产支部（也叫工厂支部或产业支部）为党的组织基础，“这样的组织形式能够最好地保证党的

① 《共产国际执行委员会第五次全会通过的关于各国共产党布尔什维克化的提纲》，1925 年 4 月。珍妮·德格拉斯选编：《共产国际文件》（以下简称《国际文件》）第二卷，第 271 页。

② 《以生产支部为基础改建党的组织》，共产国际第五次代表大会，1924 年 6 月 17 日至 7 月 8 日。《文件汇编》第二册，第 50、51 页。

③ 《共产党的组织建设、工作方法和工作内容》（提纲），共产国际第三次代表大会，1921 年 6 月 22 日至 7 月 12 日。《文件汇编》第一册，第 309 页。

④ 《共产国际的策略》（提纲），共产国际第四次代表大会，1922 年 11 月 5 日至 12 月 5 日。《文件汇编》第一册，第 421 页。

应有的社会成分，保证它的无产阶级的性质"①。共产国际还认为："一个真正的共产党应该同最广大的无产阶级群众经常保持最密切的联系，这是它的首要任务。"② 为了达到推翻资产阶级统治，让工人阶级取得政权的目的，"只有靠我们的党组织同工厂中的劳动群众紧密结合"③。而普遍建立工厂支部，就是实现党与无产阶级的紧密联系的最好形式，"是布尔什维克化的重要前提"④，"是夺取政权斗争胜利的必不可少的条件"⑤。

共产国际的这些规定，是从资本主义国家的城市工业十分发达，无产阶级占人口的大多数的情况出发，并适应党的工作重心是在城市，党的任务是领导无产阶级推翻资本主义和夺取政权的需要。共产国际却把这套只适合于资本主义国家共产党的规定，照搬到殖民地半殖民地的共产党中，要求"殖民地（包括半殖民地——引者）的共产党也应当在社会成分上成为真正无产阶级的政党"⑥。当中国共产党的组织状况适应农村革命斗争的需要而发生变化时，共产国际仍然套用这些规定，要求中国共产党和欧洲资本主义国家的共产党一样，把党的基础建筑在城市工业无产阶级身上，党员的绝大多数是产业工人，组成许多产业支部，使党的组织遍布中心城市的重要企业之中，以保证城市中心方针的执行，一旦革命高潮到来时就可以领导无产阶级举行城市暴动夺取政权。

当然，共产国际要求中国共产党增加工人成分，这不能说没有合理的一面。中国共产党作为一个无产阶级的政党，如果能像欧洲各国党一样，工人成分占绝对优势，那是再好不过的事情。因为农民成分增加和工人成

---

① 《以生产支部为基础改建党的组织》，共产国际第五次代表大会，1924 年 6 月 17 日至 7 月 8 日。《文件汇编》第二册，第 50、51 页。

② 《共产国际第二次代表大会所通过的关于共产党在无产阶级革命中的任务的提纲》，1920 年 7 月 24 日。《国际文件》第一卷，第 165 页。

③ 《共产国际执行委员会关于建立工厂党小组的决议》，1924 年 1 月 21 日。《国际文件》第二卷，第 112 页。

④ 《共产国际第二次组织会议通过、共产国际执行委员会组织局批准的关于工厂和街道党小组的决议》，1926 年 3 月 26 日。《国际文件》第二卷，第 404 页。

⑤ 《以生产支部为基础改建党的组织》，共产国际第五次代表大会，1924 年 6 月 17 日至 7 月 8 日。《文件汇编》第二册，第 52 页。

⑥ 《殖民地和半殖民地的革命运动》（提纲），共产国际第六次代表大会，1923 年 7 月 17 日至 9 月 1 日。《文件汇编》第三册，第 120 页。

分减少，毕竟会给党的建设带来种种困难和问题。中国共产党如果在可能的条件下，尽量增加工人成分的比重，这对提高党员质量，密切党与本阶级的联系，加强党的战斗力，都将起到重要的作用。可是中国不具备欧洲国家那样的条件，如无产阶级占人口大多数，共产党在城市可从事合法活动以组织工人队伍等。在只有几百万产业工人而有几万万农民，内部又毫无民主自由的中国，指望增加工人成分来使党成为群众性的党，是不现实的。要在毫无近代工业的农村偏僻山区根据地大量发展产业工人党员和建立产业支部，更是异想天开。在这种情况下，共产国际片面强调增加工人成分，把它绝对化，硬要中国共产党在短期内从农民成分占多数转变为工人成分占多数，就不免要脱离中国的社会条件和党的建设的实际，而陷入唯成分论的困境。

共产国际把中国共产党的大部分党员是农民视为不正常的现象，认为只有增加工人成分才能保持党的无产阶级性质。这种观点，是违反列宁的教导的。列宁曾指出："当工人政党发展得特别迅速的时候（如一九〇五——九〇六年我国的情形），大批渗透了小资产阶级思想的分子进入工人政党是不可避免的。这并不是什么坏事。无产阶级的历史任务就是要锻炼、教育、改造旧社会遗留给无产阶级的出身于小资产阶级的一切分子。"① 列宁又说："一个党是不是真正的工人政党，不仅要看它是不是由工人组成的，而且要看是谁领导它以及它的行动和政治策略的内容如何。只有根据后者，才能确定这个党是不是真正的无产阶级政党。"② 共产国际不是根据列宁的教导来正确指导中国共产党的建设，而是把增加工人成分当作僵死的教条，来束缚中国共产党人的手脚。

党中央最初面对农民党员大大超过工人党员的事实，一度陷入了矛盾惶遽的状态。一方面感到"党的组织中心确要建筑在无产阶级身上，这是天经地义的共产党的组织原则"，现在许多党部"均建筑在乡村农民中间"，则是对这个原则"不自觉地发生动摇"；另一方面又觉得农民党员数

---

① 列宁：《论拥护召回主义和造神说的派别》，《列宁全集》第 16 卷，第 49 页。

② 列宁在共产国际第二次代表大会上《关于加入英国工党问题的发言》，《列宁全集》第 31 卷，第 225 页。

量大增，在工人群众中无论如何发展，“最近期中决难达到此数”，在这种情形下，“党的无产阶级化问题当然不是机械的运用要使党的无产阶级成分占绝对的多数”[①]。这两方面显然是相互矛盾的。因为要执行党的组织建筑在无产阶级身上的原则，就必须使党的无产阶级成分占绝对的多数；要不机械地坚持使党的无产阶级成分占绝对的多数，而让农民成分占绝对的多数，就必然违反这条“天经地义”的原则。二者必居其一。党中央在共产国际的批评下，最终选择了前者，走上了机械地照抄共产国际的决议和照搬欧洲党的建设经验的道路，从而导致他们对农民成分增加而引起的一系列问题，作出错误的判断。

首先，由于农民成分的增加，农民小资产阶级的思想必然会大量地反映到党内来。中央曾一再指出：“因为现在中国的党员成分十分之八九是农民，所以许多党部的行动差不多跟了农民的意识走”[②]；“党的工人成分减少，农民数量超过工人同志七倍，农民的意识将影响到党的组织路线上来”[③]；“工人成分之减少，农民成分占绝对多数致有农民小资产阶级意识影响政策的危机!”[④] 从当时各地农村斗争情况看，农民的均产主义与流寇观念，在党内确有相当的发展。中央担心农民意识对党的影响，是有道理的。如何克服大量反映到党内来的农民小资产阶级思想，是中国共产党的建设的一个突出问题。但是，中央却未能找到正确的方法，来解决党内日益尖锐的无产阶级意识与农民小资产阶级意识的矛盾。中央认为，“要使党的无产阶级的意识加强，首先要扩大党的无产阶级的组织基础”[⑤]。也就是说，党的无产阶级意识主要依靠不断增加党内的工人成分来加强，工人党员占的比例越高，党的无产阶级意识就越牢固。党中央虽然从一般意义上也讲要加强党内思想教育，但认为党内思想教育对加强党的无产阶级意识并不起决定性的作用，起决定性作用的是党员的成分。因此，不是主要依靠对农民出身的党员进行思想教育的方法，而是主要依靠增加工人成分

① 《中央致广东省委信——策略与组织》，1928 年 1 月底补发。

② 《中央通告第五十号——关于职工运动》，1928 年 5 月 25 日。

③ 六大《关于组织问题草案之决议》附一《组织问题决议案提纲》。

④ 《中央关于城市农村工作指南》，1928 年 7 月 26 日。

⑤ 《中国共产党中央执行委员会告全体同志书》，1928 年 11 月 11 日。

的方法来解决这一矛盾。其结果，党内工人成分不但未能增加，农民意识反因忽视了党内正确的思想教育而日益发展。

其次，党内工人成分大量减少，特别是在拥有广大产业工人群众的区域，党的工作“完全塌台”①，无疑会削弱党与城市无产阶级的联系。中央估计到党与城市无产阶级联系的削弱，反过来又会影响党的力量，这是正确的。但是，中央又认为只有加强党同城市无产阶级的联系，才能壮大党的力量。这就是一种片面性。由此，中央就未能正确认识在中国条件下发展党的力量的主要途径。中央认为，党只有长期在城市产业工人中活动，并大量吸收产业工人入党，才能成为强有力的党，吸收的产业工人越多，党的力量就越大。六大申明的“共产党只有建筑基础于工业无产阶级的时候，他才有力量”②，就是这个意思。因而不懂得在敌人占领城市并阻碍党同无产阶级建立密切联系的情况下，把主要力量放在农村，大量吸收农民入党，把党的基础建筑于广大贫苦农民之上，才是发展壮大党的力量的根本途径。

再次，党内农民成分的增加和农民意识的发展，的确有使党的性质发生变化的可能，如果不注意纠正各种妨碍党的正确路线贯彻的错误思想，任其发展下去，这种可能就会成为现实。中央对此保持警惕，是很必要的。但是，中央却未能找到防止党变质的根本办法。中央从唯成分论出发，认为党的性质主要是由党员成分来决定的，只有工人成分占绝对优势，才能确保党的无产阶级性质不变，而农民成分的大量增加并占绝对多数，党的性质的变化就是无法避免的了。中央认为不仅全国党面临变质，而且一些地方党的组织已经变质，这些地方“没有城市工作，因而党内没有工人成分，更没有工人的干部，纯粹成了农民党”③。中央甚至认为，党内农民意识已处于统治的支配的地位，“农民意识笼罩一切”④。中央之所以对党的状况作出这样悲观的估量，在于对党的性质是由什么决定的问题认识错误，片面强调党员的社会成分，不懂得党员的社会成分固然重要，

① 《中央通告第六十九号——创造无产阶级的党和其主要路线》，1928 年 10 月 17 日。

② 六大《关于组织问题草案之决议》附二《中国共产党组织决议案草案》。

③ 《中央给湖北省委并转鄂西特委信》，1928 年 9 月 24 日。

④ 《中国共产党中央执行委员会告全体同志书》，1928 年 11 月 11 日。

但仅仅是党员的社会成分还不能决定党的性质。正如党员数量上的工人化不等于是工人党一样，党员数量上的农民化更不等于是农民党。根据中国党的经验，决定党的性质的，“是我们党的政治斗争与政治生活，是我们党的思想教育、思想领导与政治领导，而我们党的总纲及党的组织原则，则保障了无产阶级的思想和路线在党内占居统治地位”①。这才是防止党变质的根本保证。

最后，中央把工人成分减少农民成分增加的原因，错误地归之于一些地方党组织“主观上忽略了城市的工作”②，而把主要力量放在领导农民斗争上。中央指责各地“党的组织散布在乡村”，“县委大半设在乡下”③，“专门去干农民的暴动”④，“埋头农村活动，以致造成党的组织成分是农民占百分之八十以上！这是我党的绝大危机!”⑤ 中央把“农村斗争特别发展”⑥ 看成是导致农民成分增加和产生党内“危机”的根源。可见，他们反对农民党员的大量增加，归根到底，是反对党的工作重心向农村转移。因为农民成分的大量增加，是城市中心的方针所不相容的。中央认为，要根本改变工人成分减少农民成分增加的状况，就必须纠正“过于重视农民斗争”，“专一注意乡村”⑦ 的倾向，“务要使总的工作精神由单纯的乡村转变到着重城市”⑧。“因为城市是政治经济的中心，是产业工人的中心，是我们党的基础”⑨，要大量增加工人成分，就必须集中全力于城市工作。从准备力量以发动城市暴动的需要来说，在城市工人中建立一个支部“比在农村中发展几支枪，发展几十同志都要宝贵”⑩，“在城市中发展一个同志比乡村中十百个同志作用还要大”⑪。这就把党的组织发展完全置于服从

① 《刘少奇选集》上卷，第 325 页。
② 《中央致湘鄂赣三省委信》，1928 年 3 月 10 日。
③ 同上。
④ 《中央给（红四军）前敌委员会的信》，1928 年 6 月 4 日。
⑤ 《中央关于城市农村工作指南》，1928 年 7 月 26 日。
⑥ 《中国共产党中央执行委员会告全体同志书》，1928 年 11 月 11 日。
⑦ 《中国共产党中央执行委员会告全体同志书》，1928 年 11 月 11 日。
⑧ 《中央给鄂东北特委的指示信》，1929 年 7 月 14 日。
⑨ 《中央关于湖北问题决议案》，1929 年 4 月 24 日。
⑩ 《中央给鄂东北特委的指示信》，1929 年 7 月 14 日。
⑪ 《鄂西党目前的政治任务及共工作决议案》，中央政治局通过，1929 年 8 月 24 日。

城市中心的方针之下。

总之，共产国际和中国共产党的一些人，长时间内把中国共产党的工作重心转移和党的组织基础变动，看作有百害而无一利的事情。他们不是鼓励中国共产党大胆放手发展农民党员，使党的组织发展适应党的工作重心向农村转移的需要，而是一味要求增加工人成分，使党的组织符合城市中心方针的要求。他们不相信毛泽东、方志敏等人在农村创造的建党经验，即把党的思想建设放在党的建设的首位，加强对广大农民党员的无产阶级思想教育的一套方针办法，完全能够在分散的农村游击战争的环境下，和农民成分占绝大多数的情况下，解决党在组织上的农民化和在思想上的无产阶级化的矛盾，保持党的无产阶级的性质，从而保证中国革命沿着以农村包围城市，最后夺取城市的道路达到胜利。说到底，他们主张中国革命必须遵循俄国革命的经验，走中心城市武装起义的道路；在党的建设上，必须采取与城市中心方针相一致的路线。正是这条以增加工人成分为中心的路线和城市中心方针，给中国共产党和中国革命造成了极大的危害。历史已对此作出了结论。

民初社会风尚的演变*

胡绳武　程为坤

民初是一个急剧变化的历史时期，在社会风尚方面也是如此。辛亥革命的风暴，不仅猛烈地冲击了封建社会的上层建筑及其意识形态，也影响到人们日常生活的许多方面，造成了一代新风。本文拟就这一时期社会风尚的演变，它所体现的社会观念形态的变化，它所涉及的新旧习俗、观念之间的斗争，加以论述，以求揭示出辛亥革命对中国社会所带来的影响。

一

民初，由于帝制倾覆，共和告成，人们在政治上和思想上获得了一次大解放。南京临时政府成立后，为了消灭封建主义长期统治下所形成的人身不平等现象，实现资产阶级自由、平等、博爱的原则，革除封建社会的各种敝习陋俗，以振奋民族精神，先后颁布了“废除贱民身份、许其一体享有公民权利”，“禁止买卖人口”，“革除前清官厅称呼”，“晓示人民一律剪辫”，以及禁烟、禁赌、禁唱淫戏等一系列法令与命令。各地方当局，依据临时政府所颁布的上述种种法令，纷纷制定推行计划，设立专门执行机构，并广出告示，加以劝导。广大社会热心人士，也纷纷组织团体，积极配合。一时各种社会团体，如社会改良会、禁买奴婢会、男女平权维持

* 本文原载《近代史研究》1986 年第 4 期。

会、神州女界参政同盟会、中国监狱改良协会、天足会、禁烟联合会、伶界联合会、女子进德会、服用救国会、体育会、尚武会等团体，争相设立。这些团体的倡导者，大都能信守宗旨，以身作则。这些团体，或创办报纸，散发书画，或集会演说，歌唱排戏，努力宣传民众，转移社会风尚。于是，一股改革不适应于民主共和制度旧的社会习俗的潮流，蔚然兴起。“改良二字，已为一般人之口头禅。”① 当时有人描写这种革新的社会潮流说：“共和政体成，专制政体灭，中华民国成，清朝灭，总统成，皇帝灭，新内阁成，旧内阁灭，新官制成，旧官制灭，新教育兴，旧教育灭，枪炮兴，弓矢灭，新礼服兴，翎顶补服灭，剪发兴，辫子灭，盘云髻兴，堕马髻灭，爱国帽兴，瓜皮帽灭，爱华兜兴，女兜灭，天足兴，纤足灭，放足鞋兴，菱鞋灭，阳历兴，阴历灭，鞠躬礼兴，拜跪礼灭，卡片兴，大名刺灭，马路兴，城垣卷栅灭，律师兴，讼师灭，枪毙兴，斩绞灭，舞台名词兴，茶园名词灭，旅馆名词兴，客栈名词灭。”② 事实上，虽没像这位作者所描写的那样，许多新的事物一兴起旧的事物就消灭掉，而是新旧并存，并且当时这些新事物的出现与推广，也多限于在城镇中受过新式教育或受西方思想文化影响比较多的人们中间，但他却写出了这股革新潮流所涉及领域之广，显示出民初确有一番新的气象。

这股改革的潮流首先冲击的是发辫。男子薙发留辫，原是满族统治者初入中原时强迫汉人接受的方式。这种发辫曾被外国人蔑称为“豚尾”。因此，许多人将此物视之半殖民地人民耻辱的标志。早在武昌起义前许多爱国青年和革命党人就曾自觉剪去辫子，所谓“断发易服”。武昌起义后，各地革命党人立即动员群众起来剪辫，南京临时政府成立后更发布了要求群众剪辫的通令。各地人民或者出于自发，或者遵照政府的法令，纷纷起来剪辫。据回忆：当时“无数的汉人，都兴高采烈地剪去这条奴隶标志的辫子。也有迷信的，事先选择吉日，拜祭祖先，然后庄重地剪除，把辫子烧了。更有联合多人同日剪辫，并燃放爆竹，举行公宴来庆祝的”③。辫子

① 《改良》，《申报》1912 年 3 月 20 日，（八）自由谈。

② 《新陈代谢》，《时报》1912 年 3 月 5 日，（六）滑稽余谈。

③ 许金城：《民国野史》，第 16 页。

的去留在当时竟成了衡量一个人的政治态度的标准，“不剪发不算革命，并且也不算时髦，走不进大衙门去说话，走不进学堂去读书”①。留辫者，已为社会舆论所不齿，“非讥之为豚尾，即詈之曰满奴，甚欲削夺其选举权，以实行强迫手段”②。这种偏激的态度，反映社会上“反满”爱国情绪的高涨。

继剪除发辫之后，服饰的变化，是民初社会风尚变化的一个显著方面。服饰关系到人们的身份，仪容风度，也体现着人们的情趣。所以，它的更新常常成为社会风尚转变的标记。在中国封建社会里，统治阶级通过礼制，严密地控制了社会生活，造成君臣、官民、士庶“衣服有制，宫室有度，人徒有数，丧祭械用，皆有等宜”③ 的行为规范。尽管历代的服饰有所不同，但均能发挥“明等级、决尊卑”的政治作用。清朝政府被推翻后，服饰的上述作用也随之消灭了，许多象征着封建特权以及民族压迫的衣冠饰物，多被弃如敝屣，以往服饰上的那种古板、单调、等级森严的局面，开始被生动活泼、千变万化的景象所取代。以式样论，“西装东装，汉装满装，应有尽有，庞杂至不可名状”④；以色彩论，“洋洋洒洒，陆离光怪，如入五都之市，令人目不暇给”⑤。人们赞赏苏州某些人的装束别致说：“绸伞高擎足踏革履之女界学生华丽煞”，“马鞭高挥身穿军服之将弁人材气焰煞”，“草帽高戴口衔雪茄之少年学生时髦煞”，“襟褂白兰嬉游道旁之浮荡子弟顽皮煞”⑥。在天津，人们惊叹女子打扮的花样翻新情况说：“有剪了头发穿件长衫戴顶洋帽的，也有秃着头穿洋装的，这是剪发的一起了。不剪发的呢？大半不梳辫子啦，有把髻梳在前面像一朵花像一个蝴蝶似的，也有梳在头顶上的，梳在两旁边的，梳在后头的，有千百个式样”⑦。这反映了人们在选择衣式发型时，不再重视身份贵贱，唯以美观新

① 忍虚：《辛亥革命在贵阳》，《越风》半月刊第二十期。
② 《大公报》1912 年 11 月 20 日，（二）闲评一。
③ 荀子：《王制》。
④ 《大公报》1912 年 9 月 8 日，（二）闲评二。
⑤ 《梦游民国》，《申报》1912 年 9 月 14 日，（三）自由谈。
⑥ 《苏州之七煞》，《时报》1912 年 8 月 20 日，（七）。
⑦ 《看我们女子被人家耻笑啦》，《大公报》1912 年 6 月 27 日。

奇相尚。在南京，“妇女衣服，好时髦者，每追踪上海式样，亦不问其式样，大半出于妓女之新花色也。男子衣服，或有模仿北京官僚自称阔老者，或有步尘俳优，务趋时髦者”[①]。广东女子服装“日变古怪”，“其始不过私娼荡妇所为，继则女学生亦纷纷效法”[②]。甚至有的地方，出现“中国人外国装，外国人中国装”“男子装饰象女，女子装饰象男”“妓女效女学生，女学生似妓女”[③] 的情况。这表明人们从封建主义的服制缚束下解放出来之后，尽情表达自己的审美情趣，追求新的服装式样。

妇女们除了在衣服帽履和发型上追求新颖之外，革除缠足恶习，是民初社会风尚的一个重大的演变。“女子裹脚从此解放了，已裹的放掉，已经裹小的也放大，社会上很自然地一致认定，民国纪元以后生下的女儿，一概不裹脚。”[④] 有的地方妇女穿耳、敷粉也不再时兴，如“吴中女学生多不穿耳”[⑤]，“沪之妇女不敷粉，则以素足盛，而素面之风亦盛也”[⑥]。以致社会上逐渐将“涂朱敷粉穿耳缠足之习”，“视同怪物”。[⑦]

与服饰类似，人们所乘的交通工具，民初也更加丰富。清代达官贵人、士绅商贾多以肩舆代步。到了清末，从西方传入的马车开始排挤肩舆。“京官惟大学士间有乘轿者，余俱改用马车”[⑧]。此外，人力车、脚踏车、摩托车（汽车）也开始出现。民初，舆制废除，仪仗冷落，封建官威扫地殆尽。有的城市，“肩舆除中国医生及出殡迎娶外，一无所用，故本业肩舆者，咸改他业矣”[⑨]。有的地方轿子成了人们打趣的对象。新式交通工具，不再充当上层社会夸富斗奇的手段，而可以为越来越多的人享用。大城市内，车水马龙，熙来攘往。北京“车的名目式样极多，到现在越发变本加厉，如火车、电车、摩托车、脚踏车、人力车，以及洋式马车，皆

① 《中华全国风俗志》（三），下篇卷三，江苏。

② 《粤女学生之怪装》，《大公报》1913 年 6 月 15 日，（三）。

③ 《改良》，《申报》1912 年 3 月 20 日，（八）自由谈。

④ 《辛亥革命回忆录》（一），第 68 页。

⑤ 《苏州风俗》，第 83 页。

⑥ 《可言》，卷二，第 22 页。

⑦ 关卓然：《闺阁妆服记》，《雪印轩丛书》。

⑧ 《公余日录》，卷二。

⑨ 《苏州风俗》，第 83 页。

非前人梦想所及”①。上海“有乘各式汽车、马车、电车者，有乘轿者，有徒步者，有男女携手同行者，有男女同车左拥右顾疾驰而过者”②。男女同车而行，是一种向传统观念的勇敢挑战行为，这时变得十分时髦。上海之外，武汉也有“乘汽车马车者，男女杂坐，不以为嫌”③。

礼节、称谓的改变，是民初社会风尚演变的又一个显著方面。临时政府成立以后，明令废除了清朝实行的叩拜、相揖、请安、拱手等旧式礼节，改行鞠躬礼为主，通常的“文明仪式”为“脱帽、鞠躬、握手、鼓掌，洋式名片”④。书信的落款，旧时为“顿首”“百拜”等语：“迨光复以后……维新者有书立正，有书脱帽、免冠，有书鞠躬、举手”，“趋新一时”，“名目繁多”⑤。清朝时，下对上，贱对贵称“大人、老爷”，民国后，则一律改称“先生”“君”。这表明资产阶级的平等思想，渗透到社会生活的细枝末节，封建社会的社交生活在礼教的制约下，受到严格的限制。民国以后，社会交际活跃，如北京的“男女青年酷爱自由”，“爱穿得时髦一点，爱交结一些朋友，爱出来逛逛马路，吃大餐，上戏院”⑥。新的时代、新的生活发展充实了人们的语言，新的词汇、语汇大量涌现。

有人作了一篇《新名词对》的文章，将凉血、热心、原因、结果、目的、手段、普通、特别等四十多个时事政治名词编成二十余对。⑦ 还有人别出心裁，用新名词炮制了一篇《新国民小传》，诙谐地说：“有一个新国民，戴一顶自由帽，穿一套文明装，着一双进步靴，走过了交通路，来到了模范街，踏进了公益会，说几句义务话……”⑧ 这篇小传生动地反映了当时新的词汇的大量涌现。

破除神权，反对迷信，改革旧的婚丧礼俗，也是民初社会风尚演变的重要内容。

---

① 《都市丛谈》，第 37 页。

② 《梦游民国》，《申报》1912 年 9 月 14 日。

③ 《夏口县志》，风土志。

④ 《新北京》第二编，第十五类，风俗时尚。

⑤ 《规定书信后礼式》，《时报》1912 年 9 月 11 日，(七)。

⑥ 许金城：《民国野史》，第 141 页。

⑦ 《申报》1912 年 3 月 26 日，(八) 自由谈。

⑧ 《时报》1912 年 12 月 21 日，附刊第 170 号。

神权是维护封建统治的支柱之一。辛亥革命，也是一次破除神权，反对迷信的运动。“自民国成立”，“激烈反常之辈，又主张废弃孔祀”，“破除迷信神权之说”，“一唱百和”。到处出现“毁坏佛像，打碎城隍，占据寺院庵观，驱逐僧道女尼”的现象。[①] 湖南、安徽、浙江许多省份，都发生过毁庙反神的风潮。各类神职人员，惶惶不可终日。“僧人也，尼姑也，道士也，今皆在淘汰之列。”[②] 家庭中供奉的“天地君亲师”的牌位，也有遭取缔的。四川有的地方，“民国以来，且有书天地圀亲者，尤为怪异”[③]。这一时期的反迷信运动，在一定程度上打击了鬼神、圣贤、祖先等权威。

包办、买卖和门当户对的婚制，是封建家长制的产物。这种婚制，毫无个人意愿可言，坑害了不知多少青年男女，且礼节烦琐，耗钱费时，信鬼信神，弊端不可胜数。清末的资产阶级维新派和革命派都曾起来批判这种婚制，热情地介绍西方社会的婚姻、家庭、道德观念。少数勇敢的青年知识分子且曾身体力行，冲破家长制的网罗，争取婚姻自由。但当时封建主义在社会上仍占统治地位，少数人的这种勇敢的行为并没有引起多少反响。民初，社会风气大开，许多男女青年起来争取婚姻自主，并采取新式婚制。当时的新式婚制的形式和内容虽因地而异，但有几个方面是基本一致的。首先，婚姻须征得当事人的同意。如四川江律，“近则闻有用新式婚礼者”，“男女经介绍人之传达，互得同意后，乃各告于父母为之主婚，或直由父母提起者，亦必经男女自身许可”。[④] 北京“近来风气稍变，由自主而得父母之允许的也很多了”[⑤]。其次，礼节删繁就简，财用去奢从朴。如江苏武进，“民国以来，旧式未改，参用新礼，往往有借旅馆及青年社行结婚礼者，此亦嫁娶从俭之好现象也”[⑥]。四川泸县，“其仪节简而易行，用费亦少”[⑦]，奉天“缙绅之族损益繁缛，酌剂中西仪节，谓之文明结

① 《三教大会议》，《大公报》1912 年 12 月 19 日，杂录。
② 《僧尼道与学堂之关系》，《申报》1913 年 3 月 8 日，杂评三。
③ 《简阳县志》，卷二十一，礼俗篇。
④ 《江津县志》，卷十一，风俗。
⑤ 《首都乡土研究》，第 70 页。
⑥ 《中华全国风俗志》（三），下篇卷三，江苏武进婚嫁。
⑦ 《泸县志》，礼俗志。

婚”[①]。最后，结婚的仪式进步了，坐花轿、拜天地、闹洞房等落后迷信的习俗减少或革去。民初文明结婚通行的婚姻仪式是：奏乐、入席，证婚人宣读证书，各方用印，新郎新娘交换饰物（戒指），相对行鞠躬礼，谢证婚人、介绍人，行见族亲礼，行受贺礼，来宾演说等。1912 年 9 月 19 日的《申报》，刊登一篇名为《自由女子之新婚谈》的小说，夸奖这种新礼的好处说：“梳一东洋头，披件西式衣，穿双西式履，凡凤冠霞帔锦衣绣裙红鞋绿袜一概不用，便利一；昂然登舆，香花簇拥，四无障碍，无须伪啼假哭，扶持背负，便利二；宣读婚约，互换约指，才一鞠躬，即携手同归，无嫔相催请跪拜起立之烦，便利三。”民初，这种自由结婚作为一种新生事物的出现，表明了封建家长制下的包办婚姻开始瓦解，无疑这有利于社会的发展进步。

封建主义统治下的丧礼，是中国封建宗法社会长期形成的产物。这种丧礼历代虽有所损益，但讲究孝道、迷信，高筑灵台，长期守制则一。民初，一些进步人士主张对这种落后的丧礼加以改良。北京“民国以来，效西俗者，则以黑纱缠背为服，一扫历来斩衰期功缌麻之制”[②]。江苏武进，“凶丧之礼，民国初年，少数士绅，曾有改革陋俗，力从节俭之举”[③]。新式丧礼的特点在于，不搞请僧道超度、焚烧刍灵车马楼库等迷信活动，亲友吊唁多赠花圈、挽联，孝带改用白色纸花，出殡时仅设鼓乐，不用仪仗，葬期缩短，跪拜改为鞠躬等。

综上所述，可以明显地看出，民初是一个社会风尚变革的时期。其涉及面之广，几乎遍及人们社会生活的各个方面。这表明了中国资产阶级革命派在推翻君主专制制度的同时，在文化思想领域中，也想扫除那些陈腐的、妨碍社会进步的东西，扶植那些新生的、有利于社会进步的东西。正是在这样的历史条件下，民初的社会风尚发生了显著的变化。

---

① 《奉天通志》，卷九八，礼俗二，婚嫁。

② 《首都志》下，第 1136 页。

③ 《中华全国风俗志》（三），下篇卷三，江苏。

二

民初社会风尚演变的一个最显著的特点，可以说是“崇洋”的倾向。

清末，一些受了西方思想影响的青年学生，就在生活上带头“洋化”。有首竹枝词嘲笑他们说：“洋帽洋衣洋式鞋，短胡两撇口边开，平生第一伤心事，碧眼生成学不来。”① 当时有的报纸批评说：“我看如今这些少年们，实在可虑。他们看着外国事，不论是非美恶，没有一样不好的，看着自己的国里，没有一点是好的，所以学外国人惟恐不象。”② 这说明，在辛亥革命前，由于西方资本主义思想文化在中国传播的影响，已有人带头“洋化”，但并没有得到社会舆论的支持，并没有形成一种社会风尚。

辛亥革命的爆发，资产阶级民主制度的确立，为这种“洋化”提供了有利的社会条件。当时一般人认为，西方的社会生活是依据天赋人权、自由平等的理性原则建立起来的一种完美、理想的社会生活模式，代表着社会进步的方向；相比之下，中国传统的社会生活则充满着陈规恶俗，不符合时代潮流，非改革不可。以致在民初很快就形成了一种谁接受西方的社会生活习尚，谁就是文明、开化，属于新派人物，否则，就是保守、顽固的风气。因此，追求生活上洋化的阶级和阶层更加广泛了。“革命巨子，多由海外归来，草冠革履，呢服羽衣，已成惯常，喜用外货，亦无足异。无如政界中人，互相效法，以为非此不能侧身新人物之列。”“官绅宦室，器必洋式食必西餐无论矣，其少有优裕者亦必备洋服数袭，以示维新。下此衣食艰难之辈，亦多舍自制之草帽，而购外来之草帽，今夏购草帽之狂热，竟较之买公债券认国民捐，跃跃实逾万倍。”③

这种崇洋的风气兴起之后，给民初的社会生活带来了很大的影响。“人士趋改洋服洋帽，其为数不知凡几。”④ 汉口“起义时……多穿洋式衣

① 《公余日录》，卷十。

② 《大公报》1903 年 4 月 17 日，（五）附件。

③ 《论维持国货》，《大公报》1912 年 6 月 1 日，（三）。

④ 《潘月樵请用国货》，《申报》1912 年 3 月 4 日，（七）。

服”[①]，奉天“都市少年喜著西装”[②]。由于西装及原料供不应求，于是不得不大量进口。据调查，“武昌各处，因改西装衣履冠服输出金钱已逾二千余万。又报载海关调查津埠春季进口之洋服洋帽二项，已达一百二十五万两，一埠如是，上海各处可知”[③]。各地的西装及其衣料买卖大为兴隆，南京“绸缎铺估衣店闭门贴招，盘外国细呢，西式新衣，列肆相望，无论何店，皆高悬西式帽”[④]。新开设的西式冠服店为数甚多，所经营的货色齐备，除西式衣帽鞋袜手套领带而外，各种附属品，如香水、胰皂、牙粉、生发油、擦鞋油、衣刷等，应有尽有。洋货的畅销，甚至引起了国货受挤，利权外溢的经济问题。为此。中华国货维持会曾致书临时大总统孙中山，请给以注意，加以解决。孙中山在1912年2月4日《复中华国货维持会函》中说：

> ……礼服在所必更，常服听民自便，此为一定办法，无可疑虑。但人民屈服于专制淫威之下，疾首痛心，故乘此时机，欲尽去其旧染之污习。去辫之后，亟于易服，又急切不能得一适当之服式以需应之，于是争购呢绒，竞从西制，致使外货畅销，内货阻滞，极其流弊，诚有如来书所云者。
>
> 惟是政府新立，庶政待兴，益以戎马倥偬，日夕皇皇，力实未能兼顾及此。而礼服又实与国体攸关，未便轻率从事。且既以现时西式服装言之，鄙意以为尚有未尽合者。贵会研求有素，谅有心得，究应如何创作，抑或博采西制，加以改良，即由贵会切实推求，拟定图式，详加说明，以备采择。此等衣式，其要点在适于卫生，便于动作，宜于经济，壮于观瞻。同时，又须丝业、衣业各界力求改良，庶衣料仍不出国内产品，实有厚望焉。[⑤]

---

① 《汉口小志》，风俗志，第5页。

② 《奉天通志》，卷九七，礼俗三，衣服。

③ 《田骏丰等建议咨请政府速定服制服色振兴呢业案》，《申报》1912年6月4日，(三)。

④ 《南京社会现形记》，《时报》1912年3月18日，(四)。

⑤ 《孙中山全集》第二卷，第61—62页。

孙中山的这封信既有力地说明了辛亥革命给人民的生活所带来的巨大影响，人们竞穿西服的原因，也承认这种社会风尚演变所产生的新问题，有待于解决。他所说的“西式服装”，“尚有未尽合者”，合理的衣式，应该是“适于卫生，便于动作，宜于经济，壮于观瞻”，即使在今天也有其现实意义。

与西服一样，西餐在民初也颇有吸引力。在上海，“遇有佳客，尤非大菜花酒，不足以示诚敬”[①]。在重庆，“民国光复，罐头之品，番餐之味，五方来会，烦费日增”[②]。各城市的西式饮食店纷纷开设，仅天津一地就有番菜馆十一家。除西服、西餐外，人们还喜欢西式楼房，用西式家具。洋楼的广增，使城市得以改观。沈阳“建筑宏丽，悉法欧西，于是广厦连云，高甍丽日，绵亘达数十里”[③]。汉口“屋舍亦极壮丽，且高楼大厦亦甚多”[④]。杭州“西湖多别墅，且大率为西式之建筑，有改‘欲把西湖比西子，之下句……为近来西子，作西装者”[⑤]。上海、天津、北京等大城市的报纸上，见日登载洋房招租的广告。人们对洋楼的配套设备，以及室内陈设，也以洋式为考究。一般的楼房，多配有花园、亭池、电灯、自来水；室中铺陈，富丽堂皇，如上海，“从前家中陈设不过榆树器具，及磁瓶铜盆，已觉十分体面。今上海人红木房间，觉得寻常之极，一定要铁床皮榻电灯风扇，才觉得适意”[⑥]。有的旅馆做广告，以“一切器具均仿欧美式样”[⑦] 相炫耀，以广招徕。有人讥讽这股崇洋的风气说，“中国之缎甚好，偏爱穿外国缎”，“中国戏甚好，偏爱外国戏，中国话甚好，偏爱说外国话”，“中国菜甚好，偏爱吃外国大餐”，“中国之学堂甚好，偏爱进外国学堂，中国之女人甚好，偏爱娶外国老婆”。[⑧]

应该指出，民初的崇洋风气，就指导思想而言，与买办阶级的“洋奴

① 《做上海人安得不穷》，《申报》1912 年 8 月 9 日，（九）自由谈。
② 《巴县志》，卷五。
③ 《奉天通志》，卷九七，礼俗三，居室。
④ 《汉口小志》，商业志，第 13 页。
⑤ 徐珂：《可言》，卷一，第 10 页。
⑥ 《做上海人安得不穷》，《申报》1912 年 8 月 9 日，（九）自由谈。
⑦ 《沪江第一台》，《民国新闻》1912 年 7 月 25 日。
⑧ 《偏爱》，《申报》1912 年 3 月 21 日，（一）自由谈。

哲学”是有区别的。从当时的实际情况看，人们并不能划清学习西方与崇洋的界限，甚至在崇洋与爱国间画了等号。“那时青年的爱国思想并不表现在提倡国货上”，“一切外国的东西都是好东西，这一类思想正在这时开头，所以全身服饰尽是外国货，在青年们也丝毫不觉得可羞”①。学习西方生活方式有时不仅是爱国，还是革命。1911 年 12 月 9 日的《民立报》就指出：“大率制西服以著取大同之义也”，显然认为西装是对清朝冠服所体现的等级观念的否定。还有人分析民初妇女“抛弃本国服饰，模仿外国”的原因，在于“宁愿挨咬受冻亦不甘再受束缚”②，用心不外挣脱礼教的枷锁。

民初，作为去土存洋的社会风尚的补充，还有一种奢靡、虚华的风气存在。

近代中国，由于西方资本主义的入侵，商品的日益大量输入，以及适应侵略者需要，在中国兴办的各类经济文化实体；中国资本主义的发展，到 19 世纪末 20 世纪初年，作为工商业中心的近代城市，在沿海、沿江的许多省份先后兴起，铁路、航路、电报、电话等近代交通通信工具的出现，学堂、报馆、书局、医院等文教卫生机构的兴办，以及戏园、游乐场、公园等娱乐场所的遍布大中城市，五光十色、琳琅满目的生活消费品，充斥各地的市场，诱惑着人们的感官，刺激着人们的欲望。因此。社会的物质文化需求迅速发展，人们的消费水平，越来越高。到了光绪、宣统之际，奢侈、豪华、放浪的社会风气日渐形成。

民初，这种奢华的风气更加发展。“宣统辛亥以还，政体改革，风俗亦因以移易，奢侈日甚，不知所届。”③ 辛亥革命爆发以前，社会经济本已极端凋敝。革命的爆发，开始时对各地的商业亦有所影响，但奢侈之风，并未收敛。当时某报记者谈他对全国各大城市的观感说：“光复之后，尝驱车至我国通都大邑，如武汉，如南京、上海，如天津、北京，意以为当兹风雨飘摇之际，我国民宜如何减衣缩食，尝胆卧薪，以维系一发千钧之

① 孙伏园：《辛亥革命时代的青年服饰》，《越风》第二十期。

② 《都市丛谈》，时装，第 40 页。

③ 《可言》，卷十三，第 1 页。

民国。乃入其境，观其风，而饮酒挟妓自若也，观剧豪赌自若也，变本加厉，有加无已。”[①] 这种生活作风，在地主资产阶级，尤其在那些民国新贵当中，表现突出：“官僚也，议员也，政客也，元勋伟人也，以及办学务办公益之绅若董也，惟日孳孳，莫不以攫取金钱为首策，目的达，腰缠富，取精既多，用物斯宏，溺情于声色赌博者无论矣，既宫室车马服用筵宴之类，亦突过王侯而不以为泰，精神上无一事堪与欧美仿佛，惟用度之奢侈骎骎乎将凌欧而轶美。”[②]

奢风盛行，又导致了社会上各类消费性行业的发展。北京“国变后，茶社酒馆的林立，娱乐场所的增加，都是风俗奢靡的表现”[③]。上海“自宣统、辛亥以还”，“旅馆游戏场舞台遂应而起，日有增益，务以导淫侈败闲检为事”。[④] 鸦片、赌博、妓女等社会弊端在革命后难以剪除，也与这一风气的影响有关。可见，奢侈的风气，对民初的政治和社会生活起了一定的腐蚀作用。

奢侈与崇洋这两种倾向是有联系的。洋货的大量输入，是造成服用尚奢的一大原因。西方形形色色的消费品、奢侈品，为人们的争奇斗艳，好强比胜提供了便利。要显得阔气、体面，最好住洋楼、坐汽车、穿西服、吃大菜，而以往的衣食住行，待人接物的规格，都有些过时了，洋气与否，成了衡量阔气、体面的标准。因此，竞尚奢华又助长了崇尚西方社会习俗风气的传播。

民初的奢华风气，不同于封建社会的奢风靡习，它是以资本主义的商品经济为基础，在新兴的资产阶级和正向资产阶级转化的绅商官僚提倡下，发展起来的。其指导思想，包含了资产阶级以纵欲主义、享乐主义为特征的人文主义的内容。因此，这一风气传播广、影响大，它对于中国封建社会传统的道德伦理观念起了一定的冲击作用。我们不能以它所带来的某些消极作用，而完全加以否定。

---

① 《消费与贮蓄》，《大公报》1913 年 4 月 24 日。

② 《不生活之生活程度》，《大公报》1913 年 5 月 28 日。

③ 《首都乡土研究》，风尚。

④ 《可言》，卷十。

三

一种新的社会风尚的出现，是与社会上所流行的生活观点分不开的。风尚是受社会观念制约的，当一种新的人生观，开始在社会的观念形态中占据重要地位时，往往可以改变社会风尚；而新的风尚一旦兴起，又会对前者起到推波助澜的作用。

民初，新风时尚的思想根源，是新的资产阶级人生观。这一人生观发展为一种社会意识，在相当大的程度上，是辛亥革命所造成的，它在社会生活的许多方面都有所表露。

人生观的一个主要内容是价值观念，即社会中的人对主客观事物的评价，以及由此而采取的行为取向。民初，传统的价值观念发生了深刻的变化，这大概表现在以下几个方面。

第一，对于人的价值，产生了新的认识。西方资本主义社会以个人为主体，主张人格独立，在法律面前人人平等，这是由该社会的性质所决定的。在中国长期的封建社会里，人们的个性受到君权、神权、族权、夫权的严重压抑，谈不上个人人格。所谓“君要臣死，臣不得不死”，“父母在，不敢有其身，不敢私其财”，等等。这反映了以封建小生产方式为基础的高度中央集权的政治要求。革命发生，资产阶级以西方自由、平等、博爱的理性原则为依据，要求恢复人生而平等的权利和地位，重新认识人的价值。南京临时政府明令废除疍户、堕户、丐户，以及优倡隶卒等类人的贱民身份，许其享有同等的公民权利，禁止使用奴脾、买卖人口，取缔卖身契约。在政府的倡导下，各种以人道主义、解放人权为宗旨的社会团体，纷纷成立。人们逐渐醒悟到，将人分为尊卑贵贱并不合理，任何人都不应该在社会上占有特殊的位置。一时间，“实行一夫一妻制度、反对卖淫纳妾”“提倡成年以后有财产独立权”“个人自立、不依赖亲朋”“不得歧视私生子”“对于一切庸工不复苛待”等呼声，此起彼伏，调门甚高。广大青年男女，为了谋求人格独立，生活自主，冲出家庭，走上社会。民初，出洋留学、离乡做事的人比清末又有增加，妇女为培养经营本领而创办的各种公司、学校、习艺所不断建立。这些现象都表明，辛亥革命在一定程度上，破坏了束缚人们个性发展的封建锁链，提高了人的地位与尊严，启发人们重新认识自己，认识他人。

第二，对政治生活，产生了浓厚的兴趣。在封建社会，“劳心者治人，劳力者治于人”，一般人对政治无权问津。革命以后，随着人们政治、社会地位的提高，更多的人对国事政事产生了兴趣，开始将集会、结社、选举等作为社会生活的重要内容。以政党活动为例，清末虽已有之，但为数极少，能够公开组织政治团体的，仅限于资产阶级立宪派人，民初则出现了“各处会所如林，党员如鲫”[①] 的现象，不仅“士大夫对于集会大有长江大河一泻千里之势”[②]，而且“乡曲措大，市井鄙夫，或则滥竽工会，或则侧身政党”[③]。“甚至电车卖票者，学校看门人，亦复自附于社团之列。”[④] 过去女子不知政治为何物，革命后也意识到所肩负的权利与义务，“于是有所谓女子北伐军，女子敢死军，有所谓女子同盟会，女子参政团，女子自由党……不特自古所未见，抑亦环球所罕闻”[⑤]。一般群众对于政治的关心，女权运动的蓬勃发展，反映了传统的生活内容以及生活情趣的更新，标志着国家和民族的进步。

第三，对于职业和学问，改变了以往的看法。中国的儒家学说，重道轻器，重本抑末，所谓“务虚而不务实”，“好名而不好利”。这与西方资产阶级注重经济利益和实际效果的功利主义思想截然不同。传统观念将社会职业按尊卑高下分为“士农工商”的顺序，随着资本主义的发展，四民之序的观念已渐渐打破。民初，人们更加重视工商业的作用，认为“欲兴中国，非振实业不可”[⑥]。资产阶级的代表人物为发展实业而奔走呼号，殚心竭虑。许多革命党要人、政府大员，往往又兼实业家的身份。西北实业协会、工会建设会、工商勇进党，中国化学会一类组织纷纷设立。社会上不再将从事实业看成“弃本逐末”，而视为救国救民的光荣职业。民初出

① 《申报》1912 年 3 月 13 日，（三）清谈。
② 《集会》，《申报》1912 年 2 月 26 日，（八）。
③ 《时报》1912 年 3 月 20 日，（五）时评三。
④ 《时报》1912 年 9 月 12 日，（六）时评三。
⑤ 《大公报》1913 年 1 月 14 日，闲评一。
⑥ 《政治家之实业思想》，《时报》1912 年 8 月 16 日，（四）时评二。

现工商业发展的热潮，也反映了人们职业观点的改变。过去，读书人皓首从经，醉心科举，崇尚儒理，鄙薄实学。清末废科举，派游学，兴学校，西学有取代中学之势。民初，新学大倡，旧学衰落，“英年时彦，锐志科学，讲求实用”①。“作诗填词者，千无一人，习经读史者，万无一人，躬行实践为身心性命之学者，旷世无一人也。”② 由于社会的需要，“公私学校的设立，一时风起云涌，而镇乡各私人兴学者，亦比比皆是”③。学生选择专业，首先考虑其实用价值以及利益所在，如法政一科尤属热门，“招三百则千人至，招百人则数百人至”④，原因在于“三年毕业，或任行政，或任司法，盖以各项议员与夫律师，皆为社会上甚优之地位”⑤。在职业、求学观念上发生的转变，体现了资产阶级民主制度建立后，资本主义经济发展的要求。

第四，对于消费生活，采取了不同的态度。西方资产阶级以个人主义为本位，主张及时行乐，高度消费，这与资本主义商品经济的发达，要求消费水平与之相适应的规律有关。中国自耕自织的封建小生产方式，不可能提供富足的消费品，这反映到思想上，传统观念就将古朴、节俭视作美德。清末民初，由于商品经济的发展以及西方资产阶级人生观的影响，社会上出现了奢侈浮华的风气，纵欲、享乐、消费的思想开始流行，这也是人们生活态度变化的一个方面。

上述民初社会价值观念的这些改变，正显示出西方资产阶级人生哲学对中国传统文化思想的冲击。

道德观念是人生观的另一个重要内容，是评判人们行为是非、善恶、美丑的思想标准。辛亥革命，剧烈地动摇了封建道德观念及伦理思想的正宗地位，人们开始以自由、平等、博爱作为新的道德规范，言行举止、为人处事全爱反常道而行之，家庭、社会的伦理关系，个人的伦理情趣及精神，也多少发生了变动。

---

① 《淮阴县志》。

② 胡朴安:《余墨》,《朴学斋丛刊》。

③ 《湖南各县调查笔记》下，文化类。

④ 《吾为民国一喜一忧》,《时报》1913 年 2 月 27 日，社论。

⑤ 同上。

民初，道学先生看到社会风尚的巨变，愤懑之极。有的抚膺长叹："自权利之祸中于人心，破家族，削亲权，乱男女，蔑尊卑长幼，尽弃吾中国数千年之礼俗教治，而从事于其所谓平等自由之说。"① 有的说："乃自共和告成后，一般青年，顿脱樊篱，任意放荡……野马无缰，任其驰骋。"② 有的则说"荡检逾闲，曰行动自由，邪说惑世，煽动乱机，曰言论自由，凌辱父兄，侮慢尊长，曰家庭自由"，"钻穴逾墙，私相爱悦，曰婚姻自由"。③ 这简直是旷古未闻，国将不国了。从这些诋毁中，不难窥见，历来被视为禁区的道德领域，这时也掀起了狂风巨浪。

封建道德注意男女之防，宣扬"男女授受不亲"，"夫妇之间辨外内"。但是，革命以后，"新学兴，而知耻明礼之学说一扫而空，男女之樊篱亦因之大决"④。民初，风气开通，时兴社交，男女接触不避嫌疑，自由恋爱屡见不鲜。上海"为淫风最盛之区"，"骨肉成亲"，"师生为偶"⑤，广东"桑间濮上，男女杂作，每多自由恋爱之事"⑥，湖北，"近来女权日昌，淫奔之风亦日炽"⑦。许多革命志士、有为青年，不避物议，自由择偶，使传统的道德规范失去了约束力量。

儒家的伦理纲常要求妇女谨守"三从四德"的妇道，以名节为重。革命后，许多妇女再不甘俯首帖耳，充当男子的奴隶了。昔日，青年女子被锁在深闺，女红销愁，而今，许多女子离家远出，自由于世。"沪多学校，多工厂"，"内地妇女之妄思自由误用自由者，遂相率至沪，父母丈夫不能阻也"⑧。"吴中自民国以来，风气大开，女子多挟书入校，亦有北至燕冀，南游闽越。"⑨ 以往妇女视贞节重于生命，"饿死事小，失节事大"，"夫虽恶不得去也"。现在，则有勇敢的妇女为争得平等幸福而不怕离婚别嫁。

① 《莱芜县志》，卷七，地理志。
② 《革心说》，《大公报》1912年10月20日，（二）言论。
③ 《申报》1912年10月26日，（十）自由谈。
④ 《申报》1912年9月13日，（七）时评三。
⑤ 《申报》1912年7月20日，（九）自由谈。
⑥ 《中华全国风俗志》（四），下篇卷七，广东番禺。
⑦ 《鄂省新列女传》，《申报》1912年6月16日，（六）。
⑧ 《可言》，卷三，第16页。
⑨ 周振鹤：《苏州风俗》，第80页。

据1913年9月15日《大公报》载“近来法庭诉讼，男女之请离婚者，实繁有徒，此皆前此所未有，而亦社会所不乐为者也”。上海“审判厅请求离婚案多”[①]。浙江遂安县“近自妇女解放声起，离婚别嫁亦日渐多”[②]。妇女提出离婚，一般出于丈夫纳妾、被夫虐待、嫌夫鄙俗、另有新欢几种原因，表现了她们敢于反抗夫权和世俗偏见的革命精神。

孝道是儒家学说利用宗法观念维系封建制度的一个道德规范，历代帝王皆以孝经治天下，忠孝并列，成为人之大伦。民初，随着封建家长制的解体以及青年人独立精神的增强，出现了“孝情浇漓，子违父命”的现象。狄葆贤的《平等阁笔记》记载了当时三则不孝的故事，然后说：“此三人者，皆自命破除家庭迷信，以家庭革命为主义者。”表明青年不从父命，不仅仅是一个感情问题，而是向封建家长制的挑战。

儒家思想，还规定读书人得严守师道，常言说：“一日为师，终生为父”，在师生之间存在一种封建的隶属关系。民初，反抗师道尊严、校方压制的学潮四起。山西“自国体变更，学潮起伏无常，流风所播，即各校教职员及学生间，龃龉时有所闻”[③]。上海“近来各种学校往往有以在校生徒而干涉学校组织学科、支配毕业期限者，有开会公举校长者，甚有联名干涉地方政务者”[④]。这说明学生不愿在教育中处于被动地位，要求有管理自己的学习与生活和发表政见的权利，封建教条不能再束缚他们了。

西方资产阶级革命时代的理性学说，尽管是反封建的锐利武器，但也有很大的局限性。它是以个人主义、利己主义为核心和出发点的，它虽然否定了封建社会人的奴性，却又过分突出了个人；虽然破坏了封建社会温情脉脉的宗法伦理关系，却又代之以资本主义社会赤裸裸的利害、金钱关系。清末民初的中国社会由于资本主义商品经济的发展，价值规律不仅在经济领域中起越来越大的作用，而且逐渐地腐蚀了社会生活以及人的灵魂，就为西方个人主义、利己主义和拜金主义思想的泛滥，提供了市场。民初，传统的“贱利重义”的观念失去了魅力，唯利是图的现象已很

---

① 《申报》1913年1月13日，（十）自由谈。

② 《遂安县志》，卷一，方舆。

③ 《新修曲沃县志》，卷七，礼俗略。

④ 《苏都曾整饬校风》，《申报》1912年6月13日，（六）。

普遍。

有人今昔对比，感慨万分地说“古者人重廉耻”，“今则不然，群天下之人罔利而营私，人心风俗，大坏极敝”。[①] 各行各业的人，无不蝇蝇逐利，“利之所在，艺人则不惜破弃旧规，抛掷身份，商人则专事明欺暗骗，巧取诈夺”[②]。“在未革命以前，士大夫以隐赃受贿为可耻，而今日士大夫则运动有费，秘密有费，莅官任职，有如明火打劫……升官发财之欲念，已成普遍智识。”[③] 办学者，本应以开睿民智，培养人才为重，这时却见钱眼热，以致出现“以金钱为目的之学校”[④]；选举，原来是体现民主权利的国家大事，“今以选举而视同买卖”[⑤]。甚至以“秉公持论”自诩的新闻报纸，这时也“或由政府收买，或由政党收买，或由一机关收买，故一言一论，必须随买主之旨意，而不能自由”[⑥]。因为钱神法大，西方社会存在的那种“只讲金钱，不要友情”“只讲竞争，不要谦让”的现象。在民初社会已到处可见，拐骗、卷逃、盗劫、走私、暗杀等犯罪行为屡禁不绝。这说明，仅以西方资产阶级的道德价值观点，是难以完全战胜中国封建社会的传统道德观念的，以这种思想来引导群众，也不能真正解决封建社会所遗留的社会问题，提高民族的道德水平。

四

一个社会的风俗习尚，是长期形成的。它虽随着社会的发展而变化，可却是渐进的、缓慢的。一些传统的恶习敝俗，很难被一两次的革命运动所清除。它们对新风时尚所表现的新的生活规范，总要顽固地抵御、排斥，充当一股极大的历史惰性力量。民初社会风尚演变过程中所反映出来的情况正是如此。

---

① 甘云鹏：《潜庐随笔》，卷十一。
② 《都市丛谈》。
③ 《养和轩笔记》，慨时，第56—57页。
④ 《南京教育现状观》，《时报》1912年12月31日。
⑤ 《大公报》1913年4月17日，（三）闲评一。
⑥ 《大公报》1913年6月16日，（三）闲评一。

薙发留辫，本为满族统治者强加给汉族人民的一种恶习，可是，早已相沿成习。二百多年前的“留发不留头”的悲惨历史，并不为一般人民所知晓。武昌起义后，革命党人宣传动员剪辫，多数群众和开明人士多已自动剪去，但仍有不少清朝遗老和城乡下层劳动群众，或视剪辫为异端，抗拒剪辫；或对早已习惯了的辫子，迟疑不愿剪去。这些人虽不愿剪辫，但迫于压力，又不敢拖着辫子招摇过市，“于是有盘结头顶者，有乘坐肩舆者，有垂辫胸前者，有藏辫领内者”①。在一些闭塞的地区，甚至“视无发者如同仇敌”②。有的地方竟成立“保辫会”“复古会”，骂“剪辫即系投洋”③。这些保辫者的心理，不外“忠孝”二字。“一般顽固者流，辄谓身体发肤，受之父母，不敢毁伤，愚民无知，竟为所惑。”④“清社之屋，今十年矣，而辫发犹所在皆有，盖忠孝之表示也。”⑤一桩剪辫小事，由于牵涉到变易人们的习俗和传统观念，就如此难以实行，可见当时移风易俗所遇到的阻力之大。

取消封建称谓，改跪拜为鞠躬，是消灭封建等级观念，实现人人平等的政治原则的进步措施。可是，要贯彻并不容易。如大人、老爷的称呼，“久之，此风于南方官场渐息，民间则依然，北方则无论官民，已相习成风，而莫之改”⑥。至于鞠躬礼，也不易推广，“乃士庶人家，于治丧礼节，灵前仍设拜垫，亲友往吊者，概用拜跪，不用鞠躬”⑦。可见，习惯势力，往往无形地强迫人们按习惯的规矩行事，即使认识到它的非理与落后，也不敢起而违抗。

清朝官场的仪仗，为象征封建统治者压迫人民的权势和出人头地的气焰。清朝专制王朝被推翻了，这种官场的仪仗自然被废止。可是，这种官场的仪仗在活人身上不能用了，便用到死人身上。“近见缙绅士庶人家，

---

① 《保辫新法》，《申报》1912 年 6 月 14 日，(三) 自由谈。
② 《文明嚆矢》，《申报》1912 年 9 月 15 日。
③ 《江汉滔滔小风波》，《时报》1912 年 5 月 17 日，(二)。
④ 《文明嚆矢》，《申报》1912 年 9 月 15 日。
⑤ 《可言》，卷二，第 22 页。
⑥ 颖川生：《睇向斋谈往》，《青鹤》第一卷，第二期，1932 年 12 月。
⑦ 《中华全国风俗志》(三)，下篇卷一，京兆。

每至丧葬出殡，炫耀街衢，至今惯用前清某太夫人衔牌及旗伞大锣，肃静回避，前清举人进士某科翰林及钦加道衔府衔衔牌等样”，“尤可诧者，人家出殡时，若无官衔可用，则用福全德备，及乐善好施等牌，亦当衔牌之用。甚至皂隶贱役，亦且假袭官衔，道途见之，每每令人酸鼻”①。这说明官场的仪仗虽废，但有些人的荣辱观念未改，仍然将衔牌等物看作排场和荣耀的标志。

最能说明传统习俗抵制时尚新风的事例莫过于民初妇女运动所遭受到的社会冷遇。缠足恶习，自戊戌维新起，即受到维新人士的批判，社会上并非不知其坏处。但是，不少人头脑中仍“以脚小为最贵”②，结果，“父母非不爱子，以束缚于风俗，故忍心残贼其所生”③。男女交际，自由恋爱，是革命时代的一种新风，它标志着人们对封建礼教的反抗，代表着备受封建家长制压抑的广大青年男女的心愿。但是，保守者却视为洪水猛兽，诋毁之声，甚嚣尘上。有些报纸也惶恐不安，公然发表社论或杂谈，胡说妇女“借入学以放浪形骸，托择交以脱略行检”④；“男女往来，禽居而兽爱，则反不如家庭专制之为妙矣”⑤。由于女子的自由恋爱，父母有自杀者、杀人者、起诉者，形形色色的离奇故事，成为报章吸引读者的内容。对于妇女的争取参政权，社会上更多取嘲笑、否定的态度，其反对的理由，“有谓女子生理与男子异，不宜于参政者，有谓女子心理与男子异，不宜于参政者”⑥。反对者当中，不仅有男子，“最可诧异，则女界中亦有摇头摆脑、袭腐儒头巾气、连篇累牍，为迂辞曲说，自操同室之戈者”⑦。习俗的偏见又造成强大的社会舆论，女权运动的几个代表人物，像沈佩贞、唐群英、王昌国、傅文郁等，动辄被人非议，流长蜚短，捕风捉影，沉闷、保守的社会风气，真能将人窒息而死。造成这种反对妇女解放气氛

① 《中华全国风俗志》（三），下篇卷一，京兆。
② 《汉口小志》，风俗五，第5页。
③ 《江津县志》，卷十一，风俗。
④ 《论女子宜注意道德》，《申报》1912年9月5日，（一）社论。
⑤ 《心直口快》，《申报》1912年6月21日，（三）自由谈。
⑥ 《女子参政问题》，《时报》1912年3月24日，（一）社论。
⑦ 《沪滨月旦》，《民国新闻》1912年9月3日，（十）。

的，仍然是“女子无才便是德”“男子治外，女子治内”一类传统观念在作祟。

社会风尚作为文化的一个方面，是从属于文化本体的。民初旧的习俗之所以顽固抗拒时尚新风，归根结底，是传统观念的顽固性所造成的。这反映了传统的儒家思想，在中国文化本体中仍然占有重要的地位。儒家的一套伦理纲常，自秦汉以来，由于适合封建统治阶级的需要，统治中国思想界达两千多年，具有极大的稳定性。近代以来，西学大量输入，在西方资产阶级天赋人权、自由平等的思想冲击下，这一传统的观念体系，开始逐渐崩溃。不过，直到辛亥革命后，儒家学说在文化思想领域中仍占有相当大的一块阵地。不仅封建保守势力信奉儒家，即使资产阶级革命党人，也在不同程度上，受其影响支配。譬如，革命大师章炳麟，“发布求婚广告三条，一须文理通顺能作短篇文字，一须大家闺秀，一须有服从性质、不染习气者”[①]。显然，这位革命大师在他大唱民权革命的时候，并未革去自己头脑中的“男尊女卑”“夫唱妇随”的封建思想。又如，“烈士彭家珍之未婚妻王氏请过门守节”，“王氏坐八抬大轿……军乐铿锵，车马络绎，街道为之拥塞，严、张两都督均亲往庆贺，观者咸啧啧称羡”。[②] 在反封建斗争中喋血京门的彭家珍，若得知其未婚妻作了贞节观念的牺牲品，恐怕身在九泉之下，也会痛惜不安的。再如，革命党人控制下的广东军政府，见“该处社会道德之沦丧，荡检逾闲之事日益增多”，于是“决计规定章程，禁止青年男女在途中偕行，非有年长者伴护不可”[③]。这简直与那些封建家长们没什么区别了。其实，对当时青年人越规坏矩、冲破封建网罗的行动表示反感，主张重光封建道德伦理的人，在资产阶级革命党人中大有人在。“上海昌明礼教社总部自徐固卿先生发起呈请政府嘉许立案以来，四方响应，风起云从，支社已达八十余处。”[④] 该社以徐绍祯（固卿）为正会长，范光启、吕志伊为副会长，黄兴、伍廷芳、蔡元培、程德全、杨士琦、李钟珏、王天培、宋教仁为名誉会长，大多数是革命党要人。

① 《戏拟民国新纪元史》，《申报》1913年1月7日，（十）自由谈。
② 《王烈女过门守节之志盛》，《申报》1912年6月5日，（六）。
③ 《中国男女礼坊大弛之可惧》，《大公报》1913年5月18日，（三）。
④ 《礼教社毅力扶风》，《大公报》1913年3月5日，（七）。

《尚德》[1]《论女子宜注意道德》[2]《论旧道德适用于今日》[3]《论保存吾国固有之礼俗文言》[4]《论中国今日人心风俗败坏之原因》[5] 一类文章，在资产阶级各报刊中俯拾即是。旧的道德伦理观念如此牢固不破，新的社会风尚推行，自然会碰到很大的阻力。

孔子，是儒家学说的奠基人，“至圣先师”。民初，旧俗新风间的斗争，也涉及对他的态度问题。当时，反孔声浪，虽然不小，但卫圣捍道者，也大有人在。广东商团于1912年10月举办了一次“恭祝孔圣诞辰”的盛大活动，“各团军及军乐队、公安会员、七十二行、九大善堂、总商会、孔圣会共数千人，齐集商团操场联赴广府学官谒圣”[6]。究其原因，在于革命党中，有人主张“废除孔祀及评论孔子之学说不宜于今日”，“民间愈有‘异说流行斯文将丧’之忧，故此回祝典在商民心理不以为循例之庆闹，直视为孔教兴废一大问题也”[7]。山东孔教会成立之日，“维时天寒雪飞，冻指裂肤，而到会者云集，亦足见人心之未忘孔教”[8]。到二次革命之后，尊孔的呼声日甚一日，“近日各省请愿，以孔教为国教者甚多”[9]。作为这股逆流的总代表袁世凯，公然以民国总统的身份举行祭孔大典。旧道德伦理化身的孔子，经过了革命的批判之后在很多人的心目中仍然具有很高的权威，这也证明了旧的传统观念对人们的严重影响。

旧的传统观念，在经受了革命的巨大冲击后，之所以还能如此牢牢控制着许多人的头脑，这除了它自身的原因外，一方面，是它所赖以生存的经济、政治基础，在革命后几乎全部保留了下来；另一方面，也与它和西方资本主义社会以个人为本位、视金钱为转移的道德价值观念相比，还有一些长处，不无关系。黄兴在《答复昌明礼教社书》中就曾指出，“如孝

---

① 《时报》1912年12月26日，（二）。
② 《申报》1912年9月5日。
③ 《大公报》1912年8月13日。
④ 《大公报》1913年2月19日。
⑤ 《大公报》1913年7月2日，（二）。
⑥ 《粤省商团祝圣之热闹》，《时报》1912年10月17日，（四）。
⑦ 《再志粤省各界孔诞祝典之盛》，《时报》1912年10月18日，（三）。
⑧ 《山东孔道会成立》，《申报》1912年12月27日，（六）。
⑨ 《反对孔教为国教者》，《大公报》1913年9月30日，（二）。

友、睦姻、任恤之类”，可视作中国“习惯之善良者”①，不同意将此废除。看来儒家伦理思想中的有些内容，在调整家庭、社会关系方面，还有其合理部分。梁启超、严复、章太炎等近代许多历史人物，在潜心西学多年之后，又回过头来宣传儒家的一些东西，这固然与中国传统的思想对他们有很深的影响有关，但亦不宜于简单地将此看成是政治思想上的倒退，而应从中西文化的比较研究中找出其更深刻的原因。

尽管传统的观念与社会习俗，坚固难破，但革命毕竟迫使其发生变化，这些在前面我们已有所论述。不过，要进一步指出的是，这些变化，是在旧俗与新风之间的斗争中来实现的，所以，民初的社会风尚，往往呈现出中西混杂、新旧并陈的特征。以婚礼为例，江苏宜兴，“自民国以来，政体虽变，而新郎之戴顶履靴者，仍属有之，然亦有喜学时髦者大礼服戴大礼帽以示特别开通者。最可笑者，新郎高冠峨峨，履声橐橐，在前面视之，固俨然一新人物也，讵知背后豚尾犹存，红丝辫线，坠落及地”，至陪宾四人，“有西装者，有便服者，有仍服满清时礼服者，形形色色，无奇不有”②。这种情况表明，民初的中西、新旧文化之间，正处于一种既斗争又妥协的状态之中，旧的事物，常常采用新的形式出现，而新的事物，也往往不脱旧的胎记。

社会习俗是一种社会文化，带着鲜明的地区性和民族性，它既根源于一定的生产方式，但并不随着生产方式的改变而很快地改变。每一个地区，每一个民族都有自己的习俗。有些习俗随着社会历史的发展，会明显地成为陈规陋习，阻碍新的精神文明的建设。因此。移风易俗自然会是一个新的社会制度建立之后必然开展的工作。但是，这是一项需要广泛宣传，善于倡导的工作，决不能采取强迫命令的手段。民初有些资产阶级革命党人在改良社会习俗的时候，由于在这个问题上缺乏足够的认识，结果就犯了这样那样的错误。

一个失误，是在改良习俗时不注意方式方法，不是因势利导，逐渐破除，而是简单粗暴，急于求胜。像剪辫虽是改变个人装束的生活问题，但

① 《申报》1912 年 6 月 11 日，（七）。

② 《中华全国风俗志》（三），下篇卷三，江苏宜兴，婚娶恶俗。

出于对清朝统治者愤恨，革命党人将其作为一项政治任务来抓还是可以理解的。但是，军警四出，逢人下剪，以致在有的地方造成商人罢市、行旅断绝，甚至毁城戕官的恶果，自然是错误的了。1912 年 1 月 2 日，英国驻南京领事伟晋颂在致英国驻北京公使朱尔典的信中，对南京光复时，浙军在南京强行剪辫的行为曾有生动的描述。他说：

> 驻在南京的浙江部队用很特殊的方式来庆祝孙文博士当选为临时总统，白天，他们的队伍带着剪刀做武器在各个主要街道上游行，对他们所遇到的所有那些仍然蓄辫的中国人，一律用剪刀剪去辫子。他们不分老幼贫富，所有人的辫子都遭受到同样的命运。此地的人民对这个暴行确实感到非常愤恨。正象他们提出的正当申诉那样，没有给予他们正式的或其他方式的剪辫通知，所以他们完全是遭到突然袭击，没有机会避免士兵们在旁观者的嘲笑声中当众强迫剪辫所带给受害人的那种侮辱。有人告诉我说：军方象所有的其他的人一样，对浙军的行动感到愤慨。但他们不敢制止这些罪犯，更不敢加以惩罚。现在浙军正挨户搜查那些已躲避他们监视的人们，从而在人民面前增加了他们的罪行。不过，到现在，南京必定只有很少的人仍然保留着他们的辫子，因为为了避免遭到当众剪辫的侮辱，这里几乎所有的男人现在都已经剪发。甚至年轻的姑娘们也把头发卷成小面包形，盘绕在头顶上，而不象以前那样盘成辫子垂在背后。①

再有禁烟、禁赌，本是好事，但却立法太严，像陕西、湖北、湖南、安徽等省捕获烟犯，均判死罪，广东东莞县知事岑学吕上任八个月，“以赌被杀者六十一人”②。结果引起了部分群众对革命政权的不满，一些省份，出现了抗禁暴动。这样，就造成了事与愿违，实际上不利于旧习恶俗的革除以及新风良俗的树立。

再一个失误，是没有弄清某些习俗的性质，对那些与社会发展没有明

---

① 《英国蓝皮书有关辛亥革命资料选译》（下），中华书局 1984 年版，第 447、448 页。

② 《广东县官之气焰》，《时报》1913 年 2 月 1 日，（四）。

显利弊关系的习俗也一律改革。例如,“近闻某某省不许百姓过旧历年”①。还有的地方,因元宵“名称的字音可恶”而加以禁止。② 这样的改革,实际上是抹杀了民族文化的特点,并不能提高民族的文化水平。

综上所述,可以看出:民初社会风尚的演变,发端于清末,而其急剧的变化,则在辛亥革命以后。这是辛亥革命的直接结果。这种风尚主要表现为追新慕异、去土求洋的形式,包含着以西方资产阶级的人生哲理,取代儒家的伦理纲常等进步的内容;反映了中国资产阶级要以西方资产阶级革命的理性思想武器,革除旧的陈规陋习,为社会前进开辟道路的愿望。不过,这种社会风尚革新的影响仅限于大、中、小城市,对于广大农村则影响甚微。同时,由于辛亥革命,不仅未能铲除封建社会的经济基础,而且对于旧的上层建筑和意识形态也未能给以有力改革和批判,因此,新的社会风尚,必然会遇到习惯保守势力和传统观念的顽固抵制。但是,先进必将战胜落后,文明必将战胜愚昧,新的社会风尚既然符合社会和时代发展的需要,那就是任何人也阻挡不了的。到了五四新文化运动期间,这一新的风尚又吸取了更大的活力,从而对于中华民族的精神面貌,产生了深远的影响。今天,我们在建设社会主义的物质文明与精神文明实行对外开放的过程中,应当批判地继承近代历史遗留下来的宝贵文化遗产,同时对外来文化,也要做到取其精华,剔其糟粕,切不可再犯前人“全盘照搬”的错误。

---

① 《不许百姓过年之奇谈》,《大公报》1913年2月15日,杂录。

② 《都市丛谈》,第32页。

北伐战争时期美国分化政策与美蒋关系的形成*

牛大勇

北伐战争时期，美国对华的基本政策是设法软化分化中国革命，诱使中国资产阶级将革命引向改良，以此抵消共产主义在中国的影响。它对当时中国一般政治局势的发展以及革命阵营内部的复杂变化，摆出“中立”“观望”的姿态，尽量用隐蔽而圆滑的方式进行干涉，同时在维护自身紧要的侵略权益的限度内，使用武力或施以军事威慑。美蒋关系就是在这种政策背景下逐步形成的。

一

英日帝国主义制造的“五卅”惨案，激起中华民族解放运动的新高潮。南方国民革命势力日渐强盛。美国当局在这种形势下密切关注着广州革命阵营内部的矛盾，并企图加以利用。

中山舰事件发生后，美国很快判明了这场政变的反共性质。驻广州总领事詹金斯报称：“蒋不再要俄国顾问了”，“政府中的温和派看来支持蒋，他们似乎期望采取更保守的政策”。① 美国驻华南海军则更为露骨地赞扬

---

* 本文原载《近代史研究》1986 年第 6 期。

① 《美国对外关系文件集》第一卷，1926 年，第 701 页。

道:“通过这次迅雷般的行动,蒋介石给共产派以数年来未曾有过的致命一击,这对广州政府未来的政策有影响。”他们从“保守派”官员那里获悉:政府的政策是“逐渐驱逐俄国人和中国共产主义势力”①。

虽然蒋介石出于种种考虑,没有立即同苏联和中国共产党决裂,广州的政治局势出现了复杂多变的趋势,但蒋介石并没有改变反共的阶级本性,也没有抛弃“国民革命”的旗帜。在策略上,他先打击左派以取得右派的支持,又利用左派的妥协反过来抑制右派,靠这种纵横捭阖、左右逢源的手法,一步步增强自己的权势,准备对共产党人实行更大的打击。

从中山舰事件至北伐前夕,美国官方对蒋介石上述双重基本态度的不变性和策略手段的多变性,判断大致准确,情报比较灵通,并未陷入扑朔迷离、朦胧混沌的状态之中。

1926 年 4 月 7 日,詹金斯向国务院报告:“现已证明政府中的保守派尚未强大到像人们想象的那样足以轻而易举地处置俄国人和共产党人的地步”,“蒋介石已发觉自己的部队比原料想的还要倾向于过激,蒋将军不得不首先处置自己军内的情况,然后才能支持政府再次发动反俄国人的政变”。“另一方面,可以日益明显地看出,广州当局迫切希望结束目前的反英罢工和抵制”,因为“只要继续进行罢工,政府中的温和派就会觉得难以摆脱俄国人”。这位外交官甚至担心蒋介石再次政变的准备时间过长,使共产党人得以重新组织自己的力量。② 他在 4 月 14 日致马慕瑞公使的公函中再度表示了这种忧虑,但同时又满怀希望地宣称:“从美国人的观点看来,如果国民党内的温和派一旦获得完全统治,整个形势将大为改善。”③

詹金斯对国民党“温和派”(或曰保守派)和蒋介石一伙寄予如此厚望,是有根据的。当时,蒋介石正在谋划进一步排斥共产党人的方案。同美国官方有密切联系的记者索柯尔斯基④来到广州,企图拜会蒋介石。蒋连忙托人秘密点拨这位冒失的记者:蒋本人目前不宜接见外国记者,因为

① 《美国国务院档案》(缩微胶卷),893. 00/7412。

② 同上书,893. 00/7400。

③ 《美国对外关系文件集》第一卷,1926 年,第 705 页。

④ 索氏是美籍犹太人,中国通。此次访广州前,曾与美国驻沪总领事馆磋商,到穗后即与詹金斯建立联系。美驻华公使、参赞同年南下广州考察往返途经上海时,都曾移樽就教于索氏。

这会造成他“正在同帝国主义勾结”的印象。不过，两个月内他将平定本地局势，届时一定“很高兴地请索柯尔斯基来会见他”[①]。这份情报立即从美国驻广州总领事的案头同时飞向北京美国公使馆和大洋彼岸的白宫。美国官方同时探悉：国民党将于下个月（5 月）召集特别会议，“那时将提出从国民党中驱逐共产派的问题”[②]。

蒋介石在四五月间的一系列反共活动几乎尽收美国官方眼底：“许多俄国顾问已离去”；“关于本领事区内激进分子控制广州政权的可能性和占领美国教堂的危险性问题，现据报告，形势已有某种程度的改善”；“数日前曾爆发反对谭平山的大规模学生示威”；“警察部门也显露出公开敌视罢工者的迹象”；“所谓‘青年军人联合会，已被蒋介石下令解散，这是一个极端激进的组织。黄埔军校校长上述行动的重要性在于他打算逐步摧毁其军内激进派”。[③]

这期间发生的右派受蒋抑制和鲍罗廷回粤等事，都未改变美国当局对蒋介石反共面目的认识和对国共统一战线裂痕的判断。

吴铁城被解除公安局长一职后，美国当局并没有惊呼“广州又发生一次政变”。詹金斯推测这次人事变动可能起因于国民党内派系之间“某种妒意和竞争开始表面化”。他据“可靠的报告”，知道蒋介石已向温和派保证：“撤换公安局长并非意味着对温和派集团不友好。”[④] 他了解新任公安局长是蒋介石的忠实信徒，因而此事表明蒋不仅已能完全控制警察，而且能凌驾于政府之上。[⑤] 直至 6 月初传出吴铁城被拘，伍朝枢离粤的消息后，美国仍大体维持这种看法，认为“现已完全清楚，蒋中正就是广州的政府，他既不能容忍温和派也不能容忍激进派的干涉和反对”[⑥]。

美国这时更为关注的是即将召开的国民党二届二中全会。鲍罗廷一回到广州，美方就得知他在国民党中央政治会议上发言的基调是呼吁团结。

---

① 《美国国务院档案》，803.00/7403。

② 同上。

③ 同上书，893.00/7412，893.00/7414。

④ 同上书，803.00/7439，893.00/7473。

⑤ 同上书，803.00/7439，893.00/7473。

⑥ 同上书，893.00/7473，893.00/7522。

詹金斯断言:“可以万无一失的说,他将努力实现妥协。”[①] 他预料“拟于 5 月 15 日召开的国民党中央执行委员会会议是一个极其重要的会议”,“温和集团正盼望着在前述执委会会议上大获全胜”。[②]

在会议开幕前两天,为蒋介石和温和派效力的美国人柯亨[③]向詹金斯交底:“温和派能够依靠黄埔军校蒋中正将军的继续支持,有一切理由希望温和派在即将来临的同共产派和极端激进派的斗争中获胜。”也就是说,蒋介石与温和派的反共目标是一致的。不过,柯亨提醒美国当局不要过于乐观,因为“俄国人无疑会留在这里,事实上他们的影响是因为每艘抵达广州的俄国船都载着武器弹药”[④]。

中外反共势力翘盼至久的时刻终于来临了。5 月 15 日,国民党二届二中全会刚刚召开,美国海军当局便将当日情况逐级报往华盛顿。电文强调:“温和派得到蒋介石和军队将领的支持,已通过严斥党内共产派的议案。虽然将有人事变动,但政府现行政策不会变。鲍罗廷将保持政府和党的顾问职务。”[⑤] 詹金斯随后将蒋介石《整理党务案》逐级报知美国政府,兴高采烈地欢呼“蒋中正将军似已完全控制了局势”,“共产党人表面上似有妥协,因而未遭驱逐。但是,如果国民党切实贯彻蒋将军议决案中的具体条件,两党便简直不能继续和睦共事”。他坦率地承认令其如此高兴的原因之一,是从前自己关于广州共产党人的危险迫在眉睫的预言,现在已由国民党亲自证实了。[⑥] 然而,狂喜之余,略有遗憾:“可以相信,蒋将军和政府中的温和派领导人乐于驱逐共产派和俄国人——不仅从党和政府内,而且从广东省。但是他们不能随心所欲采取这一严厉步骤,因为俄国人正给他们提供武器弹药,这是他们非常需要的。”于是,詹金斯 5 月下

---

① 《美国国务院档案》,893.00/7439。

② 同上书,893.00/7439。

③ M. Cohen,美籍犹太人,曾为孙中山工作。孙中山去世后,他为孙科、蒋介石、孔祥熙等奔走效劳。参见《美国国务院档案》,893.00/7713,893.00/8427,893.00/8502,893.00/7465,893.00/7416。有的外国著作据某文学作品称他是“英国人”“双枪手”,不足为凭。但也有资料称他是加拿大人,待考。

④ 《美国国务院档案》,893.00/7465。

⑤ 同上书,893.00/7409。

⑥ 同上书,893.00/7469。

旬建议美国撕下“中立”外衣，公然对蒋介石、温和派“稍加鼓励”“伴以多少慷慨一点的财政和军火援助”，使其同共产党人彻底决裂。[①]

美国决策者显然不愿采取这种操之过急的干涉方式。他们继续观望革命营垒内部矛盾以至整个中国政局的发展变化，要待“尘埃落定”之后，再对确能统治全中国的政权承担明确的义务。这时美国对蒋介石和温和派的政策是，既不号召他们放弃反帝反军阀的旗帜，也不公开表示对其反共事业的支持与期望，而试图通过各种迂回的途径同他们联系，不露声色地推动、怂恿他们反共反革命。以下一系列事例会使人们领教这种“美国式”的干涉政策。

蒋介石逼迫共产党人接二连三地作出让步，夺取国民党中央领导大权之后，还要继续利用国共合作来夺取全国政权。他不肯同列强、北洋军阀公然站在一起，也不甘成为右派反共的附庸，所以又举起左手反对帝国主义和军阀，压制国民党右派。好在帝国主义政治家和右派分子们都熟谙此道，颇能谅解。詹金斯 5 月底向华盛顿呈报蒋介石的“革命”高调时指出，“可以看出，蒋将军企图制造一种印象，即国共两党党员之间从未发生过任何恶感，两党迄今一直在为国民革命和打倒军阀帝国主义通力合作”[②]。伍朝枢到上海后，继续为美国分化、怀柔国民政府献计献策。[③] 6 月10 日，美国驻华公使马慕瑞对正在利用“联俄容共”之策攀登权力顶峰的蒋介石，从外表到内心作了这样一番评价：“蒋介石将军几乎使自己成为那里的独裁者，并当上激进集团的领袖”，“尽管苏维埃政府及其政治原则不可爱也不可信，倒也不难诱使蒋将军和国民军首领接受其援助，因为那个政府乐于施舍。受益者当然自信能在自己所希望的任何时候摆脱苏维埃的桎梏”。[④]

北伐前夕，美国当局围绕平息两广人民反帝运动问题，展开分化国民革命阵营的活动。

1926 年 4 月，詹金斯向美国政府提议，对于两广人民的反帝斗争，美

---

① 《美国国务院档案》，893.00/7473。

② 同上书，893.00/7488。

③ 同上书，893.00/7713。

④ 同上书，893.00/7513。

国若想进行有效的干预，就应尖锐地警告甚至必要时以武力要挟国民政府出面反对共产派和激进分子所“煽动”的占用美国教会机构的行动。[①] 马慕瑞公使对此颇感踌躇。他觉得难以判断的是，靠强化炮舰政策来维护侵华权益，能不能使广州派“醒悟过来”？会不会反而激怒广大的民众，致使在美国武力保护伞之外的侨民受害？因此他没有力主使用武力，而是建议派公使馆参赞麦耶前往广州考察，一方面与当地美领事官员磋商，为美国政策提供参考意见，另一方面借机劝告广州政府官员们改善对美国人的态度。[②] 国务卿凯洛格批准麦耶立即南下，并叮嘱：“如果难题仅涉及外国人开办的医院或学校，则应从更广阔的角度考虑在此类问题上使用武力所可能引起的后果。”[③] 这表明美国决策者对实行武装干涉持比较谨慎的态度，唯恐这种干涉对复杂微妙的中国政局产生反效果。

然而另一种干涉却在加紧进行。事实证明，麦耶南行使命除上述两方面的任务外，还负有同蒋介石集团建立联系的任务。6 月 11 日，他到达广州，多方搜集有关革命阵营内部的情报，探知蒋介石等人只是“在同供给他们武器弹药和经费的那些人做游戏”，因而十分愿意同蒋一晤。但经试探后，马上意识到这样做“未必合适”，遂放弃同蒋直接联系的打算。麦耶同国民政府各位要员进行广泛接触。在谈话中，他时而追述“美国对中国从未间断过的同情态度”，时而倾诉传教团体的慈善动机，又将话锋一转，指向两广人民“袭击”美教会机构的事件，表示“难以理解广州政权为什么会容许这种事态的存在”。詹金斯也插话：“最重要的是广东当局与美国官方之间的气氛应该是最友好性质的。”国民政府方面采取和解姿态，希望美国暂持忍耐态度。麦耶不失时机地示意：“忍耐是有限度的。”美公使事后评价麦耶的这些活动“其价值在于给广州政权造成印象，必须或至少更愿意考虑美国的权益”，“由此而引起的事态发展好象表明麦耶的访问确已对他们的态度产生了切实有益的影响”。[④]

然而，对蒋介石集团来说，未能同美国官方建立联系总是一个缺憾。

---

① 《美国对外关系文件集》第一卷，1926 年，第 704—705 页。

② 同上书，第 705—707、708 页。

③ 同上书，第 708 页。

④ 《美国国务院档案》，893.00/7713。

不过，机会还是来了。6 月 17 日，麦耶离开了众目睽睽的革命中心——广州，取道香港北返。五天后却出现在小城汕头。驻扎此地的何应钦立即请人求见。麦耶知道他是“蒋介石将军的亲密战友和朋友”，欣然赴约，两度欢晤。何向麦耶表白：“国民党不是‘赤党’，没有同苏俄人牢不可破地连在一起”，“虽然共产主义可能是政治家们的玩物，但它在军队中的势力小得很”，并举蒋介石从黄埔军校中清除 121 名共产党员为证。麦耶也直言相告：尽管很乐于倾听何将军及广州各位官员表示的对美友好感情，“但坦率地说，我们想要的是具体成果，是这些感情的实际运用”①。

麦耶在汕头还了解到，国民党并不真想立即全部废除不平等条约，只是希望列强方面能采取步骤在相当长的一段时期内调整对华条约关系。尤其希望美国能带头。针对国民党依赖苏联援助一事，麦耶警告说：“玩火是危险的!”经他介绍，何应钦同美国驻汕头领事张伯伦建立了“私人关系”②。

在一番窥探、挑唆、勾引兼行并施的紧张活动之后，麦耶来到上海，由索柯尔斯基牵线，会见了“温和派”王正廷和伍朝枢。对伍朝枢的乞援，麦耶答道：“我们政策的既定部分是不站在任何政党或派系边，但是当然另有一些援助中国人民的合法办法。”③ 他虽没有明说这些“合法办法”是什么，但上述活动已经作了解答。

正是由于清楚地了解国共联合阵线内部的裂痕和矛盾，美国当局才会大力推行分化革命营垒的政策。这一政策的特点是：以软的一手为主，以硬的一手为辅，尽可能用“合法”的手段，诱迫国民政府及蒋介石去压制共产党和人民革命运动。至于哪种软化方法更好，强硬的程度如何掌握，则有一个探索和权变的过程。

二

1926 年下半年是北伐战争凯歌行进的时期。随着中国政治格局的急速

---

① 《美国国务院档案》，893.00/7713。

② 同上。

③ 同上。

变动，美国对中国南北政权的政策也在逐步调整。它对频繁更替的北洋内阁不再给予正式的承认；对广州国民政府，则建立了实际交涉关系，并以“承认”为饵，诱其放弃反帝立场。

自 1926 年 4 月段祺瑞政府倒台后，列强对继之而起的几届北洋内阁，一直未正式承认其为代表中国的政府，只作为“事实政权”看待。7 月 3 日，各国代表宣布北京关税会议休会，有意观望形势。在这前后，列强陆续开始考虑放弃只同一个徒有其名的“中央政府”办交涉的方针，改同各地“事实政权”直接交涉。

美国驻华公使马慕瑞认为吴佩孚、张作霖联盟矛盾重重，极不稳定，对他们操纵的内阁及重开关税会议的要求，持冷淡的态度，主张只有把中国各方代表拉到一起才能谈判。[①] 当英国同庚款顾问委员会主席威灵顿提议列强联合实行“支北压南”政策时，马慕瑞拒绝道，这可能会激起燎原烈火，而且“看不到美国支持或同情为控制广州或中国其他地区的局势，大规模使用武力实行占领或其他军事干涉行动的可能性”[②]。

广州国民政府在取得中国大部地区之前，并不急于谋求外国的正式承认，以防授人分裂中国的口实。广州政府当时在这方面力争的是列强不要承认北洋军阀政府，尊重自己的地位。[③] 美国对此是了解的。对广州—武汉国民政府不予正式承认，这既不是美国独家的政策，也不始自北伐时期。然而北伐时期却是美国开始同国民政府建立联系并宣布不承认北京有“中央政府”的阶段。

6 月初，马慕瑞即训令广州美领馆可用给北京“事实政权”发照会一样的形式向广州政府发照会。6 月末，詹金斯已在照会中称陈友仁为“代理外交部长”，虽另具专函声明此举纯属礼貌性质，不意味着承认，但毕竟是进了一步，并且走在了日本之前。[④]

7 月间发生北伐军伤病员住进梧州美教会医院之事后，马慕瑞并未提议用海军逐走中国人，只是将詹金斯来电原文转报华盛顿。詹金斯的意见

---

① 《美国国务院档案》，893.00/7464，893.00/7535，893.00/7558，500.Ae/627。

② 同上书，893.00/7532。

③ 同上书，893.00/7432，893.01/224。

④ 同上书，893.00/7550。

是：医院契约中载有中国当局必要时为军事目的有暂用该院房产之权，因此不便要求伤病员立即撤出；已请陈友仁劝梧州当局让美国职员回院重操旧业，陈已同意；如果梧州当局不让步，再用美国海军逐走中国人。结果，凯洛格命马慕瑞训令詹金斯："限于努力同当局谈判恢复梧州医院房产权，并通知说本政府保留要求赔偿被损被毁或被占的教会财产价值的权利。"[①] 这意味着同意谈判并默许北伐军伤病员暂住，而否定了准备使用海军的意见。此事后来终于通过外交途径，由国民政府协助解决了。[②]

麦耶南行归来后，认识到北京政府已不能控制全国各地"正起作用的力量"，建议美国采取"不承认"政策，同时"以特别的措辞使广东派理解，我们采取这一政策，其明显度系于意识到对华南美国人及其利益的态度将立即发生变化"[③]。这说明不承认政策的目的之一是软化广州政府的反帝立场。

根据麦耶的考察报告，马慕瑞 7、8 月间一再向美国政府说明：北京政府业已丧失对中国各地的统治权，形同虚设。应把美国同所谓"中国政府"与各地当局的关系做些调整，公开宣布不承认北京"中央政府"的存在，直接同各地方当局交涉，鼓励它们负责保护美国利益。[④] 这时，国民政府获悉吴佩孚、张作霖乞求列强重开关税会议以谋军费的消息，立即向美国公使馆发出抗议照会，促其阻止。[⑤] 詹金斯认为公使馆应借机表白美政府对关税会议和广州政权的态度。马慕瑞果然公开答称美国认为中国现在没有内得各地支持、外获列强承认的"中央政府"，美国在关税等问题上，无意为个别军阀或派系谋利，对陈友仁外长的照会表示"珍重"[⑥]。接着，他又在北京采取行动，表示美国并未承认北京现政府，"愿为中国全体谋利益"等。[⑦] 这些行动立即为华盛顿认可。

---

① 《美国对外关系文件集》第一卷，1962 年，第 713 页。
② 同上书，第 714 页。《美国国务院档案》，893. 00/7712。
③ 《美国国务院档案》，893. 00/7713。
④ 《美国对外关系文件集》第一卷，1926 年，第 712、671—680 页。
⑤ 高承元：《广州武汉革命外交文献》，神州国光社 1933 年版，第 28—29 页。
⑥ 《中国国民党中央执行委员会政治会议第三次会议议事录》，1926 年 7 月 29 日。
⑦ 《美国对外关系文件集》第一卷，1926 年，第 846—849 页。

全面分析这一时期的美国对华政策，就会发现在软硬兼施的两手政策中，软化、分化革命是其主要倾向。美国政府已决心以更灵活的姿态来物色新的在华代理人。1926 年 10 月，它通知英国政府：美国政策是“随时准备与任何表现出有能力代表中国履行其所负义务的政府建立关系并进行谈判”①。11 月，它又通知意大利政府：美国尚未考虑承认广州政府之事，但是，如果那个政权控制了中国大部地区，美国无疑要考虑承认。② 实际上，美国对国民政府的态度，已转为反复考察，逐步接近，软硬兼施，伺机分化。随着北伐战争的进展，美国外交当局频频同国民政府直接联系，要求它保护所辖地区的美国利益。③ 马慕瑞、麦耶又先后来到国民政府治所，窥探局势，表示“友好”④。

马慕瑞 9 月广州之行，成为第一个同国民政府接触的外国公使。经一番实地考察后，他认为国民党真心实意地想采取同列强和解的政策，同时又很机警地试探能使各国作多大让步。⑤ 11 月 19 日，他在致国务卿的长电中陈述自己曾与中国各阶层的人士晤谈，其中有“民族主义煽动家”，有“广州国民党领导人”，既有“保守的领导人”，也有“激进的广州赤党领导人”，他们之间有某些共同要求，也存在分歧。分歧的焦点在于，“更稳健、更富于建设性的分子们”打算走日本、泰国式的资本主义改良道路，这正是美国所要鼓励的。然而很不幸，由于“苏维埃破坏性影响”，“召集了很大一群拥护第三国际政策的中国人”。他们相信中国必须走苏俄式的革命道路。中国目前正处于这两种学说的十字路口，“在中国不可挽回地作出自己的抉择之前，我觉得，我们不论为中国还是为自己，都有责任作些措辞友好的警告”⑥。

---

① 《美国对外关系文件集》第一卷，1926 年，第 855 页。

② 同上书，第 634、859 页。

③ 《中国国民党中央执行委员会政治会议议事录》，1926 年。

④ 《中国国民党二届三中全会速记录》，1927 年 8 月 10 日。

⑤ 《美国对外关系文件集》第一卷，1926 年，第 868、899 页。

⑥ 同上书，第 999—1000 页。马慕瑞 11 月 12 日致国务卿的建议并无“措辞友好的警告”一语，也无“不负责任和不受控制的北京政权”之句。笔者所据马慕瑞 11 月 19 日电，其所述范围显指中国国民革命运动，却无“北京政权”“北京政府”等字样，更无专以北京政权为警告对象之意。其所指两种“对立的”学说，即为“渐进与革命”。拙作有关引文，并无改动，特此澄清。

在拉拢、软化广州政府的同时，美国外交当局还密切关注着蒋介石的动向及其权势的增长："蒋介石继续攫取越来越多的权力""政府日益变成以蒋为真正首领的军事机构"；"蒋介石已当选为国民党中执委主席"，"蒋现在不仅在事实上，而且在法律上也是广州政权的独裁者"；"没有一个人在广东握有比蒋介石更大的权力，也无人表现出如此巨大的能力对付来自内部的阴谋诡计并以智谋战胜之"。① 当然，美方也注意到蒋介石在篡权的道路上并不总是一帆风顺："值得注意的是蒋将军的总司令部发布通告，军事非常时期一切军事民政机关均须服从总司令命令。政治会议（最高行政机构）随即通知总司令部：虽然一切军政要务确实由总司令部执行，但该机构之命令须经政治会议批准。"② 注意到这种矛盾之后，美国当局一面同国民政府拉关系，一面又常与蒋介石办外交。③ 即使在接悉国民党中央关于集中外交职权于政府外长之手，政府不受蒋介石等将领私订的外交协议约束的通知后，美国依然找蒋办交涉。④ 其助蒋独裁，分化革命的居心昭然若揭。

北伐途中的蒋介石也急于向帝国主义表态。8 月 20 日，他在长沙发表宣言，告诉列强："革命之成功，即友邦之利益"，"其扶持正义赞助我国民革命军者，中正爱之敬之"⑤。数日后，他又向外国记者表白自己不是布尔什维克，将下决心清除苏联顾问。⑥

针对国民革命阵营中的裂痕，美国自北伐出师以来一直认为实行分化政策比武装干涉更适宜、更"明智"。这并不意味着它放弃了武装保护紧要侵华权益或军事威慑政策，而是将这一手作为分化政策的必要辅助和补充。唯其如此，它在这些问题上的态度才会硬中有软、软中带硬，既要维护紧要的侵华权益，又要有所克制，避免同革命阵营发生大的冲突。

---

① 《美国国务院档案》，893.00/7539，893.00/7552，893.00/7553。

② 同上书，893.00/7603。

③ 同上书，893.00/7660。毛思诚：《国民十五年以前之蒋介石先生》，10 月 12 日条。

④ 《美国对外关系文件集》第一卷，1926 年，第 683 页；第二卷，1927 年，第 66—68、238 页。

⑤ 《中华民国史事纪要》，1926 年 8 月 20 日条。

⑥ 《北洋时期北京邮政总局档案》，南京中国第二历史档案馆藏。

1926 年 9 月初，英国邀美国共同派舰拘押和摧毁广州工人纠察船，威胁国民政府。美国拒绝参加这种公然的武力干涉，只令驻广州海军保护美籍船只不受工人纠察队的检查。[①]

当国民政府冲破不平等条约的束缚，自行对进出口货征收“产销税”时，美国政府不批准马慕瑞建议的“国际海军行动”，仅令其从外交途径提出抗议。[②] 国民政府颁布检查一切过往船只的条例后，美政府又命海军酌情保护拒不遵检的美商船。其原则是美船及货物若被强占，经外交交涉无效后，可用海军加以制止。[③]

北伐军颁布了长江限航令，美国外交当局在抗议书上声明：美国军舰拥有在长江中“自由航行”的条约权利，不能接受上述限令，但除紧急情况外，可遵守其中限制夜航的规定。至于美商轮若自愿遵令停航受检，美政府不加干涉。[④] 穿行武汉战争区域的美舰曾与北伐军发生过几次互射事件，但当其他国家企图拉美国实行联合反击时，凯洛格国务卿却认为这不过是中国“不法士兵”的盲目射击，没有必要采取联合行动。[⑤] 吴佩孚派员向驻武汉的美国海军乞求援助，也被美方一口回绝。[⑥]

这些事例表明，美国政府面对中国革命的冲击，虽坚持武装保卫紧要权益的一贯政策，但对公然实行大规模的武装干涉还是有所顾忌的。它力图不扩大事态，而用更狡猾的办法来破坏中国革命，其政策的复杂性，远非“炮舰外交”四字所能涵盖。

三

1926 年末至 1927 年 4 月，是国共联合阵线内部矛盾趋于表面化的时期。蒋介石在南昌公开同武汉革命势力对立，自称是中国革命领袖，有权

---

① 《美国对外关系文件集》第一卷，1926 年，第 723、726 页。

② 同上书，第 863—871 页。

③ 同上书，第 887—908 页。

④ 同上书，第 633—639 页。

⑤ 同上书，第 640 页。《美国国务院档案》，893. 00/7650。

⑥ 《美国国务院档案》，893. 00/7730。

干涉和制裁共产党。还宣布："无论哪国以平等待我，我们都可与之联合。"[①] 他把这套内政外交的纲领逐步付诸实施，同美日帝国主义暗中勾结。另一方面，武汉的革命斗争也在蓬勃发展。声势浩大的党权运动，矛头直指蒋介石这个独裁者。人民群众收回汉口、九江英租界的行动，把反帝斗争推向高潮。

面对云谲波诡、山雨欲来的复杂形势，美国加紧施展破坏革命的两手政策，一面增强驻华军事力量，一面玩弄各种手法，竭力软化分化革命阵营。

1926 年底，上海公共租界工部局吁请各国派兵保护，以防北伐军进入上海后发生"骚乱"[②]。英日皆表支持，美国驻沪总领事和海军指挥官却认为即刻明火执仗地向上海调集大量外军，并非明智之举。凯洛格也不赞成同北伐军正面冲突，为此下令："本政府不准备使用驻沪海军保卫租界完整"，"部队行动目的是保护上海美侨生命财产"。[③]

汉浔英租界事件发生后，英、美、日、法驻沪总领事立即达成协议，共同调兵"维持租界秩序"。但当工部局请外兵立即登陆时，各国领事都赞成，唯美国总领事强烈反对，认为此举"将被这里的鼓动家抓住把柄，作为煽动更大反帝舆论的口实，演成星火燎原之势"[④]。美国政府也再三重申前令，对于用美军保卫租界完整和其他外侨安全持暧昧态度。[⑤]

尽管有以上保留，美国仍按协议派兵增援。1927 年 1 月 7 日，美国亚洲舰队总司令威廉上将奉命从马尼拉亲赴上海，陆续将所属舰艇调入中国水域。至 2 月末，美国到沪水兵达 850 名，陆战队 500 名。另有 1500 名陆战队正从关岛等地开赴上海，3 艘巡洋舰和 500 名陆战队在檀香山待命，1540 名陆战队在菲律宾待命。摆出这种引弓待发的架势，用马慕瑞的话说，是为了"使国民党领导人确信，外国列强的忍耐已达极限"。他坚信，

---

① 《蒋介石在南昌总部之演讲》（1927 年 2 月 21 日、3 月 7 日）。

② 《矢田致币原电》（1926 年 12 月 8 日），《日本外务省档案》，S16154。

③ 《美国对外关系文件集》第一卷，1926 年，第 663 页。

④ 《美国对外关系文件集》第二卷，1927 年，第 46 页。

⑤ 同上书，第 51、56、59、61、65、78 页。

“唯一可能避免使用武力的办法是公开作好使用武力的一切准备”[①]。为使这种威慑政策发生效力，麦耶 1 月 20 日通过秘密渠道再次怂恿蒋介石集团：“我们要的是行动而不是辞令。国民党人在我们眼中恢复名誉的唯一办法是采取具体行动证明他们愿意并能够在其控制区内保护美国人生命财产。”[②] 从这个实例可以看出，美国使用军事威慑的手段，是要达到政治诱降的目的，而诱降的重点目标，是蒋介石等实权派。

美国这时不愿跨出保卫紧要权益和军事威慑的界限，亲自动手去扑灭中国革命，也不愿大规模介入中国内战。1 月下旬，英国邀请美日各出一旅组成“上海防卫军”，遭到美日拒绝。[③] 它们要用更巧妙的办法来破坏中国革命，这就是对国民党的拉拢和分化。

美国原打算发表一项声明，表示愿在关税和法权等问题上让步，并在重开关税会议之前便允许中国各地征收华盛顿条约规定的附加税。[④] 武汉国民政府外长陈友仁得到消息后，紧急约见美国总领事洛克哈特，要求暂缓发表这项声明，武汉政府48 小时内将电告华盛顿一份重要宣言，要旨为坚决反对目前实行华约附税，因其等于送给北洋军阀数百万美元军费。[⑤] 美国政府显然考虑了这个意见。凯洛格 1 月 27 日发表对华政策声明时，删去了有关立即实行华约附税的文句，还专门作了两点重要补充：（1）如果中国各方能够达成协议，任命共同的代表，美国准备单独与之谈判修约事宜；（2）美国海军驻华系履行保护美国公民生命财产的基本义务。[⑥] 第一点表明美国鼓励国民党上层势力同北洋军阀携手，同帝国主义妥协。第二点则意在安抚主张“渐进”的温和派，威胁“激进”的革命派。这个声明的实质是要引诱中国资产阶级及其政治代表叛变革命。

正如我们不应以美国这一时期的一手政策否认其另一手政策一样，对于促成美方对华一系列决策的各种原因，我们也不应片面地强调其中的一

① 《美国对外关系文件集》第二卷，1927 年，第 47 页。

② 《美国国务院档案》，893. 00/8339。

③ 日本外务省：《最近支那关系诸问题摘要》第 2 卷，1927 年。

④ 《美国对外关系文件集》第一卷，1926 年，第 930—940 页。

⑤ 同上书，第 930 页。高承元前揭书，第 35—36 页。

⑥ 《中美关系资料汇编》，第 1 辑，第 472—475 页。

种而否认其他，尤其不应忽视其政策对华的着眼点。这里需要着重考察一下美蒋关系的重要进展。

为使上海租界免遭厄运，美国曾积极策划上海租界中立化。凯洛格原拟分别照会张作霖、张宗昌、孙传芳、陈友仁，请他们保证上海租界及附近地带为非军事区。恰在这时，传来消息：蒋介石已向美国驻沪领事馆建议，各方皆不派兵开入上海，以防发生中国内地美侨和传教士正面临的那些危险。[①] 这正好符合美国心意。1 月 26 日事先征得蒋之意见的“温和分子”王正廷，与美国驻沪总领事高斯进行了秘密会谈。双方愿今后经常保持联系，互通情报。王正廷告诉美方：国民政府的控制权并未落入极左派手中，国民党军也不是布尔什维克。国民党军可以不进驻上海地区，以免同外国军队发生冲突。他还透露：正在设法收买上海的军阀，上海可能不战而易手，届时将成立一个委员会进行统治。必要时，用警察和某些“志愿人员”来“维持秩序”。王强调说：“在这种情况下，最大的威胁来自工人和学生。”[②] 通过这次密谈，王正廷把蒋介石集团的阴谋向美国交了底。美国政府下令将要求维护上海租界中立的正式照会改交蒋介石和张作霖二人，以示器重和赏识，而只将抄本送陈友仁等。

2 月 6 日，洛克哈特向蒋介石委派的武汉行营参谋长朱绍良递交了这份照会，朱当场保证立即电告蒋介石。[③] 不难看出，美国政府在党权运动高涨之际精心策划这种违反外交常规的行动，是有意从精神上、政治上支持蒋介石搞独裁、闹分裂，鼓励他到上海后同帝国主义妥协，与军阀休战，协力打击已不断发动武装起义的工人阶级和革命人民。

陈友仁接到照会抄本后，严厉谴责美国当局直接同蒋介石联系“极不正当”，是故意分裂国民政府外交，助长军事独裁。[④] 国民政府拒绝支持上

---

① 《美国对外关系文件集》第二卷，1927 年，第 60、61 页。

② 《美国国务院档案》，893.00/8336。王正廷事后向索柯尔斯基承认：蒋已向他保证上海中立化，而该计划尚未提交国民政府。

③ 《美国对外关系文件集》第二卷，1927 年，第 68、70 页。

④ 同上书，第 70—71 页。《国民党二届三中全会速记录》，1927 年 3 月 10 日。

海租界中立，命令蒋介石制止王正廷的非法活动。[①] 蒋借故推诿，拒不执行。[②] 朱绍良经国民政府追查，不得不将照会正本呈送外交部，但随即于 2 月 7 日暗赴南昌向蒋汇报。[③] 鉴于国民政府已公开斥责美国的建议，蒋介石暂不便表态，但他的嫡系部队一开入上海，就宣布要严惩扰乱租界的“不法之徒”，终于履行了对美国许过的诺言。

美蒋间的勾结当然是建立在共同反共的政治基础之上的。蒋介石集团已经走到暗中派人乞求美国为其反共政变提供军火援助的地步。2 月 15 日，蒋介石的亲信柯亨拜访了美国驻广州总领事馆，向詹金斯诉说蒋介石同鲍罗廷已严重不和，造成两人间“几乎是永久性的破裂”，“列强若想将俄国人赶出中国，他们现在就应与蒋将军建立明确的联系”。柯亨强调：“蒋恨俄国人，只是因为苏维埃政府给他提供武器弹药，他才勉强与鲍罗廷合作”，如果任何列强肯承担俄国人正在做的事情，“蒋将军将立即同鲍罗廷决裂，制止其反帝国主义反资本主义的暴力活动”[④]。8 月初，蒋介石的美国朋友诺曼又向美国官方表示了同样的乞援意向：“除非美国和其他列强能以某种方式重新确立国民党内温和分子们的自信心，俄国在华势力将强大到可能多年无法消除的地步。”[⑤]

马慕瑞这时也向国务院报告了蒋介石在南昌一次军政会议上力图采取措施，抵消共产党人在国民党内影响的消息。[⑥] 虽然他未确切说出鲍罗廷是否到会反对，但这并不是实质性问题。这一报告说明南京事件前美国公使已看出国共矛盾正在激化。在此期间，马慕瑞和驻华南各地的美国领事官员纷纷向美政府报告革命阵营内部矛盾激化的情况及蒋介石的反革命言行，提醒美政府注意正在酝酿中的政变。这类情报之多，举不胜举。[⑦]

1927 年 8 月中旬，为进一步笼络武汉国民党人，美国国务院拟派麦耶

---

① 《汉口民国日报》，1926 年 2 月 11 日。

② 蒋介石：《告黄埔同学书》（1927 年 3 月 12 日）。

③ 《汉口民国日报》，1926 年 2 月 8 日、2 月 13 日。

④ 《美国国务院档案》，893.00/8502。

⑤ 同上书，893.00/8360。诺曼原为孙中山的顾问。

⑥ 《美国对外关系文件集》第二卷，1927 年，第 2 页。

⑦ 《美国国务院档案》，893.00/8312，893.00/8335，803.00/8302，893.00/8351，893.00/8360，893.00/8367，893.00/8411。

常驻汉口。马慕瑞权衡利弊之后指出：此举会被看成美国“有意支持和鼓励激进派亲苏分子，反对温和派及几乎注定正要同集结于汉口的极端势力分道扬镳的民族主义者”。美国政府欣然纳谏。[①] 为支持如箭在弦的反共政变，美国官方可谓费尽心机。

与此同时，何应钦、伍朝枢等蒋系干将也秘密同英美等外国驻沪领事馆通气，谋求避免在上海发生冲突。至于怎样才能确保做到这一点，高斯用外交辞令指出：“相信随着固民党军到达上海，对国民党左右两派的真正考验也将来临。”[②]

全面考察北伐以来美国对华政策，可以看出，虽然它不甘放弃重大侵华权益，并准备必要时用武力加以捍卫，但其政策的重点是分化，是力争从内部攻破革命营垒。它认为这比自己直接出面镇压革命更“明智”可行。因而，引诱分化为主，威压恫吓为辅，是当时美国对华政策的特点。它不仅了解革命阵营内部矛盾和蒋介石蓄谋反共的大量情报，而且有意助长蒋的分裂活动，抬高他的地位，勾引他在上海妥协和叛变。而蒋介石集团也通过何应钦、王正廷、伍朝枢、柯亨、诺曼等渠道同美国当局秘密勾结。

这时发生的外舰炮轰南京事件，确实是英美帝国主义的一次侵华暴行。但它仍属帝国主义武装保卫侵略权益的政策范畴，其性质同帝国主义历次践踏中国领土主权，屠杀中国人民的一般侵略暴行是一样的。因为从其预谋和实施情况来看，这次武力行动的矛头，既针对“北军”溃兵，又针对“南军”参与涉外抢劫的散卒，并非以“革命”为特定对象。当北伐军向直鲁军进攻并于3月24日凌晨夺取南京城时，并未遭到外舰炮击。制止抢掠外国领馆侨民的风潮后，北伐军尽管仍驻南京，也未再遭炮击。抢劫风潮同革命并无内在联系，二者不能混为一谈。因此炮轰南京不能说明美国在革命力量攻克沪、宁后选择了以武力干涉为重点的政策。上海工人武装在帝国主义重兵云集之地发动的推翻北洋军阀的起义，是典型的革命暴动，帝国主义并没有直接出马实行武力镇压。斯大林当年分析帝国主义

① 《美国国务院档案》，893.00/8408，893.00/8408a，893.00/8420。

② 同上书，893.00/8405，893.00/8406

对付中国革命的政策特点时曾指出："干涉已带有比较圆滑的性质和比较隐蔽的形式"，"假他人之手进行干涉——这是现在帝国主义干涉的主要特点"①。南京事件后，斯大林又指出："帝国主义者轰击南京并提出最后通牒是表明，他们在寻找民族资产阶级的援助来共同反对中国革命。"② 征之史实，此论极当。美国并未放弃从内部攻破革命营垒的意图，其软硬两手政策的主次关系也未转变。

炮轰南京的次日凌晨，美国驻宁海军便收到蒋介石的口信，"他希望明天到达南京，负责控制局势，将保证一切外国人生命财产安全"③。于是，美日英驻华海军总司令一致同意，"尽可能避免采取进一步的激烈行动，直至蒋介石将军有机会履行他为所有外国人提供充分保护的诺言"④。

蒋介石 3 月 25 日赶到南京，下令追查南京抢劫的责任。下午 2 时，第 6 军第 17 师师长杨杰前往日本领事馆道歉时，竟毫无根据地诬陷这一事件是由中国共产党"策划"和"组织"的，从而为蒋与帝国主义合谋反共提供了一个荒诞的借口。⑤

蒋介石 3 月 26 日到上海后，公开宣称自己兼程来沪是为了"办理一切善后"⑥。租界当局立即派黄金荣等与他联系，准其自由穿行租界，以便放手去办"善后"⑦。

美国驻华官员希望蒋介石一伙能够立即"平定局势"，蒋军发布的一系列"严惩不法之徒"的通告及迫使上海总工会下令复工等事，也曾使他们感到鼓舞。可是蒋介石一时无法采取行动全面镇压革命，这又引起他们的种种猜疑和忧虑。他们再也沉不住气了，纷纷要求美国政府放弃分化政策，采取强硬行动，为此提出了许多武力制裁方案。

美国政府为切实保卫侵华权益，加紧威胁革命势力，同英、日、法等

---

① 《共产国际有关中国革命的文献资料》，第 1 辑，第 265 页。

② 《列宁斯大林论中国》，第 164 页。

③ 《美国对外关系文件集》第二卷，1927 年，第 147 页。

④ 同上。

⑤ 《日本外务省档案》PVM26。

⑥ 《上海民国日报》，1927 年 8 月 27 日。

⑦ 同上。

国一样从各地迅速增调一批军舰和陆战队开赴上海。至3月底，列强已在上海麇集两万重兵，虎视眈眈。

然而，美国决策集团仍竭力坚持从内部攻破革命营垒的既定方针，耐心观察着中国政治局势的变化及英、日两国的动向，对各种制裁方案始终未表赞成。

就在南京事件发生的第二天，美国政府收悉两项重要情报：（1）柯亨再次拜访詹金斯，解释蒋介石同汉口激进派的妥协只是权宜之计，不能长久。蒋急于知道若能与鲍罗廷决裂，可从列强方面得到什么支持。柯亨促请美国政府“看清时局真相”①。（2）白崇禧将袭击被民众武装占领的据点，但他并没有流露将采取强硬而严厉的措施的迹象。②

3月26日，国务院获知蒋介石前述口信后，又收到驻福州总领事的报告：“控制军事部门的温和派与控制政治部门的激进派之间的分裂是不可避免的。若我们所得情报无误的话，这种分裂已在蒋介石和鲍罗廷之间发生了。”报告以大量事例证实蒋系东路军是一支反共反人民并能认真保护外国利益的军队。国务院对于在关键时刻收到这份报告极为欣赏，赞扬它“以精选的材料透彻说明了事件的重要意义，对国务院有特殊的帮助”，“好极了！”③ 美国立即采取行动，以圆熟的伎俩“假他人之手进行干涉”——怂恿蒋介石集团扑灭革命。

受美国驻沪海军总司令威廉之托，上海领袖领事奥尔3月26日会见了白崇禧，要求下令制止可能危害租界安全的行动。白当即保证：“国民党无论如何无意进攻租界”，“已下令严禁任何人携械或送枪入租界”。他通过奥尔公开宣布：“极愿尽力维持秩序，且有办法做到这一点”，他对国民党和工会“负完全责任”④。美蒋双方已找到了镇压革命力量的“合法”语言——“维持秩序”。

这时，美国主要舆论工具都鼓吹除保护美侨生命财产外，不宜采取将导致战争的强硬措施。3月26日，美国总统柯立芝表示目前再向中国增兵

---

① 《美国国务院档案》，893.00/8427。

② 同上书，893.00/8430。

③ 同上书，893.00/8444。

④ 《矢田致田中电》（1927年4月27日），《日本外务省档案》S16152。

没有什么好处[①]，3 月 29 日又称中国迄未发生对美国人有组织的军事袭击，但时而发生零散的袭击，这绝非出于任何“郑重当局”的唆使，纯系“暴徒”所为，向中国增派的援兵足以应付，也许根本用不上。[②] 日本政府也于 3 月 28 日向美国通报：“蒋介石既愿意也能够维持秩序”，“目前任何强国采取压制手段都是错误的，因为这只会帮助蒋介石的敌人，并使广东派中的激进派能够取得广州政府和军队的控制权”。[③]

英、美、日驻华公使听取日方转述杨杰的诬告后，商定了要求蒋介石迅速解决南京事件的通牒草案。他们都想利用所谓“共产党策划南京事件”的谎言，逼蒋介石接受“惩凶”“制止骚乱”等条件，实行反共政变。但由于草案中含有限期照办的措辞，便具有最后通牒的意味了。

可以设想，如果在当时形势下提出最后通牒，势必进一步激化中国人民的反帝斗争，使蒋介石和列强皆陷入进退维谷的窘境。蒋若如期照办，便在群众中丧失了政治欺骗力，将被民族革命洪流席卷而去；若不照办，就要受到列强的制裁。列强若实行制裁，便可能陷入一场规模巨大、前景暗淡的民族战争，并推迟了中国革命阵营的分裂，若不制裁，又会暴露自己色厉内荏的本质。

美国决策者理解蒋介石当时一是需要保持政治伪装，二是需要足够的时间调整力量。凯洛格 8 月 31 日向马慕瑞说明政府班子对《宁案通牒》的几点考虑：“在美国公民尚未撤离的中国危险区域内似有进一步激发对美国人更大敌忾心的危险”，“蒋介石是否真能控制国民党军并满足我们的要求，尚有疑问”；“万一向蒋提出最后通牒而不起作用，有关各国政府势必进行某种报复或采取激烈行动。我们非常怀疑目前这时候提出最后通牒的明智性。但我们必须提出关于赔偿和道歉的正式要求”。[④]

美国政府显然只想用通牒方式敦促蒋介石“维持秩序”，不愿写成将导致武力制裁的最后通牒。4 月 2 日，凯洛格接连训令马慕瑞同各国一道

---

① 博格：《美国政策与中国革命，1925—1928 年》(D. Borg, *American Policy and Chinese Revolution, 1925 - 1928*)，纽约 1947 年版，第 318 页。

② 《美国对外关系文件集》第二卷，1927 年，第 97 页。

③ 同上书，第 164 页。

④ 同上书，第 170 页。

向蒋介石和陈友仁分别提出不带时间限制的通牒，要求他们迅速解决南京事件造成的局面，同时只告诉蒋介石："如果他不能令人满意地表明他打算迅速答应这些条件，关系列强将不得不采取自认为适当的措施。"训令一再强调："本政府不希望该通牒含有最后通牒式的限定时间的措辞"，"美国政府对于实施何种制裁，将保留意见"。[①] 凯洛格随即向马慕瑞和英、日等国说明，上述保留意味着美国不承担实行制裁的义务，甚至不准备讨论制裁问题。[②]

由于美日政府的共同抵制，英国才不再坚持要求各国先同意制裁。各有关国驻华公使遂于 4 月 9 日训令各自驻汉口和上海代表，务于 4 月 11 日向武汉国民政府和蒋介石分送不限时答复的《宁案通牒》，同时发表由美公使起草的《声明书》，内称列强对南京事件的种种要求，是针对某些"中外势力"而发的。[③] 这就告诉我们：《宁案通牒》是反共反苏的动员令。果然，通牒发出不到十小时，蒋介石就发动了反革命政变。

以上史实表明，南京事件至"四一二"政变期间，美国对华政策的主导倾向是利用"宁案交涉"分化革命，敦促和怂恿蒋介石集团叛变，同时又适当照顾蒋的处境，令其得以自行择机发难。

四

"四一二"政变后，武汉国民党逐渐分化，开始了从革命到反革命的转变。列强对武汉、南京两个阵营的政策，面临新的选择。

4 月 14 日，陈友仁分别答复日、美、英、法、意五国的通牒。英国积极游说，希望五强一致驳回武汉政府的答复，准备实行武力制裁。五国驻华公使磋商后一致认为，武汉政府正为共产主义势力所支配，"碍难接受"陈友仁的答复。他们建议各国政府再次共同提出更强硬的通牒。

这时，美国外交人员敏感地察觉到上海、广州等地的反共政变已对武

---

① 《美国对外关系文件集》第二卷，1927 年，第 175—177、181—183 页。

② 同上。

③ 《日本外务省档案》，PVM27。

汉国民党产生了影响，武汉的反共派系正日益强大起来，试图同样镇压共产党人。[①] 美国当然不会放过进一步分化中国革命的大好机会。洛克哈特总领事出面劝告国民政府赶紧压制革命运动。他胁迫陈友仁："应立即采取各种步骤挽救当前的混乱局面，此事刻不容缓。否则所有美国商人实际上将在一周或十天内出港。"陈友仁立即约见美国商人代表，详细解释国民政府最近已采取各种措施帮助恢复外资工商业，解决经济危机。洛克哈特认为，武汉政府已处于十分困难的境地，他们正全力争取中外人士的普遍支持。[②]

然而，对于尚未完全摆脱革命影响的武汉政府。美国的政策是分化而不是支持。它所要支持的是彻底背叛了中国革命的大买办资产阶级政权。4 月 18 日，这个政权成立于南京。柯立芝随即于 4 月 25 日宣布：美国在华目标是帮助和鼓励一切谋求"统一"和"建立共和制政府"的"合法愿望"，美国深信"动乱终将平息，某种形式的政权终将出现，该政权无疑准备对我们所遭遇的错待予以适应解决"。[③]

为了证明自己就是美国所期望的那种政权，蒋介石专门挑选著名的亲美派伍朝枢担任南京政府首任外交部长。蒋介石一伙心里明白，南京事件是他们与列强改善关系的道路上最棘手的问题。列强将坚持满足自己的要求，而南京政权又不敢公开向列强屈服。伍朝枢上任前，专门到上海秘密探询美国能否支持南京政府处理这一棘手问题。伍向美国表白，南京政府为难之处在于"既要顺应中国民意，又要满足列强要求"[④]。

美国政府完全意识到自己有责任帮助蒋介石政权骗取民众的信任，摆脱困境，同时还要继续诱使武汉政府向右转。因此，它小心翼翼地避免任何可能激化中外矛盾而不利于软化分化政策的举动，决定不向南京和武汉提出任何关于南京事件的新照会，将此事留待国民党温和派的统治得到巩固以后再行解决。[⑤]

---

① 《美国对外关系文件集》第二卷，1927 年，第 291 页。

② 同上书，第 112，293—294 页。

③ 同上书，第 118—110 页。

④ 同上书，第 210 页。

⑤ 同上书，第 204、207、213、219—220 页。

英、法、意政府都同意不应妨碍蒋介石“维持秩序”，但坚持要对武汉政府实行制裁。马慕瑞也催促美政府参加第二次通牒。显然，他们的政策意图是通过打击武汉政府来支持南京政府。

美国政府不为所动，坚决贯彻分化武汉、支持南京的方针，而又特别注意不宜公开援助和亲近蒋介石政权。

4 月 20 日，凯洛格训令马慕瑞：美国不参加对武汉的第二次通牒，因据各种情报表明，“温和派正努力将激进派逐出国民政府中枢。国务院感到，此时若提出通牒，将会削弱温和派领导人的地位，甚至会把他们驱至极端派一边”。训令还表示美国准备单独同武汉政府交涉——如果他认为这是必要而“明智”的举动。①

日本田中内阁为把美国拉入第二次通牒，专门修改了通牒草案中较强硬的措辞。英国也同意暂将制裁问题搁置不议，争取先发通牒。

美国政府获悉武汉形势已有显著“好转”，分化政策就要大见成效，深恐列强采取强硬立场，会把武汉温和派重新逼上梁山，急忙进行一系列外交活动，劝英、日等国静观形势变化。日本终于同意美国的方针，下令暂不向武汉再发通牒。英国也于 5 月初放弃了再次通牒和制裁武汉的打算。②

由于阶级矛盾的激化和帝国主义的诱迫，武汉国民党集团终于走上反革命道路。

蒋介石集团也用实际行动来报答帝国主义列强的谅解和支持。他们的统治略为巩固后，便立即着手履行《宁案通牒》的要求。4 月末，蒋军解除了参加攻宁之役的第 6 军第 19 师的武装，下令通缉林伯渠，以图进一步嫁祸于共产党。5 月初，伍朝枢主动要求与美国代表进行秘密谈判。凯洛格下令通知伍：“（美国驻沪）总领事准备接受伍代表蒋将军提出的任何建议，并如实呈报美国政府考虑。”③

5—7 月间，蒋介石政权同美国进行了一系列秘密会谈。蒋基本接受了五国《宁案通牒》的全部要求，但为了掩饰自己屈膝投降的丑态，乞求美

---

① 《美国对外关系文件集》第二卷，1927 年，第 203—204 页。

② 同上书，第 205、207、213、216 页。《南京事件交涉经过概要（二）》，《日本外务省档案》PVM27。

③ 《美国对外关系文件集》第二卷，1927 年，第 221 页。

方也表示一下对炮轰南京的歉意以及愿意放弃不平等条约。蒋介石的代表特意向美方解释，这两点要求只是为了抚慰中国的舆论，并不指望获得肯定的答复。美国当然乐于接受这种保全蒋介石政权面子的做法。[①] 经过一段虽有曲折但毕竟“友好”的谈判过程，美国于 1928 年 8 月率先同蒋介石政权解决南京事件，正式承认蒋家王朝对中国的统治。

纵观北伐战争时期美国对华政策，可以认为，努力软化分化中国革命和武装保卫紧要侵华权益，是其两项基本原则。它始终谨慎而狡黠地在这两项原则之下行动。美国决策集团认为，在中国大革命烈火面前，不以武力保卫重大权益，侵华根基必遭焚毁。但若一味强硬，甚至进而对革命势力施以武装镇压，又会火上浇油、适得其反。“五卅”以来的历次暴行已经证实了这一点。于是，软化分化政策便成为主要倾向。它对中国资产阶级的民族要求，并不绝对排斥，一再表示愿经谈判放弃某些不紧要的侵略权益。在附加税、会审公廨等问题上也作出一些实际让步。但坚决不肯屈从于人民革命的压力，立即放弃在华自由投资、贸易，航行和海陆军驻华等重要权益。在关税自主和治外法权等问题上，也不肯作较大较快的让步。因此，它又需要以武力威胁为后盾，向中国人民表明存在一条不得逾越的界限，俾其就范于改良道路。这样就会削弱共产党对民主革命的领导和影响，增强中国资产阶级的地位，并且有利于巩固世界资本主义体系。为实现这个目标，就要从中国民族民主革命阵营中诱出那些既愿意妥协又有实力“维持秩序”的人物。大革命后期，中国各地发生了一连串的反革命事变，这绝不是某几个人或某一帝国主义一场阴谋活动的结果，而有极其深刻复杂的国内、国际根源。其中美国分化政策对中国大革命的破坏性影响，是不能低估的。

① 《美国对外关系文件集》第二卷，1927 年，第 225—227 页。

赫尔利使华与美国政府扶蒋反共政策的确定*

陶文钊

帕特里克·赫尔利于1944年9月作为总统个人代表使华，11月17日任驻华大使，到1945年11月27日辞职，历时一年两个多月。这期间，世界形势和中国形势都发生了巨大变化，特别是赫尔利使华的前半年，美国对华政策经历了由战时的援蒋抗日到战后的扶蒋反共的转变；赫尔利作为这种转变的具体实行者，他的使华自然引起人们特别的兴趣。同时，由于当时种种复杂的情况，比如罗斯福个人的工作作风——他崇尚个人外交，信任他的特使超过国务院的职业外交官；他极少向人敞开心扉，以致有人说，“谁也不确切知道，总统头脑里到底想的是什么”①；又如赫尔利个人的品质和作风——他爱出风头、爱虚荣、无知而又傲慢，以致使人感到“围绕着赫尔利的一切行径有许多令人无法正确估计的事件”②。有些事情的真相有待进一步弄清，更多的事情有待作出更有说服力的分析和评述。本文将集中讨论赫尔利使华前半段（罗斯福在任期间）的三个重要问题：史迪威事件、两次国共谈判，以及关于美国对华政策的辩论。笔者认为，

---

* 本文原载《近代史研究》1987年第2期。

① 塔克曼：《应用历史论文集》（Babara Tuchman: *Practicing History*），纽约1981年版，第197页。

② 迈克尔·沙勒：《美国十字军在中国》中译本，商务印书馆1982年版，第196页。

美国战后的对华政策正是通过这些事件一步一步确立起来的。

一　史迪威事件

关于史迪威事件的经过，大家是熟知的。这里集中讨论两个问题：为什么罗斯福起先如此强硬地要求蒋介石任命史迪威指挥一切中国军队，后来却向蒋退让，召回了史迪威？赫尔利在这个事件中起了什么作用？

事情要从美国大战期间的对华政策说起。国务卿赫尔说过：“对中国，我们的目标有两个：第一是有效地进行战争。第二是为了准备一个战后（国际）组织以及建立东方的稳定和繁荣，承认并促使中国成为一个与西方三大国俄国、英国和美国具有同等地位的主要大国。”① 这就是说，美国对中国有一个战时的短期政策和战后的长远考虑。

短期政策比较简单，就是“维持中国继续参战”。美国军方认为中国继续参战从军事上来说可以把“相当数量的日军牵制在中国”，从而减轻太平洋战场美军的压力；从心理上来说，它对“影响亚洲人民对联合国家的态度肯定是有帮助的”，军方还认为，经过多年残酷战争，中国有“极大的厌战情绪”，“某些阶层”甚至“愿意与日本合作”，“但是，只要有蒋介石在，中国与日本单独媾和的可能性就不会出现”。② 这也正是罗斯福本人的看法，1943 年 9 月，他在与副国务卿韦尔斯的谈话中说：“尽管委员会长的军事眼光可能有局限，他的军队仗打得不好，但他是使中国军队能在战场上打日本人的唯一领袖。”③ 1944 年 5 月，罗斯福又要哈里曼向斯大林转达这样的口信：蒋是使中国能够团结一致的唯一人物，因而他的政

---

① 赫尔：《赫尔回忆录》（*The Memoirs of Cordell Hull*），纽约 1948 年版，第 2 卷，第 1583 页。

② 联合情报委员会 1943 年 12 月 29 日的报告：《中国在抗日战争中与美国的关系》（Joint Intelligence Committee：China's Relations to the US in the War Against Japan），原件藏美国国家档案馆（RG319，ABC Decimmal File，Boxl，NARS）.

③ 韦尔斯：《形成历史的七项决定》（Sumner Welles，*Seven Decisions That Shaped History*），纽约 1951 年版，第 151 页。

府不应遭到破坏。[①] 总之，在罗斯福看来，要达到使中国继续抗日的战时目标就要支持蒋介石的领袖地位。

罗斯福对中国的长远打算是他关于战后世界格局构想的组成部分。关于后者，罗斯福有这样一些考虑。第一，大国体制。他深信战后世界事务将在大国控制的体制下解决，美、英、苏、中“四个警察”应当起支配作用。在大战期间，苏、英常常意见不一，有时关系闹得颇为紧张，美国则常常充当调解人的角色。如果战后继续维持这种局面，中国又站在美国一边，那么美国实际上就凌驾于其他三国之上了。第二，势力范围。罗斯福在雅尔塔会议前夕的一次国会会议上坦率地说，势力范围是美国没有力量去消灭的现实问题。[②] 美国的目标是力求缩小别国的势力范围，扩大自己的势力范围。经过战争，别国在华势力不是被摧毁了就是被削弱了；而美国在战争中通过共同作战、提供军事、财政援助等途径已经同中国建立了特殊关系。美国认为，战后中国的重建离不开美国，这样，美国既需要也可能把中国保持在它的势力范围之内。当苏联在亚洲扩张势力时，中国则应成为抵制这种扩张的缓冲地带。第三，消灭殖民帝国。罗斯福预见到战后民族独立浪潮的高涨，认定英、法、荷老殖民主义帝国不能再继续维持下去，香港应当归还中国。这是一箭三雕的招数：它在客观上符合原殖民地国家人民的愿望，能博得他们的好感；它在缩小英、法等国势力范围的同时，能使美国乘虚而入，扩张其势力。罗斯福预见到英、法、荷企图维护旧的殖民体制，英国尤其如此，它将企图恢复在新加坡和中国香港、上海、广州的权益，将同美国产生矛盾，也将遭到中国的反对，中国自然会同美国站在一起。这三个方面集中到一点：罗斯福毫不怀疑，美国将在战后世界居于领导地位，他在开罗会议前夕踌躇满志地对他儿子说：“美国将不得不出面领导。领导并运用我们的斡旋进行调解，帮助解决其他国家之间必然产生的分歧；俄国与英国在欧洲，英帝国与中国、中国与俄国在远东。我们有能力做到这一点，因为我们是大国，是强国……美国是：能

---

① W. Averell Harriman, *Special Envoy to Churchill and Stalin, 1941 - 1946*, 1975, p. 3.

② 罗伯特·达莱克：《罗斯福与美国对外政策》中译本，商务印书馆 1984 年版，第 721 页。

在世局中缔造和平的唯一的大国，这是一项伟大的职责。”[①] 而在罗斯福谋求世界“领导”地位的构想中，一个“稳定的”，对美国“友好的”中国是不可或缺的，它将作为美国最密切的盟国，对付太平洋地区的其他大国：俄国、英国以及东山再起的日本。因此，罗斯福认为，“美国的远东政策应以中美两国政策的紧密合作为基础”[②]。

那么，谁能充当战后中国的领袖呢？首先，这样一个中国不可能是共产党掌权的国家，一个共产党政权不可能支持美国的“领导”地位：其次，美国看不到在国民党内有比蒋介石更强有力的领袖，因此罗斯福认为蒋也是能“在战后把中国人民团结在一起的唯一领袖”[③]。罗斯福的儿子埃辽特这样评价他对蒋氏夫妇的态度：他对他们“表现出温和，他让自己相信蒋氏夫妇是懂得在战后中国实施民主的承诺的”[④]。这样美国政府就把美国战后在中国和太平洋地区的利益与支持蒋介石政权结合起来了。

蒋介石在大战期间的历次表态也使美国相信其选择是正确的。蒋介石对罗斯福不顾苏联、英国的揶揄、反对，把中国作为四大国之一十分感激。1943年2月，宋美龄访美时，就向霍普金斯表示，蒋介石政府在战后支持美国，它将在和平会议上同美国站在一起，因为它信任罗斯福及其政策。[⑤] 开罗会议期间，蒋介石向罗斯福表示，日本投降后，只让美国军舰而不让英国军舰开进中国港口。蒋在离开开罗时，又让宋美龄给罗斯福临别留言：“委员长希望我告诉您，他对您已经并正在为中国做的一切是如何感激……当他今天下午向您道别时，他找不到话语足以表达他的情绪和感情，足以感谢您的友谊。……他希望，您将把他作为可以信赖的朋友。”[⑥]

既然支持、扶植蒋介石与美国战时和战后的利益关系如此密切，罗斯

---

① 埃辽特·罗斯福、詹姆斯·布罗：《应运而起：白宫的罗斯福一家》（Ellyott Roosevelt and James Brough, *Rencerzvous with Destiny*: *The Roosevelts of the White House*），纽约1975年版，第345页。

② 罗伯特·达莱克：《罗斯福与美国对外政策》，第621页。

③ 韦尔斯：《形成历史的七项决定》，第151页。

④ 埃辽特·罗斯福、詹姆斯·布罗：《应运而起：白宫的罗斯福一家》，第336页。

⑤ 舍伍德：《罗斯福与霍普金斯》中译本，商务印书馆1980年版，下册，第335页。

⑥ 费斯：《中国的纠葛》（Herbert Feis, *China Tangle*），新泽西1953年版，第109页。

福在史迪威事件中最后对蒋的让步就不难理解了。

罗斯福在7月、9月一再向蒋介石提出任命史迪威指挥一切中国军队的要求，是基于对日作战的紧迫需要。这不是一项深思熟虑后采取的行动。本来美国的一项“基本政策”就是“为俄国和中国的人力资源提供必要装备，以便使他们能作战”。[①] 现在国民党军队却消极避战，这不能不引起史迪威和参谋长联席会议的强烈不满。后者希望能通过史迪威的指挥，调动更多的中国军队（包括围困陕甘宁边区的三十万大军和部分中共部队）对日作战，希望不用多少美军在中国登陆就能把日军赶出亚洲大陆。而在大战期间，美国的外交政策常常是在军方影响下制定的。但当蒋介石坚决拒绝任命史迪威时，罗斯福就不能不从更多的方面、更长远的角度来考虑问题了。

从军事上说，丢掉了湖南、广西的空军基地，还有云南、四川的基地可用，而且当时“中国东南的空军基地并不是有效攻击日本的唯一的主要空军基地”，由于美军在太平洋战场反攻迅速进展，当时美国空军已经可以从菲律宾吕宋岛起飞轰炸日本本土；再说空军基地也“不是中国对盟国的战争努力所做出的最主要贡献”，中国战场牵制日军的作用依然存在；美国政府尤其注意的是，“亚洲人抵抗别的亚洲人的入侵在政治上和心理上是极为重要的”。因此正是1944年8月美国联合情报委员会在一份报告中再一次强调指出：“由于种种理由，以相当的代价维持蒋介石的威信和抵抗能力是必要的。”[②] 召回史迪威，固然使美国增强中国军队抵抗能力的努力受到一次挫折，但这可以通过别的途径加以弥补（下文将要提到），要紧的是维持蒋介石的威信。

更重要的是长远的政治上的考虑。从太平洋战争爆发以来，美国已经为支持蒋介石政权作了大量投资，美蒋之间已经建立起一种特殊关系。美国政府如在史迪威问题上继续向蒋介石施加压力，便会交恶于蒋，危及这

---

① 罗曼纳斯、桑德兰：《史迪威使华》（Charles F. Romanus and Riley Sunderland, *Stiwells Mission to China*），华盛顿1953年版，第270页。

② 联合情报委员会1944年8月4日的报告：《日本现时在华军事行动的政治影响》（Joint Intelligence Committee: The Political Effect of Present Japanose Operations in China），原件藏在美国国家档案馆（RG 218，Box563，Folder 3，NARS）。

种特殊关系。当时的形势是：国民党内有蒋介石的反对派（美国驻华外交官认为李济深、龙云等可能公开站出来反蒋），外有共产党；加之日本的军事进逼还在继续，在这种情况下，史迪威事件上的僵局只能使内外交困的蒋政权的处境更加困难，这自然有违美国的本意。为了维持蒋介石的威信，不使美国已经作出的支持蒋介石的努力前功尽弃，美国政府没有什么选择的余地，只能对蒋让步。

论者常以罗斯福面临第四届总统大选作为一个理由来解释这种让步。其实，即使当时不是大选时节，最终结果也不会有什么不同，但事情可能再拖延一些时日。面临大选仅仅促使罗斯福迅速作出召回史迪威的决定。

有论者认为，自召回史迪威以后，罗斯福就放弃了中国战场。其实不然，正是从 1944 年夏天起，由于收复了密支那，使空运可以在较往南的航线进行而不必担心日军的攻击，从而降低了飞行高度，缩短了距离，空运物资逐月增加；1945 年 1 月，史迪威公路全线通车；再加油管的运输量，三项总和，1945 年 1 月至 8 月援蒋租借物资达 496900 吨，而 1942—1944 年三年租借物资总和才 322118 吨。[①] 魏德迈利用这些物资加紧训练国民党军队，以致蒋介石夸奖他“在中国实行了能够赢得胜利的革命性变革”[②]。事实正如总统行政助理埃尔西中校 1944 年 11 月写的报告中所说，“苏联在打败德国后参加对日作战的决定降低了中国作为未来行动基地的意义”，但“这没有影响总统支持中国的决定”[③]。这不仅是为战时的需要，也是为长远的目标。按照斯大林的设想，苏军不但要在东北，也要在关内作战，而且“主要的战斗不在东北”，苏军将向张家口、北平进军。[④] 对于苏军参加对日作战美国抱着一种矛盾的心理：它既想让苏军参战，以减少美军伤亡；又不愿看到苏军像在一些东欧国家那样成为中国的解放者。当总统特

---

① 杨格：《中国与外援之手》（Arthur Young, *China and Helping Hands*），马萨诸塞 1963 年版，第 340 页；《中美关系白皮书》（*US. Relations With China*），华盛顿 1949 年版，第 27 页。

② 《魏德迈报告》（Albert Wedemeyer, Wedemc—yer Reports），纽约 1958 年版，第 340 页。

③ 乔治·埃尔西：《总统与美国对华援助》（George Eisey, The President and the US Aid to China），原件藏罗斯福总统图书馆（Map Room Files, Box 165, FDR Library），罗斯福看完报告后说，写得“好极了”。

④ 转引自《中国的纠葛》，第 230 页。

使哈里曼在1944年11月10日向罗斯福描述斯大林的上述设想时，罗斯福不禁问道："如果俄国人进入中国，他们还肯出来吗?"美国军方也为此感到担心。美国希望把苏军的军事行动限制在关外。[①] 显然国民党军队越强大，美国在对日作战最后阶段有求于苏联的就越少，同时增强国民党的军事力量对于战后维护政权也是绝对必要的。可见为了战时和战后的目标，罗斯福并没有放弃中国战场。

那么，赫尔利在史迪威事件中究竟起了什么作用呢?

赫尔利在来华的前半个月中，曾力图说服蒋介石接受罗斯福的要求。但当他认准蒋介石决心要撵走史迪威后，便完全站到了蒋的一边，对史迪威进行中伤。

他在9月16日与宋子文的谈话中曾经以他固有的傲慢断然拒绝宋关于由蒋介石控制租借物资的要求，可是他在9月24日却对蒋说："我曾明告史迪威，美国运华租借物资于理应即全部奉于委座候其分配始合正办，今仍握于伊之手中，妨及委座威望，殊属错误。"[②] 前后判若两人！赫尔利这种见风使舵的做法自然只能更坚定蒋介石要求召回史迪威的决心。蒋敢于在10月2日的中央执委会上公然宣布坚决拒绝史迪威，不能说与赫尔利的姿态无关。

罗斯福在10月6日致蒋介石的电报中作了一半让步，不再坚持任命史迪威的要求，只希望让他继续留在缅甸指挥作战，次日，蒋向赫尔利试探口风。赫尔利不但在租借物资问题上再次诋毁史迪威，而且在缅甸作战问题上也表示支持蒋的立场。声称，史迪威"每言中国军队不能保障美国空军基地，但今查明此乃史迪威要求中国尽最调兵缅甸，减弱中国战区兵力所致"。

赫尔利一方面怂恿蒋介石，一方面又在给罗斯福的报告中与蒋一唱一和，向罗斯福施加压力，促使他向蒋让步。他在10月13日的电报中说："如果你在这场争论中维护史迪威，你将失去蒋介石，并且还会连同失去

① 哈里曼:《特使》，第370、307页。

② 梁敬錞:《史迪威事件》，第273页。

中国。”他认为，如果蒋政权崩溃，也就是美国在中国的失败。[①] 赫尔利的这一说法触到了罗斯福的痛处。在罗斯福举棋未定，对撤换史迪威感到踌躇时，赫尔利以十分直截了当的方式提出这一问题，这等于提醒总统，他在史迪威事件中的立场不应与他的总目标相违背，这就促成他最后下了决心。他第二天就电示赫尔利征求蒋的意见，提出接替史迪威职务的候选人。总之，赫尔利的所作所为促使事态迅速向有利于蒋的方向发展。正如埃尔西在《总统与美国对华援助》中所说的：“总统支持蒋介石个人的领导地位……当反对迎头而来，军事形势迅速恶化时，总统把赫尔利将军作为他个人代表派赴蒋处，赫尔利的在场增强了蒋的力量，帮助他渡过了风暴。在蒋与美国在华高级军官发生争执的危急时刻，总统支持了蒋。这个选择是以美国牺牲史迪威将军在中国的服务为代价的，但是总统相信，从长远来说支持蒋比这更为重要，没有另外一个中国人有如此之多的担任领导职务的要素，或者能提供如此之好的与我们合作的机会。”其实，罗斯福不是在蒋介石与史迪威之间进行选择；史迪威不过是执行美国政策的工具。摆在天平上的，一边是美国的骄傲，一边是蒋介石的威望以及与此相联系的美国战时和战后在中国和太平洋地区的利益，后者无疑要重得多，罗斯福因此只好吞下美国的骄傲。从战时到战后美国对华政策的基本点是扶蒋，这是一贯的；通过召回史迪威，这一政策比以往任何时候都更明确了。

二 两次国共谈判

赫尔利在 1944 年 11 月至 12 月、1945 年 1 月至 2 月的两次国共谈判中究竟是否执行了罗斯福的政策，这是值得深入探讨的问题。

自太平洋战争爆发以来，中国国共两党的矛盾和斗争一直是罗斯福关注的问题。在意识形态方面，罗斯福与共产主义是格格不入的。但他是一个现实主义者，他首先不是从意识形态而是从现实斗争的需要来决定弃取的。当抗日战争还在进行时，他反对蒋介石武装进攻共产党。1941 年 1 月的皖南事变引起美国朝野的广泛关注。2 月，罗斯福派他的行政助理居里

① 乔治 · 埃尔西：《总统与美国对华援助》。

来华，实地研究中国的军事、经济情况，并向蒋介石传递了这样的机密口信："深盼〔国共双方〕能排除异见，为抗日战争之共同目标而加紧其团结。"①

3 月 7 日，国务院老资格的政治顾问亨培克和远东司司长汉密尔顿又向蒋介石常驻美国的特使宋子文和驻美大使胡适表示："国共之间不和的后果远比起因更为重要"，"美国对中国的团结和稳定至感关切"。②美国政府的这种态度对抗战无疑是有利的。罗斯福曾一度同意史迪威关于调动部分中共军队对日作战的主张，还迫使蒋介石同意了美军观察组派驻延安，从而在美国与中共之间第一次建立了直接的官方的关系。除了军事上的目的外，罗斯福企图以此作为向蒋施加压力，促其实施民主改革的手段。1944 年夏华莱士副总统访华前夕，罗斯福又同他谈到"把（国共）两派拢到一起打仗"，并主动表示愿意进行斡旋。③ 蒋介石向华莱士表示，在国共谈判中愿意接受罗斯福的协助，并希望总统能派一个代表来重庆。

当赫尔利奉派来华时，罗斯福规定他的工作分三个方面：一是说服蒋介石任命史迪威指挥中国军队；二是研究中国形势，并就影响美国支持中国的主要因素向总统报告；三是运用总统个人代表的威望"帮助蒋解决中国政治问题，例如中央政府与中共的关系问题"④。可见赫尔利介入国共谈判是符合罗斯福关于中国问题的总考虑和对赫尔利的具体指示的。

赫尔利为什么起先赞成中国共产党五点建议，后来支持国民党三点反建议呢?

首先，当时美国政府固然十分希望国共达成联合，但它对此只有一个大概的设想，而没有具体的考虑和准备。国务院关于国共谈判最详尽的文件是 1944 年 9 月 9 日赫尔利给高斯大使的指示，这份电报指示高斯向国共双方强调说明团结抗日、"并建立一种持久的民主的和平"的必要性，并

① 中国国民党中央委员会党史委员会编印：《中华民国重要史料初编——对日抗战时期》，第 3 编，《战时外交》（一），第 543 页。

② 《美国外交文件》（Foreign Relations of the United States），1941 年，第 611 页。

③ 华莱士 1951 年 9 月 19 日给杜鲁门的备忘录，原件藏罗斯福图书馆。

④ 乔治·埃尔西：《总统与美国对华援助》。

称这是他与总统的共同意见。关于具体办法，赫利同意高斯向蒋提出的关于建立联合军事委员会的建议，仅此而已。[①] 罗斯福更没有对赫尔利就“促进解决中国政治问题”做出具体指示。美国政府指示本身很原则、很笼统，罗斯福本人对中国情况所知不多，在处理中国政治问题方面便要借助于赫尔利这个“解决麻烦问题能手”的判断力与创造力了。

赫尔利对中国是无知的。他认为共产党不是真正的共产主义者，国民党的一党专政不是法西斯统治，两党宣布的纲领“极少区别，它们都在为民主原则而奋斗”[②]。他不仅无知，而且自以为是、刚愎自用。他去延安前高斯问他，是否需要使馆向他提供一些情况，他蛮有把握地说，他了解形势。因此他对谈判抱着一种盲目乐观的态度。

中国共产党的五点建议与国民党的三点建议最重要的区别，在于中国共产党要求建立民主联合政府，蒋介石反对联合政府的主张，却要求中共军队统一于国民党政府。这也是 1945 年秋重庆谈判和 1946 年 1 月政协会议上争论的焦点，即所谓“政治民主化”与“军队国家化”的问题。蒋介石企图通过谈判消灭中共领导的军队和建立的政权，巩固国民党一党专政；中国共产党则希望通过谈判促使国内政治民主化，有利于抗日战争的进行和战后的重建。两者的意图南辕北辙。赫尔利不能理解这两者的深刻分歧。他认为中国共产党只是中国民粹主义的农工民主党派，他们的目的是在政府中民主地享有份额，因而他觉得五点是行得通的。他同意了中国共产党提议，自己还作了若干补充，把美国宪法中的一些词句引进了提案，难怪他在将五点的主要内容报告罗斯福时竟说：“你会很容易看出”，提案中“几乎所有的基本点都是我们的”[③]。赫尔利甚至为提案写得简明扼要，没有列入不必要的细节，因而篇幅限制在一页之内而深感得意。因此他即使在延安得了重感冒，回重庆的前一天还要卧床休息，他也毫不后悔，情绪依然很高。他满心以为谈判可以马到成功了。

但是出乎赫尔利的意料，蒋介石却断然拒绝五点建议。他认为，如果

---

① 《美国外交文件》，1944 年，第 6 卷，第 567—568 页。

② 同上书，第 748 页；1945 年，第 7 卷，第 211 页。

③ 《应用历史论文集》，第 191 页；《美国外交文件》，1944 年，第 6 卷，第 699 页；1945 年，第 7 卷，第 194 页。

同意成立联合政府，等于“承认他的党被共产党彻底打败了”，等于“把对政府的控制交给共产党”。[①] 赫尔利无论如何不能理解蒋的意思，在他看来，中国共产党在国际上得不到苏联的支持，其本身又没有足够力量取得政权，何以联合政府这一条就如此厉害？于是他天真地建议，既然蒋不喜欢“联合政府”这个词，那就换个说法好了，叫“两党政府、多党政府或党派代表政府”都可以。[②] 足见他确实搞不清楚问题的症结所在。他还认为，蒋介石本人是愿意与中国共产党达成谅解的，但他周围的人和国民政府官员反对这样做。他对自己的影响力过于自信，以为可以说服他们相信，“与共产党人达成一项合理的协议是必要的”[③]。

当蒋介石顽固坚持拒绝五点时，赫尔利看来是要失望了。但赫尔利是善于审时度势的，他不能就这么失败。他既然要支持蒋介石，就得以蒋的好恶为取舍的标准，不能说对他不利的话，不能做对他不利的事。因此他虽然不满意蒋的三点，虽然对五点建议恋恋不舍，在劝说蒋接受五点无效后，他还是毫不迟疑地掉过头来，支持三点建议，并竭力劝诱中国共产党代表接受三点建议了。

赫尔利在国共谈判中的立场是否符合罗斯福的政策呢？有的论者认为赫尔利的所作所为违背了罗斯福的政策，这种看法值得商榷。

赫尔利在介入国共谈判之前，就于1944年10月10日向罗斯福报告了他途经莫斯科来华时与莫洛托夫的谈话，尤其是后者对中国共产党的看法，同时叙述了他关于和谈的设想，罗斯福回电表示鼓励。几天后，10月23日，他又向罗斯福报告了在重庆与中共代表接触的情况，11月7日，在他赴延安前夕，他又向总统报告了自己的行程。罗斯福回电说：“我希望，你此行会取得使两个敌对集团更接近于达成协议与合作的结果。”[④] 11月16日，赫尔利又把他的延安之行、蒋拒绝五点等情况向罗斯福作了报告，罗斯福立即回电，要赫尔利秘密告诉蒋，他和俄国人都认为，国共之间达成一种安排将大大加速实现驱逐日本人出中国这一目的。他要赫尔利特别

① 《美国外交文件》，1945年，第7卷，第195页；1944年，第6卷，第699页。

② 《美国外交文件》，1945年，第7卷，第179，187，432—433，第5页。

③ 《美国外交文件》，1944年，第6卷，第693，699页。

④ 同上书，第177、666—667页；《罗斯福与美国对外政策》，第712页。

向蒋强调“俄国人”一词，并说蒋自然会明白的。[①] 赫尔利照办了，并于11月20日回电说，“俄国人”一词“起了作用。他〔蒋介石〕立即命令他负责谈判的代表马上与中共军队代表重开讨论，并授权我尽一切努力争取早日达成协议”。赫尔利同时说，蒋的一些条件“仍然太苛刻”[②]。以后，赫尔利在1944年11月29日、12月12日，1945年1月2日、1月14日等给罗斯福的报告中都汇报了谈判进展情况，罗斯福没有再作什么指示，但他对中国的事态发展是了解的，因此他在1944年12月20日曾说，赫尔利“在干着了不起的工作”[③]。从1944年12月24日起，赫尔利开始向国务院报告情况，尤其是1945年1月13日、2月7日、2月17日和18日，他对国共谈判的全过程作了详尽系统的汇报。在他的报告中自然少不了他固有的逻辑混乱，对形势的盲目乐观的估计，但应当说，他没有向华盛顿隐瞒中国的事态发展。[④] 他确实扣压了驻延安美军观察组1945年1月9日、10日关于毛泽东、周恩来希望访问美国、会晤罗斯福的电报，但他没有封锁这个消息，他在1945年1月14日给罗斯福、2月7日给国务院的报告中都讲述了事情的原委，当然他是坚决反对邀请中共领导人访美的。既然罗斯福了解赫尔利的情况，了解国共谈判的全过程，而他对赫尔利除了鼓励、赞扬，不见有什么批评，怎么能说赫尔利执行的不是罗斯福的政策呢？

当然，赫尔利终究是赫尔利，他在执行罗斯福政策时，总要加上他个人的创造与发挥，甚至做出一些出格的事来，从而使他所执行的政策带上个人的色彩。在前面关于史迪威事件的讨论中我们指出了这一点，在国共谈判中也有类似情况。2月16日（赫尔利回国述职前三天，其时国共第二

---

① 《美国外交文件》，1944年，第6卷，第703页。

② 原件藏罗斯福图书馆（Map Room Files Boxll，FDR Library）。

③ 布拉姆编：《华莱士日记》（John M. Blum，ed，*The Price of Vision The Diary of Henry A. Wallace*），波士顿1973年版，第410页。

④ 有一个时期，赫尔利禁止他的下属向国务院发送与他观点相左的报告。1948年秋，美国驻华大使馆在清理文件时发现了一卷1944—1945年间的文件，使馆把文件做成缩微胶卷带回了美国。这就是《美国外交文件》1944年第6卷第650页注33说的893.00/1－1049文件。笔者在该卷和1945年第7卷上共找到四十六份这一档案号的文件，但这些文件大多是有关谈判的函电。他真正扣压的下级的报告是戴维斯的六份。这些报告基本观点在“中国通”前此和以后发送的大量报告中已得到表达。很难说，如果赫尔利把这六份报告发回华盛顿，会对美国政策起多大影响。

次谈判正在进行中）赫尔利在会见蒋介石时竟忘乎所以地说："等到对日战争结束，你那些装备精良的师团就可以轻而易举地战胜共军了。"① 这就又走得太远了。罗斯福从未主张战后用军事手段消灭中国共产党，他所担心的正是中国会爆发内战。1943 年 9 月，他在同副国务卿韦尔斯的谈话中就提到，中国内战的"危险在于，苏联将会作对中共有利的干预，西方大国将会被吸引或被迫为自身利益支持反共一方，到时候我们就将看到同西班牙内战的情况十分相似的形势，只是规模要大得多，危险性也要大得多"②。赫尔利的上述表态，有违罗斯福的本意，无疑只能给谈判帮倒忙。2 月初，蒋介石已被迫接受中国共产党关于召开党派会议的主张：赫尔利回国前夕，蒋却要他向罗斯福转达这样的口信：不问共产党态度如何，"必照预定方案进行，召开国民大会"，③ 表示了坚持一党专政的独裁政权的决心。这与赫尔利的撑腰打气不是没有关系的。

三　关于美国对华政策的辩论

当赫尔利与在华的军事人员、职业外交官和国务院远东司发生意见分歧时，罗斯福支持谁反对谁，这最能说明赫尔利究竟是否执行了罗斯福的政策。

1944 年 12 月 15 日（当时赫尔利影响下的国共第一次谈判已告破裂），美国战略情报局的伯德上校前往延安，与中共领导人讨论了一项关于装备中共二万五千人的部队及建立联合情报网的计划。12 月 27 日，美军观察组组长包瑞德受魏德迈的参谋长麦克卢尔的派遣（当时魏德迈去了滇缅边界）去延安，磋商一旦美军在山东沿海登陆由中共军队暂时照料后勤供应的可能性。这两次接触完全是初步的、探索性的。在包瑞德去延安之前，麦克卢尔在 12 月 19 日就与国民党政府军政部长陈诚谈了与中共部队进行军事合作的设想，征求他的意见，以便向蒋介石提出一项完整的计划。但

① 《美国十字军在中国》，第 208 页。

② 《形成历史的七项决定》，第 152 页。

③ 《蒋总统秘录》，台北 1977 年版，第 14 册，第 10 页。

当时赫尔利正在为他促成的国共谈判破裂而恼怒，得知伯德、包瑞德的延安之行，他找到了发泄对象。他认定这是中共“改变对与国民党谈判和对我的态度的真正原因”（其实，改变态度的不是中共，而是赫尔利本人），便于 1945 年 1 月 14 日向罗斯福报告说：“这个军事计划……向共产党人提供的正是他们所想要的东西：承认，租借物资，搞垮国民政府。如果共产党这个武装党派得以与美国军队达成这样的协议，那么我们拯救中国国民政府的努力便会付之东流。”①

罗斯福立即作出反应，下令马歇尔进行调查。马歇尔不敢怠慢，1 月 15 日就给魏德迈发来紧急绝密电报，要他查清此事迅即报告。1 月 19 日，魏德迈报告说，虽然他司令部的人讨论过这一计划，但那纯粹是一种假设，他的下属在这个问题上没有什么过错。马歇尔尚不满意，要求作进一步调查。27 日，魏德迈报告了事情的经过。② 他虽不认为这是导致谈判破裂的主要原因，仍对他的下属“卷入如此微妙的局势”表示道歉。赫尔利知道事情无非如此，不久便自己出来收场。事情似乎就这么过去了。历史上常有这种情况：事情本身并非多么重大，但它们带来的后果、产生的影响却是深远的。罗斯福下令进行的调查正是这样。事情过后麦克卢尔与陈诚谈过的设想自然告吹，这还不算，魏德迈让他的下属军官一一签名，表示理解了他的政策：“我们美国军事人员”，“奉命支持（中国）中央政府”，“我们将不给中国战场内任何个人、任何行动、任何组织以任何支持”。他并在 2 月 15 日的记者招待会上将其公之于众。③ 这是美国扶蒋反共政策的公开宣言。美国在战争中一直支持蒋介石，但同时又要求他抗日，也就是说，抗日是支持蒋的前提；魏德迈却去掉了这个前提，这无异于无条件地承担支持蒋的义务。以前，美国在支持蒋的同时，不排斥中国其他抗日力量，没有把蒋同其他抗日的个人与组织对立起来；而魏德迈却

---

① 《美国外交文件》，1945 年，第 7 卷，第 176 页。

② 《魏德迈报告》，第 305—306 页；罗曼纳斯、桑德兰：《在中缅印战场流逝的时光》（*Time Runs Out in CBI*），华盛顿 1959 年版，第 253 页；洛恩贝克：《帕特里克 · 赫尔利》（Don Lohnbeck：*Patrick Hurley*），芝加哥 1956 年版，第 332、338 页。

③ 《美国外交文件》，1945 年，第 7 卷，第 233 页。赫尔利及时向国务院报告了这次记者招待会的情况。

把蒋介石与中国其他政治势力对立起来，使支持蒋成为排他性的。因此，魏德迈虽然没有公开提共产党，但反共的意思是一清二楚的。

对于赫尔利执行的政策，美国驻华职业外交官持有强烈的不同意见，并得到国务院远东司中国科的支持。中国科在 1945 年 1 月 29 日，3 月 1 日、2 日给代理国务卿格鲁的备忘录中一再申述他们的主张，概括起来就是：从当前来说，与中国一切抗日力量（包括中共军队）进行合作，向他们提供武器；从长远来说，对蒋介石采取灵活的政策，不要无条件地承担义务。① 这些备忘录是否送呈罗斯福我们不得而知，但艾切逊、谢伟思等五位美国驻华使馆政治官员在赫尔利回国述职期间写的著名的 2 月 28 日报告是肯定送进了白宫的。艾切逊等在报告中痛切陈词，指出几个月来事态的发展，使蒋感到他很有力量，“导致他盲目的乐观主义，不愿作出任何妥协”，“这种状况继续下去，中国的混乱将是不可避免的，而且可能加速灾难性内战的爆发”。他们建议：“总统以明确的语言告诉蒋，军事上的需要要求我们向共产党人及其他能援助对日作战的适当集团提供补给并与之合作，我们将为此采取直接的步骤”，他们认为“这会在中国产生深远的和有利的政治影响”。格鲁感到事关重大，3 月 2 日即将电报送呈罗斯福。②

电报在华盛顿引起了赫尔利与国务院的一场唇枪舌剑。他于 3 月 5 日、7 日两次到国务院，3 月 6 日通过电话与中国科官员进行辩论。双方各执己见，相持不下，于是这场争论便只好由总统来裁决了。赫尔利在 3 月间两次去白宫见罗斯福。从一些简短的记载和此后发生的事情来看，罗斯福支持了赫尔利。

3 月 8 日，赫尔利和魏德迈见罗斯福。总统很认真地听取了他们的汇报，但他自己对中国问题却谈得极少。他只是说：“赫尔利的使命不变。把这些东方的头头拽到一起，直到他们看到，他们必须把各自的力量合在一起抗日，否则就会被各个击破。”另一次，魏德迈单独与罗斯福共进午餐时，罗斯福问了他许多有关蒋介石的问题；但当魏德迈提到战争结束，

---

① 《美国外交文件》，1945 年，第 7 卷，第 37—39、247—253 页。

② 同上书，第 242—246，254 页。

中国共产党人可能引起麻烦时，他却漠然置之。[①] 他在听取了赫尔利和魏德迈的汇报后，对他们在中国执行的政策没有提出批评，没有提到要改变或纠正什么，这显然是对他们在华的基本做法的认可，表示他们可以一如既往地干下去。

3 月 24 日，赫尔利再次去见罗斯福。罗斯福把《雅尔塔协议》有关中国的秘密条款文本给赫尔利看了，并指示他取道伦敦和莫斯科返回中国任所，以进一步取得英、苏两国对美国对华政策的支持。[②] 这不能不说是罗斯福对赫尔利信任的又一表示，须知雅尔塔秘密条款当时是锁在总统专用的保险柜里的。国务院那些与赫尔利持不同政见的官员，甚至出席雅尔塔会议的国务卿斯退丁纽斯当时对它都还一无所知。这两次会见以及雅尔塔秘密条款显然进一步壮了赫尔利贯彻扶蒋反共政策的胆。他立即着手收拾他那些桀骜不驯的下级。3 月 30 日，谢伟思接到了离开中国的命令，稍后，艾切逊也被调离中国。

赫尔利不甘心于悄悄取得这场争论的胜利。4 月 2 日，他在离开华盛顿前夕举行记者招待会。他一开头就声称，他没有同国务院新闻处就他的讲话内容交换过意见。他得意扬扬地宣告："中国的军事机构、美国的军事机构、中国中央政府和美国驻重庆大使馆现在是一支队伍。"他在讲话中始终把中共与封建军阀相提并论，声称，美国的政策是"承认中国的国民政府，而不是任何武装的军阀和政党"；谈到中国国内状况时，他妄称"只要（中国）武装的政党和军阀还有足够的力量敢于反抗国民政府，中国就不可能有政治联合"；谈到蒋介石时，他不遗余力地吹捧说"在中国长期的抗日战争中，蒋运用了他所有的权力；然而他不是有法西斯思想的人，他的抱负是把他所有的权力交给一个民有、民治、民享的政府"等。[③]

赫尔利的这番讲话是美国政府扶蒋反共政策的又一个宣言。历史的安排是这样巧妙：2 月中旬，在罗斯福下令对伯德、包瑞德事件进行调查之

---

① 比休普：《罗斯福的最后一年》（Jim Bishop, *FDR's Last Year*），纽约 1974 年版，第 450 页；《魏德迈报告》，第 340—341 页。

② 布海特：《赫尔利与美国外交政策》（Russell D. Buhite, *Patrick J. Hurley and American Foreign Policy*），康奈尔大学出版社 1973 年版，第 203、206—207 页。

③ 《美国外交文件》，1945 年，第 7 卷，第 317—320 页。

后，驻华美军司令在国民党政府陪都重庆举行记者招待会，公开宣告美国扶蒋反共的政策；过了一个半月，在罗斯福通过支持赫尔利暂时平息了他与职业外交官的争论后，美国驻华大使在美国首都华盛顿也是通过记者招待会重申了这一政策。当然赫尔利比魏德迈是走得更远了：魏德迈在声明中没有公开提中共，赫尔利提了，而且是以那样一种轻蔑的、挑衅性的口吻，并且公开反对向中共提供武装，从而排除了与中共进行军事合作的可能性；魏德迈没有讲到中国内部的政治问题，赫尔利讲了，他把不能达成联合的责任归咎于中共，完全成了蒋介石的代言人；魏德迈没有对蒋个人作什么评论，赫尔利却起劲地往他脸上贴金，不但把他塑造成一个抗战"英雄"，而且把这个独裁者打扮成一个美国式民主的卫道士。赫尔利如此歪曲事实，理所当然地遭到了中共方面的强烈反对。毛泽东庄严声明："我们反对美国政府扶蒋反共的政策"，指出赫尔利的所作所为，"是要牺牲中国人民的利益，进一步破坏中国人民的团结，安放下中国大规模内战的地雷，从而也破坏美国人民及其他同盟国人民的反法西斯战争和战后和平共处的共同利益"。[①] 至此，美国政府的扶蒋反共政策可以说基本形成了。

简单回顾1944年10月到1945年4月的事态发展，我们清晰地看到两种美国对华政策，一种是史迪威、高斯、驻华职业外交官和国务院中国科的政策；一种是罗斯福、赫尔利、魏德迈的政策。这两种政策进行着激烈的斗争。但既然总统是外交政策的最高决策者，尤其是罗斯福，他把外交政策紧紧抓在自己手中；既然赫尔利、魏德迈是对华政策的具体执行者，国务院就被架空了，它的政策被摒弃了。罗斯福没有把他的政策说得很具体、很确切。这是因为这一时期美国政策正处于转变之中；这种转变是一个逐渐形成、逐渐明朗的过程。决策者为政策发展指出一个总的方向；在具体实践过程中不断产生新的问题，他在解决这些问题的过程中不断对政策进行修正、补充，使其更趋完备。本文讨论的美国对华政策的转变正是这样一个过程。罗斯福没有把他的政策明确地形诸文字，但行动比文字更有说服力。国务院中国科的政策一次一次地写在纸上，可是没有付诸实

---

① 《毛泽东选集》四卷合订本，人民出版社1967年版，第1002、1011页。

施，没有发生效力；罗斯福却以自己的行动，以其对赫尔利的支持明白无误地表明了他的政策。

赫尔利是罗斯福对华政策的执行者，但他不是消极被动的执行者，他积极促使、推动罗斯福的政策向扶蒋反共转变。初看起来，赫尔利所做的事都有违罗斯福的初衷：罗斯福让他搞好史迪威与蒋介石的关系，结果史迪威被召回了；罗斯福让他把国共拢到一起，他却加深了两党之间的鸿沟，他可真是成事不足，败事有余。问题就在于：赫尔利的所作所为符合罗斯福对华政策的基本点——支蒋。他私下做的一些事罗斯福是不知道的。但这些事的结果却表现了出来，使蒋介石在史迪威事件和国共谈判中的态度都更趋顽固；罗斯福一一接受了这些结果，美国政策也就一步一步向扶蒋反共发展。对于中共，罗斯福本没有一个很明确的政策，他曾设想国共两党在战后可以维持合作，甚至想把中共作为压蒋进行民主改革的一张牌；他担心战后中国爆发内战。而赫尔利是善于把复杂问题简单化的，他认为既然要支持蒋，就要反对蒋的对立面。他按照这个逻辑思考问题，处理问题，并且把它作为美国对华政策在记者招待会上公开宣布。这是发生在罗斯福眼皮底下的事，是在赫尔利两次面见罗斯福后发生的，罗斯福对此没有作出任何反应，他默认了。这就使赫尔利实际上成了美国对华政策的权威发言人。

赫尔利是转变时期的大使。高斯、史迪威和职业外交官们之所以被调离或清洗，归根到底是他们不能适应美国对华政策的转变。赫尔利则自觉不自觉地适应了这种转变。可以假定，如果赫尔利仍然不能适应这种转变，那他还是不能稳坐大使宝座，一定会有另外一个人来取代他，实现美国对华政策的转变。

清末新政与近代学堂的兴起*

王　笛

近代学堂大规模的兴起是在20世纪初，对中国的政治、经济和文化等方面皆造成了深刻影响，极大地推动了中国近代化的进程。而新政的推行，为近代学堂的兴起创造了机会，清王朝利用政权的力量促成了中国教育制度的巨大变革，充当了历史“不自觉的工具”。由于资料的零散和缺乏，目前对这一重大事件的研究还显得十分薄弱，本文拟就有关问题作初步探讨，以就教于专家学者。

一　学堂兴起原因及措施

在洋务运动时期，中国出现了最早的一批由国家开办的新学校，如京师同文馆、上海广方言馆、广州同文馆、福建马尾船政学堂、天津水师学堂、天津武备学堂和电报学堂、广东水师学堂、湖北武备学堂、南京陆军学堂等，近20所。这些学堂注重西文和西艺，主要适应培养洋务人才的需要。如在对外交涉中，“语言不通，文字难辨，一切隔膜”①，因而办同文馆；鉴于“北洋现筹购碰快铁甲等船，需人甚众”②，而办天津水师学堂。这批学堂造就了第一代科技人才，翻译了第一批科技新书，成为中国近代

* 本文原载《近代史研究》1987年第3期。

① 《筹办夷务始末》咸丰朝，卷71，第24页。

② 资料丛刊《洋务运动》（二），第460—461页。

学堂的嚆矢，但没有引起中国教育制度的根本改变。

在维新运动时期，维新派把“变法”与“兴学”联系在一起，康有为指出：“中国之弱由于学之不讲，教之未修，故政法不举”①；梁启超更是疾呼：“亡而存之，废而举之，愚而智之，弱而强之，条理万端，皆归本于学校。”② 据《戊戌政变记》一书统计，1895—1898 年三年间全国出现学堂 19 所。百日维新期间，维新派通过光绪帝颁布了一些教育改革法令，设京师大学堂，筹办高、中、小各级学堂，兼习中学西学，各省会大书院改为高等学堂，府郡书院改为中等学堂等。一些省开始遵旨行动，如黄槐森之于广西、胡聘之之于山西、荣禄之于直隶、刘坤一之于江南、张汝梅之于山东等。虽然变法失败而教育改革未能实施，但实已造成很大影响，正如梁启超所说：“政变以后，下诏废各省学校，然民间私立者尚纷纷见，亦由民习已开，不可抑遏。”③

到 20 世纪初，有识之士更进一步认识到已进入“学战”时代，指出：“今日之世界，竞争剧烈之世界也……争之为道有三：兵战也，商战也，学战也。而兵战商战其事又皆本于学战。”④ 此言虽对教育之重要强调过分，但反映了对设立新式学堂的迫切感。遭到八国联军沉重打击的清王朝这时也被迫改弦更张，“庚子国变，几构灭亡之祸，于是向之阻挠者，始知改革为不可缓”⑤。于是宣布实行新政，并把“求才”作为首要事务，在 1901 年 1 月的变法上谕中令各大吏对“如何而人才始出”提出看法。⑥ 6 月发布谕旨，指出“为政之道，首在得人，况值时局阽危，尤应破格求才，以资治理”⑦。求才的急切，促使其急迫地改革教育制度。刘坤一、张之洞会奏的《筹议变通政治人才为先折》成为兴学育才的纲领：“窃谓中国不贫于财而贫于人才，不弱于兵而弱于志气，人才之贫，由于见闻不

---

① 资料丛刊《戊戌变法》(四)，第 389 页。

② 《变法通议 · 论学校》,《时务报》第 8 册。

③ 《戊戌政变记》(丁酉重刊本)，第 272 页。

④ 《与同志书》,《游学译编》第 7 期。

⑤ 《十年来中国政治通览 · 教育篇》,《东方杂志》第 9 年第 7 期。

⑥ 《义和团档案史料》下册，第 914 页。

⑦ 《清德宗实录》卷 483，第 13 页。

广，学业不实。”提出育才兴学的四条办法，首项便是设文武学堂。[①] 袁世凯等也相继提出了兴办学堂的建议。1901 年 9 月，清廷谕令建各级学堂，“将各省所有书院，于省城均改设大学堂，各府厅直隶州均改设中学堂，各州县均设小学堂，并多设蒙养学堂”[②]。这样，兴办近代学堂便成为清统治者的既定国策并切实推行到全国。由于这一政策适应了资产阶级的愿望和要求，他们广泛地参加了兴办学堂的活动，从而出现政府提倡、官吏督促、士绅热心的兴学局面。

清廷兴办近代学堂主要采取了以下措施。

第一，逐步废除科举制度。改革科举制是甲午以来有识之士的普遍要求，庚子之后，朝廷内外呼声日高，1901 年 8 月清廷颁布改革科举谕令，指出科举“流弊日深，士子但视为弋取科名之具”，决定自 1902 年开始加试策论，一切考试“均不准用八股文程式”[③]。1903 年底，张百熙、荣庆、张之洞会衔奏请递减科举，指出奉旨办学堂已两年有余，但因“科举未停”，士林以为“朝廷之意并未专重学堂”，所以“人情不免观望”，必须断其希望，“科举立时停罢”。请从丙午（1906）科起，每科递减三分之一，三科裁尽，“俾全国臣民确见裁减科举，归重学堂办法，咸晓然于朝廷意向所在”[④]。1905 年 9 月，张之洞、袁世凯、赵尔巽、周馥、岑春煊、端方等将军督抚会衔上奏，指出“科举一日不停，士人皆有徼幸得第之心，以分其砥砺实修之志”。并警告朝廷：“科举不停，学校不广，士心既莫能坚定，民智复无由大开，求其进化日新也难矣。”[⑤] 终于促使朝廷下决心废除科举，同月即谕令从 1906 年始，“所有乡会试一律停止，各省岁科考试亦即停止。其以前之举贡生员分别量予出路”[⑥]。科举制的废除，为近代学堂的兴起扫除了一大障碍。

第二，建立各级兴学机构。1903 年以后，从中央到地方建立了一系列

---

① 《张文襄公全集》卷 52。
② 《光绪朝东华录》（四），第 4719 页。
③ 同上书，第 4697 页。
④ 《请试办递减科举折》，《张文襄公全集》卷 61。
⑤ 《光绪朝东华录》（五），第 5390—5391 页。
⑥ 同上书，第 5392—5393 页。

发展近代教育的机构。1903 年，张之洞奏请京师专设总理学务大臣，“以统辖全国学务”，清廷令将管学大臣改为学务大臣。1905 年 11 月，山西学政宝熙奏请设立学部，清廷谕允，授荣庆为学部尚书。从 1907 年开始，“学部按次遣视学官巡视各省，京师设督学局，直辖于学部”[①]。1909 年，学部将全国分为 12 个视学区域[②]，每区派视学官 2 人，按年分赴视察。

同时各省设学务处。1902 年张之洞设湖北学务处并奏请各省仿办，1903 年中央颁《学务纲要》，规定各省设学务处一所，由督抚选派通晓教育之员，总理全省学务，并派讲求教育之正绅参议事务。[③] 是为建立新式省级教育行政制度之始。1906 年，学部应直督袁世凯、云南学使吴鲁等建议，奏准各省设提学使司，“总理全省学务”，以取代学政。下设省视学 6 人，“承提学使之命令，巡视各府厅州县学务”[④]。是年 6 月，学部奏派了各省区提学使。

1906 年学部根据侍郎严修建议，令各州县设劝学所，制定《劝学所章程》，规定“按定区域，劝办小学，以期逐渐推广普及教育，此为当今切要之图”。设县视学一人总理其事并兼学务总董，随时视察所属学堂，“指导劝诱，力求进步”[⑤]。据清学部统计，1909 年全国设立劝学所已达 1588 所，劝学员 12066 人，其分布见表 1。

表 1　　1909 年全国设立劝学所情况　　（单位：所、人）

省别	劝学所数	总董数	劝学员数	省别	劝学所数	总董数	劝学员数
直隶	152	153	713	江西	48	39	380
奉天	42	42	209	湖北	68	69	440
吉林	18	18	102	湖南	63	63	1029
黑龙江	17	17	38	四川	145	145	1029
山东	106	103	1299	广东	86	86	1366

① 《十年来中国政治通览·教育篇》，《东方杂志》第 9 年第 7 期。

② 学区划分为：1. 奉天、吉林、黑龙江；2. 直隶、山西；3. 山东、河南；4. 陕西、四川；5. 湖北、湖南；6. 江苏、安徽、江西；7. 福建、浙江；8. 广东、广西；9. 贵州、云南；10. 甘肃、新疆；11. 内、外蒙古；12. 青海、西藏。

③ 舒新城编：《中国近代教育史资料》（以下简称《教育史料》）上册，第 219 页。

④ 《学部奏陈各省学务官制折》，《大清教育新法令》第 1 册，第 1 编。

⑤ 同上。

续表

省别	劝学所数	总董数	劝学员数	省别	劝学所数	总董数	劝学员数
山西	89	96	535	广西	80	80	280
陕西	81	79	554	云南	86	86	569
河南	102	100	738	贵州	65	58	410
江宁	32	33	595	福建	46	46	363
江苏	25	32	356	甘肃	75	75	381
安徽	53	50	415	新疆	33	29	101
浙江	76	78	858	计	1588	1577	12066

资料来源：清学部总务司编《第三次教育统计图表》（宣统元年）。

这些劝学所在推广各州县中小学教育中起到了积极作用，民国以后遂成为各地教育局的前身。

第三，广筹学款。辛丑之后，清廷库款支绌，财力困敝，面临十分严重的财政危机。举办新政动辄需钱，经费便成为各地办学之突出问题。各地筹集学款大概有以下办法：1. 裁撤旧书院，将其经费用于办学。如四川裁成都锦江书院，将原经费用作高等学堂。2. 挪其他款项。如直隶即“将从前征收粮租折价较多之州县，分别规复旧章，即从溢出之银提作学堂之费”①。云贵两省则“酌提盐捐团费十万两，作为经费，以五万两办理各属立之小学堂、各蒙养学堂”②。3. 动用应解中央之款。如1904年张之洞令从本年起，将湖北应解庚子赔款捐60万两全数留在各州县作办学专款。③ 4. 加捐加税。如湖北从1903年起，将川淮入鄂之盐每斤加抽4文以作办学等用。④ 筹款的名目繁多，难一一叙述。尽管如此，除1908年外，其余各年仍皆入不敷出，而且人均经费甚少。如湖北1910年“学务款项支绌万分……乃纷向学务公所请领经费，讵公所空虚已极，概无以应”⑤。这实是全国普遍现象，严重地影响了近代学堂的兴办。

① 《清朝续文献通考》卷102，学校9，第8609页。
② 《清德宗实录》卷505，第19页。
③ 《札各属免解赔款留办学堂》，《张文襄公全集》卷105。
④ 《教育杂志》第8年第4期。
⑤ 转引《辛亥革命在湖北史料选辑》，第250页。

第四，解决办学师资。当时办学者“半拘书院旧习，其于学校管理、师范教育之法，多未谙究”①，不能适应近代学堂的需要。1903 年颁布的《奏定任用教员章程》明确规定可聘用外国教习，由于日本相邻且文化相近，故所聘教习多为日本人，1905 年以后几遍及全国。聘用制度较为严格，如四川规定：“须查明某人系在某国某校出身，有无卒业文凭，现由何人介绍，拟订明功课若何，期限若何，各项权限逐一声明。”② 因而所聘大多具有真才实学。清末日本教习在全国分布如表 2 所示。

表 2　　清末日本教习在全国分布情况　　（单位：人）

省别	人数	省别	人数	省别	人数	省别	人数
京师	98	江苏	75	湖北	32	贵州	5
直隶	79	安徽	9	湖南	18	云南	5
山东	9	江西	4	陕西	8	奉天	20
山西	21	浙江	13	四川	81	吉林	8
河南	3	福建	18	广东	9	计	515

说明：有个别日本教习同时兼任两校或两校以上教职，故有重复统计。

资料来源：汪向荣《日本教习》，《社会科学战线》1983 年第 8 期。根据《东方杂志》《广益丛报》《辛亥革命回忆录》等资料订补。

又据实藤惠秀《中国人留学日本史》，1909 年中国聘用日本教习总数为 461 人，最盛期是 1906 年，达 500 多人。③ 他们讲授的科目有声光化电工农商医史地等，几乎无所不包。这对近代学堂的兴办、传播西学都起了积极作用。

同时，大量选派学生出洋学习师范。张之洞、刘坤一首先提出派人到日本学习师范，“以备回华充各小学中学普通教习”④。1903 年的《学务纲要》对此作了具体规定。于是 1903—1906 年出洋学师范极一时之盛。1904

① 《四川学报》乙巳第 2 册，公牍。

② 《四川学报》乙巳第 12 册，公牍。

③ 《中国人留学日本史》，第 73 页。

④ 《筹议变通政治人才为先折》，《张文襄公全集》卷 52。

年四川省一次就派出160余名，日本宏文学院专门成立了“四川速成师范科班”[①]，1905年奉天与日本实践女校协议，每年派女生15名至该校学师范[②]；同年浙江选懂外文者100人赴日学师范[③]。据统计，1903年留日师范生261人，1904年184人，同年底达625人。[④] 由于赴日学速成师范太多，以至1906年清学部电知各省限制选送师范生。[⑤]

解决师资的第三条途径是国内发展师范教育，这一点，将在下面叙述。

第五，严定奖罚。各地兴学阻力不小，但清廷和各省大吏采取了较强硬的措施推行。学务大臣在奏请谕令各督抚广办学堂时称：“严定州县功过，其玩视尤甚及有名无实者，分别情节轻重，随时撤参。”[⑥] 各省照此而行。如1905年苏抚陆元鼎对“教科之不完，章程之未合，生徒之缺额，教员之滥竽，以至经费之支用无法，办事之任用非人，种种弊端”，随时派员“切实调查”，根据优劣“藉为奖黜之所凭”[⑦]。同年川督锡良对学堂“规模整齐”“尚有条理”“开办最多”的15个州县官记功，对“办事延宕”“事多敷衍”“禀报欠实”的11个州县记过。[⑧] 1911年四川当局又分别给予办学有功37人五品功照，134人六品功照，7人蓝翎功照。[⑨] 学部对教师也制定了奖励制度，1910年和1911年先后颁布了《检定小学教员及优待小学教员章程》《检定初级师范教员及优待章程》，规定凡在学堂教课五年者，要核其成绩，申报学部，除照章请奖外，得就本堂款项之赢绌，酌量加给津贴至每年所得薪金十分之三，其子女或近亲在小学可有2人免费，教课十五年者准免4人学费等。[⑩]

---

① 实藤惠秀：《中国人留学日本史》，第47页。

② 同上书，第278页。

③ 《东方杂志》第2年第8期。

④ 据《清国留学生会馆第三次报告》《清国留学生会馆第四次报告》《清国留学生会馆第五次报告》。

⑤ 《学部奏咨辑要》第1编。

⑥ 《光绪朝东华录》（五），第5411页。

⑦ 《清朝续文献通考》卷102，学校9，第8609页。

⑧ 《四川学报》丙午第1册，奏议。

⑨ 《四川教育官报》辛亥第29册，报告。

⑩ 《教育杂志》第8年第8期，法令。

从兴学所采取的措施和实际过程看，清政权的确起了推动作用。出现这种状况是毫不奇怪的。经过八国联军的打击，清政府丧失了军事上的抵抗能力而成为列强的傀儡。然而清王朝并不甘心于这种命运操诸外人的地位，仍念念不忘“以日本为前事之师，以印度、波兰、越南、缅甸作覆车之鉴”①。它决不肯轻易放弃自己在中国的封建一统天下，而希望通过内部的改革来维护和加强在中国的统治权。这个庞大的统治机器虽已腐朽，但仍在运转，它利用封建政权加紧推行新政，使中国在向近代化的道路上主动迈出了一大步。它不遗余力地兴办学堂培养新政人才，从而为中国近代教育的兴起提供了便利，创造了条件。

二　发展概况

由于各阶层参与和各项措施的推行，在 20 世纪的最初十年间，全国出现了一个兴办近代学堂的热潮。有的论者认为由于“缺乏确切统计资料”，因而难见教育概貌。实际上 1907—1909 年清政府曾做过三次学务统计，每次皆由学部总务司文书科编有数百页的资料，即第一、二、三次教育统计图表。第一次于 1910 年，第二、三次于 1911 年分别由学部奏报清廷公布。1910 年和 1911 年学部是否有确切的学务统计，目前尚不得而知，但从以前历次统计可知，一般需二、三年后方能编出奏报，可能未及编订。不过，根据上述三次统计和其他有关材料加以综合考订②，基本可了解 1902—1911 年全国历年学堂情况，见表 3、表 4。

从两表可见，1902—1911 年间，近代学堂由 700 余所发展至 52500 所，在校学生最高时达到 163 万多人，其中以四川、直隶、河南、山东和湖北等省发展最迅速。总的来看，内地快于沿海（恰与民族工业发展情形相反），如川、豫、鄂等省就超过苏、浙、粤、闽等省。这恐怕与该省大吏的重视程度有关。

清末兴办学堂成绩明显，主要表现在以下几个方面。

---

① 《粤督陶复奏条陈变法折》，《皇朝经世文新编续集》 卷 1，通论上。

② 考订情况见拙文《清末近代学堂和学生数量》，《史学月刊》 1986 年第 2 期。

表 3

（单位：所、人）

时间	1902	1903	1904	1905	1906	1907	1908	1909	1910	1911
学堂数		769	4476	8277	23862	37888	47995	59117	42696	52500
在校学生数	6912	31428	99475	258873	545338	1024988	1300739	1639641	1284965	
毕业学生数			2167	2303	8064	19508	14846	23361		
教师数						63556	73703	90095		

资料来源：清学部总务司编：《第一次教育统计图表》（1907）；《第二次教育统计图表》（1908）；《第三次教育统计图表》（1909）；《光绪三十三年京外学务一览表》；《清朝续文献通考》；马士：《中华帝国对外关系史》第 3 卷；丁致聘：《中国近七十年来教育记事》；陈青之：《中国教育史》下册；《学部官报》《东方杂志》《教育杂志》《国风报》《华北捷报》《中国年鉴》（1913 年）。

表 4

（单位：所、人）

类别 省别	1903		1904		1905		1906		1907		1908		1909	
	学堂	学生	学堂	学生	学堂	学生	学堂	学生	学堂	学生	学堂	学生	学堂	学生
直隶		8140	2632	46257	486	87197	7351	134868	8424	152352	9245	214367	11201	242247
奉天	1	40	4	119	49	2469	658	28195	1341	37706	2113	85437	2708	10687
吉林					5	460	19	1397	35	2428	183	8618	338	1156

续表

类别／省别	1903		1904		1905		1906		1907		1908		1909	
	学堂	学生	学堂	学生	学堂	学生	学堂	学生	学堂	学生	学堂	学生	学堂	学生
黑龙江					2	68	34	1206	72	3197	158	6945	196	707
山东	164	4506	674	13492	1154	19583	3598	47394	3513	50239	3057	49355	4396	59298
山西	80	1617	133	3220	266	6615	299	12487	663	19993	1493	41969	2333	57206
陕西	20	1131	114	2280	256	4922	1260	23823	2025	42736	2115	47504	2953	59196
河南	18	770	150	4134	454	9098	1052	21080	1555	35435	2188	64370	5773	90824
江宁	45	848	73	1938	193	4829	462	11534	657	19906	832	28773	1105	36239
江苏	95	1259	155	2651	369	6688	719	12777	942	35246	1036	37055	1357	44708
安徽	13	482	32	1106	80	2632	198	5429	285	8056	503	17136	865	24674
浙江	125	38926	183	5891	310	13235	759	27538	1131	41261	1476	57971	2165	76114
江西	68	883	92	2534	126	3881	278	9131	452	14922	716	22674	1262	30348
湖北	14	1925	144	2184	157	12050	1257	16312	1482	55136	1972	72634	2886	99064
湖南	80	3326	129	5161	245	10232	486	19825	731	29657	1027	41453	1437	48792
四川	28	1550	170	6308	2793	73991	4897	145876	7775	242782	8934	276907	10661	343938

续表

类别/省别	1903		1904		1905		1906		1907		1908		1909	
	学堂	学生	学堂	学生	学堂	学生	学堂	学生	学堂	学生	学堂	学生	学堂	学生
广东									1527	74932	1435	68242	1794	86437
广西	4	130	7	449	24	1603	166	7781	489	21770	728	31707	1328	51092
云南									1004	36607	1160	42656	1944	57457
贵州				80	30	881	69	2265	414	17616	448	19082	1811	25248
福建	16	917	35	1451	76	3466	295	9225	370	20557	491	15124	678	29663
甘肃	1	78	3	220	86	4745	215	7155	500	10921	346	19627	1243	23830
新疆									101	1187	115	2042	462	6842

(一) 自上而下逐步普及教育

近代学堂设立是由高等、中等再到初等，逐步推广。1901—1903 年先后设立有山东大学、浙江求是大学堂、苏州省城大学堂、河南大学、天津北洋大学、山西大学、江西大学堂、陕西关中大学堂等。1903 年清廷令除保留京师、北洋、山西三所大学外，各省大学一律降为高等学堂，每个省城一所，相当于大学预科，分文、理工、医三类。据统计，1909 年计有大学堂 3 所，京师大学堂 200 人，北洋大学 114 人，山西大学堂 435 人，共 749 人。[①] 全国高等学堂 1907 年计 13 所，学生 2800 余人；1908 年 19 所，学生 4400 余人；1909 年 24 所，学生 4127 人。

各省高等学堂设立后，中等学堂也相继出现。1903 年的《奏定中学堂章程》规定各府至少用官费设中学 1 所，鼓励州县自设。清末普通中学不过 400 余所，学生 3 万余人，显然发展不快。

1905 年 10 月，学务大臣以“小学所以教通国民，实为根本之图”，请明谕各督抚学政“切实督饬地方官劝谕绅士，广设小学堂”[②]。分为高等、初等、两等（即高初合办）、蒙养（即学前班）、半日（即上课做工各半天）学堂等各级各类。1907 年女子教育正式纳入学制，规定男女分校，校内禁止缠足。据统计，1909 年全国各类小学已达 51439 所，小学生 1522793 人。

当时发展小学教育甚缺资金和师资，于是热心教育者认为“莫如先就旧有之数百万私塾而改良之”[③]。1904 年，川沙和苏州便出现私塾改良会，1905 年上海绅商学界设立总会，“于是推行日广”。两江总督周馥札饬各属仿办，继任者端方亦札饬宁、苏、皖、赣提学司“切实筹款兴办”。改良会要求教员“教授悉用新法，重讲解不重背诵”[④]。1909 年学部奏设简易识字学塾，“为年长失学及贫寒子弟无力就学者而设”[⑤]。学生不缴学费，书籍物品概由学塾供给。许多旧塾便改造为识字学塾。

---

① 《第一次中国教育年鉴》丙编，教育概况第一，学校教育概况，第 12 页。

② 《光绪朝东华录》(五)，第 5411 页。

③ 《私塾改良会章程》，《教育史料》上册，第 103—104 页。

④ 同上。

⑤ 《简易识字学塾章程》，《大清教育新法令》第 8 册。

此外，福建、湖南、陕西、黑龙江、奉天、吉林、江西等省皆有数百不等。

清廷宣布预备立宪之后，法政学堂成为入仕之阶，士绅如水奔壑，法政学堂也如雨后春笋般出现。1907 年学部筹设京师法政学堂并拟定章程 49 条，吉林、云南、山西、福建、浙江等省仿办。1908 年学部奏设北洋法政学堂并通令各省划一照办，江西、湖北、湖南、广西等省也随之而起。仅以四川为例，1906 年先后开办官班、绅班两个法政学堂，1907 年设“宪政讲习所”，到 1910 年底，“省城公立法政学堂骤发至十四、五堂之多”①，迄清亡之前，成都之法政学堂“几及二十堂”②。

八旗教育也有所发展。1902 年，杭州将原满营青梅书院改为八旗小学堂；1903 年湖北巡抚端方、荆州将军绰哈布将原驻防辅文书院改为中学，八旗义塾归并为小学 4 所，官学 56 所归并为蒙养学堂 10 所；1905 年四川将军奏请在成都设驻防小学；1906 年盛京将军赵尔巽奏设旗员仕学馆；端方任江督后于京口驻防设中学 1 所、小学 3 所；1907 年京师设满蒙文高等学堂；1906 年归化城副都统文哲珲改满蒙官学为蒙小学，后改为高小，1908 年继任者三多增设初小 1 所，半日学堂 3 所；1908 年东三省总督锡良，奉天巡抚程德全创办八旗满蒙文中学堂；同年热河都统廷杰奏驻防已设初小 1 处，蒙学 6 处，识字学堂 3 处，满蒙文义学 4 处；同年学部为进一步推行八旗教育，奏设八旗学务处。③

在偏僻的少数民族地区也出现了一些近代学堂，这以川边藏族地区最为明显。1905 年清政府平定川边寺庙上层喇嘛和土司叛乱后，进行改土归流，同时大力兴办学堂。1906 年在成都设藏文学堂培养川边兴学师资。1907 年护理川督赵尔丰上奏“筹办关外巴、里二塘学务，以化夷情，于炉城设局，次第规划”④。成立关外学务局（打箭炉以西过去称“关外”）。学务局派劝学员到各属劝办学堂，采半强迫办法，凡学龄儿童不入校者，

---

① 《蜀报》第 1 年第 8 期，本省记事。

② 《教育杂志》第 4 年第 1 期，记事。

③ 以上见《清朝续文献通考》卷 105，学校 12，第 8643—8646 页。

④ 《清德宗实录》卷 579，第 1 页。

罚及家长。学生一切费用皆由学堂供给，凡学生皆免徭役。[①] 川边学堂由1907 年的 2 所，学生 60 人，发展到 1911 年的学堂 200 余所，学生 9000 余人。在这个世代没有正式教育的地区，堪称是一大进步。

（二）重视师范教育

师范教育是学堂发展的基础，因而备受学务当局的重视。1903 年颁布的《奏定初级师范学堂章程》规定，初级师范尚未设立之时应先办师范传习所。凡在乡村市镇以授蒙馆为业者均可入学，以十个月为期，毕业后在各乡村镇开设小学。待初级师范学堂毕业有人，传习所渐次裁撤。1905 年仅四川一省就开办师范传习所 110 所，其他省可以推想。但 1906 年以后各地初级师范开办，故传习所渐少。

按清学务当局规定，每州县必设初级师范一所，京师和各省必设优级师范一所，相继颁布了优级、初级、简易师范等《毕业奖励章程》和《师范生义务章程》。由于受到重视并有一定措施保障，在 20 世纪初便基本建立起师范教育的体系。

1902 年张之洞奏设三江师范学堂于南京，1905 年周馥改为两江师范，1903—1904 年湖南陆续开办中西南三路师范，中路设于长沙，西路设于常德，南路设于衡州；1903 年张謇创办师范于南通，龙湛霖、谭延闿等在长沙办明德学校，设速成师范，聘黄兴主办；1904 年张之洞饬湖北各府将中学一律改为初级师范式先办速成师范，次年开办支郡师范 6 所，1905 年浙江高等学堂设师范完全科和传习所，学额 140 名。河南办师范学堂，招学生 150 余人。直隶札饬府州县速立初级师范。广东设两广速成师范，旋改为初级师范，再改为两广师范。甘肃就兰州新关、兰山书院改设优级师范。吉林将军达桂办简易师范于省城；1906 年直督袁世凯设高等师范于天津、山东、陕西、奉天等省均派学生附学；1907 年北京医学院停办，学部以原校址设女子师范。浙、鲁、鄂开办师范学堂；1908 年学部奏改京师大学堂优级师范科为京师优级师范学堂。陕西提学使余子厚创办女子师范。四川的发展更为突出，1907 年有优级师范 1 所，学生 632 人，初级师范 38 所，学生 1722 人。

据清学部总务司编第一、二、三次教育图表统计，1907 年优级师范学

---

① 《理化县志稿》卷 3，政务。

堂，初级师范学堂和传习所学生共36091人，1909年28572人。1909年之所以有下降的趋势，首先是因根据学部章程规定，各地师范学堂兴办后传习所渐次裁撤；其次是因1905年以后各地以各种方式培养了大量教师，不少留日学生也归国任教，教师奇缺问题缓和。

（三）实业教育迅速发展

1901年7月刘坤一、张之洞在会奏变法第一折中便提出在各省设农工商矿等专门学堂，以培养实业人才。对此，清政府十分重视。1902年，袁世凯于直隶设工艺局，建工艺学堂，聘中外教习授以化学染织及其他工艺。1903年张百熙等又奏请兴办实业学堂，以利国计民生。《学务纲要》更规定速设农工商各项实业学堂，"以学成后各得治生之计为主"，通商繁盛之区宜设商业学堂，富于生产之区宜设工业学堂。① 又颁布了《奏定实业学堂通则》，规定实业学堂宗旨是"振兴农工商各项实业，为富国裕民之本计"。分实业学堂为农业、工业、商业、商船、水产、艺徒学堂和实业教员讲习所等类，由各省"酌量地方情形随时择宜兴办"②。清廷又连续颁布了奏定中等、高等《农业商业学堂章程》《奏定实业补习普通学堂章程》《奏定实业教员讲习所章程》《奏定艺徒学堂章程》等。除学部外，商部也以推广实业学堂为己任，鼓吹"今欲振励才能，精求实学，应先从设立学堂下手"，并以"能夺西人所长为主"③。1904年，商学两部首先在京师设高等实业学堂。迄1911年，全国先后创办高等工业、农业、商业等类学堂计17处。④

各省在地方当局的竭力提倡下，实业教育发展较快。1907年湖北有实业学堂9所，学生200人，到1910年达69所，学生7000余人。同期，实业学堂学生所占全省学生总数的比重由1.23%上升为8.8%。⑤ 川督锡良在尽量选派留学生出国学习实业的同时，广设实业学堂。其继任者赵尔丰也相当重视。在他们的提倡下，四川历年开办了工务、艺徒、商工、铁

① 《教育史料》上册，第202页。

② 《实业学堂通则》，《教育史料》中册，第750—751页。

③ 《光绪朝东华录》（五），第5162页。

④ 《第一次中国教育年鉴》丙编，教育概况第一，学校教育概况，第145页。

⑤ 苏云峰：《张之洞与湖北教育改革》，第129、145—146页。

路、中等农业、中等工业、财政等实业学堂以及劝业员养成所、实业教员讲习所和商业讲习所等。1909 年共有实业学堂 14 所，学生 1000 余人。山东省自巡抚周馥 1904 年倡办初等农业学堂后，在工业方面先后成立艺徒、习艺、工艺、工业等学堂 18 所，农业方面有蚕桑、农林学堂等 16 所，1910 年又计划新设和改办农工商学堂 100 余所，实施结果不详。① 1908 年两江总督端方以“振兴实业必以研求商学、开濬智识为先”，决定办南洋高等商业学堂。② 次年又以“南洋系工商业最盛之区”，“尤宜以振兴工业为当务之急”，计划开办工科大学。③ 在浙江，其规模最大者为浙江高等工业学堂，在校学生 200 余人。1909 年全省各类实业学堂计 14 所，学生近 200 人。④ 全国各工艺局所属之工艺学堂亦培养了大批学生，如直隶各州县“禀报有工艺场、织工厂、艺徒学堂、习艺所等，又共八十余所”。其官办实习工场先后毕业工徒 2000 余人⑤，因而直隶“民智大开，上下一心，力求实业，已有基础”⑥。

据不完全统计，1907 年全国共有实业学堂 137 所，学生 3693 人；1908 年 189 所，学生 13616 人；1909 年 254 所，学生 16649 人；1912 年达 445 所，学生 36615 人。实业学堂的发展说明了当时社会大量的需求，从一个侧面反映了当时振兴工商实业的兴旺局面。

三　影响及局限

教育是一定历史阶段的政治、经济和文化的反映并反作用于政治、经济、文化。清末近代学堂的兴起，体现了当时社会变革和发展的趋势，适应了历史前进的潮流，为中国近代教育的发展奠定了基础。近代学堂逐步取代科举书院的过程，就是大量士绅转化、资产阶级地位逐步提高、西方

---

① 张玉法:《中国现代化的区域研究——山东省》上册，第 413—418 页。

② 《端忠敏公奏稿》卷 11，第 28 页。

③ 《端忠敏公奏稿》卷 15，第 16 页。

④ 李国祁:《中国现代化的区域研究——闽浙台地区》，第 490—491 页。

⑤ 孙多森:《直隶实业汇编》卷 8，第 2 页。

⑥ 周叔媜:《周止庵先生别传》，第 17 页。

资本主义文化大量传播、近代知识分子群出现并趋于革命化的过程，从而造成了广泛深入的影响。

第一，封建绅士的转化。清末的知识分子有受传统教育和受新式教育的两种。明显的事实是，在这个时期，出现了一大批兼受两种教育的知识分子。由于近代学堂的兴起和清政府的鼓励，那些受过传统教育的士绅自觉或不自觉地被卷入新教育的潮流之中，多少接触到一些新学，成为新旧学兼具的第三类知识分子，实标成为士绅向资产阶级知识分子转化的中间环节。当时新式学堂首先招收具有传统功名者，给士绅阶层接受新教育带来了机会。例如京师大学堂就以招收举贡生监的青年学子为主，据统计，1903—1906 年在京师大学堂中的浙江籍学生无科举功名仅 12 人，占浙籍总人数 67 人的 18%；四川籍学生无功名者仅 3 人，占川籍总人数 21 人的 14%。[①] 又如张之洞规定湖北新学堂的学生非从士绅中遴选不可。对年长好入学而不能入学者，则设“勤成学堂”。购置“中西政艺实用书籍”供其阅读，由官府分期考试给奖鼓励。在当时风气下，士绅颇愿接受各种新式教育，两湖、经心书院为留学出仕的跳板，士绅更是趋之若鹜。有人估计，清末湖北接受新教育人数至少有 2 万人，约占全部士绅的 43%。[②] 清末由于各省自治的需要，又出现了自治研究所，学习法学、自治章程、谘议局章程等，每省不少于数千人肄业，其中以地方士绅为主，湖北“先于法政学堂附设自治研究班，分饬各属选送士绅来省入学”[③]；四川办通省自治研究所，“招选各士绅来所肄习”[④]。

这样一批转化中的知识分子成为立宪派的中坚，谘议属议员选举章程中关于新式学堂毕业或举贡生监出身的限定条件，为他们步入政坛提供了条件。贵州的“谘议员多为经世学堂毕业生”；据日本井一三郎观察，河南议员“有新知者三分之一”；美国驻华公使馆秘书丁家立说“少数受过新式教育者组成了立宪派”[⑤]。他们这种双重出身造成了其特有的心理状

① 房兆楹：《清末民初洋学学生题名录初辑》，第 92—101，122—125 页。
② 苏云峰：《中国现代化的区域研究——湖北省》，第 467 页。
③ 陈夔龙：《遵设自治研究所情形》，《庸庵尚书奏议》卷 11。
④ 《四川官报》己酉第 23 册，奏议。
⑤ 张朋园：《立宪派与辛亥革命》，第 30 页。

态。他们的功名来于统治者的恩赐，是其进入仕途的起点，因此他们不愿封建王朝覆没而使得之不易的功名付之流水。另外，封建的伦理道德纲常名教，使他们囿于传统，思想被束缚而不敢贸然离经叛道。但他们毕竟已不是旧士绅了，新学的影响、新思潮的冲击，使他们不满现实，希望改革，并产生了强烈的参政意识。因而在保守中又酝藏着进取精神。这样一批新旧兼具的知识分子极大地影响了清末的政局。

第二，促进了资产阶级参与社会活动和联合。20 世纪初大量出现的教育会同商会一样为资产阶级提供了重要活动场所。1906 年 7 月学部拟定《教育会章程》十五条，明令各地设教育会，以“上下相维，官绅相通，借绅之力以辅官之不足，地方学务乃能发达”[①]。过去一些地区便存在类似教育会的组织，在这时遂成为合法的地方组织。教育会发展很快，到 1909 年全国计有 723 处，会员 48432 人，各省分布如表 5 所示。

表 5　　1909 年全国教育会发展情况　　（单位：所、人）

省别	教育会数	会员数	省别	教育会数	会员数
直隶	690	5312	江西	65	2333
奉天	27	3935	湖北	17	1722
吉林	78	173	湖南	11	652
黑龙江	1	50	四川	65	9012
山东	44	1023	广东	12	1064
山西	88	1704	广西	31	2013
陕西	52	1809	云南	13	481
河南	69	1796	贵州	4	546
江宁	35	5116	福建	33	162 4
江苏	20	3477	甘肃	4	9
安徽	26	2038	新疆	无	无
浙江	30	2543	总计	723	48432

资料来源：清学部总务司编《第三次教育统计图表》（宣统元年）。

① 《光绪朝东华录》（五），第 5552 页。

另据张玉法《清季的立宪团体》一书估计，当时资产阶级公开性的结社共计668个，其中教育类（包括教育会）103个，学术类65个，占总数的25%。[①] 但从表5可见，关于教育类的统计是很不完全的。

一部分资产阶级的头面人物在教育会中充任要职，如张謇任江苏教育总会副会长和江宁学务公所议长，张元济任浙江教育总会会长等。他们组织资产阶级积极参与社会活动。1907年上海学界集资设立“通俗教育社”[②]。1909年苏州教育会、劝学所举行“各学堂成绩展览会”，参加者50余校[③]；江苏教育总会开“全省学堂成绩展览会”，计送到展品5100余件[④]；1910年5月官绅合作的南洋劝业会在南京开幕，专门设教育馆，评出得奖教育品966件，约占总数的18%。[⑤] 1911年江苏教育总会发起“各省教育总会联合会”，制订简章，“以公议关系全国之教育事宜，期于改良进步为目的”[⑥]。是年5月在上海开会，到会的有苏、浙、湘、豫、赣、鄂、鲁、闽、粤、桂、皖、奉、直等省代表。[⑦] 提出定军国民教育主义、统一国语方法、停止毕业奖励、变更初等和高等教育方法五案，请学部实施。7月，张謇在京师发起全国师范联合会，出席成立会者40余人，议决要案五项。[⑧] 在官方的全国性教育组织中资产阶级也居要位，如1911年6月学部奏设，7月在京成立的中央教育会，张謇就当选为会长，张元济、傅增湘为副会长。这些教育组织和活动，客观上提高了资产阶级的地位，加强了其联合。

第三，西学得到传播。既然封建的教育制度已经开了缺口，那么西学的传入就不可避免，由于统治者希望以西学“补中学之不足”，那么西学就名正言顺地登上了各校讲台。《奏定中学章程》规定外语为“必需而最重之功课”，是为了“人人知国家，知世界”，能直接读西书并达到“虽远

① 张玉法：《清季的立宪团体》，第90—144页，统计表。
② 《东方杂志》第4年第7期，教育。
③ 《教育杂志》第1期，记事，第1年第7期，记事。
④ 同上。
⑤ 《教育杂志》第2年第11期，记事。
⑥ 《教育杂志》第8年第8期，记事。
⑦ 《教育杂志》第3年第8期，记事。
⑧ 丁致聘：《中国近七十年来教育记事》，第33页。

适异域，不假翻译”的程度。注重世界历史，规定就日本、朝鲜、安南、暹罗、越南、印度、波斯、中亚等“讲其事实沿革大略”，对欧美则讲其“历史中之重要事宜”，“五十年以内之事尤宜加详”。开设地理课了解各洲“诸国地势”。[①] 又如高等学堂开设外语、数学、理化、地质、矿物、动物、植物、法学、理财，以及土木、机器、气电、采矿、冶金、造船、农艺、林学等。[②] 大学堂所授更几乎全为近代科学，仅以物理科为例，就有天文、力学、数理结晶、应用力学、气体论、电磁光学论、微分方程、球函数等二十余门课程。[③] 由于学堂开设新学，就为新书刊的传播造成极好条件，如上海出现了“新学书报最风行时代”，上海作新社、广智书局、商务印书馆、新民丛报支店、镜今书局、国学社和东大陆书局等“各竞出新籍，如雨后春笋”[④]。据统计，仅在 1904 年，西方社会政治学说、哲学历史名著等译成中文者即达 250 余种。[⑤]

第四，青年知识分子的思想转向民主和革命。学堂是传播新思想的绝好地方，那些青年学生一旦接触到西学，就不会再按封建统治者规定的思想轨道运行而发生剧烈变化。胡汉民回忆他在广西梧州中学任教期间，“为学生讲民族革命之要，学风骤变”[⑥]。李劼人在四川高等学堂附属中学读书时，喜欢看《民报》《神州日报》《民呼报》《民立报》等[⑦]；贵州陆军小学学生“受了《民报》的影响，便在校中酝酿革命”[⑧]；在武昌陆军中学里，“革命理论书刊，大家暗中传递，争相阅读，革命情绪十分激昂”；在云南学界，“《云南》杂志传播民族主义和爱国思想”，结果“学生中有志青年，无不向往革命”；通州的华北协和书院“对学生的排满思想，听其自然地发展，不奖励，也不禁止”[⑨]；浙江大通师范学堂学生“总

---

① 《奏定中学章程》，《大清教育新法令》，第 8 页。
② 《奏定高等学堂章程》，《教育史料》中册，第 568 页。
③ 《奏定大学章程》，《教育史料》中册，第 602 页。
④ 冯自由：《革命逸史》初集，第 115 页。
⑤ 金冲及、胡绳武：《辛亥革命史稿》第 1 卷，第 45 页。
⑥ 《胡汉民自传》，《近代史资料》1981 年第 2 期。
⑦ 李劼人：《自传》，《李劼人选集》第 1 卷，第 2 页。
⑧ 《贵州辛亥革命资料选编》，第 412 页。
⑨ 《辛亥革命回忆录》（七），第 12 页，第 405、407、442 页。

以反清为中心活动，尤其是痛骂曾、左、彭、李”；安徽青年学生“没有一个人不受革命潮流的冲击。当时所有的文武学堂以及各种社会团体，几乎都有革命志士在其中进行革命宣传工作”。[①]

青年学生是最先觉悟的阶层，“富于政治感觉，他们在现阶段的中国革命中常常起着先锋和桥梁的作用”[②]。他们为自己的阶级利益呐喊和奋斗，明显地表现出一股社会力量的突起。1903 年的《苏报》便有文章指出：“中国之有学生也，自二十年以来一也。近岁以顷，成就尤多……各省大学堂之成材，亦千余辈，而方兴未艾，方轨并进。”他们具有巨大的活动能量，如拒俄运动爆发，京师大学堂学生上书，湖北学生 500 余人集会演说，安徽学生 300 余人组织爱国会，“到处风发，气象特佳”。并创设中国学生同盟会，“海内外全体学生皆要求入会，各省各设总部，各府、县各设分部”[③]。这些青年学生以后成为革命团体和政党的主要成员。

武昌起义之前，青年学生为鼓吹民族民主革命做出了积极贡献，起义爆发后又成为武装推翻清王朝的重要力量。上海的学生组织中华民国学生军团，“不旬日间，自愿参加者千余人”[④]。上海军政府所招士兵中，“学生界人物为最多”。学生还组织志愿决死团，表示“誓必克复金陵，歼此惨无人道之民贼，而出同胞于水火”[⑤]。此外，上海学生还建立有中华学生军、学生北伐队、学生军、学生守卫团等。在广西，成立了广西北伐学生敢死队，“从军北伐，并号召桂林各中等以上学校有志之士参加，不数日间，报名参加者达二百余人”[⑥]。在贵州，“陆小、新军联合起义，举前总办杨荩诚为贵州都督”[⑦]。在黑龙江，同盟会“秘密发展会员，先从各学校入手”，武昌起义后，“各学校推举代表组织学生联合会，进行独立运动”[⑧]。在安徽，以学校为据点“秘密进行革命宣传，散播革命种子，纠结

① 《辛亥革命回忆录》(四)，第 147、433 页。
② 《毛泽东选集》合订本，第 604 页。
③ 《苏报》1903 年 6 月 30 日。
④ 《辛亥革命回忆录》(四)，第 56、57 页。
⑤ 《民立报》1911 年 11 月 6 日、11 月 13 日。
⑥ 《辛亥革命回忆录》(七)，第 297 页。
⑦ 《贵州辛亥革命资料选编》，第 424 页。
⓪ 《辛亥革命回忆录》(五)，第 586 页。

志士，发展组织，培养骨干，发动群众，为武装起义准备条件”①。在四川，各学堂参加保路运动，罢课要求清廷收回铁路国有成命，“杂入民众宣导最力”，许多学堂成为“党人交通会聚之所”。② 如此等等。学生广泛起来革命是各省的普遍现象，所以孙中山赞道：“此次革命成功，多赖学界之力。”③ 充分肯定了学生对辛亥革命的重大贡献。

当然，由于近代学堂是在清封建统治和中国社会半殖民化这样一个特定的环境中出现的，就不可避免地打上了时代的烙印。它既受到封建政权的控制，封建思想文化的束缚，又受到帝国主义思想文化的影响，走上一条不能正常发展的畸形道路。虽然这些新式学堂从教学内容和方法来看基本可视为近代学堂的范畴，但同时亦不得不具有半封建半殖民地的某些性质，因而表现了极大的局限性。首先，从清廷的办学宗旨看。1901 年张百熙等奏称：“至于立学宗旨，勿论何等学堂，均以忠孝为本，以中国经史之学为基，俾学生心术一归于纯正。”④ 1903 年的《学务纲要》宣称：“各学堂均应钦遵谕旨，以端正趋向，造就通才为宗旨，正合三代学校选举德行道艺四者并重之意。”⑤ 1906 年，学部正式将教育宗旨确定为忠君、尊孔、尚公、尚武、尚实五条⑥，各种学堂皆“以经学为必修之科目”⑦。以初小的课题为例，读经讲经每周达 12 小时，占全部课程（30 小时）的 2/5。高小经学课稍少，但也占 1/3，还要求中学生在五年内读完《孝经》《论语》《孟子》《易》《书》《诗》《左传》《周礼》《礼记》《仪礼》等十经节本。而且，学堂在教学水平上参差不齐，实际上相当大一部分学堂仅是旧式书院的改头换面。其次，清政府对学堂控制严密。为了使学生“深明忠爱”“束身自爱”，颁布《学堂禁令章程》，规定学生不得“妄生议论”，“不准聚众要求，借端挟制，停课罢学等事”。⑧ 1907 年清廷发布上

---

① 《辛亥革命回忆录》（四），第 377 页。

② 熊克武：《蜀党史稿》。

③ 《孙中山全集》第 2 卷，第 425 页。

④ 《教育史料》上册，第 197 页。

⑤ 同上书，第 199 页。

⑥ 《清朝续文献通考》卷 102，学校 10，第 8613 页。

⑦ 《光绪朝东华录》（五），第 5494 页。

⑧ 同上书，第 5488、5657 页。

谕宣称：学生“不准干预国家政治，及离经叛道、联盟纠众立会演说等事”。若有违犯，学生和教员“一并重处，决不姑宽”[①]。显然，这种封建重压下的学堂不可能成为完全意义上的近代学堂。再其次，科举遗风的存在。由于清政府明令从新学堂毕业的学生，视其程度高低量予出身，给予生员、举人和进士之类的头衔，因而许多学生入学是为了猎取功名，这就为许多学堂搞旧的一套造就了土壤。所以梁启超批评到，新教育“不以学问为目的而以为手段”，“以利禄饵诱天下”，结果“学校一变名之科举，而新学亦一变质之八股，学子之求学者，其中八九动机已不纯洁，用以为‘敲门砖’，过时则抛之而已”[②]。最后，学堂发展程度不高。由于近代学堂还处于兴起阶段，加之当时社会政治、经济和文化等诸种因素的限制，因而远未能满足当时的社会需要。以1907年为例，就人均学堂数而论，最高的云南每6422人才有小学堂1所，最低的安徽139883人1所；学生与人口之比以黑龙江为最高，也不过0.8%，安徽最低，仅占0.02%；1907年全国人口是406186447人，小学堂有34210所，平均11873人1所，学生874642人，仅占人口总数的0.21%。[③] 迄至1910年，教育最发达的直隶，学生人数仍不到人口的2%，难怪该年的《教育杂志》哀叹：“教育普及之难乎为言也。”[④] 因此，既要看到清末近代学堂有所发展，但也不能过高估计。

以上简要叙述了清末近代学堂的兴起情况，谈不上全面深入的研究，但愿能起抛砖引玉之效。

① 《光绪朝东华录》(五)，第5806—5807页。

② 梁启超：《清代学术概论》。

③ 《光绪三十三年京外学务一览表》。

④ 《教育杂志》第2年第1期，记事。

中国走向世界的新步幅

——清末商品赛会活动述评*

马　敏

中国近代化运动是中国人不断打开眼界，走向世界的艰难曲折的历程，清朝末年兴起的商品赛会活动标志着中国经济被进一步纳入资本主义世界市场，同时意味着中国在走向世界的漫漫长途中迈出了新的步幅。各类赛会既集中体现了中国近代文明所具有的水准，也暴露了它自身存在的严重弊端和不足。通过赛会形式而开展的大规模经济和文化交流，对中国近代化进程有着弥足珍贵的影响。本文拟对这些活动做一粗线条的勾勒和评说。

一　自西徂东的"赛会热"

"赛会"的名称在中国虽古已有之①，但同商品经济相联系的近代意义的赛会却是"西潮东渐"的舶来品。它是对英文 exhibition 的迻译。现时代通用的则是由日文转译的"博览会"一词。近代赛会的基本含义有三：（1）展览观摩；（2）奖励比赛；（3）推广销路。概括而言，它是品类复

---

* 本文原载《近代史研究》1988 年第 1 期。

① 中国古时有所谓"迎神赛会"等。

繁的展览会、劝业会、劝工会、工艺会、农产会、渔业会、博览会等的统称。虽兼涉物质文明与精神文明，但又偏重于社会经济方面；虽强调出品展陈，但也兼及部分销售，所以确切地讲，应称为“商品赛会”。

近代赛会滥觞于工业革命前夕的欧洲。在此后的一百多年里，它有力地刺激着资本主义经济的发展，并对世界贸易和各国文化交流产生了深刻影响。鸦片战争后的中国既已逐步成为世界资本主义经济体系的从属部分之一，自然难免卷进从西方刮起的“赛会热”，清末中国受西方影响所举办的赛会活动，大致可分成两类：一是出洋赴赛，参加各国举办的赛会；二是模仿西方和日本，自己举办国内赛会。

清政府正式派官员和商人携物出洋赴赛，始自 1876 年美国举办的费城国际博览会。据记载，中国参赛物品共 720 箱，值银约 20 万两。[①] 以后，清末中国商人又陆续参加了法国巴黎（1878 年、1900 年）、美国新奥尔良（1885 年）、法属安南（1902 年）、日本大阪（1903 年）、美国圣路易斯（1904 年）、比利时黎业斯（1905 年）、意大利秘拉诺（1906 年）等国际性博览会约 20 次。最初清政府对出洋赴赛并不重视，仍以传统的赛珍耀奇、无益之举视之，草率从事，徒引外人讪笑。到 1905 年左右，才有所醒悟。是年，清朝商部颁发《出洋赛会通行简章》二十条，对华商出洋参加国际性赛会做出了统一规定，并号召各省商家“精择物品”，踊跃赴赛。商人自选物品参赛，改变了以往“委诸税司采办，徒滋笑柄”[②] 的窘况，展品屡有获奖。尤其在 1911 年意大利都朗国际博览会上，中国出品获奖达 256 种，其中卓绝奖 4 名、超等奖 58 名、优等奖 79 名、金牌奖 65 名、银牌奖 60 名、铜牌奖 17 名、纪念奖 6 名。[③]

清政府在提倡商人出洋赴赛的同时，也迫不及待地在国内倡办商品陈列所、考工厂和劝工会、劝业会、物产会等各种类型的赛会，以刺激工商业的发展。1906 年 10 月，农工商部开设京师劝工陈列所，“专供陈列中国自制各货，供人观览，以为比较改良之张本”[④]。随后，各省会和通商大埠

---

① 李圭：《环游地球新录》，“各物总院”。

② 乙 2—1，79/5（乙 2—1 为苏州商会档案全宗代号，79 为卷号，5 为页码）。

③ 前刘：《意大利会场之中国出品》，《东方杂志》第八年第十号。

④ 《第二次农工商统计表》，“农政”。

均有仿行，辟专馆陈列本地区精良农工商产品。设在苏州的苏省商品陈列所除展陈各项物品外，又附设寄售处帮助商人展销商品，设劝工场以“奖劝工业”。直隶所设考工厂还特意购进各省和外国物品标签陈列，任人参观。大型地方性赛会办得比较有声有色的要数直隶、江苏、湖北等省。1907 年 4 月，天津商务总会主办的“天津劝工展览会”，一个月之内，远近客商报送货物共 298200 余件，“与未开会之先销货顿增多数，各商受益非鲜”①。1909 年，由湖广总督陈夔龙在武昌发起的“武汉功业奖进会”，是一次规模巨大的地方性博览会。该会设五类陈列室展览本省工商行销产品，另设直隶、湖南、上海、宁波四馆及汉阳钢铁厂、劝工院等七个特别陈列室，会期共四十五日，在一定程度上起到了“奖励本省之工商各业，而助其发达进步”的作用，就连稍偏远地区如四川省也分别于 1906 年、1907 年、1908 年、1909 年四次在成都召开商业劝工会，“仿外洋博览会之意而变通之”。

中国境内的“赛会热”在 1910 年南洋劝业会期间达于沸点。正式开会之先，两江所属各府州分别举办了三十九个物产会，专门展陈地方土特产品，并择优运往南洋劝业会参赛。两江以外的奉、直、豫、秦、滇、蜀、粤、湘、鄂等省则先后成立了出品协会，广为搜罗赛品。南洋群岛的泗水、三宝、爪哇、巴达维亚、新加坡等地也创办了若干出品协会。这样，集无数个地方性赛会精华而召开的南洋劝业会，实际上是我国第一次全国性博览会。会场占地 700 余亩，除两江所设教育、工艺、农业、机械等九个展览馆和一个劝工场外，又设暨南馆一所，陈列南洋华侨出品；设三所参考馆分别展出英、美、日、德等国的产品。各省还自建陈列馆 14 所，展陈本省出品。另外还辟有三个专门实业馆及三个特别馆。全部参赛物品数量缺乏准确的统计，据张人骏、杨士琦《开会礼成办理情形折》，仅两江地区物产会出品就达 100 万件。② 会上获奖展品共 5269 件，③ 劝业会预算支出 70 万元，官商各担其半，结果溢支银 10 万两，商本受亏 20 余

① 《北洋公牍类纂》卷二十，商务。

② 《商务官报》第五册，第二十四期。

③ 杨士琦：《给奖并办理情形折》，《商务官报》第五册，第二十四期。

万元，[①] 从赢利角度看，它并不是一次成功的博览会。

南洋劝业会颇为惨淡的结局，使清末中国掀起的“赛会热”逐渐降温而终至跌入波谷。许多有志之士所抱再开第二次、第三次全国博览会，进而开世界大博览会的良谟宏愿，不得不在相当长的一段时期内暂时付诸东流。

二 文明的交流与比较

赛会活动对经济交流和繁荣所起的巨大推动作用是显而易见的。荟萃世界、全国或地方的精良物品于一堂，极大地方便了人们生产经验和技术的切磋交流，尤其是全球性的盛大集会——国际博览会通常集中展示了世界最新科技成就。1851 年伦敦大博览会所建造的“水晶宫”预告了“玻璃时代”的到来；1889 年巴黎国际博览会留下一座埃菲尔铁塔，象征着钢铁时代的来临。赛会会场同时又是一个巨大的广告场和商品展销地，传统名牌产品通过颁给奖牌，巩固了原有领先地位。而过去名不见经传的优质产品，通过评比宣传，往往声名鹊起，销路日广。

然而，赛会的意义和内容又还不限于单纯的经济交流，而是以经济交流为核心和基础的整体性人类文明的交流。透过展品的外壳，我们看到的是更为广袤和实质性的不同文明形态。在文明交流意义上，如果说携物出洋赴赛是把中国文明带到世界各地，主动与其他文明切磋交流，睁眼看世界的同时也让世界看自己，那么，聚各地物品而开国内博览会，则主要是同一文明中不同地区经济与文化的相互交流。“一日观会，胜于十年就学”[②]，这是当年举办南洋劝业会的人们所发出的多少有些夸张的感慨。但它再好不过地说明：赛会的功用首在文明的传播与对话，即所谓：“邦交藉以联络，国誉藉以播扬，民智即藉以恢张，裨益处良非浅鲜。”[③] 赛会所

① 张人骏：《南洋劝业会期满闭会情形等折》，《商务官报》第五册，第二十五期。

② 《南洋劝业会记事第二》，《东方杂志》第六年第四期。

③ 乙 2—1，77/43。

起到的文明交流和沟通作用，最清楚不过地体现为开会期间的人际交流和大规模人员流动。1851 年英国举办首次国际博览会，世界各地参赛者达 17000 人，参观者达 600 多万人次；1867 年法国举办巴黎国际博览会时，参赛者增至 5 万多人，参观者竟达 1020 万人次。[①] 中国召开的第一次南洋劝业会当然不能同上述国际博览会相提并论，但前来观摩的人员也达 20 余万人次，"时武汉政、学、军、绅、商各界，前往参观南洋劝业会者于开幕后不久已多达 3 千人"[②]。日本和美国还曾先后派出实业代表团来劝业会参观考察。[③] 这一规模的展会，对于西方工业世界来说或许算不了什么，但对刚刚厕身近代文明，尚习于乡居独处，集市庙会狭隘空间的中国人来说，也已经于"荡心骇目"中眼界大开，自觉或不自觉地接受了资本主义近代文明的洗礼。

文明间的渗透和冲突可能是盲目的，但文明的交流与融合却必须以理智的比较为前提。赛会上的文明比较自然首先体现为展品的比较。那么，清末中国在一系列国内外赛会中展品情况究竟如何呢？如果用一句话概括，那就是，"愧疚多于自豪"。

1876 年美国费城博览会，"大清国"的展品"物件悉遵华式，专为手工制造，无一借力机器"。经评判，中国赛品"以丝、茶、瓷器、绸货、雕花器、景泰器，在各国中推为第一"[④]。时隔两年，1878 年法国巴黎博览会，中国出品仍以"磁器、茶叶、古铜器、雕刻、象牙折扇独多"[⑤]。1903 年法属安南博览会，中国展品"既多且美者，北京工艺局景泰兰，福州漆器，广东、宁波木器，苏杭绸缎，苏粤绣货，九江磁器，皆金碧辉煌，光采夺目"[⑥]。同年日本大阪博览会，"其最精巧者，为银器、象牙器。最艳绮者，为绸缎、绞罗"[⑦]。

---

① 《各国赛会岁次考》，《外交报汇编》第二十三册，第 469—470 页。

② 《时报》1910 年 9 月 5 日，转引自苏云峰《中国现代化的区域研究·湖北省》。

③ 关于日、美实业参观团情况，可参见《时报》1910 年 6 月 18 日、《神州日报》1910 年 9 月 11 日。

④ 李圭：《环游地球新录》，"各物总院"。

⑤ 黎庶昌：《西洋杂志》，"巴黎大会纪略"。

⑥ 《详述华商河内赛会情形》，《外交报汇编》第二十一册，第 65 页。

⑦ 《赛会近况》，《外交报汇编》第二十一册，第 101 页。

1904年美国圣路易斯博览会，中国出品获头等金牌的有杭州舒莲红扇庄的折扇，获超等文凭奖的则有上海磁赛会公司的茶叶，“所售余货，为纽约伯兰克茶行全行包销，并向该公司订立永远交易合同”①。

1910年比利时布鲁塞尔博览会，中国某豆腐公司“陈列黄豆制品三十余种，百奇千异，为欧人所未见。复多印图说，各报喧播，各国争往研究，视为全会场中第一新颖之问题”。又有“手制大小风筝数千具，五光十色，精妙异常。欧人视为美术品之一，日售必数十具”。②

上述零星的记载向我们展现了当年古老中国文明在欧美先进国家初露头角时的大体形象和获致的赞叹，赞叹固属由衷，然而，冷静深思一下，这究竟是怎样一种赞叹呢？“欧人则心理适与我国人相反，平常轻我之心太甚，以为中国者不过与安南、印度、南美及非洲各国相伯仲耳。及见吾之丝、茶、磁、绣卓然自立，出其意想之外，矍然惊叹，有空谷足音之喜，则其誉之有不尽然者矣。”③ 试问，由中国文明程度竟稍高于已沦为殖民地的落后国家而引发的“空谷足音之喜”，究竟是中华民族的骄傲，还是它的悲哀？

落后就是落后，总是用张骞、班超通西域时就已播声海外的丝绸、磁器、茶叶等国粹来角逐争胜于声光化电的近代，恐怕实在也算不上多大的荣耀。更何况，同这些国粹相连带的还有太多的愚昧、低劣和屈辱。1904年美国圣路易斯博览会上，与美国等展出的汽车、飞艇等尖端技术相对照，中国由海关洋员承办的赛品中，居然有各种装束的小脚妇人泥塑，以娼妓、囚犯、乞丐和烟鬼造型的小木人，以及鸦片烟具、枷号、杀人鬼头刀等不堪入目的东西。④ 而率队清朝官僚的庸碌无能，更令人为之气夺。那些冠冕堂皇的监督、委员们“均有名无实，事事听外人之所为。而各省委员，有到会场二、三礼拜而即去者；有挂委员之名，至会场将停止之际尚未至者。其热心任事极力考察者，惟某某二委员”⑤。堂堂大清王朝与西

---

① 《中国商业发达之一斑》，《东方杂志》第一年第十二期。

② 《比京赛会记》，《东方杂志》第七年第八期。

③ 同上。

④ 参见《记散鲁伊斯博览会中国入赛情形》，《外交报汇编》第一册。

⑤ 同上书，第603页。

方“蕞尔小夷”相比所呈现的衰败和没落情形，甚至连载泽、戴鸿慈这样的王公大臣也不得不低首默认，戴鸿慈参观了意大利米兰博览会后在日记中记道：“观各国物品，则法国规模最宏阔。日本精心锐力出赛，赛品皆其上选，骎骎乎有追步英德之概。独我国局面太狭……殊无足观者。”① 载泽在参观了美国某大学博物馆后，也记曰：“内有一室列中国物，大半华商赛会时所遗，陈列无次，且多粤中窳劣之物，徒贻讪笑于外，深为愧疚。”② 这类惜乎来得太晚的反省和自责，出自昔日虚骄颟顸、目中无人的封建王公大臣的笔下，倒也透露了几丝历史进步的消息。

国内赛会的展品，虽仍以农副产品和工艺美术品居多，但多少展陈了一些处在起步阶段的机制工业品，反映了中国社会经济和文明正在经历的深刻变动，同时也体现了中国初期近代化运动所达到的水准。1909 年武汉劝业奖进会上，湖北兵工厂的军械、陆军工厂的皮靴、武昌制皮厂的皮箱，以及制麻局、武昌工艺实习厂、善技场、汉口劝工院和几家私立公司的出品，“不乏仿造外洋货物而得其精神者”③。有人参观了 1910 年南洋劝业会后指出，如日辉的呢布，耀徐的玻璃，启新的水泥，大冶的铁器，广东的花纱、花砖，上海的棉丝、棉布，以及各省所仿造的其他洋货，“大都质美而工精，何遽不若外人?”④ 日本工商人士考察了南洋劝业会工艺馆展品后评论：“清国工业现已进入工业革命时期，由手工业、家庭工业逐渐向工厂机械工业发展。”⑤ 尽管很难说当时中国已真正进入工业革命时期，但这些观察和评论多少还是反映出经过近 30 年的辗转求生，我国资本主义经济终于获得了初步的发展，这才是中国文明的转机和希望所在。

然而，中国同西方列强和日本之间正以加速度拉开的巨大差距，并不是几年或几十年便可以轻易扯平的。只要把南洋劝业会参考馆陈列的外国机械、电器、化学应用、武器等出品同中国工业展品稍加比较，就会看到，清末的工业新文明尚处在一种多么稚弱和落后的状态。有人对中国工

---

① 戴鸿慈：《出使九国日记》，光绪三十二年五月二十二日。

② 载泽：《考察政治日记》，光绪三十二年二月十三日。

③ 阙名：《游武汉劝业奖进会之感言》，《民国经世文编》，第 4595 页。

④ 景学钤：《上南洋第一次劝业会书》，《东方杂志》第七年第九期。

⑤ 《南京博览会各省展品调查书》，引自［日］野泽丰《辛亥革命与产业问题》。

业展品详加研究后，得出这样的结论：“（中国）机械制造尚在萌芽时代耳”，观教育馆“而实业学堂无几焉”；观机械馆“而普通工业应用机械无有焉”；观通运馆则“交通之设备不得备焉”。[①] 南洋劝业会评奖结果也反映出近代新式工业的贫乏和传统农业国的陈旧格局，“66 种一等出品中，以农产品中的丝、茶，工艺品中的染织品为最多；矿产、陶瓷、教育品、美术品次之；机械、武备、棉纱、面粉、畜牧、水产品仅各占一、二”[②]。

综观清末赛会活动，无论走出去外赛还是守着门槛内赛，赛来赛去总是摆脱不了“深为愧疚”的强烈自责。这清楚表明中国所实际依附的农业文明已是一种近乎停滞的落后的文明，而西方列强所凭恃的工业文明乃是一种“勇猛精进求高求大求强求权”的进取的文明。两相比照，中国何能不相形见绌，一败再败？赛品的比较归根到底又转化为文明的较量，而文明的较量实则为实力的较量。恰如时人所说：“我国工业不振，商业日颓，先畴之吠亩，高曾之矩规，民间既故步自封，而国家又少劝诱之方，如是而欲与工商素所发达之诸国相颉颃，何异以未练之兵卒而与强敌对垒，胜败之间，不待智者而决也。”[③] 很明显，中国欲想在赛会上竞胜称雄，首先有待于文明自身的改造和经济、政治、文化的全面腾飞。向西方学习，走工业化即近代化的道路，这是世纪交替时期中国人在文明比较基础上唯一可行的历史抉择。

三　价值观念的新变化

文化价值观是文明的精髓和灵魂。赛会所体现出的巨大文明反差，实质反映了截然对立的文化价值观念的冲突。著名守旧人士刘锡鸿曾对中西文化的不同价值取向做了如下归纳：“外洋以富为富，中国以不贪得为富；

---

① 《南洋劝业研究会报告书》，第 139、127 页。

② 《奏京师及各省出品列入一等名数照商勋章程奏奖等片》，《商务官报》第五册，第二十四期。

③ 《日本高等商业学校留学生为赴日本万国博览会事上农工商部书》，《商务官报》第三册，第二期。

外洋以强为强，中国以不好胜为强。”① 此种价值标准比较，成为他构筑自欺欺人的“精神火车论”的理论基点。其实，尽管不同文化体系有着自己独具一格的价值取向，但历史的最终裁决却只能以是否有利于促进现实社会发展为唯一尺度。

在国际博览会这种世界文明立体比较的场合，中国古老农业文明的不合时宜和西方工业文明的进步一望自明。这就不难理解，为什么当年亲临国际博览会的中国人会产生如此强烈的文化困惑感和危机感：“与会各国，若法若德，穷精极巧，各有其强大不可摧毁之慨。后进如日本、澳大利亚、比利时等，皆各有骎骎日上之势……我中国国虽弱，犹国也，而独为世界上所不齿，夫果安在哉?”② 由文明对比引起的巨大文化困惑感和危机意识积聚到一定程度，势必成为新的文化价值取向的触媒。而由此造成的心理不平衡，也将通过文化价值体系的调整达到相对平衡。于是，以清末商品赛会活动为契机，相当一批士大夫和商人的价值观念开始发生某种新的变异，或强化了某种原有的变异。

首先是根本世界观念的新变化。鸦片战争以前，中国基本上处于昧于外情的时代，一般人心目中只有“天下”的观念，而没有“世界”的概念。茫茫宇内，中国既是大地的中心，又是“天下”的共主。鸦片战争前后，人们才逐步形成以近代地理科学为基础的世界观念。然而对“六合之外”其他文明体系的了解却仍局限于零散模糊、穿凿比附的朦胧状态。中国人对世界大势的真正把握和多元国际意识的确定，是在派遣驻外使节、出洋留学和出洋赴赛等一系列走向世界的过程中实现的。出洋参赛及其相应的舆论宣传，使多元化、竞争化的国际社会观念首次大规模普及商人阶层。赛会分区展陈各国出品的独特形式，有助于人们正确分辨和确定本土文化在世界文明体系中的位置和角色。置身国际博览会的人们最能生动而具体地感受到“盖今之天下，乃地球合一之天下”③。中国不过是国际大家庭中的普通成员之一，那种“华夷等级秩序”的陈腐国际观念不攻自破。

① 刘锡鸿：《英招私记》，“观电学有感”。

② 张继业：《记散鲁伊斯博览会中国入赛情形》，《外交报汇编》第一册，第 601 页。

③ 王韬语，引自钟叔河《走向世界》，第 15 页。

严峻的现实是：原先自以为“天下独尊”的华夏文化并没有受到国际社会太多的恭维，反而被摆在不起眼的次要地位。一位亲自参加了1910年比利时布鲁塞尔博览会的清朝官员抱怨：“吾国会场凡五楹，居会地边隅，与法属越南及南非洲某部相比，其位置已不合矣。西人尝以建筑之形式卜其国民文野之程度，而吾国会场，独为不中不西之制，不知何取？”① 这多少是一种妄自尊大心理的余风流响和皮相之见。另一位与会者的见解相比之下就开明多了，“吾国人自尊之心太重，每引英、法、德、比之会场为比较，不知物质文明非一蹴可及，况以财力薄弱，时日局促之中国，则相形见绌，固意中事，毁之有不尽然者矣”②。冲破孤陋寡闻而又妄自尊大的精神氛围，敢于承认中国在近代文明体系中不过处于半开化文明状态，进而萌发学习西方、追赶西方的强烈使命意识，这是近代先进中国人世界观念的一大飞跃。清末赛会活动对这一飞跃的完成无疑起到了推波助澜的作用。

在赛会活动中，振兴工商业的经济新观念也获得长足发展。赛会与工商振兴有着极为密切的关系。有人认为：“赛会一事，以争工商学业名誉为第一义；以求工商学业来日之进步为第二义。”③ 正是在赛会上，中国“贵义贱利”传统价值观的弊端暴露无遗。1906年意大利密拉诺（米兰）博览会后，张謇得出这样的结论：提倡实业“在吾国如张单弦而适旷野，固未有屑听而悯我一日之劳也。夫赛会者，各竞其长，而短者取人之长而自益。今以我视同列于会场之国，未暇论长饵而当论有无。则是我国实业尚在胚胎，未可遽言幼稚也”④。在“重义理轻艺事”的空泛价值观的指导下，中国不仅难以发展新式机器工业，就连固有的国粹也是每况愈下。如磁器：“法国细磁异常精美……销场能过我者，或绘事见长，或著色干净，或样式崇新，均能趋人之好尚也。”⑤ 如丝绸：“（我国）丝巾做法不善，

① 《中国出洋赛会预备办法议》，《东方杂志》第七年第九期。

② 《比京赛会记》，《东方杂志》第七年第八期。

③ 《前出使英国大臣汪咨农工商部论办理赛会事》，《东方杂志》第四年第九期。

④ 张孝若编：《南通张季直先生传记》，第115页。

⑤ 乙2—1，77/43。

粗细相杂，近为洋人深恶。”[①] 我国之绸仍用旧法所织，西人虽亦爱之，然终嫌其质粗色黯，经纬线缕粗细不匀，挑丝疙瘩触目而是，稍一揉弄，即已起毛。“凡此诸弊，不能改良，绸缎一业，无望行销于外国也。”[②] 所以，从赛会展品比较可以看出，我国工商业已处于“或灭或兴”的危急关头。在日趋激烈的“商战”中，“今中国奄奄垂尽之工商，若不起而扶植之，势将无可冀望”[③]。如何扶植？时人普遍认为必须以工业振兴为先导，“商以工为源头”[④]，而工业振兴又以普及实业教育为当务之急：“讲求格致之学，又振兴工业之本源也。”[⑤] 总之，放弃儒家“以农立国”和“不言利”的千古不易的经典，锐意求新，振兴中国的工商业，大力发展商品生产已属势在必行。

振兴工商业的主张同经济竞争的心理和意识互为表里。倡言竞争正是赛会的本意和宗旨。赛会体现的竞争精神非他，而实为构成资本主义基本价值观念的商品自由竞争意识。它同谋求生产力的解放和追逐最大剩余价值密不可分，“竞争心生，则一切改良进步，精益求精之心思，自蜂起泉涌而不可遏”[⑥]。显然，此种竞争意识同封建文化形态有着质的不相容性。中国越是倡办赛会，传统文化中“知足”“无争”的保守价值观越是失去其固有的市场。在赛会上，中国固然勉力同西洋各国争，但更强调同东洋日本争，每次赴赛都十分重视与日本展品的比较。究其原因：第一，日本是我国的近邻，彼强我弱，势必构成严重威胁，“日本近年以来怀抱野心，思东辟商场于美洲，西张商权于我国。既乘圣路易之举而略露端倪，其此次所开之（赛）会，虽未敢侈然以东亚商市主人自诩，而影响所及，将来当其冲者，必为我国工商界也”。[⑦] 第二，中国与日本起步相若，但别人日富，我们日贫，差距逐渐拉大，从而加深了内心的不平衡和焦虑感，“日

---

① 李圭：《环游地球新录》，“各物总院”。

② 凤荣宝：《密拉诺万国赛会物品评议》，《商务官报》第二册，第十二期。

③ 乙2—1，77/6。

④ 乙2—1，3/56。

⑤ 《论中国宜求为工业国》，《商务官报》第一册，第九期。

⑥ 《民国经世文编》，第4592页。

⑦ 《日本高等商业学校中国留学生上农工商部书》，《商务官报》第三册，第二期。

本工商业之进步，至此已有凌驾欧美，俨然执东方牛耳之势，返观吾国，则又瞠乎后矣……吾愿吾国自此以后，相率踵行，勿让岛国国民专美于前，此则本报之所馨香祷祝以求者”①。这半是沉痛的自责，半是迎头赶上的自策，但惜乎来得太晚。

经济竞争说到底也就是市场竞争。赛品的展陈和颁奖目的均在于打开产品销路、扩大贸易市场，“顾各国赛会之意，原以昭友谊，广人才，其着重尤在扩充贸易四字”②。对墨守成规、目光短浅的中国商人来说，要实现从“集期庙会思想”到近代市场观念（尤其是世界贸易观念）的转变，无疑是一个相当艰巨而痛苦的过程。初期出洋赴赛的中国商人，往往“平时既无预备，临时又不研究”，所以“及至失败，怨嗟频兴，从此裹足，不敢再作此想”。③ 更有甚者，“虽老于茶叶者，问以伦敦市面之情形，不知也；告以印度、锡兰茶叶之扩张，知愕然而倾听之耳”④。市场观念的普遍缺乏，致使中国一些传统出口产品销路锐减。例如瓷器业，“日就颓败，渐为洋瓷压倒”，⑤ 其“运贩外洋者甚少，而由日本运售中国各埠，每年约有二百数十万元”⑥。随着参赛日多，人们逐渐认清了市场竞争的严酷和极端重要性。有人提议：“吾国商民徒为本国之贸易，而不知为外国之贸易，故商业日见其衰。正宜因势乘便，罗列万产，以与世界各国见。”⑦ 先于南洋劝业会召开的巴达维亚中华货品陈列会，实际已是一次“张其商权于海外”的赛会。该会由南洋巴达维亚中华商务总会发起，“以介绍中华土货为宗旨”，陈列物品“非中国所产所造者不收”，旨在缓解中国对外贸易“外货之入百，而土货之出一”的逆境。⑧

综上可见，以清末赛会活动为契机，中国传统文化价值观进一步受到来自西方文化的挑战与冲击，并由此引起了相应的观念变化。较之于赛会

① 朱肇飏：《论各国赛会之种类及沿革》，《商务官报》第三册，第二期。
② 李圭：《环游地球新录》，“各物总院”。
③ 乙2—1，79/5。
④ 《中国茶叶情形》，《商务官报》第一册，第二十三期。
⑤ 《民国经世文编》，第4596页。
⑥ 《国民日日报》（合订本），第157页。
⑦ 《中国出洋赛会预备办法议》，《东方杂志》第七年第九期。
⑧ 乙2—1，87/2—4。

的直接经济效益，这种价值观念的变异似更为深刻和根本。

四 开放与突破封闭性

对外开放是中国近代历史发展的必然。一部中国近代化运动史实即一部不断对外开放的历史。中国通过清末赛会活动而走向世界的步幅，只有放到开放与封闭的背景中观照才能正确评价其历史意义和局限性。

如果把开放界定为沟通中外联系，引进新异文化，厕身世界进步潮流的过程，那么，开放本身则有主动与被动、全面与有限之分。晚清的开放在总体上属于被动开放范畴，是在外部压力下的步步退守，是对既成事实的无可奈何的认可，既缺乏汉唐时期兼容并纳的博大胸襟，亦缺乏日本明治维新所表现的“坚决吸取西洋文明”的进取精神。被动开放当然只能是有限的开放——“犹抱琵琶半遮面”。鸦片战争以后的开埠通商和不平等的对外经济贸易无疑是被动的；有些看似主动的抉择，诸如洋务运动、派遣驻外使节和留学生、新政改革等，深究下去也是迫不得已和极为勉强的应变之举。

清末赛会活动显然也正是这种被动与有限开放链条上的一环。中国出洋参赛，往往由主办国再三敦请，方“辗转行文”“出示晓谕”，勉强“饬商赴赛”。据钱单士厘《癸卯旅行记》记载，1903 年日本大阪博览会“中国则由日本领事向政府及各督抚敦劝，故勉出物品，以应其请，湖北居首，四川随之，各有一小区，列物数十种”①。以这种消极应付的态度，如何能成功地学习、借鉴别国先进经验和文化？对清朝来说，请而勉从还算颇为积极的反应，至于请而不动者尚比比皆有。

在被动开放意义上，较诸五口通商、洋务运动等，清末赛会活动还是迈出了新的步幅。如果说五口通商仅限于让商品自由贸易从更大的门缝中挤进来，而洋务运动所看重的只是以西方的坚船利炮和科技工艺来弥补传统文化的不足，那么，出洋赴赛和召开国内博览会则是人与物、商品与文化、物质文明与精神文明相结合的大规模中外交流活动，也是中国最初的

---

① 钱单士厘：《癸卯旅行记》卷上，第 21 页。

以形式上独立、平等身份参与大型国际社会活动。正是在这种立体性的文明交流活动中，古老中国文明首次作为一个有机整体不加掩饰地在国际场合公开亮相，“绍介我国进运之状态于世界万国”，为外界提供了全面鸟瞰中国现状的机会和场所。南洋劝业会闭幕后，日本立即编辑出版了一部《南京博览会各省展品调查书》，该书共1425页，被誉为“出有凭据的清国物产志”①。同时，与赛会有关的各国风情介绍，赛品的征集和运送，生产经验和技艺的交流，大规模的组织工作等，均有助于增强中国社会内部的开放性因素。

然而，开放毕竟并不简单等同于展陈和“亮相”。除“敞开”的含义外，开放还具有引进、改造和消化吸收的内涵。舍其中任何一个环节，均为不健全的“跛脚开放”，不幸，清末赛会活动恰好就是这样一种缺乏真正内在转化机制的“跛脚开放”。首先，一般官员只强调以新异之物吸引外人的视听，借机炫耀天朝上国的“神威”；而一般商人则关心自己的出品能否获取直接之利，均不注重学习别国的先进技术和经验。例如，近似《清国物产志》的巨书居然得由日本人根据南洋劝业会展品进行编写，而清政府则不能主动意识和承担起这一责任，便很能说明问题。即使个别人进行了考察研究，也很难引起政府和社会的重视，技术改造和引进无从推广。“制造不为改良，拘守成法，一不毫变”的封闭型生产仍是十分普遍的社会现象。其次，仍一如既往地对整体工业文明横加肢解，只承认西方物质文明发达，拒斥吸收其精神文明成果。如载泽等人在西方时虽也发了一通“深为愧疚”的感慨，可一旦踏上“大清国”的国土，马上又钻进自我封闭的圈子，重弹“中体西用”的老调：“夫法制、政教、兵农、商工，当因时损益，舍短取长，此可得而变易者也；伦常道德，当修我所固有，不可得而变易者也。”②

劝业会、国际博览会等发展资本主义的新形式，究其实乃是高度发达的商品经济和工业革命的产物，它要求一种真正开放性的社会经济、政治

① 参见［日］野泽丰《辛亥革命与产业问题——1910年的南洋劝业会与日美实业团的访华》。

② 载泽：《考察政治日记》，“序”。

结构，要求商品生产和市场的极大发展，所谓：“必先筑绝后空前之会所，四通八达之市场，荡心骇目，巍然焕然，乃足以受容中外与会之人与物，及中外观会应用之物。”① 然而，反观当时中国，在这个极度贫弱的半殖民地半封建社会中，社会经济的主要基础仍是自给自足的小农经济，社会结构基本保持着大陆型传统农业社会封闭性特征。地理交通相对闭塞和隔绝的状况并无大的改变。经济上的封闭匮乏与政治上的高度集权专制相结合，使一般社会心态和风气趋于保守闭塞、安于现状，儒家传统价值观仍居主导地位。

正由于晚清中国社会仍然存在根深蒂固的封闭性特征，因此，它通过赛会活动而迈向世界的步幅毕竟是十分有限的，也因此，纵使勉强引进赛会之类的新异事物，在缺乏相应社会历史土壤的情况下，终难免枯萎变形，陷于流产或失败。恰如有人所指出：赛会的成败，“由于时事、国情、人事各大端而异其趣向”②。社会生产力长期停滞和技术落后，使中国展品普遍显得陈旧过时，不足以“炫耀于人而为商战之利器”，只好“循名责实，先自缩小其范围”。③ 交通运输不发达给出品搜集、转运造成极大麻烦。有限的社会购买力加之外国产品的竞争，致使国内赛会的出品很难就地销售，只好原封运回，徒增开销。南洋劝业会上的展品“售出之物不过十之二三”④。而社会风气的闭塞又造成部分商人及普通百姓对赛会抱极为冷漠的态度。国外举办博览会时，“虽饬商赴赛，而各商率多不前……刻虽不用洋员，而赴赛之大商犹鲜”⑤。1910 年德国举办卫生博览会，苏州工商“不惟视为畏途，即稍有价值之物，亦不乐为寄运”⑥。同南洋劝业会每日平均仅 1000 人左右参观形成鲜明对比的是，1903 年日本第五次国内博览会参观人数平均每日高达 3.4 万人。⑦ 此外，各国举办赛会，多由政

① 《论今日宜急开内国赛会以兴工商》，《时事报》1908 年 3 月 30 日。
② 《万国博览会之效果》，《商务官报》第三册，第二十期。
③ 《民国经世文编》，第 4592 页。
④ 《张人骏奏南洋劝业会期满闭会情形等折》，《商务官报》第五册，第二十五期。
⑤ 乙 2—1，77/43。
⑥ 乙 2—1，78/24。
⑦ ［日］野泽丰：《1903 年大阪博览会和张謇的访日》（日文）。

府大力扶持，提供诸种方便，但陷于严重财政危机的清政府却视赛会为吸剥商民的大好时机，唯恐抽税不重。南洋劝业会虽勉强邀准免收赛品沿途厘金，但“凡在场内沽售暨离场转运它处销售者”，均需“分别补征税厘”[①]。商人们对此大为恼火，指斥清政府“多方限制，多方束缚，视赛品与寻常商品无异，使商人望而却步”[②]。中国严重缺乏引进博览会一类西方资本主义文明的社会承受力，最明显不过地表现在南洋劝业会期间，当大批赛品和人员涌集一地时，立即使封建统治者惶恐不安，如临大敌：“遂调防营驻扎会外，并调兵舰游弋长江，水陆兼筹，俾资镇慑。”[③] 由此不难看出，近代中国社会的封闭性乃是传统和现行政策的混合物。内中既有无意识的历史遗传，也有人为的强化因素，不能专门执着于一个方面去解释。

对外开放必须以对内“松绑”和搞活为前提。渗透于社会各个层面的封闭、停滞性因素，犹如一张剪不断的蛛网严重阻塞了近代中国谋求开放、走向世界的通道。它不仅使商品赛会这类新异事物难以收到预期的成效，而且切断了其吸取先进异质文化改造落后农业文明的转化机制，使文化引进与改造很难推进到根本社会结构、政治体制、伦常道德和文化心理结构等更深层次。然而既没有能拆除深层结构的屏障，浅层的文化开放和融合就很容易淡化或逆反。近代历史业已反复证明，在中国这样具有悠久农业文明传统的半殖民地半封建社会里推行近代化运动，谋求国家的独立、民主和富强，只有通过从经济基础到上层建筑，从物质文明到精神文明的全面而深刻的社会革命，才能真正突破传统文化所固有的封闭性，走上面向世界、面向未来的开放和健康发展的大道。

---

① 《税务大臣拟定南洋劝业会赛物联单报运暨在会场内分别征免办法章程》，《东方杂志》第六年第十二期。

② 乙2—1，270/8。

③ 张人骏、杨士琦等：《开会礼成办理情形折》，《商务官报》第五册，第十二期。

清末预备立宪时期的杨度*

侯宜杰

杨度早年主张革命“排满”，后走上君主立宪道路，1908 年进入清政府任职，民国后拥护袁世凯称帝，1918 年转赞孙中山革命，晚年加入中国共产党，一生历程曲折复杂。他在清末民初的思想与活动曾引起当时人们的密切注意，在社会上产生过重大影响，值得深入研究。本文拟对其在清末的言行做一初步探析。

一　杨度坚持的并非“中间路线”

1907 年，杨度主编的《中国新报》月刊出版刚半年，革命派的《复报》即发表一篇文章，对其政治倾向加以评论，认为其持论“视《新民丛报》有进”，但其民族论模棱两可，断言杨度为“大奸巨憝”，欲以此术“自全于排满者与保皇之间”①。把《中国新报》视为“中间路线”。

1971 年，吴相湘先生在《“旷代逸才”杨度》一文中写道：“(一) 杨氏及《民报》对中国前途均属望于人民，以扑灭现政府为手段。(二)《民报》斥清廷为异族政府，杨则不以为然，认为只是放任不负责任之政府。(三)《民报》主张兴国民军以革命，杨则以清廷是天下最易推倒

---

* 本文原载《近代史研究》1988 年第 1 期。

① 《中国新报》，《复报》1907 年第 10 期。

的政府，不需武力，舆论的力量即可。（四）《新民丛报》要求清廷立宪，杨则主速开国会，国民自负立宪的责任。（五）《新民丛报》劝告清廷行开明专制，杨则以其不惟不能如此，且不能行野蛮专制。（六）《新民丛报》以国民之能力只能辅助清廷，杨则欲以国民之能力促清廷之倒。”“综合这些异同，杨的主张比较《新民丛报》进步，这就是他标榜的中间偏左路线。实则他的持论并不一贯，前后尤多矛盾，其最重要点即其一再申言国民必‘促此不负责任政府之倒’。旋又指陈‘今日之中国已由民族主义进化于国家主义’，并为保全满蒙藏领土主权计：‘以就现有之君主立宪为宜’。”[①] 这段文字与前引《复报》著文基本相同，显见吴先生因袭了前说。不过吴先生明确指出了杨度坚持的是“中间偏左路线”。

陶菊隐先生在1957年说，杨度“鼓吹‘金铁主义’，是同盟会与君主立宪派以外的另一面旗帜”[②]。其后论述更多：“《中国新报》提倡金铁主义，既不赞成革命，也不主张保皇。乍看起来，金铁主义似乎别具见解，另树一旗。其实，《中国新报》和《新民丛报》是主张君主立宪，反对民主革命的一对孪生儿，其分歧之点是，保皇党主张由清朝立宪，杨则主张召开国会以定国是，并不一定拥戴清朝皇帝。”他“持论模棱两可”，“力求使自己以第三者的面目出现。如《民报》主张排满，《新民丛报》主张满汉合一，而杨度则称满汉是不能合一的”，“但汉族是绝不应该排满的”。“又如《民报》主张民主立宪，《新民丛报》主张君主立宪，而杨度则认为君主、民主二者并无优劣之可言，关键在‘宪’而不在‘主’。”“按之中国现状，当然是就固有之皇帝，采取君主立宪为优了。不过万一满清政府实在太腐败了，杨度认为人民也可以自取权力，促使政府倒台。”“他既不加入同盟会，又不加入保皇党”，自己聚集一班人组织第三势力。[③] 基调仍把杨度视为“第三势力”。张玉法先生也认为杨度“立场介于保皇与革命之间”[④]。

---

① 见《民国百人传》第三册，（台北）传记文学出版社1971年版。

② 陶菊隐：《北洋军阀统治时期史话》第一册，生活·读书·新知三联书店1957年版，第30页。

③ 见《筹安会“六君子”传》，中华书局1981年版，第19—20页。

④ 张玉法：《清季的立宪团体》，台北“中央研究院”近代史研究所1975年版，第370页。

无可否认，以上观点不无合理之处，然而基本上不符合杨度的思想实际。判断一个人或一个团体是否属于“中间路线”或“第三势力”，不能仅从形式上看其是否游离于两大政治派别之外，另组政团，而应看其政治立场和政治主张与其他两派有无本质区别。就杨度的政治立场和政治主张而论，他同梁启超一致，属于同一政治派别。不是“第三势力”或坚持“中间路线”。

首先看杨度的政治主张与《民报》的“相同”处（关于相异之点，已属众所周知，且非问题症结所在，此不赘述）。说杨度与《民报》“对中国前途均属望于人民”是正确的；说二者均“以扑灭现政府为手段”，就流于从形式上看问题，有所误会了。杨度对君主和政府是严加区分的，称君主为国家元首，“政府”指立宪国家的责任内阁，在中国则指军机处，从未把君主包括在“政府”之内。因此，他的“促使政府倒台”和“扑灭现政府”，只是要打倒封建专制的军机处，建立责任内阁，而不是推翻皇帝。而《民报》的“扑灭现政府”则不仅要打倒清“政府”，而且还打倒皇帝，推翻整个满族统治。正因有此区别，所以二者判然而有君主立宪和民主立宪之分；也正因杨度的“政府”不包括君主在内，所以他的“促使政府倒台”“扑灭现政府”与其“以就现有之君主立宪为宜”的主张并不矛盾。

至于说杨度“不主张保皇”“不一定拥戴清朝皇帝”，则尤令人费解了。就笔者所见，杨度在此期间并未有这样的言论和思想。相反，他主张“保皇”的言论却俯拾皆是。别的且不论，仅仅他主张君主立宪一点也就足以说明问题了。君主立宪，不言而喻，是要在保全君主的前提下实行立宪，非“保皇”而何？关于“不一定拥戴清朝皇帝”之说，与杨之原意恰好相反。他在《金铁主义说》中用大量篇幅论述满族问题，目的之一即在保全满族皇帝。他在另一文中讲得更为直接而明白：“是一言立宪，则以就现有之君主立宪为宜。”[①] “现有之君主”，即满族君主。说杨度“不主张保皇”“不一定拥戴清朝皇帝”，有失深察；若由此推论其与《民报》观点相近，尤为缺乏根据了。

---

① 杨度：《〈中国新报〉叙》，《中国新报》第 1 期。

其次，比较一下杨度与《新民丛报》的灵魂梁启超的“异点”。

杨度与梁启超结交较早，1906 年 9 月以后二人曾商组政党，但因梁发觉杨有“野心”①，而终于分道扬镳。这里不涉及政见问题，故不能因此而判定他们之间存在深刻的政见分歧。下面谈谈论者提出的几个具体问题。

第一，关于梁启超要求立宪，杨主速开国会，国民自负立宪责任的问题。要求立宪与速开国会究竟有无区别，区别何在，杨度在《致〈新民丛报〉记者》中作了最好的回答。他说：要求立宪及要求开国会，实质上“无若何之差异”。国会为诸宪政中至关重要之事，“此事既成，则宪已不待言而自立”。“以余推之，不仅于足下主义无所悖，即与足下方法亦无所殊，不过于要求立宪之广范围中，而抽出其最重之一事，易其名曰要求开国会而已。”② 梁启超要求立宪，是否反对召开国会呢？1906 年 2—3 月，梁曾说：“立宪之纲领不一端，而议院之开设，当其最重要之一也。”他认为国会在诸宪政中最重要，但又说“人民程度未及格”，“施政机关未整备”，“最速犹非十年乃至十五年不能致也”③。迨至 1907 年，当杨度驰书说明召开国会的理由，请《新民丛报》“合力专言国会事”④ 时，梁立即复书，表示完全赞成，谓：“至专提倡开国会，以简单直接之主义，求约束国民心理于一途，以收一针见血之效，诚为良策。弟当遵此行之。”⑤ 可见，杨提出以开国会相号召后，梁积极响应，二者之间不存在任何分歧。

杨度主张国民自负立宪的责任，梁启超也不是仅要求清廷而无视国民的力量。早在 1906 年春，梁即指出：“立宪之儿，恒不在君主而在人民。”并强调说：“吾国今日所最要者，在使一国中大多数人知立宪，希望立宪，且相率以要求立宪。”“故苟民间有正当之舆论，而盾以实力之要求者，吾信其最后之胜利必有属矣。”⑥ 在致徐佛苏信中亦言：“鄙见仍觉主动者必

---

① 见丁文江、赵丰田编《梁启超年谱长编》，上海人民出版社 1983 年版，第 409、3911 页。

② 见《中国新报》第 4 期。

③ 梁启超：《开明专制论》，见《新民丛报》第 75、77 期。

④ 光绪三十三年杨度《致卓如我兄足下书》，《梁启超年谱长编》，第 398 页。

⑤ 光绪三十三年《与皙兄书》，《梁启超年谱长编》，第 395 页。

⑥ 《申论政治革命与种族革命之得失》，《新民丛报》第 76 期。

当在民，若得舆归（论）一途，成一庞大之势力，则上部之动，亦非难耳。”[①] 梁启超虽然要求清廷立宪，但把成功的希望是寄托在国民自身的觉悟与行动上的。杨度虽主张国民自负立宪的责任，但同样也对清廷抱有希望，否则便不会向清廷“要求”开国会了。谓二者有若大之异，亦非确论。

第二，关于梁启超主劝告清廷实行开明专制，杨度反对的问题。梁提出开明专制论，乃根于其十年以后方能实行立宪的认识。他认为既然在十年之后，那么立宪之前清廷必定实行专制，若能劝告清廷实行开明专制，对国家前途和国民进步都会产生重大影响，不仅可以为立宪作预备，而且对革命也有好处。[②] 其开明专制论是否正确，不在本文论述范围，姑置而不论。他之所以提出这一问题，显然出于对腐败的清政府抱有不切实际的幻想，对其本质缺乏深刻认识。杨度言“与其求有开明之政府而人民赖以开明，何如求有开明之人民而政府不得不开明”[③]，自是略胜梁一筹。然而至 1906 年 9 月清廷宣布预备立宪后，梁便闭口不谈开明专制，也就是说，当杨度“另树一旗”时，他们在这个问题上的分歧也跟着消失了。据此而说他们属于政治上的两派同样是难以成立的。

第三，关于梁启超“以国民之能力只能辅助清廷，杨则欲以国民之能力促清廷之倒”的问题。诚然，梁启超说过类似的话。但他也讲过：清政府当权者如不听劝告，即采用暗杀手段对付之[④]，这就非监督辅助的范围了。《新民丛报》第 92 期刊载的《论中国现在之党派及将来之政党》讲得更进一步：“吾人之目的，将以改造现政府。”“使现政府而幡然大悟也，实行改革，以与天下更新，则革命党不期弭而自弭。若徒以诛锄杀戮威吓天下，则岂惟革命党致死于现政府，即革命党以外之人，无不致死于现政府，现政府又岂得高枕而卧耶?”该文所云“改造现政府”与杨度说的“变吾放任政府为责任政府”[⑤] 意义相同；所云“致死于现政府”与杨的

---

① 《与佛苏我兄书》，《梁启超年谱长编》，光绪三十二年春，第 362 页。

② 参见《答某报第四号对于本报之驳论》，《新民丛报》第 79 期。

③ 《金铁主义说》，《中国新报》第 1—6 期。

④ 《申论政治革命与种族革命之得失》。

⑤ 杨度：《〈中国新报〉叙》，《中国新报》第 1 期。

“促政府之倒”亦同。论者所说杨有“促清廷之倒”的话，笔者没有查到，想是将“政府”误写为“清廷”，二字之差，相去甚远，但我们却不能以此为据而论证杨与《新民丛报》观点不同。

第四，关于杨度主张满汉“不能合一”，《新民丛报》主张满汉“合一”的问题。梁启超说：经过二百余年的变化，“满洲人实已同化于汉人”；“今后实已有构成一混同民族之资格”，将来满族终会被汉族同化。[①]他讲的是当前的情况和将来的发展趋势，这里只是据事实而论，并不明确包含“满汉合一”的主张在内。杨度也承认满族已被“同化”。他说：“满汉今已同化”，“已将合为一矣”。“合一”好不好呢？他说：“若同化于汉，则满人之军事能力、经济能力、政治能力必益发达，而可以为军国之国民，适于今日世界之生存。此不独中国之利，亦满人之利也。”[②] 其倾向性比梁更明显。事实上，他们对满族已被汉族同化，将来必定“合一”的认识是一致的。不过杨度明确提出了满汉之间在政治上尚存在不平等现象，应该使其平等，比梁稍为高明一些。再是，二人大讲满汉问题，都是为了反对《民报》派的“排满”主义，拥戴清朝皇帝实行君主立宪，目的完全相同。因此，在这个问题上，把杨度与《新民丛报》截然划分为政治上的两派，未免有些偏颇。

第五，关于杨度“认为君主、民主二者并无优劣之可言，关键在‘宪’而不在‘主’”的问题。的确，杨度说过这种话，不过，他的观点与梁启超并不歧异。梁说：君主立宪与共和立宪，“苟得其一，皆可曰政治革命”。视君宪、民宪性质相同。他反对《民报》把革命、立宪即民主立宪与君主立宪当作对立物。还说“流俗人之言立宪，则但求得一钦定宪法而遂以自安，其宪法之内容若何不及问也；吾之言立宪，虽不妨为钦定宪法，而发布之时，万不能如日本为单纯的钦定之形式，若其宪法之内容若何，则在所必争也”[③]。与杨度的“所问者在宪而不在主”如出一辙。所以，把杨度与《新民丛报》视为两派是不妥的。

① 《申论政治革命与种族革命之得失》。

② 以上均见《金铁主义说》，《中国新报》第1—6期。

③ 上引均见《申论政治革命与种族革命之得失》。

通过以上对照，不难看到，杨度同《民报》除了对中国前途均属望于人民有其相同点外，在其他重大问题上存在根本分歧。相反，杨度与《新民丛报》除了在个别具体问题上提法不尽一致，或开始有所分歧，后来统一了认识外，在实行君主立宪这一总目标总宗旨上，在其他重大问题上都是一致的，他们不是属于两种政治势力，而是属于一种政治势力，两个政团。既属两个政团，对某些具体问题的认识和进行的方法步骤自然会存在分歧（即使在同一政团内部也在所难免），但只要他们的政治纲领一样，总的目的一致，就属于同一政治派别，同一政治势力。杨度和《新民丛报》都是君主立宪派，他并非“第三势力”，所坚持的亦非“中间路线”。明确了这一点，我们再进而分析他的君主立宪思想。

二　君主立宪思想

中国的立宪思潮发轫于戊戌变法之前，而勃兴于 20 世纪初叶以后。1904 年日俄战争爆发，立宪之议，主者渐多，某些官僚也奏请立宪。清廷鉴于大势所趋，乃于 1906 年 9 月发布上谕，仿行宪政。

同其他进步的资产阶级知识分子一样，杨度主张立宪也是出于爱国的一片热忱，为了救亡图存。杨度指出，中国今日所处之世界为“野蛮世界”，列强皆为“经济的军国主义”，它们依靠其强大的经济势力、军事势力对外侵略，目前中国已成为“世界各国之中国”。中国欲与列强竞争，有优胜无劣败，也必须变成“经济的军国主义”或“金铁主义”。而欲成一经济的军国，则不可不“变吾专制国家为立宪国家，变吾放任政府为责任政府”①。要使中国变成一个与列强并驾齐驱的经济军事强国，先决条件是变革政治制度，使专制的封建国家成为立宪的资产阶级民主国家。他的主张未必行得通，但在当时的历史条件下，却是那些不打算推翻清王朝的中国人民所能提出的最理想的政治主张，在他们看来，这是中国摆脱被奴役被压迫地位的唯一出路。

立宪有民主立宪和君主立宪两种，杨度认为二者性质一样，没有优劣

---

① 杨度：《〈中国新报〉叙》，《中国新报》第 1 期。

高下之分。首先，他认为两种立宪国家的国民程度相同，国民所得幸福之多寡同，国民的自由权利虽然有异，但其“异”表现在宪法的规定上，不是表现在君主立宪和民主立宪上。宪法规定的人民自由权利完全是人民奋起争取的结果，而非国家元首赐予，“故吾人之所问者，不在国体而在政体，不争乎主而争乎宪”①。为国体是君主或民主、国家元首为皇帝还是总统而争斗没有必要，关键在于变专制政体为立宪政体，使宪法规定人民更多的自由权利。其次，既有宪法规定，元首“皆不能于法外为善为恶，实无择别之必要也”②。世袭的君主，选举的总统，皆受宪法制约，不能胡作非为，实在不必加以选择。故其断言：君宪与民宪“无可分之高下，惟各据其国之情势而定之”③。衡之近代资产阶级国家的立宪史，杨度所论无可厚非，基本符合历史实际。但君主立宪国终究保留着君主和皇室，在议会中也有贵族这一特殊阶级充任议员，这些都是君主专制制度的残余，显示了君主立宪国的资产阶级革命不如民主立宪国彻底。此为杨度未能见及的地方，是其认识的局限性所在。

那么，中国应当实行君主立宪还是民主立宪？杨度回答说，既然二者难分高下，便“不当以理论决，而当以事实决”。今日中国“但能为君主立宪，而不能为民主立宪。此于理无可言，惟据势以为断耳”④。

杨度认为，根据中国的情势，行民主立宪，有两个困难：一是满族、蒙古族、回族、藏族人文化程度极低，影响国家强盛，而文化同一的唯一条件和标准为汉语。欲行此制，“于蒙回藏必仍固有之君主、固有之政府而后能行之”。二是汉人兵力不及蒙古族、回族、藏族人，若汉人组织共和国家，蒙古族、回族、藏族人必然因持民族主义而闹分离，其时新政府无力制服各族，蒙回藏必为列强所并，其影响所及，将会造成汉人之国灭亡。所以，“欲保全领土，则不可不保全蒙回藏；欲保全蒙回藏，则不可不保全君主。君主既当保，则立宪亦但可言君主立宪，而不可言民主立宪”⑤。其实他的

---

① 见杨度《〈中国新报〉叙》，《中国新报》第1期。

② 《致〈新民丛报〉记者》。

③ 同上。

④ 杨度：《〈中国新报〉叙》，《中国新报》第1期。

⑤ 以上引文均见《〈金铁主义说〉》《〈中国新报〉叙》。

理由缺乏根据，主观臆测性居多。他片面地强调了蒙回藏各族人民文化程度在祖国统一中的作用和他们的离心力，低估了他们希望祖国统一的向心力，结论是建筑在不坚实的基础之上。辛亥革命后民主共和国的建立，并未出现杨度所预料的结果，便是很好的证明。

此外，杨度赞成君主立宪还有两个理由。其一，无论君宪、民宪国家，国会在事实上都掌握着国权，因此，在“发达国民之目的”上，二者无异，“欲多用其力以去君主，亦诚可不必”。其二，中国情况特殊。别国立宪之后，阻碍国民发达的除君主外，还有势力强大的贵族。中国封建社会久废，无有贵族，国民发达之易，甲于世界各国，“尤不必以君主一人之故，而牺牲全国人民以敌之，贻国家以危害”①。在此，杨度看到了君宪和民宪发达国民目的相同的一面，同时也夸大了中国实行立宪阻力特小的一面。诚然，中国的贵族作为一个阶级已经消灭，可是，这并不等于立宪阻力仅仅来自君主和政府当权人物。事实上，皇室及满蒙王公还存在，而封建阶级和各级官僚更不可轻视，近代中国萌发的一切生机皆为他们所遏绝。杨度见不及此，自然产生立宪容易的错误认识。

杨度由主张革命一变而为立宪，上述几点可谓其转变的思想认识上的原因。

杨度的君主立宪主要包括三方面的内容。

第一，建立责任内阁。实行责任内阁制，政府负责任，君主无责任，在清末已成为君宪国家的一项重要政治原则。杨度非常重视，说：“政治革命之目的，则以改造责任政府为其惟一之目的。”因为责任政府“以发达人民为务”，有了责任政府，即可民富国强。如政府不负责任，国会便对它进行弹劾，加以改造。“补救专制政体之失，其法良意美，无过于此者。”②

关于责任政府之责任，杨度把它归纳为两种：一为违法之责任。君主应遵守宪法，若君主违法，大臣当谏，谏而不听，则应辞职。二为失政之责任。立宪政体之精神，在于发达民生，增进国力。君主所发制令，必须

---

① 以上引文均见《金铁主义说》，《中国新报》第1—6期。

② 同上。

合乎这一目的，否则，大臣应任其辅弼无状之责。

中国的政府与立宪国家相反，它是专制政府，“非以人民之意思所组织而成者”，对外“为送礼之政府”；对内“为偷钱之政府”。“升官发财以外，百事非其所管。”一言以蔽之，曰“不负责任之政府也”。欲望如此政府发达人民，保护国权，根本不可能。杨度的揭露十分深刻。但他又把清政府的“放任”错误地归咎于“中国人民之放任”。还说什么中国的君主、政府，督抚无一人能负责任，即无一人敢拥权力。人人可自取权力，可惜人民竟不拾取。[①] 完全把“负责任”与“拥权力”混为一谈了。封建官僚皆视权如命，正因他们拥有权力，才敢于“不负责任”，也不允人民有丝毫权力。说人民可以随意取得权力，纯粹无视现实，不啻梦呓。尽管如此，他的立论宗旨还是在于号召人民起来争取权力，扩张民权，以便打倒专制政府，建立立宪的责任政府，仍有其积极的一面。

第二，召开国会。杨度说国会最重要的本质“在于人民参政权”[②]，应当以人民组织，能够代表人民。其职权包括改正宪法及附属法令、上奏、会计监督、制定法律、发布命令、质问、建议、接受请愿、国会内部自治各项，总之，是国家的最高立法机关、监督机关。有了它，就可以“解决一切之政治问题”[③]。

立宪国家的内阁与国会缺一不可，但相较而言，国会更为重要。这是因为有了国会，才能监督政府，使政府负责任。“国会者，改造责任政府之武器也。”[④] 召开国会，是人民的“至急之务”[⑤]。

与其他立宪派人士不同，杨度不是泛讲预备立宪，而是以召开国会号召天下，盖其有所鉴而云然。他看到1906年朝廷不费任何气力便宣布预备立宪，改革官制一无成效，从而认识到“政府宁肯与人民一尺之空文，不肯与人民一寸之实事，人民与之争者，宜与争实事，而不与争空文”。且立宪范围甚广，若事事注意，结果必致一事不办，故必须于诸事中“择其

① 以上引文均见《金铁主义说》，《中国新报》第1—6期。

② 同上。

③ 杨度：《国会与旗人》，第58页。

④ 《金铁主义说》，《中国新报》第1—6期。

⑤ 杨度：《国会与旗人》，第98页。

至重且大者，以专注之力而主张之”，这就是开国会。其事简单，一目了然，“以此唤起国民之政治思想、责望政府要求权利之心，必较为速”。此外，还可以此测验政府“有心立宪与否”，使利禄之徒尽露鬼蜮之形。经过几番努力，其事必成。此事既成，立宪也就自然实现，这是救国的唯一办法。[①] 要不要国会，是真假立宪的试金石，杨度大声疾呼召开国会，确实抓住了立宪最主要的东西。

杨度号召开国会，在内心深处还有一个不便公之于众的原因，此即利用号召开国会与革命派竞争势力。1907 年，他致函梁启超说：“其所以必以国会号召而不可以他者，因社会上人明白者甚少……必其操术简单，而后人人能喻，此‘革命排满’四字所以应于社会程度，而几成为无理由之宗教也。吾辈若欲胜之，则宜放下一切，而专标一义，不仅使其脑筋简单者易知易从，并将使脑筋复杂者去其游思，而专心于此事……以此为宗教，与敌党竞争势力，彼虽欲攻我，亦但能曰办不到，而不能曰不应办也。”[②] 革命派与立宪派同属一个阶级，所抱宗旨相同，唯在政权组织形式和所持手段上有异，二者本应结成同盟军，集结本阶级力量，分别从不同方面发挥各自的作用，共同向清政府进攻。杨度却把号召开国会用以与革命党竞争势力，充分说明其派性严重，一味考虑本派的发展，置整个阶级的利益于不顾，这只能加深两派的分裂，不能促进联合。不过，当时两派人对此问题均未能正确对待，似不应独责杨度。

对于要求召开国会能否实现，杨度是充满信心的。首先，他认为政治革命的对象在政府而不在君主，如果人民发动起来，政府便抵挡不住。且开国会对君主有利，阻力在君主方面极小，比民主立宪要推倒君主易于达到目的。其次，要求开国会所恃之“武力”主要为舆论，其次为兵力，但使举国舆论一致，政府势必投降，万不得已而使用兵力时，由于不革君主，“其兵力亦取警告政府而已矣”[③]，较之民主立宪单纯使用兵力要省力得多。而且民主立宪因其革君主可能招致外国干涉，要求国会则不发生这

---

① 《致〈新民丛报〉记者》。

② 杨度:《致卓如我兄足下书》,《梁启超年谱长编》, 第 398 页。

③ 《金铁主义说》,《中国新报》第 1—6 期。

样的问题。

杨度说国会是“代表人民”的机关，究竟代表哪些人民？这从他的选举主张中可以窥见。他明确地宣称：主张限制选举，反对“人人平等”的普选制，选举权只能给“有身家智识者”，只有他们才有资格入国会、谋国事。大多数“至贫无学”的人民不会监督政府，不配有选举权，他们进入国会只能“害国家”，改造政府后能使他们“自存”，也就问心无愧了。因此，不能为他们争选举权。选举权只能“为全国中一部分人之利益”①。在此，他完全剥夺了绝大多数人民的选举权，而又没有讲清理由，十分武断。他所讲的“有身家智识者”主要指的是资产阶级，也包括地主阶级的知识分子在内。因而其要求的国会首先是资产阶级的国会，而这也就是杨度所代表的阶级的利益，同时也说明他害怕广大劳动人民的阶级偏见。

第三，制定宪法。君主立宪，即制定宪法以限制君主的权力，无宪法就无所谓君主立宪。杨度的着眼点不在宪法的具体内容，而在如何制定出一部“良宪法”，伸张国会的权力。

君主立宪国家的宪法各个不同，杨度认为，英国宪法程度最高，普鲁士次之，日本最低。这种差异的产生，虽是由人民用力之多少或君主让步之多少所致，但更主要的，“全由国会与宪法之关系而异”，即国会的建立与否是宪法程度高下的决定因素。所以，他又认为，中国人民所当注意者，不在宪法之善恶和有无，“惟专心竭力以求国会之早成而已。既有国会，斯不患无宪法；且必有国会，而后能有程度较高之宪法。何以故？必有国会而后国民有提议宪法、承认宪法之机关，始可以国民之意思加入于宪法范围之内，乃可望宪法程度之高也”。中国立宪，关键在于“去君主专制之权，以扩张民权”。因而他颇有把握地说，假使人人都能起来力主开设国会，“日本亦不足虑，直可以成普鲁士”②。

宪法、国会、责任内阁是君主立宪的三个主要标志，杨度准确地抓住了它们。总体来看，他在性质、职权、重要性等方面阐述得大体符合资产阶级的宪政原理，但在具体结合中国国情方面则有正确的一面，也有错误

① 见杨度《国会与旗人》，第66—68页。

② 以上引文均见《金铁主义说》，《中国新报》第1—6期。

的一面，需要具体分析，不可一概而论。

三　鼓吹召开国会

1907 年 1 月，杨度“因国事危迫，举世无一定之方针，欲对国民有所陈说，特组织《中国新报》”①。鉴于清廷的预备立宪毫无实际，杨度在其主编的《中国新报》中，重点鼓吹召开国会。《请开国会之理由书》则集中地反映了杨度和该刊要求速开国会的思想和愿望。《请开国会之理由书》写道，整顿内政，捍御外侮，振纲纪，固国本，只有召开民选的国会。“国会成立，为吾人救国之目的。”并具体阐述了欲整理财政、振兴教育、扩张军备、澄清吏治、保全国权，必须速开国会的理由。②

人民程度不足，几乎成为清政府及一切顽固分子反对召开国会的口头禅。为了破除这一借口，争取国会早开，杨度力驳其非。他指出：人民程度并无一定标准，若以普及教育和遍行地方自治为准，则在中国的专制政体下绝对办不到。无论在何国家，推动社会事业前进的“常在中流社会”，“一国之优秀者常集于中流社会”，“故欲论人民程度者，但宜据中流社会之少数者以立论，而不必及于全国多数之人民”。有国会，人民程度高；无国会，人民程度低。中国人民程度虽不如各立宪国的人民程度，但又超过了其未立宪之时。而且人民程度的提高全在召开国会，参政可增进人民知识，历练能力，欲人民程度提高而又不开国会，就是颠倒是非，以欺国民。再者，政府官员出自人民，若谓人民程度未足，而政府程度已足，决无是理。③ 杨度的驳斥，在一定程度上驱散了笼罩在社会上的迷雾，澄清了人们的模糊认识，促进了请愿国会运动的勃发。

当时，一些人抱有召开国会要依赖政府的心理，还有部分人害怕政府阻挠，怀疑国会能否开成，这些都是召开国会无形的消极的因素。针对这种情况，杨度尖锐指出：召开国会不利于官僚中饱私囊，“欲其赞成不可

---

① 杨度:《哭亡友胡茂如诗并引》,《中国新报》第 7 期。

② 见《中国新报》第 9 期。

③ 以上引文均见《金铁主义说》,《中国新报》第 1—6 期。

得也”[①]。因此，绝不应有依赖政府之心。又指出：不必担心政府阻挠，因为中国政府之能力“惟能为放任”。只要人民发动起来，“其势力已足于左右叱咤声中而促政府之倒矣”[②]。显而易见，他一厢情愿的想法实在过于天真而不切实际了。然而，从另一方面观察，它又富于鼓动性，容易煽起人们要求召开国会的激情。

杨度既然认为政府不足依赖，便把召开国会的希望完全寄托在人民身上。他呼吁“天下贤者”起而组织政党，发动人民进行请愿，积极主动地争取要求。方法可以采取多种形式，或集会演说，或分别运动，或以团体之名义，或以地域之名义，一次不行，继之以再，“总期于一二年间，四方同志云集响应，集于辇毂之下，为帝阍之呼吁”[③]。大造速开国会舆论，极力鼓动人民请愿。

应当指出，杨度虽然号召人民主动要求国会，但他真正依赖的对象并非全体人民。在他看来，全体或大多数人民都要求国会在事实上做不到，也无必要。各国运动皆由“上中社会”的少数人发动，中国开设国会，“乃全国人民共同之利益”，假如上中社会主张召开，其他人必定赞成。对上中社会以外之人应当团结，以扩张势力，但领导运动的不是他们。他相信，在四亿人中，如“有数十百万人为一致之行动，必已能收效果”[④]。

为了促使召开国会见诸实际，杨度按照自己的理论和设想，于1907年在东京创设了宪政讲习会，为将来组织政党、发动人民预作准备。该会成立不久，就发表《中国宪政讲习会意见书》，大声疾呼：现在政府已使祖国处于“灭亡实行之中”，如欲中国存在，“非改造责任政府不可；欲改造责任政府，则非设民选议院不可”。同时指出，政府过于“腐败放弃”，国民已对之绝望。担负国事，参与政权，是公民的天职。“有强迫政府立宪之国民，无自行立宪之政府。”“故我国民决不可守消极之态度，而立于受动之地位，坐待他人之以政权授我也。”[⑤] 猛然地抨击了清政府，肯定了参

---

① 同上。

② 杨度：《〈中国新报〉叙》，《中国新报》第1期。

③ 《请开国会之理由书》，《中国新报》第9期。

④ 以上引文均见《金铁主义说》，《中国新报》第1—6期。

⑤ 载《神州日报》1907年7月18—19日。

政权是公民应有的权利，号召人民为获得政治权利而奋斗。

杨度不仅宣传鼓动要求召开国会，而且身体力行，首先派人上书清政府，呈请召开国会。1907 年 10 月 5 日，熊范舆、沈钧儒、恒钧、雷光宇就是作为宪政讲习会公举的代表，由日本至北京都察院呈请速设民选议院的。熊范舆等在呈中声称："国家不可以孤立，政治不可以独裁，孤立者国必亡，独裁者民必乱"。接着论述了速开国会的六大好处：第一，可去放弃因循之弊，责任政府立成；第二，可避免政策分歧，收行政统一之效；第三，可监督财政，杜绝中饱，使人民无怨谤抗拒之事；第四，可使三权分立的政治制度早日确立；第五，可启发人民的国家思想，增益人民的政治能力，共图国家大计；第六，可使各族人民权利义务均平，融化种族猜疑。继之批驳了几种阻碍召开国会的说法，要求朝廷于一二年内即行开设民选议院。[①] 此呈由于当权人物的极力反对而未产生实际效果，但它却首开我国民间请愿召开国会的先例。

同年冬，杨度在湖南居丧期间，仍然发动人民进行国会请愿。他与杨德邻等邀集湘中名绅谭延闿、寥名缙、龙绂瑞等人在长沙成立了宪政讲习会湖南支部，旋改名湖南宪政公会。继之他起草了一份《湖南全体人民民选议院请愿书》，由湖南教育总会会长刘人熙、商务总会总理陈文玮领衔，于 1908 年 3 月呈请都察院代奏。杨度列名其中。呈文针对 12 月 24 日清廷所发上谕，分完备法律、人民知应尽义务、国民程度高下、人民干预政治、民气嚣然、各省谘议局讨论通省利病几个问题，逐层予以论驳，再次批判了几种不能速开国会的观点，要求朝廷明示天下，于一两年内定期召集国会。[②]

1908 年 3 月，杨度入京，成立宪政公会本部，任常务员长。此会得到军机大臣袁世凯的支持，势力颇为雄厚。成立伊始，它即"议请开国会"[③]。同时发表公启，宣言：世界各国，"无不以确定宪法、伸张民权为立国之要素。今吾国万万同胞阉然蜷伏于专制政体之下，生命财产仅假手

---

① 见故宫博物院明清档案部编《清末筹备立宪档案史料》下册，中华书局 1979 年版，第 609—617 页。

② 见《现世史》1908 年第 1—2 期。

③ 郭敬安编：《哑莽先生年谱》，1918 年版，第 10 页。

于政府一二权要，以为献媚外人之具”。“恢复国民正当之权利，破除古来专制之积弊，避流血暴动之惨祸，谋和平改革之要全，此吾党同志毕生之责任也。”① 竭力争取国民参政权利，谋求速开国会。

杨度通过各种方式鼓动速开国会，并以国会的召开为枢机达到真正君主立宪的目的。在宣传鼓动中，他以犀利的笔锋揭露了清政府的黑暗腐朽，批驳了封建官僚拒不速开国会的谬论；断言独裁必亡，立宪必兴，强烈要求改变封建专制制度，建立三权分立的资产阶级君主立宪制度；肯定参与政权是国民的天职，号召国民主动争取。凡此都闪耀着资产阶级民主思想的光辉，表现了封建统治末期以民党自任的杨度在政治上积极进取的精神。他的言论在客观上打击了清政府的威信，提高了人民的民主主义觉悟，鼓舞着人民为反对封建专制统治而斗争。虽然其君主立宪的主张与革命派的民主立宪有别，但其建立资产阶级民主国家的根本宗旨与革命派并无二致。同时，他以合法的身份大肆活动，广造舆论，又是处于秘密状态的革命派所难以完全做到的。因此，在此期间，他所起的作用主导方面是积极的，尽管其主观上也有抵制革命的消极意图。他呐喊御侮救亡，更表明他是一个笃诚热心的爱国主义者。

此时的国内各立宪团体和立宪派人士，由于清廷宣布仿行宪政不久，一般都在着手组织宣讲所，做些立宪的启蒙工作，尚未考虑速开国会的问题。杨度组织发动各界人士上书请愿速开国会，“首为国民发未申之意”②，实属中国历史上一大创举。它在国内产生了重大影响，1908 年立宪派发动的各省国会请愿和 1910 年四次更大规模的群众性的国会请愿运动，均以杨度 1907 年组织的请愿活动为嚆矢，其意义尤不可低估。

四　由民党领袖变为御用官僚

1908 年 4 月 20 日，经军机大臣袁世凯和张之洞推荐，杨度获候补四品京堂衔，在宪政编查馆行走，后任参议。从此杨度厕身官场，成为起草

① 《宪政公会启》，《神州日报》1908 年 3 月 21 日。

② 孟森：《宪政篇》，《东方杂志》第五年第七期。

有关宪政法令章程的主干人物之一。

杨度身为立宪派和宪政公会首领而被政府大加擢用，颇引起社会舆论的重视。人们对杨亦期望甚殷，《盛京时报》为此专发社论说："今杨度奉旨以四品京堂在宪政馆行走，则必能出其所学，以编成中国之完全宪法，而为实行立宪之预备。若徒以之为要结权贵、导引功名之具，则吾人不为杨度取，而抑亦不为中国取也。……上无负国家擢用之心，下无负人士希望之意，而天下当更争自濯磨而竞争于党派，则杨度其有责欤。"[①]

在进入宪政编查馆的最初三四个月，杨度确也保持着民党领袖时期的本色，"竭力以国会利益陈说于诸公之间"[②]，"在京运动甚力"[③]。6月8日，军机大臣和宪政编查馆有关人员讨论召开国会的利弊，杨度在会上激昂慷慨、侃侃辩论，对国民程度谈得特别透彻。末后声言："某此来以开国会为目的"[④]，"政府如不允开设民选议院，则不能为利禄羁縻，仍当出京运动各省人民，专办要求开设民选议院之事，生死祸福皆所不计，即以此拿交法部，仍当主张到底"[⑤]。颇有坚持真理，鄙薄利禄的正义气节。同月下旬，他在天津法政学堂发表演说，仍以请愿国会为鼓吹主题，号召全国之热心志士连续要求国会，不达目的不止。[⑥]仍然保持着同政府斗争、绝不妥协的气质。7月，国会期成会在上海成立，宪政公会为发起团体之一。这说明杨度在国会请愿问题上还在坚持前进而不却步。

然而，曾几何时，杨度的态度却发生了重大变化。请看下列事实。

1908年8月，就在宪政公会参与发起国会期成会的下一个月，各省国会请愿代表相继至京上书。对于此次请愿，张之洞与首领军机大臣奕劻均持极端反对态度，袁世凯则阳为赞成，阴实阻之。杨度表面上欢迎请愿代表，然而"又以运动过激，恐生阻力，吹散继起者"[⑦]。人民尚未发动起来

---

① 《论杨度以党魁入政府》，《盛京时报》光绪三十四年四月一日。

② 《宪政篇》，《东方杂志》第五年第七期。

③ 《杨皙子之论国民程度》，《现世史》1908年第4期。

④ 同上。

⑤ 《神州日报》1908年6月16日。

⑥ 《杨度演说复求开设国会文》，《现世史》1908年第2—3期。

⑦ 孟森：《宪政篇》，《东方杂志》第五年第八期。

的时候，他是何等急切地盼望人民立即行动，而当人民初步发动起来，并且仅仅是很少一部分人时，他不仅感到“过激”，而且“吹散”继起的请愿者，表现得极其软弱与胆怯，充当了一个很不光彩的角色，引起立宪派的讥评。

如果说杨度此次态度的转变还不十分明显的话，那么，同年8月27日的上谕发布后，便发生了根本变化。这次请愿没有达到速开国会的目的，却迫使清廷颁发了召开国会以九年为期的上谕，使无期限的预备立宪有了一定年限，同时公布了《宪法大纲》《议院法要领》《选举法要领》和《逐年筹备事宜清单》。立宪派认为九年期限过长，表示非常不满，有人怀疑《逐年筹备事宜清单》系杨度起草，对之进行攻击。杨度自知“未能见谅于人”，乃以常务员长的身份公开发表《布告宪政公会文》，除了叹息形势更加危急，说明他对《逐年筹备事宜清单》“未尝参与一字”，其三年召开国会的意见未蒙政府采纳外，又写道：“今欲更有所谋，以求进步，则上而谕旨惶惶，岂宜违反，下而人民实力，亦未易言。且谘议局、资政院、地方自治等皆国民议政之机关，使国民实力奉行，未始不能监察行政。”朝廷对于立宪绝无“宁迟勿速”之心，吾党“此时但宜捧场谕旨，引导人民恪遵分年预备之单，而为确立基础之法”。“以君主大权制钦定宪法，实于今日中国国势办理最宜。”因为从当时各方面的情况看，中国都应“以宪法为君权之保障”。“君民权限偏轻偏重，非此时国事之所急，人民不宜于此过争也。”①

由此看出，第一，杨度对清政府的态度有了明显变化。在此之前，他竭力主张反对清政府，立场极其鲜明，1907年曾致函梁启超说：“弟以为国会未成立之先，国民实无服从此等政府之义务，虽一切反对之，不足为激。且我辈既为民党，则但有号召国民从我以反对政府，不能立于裁判政府与国民之地位，为公平之议论。”② 现在国会仍然未开，他却公然违背了自己的约言，赞扬“政府公忠”，甚且为政府辩护，批评同党猜疑政府，

① 《宪政公会常务员长杨度布告宪政公会文》，见甘厚慈编《北洋公牍类纂续编》卷二，1910年版，第28—29页。

② 《致卓如我兄足下书》，《梁启超年谱长编》，第403页。

妄发空言，忘却天下大计。第二，主张速开国会的态度有了明显的变化。过去他急切地希望国会能在一两年内召开，并为此奔波不遗余力，指责政府搞的谘议局、资政院文件俱失立宪真意。现在，他虽对九年期限并不满足，但也对由“空言预备”变成“实行预备”感到差强人意；对惶惶谕旨不敢违反：对谘议局、资政院也认为“未始不能监察行政”了。因此他号召同党一定要“捧场谕旨，引导人民恪遵分年预备之单”，不得再提其他要求。也就是说，他已从主张速开国会倒退到拥护九年召开国会和政府所采取的立宪措施。第三，对宪法的态度有了明显变化。在《宪政讲习会意见书》等文中他特别强调：“夫宪法之结果，以国民之血争来者则有效，以政府之墨草就者则无功……本会同志有鉴于此，誓天泣血，奋励无前，实愿与薄海同胞互相提挈，以一腔之热血，为宪政之先驱。”现在他既不号召力争速开国会，也不号召甘洒热血为伸张民权的宪法而奋斗了。说什么应使君权“稍尊”，人民不应过争民权，宁愿承认“以政府之墨草就”的钦定宪法。宪法规定国家的性质和人民的权利，要建立资产阶级民主国家，人民必须力争制宪权，以便削夺君权，保障民权。杨度则反之。这样的立宪只能是假立宪，人民要它何用？总之，《布告文》说明，自 8 月 27 日上谕发布后，杨度的政治立场来了个一百八十度的大转弯，已由民党的领袖变为清政府筹备宪政的御用官僚，由反对清政府的急先锋变为清政府的辩护士，由追求资产阶级的真君主立宪变为拥护清政府的假立宪。虽然他声称系从全局和长远利益考虑，但不过是自欺欺人而已。他遭到立宪派人士的鄙弃和革命派的攻击是理所当然的。

1908 年 11 月中旬，光绪皇帝和慈禧太后相继病逝，宣统继位，载沣以摄政王的名义当政，谣言四起。杨度为“谋秩序之维持”，马上发表《与各地宪政公会会员书》，进行辟谣，并公然大言不惭地要“全国国民恪遵屡次谕旨”行事[①]，企图博取清政府的青睐。

1909 年初，载沣将与其有矛盾的军机大臣袁世凯开缺。杨度失去后台，形影孤立，为了自保，愈益投靠清政府，主动献媚取宠。7 月 24 日，

---

① 见北京《顺天时报》1908 年 12 月 15—26 日。

他向朝廷上了一个《宪政实行宜定宗旨敬陈管见折》[①]，此折虽被留中，但它却证明杨度在政治上越发丧失民党领袖的气味，浑身焕发出清政府谋士的腐臭。折中谈了三个问题，试加分别剖析。

杨度谈的第一个问题为“君民之关系宜定”。奏折在重申了“非以君主大权成钦定宪法不可”后，进而说：朝廷把《宪法大纲》作为将来编纂宪法及其他法典的准则，“是九年之后君民关系实已预定于此时矣”，“此实世界所无之创举，而我先朝至善之贻谋”。但朝廷未把它作为九年筹备期中的“上下共守之据”。而此时君民权限未定，“上欲防范而下欲侵凌，即无往而非冲突”。加之“列强环立，伺机而动；不逞之徒又复持满汉之说，以为挑拨君民之具”，“危亡之机，莫此为甚”。因此，不仅应把《宪法大纲》作为九年后之准则，而且应以它“定九年中之范围”，让“上下共守，不可逾越”，如此则“不仅九年中可以维持秩序。即九年后宪法之能出于钦定，与钦定宪法所定权限之能合此大纲，亦皆较有把握，实于皇室安危关系至重，诚根本之大计也”。

众所周知，《宪法大纲》规定的“君上大权”囊括了立法、行政、司法及其他一切大权，议院不得干预，毫无实权，什么民主也没有，“臣民权利”又被约束在法律范围之内，绝无民权可言，只有纳税、当兵诸义务。如此之大纲，正如奕劻所说，是一个“巩固君权”[②] 的大纲，即封建专制主义性质的宪法大纲。过去，杨度屡次强调君主不负责任，讥笑中国如抄袭日本宪法，定为“君主万世一系”，定会成为“世界一大笑柄”[③]，认定中国立宪只能“扩张民权而定君民权限之关系”。现在他一反前论，承认“君主万世一系”，极力赞扬“君上大权”，并主动为清政府出谋划策，请以“君上大权”作为确立预备立宪期间和以后正式宪法中君民关系的准则。不论其主观动机如何，这样做的结果，只能起到压制人民反对专制、争取民主宪法和人民权利斗争的坏作用，使人民蜷伏于封建统治之下。与其他继续前进的立宪派人士比较，杨度在政治上愈益显得堕落了。

---

① 全折载《厘定官制参考折件汇存》。

② 《清末筹备立宪档案史料》下册，第56页。

③ 《金铁主义说》，《中国新报》第1　6期。

杨度讲的第二个问题为“行政立法之关系宜定”。他说，资政院为议院之基础，在正式国会成立前，资政院不知“向谁接触”，此时应暂定一种官制，“使可为内阁基础”，而与资政院“对立”，以便将来实行行政、立法分立。使行政、立法分立是无可非议的。然而他已不是站在民党的行列，为速开国会、建立责任内阁、反对封建专制制度而斗争，而是投入清政府的怀抱，循着清政府安排的轨道，向着歧路行进了。

杨度讲的第三个问题为“中央地方之关系宜定”。他说，在官员中，权限最大者莫如督抚，长此不改，不可为治。因而他奏请“渐裁督抚”，尽裁道府，在中央与厅州县之间，以布政使为各省行政首长，隶于内阁，为内阁之委任机关。谘议局为议会之委任机关，权限与布政使相当，但各省不必相同。在已裁督抚之省，“其立法、预算等事皆可归于中央，行政、立法之权，双方并削”，实行中央集权。中央集权与地方分权在各立宪国家均有实行者，利弊互见。如果杨度就立宪后而论，倒也不失为一种可供参考的办法。可是，他是在清政府实行封建专制的情况下提出的，在客观上除有利于清王朝的封建统治外，没有其他任何进步意义。

杨度之所以在进入宪政编查馆以后不久即倒向清政府一边，主要是其社会地位发生变化的缘故。在此之前，尽管他在国内薄有声名，但毕竟仅有一个候选郎中的空头衔，且处于在野的地位。民族资产阶级参政的迫切愿望，外患的侵逼，清廷的腐朽，加之清廷宣布仿行立宪为其合法活动提供了某种条件，所以他不担心失去什么东西，有勇气代表民族资产阶级发言，无所顾忌地提出本阶级的政治要求，大肆攻击清政府。进入宪政编查馆以后，他成了清政府中的四品大员，并担当起参与筹备宪政的重任，这是一个普通官员在短期内无法企望的，而他一回国便轻而易举地获得了。地位的骤升引起思想的突变，同时也使他感激清廷以及袁世凯、张之洞等人的知遇之恩。为了保持禄位，继续升迁，他只能跟着清政府的指挥棒转。否则，已经获得的一切便会化为乌有。利禄名位像一副沉重的枷锁套在他身上，使他忘却了民族资产阶级的政治要求，丧失了在野时所具有的勇气和精神，成为清政府的御用官僚。

杨度政治立场的转变还表现在对粤汉铁路问题前后所持的不同态度上。在 1904 年力争粤汉铁路废约自办的运动中，杨度是一名极其活跃的积极分子，次年还写了《粤汉铁路议》出版，由此声名鹊起。他坚决主张，废约后的铁路公司“宜为商立公司而不宜为官立公司”。因为中国无议会监督政府及官吏，若立官公司，官吏“必惟以此为升官发财之地位，而置铁路为第二事”，肯定“侵蚀亏累”，最后“仍终归于外人”。新公司“宜由股东公推总理，而不宜由政府简放督办”。在股本中，“以商股为正，而以官股为副”[①]。他的呼喊反映了民族资产阶级的愿望和要求。但至1910年2月，广东、湖南、湖北三省人民开展力拒外债、铁路商办斗争的时候，杨度却同三省人民大唱反调，上书邮传部，主张官商合办和借外债了。[②]湖南人民因其前后言论相违，判若两人，破坏商办，主借外债，不帮人民说话，而为清政府着想，视其为公敌，大张挞伐，且准备对之进行严厉惩罚。杨度的声誉更加一落千丈。

1910年10月，资政院召开第一次常年会。立宪派掀起了第三次国会请愿高潮，上书资政院，要求一年内即开国会，各省督抚亦联电奏请，呼声遍及全国各地，震动朝野。10年26日，资政院将速开国会议案上奏。清廷不得已于11月4日宣布于宣统五年召开国会，比原定期限提前三年。同日，杨度上折奏请“国会宜赶速开设，比救阽危，不必待至宣统五年始行召集”[③]。杨度作为政府特派员一直列席资政院会议，对于议员要求速开国会的激昂情绪和全国人民的强烈呼声了如指掌，如其真正要求速开国会，尽可在资政院通过速开国会议案和督抚两次联衔电奏之前或同时上奏，更可利用政府一员的身份游说于王公大臣之间，以促国会速开。他却不然，而是在10月底朝廷拟于宣统五年召开国会的传言尽人皆知，特别是11月3日载沣召开御前会议，一切决定之后，才上折奏请。显然，这是无济于事的。此奏不过是其在不可抗拒的潮流下故意做出的一种姿态，表明自己在背离立宪派的道路上走得还不是太远，借以减少一些各方面的恶感罢了，并不反映其真实思想。

1910年12月下旬，杨度上折奏请赦用梁启超回国，效力宪政，并用

---

① 杨度:《粤汉铁路议》，1905年版，第84—86、103—105页。

② 见《东方杂志》第七年第四期。

③ 《时报》1910年11月6日。

自己的脑袋担保。[①] 杨度留学日本时，梁启超在康有为面前对杨度推崇备至，但二人分头组党后，杨的宪政公会就不断与梁的政闻社闹摩擦，竭力加以排斥。[②] 至 1910 年 12 月，杨还是最忌康、梁的一人[③]。因此，对杨奏请赦用梁的动因，比较难以准确地判断。不过，这一行动是同国会请愿同志会要求开释党禁以及资政院通过赦用国事犯人员议案是保持一致的。

1911 年 5 月，以奕劻为总理大臣的皇族内阁成立，清廷的假立宪暴露无遗。立宪派群起而攻之，大都对清廷绝望，不少人暗自另谋出路。而杨度却于 6 月就任了清内阁的统计局局长。这说明他同国内立宪派的距离越来越远，甚至逆行而进了。

同年 10 月 10 日，辛亥革命爆发。摄政王载沣被迫于 10 月 14 日任命袁世凯为湖广总督，督办剿抚事宜。杨度自袁开缺后一直与其保持着密切联系，希冀袁东山再起。现闻授袁新职，急于当日南下河南彰德洹上村谒袁，对袁说清朝已经没有希望，即使将革命党平定，亦不会有所改变，劝袁不要应命。[④] 袁世凯因官小权轻，也未出山。起义烽火遍地，各省相继光复，载沣被迫再行让步，11 月 1 日又授袁为内阁总理大臣。11 月 16 日，袁世凯在京组阁，任杨度为学部副大臣，杨辞不就。袁世凯出山的目的在于窃夺国家最高权力，故一开始就准备夺取清室政权，同时要求与革命党人进行和平谈判，诱迫革命党人就范。为配合袁的反革命策略，在袁进京的第三天，即 11 月 15 日，杨度就伙同一出狱就成为袁世凯爪牙的同盟会会员汪精卫共同发起国事共济会，要求南北停战，召开国民会议解决君主、民主国体，“无论所决如何，君主、民主两党皆有服从之义务”[⑤]。接着，他又陈请资政院和内阁代奏此意，向清廷施加压力（均未代奏）。12 月 1 日，南方独立各省代表同意与袁世凯和谈。5 日，杨度与汪精卫宣布将国事共济会解散。7 日，袁世凯即委杨度为参赞随和谈总代表唐绍仪南下。杨度一到南方，即利用各种关系，制造南方应与袁世凯妥协的空气，

---

① 《时报》1911 年 1 月 15 日。

② 见《梁启超年谱长编》，第 430、436、443、461 页。

③ 同上书，第 523 页。

④ 王锡彤：《辛亥纪事》，《辛亥革命资料》，第 517 页。

⑤ 《经纬报》1911 年 11 月 18 日。

散布有利于袁的舆论。经过多次谈判，革命党人同意只要袁世凯推翻清室，便举其为大总统。1912 年 1 月中旬袁世凯得知总统有把握到手，开始进行逼宫。一些反动顽固王公亲贵极力破坏阻挠共和的实现，并组织宗社党和所谓立宪团体企图保全君主，作垂死挣扎。袁世凯对此不能容忍，施展种种手段逼迫清帝退位。与此同时，杨度也抛弃了君主立宪的旗号，网罗旧日一批同党于 1 月 25 日召开发起共和促进会大会，次日发表宣言书，痛斥王公亲贵及顽固分子“反对共和”，“以皇室为孤注”，“安心亡国”。宣称为了“求内部之统一，免外人之割裂”，只能实行共和[①]杨度由君主立宪一变而为民主共和，固因大势所趋，人心所向，难以违背，有其适应革命形势的一面；而更主要的，则是其配合袁世凯搞逼宫活动，为袁世凯窃取全国政权效劳。1 月 26 日晚，革命党人彭家珍将宗社党头子良弼炸伤，王公亲贵丧胆，不敢再行阻挠。2 月，清帝宣布退位，袁世凯终于当上民国的临时大总统，实现了窃国的夙愿。

综观杨度在清王朝最后存在的六七年内的言行，大致可以做如此评价：1908 年 4 月进入宪政编查馆前，他具有强烈的爱国主义思想，是一个出色的资产阶级君主立宪制度宣传鼓动家、民党领袖，是号召速开国会并首先发动人民上书请愿国会的急先锋和干将，对反对封建专制制度和提高人民民主觉悟均有促进作用，值得肯定。进入宪政编查馆以后，他很快脱离民党阵营，迷恋高官厚禄，站在清政府一边，成为清政府的御用官僚，妄图引导人民进入清政府假立宪真专制的轨道，辛亥革命爆发后又按照袁世凯的意旨行事，为袁世凯篡权窃国效劳，应予否定。

---

① 《中报》1912 年 2 月 5 日。

轮船的引进与中国近代化*

聂宝璋

长期以来在中国近代史研究中，论证外国资本主义侵略性质的较多，谈外来侵略对中国封建经济体制的作用与影响的较少，谈外来侵略势力入侵以后封建势力对中国近代化进程的阻碍作用更少。单单揭露侵略活动、论证侵略性质是比较简单的。如果联系到中国封建经济结构深入研究侵略势力的作用与影响，阐明中国近代化曲折进程的特点，问题要复杂得多。本文仅就轮船的引进及外商在华轮运势力扩张所起的作用与影响进行一些具体分析。

一

在中国最早引进机器的行业就是航运业。早在 1822 年西方商人就着手向中国引进轮船了。这一年，东印度公司的职员罗巴茨（Robarts）曾把一艘小轮的零备件运抵广州，准备组装轮船，后因病未果。七年以后，即 1829 年，麦金托士洋行的小轮“福士号”（Forbes）第一次在中国领水出现①，接着于 1835 年又有怡和洋行以其行东名字命名的“渣甸号”（Jar-

---

* 本文原载《近代史研究》1988 年第 2 期。

① 哈维兰：《早期中国香港及珠江的轮船运输》，《美国海事》（*American Neptune*）卷 22 第 1 期，第 5—6 页。

dine）一度在澳门地区航行。不过瞬息即逝，都没有站稳脚跟。①

鸦片战争以后，情况明显不同。华南沿海一带外商小轮迅速增加，活动范围逐步由省港地区向福建以及上海扩大。1847 年已然出现专业航运企业——省港小轮公司（Hongkong and Canton Steam Packet Co.）。特别是第二次鸦片战争以后，随着侵略者特权的扩大，外商在华轮运势力以前所未有的速度急骤扩张起来。不含远洋航线的轮船公司，仅仅经营中国江海航线的航运企业就有旗昌、德忌利士（后改组为道格拉斯）、公正、省港澳、北清、太古、华海、杨子、怡和等轮船公司先后创办起来。这些公司资力雄厚，在各口岸遍设分支，同时拥有各自的码头、仓栈与保险行号，俨然形成相当完整的外商轮船运输体系。19 世纪 60 年代，通过激烈的竞争，几年之间就在中国江海航线建立了垄断地位。据统计，各个通商口岸进出外船吨位自 1864 年的 660 余万吨增至 1894 年的将近 3000 万吨。三十年间增长几达四倍半。②

外商在华轮运势力的扩张何以如是迅猛？概括起来，不外以下两点。

1. 轮船的优越性能与资本主义的经营管理

“交通运输业的变革，是夺取外国市场的武器”③，在资本主义国家争夺殖民地、扩大海外市场的竞争中，轮船的工艺技术也在不断改进。

早期的轮船，特别是远程航线的轮船由于机动性能低下，往往机帆并用。轮船装设的船帆几乎和帆船一样多。不少轮船的船型都类似于三桅帆船。但到 19 世纪 50 年代初期铁制螺旋桨即已确定了海洋上公认的地位，基本上完成了“以铁代木造船”及“以螺旋桨代替明轮作为蒸汽推动的装置”两个平行的过程。④ 这个时期，轮船的工艺技术还有一个耗煤量的问题有待解决。直到 1861 年轮船发动机每匹马力每小时耗煤尚达四磅。这样的煤耗量，使远程航行的轮船也只能“机帆并用”，风帆仍然具有经济价值。

---

① 聂宝璋：《中国近代航运史资料》第一辑，第 35—36 页（以下简称《航运史资料》）。

② Hsiao Liang-lin, *China's Foreign Trade Statistics*, 1864 - 1949，《中国国际贸易统计手册》，第 259 页。

③ 《马克思恩格斯全集》卷 23，第 494 页。

④ 克拉克：《飞剪船时代，1843—1569》，第 312—314 页。

然而，进入 60 年代，在航运业的竞争中蒸汽机的性能迅速提高，使耗煤量很快降至 2.5 磅。[①] 外国在华轮运势力就是在这些轮船工艺技术不断改进的背景下迅速扩张的。继大英轮船公司之后，法兰西火轮船公司、英国蓝烟筒轮船公司、美国太平洋轮船公司（万昌）接踵而至。1862 年开辟中国航线的法兰西，某轮船吨位比大英更大，运价更低，设备也更完善[②]，从而使大英“作为邮件承运者在过去所拥有的那种垄断地位”终于完结了。[③] 几年之后，万昌轮公司又以“轮船十分考究”而成为这两家的“劲敌”[④]。

当然，在竞争日趋激烈的远洋航线上，无论是在为增加速率而改进动力功能、扩大容量增加运载能力、革新船质以提高安全系数等各个方面都是与经济效益分不开的。二者彼此促进、相互作用。没有一定的经济效益，运输业务就难以展开，在竞争中就会失去生存的余地。但是在中国，情况则有所不同，即使是西方濒临淘汰的落后轮只，依然具有经营价值。这是因为长江开放之初，太平天国战争中的木船运输基本停顿，大量货物积压待运，因之货运每吨运价高达 20 两，远远超过远洋线轮船货运口价水平。从这个时候起，上海洋行商人便纷纷引进大都是过时的，甚至是一些“作为堆栈船只使用的”旧轮船。这些轮船绝大部分仍然是木质，其中美制江轮由于船面便于货物装卸，而河水浅路段便于掉转，仍然是这支老旧船队中的“翘楚”[⑤]。即便如此，这些轮船仍能赚取高额利润，上海汉口间“往返一次即足敷成本”。这是长江初开、轮船引进初期阶段“不完全的竞争”状态下的特殊情况。这种情况并没有维持多久，美式江轮的“优势”也只存在十年光景。1872 年，英商太古在竞争中引进了“快速敏捷、装卸简易、航行与保管均省的一队铁制内河轮船”[⑥]，使旧式木质轮船由于笨重脆弱的船体结构而处于被

① 海德:《蓝烟筒，1865—1914》，第 16—17、27、29 页。

② 《北华捷报》，(*North China Herald*，以下简称《捷报》)，1862 年，第 6、28、102 页。

③ 艾德:《香港史》，(E. J. Eitel，*The History of Hongkong*)，1895 年，第 389 页。

④ 《海关贸易报告》(Trade Report)，1866 年，第 11—12 页。

⑤ 《航运史资料》第一辑，第 262、440 页。

⑥ 同上书，第 342 页。

淘汰的境遇之中，美商船运势力的垄断地位随后也为英商所取代。

不管怎样，轮船的优越性能还是相当充分地体现出来。首先是快速准时。在木船往返至少需时四五天的沪苏之间，轮船只需24小时。其次，较之木船，轮船又不只快速，而且货载容量大，并“绝少风涛之险”。早曾有人估算，在长江航线上一艘轮船所发挥的效能至少可以抵得上15条木船。①

重要的是轮船的快速性能在资本主义经济发展中的作用。对船主来说，船速的提高，可以“缩短航运业投资的周转时间”②，因而有可能不断提高造船技术与蒸汽机功能，进而扩大航运业投资以追求利润。对利用轮船的货运主来说，轮船的快速性能，又意味着经营资金周转的加快、周期的缩短，其结果必然导致贸易与货运额的加大，“蒸汽创造商业”一语的含义或许就在这里。当时的英国领事曾经描述说：轮船的快速性能使“时间即金钱”这一平淡无奇的谚语变成为动听的辞藻。③ 在洋行势力的扩张中轮船的作用是显而易见的。19世纪60年代末期，当上海洋行商人的轮船控制了上海汉口一线的船运贸易之后，又准备以轮船征服汉口至重庆的航线。但那里险滩林立，每吨货运价高达15—18两，传统的木船运输需时四五十天。1873年，上海就已发出行驶轮船“设法以五日由汉达川说”的呼声。④ 具有优越性能的轮船在这里显然是外商扩张势力的工具。

同时应该看到，外商引进的轮船所以能发挥作用，与其经营方式是分不开的。在引进轮船的同时，又引进一套资本主义的企业管理方法。它集中地体现在外商轮船企业的规章制度中。例如旗昌的《组织章程》，对船长及码头管理员的分工与职责都设置专门条款，周密而详尽地规定了行船及货运的全过程各自所负的责任。职责与权限上严格细腻的规定，无疑是公司业务正常运行的保证。需要指出的是，外商轮船企业由创办到发展的关键在于适应封建社会商业特点的、行之有效的经营政策与一系列具体措施。主要是资金的筹集与货运的招徕。仍以旗昌为例，在资金的筹集上，

① 格里芬：《飞剪船与领事》，(E. Griffin, *Clippers and Consuls*, 1840 - 1860)，第308页。

② 《马克思恩格斯全集》卷24，第262页。

③ 《英国领事报告》(British Consuls Report)，1865年，第140—141页。

④ 《申报》同治十二年(1873)十一月二十九日。

旗昌成功地诱招大量华商资本。而华商股东往往同时又是旗昌货运主。不仅如此，为了笼络华商货运主、扩大货运量，旗昌行东还特意选择临近华商地段兴建码头仓栈。利用仓栈者“十日之内、不取栈租，六日之内、保险无虞”[①]。华商货主在获得运费 1% 的现金回扣的同时，还享有信用上通融的方便：“指物借款”或是“先运后付”。这就能使资金不足的华商照样可以向旗昌托运。[②]

外商轮船经营的另一个重要方面是对买办的利用。外轮公司选雇买办的标准之一是招徕华商货运的能力。太古轮船公司竟以买办职位作为鼓励货运的手段，“货多者准其荐一买办，货至多者缺至优，以此羁縻，使其奋勉，为我招徕”[③]。据说太古的坐舱（买办）“均为货多之揽载行所荐，如不能胜任，即嘱换别人，所以多乐为招徕生意”[④]。

向外商轮船托运的华商货主不仅可以享受上述种种“优待”，还可以享受货运的“全程服务”。这就是说，在轮船所至各口上下货物及远途转驳皆由轮船公司代理。[⑤] 在这方面最为“周到”的要数旗昌了。连它的竞争对手琼记洋行的老板都承认：“他们在向中国货主提供各种优惠条件和便利措施方面是一路领先的，而我们只要一查明他们的办法，就不得不效法他们。”[⑥]

这些以股份公司形式筹集巨额资金创办起来的轮船公司，除采取上述种种扩大货源措施外，人们还能看到在企业管理中的一项“经常性的经营原则”：紧缩开支。旗昌就是比较突出的一个。这家公司创办以后，就一方面把资力主要投注于增添轮船与设备上。在其 100 万两开创资本中，投放于轮船者 71 万两，码头等不动产约占 20 万两。[⑦] 这两项投资即占资本

---

① 《上海新报》同治二年（1863）五月初一日。

② 刘广京：《英美在华轮运业的竞争》（K. C. Liw, *Anglo-Americal Stcamship Rivalry in China, 1862－1871*），第 179 页。

③ 郑观应：《盛世危言》卷三，第 14 页。

④ 《洋务运动》卷六，第 122 页。

⑤ 《上海新报》同治二年（1863）九月二十二日。

⑥ 刘广京：《英美在华轮运业的竞争》（K. C. Liw, *Anglo-Americal Stcamship Rivalry in China, 1862－1871*），第 44 页。

⑦ 同上。

总额的91%。这是后来“被证实了的旗昌轮船公司最引人的一个特点”①。否则就不足以扩大货运量，增加利润，然后再从利润提存准备金，进而把盈利转化为资本。1872年，其资本已达225万两。另一方面则“在力图增加利润的同时”，特别强调“降低营业开支”。这使它在管理费、船只码头维修及煤炭节约等方面都取得明显效果。在它的历年资产负债表上不难看出船吨、货运量等不断增加，而总开支却持续下降的趋势。② 据统计，1867—1872年处于巅峰状态的旗昌，利润总额达465万两，利润率在29%—64%，总资产额由196余万两增至332余万两。③

总之，轮船在中国出现、第二次鸦片战争以后的迅速发展，不能不对中国社会经济以及思想文化领域产生深远的影响。作为先进的水上运输工具的轮船及其经营管理方式被引进中国，对中国封建社会的冲击，既有破坏性，也有促进性。

2. 外商轮运势力扩张的基础是特权

轮船的引进及外商轮运势力扩张的过程，就是中国领水主权丧失的过程。第一次鸦片战争以后，作为主权国家不容侵犯的航权与土货贩运权都逐渐变成在华洋行商人所享有的“约款外特权”。直到第二次鸦片战争后的1861年英国侵略者都承认“欧洲国际惯例没有承认（土货贩运）这种权利的”④。事实上，在走私贩毒、海盗护航等暴力掠夺猖獗的年代里，外国商人已经是“毫不拘束地在他们愿意去的地方，用他们所愿用的方法进行贸易”⑤。他们的船只活动同样一无限制。贩毒船只可以深入“偏僻的港汊”⑥，以“护航”为名的船只又往往随处湾泊停靠。外船的非法贩运土货的活动就是这样广泛展开的。早在第二次鸦片战争以前，外商轮船或是承

---

① 洛克伍德等：《琼记洋行》（S. C. Lockwood，Augustine，Heard & Co.：*Americal Merchant in China on the Eve of the Opeaning of the yangtze，1858－1862*），第94页。

② 刘广京：《英美在华轮运业的竞争》（K. C. Liw，*Anglo-Americal Stcamship Rivalry in China，1862－1871*），第93—94页。

③ 同上书，第100—102、106、153页。

④ 英国外交部档案，1861年11月10日，《卜鲁斯致罗素》，158号发文，F. O17/356，马士：《中华帝国对外关系史》卷2，第170页。

⑤ 莱特：《中国关税沿革史》，第86—89、95页。

⑥ 赛尔：《中国和中国人》（H. C. Sirr，*China and Chinese*）卷一，第265页。

运土货，或是由华商租雇，或是拖曳华商木船已经相当普遍。据 1856 年统计，上海外商船只半年的数字表明，在总数 141 只的英籍船中，进口上海者有三分之一都在经营“沿岸贸易”；在 51 只美籍船只中，比例也不相上下。[①]

第二次鸦片战争以后，随着外商轮运势力的扩张，通过《长江贸易章程》及《中丹条约》而合法化的土货贩运活动空前扩大起来。东北的豆石、华南的土糖、长江流域的原棉与丝茶都已成为外商轮只运销的主要项目，其数额甚至超过对外商品贸易额。据英国贸易部统计，1866 年中国对外贸易额计 7000 余万镑，其中至少有一半属于“沿岸贸易”，而中英贸易额的“最高估计是每年 3000 万到 4000 万镑。英国输入中国的棉织品不过 500 万镑”[②]。这就是说，英商主要利用轮船经营的中国“沿岸贸易”已经十分可观。

事情很清楚，外商轮运势力的扩张是以破坏中国领水主权为前提条件的。即使在外轮经营活动中，表面上是“自由竞争”，实则并没有“竞争自由”，起关键作用的是政治特权。就保险来说，在资本主义经济体系中促进船运业务发展的保险业在中国却是排挤、打击中国船运业务的手段。因为它有促进作用，所以经营轮运的外商一般都兼营或代理保险业，几乎很少例外。这样，一些从上海购货并委托外轮公司承运的华商不仅可以随时向保险公司纳费投保，甚至还可享受“不必保险”的优待。[③] 快速准时、运价低廉而又能节省保险费的外轮，对华商货主无疑具有无比诱惑力，以至向外国船商托运的华商竟至“趋之若鹜”[④]。形成鲜明对照的是，外商保险行号对于中国船商则往往拒绝承保。[⑤] 而不能取得保险公司的保险，就无异切断资源。所以当时就有人说，是“海上保险原则”使外商船只垄断

---

① 格里芬：《飞剪船与领事》，(E. Griffin, *Clippers and Consuls*, 1840－1860)，第 265 页。

② 伯尔考维茨：《中国通与英国外交部》，第 89 页。

③ 《英国领事报告》，1869 年，第 14 页。

④ 班思德：《最近百年中国对外贸易史》，第 77 页。

⑤ 英国国会档：《关于 1857—1859 额尔金勋爵至中国和日本特使团的通讯》(B. P. P. *Correspondence Relative to the Earl of Elgin's special mission to China and Japan, 1857－1859*)，第 83—84 页。

华商货运的。[①]

不仅如此，外商保险公司同时可以运用“保险原则”插手中国引水主权。50年代初期，兼营船运及中国互助保险公司的福州旗昌洋行就曾公开声明说：“没有取得美国领事签证的引水执照，亦不能得到旗昌的保险。”[②]福州领事本来就是旗昌股东兼任的。在这里，保险无形中成为决定引水的一个条件。1859年，上海颁布的一项“十三条引水条例”尤其露骨。“条例”中公然规定“外籍引水员不得任意为华船引水”；“凡欲在长江或黄浦江引水者，必须向本地保险公司的一名监事（Surveyor）提出书面申请，不得保险公司的同意，不得充当引水”[③]。这无异把引水直接置于保险公司的控制之下，从而使外商保险公司对中国船商进行保险与引水的双重控制、摧残。当然，最终掌握并运用保险与引水特权的还是经营轮运的洋行商人。1862年，经营船运的上海英商怡和、宝顺与广隆三家洋行曾经分别代表谏当、于仁、香港三家保险公司以威胁的口吻发布一项公告说：“凡不雇用执有本行执照的引水员引水的船只，本市保险公司即不予承保”[④]，这堪称是一个典型的例证了。

据上所述，作为先进的水上运输工具的轮船，同时又是有效的侵略手段。它之所以获得迅速的发展，没有特权是很难想象的。如果说外商之把先进的运输工具引进中国，从而促进中国轮运的发展是不自觉的活动；那么外商扩大在华轮运势力、排挤华商船运控制华商货运显然是自觉的行径。

二

先进的机动力轮船之引进中国及其在中国江海航线运输中的迅速普及、发展，对中国封建社会政治、经济乃至文化等各个领域势必带来程度不同的冲击与影响。面对以特权为基础而扩张起来的外国在华轮运势力，

① 《捷报》1860年1月21日。
② 《捷报》1856年1月5日。
③ 《捷报》1860年1月21日。
④ 《捷报》1862年4月19日。

日益普遍的华商诡寄经营活动及中国木船业遭受的摧残，几乎是同时发生的足以引起封建统治当局重视的社会不安定现象。

1. 诡寄经营。所谓“诡寄经营”，即为了逃避繁重的封建税课与勒索，利用各种形式寻求外商特权庇护，或是利用外商特权从事各种经营以追求与外商相同的暴利。无疑这是由外商特权泛滥引发出来的现象。凡外商特权所及之处，大抵就有华商诡寄经营活动。有的是以高价购买外国旗号、假借外商名义进行活动的。这种活动最早见诸“划艇贸易与贩运猪仔之中心”的澳门。在这里，实际上为华商所有的划艇不仅悬挂洋旗，而且在澳门注册。往后这种划艇进而在华南沿海“恃洋旗为护符，从事于不法贸易”。在长江航线上冒挂洋旗的现象或许是“和轮船航行的改善相偕以俱来”同时发生的。每面洋旗售价高达 50—200 两①。

除购挂洋旗外，有的是由外商出名代华商报关纳税的。“华商避捐，因托洋行；洋行图利，愿为代报。”其中又有中外合伙的。合伙贸易的船，“凡报关完税等事，固由洋行出面，即自行贸易之船，亦多托洋行代报”②。还有的外船承运的华商货物，“往往洋商认为己货，包揽代报完税”，以避重就轻。至于子口半税单照特权的滥用，影响尤其深远。

不能不提的是在外轮势力扩张过程中华商大量附股外轮船商公司的事实。旗昌、公正、省港澳、华海、北清、怡和等外轮公司都曾诱招巨额华商资本。不仅轮运企业，与轮运相关的仓栈、码头、保险几乎没有例外。甚至很多兼营轮运的洋行经营的轮只也都是如此。即使华商购置的轮船也往往委托外商出名代理经营。

所有这些光怪陆离的各种诡寄经营活动，对于长期凝固的封建社会秩序来说，乃是前所未有的变异现象。在封建统治者眼中，如果任其泛滥，有可能冲破封建经济结构、动摇封建社会的根本。华洋混杂不分，固然为封建社会教化、伦理观念所不容。假借特权，“抗不交税纳厘”“任意偷漏税饷”，更是影响地方政府财政收入的严酷现实。因而在长达半个多世纪里，诡寄经营活动一直被封建政权列为取缔与打击的对象。然而又碍于外

① 《英国领事报告》，1864 年，汉口，第 116—117 页。

② 同治三年九月六日总署致上海通商大臣文，《海防档》，甲，购买船驳，(三)，第 809 页。

商特权，顾虑酿成中外交涉事端，以致各级清政府对诡寄经营者“欲加之罪，踌躇不决”。有的地方封建当局曾经一度采取过“不动声色，一经拿获，重则立毙杖下，轻则痛打重枷，不用公牍，不用审供，不提及洋人一字，专用蛮干”的严厉打击手段。[①] 事实上却难以根除。正如郭嵩焘所说：“防范”越严，比附于洋商者也就越深，“利之所趋，虚文有所不能制也”[②]。

处于相当颟顸境地的清政府，在这种情况下也只能放宽限制华商置办轮船的政策。起初，由于“中外商民，聚集已久，交际颇深”，针对轮船“自相授受，不肯经官”“骗捐取利”的现象[③]，单单依靠管束与限制，显然是不可能的。华商大量附股外轮公司等诡寄行径是无法阻遏的。华商日益普遍地利用轮船的“潮流”又是“势难禁阻”的。因此，1864 年起清总署便行文各地督抚臣等要求查明华商雇买洋船是否报关立案等情，开始酝酿商定《华商置买洋式船只章程》。虽然遭到封建社会上上下下的各种阻力，但这项章程终于 1867 年公布了。不管效果如何，无疑显示清政府的轮船政策已然发生了松动的迹象。

2. 轮船与木船

近年来，论者往往拿中国木船的衰败论证外商引进轮船的侵略性。这自然是不言而喻的，但这只是局部的表面现象，问题还有待进一步探讨。

诚然，面对急骤扩张的外商强大的轮运势力，无论如何中国旧式木船不是对手。五口通商初期，轮船最早发展的华南沿海，中国船商即已“大半歇业”[④]。殆后轮船日兴，沙船业进一步衰落。60 年代初，沙船“尚存千艘”，十年以后则“仅存四百”。进入 80 年代就只剩两百艘了。[⑤] 在天津，“居民撑驾海船为业者，十之六七。通商以来，轮船盛行，卫船无利可获，亏折消耗，失业孔多，综计其数，不及从前十分之三，而向之撑驾

---

① 《曾国藩未刊信稿》，第 49—50 页。

② 《洋务运动》，第 1 册，第 138 页。

③ 同治三年九月初六日致上海通商大臣李鸿章函，《海防档》，丙，机器局，(一)，第 3 页。

④ 道光二十三年闰七月二十三日，刘韵珂片，《鸦片战争》，卷四，第 492 页。

⑤ 《李文忠公全书》，朋僚函稿，卷十二，《字林沪报》，光绪十三年（1887）五月初三日。

为业者，大半无业可就”[①]。1866 年，宁波的一条原值 1.2 万—1.5 万两的木船仅能卖到 800 两。[②] 还有一种大号沿海木船的售价只及原来成本的十分之一甚至十二分之一。[③] 在长江线上，下行抵达上海的木船，“不顾价值就地出售者比比皆是”[④]。这种木船衰败凋零的景象是前所未有的，因之特别引人注目。

木船业的衰落是否完全出于外商轮船呢？答案是否定的。封建社会的“货物畅销无路”及“饷项日重”也是重要原因之一。每一号沙船出洋，非先捐数百两或千两以外不可，以致沙船“停搁不行”[⑤]。中国木船业是否已经一败涂地了呢？也不是。这里应该看到中国封建社会木船业的顽强性。

长期以来，轮船不但未能完全取代木船，甚至“外洋帆船虽见式微，但中国帆船反得与轮舶争衡，而见隆盛”[⑥]。有的时候轮船还竞争不过木船。据 1873 年 1—9 月的统计，省港间轮船运载棉花达 2 万仓，而在 10—12 月只运 1800 仓。及至 1874 年第一季度竟降至 25 仓。西江开放的 1897 年轮船运载的出口货物从总数的 80%—90% 下降到不足 10%。剩下的唯一的生意就是运送生丝和其他贵重物品或易腐烂的鲜货了。[⑦] 70 年代里有过一年，在轮船云集的牛庄，进出的木船竟达 5000 艘之多，共计 40 万吨。[⑧] 至于中国内地的木船业，基本上没有受到轮船的冲击。

从生产力角度讲，落后的木船终究要为先进的轮船所取代，这是长期的、不以人的意志为转移的必然趋势。为适应新形势以图生存，木船业也曾作过若干船体结构的改革，提高运输效率。光绪初年，广东南海地方的

---

① 《沪报》1886 年 4 月 10 日。

② 《捷报》1866 年 8 月 18 日。

③ 芮玛丽：《同治中兴，1862—1874》（M. C. Wright, “The Last Stand of China's Conservatism”, *The Tung-Chih Restoration, 1862 - 1874*），第 176 页。

④ 班思德：《最近百年中国对外贸易史》，第 88 页。

⑤ 同治六年曾国藩致总署，吕实强：《中国早期的轮船经营》，1962 年，第 131 页。

⑥ 班思德：《最近百年中国对外贸易史》，第 213 页。

⑦ 萨坚特：《英中商业与外交》（A. J. Sargent, *Anglo-Chinese Commerce and Diplomacy*），第 288—289 页。

⑧ 班思德：《最近百年中国对外贸易史》，第 214 页。

帆船，即多改用“人力车渡”[①]。广州也曾出现过船尾车轮推动的木船。这是一种用脚踏轴或中国式链唧筒操作的木船。据说在节约时间上及经营费用上都优于普通木船。[②] 在广西还有一种“车扒”，“所用职工较民船为多，速率亦较民船为强”，而且还有新式“公司”的组织。[③] 在宁波，同治末年就有人自造“轮驳船”，既能行速，又无须水火之力。在设计者的考虑中，“因轮船机器太重，煤价太高，船上载煤占用载货地方甚大，思欲裁去煤火，专用风吹，凭风力行轮，庶乎从省”，但未能尽善尽美，“究未试行也”[④]。今天看来，这些都是难能的，又是幼稚的设想。中国近代航运史上的这支插曲，很快就在先进的轮船浪潮中湮没了。

显然，在中国近代社会里，木船无法阻挡轮船的兴起，轮船也不能彻底消灭、取代大量的木船。在水运总量中，木船一直占有不可低估的份额。然则木船何以能常在不灭呢？这主要是因为在封建社会里木船还有其赖以生存的土壤。适应封建经济落后的特点，木船还“有其特殊便利之处”。诸如木船载运汕头土糖，关税之低约当轮船之半，足以补偿轮船低运价而有余。[⑤] 由于常关税率一般低于海关税率，轮船有时竟因此竞争不过木船。[⑥]

木船的“特殊便利之处”还有它办理货运的“手续比较松懈，且可稍事通融”[⑦]。例如牛庄“有不少中国人是反对轮船的。他们宁愿选择可以无限期停泊（待装）的帆船，而不喜欢那些刚进港就又要启航的轮船”[⑧]。因为在古老的商业经营习惯中，时间往往不是最重要的因素。在经营方式上封建主义与资本主义之间存在难以解决的矛盾。

重要的是，在封建社会里，木船业还有其不容忽视的经济实力与社会地位。各地木船大多保持有势力的行会组织，足以左右地区性运输。例如

---

① 《续修南海县志》卷六，第46页。

② 《海关十年报告》，1882—1891年，拱北口，第598页。

③ 《邕宁县志》，交通二，第23页。

④ 《上海新报》1870年6月23日。

⑤ 《英国领事报告》，1882年，汕头，第112—113页。

⑥ 例如珠江。英国国会档：《中国》，卷一，第352号，附件1，1900年，第323页。

⑦ 班思德：《最近百年中国对外贸易史》，第213页。

⑧ 《海关贸易报告》，1881年，牛庄，第1页。

汉口宜昌间就有一个木船行会的“垄断集团”。当木船无力与轮船竞争时，这个集团就用“惩罚来威胁”向轮船托运的华商：一方面当枯水季节轮船不能航行时就对这些华商“拒运”。据说 1878—1879 年一度开辟汉宜线的招商局轮船就是由于缺乏华商货源而被迫撤回的。① 另一方面，作为一支运输力量，仍在承担大量盐运乃至漕运等运输任务的木船业，拥有千百万借以维持生计的船民，又是关系封建社会安定的一个因素。我们下面还将谈到正是这个因素经常被封建政权用作限制轮船发展的一个依据。

似乎可以说，轮船引进中国以后，它与木船之间产生的日益尖锐的种种矛盾实质上反映的是封建主义与资本主义的矛盾。轮船的优越性能本来是木船无法相比的。然而木船是存在于坚强的封建关系之上的，同时又有其势力可观的社会基础。木船的顽强性不是轮船一下子就能摧毁得了的，因而在中国封建社会里轮船与木船得以长期并存。

三

在新式轮船运输兴起的同时，外国商人还进行了铁路与电话的示范，机器生产也在某些行业中出现。这些都表明第一次鸦片战争以后被迫开放了的中国到第二次鸦片战争以后又被迫进一步开放了。轮船、铁路、电线、机器以及西方科技知识等体现了西方文明的巨大物质力量，其影响所及绝不限于某些封建社会变异现象的发生。毋庸讳言，一个时期内外来势力的强劲冲击力，使封建社会朝野上下都曾感受到剧烈的震动。从这时起，中国古老的封建社会无论在经济上、政治上乃至文化上都出现了前所未有的变局。

1. 封建社会对轮船的反应

新式轮船的引进、江海航线上轮船的广泛利用势必要引起封建社会各阶层的注视。以轮船为核心，包括“夷务”“西学”在内的社会变革方向问题，使封建社会内部出现迥然不同的态度与主张，进而导致统治阶级上层也出现了洋务与顽固两派的分野。

---

① 《英国领事报告》，1878—1880 年，宜昌，第 39—40 页。

洋务派创办轮船的进程是不无轨迹可寻的。还在1861年曾国藩即已看到“不过一二年，火轮船必为中外官民通行之物”①。第二年，他进而论述：“轮船之速、洋炮之利，在英法则夸其所独有，在中华则震于所罕见。若能陆续购买，据为己物，在中华则见惯而不惊，在英法则渐失其所恃。”② 左宗棠的主张是：“若纵横海上，彼有轮船，我尚无之，形无与格，势无与禁，将若之何？此微臣所鰓鰓过计，拟习造轮船，兼习驾驶，怀之三年乃有此请也。”③ 李鸿章同样看到轮船的先进性能与置备轮船的必要性。1864年他即提出“潜探底蕴”的计划，即通过中国水手到华商置买由洋人驾驶的洋式船只上“微窥用炭用水之秘”，据说这是他“蓄数年而未发”的主意。④ 1868年，苏抚丁日昌的主张尤为明确：“东卫等船，日就衰微，势难振之使起，为将来长久计，舍设立轮船公司一层，此外别无办法。”⑤ 前述的《华商置买洋式船只章程》就是这批洋务派官僚主持制定的。江南制造局、福州船政局与轮船招商局也是他们经手创办的。

但是，洋务派对轮船的酝酿整整经历一个年代。由自强到求富、由军火工业到民用企业、由制造局到招商局也耗费六年时光。1873年，中国第一家近代轮运企业轮船招商局的创办较之第一家外商轮运企业（省港小轮公司）的出现相差25年之久，较之前述英商罗巴茨企图在广州装配轮船事件，整整落后半个世纪。从宏观上着眼，洋务派创办轮船，不论其动机如何，显然是符合时代潮流的。其创办轮船的进程之所以如此延宕，主要是来自各方面的封建阻力。

对发展轮船的阻力来自封建社会的不同层次。包括木船船夫在内的社会基层，长期在封建思想的禁锢之中，落后意识与反侵略情绪结合在一起，有时达到狂热的程度。激烈迸发的思想感情往往难于辨认资本主义侵略与资本主义新生事物的区别。“一闻修造铁路电讯，痛心疾首，群相阻难，至有以见洋人机器为公愤者。”见有华人乘坐轮船驶入内地，竟至

① 《海防档》，甲，购买船炮，（三），第20页。

② 江世荣编：《曾国藩未刊信稿》，第123页。

③ 《洋务运动》，（一），第16—19页。

④ 《海防档》，丙，机器局，（一），第6页。

⑤ 丁日昌：《抚吴公牍》卷三十三，第15页。

"官绅起而大哗，数年不息"[①]。直到 19 世纪末期，这类内地反对轮船的事件也未曾绝迹。

但是，发展轮船的最大阻力还是各阶层掌握实权的顽固派。顽固派之所以顽固，一方面是封建统治者传统的"虚骄"，使以愚昧无知为特点的顽固派终究难以理解新式运输工具对社会发展的意义。另一方面又怵于轮船给封建政治、经济结构可能带来的冲击，唯恐以轮船海路运漕势必触动清政府从中央到地方利用漕运以自肥的各级官员的既得利益，因而竭力维护沙船、排斥轮船。1865—1866 年，当有人提出"官买洋船"的动议时，竟至"中外哗然"。因此，顽固派不仅对洋务派在政治上进行猛烈的攻击，还制造"见有讲求西学者，则斥之曰名教罪人，士林败类"的社会舆论。[②]

然而，就历史发展的潮流讲，顽固派并不单是愚昧无知的问题。他们未必没有感受到轮船、铁路、机器等的冲击力对封建社会的经济结构及传统文化的严重威胁，因而在恐惧之中产生相当强烈的仇恨情绪。曾任江苏巡抚的赵舒翘，"此人酷憎洋人，竟至不肯驾搭轮船，以其出自西人也"[③]。直到 1900 年"查阅长江水陆军务大臣"李秉衡，"素性不喜西法，故并不乘坐轮船，由京至鄂，绕道汴城，悉皆遵陆而行"。具有讽刺意味的是，当他到汉口渡江之时，仍不得不利用"小轮拖带而过"[④]。从赵舒翘、李秉衡等人身上，不难看到封建守旧势力顽强的反动性。

但是，人们也不难看到，封建守旧势力只能延缓历史发展进程，终归阻挡不住历史潮流的奔腾前进。作为先进运输工具的轮船，封建势力虽欲阻而不能的情况在客运方面表现得相当突出。首先在通商口岸取得突破。1866 年海关报告记载说，乘坐轮船"吓得要死"的情况已有所改变，"官员乃至学者也已经常搭乘沿海一带的轮船"。到北京会试的"士子"、往返各口的"满大人"，甚至是"非火轮船不坐"。乘坐轮船的商人当然更多，客运日渐成为轮船公司的重要业务。1871 年，旗昌在上海

① 郭嵩焘：《养知书屋文集》卷一，第 3 页。

② 郑观应：《盛世危言》，西学。

③ 《戊戌变法》，Ⅲ，第 466 页。

④ 《中外日报》光绪二十六年（1900）三月初六日。

宁波航线上的客运收入竟占客货运总收入的43%。[①] 在沿海远程航线上，轮运业务扩大的势头就更加明显了。根据1881年的统计，上海北行线的轮船乘客已达18729人，而乘坐“行风船”（木船）者仅有48人。[②] 到19世纪末期，乘坐轮船者就更加普遍了。1897年，沪苏杭之间已超过20万人。[③] 汉口沙市宜昌间亦在1.3万人以上。[④] 在梧州，1897—1898年就由2.3万人增至6万人。[⑤] 轮船引进以后几十年间的这种发展变化对中国轮运业的发展无疑是一个促进。

2. 民族资本小轮业早期发展的坎坷历程

总体来看，在特定历史条件下，中国近代航业资本的流向大致面临两条途径：或是以各种诡寄经营方式在不同程度上纳入外国资本势力之中，从而改变或冲淡了民族资本的特色，或是自购轮船、独立经营，保有民族资本性质。前者固然为数不少，而申请创办轮船的华商亦不绝如缕，越来越多。这些都是奔腾激荡的时代潮流的反映，历史发展趋势的见证。但直到甲午战争，经过半个多世纪的历程，站得住脚的民族资本轮运企业仍然是凤毛麟角，区区可数。显然这是中国近代化历程中发人深思、值得探讨的问题。原因究竟何在？

帝国主义当然是一个原因。在外轮垄断的江海主要航线上，民族资本小轮业无力竞争，很少有生存的余地。1874年，华商郭松、汉阳东主的小轮公司曾以一条小轮与垄断珠江的省港澳轮船公司竞争，不久即被后者以高价收买，退出航线。这是资力雄厚的外轮公司鲸吞华资小轮的一个例证。[⑥] 但终究还有一些华商轮船依恃某些条件时隐时现地不断行驶的记录。早在1855年在外商小轮集中的广州河面上曾经出现过三艘华商公司投资的

① 刘广京：《英美在华轮运业的竞争》（K. C. Liw, *Anglo-Americal Stcamship Rivalry in China, 1862－1871*），第89页。

② 《沪报》光绪八年（1882）五月二十五日。

③ 《英国蓝皮书》，中国，第21号，上海、苏州、杭州《领事报告》，1898—1899年，第336页。

④ 同上书，第183页。

⑤ 《英国蓝皮书》，中国，第21号，上海、苏州、杭州《领事报告》，1898—1899年，1897年，梧州，第346—347页；1898年，第526页。

⑥ 《海关贸易报告》，1874年，广州，第176页·《申报》光绪元年（1875）正月十五日。

轮船。[①] 稍后，小英轮公司的买办郭甘章拥有轮船不下 13 艘在华南沿海活动。[②] 其中至少有一艘曾与省港澳展开过竞争。[③] 据说他的轮运事业“以事故纷纭，不旋踵而败”[④]。由他的整个情况推度，“事故纷纭”者，主要可能是封建势力的干扰。这类事例是不胜枚举的。

曾经有一位封建科举中的“士绅”张禄升（音译）看到社会潮流的变化而放弃功名，弃儒从商，购置轮船，在沿海活动。但不久便出现了可悲的结局。当他随船行抵“从未见过轮船”的胶州时，竟被地方当局逮捕。虽未被投入监牢，却遭皇帝谕旨摘去顶戴花翎。原因是“他开着轮船闯入宁静的海港，使当地居民受到惊吓”[⑤]。

这个事例算得上是一个典型了。事件情节也非常符合历史实际。在一个落后的封闭状态的社会里，一旦出现轮船，人民有惊奇感，本不足怪。直到 1893 年在沪杭间的一个集镇上停留一艘拖轮，当地人民尚且视之为“蒸汽怪物”聚众围观。[⑥] 偏远内地当更可想见。从历史发展的角度看，社会闭塞愚昧的严重性已然相当充分地暴露出来。在这种情况下，张禄升的行动显示出他对发展中国轮船具有难能可贵的时代感、紧迫感。但是，张禄升的行动却与封建社会产生难以调和的矛盾：轮船与海港宁静的矛盾；最后甚至惊动“天子”下诏取缔。

轮船的出现与推广，是生产力进步的象征，不管怎样，是封建统治者禁绝不了的。对外轮固然无力禁绝，对华商轮船亦无能彻底禁绝。但封建社会固有的秩序又不容轮船的推广可能带来的破坏。限制与打击遂成为封建政府轮船政策的基本内容。就在张禄升事件之后大约 20 年，即 1886 年，有一位浙江候补知县黄日辛，置轮行驶于外轮早已畅行无阻的沪苏线，“商民均称其便捷”。而江苏巡抚竟派亲兵水师炝船拦截，理由是“并未奉

---

① 格里芬：《飞剪船与领事》，（E. Griffin, *Clippers and Consuls*, 1840－1860），第 140 页。

② 安地考特：《香港史》，第 195 页。

③ 《捷报》1875 年 9 月 4 日。

④ 《汇报》同治十三年（1874）九月初七日。

⑤ 丁韪良：《花甲忆记》（W. A. P. Martin, A Cycle of Cathay），第 204—207 页。

⑥ 《捷报》1893 年 11 月 10 日。

准宪示”[①]。在这条航线上不久又有吴子和、宋珊宝等人经过“督宪”批准经营小轮运输，这位巡抚又令吴县地方当局“立将该轮封闭”，不仅拘留管驾之人候讯，连搭客等人“俱舍其行李，只身上岸”，理由是遽尔驶入内河，“殊属冒昧”[②]。

至于内地小轮公司的创办则尤其困难。在这里，我们不妨拿湖南小轮公司作为典型。80年代初，从它开始创办起就遭到各方面封建势力的节节阻难。“凡三次呈请，涂公一阻之，卞公再阻之”[③]，继而李黼堂更“肆意阻挠，上书中丞，其言绝悖”[④]。这里的“涂公”即原任湘抚、光绪八年（1882）官迁湖督的涂宗沄。“卞公”即原任湘抚，光绪九年（1883）暂署湖督的卞宝第。李黼堂即咸丰年间曾任赣布署抚的李桓。一家小轮公司自然难以经受这些有权势的督抚的一再阻难。此时此刻的招商局反而较为开明，表示“湖南行驶小轮，自是当务之急”。因为这个时候湖南内河尚未见及外轮势力的入侵。虽然，“奈阻之者势不相下，急以相求，不如徐以待悟”[⑤]。湖南小轮公司就这样长期未得成议。

总之，封建势力无疑是早期小轮业发展的桎梏。封建当局限制小轮的政策主要依据是：第一，顾虑外商轮船援例入侵内河；第二，防止小轮走私；第三，轮船有碍民船生计。前面说过，外轮势力扩张的基础是特权，而不是“援例”。如果说走私，轮船与木船无异。可见封建政府强调的主要是木船船夫失业问题。因而在各地限制轮船的措施中普遍规定轮船“只准搭客、不准载货”，以维护木船货源。于是又导致一种奇特的，然而是颇为广泛的现象，即轮船拖带木船。这是由禁止轮船运货的政策导致的畸形现象，表面上似乎轮船与木船都能派上用场，实则对轮运业的发展仍然是严重的限制。

① 《字林沪报》光绪十二年（1886）二月初八日。

② 《字林沪报》光绪十二年（1886）十二月初十日。

③ 《洋务运动》，一，第316—317页。

④ 光绪十四年（1888）腊月初三日，□岩涛致马建忠，《航运史资料》第一辑，第1423页。

⑤ 光绪十四年（1888）腊月初三日，□岩涛致马建忠，《航运史资料》第一辑，第1427页。

四

根据上面分析，我们认为既应看到外商引进轮船的侵略性质，又应看到轮船的引进对中国封建经济、政治乃至思想、文化所带来的深远影响和对中国近代航运业发生的促进作用，否则就不能深刻理解列宁所说的社会历史进程中资本主义的“使命”。但是，由于中国早期轮船发展过程的复杂性，这个“使命”又往往不是一眼就能望穿的。

轮船是被侵略者强行引进的。因而在中国并不是如同西方资本主义国家那样轮船、机器是适应产业革命过程的需要而产生、发展的。中国的封建经济远未达到这个阶段。对中国封建经济来说，轮船最初带有明显的嫁接性质。因此，从清中央到地方，从经济领域的活动到人们思想意识的反应，几乎到处都能体现封建社会对轮船的“异体排他性”。不管是轮船还是铁路，也不管这些新式运输工具的优越性能已经在多大的范围内得到体现，仍难免受到来自封建社会各方的阻力与干扰。

19 世纪后期，中国近代航运业的发生与发展，是具备一定条件的。由其演变的艰难历程看，封建主义的反动性丝毫不亚于帝国主义的侵略性。这是中国近代经济史有待深入研究的重要课题。

护国战争中有关“维护共和”的若干观念与构想*

徐宗勉

护国战争是一场争取民主的斗争。以往研究这段历史的论著多着眼于斗争，以斗争坚决的程度来褒贬其中的人与事。本文另取角度：着眼于民主，考察其中有关民主的思想和图谋，从中国民主发展历史的背景上评说其人其事。这个角度展现了这样一个天地：在这里，蔡锷、梁启超、孙中山、朱执信、陈独秀、李大钊等，都是为把中国建设成为民主国家而真诚奋斗的爱国志士，只是他们为争取民主而规划的现实目标和采用的手段彼此不同。这种不同是由于他们对中国走向民主化的道路认识各异。这种差异虽然一时激起是非之争，但今天回头看去，都各有其是，也各有其非，彼此均固执事物的一端。中国民主化的实现太过复杂艰难了，固执一端，各有其非，实在是自然的现象；而他们在当时的社会条件下能够得其一是，执其一端，给后人以有益的教训已是难能的贡献了。这样去看其中的人与事，庶几近乎公允。

本文从上述角度所作的考察有以下四个部分。

* 本文原载《近代史研究》1988 年第 5 期。

“保全中国”重于“维护共和”

护国之役的“护国”之称来自护国军。当年云南讨袁首义军定名“护国”，是为取其“反对帝制和救国救民双重意义”①。云南护国演说社的演说词也说，护国军的责任，“一方面是不容皇帝出现，一方面是要保全中国的土地，保全中国的人民，保全中国的主权”②。当时的文字几乎都把“反对帝制”等同于“维护共和”，其实二者是不能等同的。因为“反对帝制”实际上有两种含义。一是单纯反对复活帝制，而与建设民主制度、实行民主政治无关，所谓“维护共和”不过是反对袁世凯的一种最好的理由。参加护国之役的西南地方实力派和岑春煊等就属于这一类，他们反对袁氏称帝，或者是出于个人利害的图谋，或者是为了维持民国其名、专制其实的现状，防止民主变革的发生，以为这是保全自己，也是保全中国的唯一办法。

反对帝制的另一种含义是：推倒袁世凯以恢复或重建共和制度，进而谋求民主政治的实现，这是真实意义上的“维护共和”。一切民主派，包括进步党人、国民党温和派、中华革命党人和具有民主思想的知识分子，都是在这个意义上反对帝制复活的。他们起来讨袁，确是为了保全中国(即制止袁氏卖国残民)和维护共和双重目的。只是对维护共和的认识和据此而制定的行动方案，在各派民主势力之间有明显不同。这种属于民主派内部差异的一个重要表现是：一部分人，主要是中华革命党人和一些激进的知识分子，把反对专制主义、建设民主政治的斗争看作保全中国的主要途径，在实践中，只知“维护共和”而不知其他。另一部分人认为“保全中国”应重于“维护共和”，二者发生矛盾时，后者应服从前者。后一种认识和护国战争的发生与发展有着比前一种认识更为密切的关系。请看这些宣言：

1915 年 8 月 21 日，谷钟秀等组织的共和维持会的宣言说：

---

① 李新、李宗一主编：《中华民国史》第二编第一卷下册，中华书局 1987 年版，第 716 页。

② 《护国文献》下册，贵州人民出版社 1985 年版，第 706 页。

盖立国于二十世纪，非结合全体以为治，决不足以图存，而结合之道，即在励行宪政，故列强君主国无不立宪，未有共和国反行专制者。乃吾国现时之政象竟若此，同人犹欲隐忍弗言者，以为既处共和国旗之下，顾名思义，群识其非，其政治终须有反乎正轨之一日。今我国议复帝制，于对外交涉丧权辱国之后……虽一时势力所凭莫敢谁何，然天下大乱之机，即伏于此，而亡国亦随之矣。①

同年同月24日，上海《申报》的时评《告朔之饩羊》说：

今日之共和以国家多难，所存者仅告朔之饩羊而已。告朔之饩羊去之有何足惜？然而尚有人期期以为不可者，恐授人以口实而内乱缘以发生也。盖今日大多数之理想，共和其二，而民生之困苦其第一也。

同年12月，蔡锷《告滇中父老》说得更加明确：

伊古昏暴之祸，盖未有若袁逆世凯之甚者。顾国中志士仁人，所以忍痛斯须，虚与委蛇者，诚念飘摇风雨，国步方艰，冀民国国体不变，元首更替有期，犹可徐图补救耳。乃袁逆贪黩，又复帝制自为，俾兹祸种，贻我新邑。袁逆之帝制成，吾民之希望绝矣。……袁氏日暮途穷，谋逆愈亟，惧人心之不附，则又援外力以自固……石敬瑭、张邦昌之故事，彼固可聊以自娱，顾我神明华胄，共偷视于小朝廷之下，嗟我父老，其又安能忍而与此终古耶?②

这些仅是有代表性的几则，类似的议论在讨袁文电中比比皆是，表现了当时多数新派人物（包括进步党人和国民党温和派人士）的态度。在他

① 黄季陆主编：《讨袁史料》（二），台北1969年版，第45、47页。

② 《蔡松坡集》，上海人民出版社1984年版，第865、866页。

们看来，袁世凯称帝之所以不能容忍，首先是因为复活帝制必然招来内乱与外患，致使中国丧权辱国，甚至有亡国的危险。其次，帝制复活也会断绝改良政治、使中国逐步走上民主轨道的可能。换句话说，只要存在将来建设民主政治的可能，眼前的假共和、真专制是可以忍受的，而这种忍受正是为了维护国家的安定，以救亡图存。可见，持这种态度的人们不是不要民主，而是认为中国建设民主政治必须有两个条件：一是保持国内政局的安定，避免动乱，以便集中力量抵御外侮，如果国家被列强灭亡了，还谈什么民主呢？二是国家的最高执政者必须可以按照法律替换，绝不能搞世袭制，也就是共和国的形式不能去掉，一旦去掉了，建设民主政治就没有可能了。所谓维护民国首先是指此而言。因此，这是一种以安定保国为前提的政治改良论。

清末民初的历史表明，这种政治改良论虽然一般地反对使用暴力，但并不绝对排斥暴力。它追求的是安定和秩序，并以此来决定对待暴力的态度。以进步党为核心的改良派，在“二次革命”期间，正是从维护国家的安定与秩序着眼，支持袁氏用武力镇压革命党人的。在他们看来，当时危害共和秩序的不是袁世凯，反而是孙中山、黄兴，结果他们在事实上成为封建专制主义的帮凶。洪宪事起，他们竟一反常态，自己举起武装讨袁的旗帜。究其原因，首先也是为了避免国家陷入动乱，为列强所乘，即所谓“今日欲免外患之侵入，而救国家之危亡，惟在取消帝政之议”①。而这一次却使他们成为反对专制、保卫共和的勇士。可见，这种以安定保国为前提的政治改良思想，在实际政治生活中是一把双刃剑，既可以刺向革命民主力量，又可以刺向封建专制势力。

值得指出的是，这种政治改良论的两面作用，在护国战争中得到了明显的体现。大体说来，在护国战争前期，即在袁氏取消帝制之前，这种思想对于动员各方面的力量起来反袁，组织与扩大讨袁统一战线，减少斗争的阻力，起了很大作用。这已为史家所指出，从上引材料中亦可窥见一斑。但在后期，这种思想便显现其另一面作用，即降低民主要求，迁就以北洋军阀集团为核心的封建专制势力。这突出表现在蔡锷身上。

---

① 《进步党员安致远等致各支分部书》，《护国文献》下册，第 932 页。

蔡锷是真正的护国英雄。在某种程度上可以说，没有他，就没有如此正气浩然的护国战争，他不愧是中国爱国军人的楷模。对此，人们已有很多论述。这里要指出的是，在袁氏取消帝制以后，蔡锷又成为民主派领导人物中最先表露妥协思想，妥协的幅度也最大的一个。

1916 年 3 月 3 日，陈宧致电蔡锷，要求双方停战。蔡锷翌日回复说："国势阽危，岂堪内讧？滇省举义之初，亦不过要求取消帝制，惩办奸佞而止。不图袁氏不省，致构兵祸……今见人心之已去，威信之堕地，或将废然思返。则继其后者，当然为黎黄陂，仍召集国会，依法选举，无论为黎、为段、为冯、为徐，均无不善。"① 这里虽然要求袁世凯下台，恢复临时约法和国会，但不坚持由黎元洪继任大总统，并且明确表示赞同由北洋派继续掌握政权。

三星期后，情况又有发展。4 月 22 日蔡锷致电唐继尧说："吾人若绝对的主张倒袁，则惟对外宣言非推翻袁氏不能罢兵可矣。若因种种关系，而为第二步之主张，承允暂留袁为过渡时之作用，乃有种种条件之提出，即陈氏提出之草案八条及锷之修正案十条之类是也。今若一面要求袁氏退位，一面仍要求惩办元凶、召集国会及其他种种条件，于理甚属不通，于事实何能办到？"② 此电表露了蔡氏的三点想法。

第一，反对唐继尧提出由原国会议员自行择地召开国会，从"根本上解决"总统人选问题的主张。唐氏于 4 月 14 日致书张继，提出这一建议，也许有他个人的打算，但在护国军军政府 4 月 18 日宣言袁世凯"因犯谋叛大罪"，其民国"大总统之资格"自下令称帝之日即"当然消灭"③，而袁氏又坚决不退位的情况下，唐氏这个建议于理（维护共和）不能说是不可以考虑的。蔡锷不赞成这个建议，是认为要袁氏退位，总统继任者问题只能由袁氏控制的北京政府自行解决。也就是说，袁氏不可能自动把总统职位交给不是北洋派的人。这个估计合乎实情。因此，尽管此时护国军军政府已郑重宣布总统继任者依法应是黎元洪④，蔡锷对此也不坚持。

---

① 《致赵又新等命令》(1916 年 3 月 31 日),《蔡松坡集》, 第 1005、1006 页。

② 《致唐继尧等电》(1916 年 4 月 2 日),《蔡松坡集》, 第 1055 页。

③ 《护国军军政府第一号宣言》,《护国文献》下册, 第 971 页。

④ 《护国军军政府第二号宣言》,《护国文献》下册, 第 972 页。

第二，反对提出“惩办元凶”。“待将来召集国会，依法弹劾，组织法庭依法裁判”袁世凯，这也是护国军军政府宣言的一项主张。[①] 蔡锷对此不以为然，他还劝告唐继尧等人在复电北京政府时“词旨亦宜和婉”，用意都是为了不使袁世凯“变羞成怒”[②]，更加不肯退位。

第三，认为可以考虑同意袁世凯暂时留任总统以“为过渡时之作用”。陈宧于 4 月上旬向蔡锷提出议和条件草案八条，“其中最重要的一条是仍须一致承认袁世凯为总统”。蔡锷提出修正案十条，除第十条内容未见外，其前三条是：“1. 仍暂以袁世凯为总统。2. 限两个月内召集已解散的民国元年参、众两院议员，在上海解决总统问题。3. 务期实行民国元年约法。”[③] 这就是以同意袁氏暂不退位为条件，换取由原国会自行决定总统继任者人选。

蔡锷上述想法的主要之点，是认为在护国军无力推翻袁世凯政权的情况下，最好的办法在于利用北京政府内部的人事关系来迫使袁氏下野。正是基于这种考虑，当 4 月末 5 月初梁启超等人积极筹组军务院以加强护国军阵营的地位时，蔡锷却竭力反对“组织政府”和“统一机关”（他后来终于接受了梁启超关于成立军务院的方案，是由于他发现此方案无碍于贯彻他的主张）。他此时已同意陈宧等人表露的意向，倾向让段祺瑞继袁世凯出掌北京政府以体面地结束护国战争。只是感到由段氏继任大总统在法律上如何“移花接木，苦无善法”。为了解决这个难题，他于 5 月 7 日致电陈宧提出两种办法：“（甲）暂以黄陂继任，随即召集民国二年参、众两院议员，选举正式总统，并一面设法务使芝老当选”；“（乙）由各省互派代表三人，改定约法，并议定国会组织及选举法，重新选举议员，组织国会，以选举总统”。他说，不论用哪一种办法，“非至选举总统之期而施行选举，自非另以特别条件定之不可，似宜于南北议和条件中规定及之。”[④] 两天后，他又向陈宧建议：“诸公如仍虑黄陂难担此重任（指暂继任总统

① 《护国军军政府第一号宣言》，《护国文献》下册，第 971 页。
② 《致唐继尧等电》(1916 年 4 月 2 日)，《蔡松坡集》，第 1016 页。
③ 《中华民国史》第二编第一卷下册，第 785 页。
④ 以上见 1916 年 5 月 7 日致陈宧、唐继尧的电文，《蔡松坡集》，第 1081—1084 页。

——引者注），则设法使之托词辞卸，依法以国务院总理摄政。”[①] 蔡锷的这套方案，表现了对临时约法及原国会实际上的漠视、对拥戴段祺瑞上台的热衷和对北洋派的迁就，非但违背了护国军军政府要求依法以现任副总统黎元洪为中华民国大总统的立场，也与护国军方面其他领导的意见背道而驰，以致梁启超感到有必要告诫蔡锷：在和陈宧等人商谈时，“除坚持（袁世凯）退位外，其善后条件可卸责于军务院”[②]，即不要蔡氏代表整个护国军阵营同对方议和。

袁世凯死后，蔡锷于6月9日通电呼吁“中枢诸贤”和各省长官，“蠲除成见，以福国利民为前提，以拥护中央为要义”[③]，对段祺瑞一伙在宣布黎元洪继任总统文告中公然宣称遵行袁记“约法”一事，竟无只字指摘，可见在其心目中“维护共和”已居其次。从此，他极少公开发表政见，随着病情加剧，他已无力参与商讨国是了。

从以上所述可以看出，自袁世凯取消帝制后，蔡锷所追求的实际上就是以袁氏下台为唯一条件迅速结束护国战争，似乎发动这场战争的目的仅在于去掉袁世凯复活的帝制。在护国战争中，蔡氏所追求的目标远低于民主派的其他领导人物。所以如此，首先是由于他无力根本推翻袁世凯政权，但这个事实适用于护国军阵营的所有领导者，因而它只是一种背景，而不是形成蔡氏的这种独特性做法的原因。

那么，原因何在呢？蔡锷当时兵陷川南，后援不继，无力再举；又与外界常断联系，经常得到的反而是来自敌对方面的信息；加上病情日剧，心情也较为焦躁，这无疑是一个因素，但不是主要原因。因为蔡锷不是害怕困难的人，他当时很注意加强战备，随时准备在袁氏退位无望时继续战斗，何况帝制取消后川省双方很快停战，敌军压力暂时缓和，形势于己有利，其心境总的说来比帝制取消前要好。蔡氏对形势发展的估计也是相当清醒的。他认为，随着洪宪帝制的失败，一方面袁世凯可能狗急跳墙，投靠日本以自救，“则北方数省利权，殆将送赠于某国之手”[④]；另一方面，

① 《致陈宧电》（1916年5月9日），《蔡松坡集》，第1090页。

② 《致蔡锷电》（1916年5月14日），《护国文献》上册，第225页。

③ 《致北京各部院及各省电》（1916年6月9日），《蔡松坡集》，第1144页。

④ 《致唐继尧等电》（1916年4月2日），《蔡松坡集》，第1016页。

“大局稍定，争权夺利者，必蜂拥以出”①，很可能出现全国分裂与争战局面。后者不久成为事实，前者虽未实现，但当时日本军国主义势力利用袁氏称帝和中国内战以侵吞中国的阴谋确已露头。蔡锷所以那样迁就段祺瑞一伙，正是为了尽快去掉袁世凯，以免为日本所乘；同时，在恢复民国的前提下维持北京政府的中央地位，以避免出现全国分裂与混乱的局面，然后再徐图政治改良，所谓“国势阽危，岂堪内讧”，就是这个意思。显然，这里起决定作用的正是上述以安定保国为前提的政治改良论。

早在民国成立之初，蔡锷就提醒中国的政治家们，不要忘记“弱国之奇耻特辱”，主张中国的政党不论其主义如何，都应“以国家为前提”。他说：“天赋人权之说，只能有效于强国之人民，吾侪焉得而享受之？故欲谋人民之自由，须先谋国家之自由，欲谋个人之平等，须先谋国家之平等……苟国家能跻于强盛之林，得与各大国齐驱并驾，虽牺牲一部之利益，忍受暂时之苦痛，亦所非恤。国权大张，何患人权之不伸！”② 这实际上是说，最重要的是谋求国家的独立与富强，为此必须尽力保持国家的统一与安定，需要时牺牲一部分人民的权利也在所不惜。不是不要民主，而是民主必须服从保国，也只有在安定保国的前提下才能发展民主。这就是民国成立以后蔡锷一直用以指导自己政治行为的根本观点，也正是上述政治改良论的精义所在。

在蔡锷身上显示其两面作用的这种政治改良思想，有着相当大的历史合理性。在近代中国，一方面，国家的独立与进步，迫切需要发展民主力量，建设民主制度；另一方面，挽救国家的危亡，又是更为紧急的问题，它关系着全民族的根本利益，又需要全民族的团结。为了救亡图存，民主的和革命的势力有时需要向本国封建统治势力作一定的让步，降低民主要求，以便团结全民族一致对外，因此这样的妥协是必要的。同时，反动统治者又常常以维护国家利益为借口，来软化和压制民主的和革命的力量，剥夺人民的自由权利。这时候舍弃民主的要求以服从所谓“国家利益”，

---

① 《致潘蕙英函》(1916 年 5 月 26 日)，《蔡松坡集》，第 1118 页。

② 《在统一共和党云南支部成立会上的演说词》(1912 年 5 月 6 日)，《蔡松坡集》，第 457 页。

实际上就是向封建统治势力屈服、投降。对此如何处理得当，不“左”不右，是革命家和民主派政治家们在争取中国民主化的斗争中不时要回答的课题。蔡锷以及他的同志们，都不可能处理好这个问题，因为这既需要高明的策略，更需要足够的实际力量，而这两者他们都没有。护国战争后期蔡锷思想的弱点，不在于他主张向比民主力量大得多的封建统治势力作某种妥协，而在于他在设计这种妥协时没有考虑利用一切可能去促进民主力量的发展。他不懂得，民族救亡与复兴的真正依靠是民主的、人民的力量，而不是同封建统治势力的妥协。

“以兵止兵”

上述保国重于共和的思想原是梁启超在民国初年大力宣传过的，而且护国战争临结束时梁氏比蔡锷更积极地支持段祺瑞上台。但整体说来，梁启超在袁世凯取消帝制后的表现有两点与蔡锷不同：第一，始终坚持恢复临时约法和原国会，反对在立法上另起炉灶；第二，在袁世凯死前，一直准备同袁氏分裂，并且把造成“南北均势”看作应当争取的目标。这说明，即使在护国战争后期，梁氏在“维护共和”上也有不妥协的一面，梁启超所以能有这样的不妥协，是因为当时他要实现一个新的构想，这就是“以兵止兵”。

“以兵止兵”一语见于1916年1月8日梁启超《致蔡锷第一书》：

> 抑下走犹欲有言者，吾前所云，莽、卓伏诛，大乱方始，当知此实为今后无可逃避之祸矣。试思彼盗国逆贼，三十年来所播恶种于我军界者，其深广之度何若？自今以往，即为我国民茹此恶果之时矣。计非以兵止兵，则天地永无清明之日。以兵止兵者，以水灭火之义，非以火灭火之义也。夫必今之兵有以异于昔之兵，然后能有所挟持以息之。①

① 《护国文献》上册，第190页。

这表明梁启超此时不但敏锐地预见袁世凯倒台后会出现全国分裂，特别是北洋派军人的争权夺利和彼此混战的局面，而且认为届时应付和改变这种局面的唯一办法就是“以兵止兵”，用武力降服旧势力，建立新秩序。为此，必须加紧建设一支和旧式军队不同的新式军队。可见，所谓“以兵止兵”并非指护国讨袁战争而言，而是要利用这次战争建立和发展自己一派的武装力量，以便在即将到来的纷乱的政局中用以实现自己的政治目标。

对于梁启超来说，这是一个重要的变化。梁氏的最终目标是实现立宪政治，把中国建成西方式的民主国家。他历来认为，要达到这个目标，中国必须经历一个训练人民学会实行宪政的“开明专制”阶段。梁氏的这个主张含有符合国情的正确成分，因为中国人民缺乏民主传统，长期习惯于封建专制政治，不经过对民主政治的学习和实际锻炼，国家民主化就难以实现。但是，这种学习和锻炼只有在推翻封建主义反动政权之后才有可能在全体或多数人民中进行，而“开明专制”论却以此寄望于封建统治者，这只能是幻想。民国成立后，梁氏一心想通过袁世凯这样握有强大实力的人物，在共和制度的形式下，运用专制手段，把人民和国家逐步引上宪政轨道。可是袁世凯最后连一点民主的形式也不要，决心做地地道道的封建皇帝。梁启超终于醒悟过来。1915 年 2 月，他在一篇文章中明确指出，中国要实行“现代的政治”，必须具有八项条件，其中之一是“在特别势力行动轶出常轨外者，政治家之力能抗压矫正之”[①]。所谓“特别势力”是指以袁世凯为代表的旧的军阀势力，政治家要“抗压矫正”他们的越轨行为，自然必须拥有很大的实际力量。可见，历来重视掌握实力的梁氏此时更进一步，已经把自己掌握强大实力看作建设民主政治的唯一途径。“以兵止兵”的主张就是在这样的认识基础上产生的。与“开明专制”论不同，“以兵止兵”不是以统治者即“固有的旧势力”的开明为前提，而是依靠民主派自己的实力，来实现自己的政治理想或为此开辟道路。这是梁启超改良派经过多年摸索得到的可贵认识。这个认识所包含的历史教训是：要在中国建设民主政治，民主派自身必须首先拥有足够的力量。

---

① 《政治之基础与言论家之指针》，《饮冰室合集·文集》第十二册第三十三卷，第 39 页。

民主派政治家们的实力从哪里来？梁氏曾指出要靠发展社会文化与经济事业，改变社会条件，这是根本办法，但远水解不了近渴，还必须有急近的办法，就是掌握军队。掌握军队本是革命党人的老办法，但他们的做法主要是收买、策反旧军队以求一时一地的起义侥幸成功，并不是真正下功夫建立自己的实力。与他们不同，梁启超的方针是建设军队，占领地盘，以建立自己党派的发展基地。“以兵止兵”的背后是一个雄心勃勃的建设根据地的计划。对此，有些学者已撰文论及①，但尚嫌简略，这里需要多说几句。

首先，关于建立根据地的用意，梁氏 1915 年 11 月写给在云南供职的几位进步党要人的信中讲得很明白：“吾侪自命稳健派者，失败之迹，历历可指也，曾无尺寸根据之地，惟张空拳以代人呐喊，故无往而不为人所劫持，无时而不为人所利用。今根基未覆尽者，只余此区区片土，而人方朞诇于其旁，当此普天同愤之时我若不自树立，恐将有煽而用之假以张义声者，我为牛后，何以自存。”② 可见，梁氏一派决定建立根据地，不仅是为了在举国反袁的浪潮中求得自身的生存与发展，而且是实行其政治路线的根本转变，即由“代人呐喊”变为“自树立”。当时梁氏似乎有以云南为基地的打算，但最后选中的是四川，这主要是因为蔡锷进军四川，而蔡是梁氏的忠实学生与同志，比唐继尧可靠得多，加上四川也符合根据地“必择可以进取可以保守之区”③ 的条件。

其次，怎样把四川变为自己一派的根据地呢？梁氏就此向军中的蔡锷发出了一系列指示，就现存的材料看，大体有五项内容。

第一，攻取四川意义重大。梁氏说：“全力规复三川，自是滇军第一责任。”“盖必能奠蜀，然后能奠西南，必能奠西南，然后能奠中国。”他勉励蔡锷：“吾辈当认定西南一隅，为我神明氏胄唯一遗种之地，挟全副

① 见胡平生《梁启超与讨袁护国》，《中国现代史论集》第四辑，台北联经出版事业有限公司 1980 年版；潘荣《进步党人谋取西南地盘的活动》，《南开学报》1986 年第 4 期。

② 《致籍亮侪、陈幼苏、熊铁厓、刘希陶书》，《饮冰室合集・专集》第九册第三十三卷，第 28 页。

③ 同上。

精神以经略而奠定之，而必毋或视他方之态度以为欣戚。”① 又说：“辛亥专倚虚声，今次惟斗实力”，“今兹但能力顾藩篱，得寸则寸，得尺则尺……将来必须以力征经营，庶得有净洗甲兵之一日，他镇之不遽应，又庸知非福耶!”②

第二，编练一支同旧式军队根本不同的军队，方法是“不能专注于练，而当尤注重于教。所教者，不能专注重于技术，而当尤注重于精神”。他说：“我有何所恃以与敌决胜？持军心之固结而已。”而“固结军心”，不但要“以爱国观念为根本”，更“要以将校与士卒个人感情之胶漆为最有力”。他提出蔡军的补充兵中应“有一二师受完全精神教育者”方可适应需要。③

第三，清除或控制四川境内的异己力量。他指出，蔡军入川虽受人民欢迎，“惟蜀中党派繁多，意见之积，调停固殊非易，万不可轻心以掉……盖以蜀为根本之地，必内部不生丝毫问题，然后能出其力以定中原”。怎样处置四川境内的异派势力呢？梁氏说“川军宜结合，北军宜诛讨”。他指示蔡锷，所谓“川军宜结合”亦应分别对待。对于那些响应义师的队伍，“宜令凡有枪枝者，一律归伍，加以节制，而率之出境讨贼。盖在境内，则易触旧感而生轧轹，出境外则义不返顾”，真是一举两得。至于会党和“第五师之散于草泽者”(即熊克武旧部)，由于和中华革命党人有联系，而且“滋蔓已广，不易淘汰”，梁氏的对策是：“但能助我讨贼，自当一视同仁，若犹有怀挟私见，不受节制，则所以镇慑之者，亦宜惟力是视，不能稍事姑息。”④

第四，广招治川人才。仅在致蔡锷的信中，梁氏就向蔡推荐了不少人，其中有“蜀中名宿”曾莫如，“曾任四川盐政局长”的张习，“弟子遍蜀中，各派人士皆敬而爱之”的赵尧生，“悱挚义侠，且熟蜀中会党形势”的陈信人，等等，并一度打算请岑春煊、周善培入滇以助川事。⑤

---

① 《致蔡锷第一书》(1916 年 1 月 8 日),《护国文献》上册，第 188、189、187 页。

② 《致蔡锷第四书》,《护国文献》上册，第 198—199 页。

③ 《致蔡锷第一书》(1916 年 1 月 8 日),《护国文献》上册，第 189、190 页。

④ 同上。

⑤ 以上均见梁启超致蔡锷的几封信,《护国文献》上册，第 191、199、200、202、203 页。

第五，讨袁不应妨碍图川。在攻占全川以前，不要出川北伐。梁氏在得到护国军进占叙府的捷报后，以为会很快攻克重庆，便提醒蔡锷说“平渝之后”，“鄙意谓除近击溯江之敌外，宜暂作停顿，先奠定全蜀，更图进取。此本北中原议，虑弟杀敌之志太锐，为义愤所激，而轻抛根本大计，故更言之”。至于讨袁一事，“以吾度之，待全蜀略定，邕桂景从时，恐北京亦从此已矣”①。梁启超的这个估计不能说不对，不过蔡锷最看重的是救国救民而不是改良派的“根本大计”，梁氏的担心是有道理的。

以上各点还不是内容的全部，因为梁氏给蔡锷八封信只留下了五封，但仅此足以说明这是一个利用护国战争谋取四川为根据地的计划。这个计划不但重视军队建设，而且富有策略思想。它是梁启超和他的同志们在天津密商讨袁时共同制定的，但最重视它的意义、最关心它的实现的是梁启超。在护国之役中梁氏所追求的最大目标就是实现这个计划。明乎此，他的某些受到毁誉的表现，才能得到真实、合理的解释。例如，海珠事变后，梁氏之所以“吞声呕心”，屈从陆荣廷、岑春煊，向龙济光让步，主要原因不是对龙缺乏认识，也不是害怕破坏（起兵讨袁本身就是破坏），而是为了使桂省护国军能够出师北伐。因为此时“云贵相持日久，力已疲竭，广西军不能不亟图进取”②，进军湖南，以缓解蔡锷在四川的困境，并为造成“南北均势”创造条件。在自己无力夺取全国政权的情况下，“南北均势”对梁启超改良派建立一隅基地，发展自身实力，无疑是一种较好的环境，因此，他一再强调“此役结果，最低限度，亦须造成南北均势”③。正因为梁氏把造成“南北均势”看作值得追求的目标，所以他敢于坚持恢复临时约法和国会的主张，不仅要袁世凯下台，还要“惩办元凶”，并积极筹组带有临时政府色彩的军务院，还想争取外国的承认，在“维护共和”上表现了比蔡锷更多的热情和不妥协性。袁世凯死后，梁氏忽又急于拥段上台，则是因为此时蔡军占领全川已无希望，护国军阵营也濒于崩析，“南北均势”已不可能出现。在这种情况下，梁氏认为“索军费”

① 《致蔡锷第五书》（1916年1月20日），《护国文献》上册，第200—201页。

② 《国体战争躬历谈》，《饮冰室合集·专集》第九册第三十三卷，第146页。

③ 《致蔡锷电》（1916年5月14日）。同样的意思还见1916年4月28日、5月15日、6月7日的《致各都督各总司令电》，《护国文献》上册，第224、217、225、227页。

"占地盘"都得靠北京当局，他支持段祺瑞，正是为了换取北洋派的支持，以任命梁氏一派人出长四川或湖南，用合法的方式谋取自己的根据地。

然而，梁启超的上述计划和图谋都完全落了空。事后梁氏在谈起护国之役这件他一生中最值得荣耀的事时总感伤备至，原因即在于此。护国战争结束后，梁启超一时情绪消极，流露放弃政治生活的意向，原因也在于此。我们不能因为梁启超一派人发动了这场"维护共和"的战争，而无视他们对自己党派利益的追求；我们更不应当因为他们的这种追求而抹煞其"维护共和"的历史功绩。因为在这场斗争中，他们对党派利益的追求，不但与"维护共和"基本一致——即便最后拥段上台也还是以承认临时约法为条件——而且表现了他们思想上的一个飞跃：从"张空拳以代人呐喊"变为建立根据地以"自树立"。他们建立根据地的图谋虽然没有实现，梁启超从此也不再作此想，但这是中国民主派为最终建设民主国家的目的而建立根据地的第一次尝试，其历史意义显而易见。时隔不久，孙中山和他的同志们便开始了在广东建立根据地的不疲倦的斗争。

"非真民党不能任维持共和"

人们常常把孙中山说成是护国战争中唯一具有不妥协的革命精神的领袖人物，根据就是他 1916 年 5 月 9 日发表的《讨袁宣言》。其实，这篇宣言的立场只是要袁世凯下台和恢复民元约法和国会，这一立场已是孙中山在"维护共和"问题上大大降低要求、被迫妥协的结果，也是他向自己不满意的军务院求同存异的表现。

在此之前，孙中山和中华革命党追求的目标一直是实现"第三次革命"。关于这次革命的基本方针政策，史家评述已多，这里要说的是它的有关建设民主国家的内容。按照《中华革命党总章》的规定，这次革命在推翻袁世凯之后，由中华革命党一党掌握政权，依次实行"军政""训政"，待实施宪政的条件——如"扫除一切障碍""建设地方自治""创制宪法"等具备时，便结束革命，实行民主宪政。在革命时期内，即"自革命军起义之日至宪法颁布之时"，"一切军国庶政，悉归本党负完全责任"，只有党员享有政治权利，“凡非党员在革命时期之内，不得有公民资格”。[1]可见，“第三次革命”同辛亥革命不同，在革命党夺取政权后不是立即开始建立民主制度，实行民主政治，而是先实行一党独裁，作为准备，待条件成熟后再还政于民。为什么要这样做呢？孙中山解释说：

> 破坏之后便须建设，而民国有如婴孩，在其初期，惟有使党人立于保姆之地位，指导而提携之，否则颠坠如往者之失败矣。革命党人未必皆有政治之才能，而比较上可信为热心爱护民国者。革命党以外未必无长才之士，而可信其爱护民国必不如革命党，则国本未甚巩固之时期，后彼而先此，其庶几无反复捣乱之虞，至于宪政既成，则举而还之齐民。[2]

显然，这种认为“民国有如婴孩”需要“保姆”的看法，与梁启超的“开明专制”论有相通之处（梁氏也称其主张为“保育政策”），二者都主张通过一定时期的独裁统治把人民和国家引上民主轨道。不同的只是：梁氏主张依靠旧势力的强有力人物来实施“保育政策”，孙氏则主张由领袖独裁的革命党独任民国的“保姆”。

当洪宪丑剧上演的时候，孙中山认为这正是实现其“第三次革命”的好时机。孙氏在给革命党人的一封信中说：自袁世凯导演筹安会以来，“彼之内部自生溃裂，如冯国璋、张勋、朱瑞、汤芗铭、陆荣廷等，皆有起与反抗之谋，并各派人与吾党接洽，联络举事。惟弟只认此为一种机会（从来官僚不足深恃），主动仍须在我，故现在厚集吾力，乘此时机，先发制人”[3]。袁世凯取消帝制使孙中山增强了夺取政权的信心。孙氏说：

> 此伧必倒，殆已不成问题。顾我等责任，则由此而益形重大。此盖鉴于辛亥之往事，以倒袁为成功者，实与往日以倒满为成功者同一

---

① 《中华革命党总章》（1914 年 7 月 8 日），《孙中山全集》第三卷，第 97、98 页。
② 《致吴敬恒书》（1914 年），《孙中山全集》第三卷，第 151—152 页。
③ 《复希炉革命党人函》（1915 年 11 月 10 日），《孙中山全集》第三卷，第 203 页。

> 比例。非真民党，不能任维持共和，振兴民国，一般官僚复活，即与第二第三袁氏无异也……至其他本非民党气脉，无与创造共和之劳，无有保爱民国之诚意者，虽其目前为利害所迫，且偶得机会，遂复嚣然自张，是亦吾辈所不能信任者……而言念将来，则凡百事体，皆须以自己之人物为中心。①

这里的意思很明白，就是中华革命党要通过这次护国讨袁战争独自夺取并掌握政权。

正是从这样的构想出发，孙中山和中华革命党在护国战争中基本上是采取自树旗号、独立单干的方针。在梁启超、岑春煊等对中华革命党取排斥态度的同时，孙中山和他的同志们也根本无意于同前者实行真正的组织上的合作。只有黄兴一派人同这两方面都有比较密切的联系，对二者的护国讨袁都积极支持。因此，从总体上看，中华革命党和护国军方面是各干各的，只是主观上不再相互为仇，能够共同对敌。直到孙中山回国时情况才有所变化。

孙中山采取这种单干方针，自然是由于他相信他的党能够在护国战争中占据优势，左右全局，事实上他也一直在为此而努力。

在护国战争以前，中华革命党的反袁武装斗争，除杀了郑汝成外，可说一事无成。云南起义后，一直急于起事的孙中山指示党人："既有首难，则袁之信用已破。此后吾党力图万全而后动，务期一动即握重要之势力。"② 对党人说来，通过首义取得巨大政治影响已不可能，这时需要的是迅速发展势力，以改变自己在护国战争中的无力地位，那么，从何入手呢?

开始，孙中山计划："注全力于粤省，旁及福建。闽、粤一下，与云、贵打成一片，南方局势，已足自活，沿江各省，自然动摇。"待"南方军械补足，即图大举北发"③。所谓"沿江各省，自然动摇"，不过是想当然，

---

① 《致邓泽如等函》(1916年4月10日)，《孙中山全集》第三卷，第267—268页。

② 《致上海革命党人电》(1915年12月18日)，《孙中山全集》第三卷，第220页。

③ 《致邓泽如函》(1916年1月20日)，《孙中山全集》第三卷，第237页。

“注全力于粤省”倒是事实。早在1914年，孙中山就派朱执信、邓铿回粤组织反袁起义。云南起义后，广东讨袁起义一时蜂起，多数为革命党人所策动。据史料记载，迄至1916年4月中旬，以“中华革命军”旗号起事的多达30处，人数总计超过2万，多数起义发生在广州周围。[①] 如果占领大半个省，特别是拿下广州，其对讨袁全局的影响当会超过云、贵。可是这些起义依靠的都是绿林和少数旧军队，不但缺少武器，而且没有统一的组织和有力的指挥，分散、盲动，旋起旋灭，影响不大。孙中山不久便发现：“大抵会党之力尚微，而军队之情太幻，二语可括广东最近之真相。”[②]因而对粤事不再抱希望，便改变计划，以北方为重点。

3月中旬，孙中山致函直、鲁、晋三省党人，宣布任命居正为中华革命军东北军总司令，负责三省革命军事宜。信中说：“欲缩短战争之期间，保全国家之元气，事半功倍，犹解倒悬，非以袁氏根本地推翻不可。加以北方健儿、山东豪杰，并起亡秦，殆指顾间事耳。”又指示居正：希望山东“能于月内速动，宜急切着手起事，当先取济南”[③]。与此同时，孙中山还催促上海党人加速起事，并济以大量经费。但沪事一直无头绪，而居正组建东北军工作却进展较快，这就使孙氏更加寄希望于山东。4月4日，他致函居正说：“现在比较各处形势，不特山东为握（扼）要，且党最有望，故欲兄以全副精神对之，期以必占济南，则东北全局，可迎刃而解。”又说：“大约得济南，则两师之军械，一二百万以上之现款，俱可于此间筹取，持此以往，足能号召天下。”[④] 不仅如此，此时梁启超等人正在积极筹组军务院，争取外国的承认，孙中山感到“若彼等政府成立，吾党外交更失地位”[⑤]，要避免这种尴尬局面，党人也须占据类似济南的重要地区，形成足以赶上甚至超过西南护国军方面的势力。所有这些归结起来就是：中华革命党只有迅速造成“足能号召天下”的大势力，才有夺取全国政权

① 见《讨袁史料》（二），“广东讨袁史事”部分，第352—426页。

② 《复居正函》（1916年4月4日），《孙中山全集》第三卷，第262页。

③ 《致直鲁晋省革命同志函》（1916年3月13日）、《复居正函》（1916年3月13日），《孙中山全集》第三卷，第247、248页。

④ 《复居正函》（1916年4月4日），《孙中山全集》第三卷，第262页。

⑤ 《致上海革命党人电》（1916年4月4日），《孙中山全集》第三卷，第263页。

的希望。这就是孙中山急于攻取济南的原因。也正是为了使他的党能够“造大势力”，孙氏于 5 月初自日本回到上海。

这时国内形势已趋复杂化。一方面，广东“独立”之后，浙江、陕西相继宣布独立，四川陈宧一再要求停战，军务院也已成立。另一方面，袁世凯命段祺瑞组织“责任内阁”，以应付南方，自己依然以总统自居，毫无退意；冯国璋公开劝袁退位，实际想自己取而代之，而龙济光与广东民军之间、粤桂之间、军务院内部各派之间矛盾重重，险象环生。孙中山发现南方独立各省“实力较弱，内部亦不巩固。反观袁派形势，仍较南方为强”，“即便在今日南方独立各省人士中，亦不乏动辄自甘妥协之趋势”。他认为，“欲求达共和之目的，倒袁为必经之路”，“若民党势力只如目前，即侥幸以何等妥协了局，则必比前此之南北议和为更不逮”，情况显然不像自己原来估计的那样乐观。“大敌当前，不宜立异”，他“决定赞助南方，共同讨贼”①。并公开宣言：“文始意以为既已负完全破坏之责，故同时当负完全建设之责。今兹异情，则张皇补苴，收拾时局，当世固多贤者。苟其人依约法被举，而不由暴力诈术以攫取之，则固与国民所共承者也。”“袁氏未去，当与国民共任讨贼之事；袁氏既去，当与国民共荷监督之责，决不肯使谋危民国者复生于国内。”② 孙中山这时仍积极筹划组建两师革命军以“取齐鲁而迫燕赵”，但其用意在“与南方相互并进”，“一当袁氏”③，而不是以单独夺取政权为既定目标。可见，当孙中山回到国内后，立即改变了由其党单独夺取和掌握政权的构想，而是后退一步，采取和军务院相同的立场，以便共同推倒袁世凯，恢复原有的共和制度，并且准备倒袁后自居于在野地位。这是一个重大的转变。在军务院明显排斥中华革命党人的情况下，孙中山实行这种转变自然很不容易。然而，“欲求达共和之目的，倒袁为必经之路”，当发现自己的力量甚至不足以倒袁时，孙氏实行这种转变又是很自然的，表现了一个卓越政治家的机智与魄力。

---

① 《致田中义一函》(1916 年 5 月 24 日)、《致黄兴函》(1916 年 5 月 20 日)，《孙中山全集》第三卷，第 295、289、290、288 页。

② 《讨袁宣言》(1916 年 5 月 9 日)，《孙中山全集》第三卷，第 285 页。

③ 《致田中义一函》(1916 年 5 月 24 日)、《致黄兴函》(1916 年 5 月 20 日)，《孙中山全集》第三卷，第 295、289、290、288 页。

“非真民党，不能任维持共和”，这是孙中山从辛亥革命的惨痛失败中得出的结论。这个结论含有一定的真理性，即只有真正的民主派掌握政权，才能真正建设民主国家，要警惕和防止政权落入口喊共和，实行专制的假民党手中。然而，《中华革命党总章》的一些规定表明，这个结论也会导致一党包办民主，甚至导致以党的领袖个人独裁为形式的专制主义。不过在当时这还是一种潜在的危险，而这个结论所包含的上述真理对争取民主却具有重要的现实意义。可是，正像梁启超建立根据地的图谋成为泡影一样，孙中山夺取政权的计划也终于落空。这都是因为他们手中没有足够的实力。这是中国民主派的不幸，也是中国民主运动缺少厚实的社会基础的表现。

“共和宪政非政府所能赐予”

当孙中山和梁启超都在为争取民主而千方百计扩展自己的势力时，一些知识分子却用另一种认识否定了他们建设民主政治的方案，其中表达最明确的是陈独秀。他在1916年2月发表的《吾人最后之觉悟》中说：

> 今之所谓共和，所谓立宪者，乃少数政党之主张，多数国民不见有若何切身利害之感而有所取舍也。盖多数人之觉悟，少数人可为先导，而不可为代庖。共和立宪大业，少数人可主张，而未可实现。所谓立宪政体，所谓国民政治，果能实现与否，纯然以多数国民能否对于政治，自觉其居于主人的主动的地位为唯一根本之条件。①

这就是说，中国的民主政治之所以建立不起来，根本原因在于广大人民缺少民主觉悟，自处于政治生活之外。因此，他号召人们“使吾国党派运动进而为国民运动”。

人民缺乏民主意识和参政能力，是中国民主政治难以实行的根本原

① 原载《青年杂志》第1卷第6号，引自《五四运动文选》，生活·读书·新知三联书店1959年版，第15、16页。

因，这一点梁启超自清末以来就不断地指出过。他由此得出的结论是必须首先实行“开明专制”即“贤人政治”。孙中山在“二次革命”失败后也深感“中国人民知识程度之不足”，而他从中总结的经验是要革命党实行一党独裁，实际上是党的领袖独裁。二者都意味着运用专制的手段引导人民走上民主轨道。与他们的看法根本不同，陈独秀认为“共和宪政”只能出于多数国民的充分自觉与主动参与，无论“贤人政治”还是某个党派的包办都不可能使它真正实现。他说：

> 是以立宪政治而不出于多数国民之自觉，多数国民之自动，惟日仰望善良政府，贤人政治，其卑屈陋劣，与奴隶之希冀主恩，小民之希冀圣君贤相施行仁政，无以异也……夫伟人大老，亦国民一分子，其欲建设共和宪政，岂吾人之所否拒？第以共和宪政，非政府有所能赐予，非一党一派人所能主持，更非一二伟人大老所能负之而趋。共和立宪而不出于多数国民之自觉与自动，皆伪共和也，伪立宪也，政治之装饰品也，与欧美各国之共和立宪绝非一物。①

这里对梁启超特别是孙中山主张的批评是很明显的。这个批评触及中国民主化过程中一个复杂而微妙的问题，即一方面需要自上而下地对人民施行民主政治的训练，另一方面又需要自下而上的人民参与政治的自觉与自动，不能由政府、伟人包办政治，以免堕入新的专制主义。梁启超和孙中山上述主张着眼于前一方面，而陈独秀强调的是后一方面，各有各的道理。然而，在当时广大人民政治上、思想上还受着封建专制主义严酷统治的时候，陈氏如此鲜明地反对政治恩赐的观点，却有着思想启蒙的巨大进步作用。在此之前，只有朱执信提出过类似观点。

1914 年 8 月，朱执信在《革命与心理》中指出：“政治之改良，实恃人民之认政治为一己之事，乃能进而不止”，因为民主政治原是人民“为己之事，用己之力，决己所从”。他认为，让人民在政治上自觉到自己的责任、利害与力量，并据此要求政治家的作为，比政治家（包括革命党）

---

① 《吾人最后之觉悟》，《五四运动文选》，第 16 页。

包办政治、恩赐人民要好得多。[1] 就反对政治恩赐观点这一点来说，朱执信的这种见解和上述陈独秀的观点是完全一致的，但在下述两个问题上朱与陈还有重要的区别。

第一，朱执信上述政治原则的着眼点在于人民整体的利益与意志，而不是个人自由权利，因之内容比较笼统空泛，缺少批判封建主义思想传统的锋芒。与此不同，陈独秀认为民主政治的根本在尊重与保障“个人独立自主之人格”和“平等自由之人权”。因而他认为，为了实行民主政治，中国人民既要有“政治的觉悟”即民主的自觉，又须有“伦理的觉悟”，即破除封建主义等级观念与奴隶主义的束缚，树立“自主自由”“人权平等”的新观念。“盖共和立宪制，以独立、平等、自由为原则，与纲常阶级制为绝对不可相容之物，存其一必废其一。”[2] 这种完全以个人自由权利，而不是以笼统的国安、民利为价值准则来衡量和肯定民主政治的观念，是当时中国民主思想的一大进步。这个进步开始出现于“二次革命”后的护国反袁时期。除陈独秀外，还不同程度地表现在黄远庸、蓝公武、李大钊等人的著作中。特别是李大钊 1916 年 5 月发表的《民彝与政治》，不仅尽情地抨击了中国旧文化、旧传统对个人才智的锢蔽和对自由思想的压制，而且对“立宪政治基于自由之理”进行了多方面的阐述。他说：“意念自由”对人人都重要，而“此类意念自由，既为生民之秉彝，则其活动之范围，不至轶越乎本分，而加妨害于他人自由以上。苟不故为人为之矫制，俾民庶之临事御物，本其夙所秉赋涵修各自殊异之知能，判其曲直，辨其诚伪，校其得失，衡其是非，必可修一中庸之道，而轨纳于正理，决无荡检逾闲之虞也。由是言之，政治之良窳，视乎其群之善良，得否尽量以著于政治”，而后者“则又视乎其制度礼俗于涵育牖导而外，是否许人以径由秉彝之诚，圆融无碍，而为象决于事理得失利害之余裕”。这里虽然含有性善论的天真，对西方自由之理的说明也不如陈独秀的明快，但强调对个人意志自由的尊重只会带来政治的进步，而不会造成社会

---

① 《朱执信集》上集，中华书局 1979 年版，第 212—214 页。

② 见《敬告青年》《一九一六年》《吾人最后之觉悟》等文，《五四运动文选》，第 1—17 页。

的混乱，这样坚决地肯定个人的价值，把民主和自由融为一体，正好击中了当时民主派政治家们只谈民主治国，不谈（甚至忌谈）个人自由的通病。

第二，在朱执信看来，人民的民主觉悟对于夺取政权后巩固共和制度是不可缺少的，但对眼前的革命却没有实际意义。他认为，就促进反袁革命的效果说，启发人民的政治觉醒太费时日，反不如利用人民政治上的盲从来得快。① 因而在反对袁世凯封建专制主义政权的斗争中，朱执信和中华革命党都只热衷于搞军事投机，而不重视民主主义的启蒙宣传。与此相反，陈独秀等人则把广大人民的民主主义觉醒看作战胜和廓清封建专制势力，建设民主国家的基础。李大钊说："推原祸始，妖由人兴，孽由自作。民贼之巢穴，不在民军北指之幽燕，乃在吾人自己之神脑。是则犁庭扫穴之计，与其张皇六师，永事戒备，毋宁各将盘营结寨，伏于其脑之'神武'人物，一一僇尽，绝其根株而肃清之。"② 朱氏是着眼于革命过程的现实需要——推翻封建专制政权是一场须有巨大实力的迫切而艰难的斗争，不是单凭启发人民觉悟就能成功的，何况人民的启蒙很难测定以何者为度。陈独秀、李大钊等着眼于革命的内容与目标，即建设民主的现代的国家和社会——没有普遍的民主觉醒，人民还甘伏于封建奴隶主义与蒙昧主义之中，怎么能够保证革命的胜利，以及胜利后所建设的国家与社会一定是民主的呢？二者各有道理，各有所重。

如果说，上述朱氏和陈氏的第一项区别，反映了看待人民权利问题上的整体与个体矛盾的话，那么他们间的第二项区别，以及前文所说的孙中山、梁启超同陈独秀看法上的差异，就表现了认识中的革命与民主、手段与目标、现实与理想的矛盾。

这种革命与民主、手段与目标、现实与理想以及整体与个体的矛盾，是近代中国社会变革中不断出现的思想现象和实际现象。历史表明，对如何恰当地统一这种矛盾的不断探索，乃是中国民主化的必经过程。

---

① 见《革命与心理》，《朱执信集》上集，第 203—207 页。

② 《民彝与政治》，《李大钊文集》上册，人民出版社 1984 年版，第 166 页。

略论中国近代的人口城市化问题*

行　龙

人口城市化是历史发展的必然产物，也是愈益引人注目的现实问题。在全球范围内“人口爆炸”的当今社会，如何实现具有中国特色的社会主义性质的人口城市化，是我们现代化建设过程中必须认真解决的问题。

如同历史人口是现代中国人口发展的直接基础一样，中国现代城市也是近代城市的继承和变革。在半殖民地半封建的近代社会，中国的人口城市化，走过了一条独特的、具有浓厚殖民地色彩的发展道路，也带来了一系列严重的城市人口问题。本文拟对此略加论述，以期抛砖引玉，就教于方家。

一

首先，有必要对我国人口城市化的历史过程作一个简略的回顾。

人口城市化，是指人口向城市或城镇地带集中的过程。① 这个集中化的过程具体表现为两种形式：一是城市人口的规模不断扩充，二是城镇数目的日益增多。大体说来，在近代以前漫长的历史过程中，中国的人口城市化在规模与数量上均居于世界的领先地位。

---

* 本文原载《近代史研究》1989 年第 1 期。

① 城市，或城镇，各国历来划分标准不一。结合中国近代实际，本文以居民 5000 人为城市标准，但传统的集镇仍以“镇”而行文。

从城市人口的规模上来看，中国不仅是世界范围内城市出现最早的地区，而且是首先拥有数十万乃至百万人口以上大城市的国家。早在战国时期，齐都临淄已经是拥有 7 万户人家、壮年男子 21 万人的都市。魏晋南北朝时期的建康（今南京），至梁武帝时已有 28 万户，人口当在 100 万人以上。之后，隋都洛阳，唐都长安，两宋时期的开封、杭州，明清时代的江宁、北京等，都曾是世界历史上人口规模很大、城市经济文化高度发达的赫赫有名的名都大邑。此外，在封建社会中，我国南北各地还兴起了许多商业和手工业相当发达，城市人口数量可观的中等城市。而汉时期“燕之涿、蓟，赵之邯郸，魏之温，韩之荥阳，齐之临淄，楚之宛丘，郑之阴翟，三川之‘二周’，富冠海内，皆天下之名都也”[①]。唐代的扬州和益州商业十分繁盛，时人称“扬一益二”。明代景德镇、汉口、佛山、朱仙镇并称“四大镇”。与此相较，西方城市人口规模却十分有限，整个中世纪，西方最大的城市是威尼斯，1363 年其人口也仅 7.8 万人。米兰人口在 11 世纪据说有 30 万人，但其中还有许多乡村人口包括在内。[②] 中国以外的第一个有 100 万人口的城市是伦敦，但它直到 19 世纪后才达到这一水平，即使与南京相比也相差 1500 多年。

从城镇数量和城镇人口比重上来看，中国也是居于世界前列的。著名的神圣罗马帝国中世纪曾称雄于欧洲，城市化的建设也发展较快，而它当时的大小城镇只有 3000 个，其中 2800 个仅有人口 100—1000 人，其余规模更属有限。[③] 1800 年，世界城镇人口的比重为 3%，而中国自唐至明城镇人口的比重都曾达到 10% 左右。盛唐时期，在全国新设 100 多个县镇，城镇总数达到 1000 个以上，除洛阳、长安东西两都而外，尚有 12 道治，70 个府州级城市和 11 个商都。有人曾经作过估计，唐代八大城市（洛阳、长安、扬州、成都、广州、泉州、明州、登州）人口总数将近 350 万人，加上其余的 1000 个中、小城镇，全国城镇人口比重占到 10%。宋代人口城市化的速度仍在加快，新发展起来的城镇有 80 处，拥有 10 万户的城市

① 《盐铁论》。

② 汤普逊：《中世纪经济社会史》中译本，商务印书馆 1963 年版，第 17 章。

③ 参见胡焕庸等《世界人口地理》，华东师范大学出版社 1982 年版，第 154 页。

由唐代的10余个增加到40个。[①] 明代大中型城镇数量增加到100个，小城镇超过2000个，农村集镇发展到4000—6000个。[②]

鸦片战争之前，经过清初的经济恢复，乾嘉之际的农业、手工业和商业的发展水平均已超出明代的高峰期，同时明末清初即以出现的资本主义萌芽继续得以发展，清代的人口城市化也进入了一个新的发展时期。当时，北京、苏州、南京、扬州、杭州均成为国内第一流的大城市，北京人口在明代的基础上突破100万人大关。苏州“郡城之户，十万烟火。郊外人民，合之州邑，何啻百万”[③]。如果每户以5口计算，郊区除外，苏州城内人口也不下50万人。汉口“户口二十余万，五方杂处，百艺俱全”[④]。扬州城内“四方豪商大贾，鳞集麇至。侨寄户居者，不下数十万”[⑤]。佛山人口也达到10余万人，“实岭南一大都会”[⑥]。此外，广州、福州、天津、上海等地也是工商业繁盛、人口聚集的大城市。美国学者斯金纳尔在他主编的《中华帝国晚期的城市》一书中，曾对清代中国城市人口作了定量研究，据他估计，鸦片战争前后，除台湾和东北外（事实上，新疆、青海、西藏也未计入），当时超过2000人口的城镇有1653个，城镇人口2072万人，占总人口的5.1%。[⑦] 斯金纳尔的估计可能偏低，但即使如此，这样的城市人口比重在当时也是居于世界前列的。

应当指出的是，在漫长的封建社会历史中，中国的人口城市化进程波动性是十分明显的。由于中国封建城市是政治统治的中心，因此，在连绵不断的战乱之中，城市首先是敌对双方致力争夺的目标，所遭受的破坏往往比农村为甚，每次战乱必然带来城市人口亡失严重的后果。咸阳、洛阳、南京、扬州等名都大邑，不同时期均遭受过毁灭性的破坏，都有其起伏盛衰的悲壮历史。因此，中国的封建城市人口一直伴随着社会的治乱而

① 见胡焕庸等《中国人口地理》上册，华东师范大学出版社1984年版，第248—249页。
② 郑宗寒：《试论小城镇》，《中国社会科学》1983年第4期。
③ 《皇朝经世文编》卷三十三，沈寓：《治苏》。
④ 《皇朝经世文编》卷四，晏斯盛：《请设商社疏》。
⑤ 《乾隆淮安府志》卷十三，盐法。
⑥ 乾隆《佛山忠义乡志》卷一，《佛山镇论》。
⑦ 参见胡焕庸等《中国人口地理》上册，华东师范大学出版社1984年版，第254页。

出现大幅度的波浪式运动，就大部分时间来讲，或者处于缓慢的恢复过程，或处于相对的停滞阶段，人口城市化达到高水平的时期是比较短暂的。不能否认的是，即使是短期，中国的人口城市化也是居于世界领先地位的。

二

鸦片战争之后，中国步入半殖民地半封建的社会，人口城市化也进入一个新的发展时期。与西方资本主义国家相比，中国的人口城市化不仅失去了那种长期以来居于世界前列的领先地位，而且大大低于世界人口城市化的发展水平。与近代中国的社会发展相一致，人口城市化的进程明显地落伍了。

考察中国近代的人口城市化进程，我们可以把它具体分为两种类型。

一类是人口城市化相对缓慢，甚至落后于以前的城市。这类城市在长期的封建社会历史中，或由于所处地理位置和作为政治中心而显得十分重要，或因为商业、手工业的发达而繁盛，进入近代以后，在资本主义政治、经济侵略之下，这批城市开始被新的资本主义工商业或位于新交通沿线上的城市所取代，逐渐失去了以前的优越地位，成为相对衰落的城市，人口城市化的速度相对缓慢，有些甚至有停滞和倒退的现象。大运河沿线的一批城镇，包括山东临清、德州、济宁，江苏的淮阴、淮安、扬州，上海附近的浏河、嘉定，浙江的南浔等地都曾是运河沿岸工商业繁盛、人口聚集的名城大镇，近代以来，随着漕运业的衰退和商业的衰落，人口也大量减少，如山东德州曾是古运河沿岸的一大重镇，明清之际这里即“烟火万家”，进入近代以后，“商埠开而京道改变，漕运停而南舶不来”，商务萧条，人口大减。宣统时期德州人口也仅 175816 人。① 苏北重镇淮阴，地处大运河沿岸，早在隋唐时期就是著名的“淮、扬、苏、杭”四大城市之一，清前期人口曾达 50 余万人，随着近代海路运输的兴起和黄河的改道，

① 宣统《德州乡土志》。

昔日繁荣的商业趋于萧条，人口也大量减少。[①] 铁路的修筑、新兴工商业城镇及近代大城市的崛起，迫使原来人口密集的工商业城镇受到排挤而走向衰落，上海附近的城镇最为典型，从方志史料记载来看，上海县的江桥镇曾是“上海、嘉定水陆交通要道，市面虽不甚旺，而环镇村落，实视此为中心点。乃自铁路开行以来，绕越镇东，要道变为僻径，故失过客买卖之利”[②]。嘉定县的真如镇“其地近黄海，为嘉（定）、上（海）两邑往来孔道”，是一个商业颇为发达的重镇，近代以来“日形式微”，“盖以往昔外界商埠稀辟，乡人贸易都麇集于此，今则东有新闸，东南有小沙渡，南有曹家渡，西南有北新泾，店肆林立，气象日新，较之真如固守旧式者，相差远甚”。真如的地位被其所代，人口也处于停滞状态，宣统时期真如人口也仅 18979 人。[③] 奉贤县的泰日桥镇，“跨运盐河两岸，居民相望，亦东北一巨镇……自光绪二十七年采取官运后，市沈顿衰”[④]。他如上海县的法华镇，宝山县的月里浦、高桥镇，嘉定县的黄渡镇及南门、东市，南汇县的周浦镇、下沙镇，青浦县的大、小蒸镇等，均由此而处于衰落的地步。

原来作为封建政治统治中心的一批城市，在近代基本处于停滞的状态，人口城市化也相当缓慢。这些城市包括都城北京和一些省城，西安、南昌、长沙、成都、太原、兰州等城市均属此类。北京历经辽、金、元、明、清各代，一直是封建王朝统治的政治文化中心，进入近代以后，它虽然也在局部上发生了变化，但城市的规模基本没有多大发展，人口增长的速度相当缓慢，清代前期北京已成为拥有 100 万人口的大城市，宣统年间内城人口，包括居民和 11 旗也仅 637776 人。[⑤] 西安人口在唐代已超出 100 万人，宣统时期咸宁、民安两县城关人口也不过 11 万多人。[⑥] 成都城市人

---

① 参见《中国城市建设史》，中国建筑出版社 1982 年版。

② 光绪《上海乡土志》第十七课，江桥镇。

③ 民国《真如志》卷一，舆地志，户口，引自《近代上海地区方志经济史料选辑》，上海人民出版社 1984 年版。

④ 民国《奉资县志稿》，疆域。

⑤ 见《北京史》，北京出版社 1985 年版。

⑥ 宣统《咸宁长安两县续志》。

口在宣统时期为 327185 人[①]，1919 年太原人口为 42672 人[②]，人口规模都是十分有限的。

另一类是人口城市化速度发展十分迅速的新兴城市。由租界和商埠发展而来的城市占此类城市的很大比例。从 1842 年《南京条约》签订之后，帝国主义列强利用各种不平等条约，在中国强行开辟租界，发展商埠，到 1919 年五四运动前，帝国主义在中国共设立商埠 92 处，在 23 个城市开辟了租界和租界地。[③] 帝国主义把这类城市作为侵略中国的据点，倾销商品、设立工厂、创建银行、建立文化教育机构，使得这批城市畸形地发展起来，人口也很快地聚集起来，并出现了上海、汉口、天津、广州等特大城市。如上海在开埠以前人口为 55 万人左右[④]，1845 年英、法、美先后在此强行建立租界，1862 年上海人口即发展到 60 万人左右，1905 年达到 135 万人左右，1920 年达到 200 万人左右，成为世界上人口数量最多的特大城市之一。[⑤] 广州人口 1891 年约为 180 万人，到 20 世纪初即达 240 万人。[⑥] 其余强设租界和辟为商埠的城市人口增加也相当迅速。如胶州湾在 1898 年《胶澳租界条约》签订之前人口 8.3 万余人，“自开埠以后，全区人口逐年增加，市内尤甚”，1910 年即达 16 万人。[⑦] “烟台人口在十九世纪末十年增加了一倍”[⑧]。自 1872 年到 1894 年汉口人口由 60 万人增加到 80 万人，九江由 40 万人增加到 53 万人，福州由 60 万人增加到 100 万人，宜昌、芜湖等地都有大量的人口增加。[⑨] 海关报告曾保留了 20 世纪初期各通商口岸城市的人口数字，兹录于下：“广东 850000 人；汉口 850000 人；天津 700000 人；杭州 700000 人；福州 650000 人；上海 620000 人；苏州

① 施居文：《四川人口数字研究之新资料》，见《清代四川财政史料》上，四川省社会科学院出版社 1984 年版，第 38 页。

② 《现住户口与面积之比》，《山西省第二次人口统计》。

③ 据严中平等编《中国近代经济史统计资料选辑》，第 41—56 页。

④ 《上海研究资料续集》，第 577 页。

⑤ 《上海人口志略》，第 6—8 页。

⑥ 孙毓棠编：《中国近代工业史资料》第二辑下册，第 1172 页。

⑦ 民国《胶澳志》卷三，民社志，户口。

⑧ 孙毓棠编：《中国近代工业史资料》第二辑下册，第 1173 页。

⑨ 见姚贤镐编《中国近代对外贸易史资料》第三册，第 1637—1640 页。

500000人；重庆300000人；宁波250000人；南京235000人；镇江140000人；芜湖102000人；厦门96000人；温州80000人；沙市80000人；九江62000人；芝罘（烟台）60000人；梧州52000人；牛庄50000人；宜昌40000人；汕头88000人；琼州35000人；岳州20000人；龙州20000人；北海20000人；思茅14000人；蒙自12000人；三都澳8000人；三水5000人”[①]。虽然这个资料的人口数字不一定十分准确，但它为我们提供了一个基本的数据，从中可以看到这类城市的人口规模是相当可观的。

由于铁路的兴建和资本主义工商业的发展而兴起的一批新兴城镇，人口城市化的速度也十分迅速。如东北地区在1902年以前拥有20万人口的城市仅有2个，东清铁路修建后，沿线产生了一批人口聚集的新兴城市，到1915年，拥有10万—20万人口的城市发展到3个，5万—10万人口的城市3个，3万—5万人口的城市10个，1万—3万的城市34个。[②] 哈尔滨原来是松花江右岸的几个自然村，1898年俄国人开筑铁路使其急剧兴起，1900年聚居者即达2万人，再过5年，增至10万人。[③] 边境地区也因铁路的兴建出现了一些新兴城市，如云南昆明，“自滇越铁路通后，商务渐臻繁盛，外省及外县之商人接踵而至，故人口总数逐年皆有增加”[④]。另外，由于资本主义工商业的发展，广大内地也兴起了一批城镇。南通、无锡这样因本国资本主义发展而兴起的中等城市自不待说。一些较小的城镇也在大城市工商业的带动下迅速发展起来，上海附近的城镇最为典型，当上海取代广州而成为中国第一大城市之后，附近的城镇也很快成为人口集中的目标，如曹家渡同治初年仍“地甚荒僻，绝少行人”，光绪年间开办缫丝厂、面粉厂等“招集男女工作，衣于斯，食于斯，聚居于斯者不下数千人……鳞次栉比，烟火万家”[⑤]。南汇县的万祥镇“昔本无市”，光绪以后“市面日渐繁盛……有花、米、榨油等工厂，港南有善堂，有学堂，廓然

---

① 《大公报》1902年9月4日。

② 参见宓汝成《帝国主义与中国铁路》，上海人民出版社1980年版，第601页。

③ 同上书，第601、602页。

④ 民国《昆明市志》。

⑤ 民国《法华乡志》卷一，沿革。

大规模之市镇焉”[①]。全国各地因此而兴起的城镇当为数不少。

就上述两类城市综合起来看，中国近代的人口城市化速度是十分缓慢的，与同时期西方资本主义国家的人口城市化速度也是不能比拟的。斯金纳尔估计，从 1843 年到 1893 年，中国城镇由 165 个增加到 1779 个，城镇人口由 2072 万人增加到 2351 万人，城镇人口在总人口中所占比例由 5.1% 提高到 6%。[②] 与此相比较，19 世纪后半期正是西方资本主义国家人口空前增长和飞速城市化的时代。在人口城市化发展最为迅速的英国，1801 年 5000 人以上的城镇仅有 106 个，城镇人口占总人口的 26%；1851 年全国城镇数目达到了 265 个，城镇人口所占比率上升到 45%；1891 年城镇数目增至 622 个，城镇人口所占比率又上升到 68%。[③] 美国在 1790 年仅有 24 个城市，1890 年猛增至 1348 个，城镇人口在同期内由 5.1% 上升到 35.1%[④]，世界城市人口的比率从 1800 年的 1% 上升到 1900 年的 13.6%。[⑤] 与此同时，欧美资本主义国家正涌现一批人口规模巨大的近代化城市，1901 年纽约人口发展到 344 万人，伦敦人口这时已超过 658 万人，是世界上前所未有的特大城市，100 万人以上人口的大城市在当时世界上就有 8 座。[⑥] 显而易见，半殖民地半封建近代中国的人口城市化速度是远远地落伍了。

三

人口城市化是一个历史的范畴，受社会政治、经济、文化等各种因素的制约，不同的社会具有其特定的人口城市化道路。半殖民地半封建时期的中国人口城市化，不仅走过了一条与西欧资本主义国家完全不同的道路，而且带来了一系列严重的城市人口问题，这是需要进一步探究的

① 民国《南汇县志》卷一，疆域志，市镇。

② 参见胡焕庸等《中国人口地理》上册，华东师范大学出版社 1984 年版，第 254 页。

③ 引自《国外城市科学文选》，贵州人民出版社 1984 年版，第 12 页。

④ 见胡焕庸等《世界人口地理》，华东师范大学出版社 1982 年版。

⑤ 见邬沧萍主编《世界人口》，中国人民大学出版社 1983 年版。

⑥ 见胡焕庸等《世界人口地理》，华东师范大学出版社 1982 年版。

问题。

资本主义国家的人口城市化是近代工业发展的产物。大致从18世纪下半叶开始，西方资本主义国家，尤其是英、法、美等国在经过了资产阶级革命和工业革命之后，社会经济以前所未有的速度迅猛发展起来。近代的机器大工业生产以及资本主义商品货币关系的日益扩展，使资本主义城市不仅成为政治文化中心，而且首先成为经济活动的中心。同时，农业生产中大机器的采用，社会化农业生产以及土地的牧场化，都使众多的农业和手工业者被排挤出土地而成为“潜在的过剩人口”，这样，“人口也象资本一样地集中起来”①，大大加快了人口城市化的进程。正如马克思所说的那样：“人口向城市不断移住，农村因租地集中，耕地牧场化，以及机器等等而不断人口过剩化，农村人口因拆毁小屋而不断被驱逐，这种现象是同时并进的。”② 可以说，资本主义国家的人口城市化是在资本主义城市和农业资本主义高度发达的过程中进行的。

中国近代的人口城市化却走上了一条与西欧资本主义国家完全不同的道路。在半殖民地半封建的近代中国，农业并没有资本主义化，帝国主义和封建主义的残酷剥削和压迫，促使自给自足的自然经济结构逐渐走向解体，农村经济的日益衰败，使得广大农民和手工业者被剥夺了生产资料，而成为一无所有的过剩人口，迫于生计，成千上万的农业过剩人口不得不涌向城市。然而，在资本主义奴役之下形成的中国近代城市，既是列强掠夺中国的基地，又是他们的商品输出市场，先天的不足使中国近代城市根本无法容纳大量的过剩人口。这样，并不像资本主义那样“大机器工业把愈来愈多的人口从农业吸收到工商业方面来”③，而是农业生产的衰退把众多的人口排挤到城市中来，中国近代的人口城市化就这样步履艰难地走了过来。

迥异不同的发展道路，决定了中国近代的人口城市化必然带有浓厚的殖民地色彩，同时会有严重的城市人口问题伴随而来。半殖民地半封建中

① 《马克思恩格斯全集》第二卷，第300页。

② 《马克思恩格斯列宁斯大林论人口问题》，商务印书馆1960年版，第30页。

③ 《俄国资本主义的发展》，《列宁全集》第三卷，第503页。

国近代的城市人口问题是十分突出的，它给社会生活带来的影响也是严重的。

第一，失业人口数量庞大。城市失业人口的数量是与城市人口的骤然增加分不开的，在半殖民地半封建的中国近代社会，城市工商业的微弱发展，不可能吸收为数众多的过剩人口，这样，被迫离开农村的成千上万失业者在涌进城市之后仍然避免不了失业的厄运。进一步仔细考察，可以发现在战乱和饥荒时期是城市人口增长最快的时期。如太平天国革命时期，江浙一带的地主、豪绅、富商慑于疾风暴雨的革命形势，纷纷逃亡上海，托庇于租界，而广大农民为逃避兵役战祸及谋食求生，也大量涌进上海，使上海人口，尤其是租界内人口数量猛然增加。外国人这样估计说："1853 年上海租界内住有中国人约五百名，自 1853—1854 年，因小刀会占领上海县城，发生战争，避难移入租界的人数激增。接着太平军来攻，1860 年租界人口一跃而达三十万人，至 1862 年租界内中国居民已达五十万人。"① 在义和团运动期间，北京的人口虽然死亡甚多，但"四乡来者日众，故居民大数，较战乱前时并不见少"②。饥荒时期也是成千上万破产农民成群结队涌向城市的高峰期，比如，19 世纪 50 年代末，"其时黄河决口，江苏北境竟成泽国，人民失业，无家可归者，无虑千万，咸来上海就食"③。江苏北部农村的农民"每至荒年，辄扶老携幼，谋糊口于苏（州）城，相沿成例"④。20 世纪初，浙江农业歉收，"省城骤添数万人"⑤。宣统年间，"各省偏灾迭见，米价均异常腾涨，江、浙、沔、淮、泗之间，嗷嗷之声，达于比户。而淮安、扬州、江宁、平湖、海州等处，老弱流亡，络绎道路，或数百人为一起，或数千人至万人为一起，汉口乃聚至二十余万"⑥。成千上万的贫苦农民因战乱和饥荒涌向城市谋生，然而，谋生只能

① 《清代上海日侨杂记》，《上海公共租界史稿》，上海人民出版社 1980 年版，第 626 页。

② 黄中慧：《辛丑五月二十九日上庆邸倡议北京善后工艺局说帖》，转引自彭泽益《中国近代手工业史资料》第二辑，第 516 页。

③ 容闳：《西学东渐记》。

④ 《申报》光绪三年（1877）一月初二日。

⑤ 《大公报》1902 年 6 月 20 日。

⑥ 陈雨人：《陈侍御奏稿》卷一。

是一种心愿，城市也并不是乐园，由农村向城市的迁移，并不能改变继续失业的厄运，某种程度上只能使其生活进一步恶化。上海闸北的棚户区就是这座大城市中众多失业者的栖身之地；在天津，“游手好闲之辈，所在多有”①；“长沙省城，人烟稠密，乞丐孔多”②；北京“游民来自远方，觅食之艰竟成流落，旗丁游惰失业者尤众”③；湖北省城汉口，“冶游者车水马龙，昼夜无有止息”④。如此种种，不一而足。失业人口数量庞大，使城市的社会治安混乱，犯罪率增高，给城市人民的生活带来极大影响，这是不言而喻的。

第二，人口职业结构出现畸形。城市人口的职业结构是否合理，不仅是由城市政治、经济及文化发展所决定的，而且会对城市的发展产生极大的影响。半殖民地半封建时期的中国城市是“官绅商学各界，下及雇工负饭之流”的聚集之地⑤，城市人口的职业结构相当复杂多样，但从总体上看，除存在大量的失业人口之外，就业人员中服务性人口所占比例很高，如北京 1908 年内外城人口除去八旗和妇女而外，从业人口共 27 万多人，而官员、士绅、兵勇、书吏、差役、杂业等项就占有 11 万多人。⑥ 另外，城市人口中流氓、地痞、赌徒、乞丐、盗匪、娼妓等所占比例也很高，以娼妓为例，1915 年上海公共租界的明娼暗妓即达 6791 人⑦，北京“妓业加增，光、宣以来，时有消长”，1916 年娼妓人数达到 5500 多人，官方登记过的妓馆数目 391 家。⑧ 这两个数字都属官方的记载，事实上，各种土娼暗妓为数更多。由此可见，半殖民地半封建中国近代城市人口中，消费性、服务性的人口占有相当大的比重，它从侧面反映出中国近代城市不是生产性的城市，而是消费性占主导的城市，这也是半殖民地半封建的社会性质所决定的。

---

① 《大公报》1902 年 9 月 2 日。

② 《大公报》1909 年 4 月 3 日。

③ 见彭泽益编《中国近代手工业史资料》第二辑，第 525 页。

④ 光绪《湖北通志》志二十一，舆地。

⑤ 宣统《上海指南》。

⑥ 参见《北京史》，北京出版社 1985 年版，第 356—357 页。

⑦ 参见邹依仁《旧上海人口变迁的研究》，上海人民出版社 1980 年版，第 37 页。

⑧ 转引自郭箴一《中国妇女问题》。

第三，人口性别比例严重失调。人口性别比例，亦即男女两性人口在总人口数中所占比例，一般来说是平衡的，或几乎是相等的。但在中国近代的城市中，人口性别比例却是严重失调的，这除了“男尊女卑”等封建意识的束缚，使妇女的死亡率比男子高很多的原因之外，主要是由于城市人口大部分是从全国各地迁移而来，而迁入者主要以男子为多，许多人往往将妻小留在农村，自己只身或携带男孩到城市谋生，致使中国近代城市人口性别比例严重失调，男多于女的现象十分突出。上海公共租界1870年到1915年，保留了十年的成年人口性别比例统计数字，其中有六年性别比例均超过200，最高的1870年男子46477人、女子15999人，性别比例为299（即每百名女子与299名男子之比）[①]；天津华界清末男子247432人，女子159420人，性别比例为155[②]；芜湖1915年城区男子52647人，女子39980人，性别比例为132[③]；北京宣统年间内外城共男子506999人，女子254107人，性别比例为199；各商埠的男性比例也都很高，清末福建省南台、厦门、三都各商埠平均男女性别比例为152，江西各属商埠也达189[④]。如此严重失调的人口性别比例，不仅直接影响到城市人口的增长率，而且使众多的男子无以成偶，进而给婚姻家庭生活和社会风气带来一些消极的影响。

除此之外，城市物价腾涨，地价高昂以及交通拥挤，住房困难等问题，都与带有明显殖民色彩的人口城市化道路是分不开的。以物价为例，大量破产农民涌进城市后，更使本来就仰食于农村的城市出现供不应求的现象，城市人民的生活只能是越加恶化，上海、天津、汉口之类的大城市一直是中国近代各种物价最高的地区，中、小型的城市也概莫能外，民国《昆明市志》明确写道：“本市近年人口日增，各物常呈求过于供之象，故物价腾贵，平民生活殊感困难，其极贫之民，竟有糟糠不饱，褴褛不备

---

① 《旧上海公共租界成人男女性别统计》，引自邹依仁《旧上海人口变迁的研究》，上海人民出版社1980年版，第122页。

② 宣统《天津指南》。

③ 民国《芜湖县志》卷二十六，政事志，户口。

④ 《中国经济年鉴》（1934年）第三章，人口。

者。”① 城市人口问题在半殖民地半封建的近代中国，不仅种类很多，而且影响极广，这里就不一一详述了。

当然，中国近代的人口城市化，对城市经济的发展以及城市人口在文化、技术等方面的提高，在客观上也起到了一些积极的作用。各色各样的人到城市定居和从事不同职业，难以估计的社会财富不断流入城市而转化为资本，成千上万无以为生的劳动者涌进城市而出卖劳动力，这些都在客观上刺激着中国近代城市经济的发展。另外，不同省区的人口，包括外国人口迁入城市，不仅带来了一些新的文化和技术，以及新的生活方式和物质文明，而且使城市人口的种族混杂性日益增加，加之城市人口集中，社会组织结构复杂，人际交往范围扩大，必然使城市人口在文化和技术等方面在一定程度上有所提高，进而使城市人口在思想、语言、行为上越来越远离传统的约束，逐渐走上文明的轨道。正如列宁所说的那样，居民离开农村而转向城市，是一种进步的现象。“它把居民从偏僻的、落后的、被历史遗忘的穷乡僻壤拉出来，卷入现代社会的旋涡中。它提高居民的文化程度及觉悟，使他们养成文明的习惯和需要”。②

* * * *

综上所述，我们可以得出以下几点初步的结论。

第一，半殖民地半封建时期的中国人口城市化，不仅失去了在封建社会中的长期领先地位，而且远远落后于当时的世界人口城市化水平。但是，在某些特殊时期，尤其是在战乱和灾荒期间，人口城市化的进程还是相对迅速的。然而，中国近代的人口城市化，并不是由工业化和社会经济的发展引起的，而是在农村经济的衰退和人民流离失所的痛苦过程中进行的，这就决定了近代中国的人口城市化只能走上一条畸形的发展道路。

第二，中国近代的人口城市化具有浓厚的殖民地色彩。外国资本主义侵入之后，一方面破坏了中国自给自足的自然经济基础，另一方面又客观促进了中国城乡商品经济的发展。反映到人口城市化问题上，一方面沿江沿海的大批城市成为帝国主义侵略中国的主要据点，同时

① 民国《昆明市志》，第43页。

② 《列宁全集》第3卷，第527页。

也是人口最为密集的地区；另一方面广大内地城市却大多发展缓慢，有些甚至处于长期停滞状态。人口城市化发展的不平衡使城市的布局和人口的分布也出现了新的不平衡，这是半殖民地半封建的社会性质所决定的。

第三，中国近代畸形发展的人口城市化道路以及浓厚的殖民地色彩，必然带来一系列严重的城市人口问题。失业人口数量庞大，畸形的人口职业结构、男女人口比例失调以及物价腾涨、地价高昂、交通拥挤、住房紧张、治安混乱等问题，都曾给中国近代城市的发展带来严重的社会后果。当然，人口城市化对城市经济的发展以及城市人口在文化、技术等方面的提高，也曾起过一定的积极作用，这也是不可忽视的。

近代化与城市化，这两个过程互为因果的联系是显而易见的，但其中的关系又是十分复杂的。近代化与城市化都离不开人口的增加，但它们反过来又会促进人口的增长。半殖民地半封建时期的中国人口城市化，对中国的近代化发生过怎样的影响，它对现代中国城市人口的发展又产生了怎样的历史后果，我想，这些都有进一步探讨的必要。

曾国藩和传统文化*

杨国强

一　传统文化的最后一个代表

自嘉道之际始，晚清士风渐变。乾嘉诸儒“饾饤琐碎”近百年后，经世致用思潮蓬蓬然而起，促成了学术思想和社会思想的丕变。

曾国藩由“时文帖括之学”取科名①，呼吸于学术思想和社会思想丕变之时。他出自湖湘而受湖湘学人风气的陶铸，矜矜然以“效法前贤澄清天下之志”自别于流俗中人②；他入于词垣而处京华儒林之中，得人文荟萃以破启一个山国士子持“无本之学、寻声逐响”的孤陋。③ 于是而有齐一变至于鲁，鲁一变至于道。

他曾自叙说：“仆早不自立，自庚子（道光二十年）以来稍事学问，涉猎于前明本朝诸大儒之书而不克辨其得失。”闻“桐城姚郎中鼐之绪论”，始开闭塞，而有所谓学问之取经。是以“国藩之粗解文章，由姚先生启之也”④。姚鼐是桐城派宗师，以文鸣于乾嘉之世，而意不仅仅在文辞

---

* 本文原载《近代史研究》1989 年第 1 期。

① 《曾国藩年谱》，岳麓书社 1986 年版，第 2 页；《曾国藩全集》，岳麓书社 1985 年版，家书一，第 87 页。

② 《曾国藩年谱》，第 5 页。

③ 《曾文正公全集·书札》卷一，《复贺耦耕中丞》。

④ 《曾文正公全集·书札》卷一，《致刘孟容》；《曾文正公全集·文集》卷三，《圣哲画像记》。

之间。“其论文根极于性命”，“探原于经训”，多近宋儒宗旨，以为“必义理为质，而后文有所附，考据有所归”[①]。曾国藩师法姚鼐，无疑于词章之学受益孔多。但桐城派以因文见道为家法，他所有会于心的是一种“立言”境界。因此，他一生不能忘情于诗文，而笔下多圣贤，少逸致。由姚鼐之教，曾国藩浸淫乎词章而结缘于性理；之后，他从唐鉴“讲求为学之方”，得“唐公专以义理之学相勖”，将携以入宋（理）学之门。[②] 宋学迂阔，然而它迂阔的道德主义中含结着儒学古老而又常新的人生理想。曾国藩“以朱子之书为日课”[③]，摸索于形而上的“格物致知”“理一分殊”之中，正体现了这种理想感召人心的力量。感召人心的东西同时又锻淬人性，“其为日记，力求改过，多痛自刻责之言”[④]，甚至丑诋及于梦寐：

> 座间，闻人得别敬，心为之动。昨夜梦人得利，甚觉艳羡，醒后痛自惩责，谓好利之心至形诸梦寐，何以卑鄙若此！方欲痛自煎洗，而本日闻言尚怦然心动，真可谓下流矣！与人言语不由中，讲到学问，总有自文浅陋之意。席散后闲谈，皆游言。[⑤]

刻责之下，已无生人之乐。从这里走出来的人不会是一个假道学，他因之而终身都保留着浓重的理学气味。直到二十多年之后，刘长佑还以“做过圣贤功夫”[⑥] 亟称之。曾国藩接受了宋学的性命义理之说，但汉宋交争，多士群鸣，处风会所扇之中又会使他抉破宋学的偏狭。道光二十六年(1846)，他寓居城南报国寺，由日见顾炎武祠而遥想“亭林老子初金声”[⑦]，赞其音训之功。对于音训的赞叹，流露了一种涉足汉学之想。几年以后，他遂“好高邮王氏父子之说”[⑧]，渐得考据章法。曾国藩迟窥汉学门

---

① 《清代七百名人传》，第 1787 页；《曾文正公全集·文集》卷三，《欧阳生文集序》。

② 《曾国藩年谱》，第 7 页。

③ 同上。

④ 同上。

⑤ 《曾国藩全集》，日记一，第 116 页。

⑥ 转引自《清代通史》下卷，中华书局 1986 年版，第 796 页。

⑦ 《曾国藩全集》，诗文，第 60 页。

⑧ 《曾国藩全集》，家书二，第 809 页。

户而又犁然有当于心，以为“欲读周汉古书，非明于小学无可问津”。有志于学者，“不可不一窥（顾炎武、阎若璩、戴震、江永、钱大昕、秦蕙田、段玉裁、王念孙）数君子之门径”。在他的教子书中，汉学是一个大题目：“望尔辈为怀祖（念孙）先生，为伯申氏（引之），则梦寐之际，未尝须臾忘也。”①

以孔学为主流的传统文化，在其两千年的历史演变中曾表现为由原始儒学而汉唐经学，由汉唐经学而宋明理学。它们各自有过自己的合理性和必然性，但又先后替代，显示了各自的别有义蕴。而后的“有清二百余年之学术，实取前此二千余年之学术倒卷而缫演之”②。“倒卷而缫演”不过是两百余年对于两千余年的总回顾。曾国藩出入乎汉学和宋学之间，由汉学以通“经”，由宋学以通“理”，这个过程会产生对儒学精神富有深度的理解。一方面，在守一家之成说者断断于伐异的地方，他看到了不同义蕴中的本来价值，因此，“国藩一宗宋儒，不废汉学”。以此视当日“讲理学者，动好评贬汉唐诸儒而等差之；讲汉学者又好评贬宋儒而等差之”，皆“狂妄不自量之习”。③ 另一方面，熟见“汉宋二家构讼之端”，又使他深憾于“后之见道不及孔氏者，其深有差焉，其博有差焉”。深和博的“有差焉”说明了汉学和宋学并不能尽惬人心。它触发了不甘自囿于汉学和宋学的意识：“窃不自拔，谬欲兼取二者之长，见道既深且博。”④ 其中骎骎乎有着超越汉唐宋明，追溯道之大原的深意。这种深意里包含着向原始儒学归复的趋向。

但儒学并不仅仅是一种学术。就其本义，它“是道也，是学也，是治也，则一而已矣”⑤。从道光十八年到咸丰二年（1838—1852），曾国藩历经翰林院、詹事府、内阁，先后管礼、兵、工、刑、吏五部部务（侍郎）。其间，他“于朝章国故，如《会典》《通礼》诸书，尤所究心”，并“悉

① 《曾国藩全集》，家书二，第809页；家书一，第477、453页。

② 《清代学术概论》，自序。

③ 转引自钱穆《中国近三百年学术史》，中华书局1986年版，第585页；《曾文正公手书日记》，同治七年（1868）三月二十五日。

④ 《曾文正公全集·书札》卷一，《致刘孟容》。

⑤ 龚自珍：《乙丙之际著议》之六。

取则例博综详考，准以事理之宜”[①]。多方面的阅历使他“饱更世故”，目睹种种时病秕政，熟悉和了解了中国社会的多方面。由此产生的忧患意识曾一见于《应诏陈言疏》；再见于《议汰兵疏》；三见四见于《敬呈圣德三端预防流弊疏》《备陈民间疾苦疏》《平银价疏》。忧患意识反映了一个封建知识分子得自儒学的社会责任感：“国藩从宦有年，饱阅京洛风尘。达官贵人优容养望与在下者软熟和同之象，盖已稔知之而惯尝之。积不能平，乃变而为慷慨激烈，轩爽肮脏之一途，思欲稍易三四十年来不白不黑，不痛不痒，牢不可破之习。”[②] 这种社会责任感连接了“学”与“治”，使抱负孔孟之道者蒿目世事多艰，忾然有触于胸中之所积，走向经世致用。道光咸丰年间，中国社会正面临着近代化巨变。但在古老的传统尚未被时代波潮席卷而去的时候，经世致用所寻求的出路不在未来，而在“三代”。所以，曾国藩处蜩塘当中，“退食之暇，手不释卷于经世之务及本朝掌故”，而深以为“经世之道不出故纸之中”。[③] 比之龚自珍“药方只贩古时丹”，正可以见同一种文化造成的同一种社会心理。觅经世之道于“故纸之中”，从另一面同样地表现了向原始儒学归复的趋向。

回归是思想史上常见的现象，但回归的结果从来不过是后人的重塑。曾国藩向原始儒学归复，他所省视的是“礼家”之言：“先王之道，所谓修己治人，经纬万汇者何归乎？亦曰礼而已矣。”是以“六官经制大备，而以《周礼》名书”[④]。在领会了儒学精神的多方面意义和多种内容之后，他从“礼家”之言丰富的包容性里找到了用一元统摄多义的东西，“尝谓江氏《礼书纲目》、秦氏《五礼通考》可以通汉宋二家之结，而息顿渐诸说之争”[⑤]。因此，回归的过程又会是由“多”入于“一”的过程。他说：

> 有义理之学，有词章之学，有经济之学，有考据之学。义理之学即宋史所谓道学也，在孔门为德行之科，词章之学在孔门为言语之

---

① 《曾国藩年谱》，第 12、16 页。

② 《曾文正公全集 · 书札》卷四，《复黄子春》。

③ 《曾文正公全集 · 年谱》卷一；《曾文正公全集 · 书札》卷一，《答雷鹤皋》。

④ 《曾文正公全集 · 文集》卷三，《圣哲画像记》；《曾文正公全集 · 杂著笔记》。

⑤ 《曾文正公全集 · 书札》卷十三，《复夏弢甫》。

科，经济之学在孔门为政事之科，考据之学即今世所谓汉学也，在孔门为文学之科。此四阙一不可。[①]

以义理、词章、经济、考据对应孔门四科，同时是对于义理、词章、经济、考据的归一和统摄："圣人经世宰物，纲维万事，无他，礼而已矣。"[②] 这种对应和统摄能否完全合乎孔夫子当初之意是可议的，但它显示了"姝姝自悦"于一先生之说的门户中人所缺乏的历史眼光。一方面，不同的儒术在对应于孔门四科之中"通结""息争"，融为礼学内"阙一不可"的部分；另一方面，"古无所谓经世之学也，学礼而已"[③]。古代"礼家"之言中的经世之意因包罗了两千年儒学发展结成的精致之物而近时务，成为晚清富有影响的经世之学。

"经世"和"经济"本是同义或近义之词。它们代表了传统文化中以实事求实功的一面。所以，嘉道之际和道咸以来，士大夫倡经世致用者多以事功为指归。严如熤撰《洋防备览》《苗防备览》《三省边防备览》；陶澍"治水利、漕运、盐政，垂百年之利"[④]；林则徐以河工、赈务、盐课施惠于当时，又以禁烟御侮留名于后世，皆其中之尤著者。而魏源助贺长龄辑成《皇朝经世文编》，则以此启一代风气。曾国藩并不漠视事功，常致力于"天下之大事宜考究者凡十四宗：曰官制、曰财用、曰盐政、曰漕务、曰钱法、曰冠礼、曰婚礼、曰丧礼、曰祭礼、曰兵制、曰兵法、曰刑律、曰地舆、曰河渠"[⑤]。但其指归却不仅仅在于事功。与同时代的经世论者相比，他多以"经济"称政事，而以"经世"名礼学，以表述两者广义和狭义的区别。广义的礼学把事功与义理、词章、考据连在一起，构成了曾国藩经世之学的内涵和外延。

他说："自内焉者言之，舍礼无所谓道德；自外焉者言之，舍礼无所谓政事。"因此，"义理与经济初无两术之可分，特其施功之序，详于体而

---

① 《曾文正公全集·求阙斋日记》卷上，《问学》。
② 《曾国藩年谱》，附二，《墓志铭》。
③ 《曾国藩年谱》，附二，《神道碑》。
④ 《清史稿》卷三七九，第11608页。
⑤ 《曾文正公全集·求阙斋日记》卷上，《治道》。

略于用耳”[①]。以“体”“用”论义理和经济，强调的正是道德主义与功利主义在礼学中的胶合。这种胶合所包裹的是非常现实的社会内容和富有深意的用心。有人曾抉其“微意”而言之曰：“国史自中唐以下，为一大变局，一王孤立于上，不能如古之贵族世家相分峙，众民散处于下，不能如今欧西诸邦小国寡民，以与论众意为治法。而后天下乃为举子士人之天下。法律之所不能统，天意之所不能畏，而士人自身之道德乃特重。”所以，“舍经术而专言经世，其蔽有不可言者”[②]。曾国藩的“微意”反映了他对传统文化和传统社会超出侪辈的认识程度。晚清从事经世学的人们咸多“恶夫饾饤为汉，空腐为宋”[③]，而实力讲求“致用”。在他们注目功利之于事的地方，曾国藩同时又看到了道德之于人。他们的功利主义代表了无可怀疑的社会进步性；但当多数士人仍然向慕唐虞之世的时候，曾国藩以道德主义和功利主义胶合，却能够代表儒学“诚意、正心、修身、齐家、治国、平天下”的理想境界，并因之而更具有吸引人心的力量。

义理和经济皆本乎“礼”，然而“礼非考据不明”[④]。就思想史的本来逻辑而言，嘉道之际经世思潮的兴起是对乾嘉考据之学的一种否定。但保存在考据之学中“详其始末”“通其源流”的实证精神和历史精神又是明末清初经世人物留下的绪余。曾国藩着意经世而不废汉学，盖深悟于此中之理。他说：“圣洁膺命巨儒辈出。顾亭林氏著书，以扶植礼教为已任。江慎修氏纂《礼书纲目》，洪纤毕举。而秦树澧氏遂修《五礼通考》，自天文、地理、军政、官制，都萃其中。旁综九流，细破无内，国藩私独宗之。”[⑤] 在当日的汉学人物中，他指“顾（炎武）秦（惠田）于杜（佑）马（端临）为近；姚（鼐）王（念孙）于许（慎）郑（玄）为近，皆考据也”。而“许郑考先王制作之源，杜马辨后世因革之要，其于实事求是

① 《曾国藩全集》，诗文，第 358、443 页。
② 钱穆：《中国近三百年学术史》，第 589 页。
③ 《魏源集》，第 361 页。
④ 《曾国藩全集》，诗文，第 256 页。
⑤ 同上。

一也”[①]。曾国藩推崇这些人“得先王经世之遗意”[②]，然而考“制作之源”和辨“因革之要”又说明，“先王经世之遗意”是在历史的叙述中表现出来的。钱穆是有见于此者，他称曾国藩之“言礼，本之杜马顾秦，亦几乎舍经而言史矣。盖苟求经世，未有不如是”[③]。孔门四科无史学之目，历史意识即系于考据之中。在一个没有政治学的时代里，历史意识包含着政治意识。章学诚所谓“史学所以经世，固非空言著述也”[④]，正言乎此。阅前代典章制度、行政事实而窥成败之理是一个温故知新的过程：曾国藩认为“先哲经世之书，莫善于司马文正公《资治通鉴》。其论古皆折衷至当，开拓心胸。如因三家分晋而论名分；因曹魏移祚而论风俗；因蜀汉而论正闰；因樊英而论名实，皆能穷物之理，执圣之权”[⑤]。“名分”“风俗”“正闰”“名实”都是前事昭示后人的章法和成宪。但前代典章制度、行政事实的记录，又以自身的因革反映了星移斗转、时易势变的代谢。所以，观“因革”会“通变”，这是不同于温故知新的另一面：“所贵乎贤豪者，非直博稽成宪而已，亦将因其所值之时，所居之俗，而创立规制，化裁通变，使不失乎三代制礼之意。”以“不失乎三代制礼之意”为前提，“通变”的本义应在于传统社会的自我改革，但它又内含着向前延伸的可能性。深厚的历史意识赋予曾国藩的经世学以温故知新和因革通变两重秉性。当温故不能知新的时候，通变就会成为故与新嬗递的契机，“所谓苟协于中，何必古人是也”[⑥]。

义理以“立德”为事，经济以“立功”为事；曾国藩置词章之学与两者同序，则志在“立言”：“凡仆之鄙愿，苟于道有所见，不特见之，必实体行之；不特身行之，必求以文字传之后世。”[⑦] 曾门词章之学的传人黎庶昌称为“并功、德、言为一途”[⑧]。曾国藩是于“古文境之美者”深有心

① 同上书，第250、251页。

② 同上书，第256页。

③ 钱穆：《中国近三百年学术史》，第588页。

④ 《文史通义校注》，中华书局1985年版，第524页。

⑤ 《曾文正公全集·书札》卷六，《与罗少村》。

⑥ 《曾文正公全集·书札》卷二十七，《复刘霞仙中丞》。

⑦ 《曾文正公全集·书札》卷一，《致刘孟容》。

⑧ 《拙尊园丛稿》卷二。

得的人，其为文“探源杨、马，专宗退之，奇偶错综，而偶多于奇，复字单词，架厕相间；厚集其气，使声彩炳焕而戛焉有声”[①]，遂别开湘乡一派之局。他因之而成为晚清文学史上留下过影响的人物。但是，列词章之学于孔门四科之一，又会使词章之学具有远比文学更多的意义：“大抵孔氏之苗裔，其文之醇驳，一视乎见道之多寡以为差。见道尤多者文尤醇焉，孟轲是也；次多者次醇焉；见少者文驳焉；尤少者尤驳焉。”[②] “见道”是奇偶复单气声之类以外的东西，然而它又是规定“文”之方圆，并使词章之学入于经世之业的东西。“立言”之旨即寄于此中。一代有一代之言。所以，以文“见道”固非重述往古圣贤的陈词。时人谓曾国藩“尽取儒者之多识格物，博辨训诂，一内诸雄奇万变之中”，“以理学经济发为文章，其阅历亲切，迥出诸先生上”。[③] “阅历亲切”，正是能够“见道”于当世之务的结果。在这个过程里，具体的历史内容渗入了儒学的一般观念；包含于义理、经济、考据之中的经世之“道”借助“文”而表达为一代地主阶级的理论思考。这种思考是传统文化的延续，又是传统文化中的个性。“立德”者未必能够“立功”；“立功”者未必能够“立言”。体现一代地主阶级的理论思考者，同时是一代地主阶级中富于思想者。曾国藩因之而成为晚清思想史上留下过重大影响的人物。

义理、经济、考据、词章在礼学中汇为一体，贯通了久已变为儒学内外两端的道德与事功、经与史、道与文。由此，曾国藩重现了保留于古文化中的“内圣外王”精神。但是，当他代表儒学的时候，他也淡化了儒学与百家之间的界限，“自登第以还，于学无所不窥，九经而外，诸子百氏之书，靡不规得要领”[④]。先秦百家持异说以争鸣，表现了那个时代不同社会利益和社会理想之间的对立。百家又同源于夏、商、周三代远古文化，在对立中维系着种种同一，“其间交互影响之迹，宛然可寻”[⑤]。西汉以后，儒术一统百家，诸子学由是衰微。然而一统和衰微并没有割断同源和同

① 钱基博：《现代中国文学史》，岳麓书社 1986 年版，第 33 页。

② 《曾文正公全集·书札》卷一，《致刘孟容》。

③ 《拙尊园丛稿》卷二，《薛福成选集》，第 239 页。

④ 《曾国藩年谱》，第 254 页。

⑤ 胡适：《中国哲学史大纲》上卷，附录。

一。在某种意义上，儒学之各领风骚者，常正是吸取别家之有心人。清代汉学以“节节复古”为势，六经之外，“所校多属先秦诸子”①，古籍真义赖以渐明。“于是世人方知诸子书中尚有许多可宝之名言快论在。”② 曾国藩生当乾嘉之后，所以，他比前代人物更容易比较儒学与百家，以体会其同源和同一：“周末诸子各有极至之诣，其所以不及仲尼者，此有所偏至，即彼有所独缺，亦犹（伯）夷（柳下）惠之不及孔子耳。”③“偏至”说明了诸子不逮儒学，而“极至之诣”又说明了诸子本通于儒学。他说：“圣人有所言有所不言。积善余庆，其所言者也，万事由命不由人，其所不言者也；礼乐政刑，仁义忠信，其所言者也，虚无清静，无为自化，其所不言者也。吾人当以不言者为体，以所言者为用；以不言者存诸心，以所言者勉诸身。”④ 推而论之，所谓“偏至”而“各有极至之诣”，正在于诸子各自从一面说出了圣人理所必有而言中所无的东西。因此，“大抵理之足以见极者，百家未尝不切合也”⑤。曾国藩是一个孔孟之徒，但他比前代和同时的粹然儒者更深刻地理解诸子思想在经世之学中的价值：“若游心能如老庄之虚静，治身能如墨翟之勤俭，齐民能如管商之严整，而又持之以不自是之心，偏者裁之，缺者补之，则诸子皆可师也，不可缺也。”⑥“治身”是与道德的会融，“齐民”是与政事的会融，而以《庄子》与韩（愈）文并提，举为“平生好读”之书⑦，则是与词章的会融。“偏者裁之，缺者补之”表现了儒学的主体意识，在这种意识的规范下，“诸子百氏”之说皆由异端而成为曾国藩礼学的一端，曾国藩的“布衣交”兼幕府人物欧阳兆熊曾以为“文正一生三变”，即京官时“以程朱为依归”；出办团练军务则“变而为申韩”；第二次守制以后又“一以（黄老）柔道行之”⑧。他看到了曾国藩身上儒术之外的另一面，然而他过于简单地以“三

① 《梁启超论清学史二种》，第49页。
② 《清代通史》中卷，第751页。
③ 《曾文正公手书日记》，咸丰十一年八月十六日。
④ 《曾文正公全集·求阙斋日记》卷上，《问学》。
⑤ 《曾文正公手书日记》，咸丰十年十二月二十一日。
⑥ 《曾文正公手书日记》，咸丰十一年八月十六日。
⑦ 《曾国藩全集》，家书一，第331页。
⑧ 《水窗春呓》，《一生三变》。

变”划而分之，并没有看到这一面与儒术在礼学中的会融。

曾国藩以一身糅合汉宋，并镶接了儒学和百家，其学问关乎此，其事业也关乎此。但是，出现于中世纪和近代之交的这种“糅合”和“镶接”并非中国文化自然发展的结果。作为地主阶级在艰难时世中的自觉者，曾国藩承受着“战战兢兢，死而后已，行有不得，反求诸己”的惕悚；又自厉于“手眼俱到，心力交瘁，困知勉行，夜以继日”的力行。[①] 惕悚和力行包含着来自现实的沉重压力。在章句之学不能沟通畛域的地方，它们会压碎藩篱，破开畛域，于是而有传统文化的兼容并包之局。以理学得名于光宣年间的夏震武曾谓：“儒者学孔孟程朱之道，当独守孔孟程朱，不必以混合儒墨、并包兼容为大也。”[②] 他意在非议曾国藩，然而“独守”造成的矮小，正使他难以懂得“并包兼容”所反映的是传统文化在内忧外患交迫之秋聚汇以应变的历史意向。曾国藩体现了这种意向，因此，在中国社会蹒跚地走出中世纪的过程里，他成为传统文化的最后一个代表。

二 传统文化铸就的多重人格

传统文化的一多相容铸就了曾国藩的多重人格。在 19 世纪，他曾受到过西太后“公忠体国”的褒扬；又被气类全异于西太后的容闳目为“正直廉洁忠诚诸德，皆足为后人模范”之辈。[③] 20 世纪初期，革命家章太炎贬其人，以为“曾国藩者，誉之则为‘圣相’，谳之则为‘元凶’。要其天资，亟功名善变人也”。与章太炎同时的另一个革命家宋教仁却以曾国藩之“是非亡足论，观其识度无忝于英雄”称道之。[④] 异途人物的同调和同途人物的异词，以他们评说之间的矛盾反衬出曾国藩多重人格的矛盾。这是一种无法用一言以蔽之的笔意来加以说明的现象，然而它确乎存在于历史之中。

---

① 《曾国藩年谱》，160 页。

② 《灵峰先生集》卷四。

③ 《西学东渐记》第十三章，《西学东渐记》虽初版于 1909 年，但容闳在书中对曾国藩的评说，应是追叙 19 世纪目见其人的观感。

④ 《章太炎全集》（三），上海人民出版社 1984 年版，第 583、600 页。

（一）“拙诚”和智术

曾国藩晚年作《湘乡昭忠祠记》，返视“吾乡数君子所以鼓舞群伦，历九州而戡大乱”之迹，一归之于“君子之道，莫大乎以忠诚为天下倡”。这是论人，也是自论，由“诚”而“去伪崇拙”[①] 本系理学家言，但在践履久之以后已成为其人格的一面。李鸿章初入曾国藩幕府时，因惮于“每日黎明必有幕僚会食”之苦，曾以头痛辞。而差弁、巡捕络绎来请，不得不披衣踉跄往。薛福成记其事颇能传神：“文正终食无言，食毕，舍箸正色谓傅相曰：‘少荃，既入我幕，我有言相告，此处所尚，惟一诚字而已’。遂无他言而散。傅相为之悚然。”[②] 使李鸿章“为之悚然”的东西无疑在权势和威仪之外。这并不是曾国藩的有心作态。咸丰八年（1858），他再次起复以后在一封信中说过：“余在外未付银至家，实因初出之时默立此誓；又于发州县信中以‘不要钱不怕死’六字自明。不欲自欺其志，而令老父在家受尽窘迫、百计经营，至今以为深痛。”[③] 在一个封建知识分子的道德义务和人子之情之间，存在一种矛盾。由这种矛盾所产生的感情痛苦是真实的，但却不是强加的。当他自愿地选择“不欲自欺其志”的时候，他也自愿地选择了“至今以为深痛”。“拙诚”之义正见于此。在“中兴”人物中，曾国藩“每苦钝滞”[④]，远不是一个才气横溢者。然而他以“拙诚”化“理学迂阔之语”为湘军悍勇之气。[⑤] “每逢三八操演，集诸勇而教之。反复开说至千百语”，“虽不敢云说法点顽石之头，亦诚欲以苦口滴杜鹃之血”。[⑥] 灌溉久之，“朴实山农”悉成“尊上而知礼”的敢死之卒。[⑦] 他又以“拙诚”鼓动气机，聚合了患难中的地主阶级知识分子。当时人谓其“手书告劝乡人士耆老，虽幼贱，必与钧礼”，遂使“山野材

---

① 《曾文正公全集·文集》卷四，《湘乡昭忠祠记》。

② 《庸庵笔记》。

③ 《曾国藩全集》，家书一，第388页。

④ 《左文襄公全集·书版》卷二。

⑤ 《曾国藩全集》，家书一，第539页。

⑥ 《曾文正公全集·书札》卷二，《与张石卿制军》。

⑦ 《湘军志·管制》，第十五。

智之士感其诚，虽或不往见，人口皆以曾公可与言事”[①]。于是，处大地干戈之中，辗转兵闻而“乘运会立勋名者，多出一时章句之儒”[②]。在这个过程里，封建道德的精神力量凝系了封建制度下的社会力量，曾国藩人格中的这一面因之而在近代中国的历史上印下了自己的渍痕。左宗棠后期与曾国藩交恶，而盖棺论定，则以“谋国之忠，知人之明，自愧不如元辅”挽之[③]，表达了一个士大夫对另一个士大夫不为意气易移的推服之心。

但曾国藩并不是一个诚而且愚鲁者。他饱阅人间世态，久知“天下事无所为而成者极少，有所贪有所利而成者居其半，有所激有所逼而成者居其半”[④]。“有所贪有所利”和“有所激有所逼”指出了“拙诚”影响不到的另一端，其言语之中全无理学迂腐气息。曾国藩未必会自居于此，然而在“百废莫举，千疮并溃”之世，因人成事却不能不以此驭人。他善用绅士，心法在于“奖之以好言，优之以廪给，见一善者则痛誉之，见一不善者则浑藏不露一字”，以期劝善者而化不善者。此谓之“少予以名利，而仍不说破，以养其廉耻”。[⑤] 就其初衷言之，“少予以名利”旨在以利成义，但取义与利之间，其用心已近道家之术，这种意思固不仅仅一见于此。咸丰十一年（1861），“祁门军中贼氛日逼，势甚危”，幕府中人已奄奄无气，“众委员亦将行李置舟中”，预为逃避之计。而曾国藩一日“忽传令曰：‘贼势如此，有欲暂归者，支给三月薪水，事平仍来营，吾不介意。’众闻之，感且愧，人心遂固”。[⑥] 以行事窥心术，可以见推己及人之中已隐寓着“有所激有所逼”之意。黄浚因之而称其“性毗阴柔，实师黄老”[⑦]。这是曾国藩人格中的另一面。智术迹近“拙诚”的反义，它表现了一种自觉的表里不一。曾国藩家书中有一段话说：“澄弟办贼，甚快人心。然必使其亲房人等知我家是图地方安静，不是为一家逞势张威，庶人人畏我之威，

① 《湘军志·曾军篇》，第二。

② 《曾国藩全集》，诗文，第 322 页。

③ 《曾国藩年谱》，附二，联。

④ 《曾国藩全集》，家书二，第 1266 页。

⑤ 《曾国藩全集》，家书一，第 342 页；《曾文正公手书日记》，咸丰八年十二月初六。

⑥ 《水窗春呓》，《曾文正公事》。

⑦ 《花随人圣庵摭忆》，上海书店出版社 1983 年版，第 138 页。

而不恨我之太恶。贼既办后，不特面上不可露得意之声色，即心中亦必存一番哀矜的意思。"① 其中半是真话，半是做作。真话与做作之间，显露了一个"拙诚"君子的虚伪。这是同一个灵魂里的矛盾，它又会使身处矛盾之中的曾国藩常为之怅然自失："吾自信亦笃实人，只为阅历世途，饱更事变，略参些机权作用，把自家学坏了。"② 他曾经以为"惟忘机可以消众机，惟懵懂可以祓不祥"③。但"忘机"并不是不知机，"懵懂"也不是本来意义的糊涂颟顸，以此消弭"机权"，不过是一种更深的机权。作为一个有信念的道德主义者，曾国藩并不喜欢机权；作为地主阶级经世事业的惨淡经营者，他又不得不在道德所不能达的地方出入于人世间的机权。两者的背反，显示了其自身不可能超越的两栖人格。

（二）"侠动"和淡泊

王闿运曾在日记中称曾国藩"汲汲皇皇有侠动之志"。然后推论说："因思诸葛孔明自比管（仲）、乐（毅），殊非淡静者，而两者陈义皆以恬淡为宗，盖补其不足耶?"④ 他试图对曾国藩作一番皮相背后的观察，虽语焉不详，而言中不无识见。

书生而谓"侠动"，所指在其慷慨激烈的用世之心。这是曾国藩人格中的又一面。他久以"君子之立志也，有民胞物与之量，有内圣外王之业，而后不忝于父母之生，不愧为天地之完人"自期⑤，以况诸葛亮之自比管、乐，犹为过之。这种用世之心表现了一个封建知识分子的人生抱负，当它面对着上帝教旗帜下的农民战争时，又激变而为"痛天主教之横行中原，赫然奋怒，以卫吾道"⑥ 的使命感。"汲汲皇皇"正现乎此。为使命感所驱动的人是累受抨击而曾不反顾者。曾国藩以"打脱牙和血吞"一语自叙"平生咬牙立志之诀"，说尽个中滋味："癸丑、甲寅为长沙所唾

---

① 《曾国藩全集》，家书一，第176页。
② 《曾国藩全集》，家书一，第363页。
③ 《曾文正公手书日记》，咸丰九年九月十六日。
④ 《湘绮楼日记》，转引自《清代通史》下卷，第770页。
⑤ 《曾国藩全集》，家书一，第39页。
⑥ 《曾国藩全集》，诗文，第233页。

骂，乙卯、丙辰为江西所唾骂，以及岳州之败、靖江之败、湖口之败，盖打脱牙之时多矣，无一次不和血吞之。”① 十数年之间，他不止一次地直面“炮震肉飞，血瀑石壁，士饥将困，窘若拘囚，群疑众侮，积泪涨江”② 的场面，与太平天国一赌生死。在卫道的事业中，他从精神上看破了生死：“余自从军以来，即怀见危授命之志。丁戊年在家抱病，常恐溘逝牖下，渝我初志，失信于世。起复再出，意尤坚定。”③ 孔曰成仁，孟曰取义，他所体现的正是一种儒学的理想人物。为使命感驱动的人又是武健而且严酷者。曾国藩出办团练之初，即以“壹意残忍，冀回颓风于万一”自任，力主“严缚匪党，动与磔死”，虽“寻常痞匪如奸胥、蠹役、讼师、光棍之类，亦加倍严惩，不复拘泥成例，概以宽厚为心”④。他怀抱杀机而动，在激烈的内战里，其戾气造成了东南诸省不可磨洗的血污。这种戾气并非出自天性，所谓“书生岂解好杀，要以时势所迫，非是则无以锄强暴而安我孱弱之民”⑤。然而，比之赋性残酷者的恣睢，它包含着更多经过深思熟虑的意识，并因此而显得更加残酷无情。咸丰十一年（1861），湘军攻破安庆，太平天国守城者“男子髫龀以上皆死”⑥。曾国藩致书老弟，告以“城贼诛戮殆尽，并无一名漏网，差快人心”⑦。其言词中流露了一个以“抱道”自居的杀人者满手鲜血而又扪心无愧的心理。残酷无情的忍刻，不仅反映了王权对于造反者的不宽容，而且反映了“名教”对于“窃外夷之绪”者的不宽容。在曾国藩身上，“壹意残忍”是“见危授命”的另一种表现，两者合成“侠动”，以见其置身于“骨岳血渊”之中而以舍我其谁为志的精神。

“侠动”者做就的是入世勋业，淡泊者则尘视轩冕荣利而意近出世。所以，王闿运颇疑曾国藩以“侠动之志”归宗“恬淡”为“盖补其不

---

① 《曾国藩全集》，家书二，第 1309 页。

② 《曾文正公全集·文集》卷三，《湖口楚军水师昭忠祠记》。

③ 《曾国藩全集》，家书一，第 662 页。

④ 《曾文正公全集·书札》卷二，《与魁荫亭太守》，《复欧阳晓岑》；《曾文正公文集·奏稿》卷二，《严办土匪以靖地方折》。

⑤ 《曾文正公全集·书札》卷二，《与魁荫亭太守》。

⑥ 赵烈文：《能静居士日记》，咸丰十一年八月十三日。

⑦ 《曾国藩全集》，家书一，第 769 页。

足”。其实，对于曾国藩来说，淡泊并不是矫情的造作。他自述三十岁以后“即以做官发财为可耻，以官（宦）囊积金遗子孙为可羞可恨”。观其晚年身为将相，“而所有衣服不值三百金”①，诚不可以谓之虚假。他一生以这种态度教子诫弟，每多居家处世的格言：

> 凡人多望子孙为大官，余不愿为大官，但愿为读书明理之君子。勤俭自持，习劳习苦，可以处乐，可以处约，此君子也。②
>
> 吾家现虽鼎盛，不可忘寒士家风味，子弟力戒傲惰。戒傲以不大声骂仆从为首，戒惰以不晏起为首。吾则不忘蒋市街卖菜篮情景，弟则不忘竹山场拖碑车风景。昔日苦况，安知异日不再尝之？③

这一类话是咸同风气之中所不可多见的。金陵未下之前，曾国藩以两江总督开府安庆，署中置办“棉花车”七架，“每夜姑妇两人纺棉纱，以四两为率”，二鼓后始歇。然而他并不吝于用财，“捧入悉以养士”④。在当日的官场里，曾国藩是一个身居极品而对名位之不可恋思之烂熟的人：“吾所过之处，千里萧条，民不聊生。当乱世处大位而为军民之司命者，殆人生之不幸耳。”⑤ 因此，他一面以“精忠耿耿”之心日操杀人之业得名位，一面又视“富贵功名皆人世浮荣”⑥。同治元年（1862），曾国藩晋阶协办大学士，而心中所思却在于“日中则昃，月盈则亏，吾家亦盈时矣。管子云：斗斛满则人概之人，满则天概之。余谓天之概无形，仍假手于人以概之，霍氏盈满，魏相概之，宣帝概之；诸葛恪盈满，孙峻概之，吴主概之。待他人之来概而后悔之，则已晚矣。吾家方丰盈之际，不待天之来概、人之来概，吾与诸弟当设法先自概之”⑦。比之曾国荃“求田问舍”的

① 《曾国藩全集》，家书一，第183；家书二，第836页。
② 《曾国藩全集》，家书一，第324页。
③ 《曾国藩全集》，家书二，第1319页。
④ 《水窗春呓》，《夫人俭朴》，《清史稿》三九册，第11917页。
⑤ 《曾国藩全集》，家书二，第1326页。
⑥ 同上书，第1082页。
⑦ 同上书，第833页。

鄙陋猥琐，他实在要猥介得多。这种淡泊于名位货利的品性，使曾国藩在湘淮军功人物群中标出了自己特有的人格。欧阳兆熊称其“将汗马勋名，问牛相业，都看作秕糠尘垢”，自以为能“道得此老心事出”①。他的话未必无谀，然而并非全是虚造。淡泊的背后，有着一种取义于老庄之旨的旷达意识：

> 细思古今亿万年，无有穷期，人生其间数十寒暑，仅须臾耳，大地数万里，不可纪极，人于其中寝处游息，昼仅一室耳，夜仅一榻耳，古人书籍，近人著述，浩如烟海，人生目光之所能及者，不过九牛之一毛耳，事变万端，美名百途，人生才力之所能办者，不过太仓之一粒耳。知天之长而吾所历者短，则遇忧患横逆之来，当少忍以待其定，知地之大而吾所居者小，则遇荣利争夺之境，当退让以守其雌；知书籍之多而吾所见者寡，则不敢以一得自喜，而当思择善而约守之，知事变之多而吾所办者少，则不敢以功名自矜，而当思举贤而共图之。②

他由“老庄之虚静”而悟谦退，以“不以物喜”的淡泊表现了超越“忮求”的襟怀。“矫首望八荒，乾坤一何大！安荣无遽欣，患难无遽憨”③。与满身的血腥气味相比，这一面同样是曾国藩身上真实的东西。他的历史形象正存在于血腥和淡泊的矛盾之中。

（三）百结忧悒

曾国藩同太平天国血战多年，用自己的双肩支撑了一个应当灭亡的王朝。然而内心深处，他又常常怀疑这个王朝的气数，四顾“吏治、人心及各省之督抚将帅”情状，时有“天下似无戡定之理”④ 的叹息，同治三年（1864）春，天京已在湘军重围之中，曾国藩却“不甚成寐”：盖“骨肉死

① 《水窗春呓》，《一生三变》。

② 《曾文正公手书日记》，同治元年四月十一日。

③ 《曾国藩全集》，家书二，第 1372 页。

④ 《曾国藩全集》，家书一，第 560 页。

丧之感”“闹饷内变之事”“江西流贼之多”，百端丛集，“竟不知事变之胡底也”[①]。他是一个踔厉奋发者，但身上常背着百结忧悒的沉沉重负夹处于两者之间，使他比别人更能意会圣人“尽性知命”之教：“尽其所可知者于已，性也；听其所不可知者于天，命也。”[②] 这是一种苦恼的哲理，它以哲理的透彻说明了无以解脱的苦恼；其古老的语言正写照了晚清没落中的传统社会和传统社会里不甘于没落的人们。因此，曾国藩手创了“中兴”之业，而“中兴”之业并没有化解百结忧悒。金陵攻陷后一年，他与彭玉麟相会，“言及国事与渠家事，欷歔久之”[③]。过了八个月，他在家书中说：“以余饱阅世变、默察时局，则劝沅（曾国荃）行者四分，劝沅藏者六分。”[④] 其时，曾国荃正开缺在籍养疴。“欷歔久之”和作计于行藏，都说明了“中兴”之后的家国之忧。这种东西不可以轻易言说，但它时时触景生情，啮人心怀，“今日有四川庶常来见，其言谈举止不类士夫。前日有同乡庶常送诗，排不成排，古不成古。国家所得人物如此，一代不如一代，文章与国运相关，天下事可知矣”[⑤]。曾国藩惯于谨慎，罕议中枢，然而忧悒日久，一为发抒，则谨慎会变为愤鸣：“都门气象甚恶，明火执仗之案时出，而市肆乞丐成群，甚至妇女亦裸身无袴”，“水泉皆枯，御河断流，朝无君子，人事偾乱，恐非能久之道”。他因悒生惧，“忧见宗祐之陨”。[⑥] 这一类话出自一个为王朝事业鞠躬尽瘁的人之口，包含着无穷的悲哀和痛苦。同治六年（1867），他叙写心境说：

> 诸事棘手，焦灼之际，未尝不思遁入眼闭箱子之中，昂然甘寝，万事不视，或比今日人世差觉快乐。乃焦灼愈甚，公事愈烦，而长夜快乐之期杳（杳）无音信。且又晋阶端揆，责任愈重，指摘愈多。人以极品为荣，吾今实以为苦恼之境。然时势所处，万不能置事身外，

---

① 《曾文正公手书日记》，同治三年三月二十八日。
② 《曾文正公手书日记》，同治元年七月初十日。
③ 《曾文正公手书日记》，同治四年四月初三日。
④ 《曾国藩全集》，家书二，第 1232 页。
⑤ 《能静居士日记》，同治六年五日十一日。
⑥ 《能静居士日记》，同治六年六月二十二日、六月二十日。

亦惟有做一日和尚撞一日钟而已。[①]

其中不仅有老境侵寻的愁绪，而且有强毅力行者的气沮。气沮并没有阻断强毅力行；但气沮映照于强毅力行，正表现了曾国藩维护传统的苦心在历史时序面前的悲剧色彩。一面是百结忧悒，一面是死而后已；无限心事，欲说还休："他日有为吾作墓志者，铭文吾已撰'不信书，信运气；公之言，告万世'。"[②]

曾国藩的多重人格反映了一个复杂历史人物精神世界的诸面：其间折射着传统文化在 19 世纪中叶自我复兴的努力和困苦。因此，他能够成为那个时候传统文化中有志于经世者的精神领袖。咸同之际，郭嵩焘致书李鸿章说："此时崛起草茅，必有因依，试念今日之天下，舍曾公谁可因依者?"[③] 他的话不仅仅代表了一种个人的选择。

三 在经世之学的延伸中为西学东渐拓开门洞者

第二次鸦片战争之后，崛起于内战血火中的地主阶级经世派面对西方人的咄咄逼来，曾国藩首当其冲。咸丰十一年（1861）春，他驻守祁门，身陷困境；而"洋鬼"已"纵横出入于安庆、湖口、湖北、江西"之间。[④] 对于一个久视太平天国为"窃外夷之绪"的卫道人物来说，张目以看外夷中人挟"庚申之变"的余威而入东南，不能不是莫可言状的愤痛。在"大局已坏，令人心灰"的无限伤情中，曾国藩"扼腕久之"，泫然有呜咽之哀。[⑤] 这种愤痛生成于西方人带来的民族劫难里，又显示了传统文化对另一种文化的最初反应。

---

① 《曾国藩全集》，家书二，第 1341 页。

② 《水窗春呓》，《一生三变》。

③ 《玉池老人自叙》，第 7 页。

④ 《曾国藩全集》，家书一，第 653 页。

⑤ 《曾国藩全集》，家书一，第 616 页；《曾文正公手书日记》，咸丰十一年四月二十一日、咸丰十年十一月三十日。

但是，“万国梯航成创局”，民族战争失败的结果包含着前所未有过的时代内容。它不仅留下了创巨痛深，而且会迫使身历其境者在创巨痛深中舐血审视。见识过租界景物的冯桂芬在《校邠庐抗议》中已看出“夷务”已不是一时一地之事。曾国藩仔细读过《抗议》一书，并视为“名儒之论”①。在这一点上，他的眼光同冯桂芬非常相近：“彼狡焉者，虽隔数万里而不啻近逼卧榻”，“国无远近，皆得与我为邻”。这是一个以“商战二字为国”，别有纲常的世界；而其“累世寻仇，不胜不休”则使中国困对“海国环伺，隐患方长”而无可回避。② 他触及了历史经验以外的东西，又因之而弥增其既憾且忧之情。不可摆脱的夷祸带着震撼人心的压力深入了中国人的世务：“违一言而嫌隙遽开，牵一发而全身俱动。”③ “救时”已成经世之学的要目。于是，怀着“世变正未可知”④ 的沉重心情，曾国藩走上了一条他所不熟悉的路，成为最早由经世之学延伸而入洋务的士大夫之一。

经世之学的延伸是时势逼迫的结果。然而在延伸的过程中，经世之学又染苍染黄，变为传统文化中率先与西方文化交汇的部分。从道光到咸丰，20 年之间中国再败于泰西。战争流血，议和流泪；中西双方用暴力比较的结果，以不容怀疑的权威性使中国人认识了西方的暴力。曾国藩的“师夷智以造船制炮尤可期永远之利”⑤ 的主张与林则徐、魏源之说先后同所识见，但在“车驾北狩”结成的深重痛楚里，又比林则徐、魏源之说有着更多的急迫和仓皇。咸丰十一年（1861）秋，湘军攻陷安庆，三个月之后曾国藩即设内军械所，试制新式船炮，“阴有争雄海上之志”⑥。西方人带来了诸般器物，而传统文化中的人们最能够接受的东西却正是他们感到最可畏惧的东西。这种选择，既反映了民族矛盾刺激下自强以图御侮的怀

---

① 《曾文正公手书日记》，同治元年九月十七日。

② 《曾文正公全集·书礼》卷三十三，《复袁小午讲学》卷十七，《复毛寄云中丞》卷三十三，《复刘霞仙中丞》；《曾国藩未刊信稿》，中华书局 1950 年版，第 288 页。

③ 《曾文正公全集·奏稿》卷十六，《议复兼摄通商大臣折》。

④ 《曾文正公全集·书札》卷三十三，《复袁小午讲学》。

⑤ 《曾文正公全集·奏稿》卷十二，《复陈洋人助剿及采米运津折》。

⑥ 《中兴将帅别传》，第 9 页。

抱，又反映了取彼之长以新卫旧的意愿。然而近代船炮是西方文化的产物，它们的移植需要与之相应的现实前提。因此，“师夷智以造船制炮”的事业虽然开始于一种既定的预想，其行程则会越出自身的界限，历史地为“西学东渐”拓开门洞。正是“师夷智以造船制炮”与西学东渐的舛结和迭合，曾使有志于“藉西方文明之学术以改良东方之文化”[①] 的容闳与首开洋务之声的曾国藩成为可以同路的人物。

同治三年（1864），容闳在学成归国并为自己的理想经历了八年求索之苦以后入曾国藩幕府。当这两个经受不同文化洗礼的人相会于同一历史变局之中的时候，后者询以“今日欲为中国谋最有益最重要之事业，当从何处着手?”前者建议设一“制造机器之机器厂”，“以立一切制造厂之基础”[②]。问与答都表现了浓厚的时代意识。曾国藩是当时中国能够懂得容闳之议的少数人之一。容闳视其人为“于余有知己之感，而其识量能力，足以谋中国进化者也”[③]。带着这种心情，他受命出洋采办机器，于是而有期为“御侮之资，自强之本”的上海机器局。他后来追叙说：“自余由美国采购机器归国以来，中国国家已筹备千百万现金，专储此厂，鸠工制造，冀其成为好望角以东之第一良好机器厂。故此厂实乃一永久之碑，可以纪念曾文正之高识远见。世无文正，则中国今日，正不知能有一西式之机器厂否耶?”[④] 这种评价出自一个受过西式教育的人之口，它比一个士大夫对另一个士大夫的恭维包含着更多意味深长的历史内容。在这个过程里，船炮引入“制器之器”，古老社会接纳了新的生产力。而移植西方机器工业于缺乏近代科技的中国，会使久以天圆地方为理所当然的人们在从事制造的时候亟感“虽日习其器，究不明夫用器与制器之所以然”[⑤]。多年以后梁启超所说“曾文正公开府江南，创制造局，首以翻译西书为第一要义”[⑥]，正是一种因而后知的结果。由是，随新生产力的进入，涌来了传统文化以

---

① 《西学东渐记》，第十六章。

② 《西学东渐记》，第十三章。

③ 同上书，第十六章。

④ 同上书，第十三章。

⑤ 《曾文正公全集·奏稿》卷二十七，《新造轮船折》。

⑥ 梁启超：《西学书目表序例》。

外的新知识。制器之器所在的地方便天然地成为引进新知识的中心。使中国人看到了六经以外的另一种世界观；它比坚船利炮打动过更多忧时的知识分子。维新变法志士们的读物中，不少出自上海机器局。曾国藩死于同治十一年（1872），出现在机器局里的许多物事都是他所未及亲见的。然而他是一个开先者，追溯历史，人们不会看不到开先者留下的痕迹。制作船炮的机构不仅生产出武化的东西，而且运来文化的东西，影响了一代人的观念。这是近代中国特有的现象。容闳的异国朋友吐依曲尔牧师曾经感慨于“一个人出于基督教的动机，最高抱负是促使祖国文明前进，但他的头一件工作，竟会是（帮助）创办一个兵工厂”①。其实，当中西交逢之初，一种文化进入另一种文化的路径并不是可以自由选择的。西学借助于兵工业而迁入否塞已久的中土，其迂回曲折的取径之中正有着那个时代沉默的历史必然性。

“师夷智以造船制炮”的命题本是对于泰西奇技的回响。但制器引发的多方面需要又是传统社会中专治时文帖括的士人所难以承当的，“自道光二十年以来，因海疆多事，曾经奉有谕旨，广诏奇才异能之士，迄无成效”②。所以，制器会促成当洋务之局者究心于育才。同治六年（1867），曾国藩视察上海机器局，容闳“复劝其于厂旁立一兵工学校，招中国学生肄业其中，授以机器工程上之理论与实验，以期中国将来不必需用外国机械及外国工程师。文正极赞许，不久遂得实行”③。从孔门四科里走出来的曾国藩为求制器之才而“极赞许”孔门四科之外的兵工学校，其用意无疑与容闳“以西方之学术灌输于中国”④ 的宗旨并不完全相同，然而容闳“所怀教育计划”正由此得以“小试其锋”⑤。结果便产生了异乎传统的另一种教育机构。因此薛福成以学堂与制器、练兵并举，同列为曾国藩洋务事业的大端。与“器”相比，育才已及于人了。曾国藩作始于前，随后：

---

① 《西学东渐记》，附录《吐依曲尔氏之讲演》。

② 转引自《洋务运动新论》，湖南人民出版社 1986 年版，第 364 页。《西学东渐记》，第十五章；第五章；第十六章。

③ 同上书，第十五章。

④ 同上书，第五章。

⑤ 同上书，第十八章。

> 同治八年（1869），上海的广方言馆并入沪局，成为局内的一所西式学堂，主要传授国文、英文、法文。及算学、舆地各课，学额八十名，四年毕业。同治十三年（1874），设立操炮学堂，但在光绪七年（1881）改为炮队营。光绪二十四年（1898），在局中设立一座工艺学堂，内分化学工艺与机器工业两科，学额五十名，四年毕业，形同现在的一所工学院。除沪局本身以外，局中华洋人士又在上海成立一座私人创设的学堂，就是光绪元年（1875）九月所设的格致书院。

终晚清之世，上海机器局在同时各局中是从事近代教育之“贡献最大”者。[①] 比兵工学校走得更远的一步，是选送子弟“出洋学艺”、曾国藩由久绾江南而多识西国情事，眼界的广度会转化为思想的深度。同治元年(1862)，他初次见到安庆内军械所自造的火轮船汽机，曾窃喜“洋人之智巧，我中国人亦能为之，彼不能傲我以其所不知矣”[②]。但十年以后，他已渐知“夷智”并不止乎此：“西人学求实济，无论为士、为工、为兵，无不入塾读书，共明其理，习见其器，躬亲其事。各致其心思巧力，递相师授，期于月异而岁不同。”这种“月异而岁不同”的东西是“设局制造”和“开馆教习”所不能穷尽的，“此中奥窍，苟非遍览久习，则本原无由洞彻而曲折无以自明”。知之多者思之远，所以，曾国藩能够接受容闳的留学生计划，期望以育才于泰西，“得其法，归而触类引伸”，可“扩充于无穷”。同治十年（1871），他领衔奏请“拟选聪颖幼童，送赴泰西各国书院，学习军政、船政、步算、制造诸书”，使“西人擅长之技，中国皆能谙悉”。[③] 近代官费留学自此而始。曾国藩在自己的最后一段岁月里走到了他一生中最远的地方，当第一批留美学童在黄浦江边登上横渡太平洋的邮船时，他离开人世已逾五个月了。然而他的画像被挂在大洋彼岸哈特福德的中国留学事务所墙上，时时提醒着莘莘学子：“得受文明教育，当知是文正之遗泽，勿忘所自来矣”[④]。

---

① 王尔敏：《清季兵工业的兴起》，第 155 页。

② 《曾文正公手书日记》，同治元年七月初四。

③ 《曾文正公全集·奏稿》卷三十，《拟选子弟出洋学艺折》。

④ 《西学东渐记》，附录，《吐依曲尔氏之讲演》，第十七章。

经世之学是传统文化中最容易通向变易观念的部分；经世人物是传统社会里最切近时务而能亲知现实者。曾国藩由考究“天下之大事”而明变，久知“前世所袭误者，可以自我更之，前世所未及者，可以自我创之”①。又因身当中西交冲而备尝“局中之艰难”。前所未有的历史内容揳入了古已有之的变易观念，催使后者衍生出新的意义。在众多士人昧于“无事则嗤外国利器为奇技淫巧，以为不必学；有事则惊外国利器为变怪神奇，以为不能学”的时代，他由经世延伸而入洋务，以不同于深闭固拒者的见识表现了传统文化对西方文化逸出常轨的反应。逸出常轨的反应逼成于西方人的炮口之下，它又是一种不自愿的反应。在“救时”之“要务”② 的名义下被搬入中国的一部分西方事物，同时还带着搬来人所赋予的挽救传统的主观意义。“未敢遽问九世之仇，亦欲稍蓄三年之艾”③，在这里，因民族伤痛而生的情感是同守护中华政教文物的意识一体的。中世纪和近代相交之初，传统社会里能够“增其新”者留恋的却是固有的旧物。曾国藩“晚年衰病，犹日从事于经史”④，适可以见其价值观念之所在。这一面，他与深闭固拒的人物不仅相似而且相通。但是，为了挽救传统而搬入中国的西方事物是传统所容纳不了的。它们会在蓄孳中以自身的本来意义否定外加的主观意义，促生中国社会的新陈代谢。20 多年后，严复自序《天演论》，说：“风气渐通，士知弃陋为耻。西学之事，问涂日多。”⑤ 这已经是另一种景象了。曾国藩为西学东渐拓开门洞，而西学东渐之后，向西方追求真理的人们则开始走出了传统。在这个过程里出现的新学和旧学的峙对之称已使中学与西学的区分寓褒贬之义，于是而有中国文化漫长而又缓慢的近代化历程。巨变的时代，使传统文化的最后一个代表不自觉地成了否定传统文化的历史中介。

---

① 《曾文正公全集·求阙斋日记》卷上，《治道》。

② 《曾文正公全集·奏稿》卷十四，《复陈购买外洋船炮折》。

③ 《曾国藩未刊往来函稿》，第 137 页。

④ 《曾国藩年谱》，第 255 页。

⑤ 《严复集》第五册，中华书局 1986 年版，第 1321 页。

开滦煤矿的资本集成和利润水平的变动*

王玉茹

开滦煤矿自创办到被中国政府接管的80余年间，先后经历了官督商办的开平矿务局时期（1878—1901）、英商开平矿务有限公司时期（1901—1912）、北洋滦州官矿有限公司时期（1907—1912）、中英合办开滦矿务总局时期（1912—1950）。① 过去的研究主要集中于开平矿务局在洋务运动中的地位和作用，开滦煤矿的所有权和经营管理权的转移，开滦与其他中外煤矿的竞争和对市场的垄断活动，开滦矿工的工资水平、劳动条件和生活状况，尚未深入企业内部的经济活动，尤其是缺乏长期的计量分析。而一些有关中国近代经济史的教科书和资料书中，由于缺乏对资本的研究，所以有关盈利率的记述大多与历史实际不符，因而以之为根据得出的结论也不确切。

* 本文原载《近代史研究》1989年第4期。

① 开滦煤矿所在唐山地区虽于1948年底解放，但英籍总经理裴利耶（W. Pryor）于1950年春才离开中国（其他英籍职员亦于该年离开中国），国民党政府发给开滦的采矿执照于该年11月底期满。故本文以1950年作为中英合办开滦矿务局的终点，而我国政府正式代管则为1952年5月。

一 资本构成

一般说来，企业的总资本由股本、借入资本、各项公积准备和盈余滚存等部分组成，本节拟根据开滦煤矿保存的档案记录[①]分别加以叙述和计算。计量分析的重点将放在1903/04—1940/41年度，因为这个时期的统计数字最为完备，其前后相衔接的时期，则根据资料的可能作适当的延伸。

1. 股本的变动

股本的筹集是旧中国近代工矿业兴办和发展的关键，也是任何企业经营活动的基础和出发点。

19世纪末至20世纪初，中国尚没有一个资本市场来为企业提供股本，资金的筹集只能靠私人之间的联系。开平矿务局初拟集资80万两，限1878年收齐。[②] 但截至年底，仅招得股银220400两。[③] 待矿山出煤，绅商各界获悉开平煤苗甚旺，有利可图，始乐于附股，乃得续招股银999600两，共集股本120万两。[④] 1889年为兴办林西矿务工程，续招股本256400两，至1894年共续招股本344973两。1900年12月，复招股银38860两，新旧股本共计1583833两。[⑤]

1901年，在英国注册的开平矿务有限公司接管开平矿务局，额定资本为100万英镑，分为100万股。根据1900年7月所订之卖约，以其中375000股兑换开平矿务局老股，但因开平矿务局实有股份为15838 $\frac{1}{3}$股，每老股1股换发新股25股，计应发新股395958镑，实际发出391783镑（有少量旧股票没有兑换）。其余60余万镑均为虚股，股份持有人并未为这些股票付出分文。

---

① 本文所使用的资料，部分是作者从开滦档案馆收集，大部分是利用南开大学经济研究所研究人员长期以来积累的资料。

② 唐廷枢辑：《开平矿务局招商章程》。

③ 开滦档案：M—4425/1。

④ 开滦档案：M—4425/1。

⑤ 开滦档案：M—0767/74。

这些股票是如何分配的，在各种档案和文献记录中，众说纷纭。大略情况为：创办人东方辛迪加董事和有关人员约得 15 万股，张翼因签订合同［通过墨林（C. A. Moreing）］得到 5 万股的酬劳。其余 40 余万股赠予在这次矿权转移过程中出过力的人员或按比例分配 50 万镑给债券购买人。①

1907 年北洋滦州官矿有限公司成立，招募股本 200 万两。1908 年拟续招股本 300 万两，但仅招得 100 万两，故滦州公司实缴股本共为 300 万两。档案中的记录是：1908 年集得股本 1834065 两，1909 年集得股本 211785 两，1910 年集得股本 954150 两，共计 300 万两。

1912 年开平与滦州两公司联合办理，双方股本各定为 100 万镑，1921 年开平公司将股本增至 140 万镑，1929 年复增加资本 56 万镑，共计 196 万镑，其后未再增加。1933 年滦矿公司亦将资本增至 140 万镑，1934 年改以每镑 15 元计算，股本共为 2100 万元。1947 年滦州公司以通货膨胀为理由，将资本重行折算为 2100 亿元，但实际并未增资。

开滦煤矿的股本在其前身开平矿务局创办时只有 120 万两，约为英金 156000 镑，到 1933 年增加为 336 万镑，50 余年间增加了 20 倍还多。但实际作为股本付出的现金只有开平矿务局的股本不足 160 万两和滦州公司的股本 300 万两。其余部分都是由利润转化为积累。

2. 借入资本的运用

开平矿务局建矿初期，由于股本一时无法招足，购买机器、延请洋匠、购置地亩、筑路挑河各项费用不得不靠官私借款以应支出。1884 年，开平矿务局首次报告资本时，有直隶省当局借款 243000 两，私人借款 452000 两，共计 695000 两。由于比较顺利地进行了矿山建设，解决了运输问题，使矿局出煤后取得较为显著的效益，以销煤所得陆续清偿所借官私各款，到 1888 年基本还清，其中所欠官款一度只余 9033 两。全部负债则减至 91040 两。②

张翼出任总办后，开平矿务局虽然财产逐年增加，但盈余不足供矿局发展的需要，再加上管理不善、贪污严重，使开支剧增，收入减少，造成

① 1903 年 6 月 26 日戴维斯（E. Davis）致英国外交大臣兰斯道恩（Lansdowne）的报告。

② 开滦档案：M—0767/39 及 M—0767/17。

各种不应有的经济损失。张翼不作调查研究，投资承平银矿、建平金矿、平度金矿等多家企业，致使开平本身发展生产所需的资金短缺，流动资金不敷应用，不得不以高达 17.25% 的利率向当地和天津的银行举借，或请外资银行透支，或通过外商发行债券。

到 1900 年 7 月签订卖约时，开平矿务局的借款计达 2690000 两，其中有秦皇岛债券 20 万镑，德华银行借款 450000 两，银钱所支应局（直隶总督）借款 500000 两，庆善银行透支 140000 两，张翼私人垫款 200000 两。[①]

秦皇岛债券是 1899 年通过英商墨林筹集，以开平煤田采矿权、矿局拥有和将取得的一切财产作抵押，年息高达 10%，加上佣金利率高达 12%。[②] 德华银行借款则以开平的码头和船只作抵押，年息为 7%。[③] 举借外债的利弊不能一概而论，要视企业的偿还能力和借款的条件而定。19 世纪末，开平矿务局管理混乱，资金运用极不得当。德华银行借款第一批应还款项于 1900 年 6 月 1 日到期，由于无力偿还，开平矿务局的轮船和码头被该银行接管。特别是秦皇岛债券一项，条件极为苛刻，为外资控制矿务局打开了方便之门，使墨林、胡华（H. C. Hoover）[④] 等人得以利用义和团运动引起的动乱局面乘虚而入，取得开平矿权。

实际上开平矿务局欠银钱所支应局款 50 万两至该年（1900）已归还一部分，减少为 385563 两。秦皇岛借款 20 万镑中有 14 万镑（约合银 968620 两）尚未发行。如从负债中减除，则开平矿务局的借入资本为 1606943 两（合 229563.48 镑）。[⑤] 开平矿务局工程师胡华在矿权转移的过程中采取高估负债的手段，造成开平负债几近资产价值的印象，企图对中国官方和社会各界施加压力，为外国资本不费分文据有开平煤田制造借口。1901 年 11 月 25 日，胡华、吴德斯（Chevalier De Wouters）致开平公

---

① 魏子初：《帝国主义与开滦煤矿》，第 11 页；胡华（H. C. Hoover）：《开平矿务局报告》，伦敦毕威克墨林公司（Bewjk Morejug & Co.）1901 年版；开滦档案：M—0767/80。

② 开滦档案：M—0767/12、M—0767/15。

③ 开滦档案：M—0767/50。

④ 即后来担任美国总统的胡佛。

⑤ 刘佛丁：《开平矿务局经营得失辨析》，《南开学报》1986 年第 2 期。

司的信中承认，除秦皇岛借款外，“在接收时我们发现负债为 1196000 两，而改组合同中所列的负债为 1290000 两，换句话说，我们在这方面反而多出约计 100000 两”。另据 1908 年 12 月英国公使致中国政府的备忘录中称为偿还开平旧欠，新公司共付出 1653755. 44 两。[①]

按照卖约第四款的规定，墨林公司应筹集 10 万镑作为资本，但以何种形式筹集，合同中并未明确规定。新公司的所谓 60 余万镑“缴足资本的股票”全是虚股。他们要偿还旧公司的全部欠债，又要维持企业的运转，还要扩大再生产。这笔资金从何而来？系以津贴、股票的形式发行年息 6 厘的 50 万镑债券，规定从 1903 年 12 月 31 日起，分 50 年还清，每年还本 1 万镑。这 50 万镑债券并未在市场上公开发行，而是通过私人协商安排，由英国资本集团认购 19 万镑，国际东方公司及其友人认购 31 万镑。[②]

在这 50 万镑中，开平公司首先根据 1901 年 2 月 19 日签订的移交约副约，提出 20 万两，通过华俄道胜银行付给李鸿章作为第一批偿还的北洋官款。当时以慈禧为首的清朝王室逃往西安，财政极端匮乏，开平公司察觉有机可乘，即以此 20 万两作为诱饵，取得了清政府对英商骗占开平煤田的默许。其后又以李鸿章的一纸收据为凭，证明其垄断开平矿务局的财产和权利的合法性。1901 年后新公司陆续清偿了老开平公司的其他债欠，据英方经理人员称共付出约 25 万镑，下余 25 万镑则用于矿山的整顿建设和秦皇岛工程的开支[③]，但实际上付出不足 23 万镑。

50 万镑债券的发行本非卖约和移交约中所规定，而卖约中所定筹集 10 万镑经营资本，从各种资料中可以断定即在其中。墨林并未有另外的款项投入新公司。张翼和中国其他官方人员认为新公司的这种做法违背了合同，除原议 10 万镑外无须发行这样多的债券。但英方则认为创造这样的财源是完全必要的，因后来的资本支出远远超过了这个数字。

开平公司和滦州公司合办后，于 1912 年 10 月 14 日与伦敦投资公司缔结了一笔年息 6 厘，总额为 120 万镑的借款合同，以两公司的资产作抵押，

---

① 开滦档案：M—0767/17。

② 1903 年 6 月 26 日戴维斯致英国外交大臣兰斯道恩的报告书。

③ 1907 年 2 月 25 日阿歇尔斯特·莫利斯·克利斯浦律师行（Ashurst Mouris Crisp and Company）致开平公司秘书函。见开滦档案 M—0767/15。

期限为50年还清。[①] 从这笔借款的分配情况[②]看，绝大部分系用于赎回旧债券及了结各种要求和欠款，只有8万余镑作为开滦矿务总局的经营资本。在清理旧债方面开平公司所得分配数额多于滦州一倍以上，但120万镑债券的还本付息，却在总局利润内先行提取，双方对等负担，而不是按各自所收之数负担，英方从中占了便宜。

此项借款逐年还本付息，到1950年，开滦英籍总经理裴利耶放弃经营回国，不经滦州公司的同意，擅自将卖往日本的煤炭收入198152英镑（原拟汇往伦敦采购矿用器材）扣留，用这笔外汇与开滦原存于伦敦的款项合并，以3%的溢价提前赎回未到期的全部债券，计付本息313360英镑，对此开滦矿务总局和滦州公司曾去电表示反对。[③]

至于开滦各时期与本地或天津银行的短期借款往来，由于资料不全，故无法一一加以论述。

从前述可以看出，开滦煤矿在其发展的各个时期，借入资本都在其运营中发挥了颇为重要的作用，但效果不尽相同。有的时期，举债使企业陷入困境（如老开平矿务局时期），有的时期则使企业渡过难关，得到巩固和发展，尤其是英商开平公司和开滦联合后都是以成功地运用贷款奠定了企业经营的基础。他们首先对企业各方面的条件进行全面的综合分析，特别是对今后的盈利水平和偿债能力作较为稳妥的估算，然后根据需要以较低的息率发行长期的债券。按照西方国家的习惯，公司债券所支付的利息可以列入生产费用中，不必纳税。这也许是开平公司以发行债券的方式筹集资本的一个原因所在。

3. 资产总值的估算

本节的目的是按照研究逻辑的需要，对开滦煤矿1903/04—1940/41年度的资本总额进行估算，以作为计算利润率的基础，所以只根据资料将公积和未分配利润等项计入总资本，而对有关资本积累问题不再详加讨论。

开平矿务局时期没有原始的档案资料保存下来，故无法逐年核定其资

① 开滦档案：M—4295。

② 开滦档案：M—0767/15。

③ 开滦档案：卷739—2。

本总额。英商开平公司和中英合办开滦矿务局时期，账目上都无历年总资本的核算记录，笔者只有借助档案中可能收集到的有关资料加以推算和编制。其结果见表 1。

表 1　　开滦煤矿历年总资本（1903/04—1940/41）　　单位：元

年份	实缴资本	借入资本	公积和未分配利润		总计
1903/04	7771355.2	5000000	391834.2		13163189.4
1904/05	—	4900000	800423.2		13471778.4
1905/06	—	4800000	1299521.0		13870876.2
1906/07	—	4700000	1856513.6		14327868.8
1907/08	—	4600000	2329749.8		14701105.0
1908/09	—	4500000	2908056.4		15179411.6
1909/10	—	4400000	3485308.8		15656676.0
1910/11	—	4300000	3936991.4		16008346.6
1911/12	—	4200000	4283762.0		16255117.2
1912/13	16502671.6	11784000	公积	两公司对总局借款	28286671.6
1913/14	—	11548320	440216.7	1000000	29491208.3
1914/15	—	11312640	1158150.0	—	29973461.6
1915/16	—	11076960	1975440.3	—	30555071.9
1916/17	—	10841280	2755600.0	—	31099551.6
1917/18	—	10605600	3622033.3	—	31730304.9
1918/19	—	10369920	4927566.6	919483.3	32719641.5
1919/20	—	10134240	6191166.6	810066.6	33638144.8
1920/21	—	9898560	8001350.0	1008933.3	35411514.9
1921/22	19758671.6	9662880	9565366.6	2606733.3	41593651.5
1922/23	—	9427200	10641333.0	—	42433937.9
1923/24	—	9191520	12022166.0	806733.3	41779090.9
1924/25	—	8955840	13646666.0	—	43167910.9
1925/26	—	8720160	14492700.0	—	43778264.9
1926/27	—	8484480	15293166.0	806750.0	44343067.6
1927/28	—	8248800	16718866.0	—	45533087.6
1928/29	—	8013120	18602050.0	—	47180591.6

续表

年份	实缴资本	借入资本	公积和未分配利润		总计
1929/30	27833871.6	7777440	20021500.0	806733.3	56439544.9
1930/31	—	7541760	21453800.0	—	57636164.9
1931/32	—	7306080	22663733.0	—	58610417.9
1932/33	—	7070400	24207450.0	—	59918454.9
1933/34	34041871.6	6834720	24786766.0	—	66470090.9
1934/35	—	6599040	24983400.0	876616.6	66500928.2
1935/36	—	6363360	25151600.0	10000000	66556831.6
1936/37	—	6127680	25319183.0	10000000	66488734.6
1937/38	—	5892000	25960200.0	10000000	66894071.6
1938/39	35041871.6	5656320	28220450.0	10000000	68918641.6
1939/40	—	5420640	30917866.0	10000000	71380377.6
1940/41	—	5184960	33221133.0	10000000	73447964.6

表1中关于开滦总资本的估算，除已说明者外，还有一些问题需要阐述如下。

英商取得开平矿权前后，胡华、墨林等人曾根据不同的需要，对矿务局的资产作各种不同的估计。为迫使中国方面接受外商以尽可能低的代价据有开平煤田的要求，他们把开平全部财产压低估计为只有85万英镑[①]，而在1900年6月1日的《开平矿务局报告》中，则将开平资产总值估计为1040000镑（包括秦皇岛未发行债券，但不包括开平煤田的价值，如果计算煤田价值，胡华认为，按照西方通常的方法，起码也要在800万英镑以上）。[②] 外商代理人接管开平煤田后，经对全部财产逐一清查，其价值比报告中的数字富余10万英镑还要多。[③] 在1902年2月28日的资产负债表中把开平矿务局的财产正式核定为1146699镑。如果从中减除未发行的秦皇岛债券14万英镑，总值为1006699镑。这个数字当然没有计及开平煤田

① 1900年11月9日墨林致德璀琳函，转引自杨鲁《开滦矿历史及收归国有问题》，第15页。

② 开滦档案：M—0767/50。

③ 1901年11月25日胡华、吴德斯致开平有限公司函，开滦档案：M—0767/2。

的资源价值。过去的传统看法认为，开平公司 100 万镑股本中，有 60 余万镑是虚股，英国人既然没有为这些股票付出一个便士，所以开平公司的股本总共不足 40 万镑，将股本定为 100 万镑是虚提，或高估资产弥补虚股。实际不尽然，这里的问题在于，新公司虽然将开平矿务局的股本 1583833 两升值为 395958 镑，但并未包括开平矿务局全部的积累。把这一做法说成“资本掺水”也是不确切的。所谓“资本掺水”是指企业所有者在增加投资以及扩大改组或合并时，高估企业资产，按照夸大了的企业资本总额发行虚拟的股票额。而开平的改组并非如此。问题的实质是，外国资本集团及其代理人利用开平矿务局当时所处的困境，无偿占有了中国投资者的大部分创业利润，亦无偿侵吞了旧矿务局大部分的公积金和未分配利润。

20 世纪初，为收回开平矿权，中国政府和有关人员与英商开平公司、英国驻华公使乃至英国外交部不断进行交涉，并就收回的条件反复驳议。1910 年收开行动达到高潮，受清政府之命负责主持这一事项的直隶总督陈夔龙提出以 1430000 镑价购开平的倡议，其中 100 万镑为开平的股本，43 万镑为未偿债券。英方拒不接受这一开价。1910 年 5 月，开平公司答复中国方面的要求时，对其全部资产要价 270 万镑，这是根据 100 万镑股票当时的市场价格，再加上未偿债券数目推算而来的[①]，这个数目，中国方面当然不能接受，就是英国驻华公使也认为要价太高。其后英方又将其全部资产估值为 1782000 英镑[②]，英商公司声称这是可以接受的最低价格，绝不能再作让步。1911 年 3 月 31 日，开平矿务有限公司秘书致公司股东的通知中说，由于 10 年来追加投资，其全部资产达 150 万镑左右。[③] 与笔者在表 1 中的计算大体一致，这一材料确乎较为可靠地说出了与滦州联合前开平资产的真实数字。

1912 年开平公司与滦州公司联合办理，双方股本虽各定为 100 万镑，但并不能反映实缴的资本数，从表 1 中可以看出，联合前开平公司的实缴

① 戴维斯致开平公司秘书函，开滦档案：M—0767/22。

② 1910 年 7 月 21 日戴维斯、那森、克利斯浦（C. Crisp）致开平公司秘书函，开滦档案：M—0767/22。

③ 转引自熊性美《论英国资本对开滦煤矿经营的控制》，《南开经济研究所季刊》1986 年第 2 期。

资本与公积金加起来已达 12055117.2 元，按照当年的兑换率折算，合英金 1227608.6 镑，而滦州公司实缴资本总共只有 300 万两，折合成英金不过 452907.78 镑。开平公司为什么肯在压低自己的资产，高估滦矿资产的条件下实行联合呢？其原因大致有以下 6 个方面：（1）滦州的矿区面积达 300 平方公里，为开平公司的 10 倍，而这笔巨额资源价值并未计算在滦矿的资产之内。（2）滦州公司所开赵各庄、马家沟两矿预期产煤甚旺，事实证明，联合不久其产量就超过了原开平所属的唐山和林西两矿，而且后者已开采 20—30 年。由于效益递减，成本加重，滦州公司所属两矿系新开，成本自轻。（3）股本虽然对等，但利润在 30 万镑以内按开六滦四分配。（4）在借款偿债方面，于开平有利，已如前述。（5）英方原本估计至少要拿出 30 万镑才能了结开平矿权转移过程中中国各方面的要求，现按联合所订各款，这笔钱减少到不足 25 万镑，而且由开平和滦州双方负担。（6）1904 年公布的矿务章程规定，附搭洋股“以不逾华股为限”[①]。所以双方在明定联合条件时不得不保持股本在形式上平等。

从表 1 可以看出 1903—1940 年开滦的总资本（资产总值）37 年增加了 4.58 倍，自有资本（资产净值）增加了 7.36 倍。如果从开平矿务局创办时期算起，在 1883—1941 年的 58 年间，资产总值增加了 25.14 倍，资产净值增加了 37.37 倍。

40 年代由于资料的缺乏和币值的剧烈变动，使我们的估算无法继续深入下去，所以表中即以日军占领前的最后一个会计年度 1940/41 年为终点。

二 盈利水平的变动

1. 股息率

股息率的高下可以在一定程度上反映开滦煤矿各时期利润水平和经营的效益，开滦煤矿历年股息率的变动情况和趋势如下[②]：

---

① 开滦档案：G—1188。

② 1889—1899 年数字系据滦矿档案《光绪十五年至二十五年开平矿务局账略报告》计算；1900 年据开滦档案 M—0767（10）；1901/02 以后各年系据开平、滦州两公司董事会年报计算。关于股息率的平均值，1921/22 年度以前是用算术平均，以后因股本变化，采用加权平均方法计算。

开平矿务局自 1889 年首次发放 6 厘的股息，其后一些年间股息率逐步提高，至 1899 年共计 11 年，平均值为 9.6%。1901/02—1911/12 年度为英开平公司经营时期，其股息率先是上升，至 1910/11 年后由于与滦矿公司削价竞争，致使利润率下降，这一阶段共计 11 年，年平均值为 11%。1907 年创办的滦矿公司在章程中规定官利 8 厘，但实际发息情况在档案中未见记录。

1912 年开平公司与滦州公司联合办理，合同规定：每年所获净利在英金 30 万镑以内，开平得六成，滦州得四成，超过 30 万镑部分各得一半。1934 年补充合同重新规定：开滦每年所获净利两公司各得 50%，但净利中拿出多少钱发放股息，则由两公司董事会自行解决。故 1912 年以后两公司股息率各年不一，滦州公司倾向于多分股息，开平则不然。

开滦矿务总局时期只有 1912—1937 年两公司股息率的记录数字，共计 25 年，年平均值为 13.9%。这一时期的变动趋势是前期股息率直线上升，中期在高水平线上下波动，后期大幅度下降，具体表现为：1912/13—1919/20 年度，年平均股息率为 15.6%；1920/21—1927/28 年度，年平均股息率高达 19.1%；1928/20—1936/37 年度，年平均股息率下降为 7.9%。第二次世界大战前西方国家工矿企业的股息率平均约在 8% 左右[①]，比较之下，开平和滦州公司的收入是相当可观的。

1937 年抗日战争爆发后，特别是 1941 年太平洋战争爆发后，由于不断加剧的货币贬值给股息率的计算造成困难，因此开滦档案中无法找到系统的数字。笔者所能获得的资料情况如下：开平以英镑记账，尚可计算股息率，1937/38 和 1938/39 两个年度，按 7.5% 的股率发息，1939/40 年股息率下降至 3.75%，其后则无记录。滦州因系以法币记账，故从 1937/38 年度后改以每股发息若干元计算股息。其发息数字如下：1937/38 年度每股 1.8 元，1938/39 年度 6 元，1939/40 年度（临时）发 3 元，1940/41 年度 6.6 元，1941/42 和 1942/43 年度未发，1943/44 年度每股发 2.8 元，1944/45 年度每股发 4 元（以上两年为联银券）。抗日战争胜利后只有 1946/47 年度两公司各发息法币 10544.625 元，其余各年度均由于亏损而

---

① 吴承明：《帝国主义在旧中国的投资》，第 84 页。

未发股息。

综上所述，自 1889—1948 年的 60 年间，开滦股息总的变动趋势是前期逐步上升，在 20 世纪 20 年代达到高峰，其后则急剧下降，到 40 年代降至历史最低水平。

2. 资本利润率

股息率的变动虽然可以在一定程度上反映企业的盈利水平，但并不能全面代表企业的投资效益。为了更准确地了解开滦煤矿各时期的经营活动，笔者计算和编制了 1889—1941 年度的营业利润和资本利润率表。

开滦煤矿的利润来源，以销煤收入为主。此外，还有航运、砖厂、秦皇岛港口、芦台运河、浦东码头、土地和房屋出租、炼焦等各项收入。从这些收入总和中减除总管理费用，就得到当年的利润额数字（见表 2）。

开平矿务局从 1889 年至 1899 年的 11 年间，共计盈利 4000000 两，平均每年 363654. 54 两（合 539394 元），由于不能确知各年的总资本额，故无法计算其资本利润率。11 年间矿务局共发股息 1593900 两，其余部分用于偿付借款本息、公积，或作为红息分配给股东和办事人，但历年各有多少，则无案可稽。

英商开平公司经营下的 1903/04—1911/12 年度的 9 年间，共计盈利 21571985 元，平均每年 2396887. 22 元，约为前一时期的 4. 4 倍，年均盈利率为 16. 26%。这一时期开平公司的收入除偿付当年 50 万息债券应还本息，另提利额的 20% 作为公积等项外，则视所余多寡发放股息。

从 1912 年开平公司与滦州公司联合起至 1937 年抗日战争爆发的 25 年间，共计盈利 180728866 元，年平均盈利达 7229154. 64 元，比开平公司时期增加 2. 02 倍，比开平矿务局时期增加 12. 4 倍，年均盈利率为 15. 98%。按照经营情况，这 25 年可分为三个阶段，第一阶段为 1912/13—1919/20 年度，年均盈利 6667788. 1 元，平均盈利率为 21. 55%。第二阶段为 1920/21—1927/28 年度，年均盈利 8834423. 2 元，平均盈利率为 20. 99%。第三阶段为 1928/29—1936/37 年度，平均盈利下降为 6301241. 6 元，年均利润率亦下降为 10. 39%。

表 2　开滦煤矿历年利润、资本及资本利润率（1889—1941）

年份	利润（元）	资本（元）	利润率（%）
1889	279751. 17		
1890	250990. 32		
1891	428151. 24		
1892	231272. 83		
1893	332973. 57		
1894	634666. 01		
1895	411102. 28		
1896	562022. 62		
1897	909376. 63		
1898	1341382. 40		
1899	551645. 00		
1900	……		
1901	……		
1902	……		
1903/04	1959171	13163189. 4	14. 9
1904/05	2507868	13471778. 4	18. 6
1905/06	2125513	13870876. 2	15. 3
1906/07	2855809	14327868. 8	19. 9
1907/08	2408189	14701105. 0	16. 4
1908/09	2903004	15179411. 6	19. 1
1909/10	2833437	15656664. 0	18. 1
1910/11	2245141	16008346. 6	14. 0
1911/12	1733853	16255117. 2	10. 7
1912/13	2934737	28286671. 6	10. 4
1913/14	4786259	29491208. 3	16. 2
1914/15	5448606	29973461. 6	18. 2
1915/16	5201094	30555071. 9	17. 0

续表

年份	利润（元）	资本（元）	利润率（%）
1916/17	5776339	31099551.6	18.6
1917/18	8703355	31730304.9	27.4
1918/19	8424101	32719641.5	25.7
1919/20	12067814	33638144.8	35.9
1920/21	10426808	35411514.9	29.4
1921/22	7173126	41593651.5	17.2
1922/23	9205492	42433937.9	21.7
1923/24	10830008	41779090.9	25.9
1924/25	5644.272	43167910.9	13.1
1925/26	5336409	43778264.9	12.2
1926/27	9504716	44343067.6	21.4
1927/28	12554555	45533087.6	27.6
1928/29	9462882	47180591.6	20.1
1929/30	9548715	56439544.9	16.9
1930/31	8066234	57636164.9	14.0
1931/32	10291489	58610417.9	17.6
1932/33	3696858	59918454.9	6.2
1933/34	2993806	66470090.9	1.5
1934/35	2581131	66500928.2	3.9
1935/36	2626419	66556831.6	3.9
1936/37	7443641	66488734.6	11.2
1937/38	12368157	66894071.6	18.5
1938/39	28619365	68918641.6	41.5
1939/40	24768000	71380377.6	34.7
1940/41	33255889	73447964.6	45.3

1937 年后盈利率急剧上升，并在 1940/41 年度达到历史的最高点。但

由于这一时期货币贬值，账面利润率虽逐年大幅度增加，但资本仍按投入时的原值计价，所以表中 1937—1941 年的利润率是虚假的。如将这些年的盈利折算为 1936/37 年度的币值，所得利润率分别为：1937/38 年度 14.36%，1938/39 年度 23.40%，1939/40 年度 9.24%，1940/41 年度 4.77%[①]，实际利润率虽较 30 年代前期有所回升，却低于 1912—1931 年的盈利水平。

这一时期开滦的全部盈利（或称毛利）在扣除（1）120 万镑债券的还本付息，（2）提存 15% 的公积金，（3）付给两公司的公积折旧准备利息，（4）付给两公司对总局的借款利息，（5）按联合办理合同付给直隶兴办实业经费等项费用后，按股息率题内所述比例分给两公司作为净利，净利与准备金和借款利息合计就是两公司的全部净收入。1912/13—1936/37 年的 25 年间，开平公司收入累计达 70245657 元，为联合时实缴资本的 5.83 倍，滦州公司收入达 56133182 元，为联合时实缴资本的 12.62 倍。如果计算至 1940/41 年度，开平公司累计收入达 104062173 元，滦州公司收入则达 89949696 元。

至此，使我们有可能对资本的问题作进一步的说明。近代企业的投资者及其代理人的一切投资和经营活动的出发点是对未来收益的预期，1900 年前后，外国投资者之所以对开平矿务局产生兴趣，除了前述各种原因外，主要还是根据胡华的调查报告，认为在煤矿由英国人接管后，利润将大幅度增长。事实证明，他们的估计不错。巨额的盈利除使 50 万镑债券按期还本付息外，还可得到超过 10% 的股息，并有大量积累。1912 年开平与滦州公司合办，英方之所以同意高估滦矿的资产，而低估自身的资产，除前述种种原因之外，一个基本出发点是认为联合后由于结束了两公司之间的竞争，开平公司的收入将会比联合前有显著增加。事实证明，合办的第二年即 1913/14 年度收入即超过联合前的 1911/12 年度，以后逐年增加，到 1917/18 年度则超过了开平公司时期利润最多的 1908/09 年度，达到 320 余万元。这些历史事实启示我们，在资产者的心目中所计及的绝不仅仅是

① 根据杨培新《旧中国的通货膨胀》（生活·读书·新知三联书店 1963 年版）一书中物价指数折算。

那些物化的死劳动的价值，更重要的是在其投入新的活劳动后所能创造的价值量的多寡。开平的股东如是，滦州的股东亦如是。作为资本的人格化，利润的砝码是如此沉重地坠向一方，使他们置“收开”的舆论于度外，与英方成立联合办理协定。因为这样既可解决滦矿面临的财政困难，又可以坐收厚利。此外，合办后开滦的股票在交易市场上大幅度升值，双方股东从中可得的好处也是人所共知的。

1942 年后开滦档案中虽有各年盈利和亏损的数字，但由于币值激烈变动，无法逐年计算其资本的现值，从而无从推算其利润率。但 1942—1948 年的 7 年，开滦的平均盈利率下降到历史最低水平则显而易见。

我们将资本利润率和股息率加以比较即可看出，各时期前者的水平都不同程度地高于后者。利润率与利润额、股息率的变动趋势则不尽一致。1919/20—1927/28 年度，年平均利润量和股息率都达到最高水平，较前一时期有所上升，而利润率的平均水平却有所下降。

总的看来，尽管在纵向的比较中，开滦各时期盈利水平有明显的差异，但如果作横向的比较，中国似无任何一家煤炭企业（无论是中国人所有还是外国人所有）能与英国人管理时期的开滦煤矿相匹敌，在从 20 世纪初开始的 40 年间保持相对稳定的高额利润。唯一能与开滦并驾齐驱的抚顺煤矿，在日本人经营的 1907—1945 的近 40 年间共计盈利 2. 6 亿余元，而日本方面投入的资本则达 2. 7 亿余元。[①] 因此从总体言之，开滦煤矿的经营在旧中国的社会经济环境下是较为成功的。

最后尚需说明的是，利润是剩余价值的转化形式，开滦历年缴纳的矿税和报效应计入盈利项下，但在开滦的账面上却是作为成本的一部分摊入的。所以表 2 中各年的利润数均未包括税款和报效在内。如将这一部分转移的价值计入利润中，各年利润率当相应有少许提高。此外，矿工创造的一部分剩余价值被包工所分割，限于篇幅，本文从略。

3. 成本利润率

资本利润率所表示的是以年度为单位的全部预付资本与全部盈利的比

---

① 魏翘南、王渤：《再论日本帝国主义对抚顺煤矿的开掘与掠夺》，《东北经济史论文集》下册，第 188 页。

率。但如前所述，由于对资本估算的不准确性，自然也就影响了利润率的准确程度。此外，因本文研究的重点是开滦作为一个煤炭企业的经营活动，几乎没有涉及航运、附属企业等其他方面的经营情况，所以有必要计算各时期的煤炭成本利润率，以便与股息率和资本利润率的系列数字加以比较，互相验证，做出较为接近历史实际的判断。成本利润率的另一优点是各年所用参数都是当年账面数字，以此为基础计算出的相对比例数，可不受币值变动的影响。而资本利润率中的各种参数有的为原值，有的为现值，因而受币值变动的干扰较多。

根据 1901 年 9 月胡华致布鲁塞尔开平公司董事部的报告和历年开滦总稽核年报计算，开平矿务局在 1891—1899 年的 9 年间，成本利润率的年平均值为 54. 87%；到英商开平公司经营的 1903/04—1911/12 年度则上升为 87. 88%；开滦矿务总局经营期间，1912/13—1919/20 年度平均值达到 129. 35%，1920/21—1927/28 年度则下降为 99. 43%，1928/29—1936/37 年度又下降为 60. 22%，其变动的趋势与资本利润率是一致的。

近代中国自由主义的困境*

——30 年代民主与专制论战透视

雷　颐

在内乱外患频仍的 20 世纪 30 年代中期，一批深受英美文化影响、笃信英美民主制度的知识分子，突然一反以往的力主在中国实行个人独裁的专制统治，从而在自由主义知识分子内部引起了民主与专制的激烈论争。尽管这次争论对实际政治的直接影响并不明显，但无疑是中国现代政治思想史上值得重视的一页。而且，这次论争为人们提供了一个透视中国近代自由主义知识分子面对无情的中国现实时，难以摆脱的矛盾困境的焦点。

一

尽管国民党在 20 年代末形式上“统一”了全国，但新旧军阀间的混战却依然连年不断，中国的分裂状况并无实质性变化。而且，国民党最高领导者之间的互相倾轧、明争暗斗愈演愈烈，严重地削弱了南京政府的统治力量。1931 年九一八事变举国震惊，亡国之祸迫在眉睫。在形势如此严峻的紧急关头，对中国政府腐败无能的痛恨与对一个统一、廉洁、高效、有力的政府的企盼，成为一种较为普遍的情绪。这时，国民党内一些人借

* 本文原载《近代史研究》1990 年第 3 期。

机公开鼓吹实行墨索里尼式的法西斯统治，甚至连形式上的五院制都要取消，而实行元首制。[①] 一些以政治“独立”自诩的知识分子，也转而把希望寄托在中国能有一个强力政府之上。1932 年 6 月，胡适、丁文江、蒋廷黻、翁文灏等人主办的《独立评论》刊登了傅斯年的《中国现在要有政府》一文，提出“虽有一个最好的政府，中国未必不亡，若根本没有了政府，必成亡种之亡”的论点。稍后，丁文江撰文力主强权政治。翁文灏则写道：“在这个危急存亡的时候我们更需要一个政府，而且要一个有力量能负责的政府。”[②] 1933 年 5 月，曾留学美国、时任清华大学历史系教授的蒋廷黻写了《知识阶级与政治》一文，从知识分子的政治参与这一角度出发，认为知识阶级把“西洋政治制度和政治思想，当作学术来研究是很有兴趣而且很有价值的，当作实际的政治主张未免太无聊了”。所以，“我们应该积极地拥护中央。中央有错，我们应设法纠正；不能纠正的话，我们还是拥护中央，因为它是中央。我以为中国有一个强有力的中央政府，纵使它不满人望，比有三四个各自为政的好”[③]。尽管其间胡适等人曾发表过一些要求民主政治的文章，但更多的文章是对强力政府的企盼。而且，虽然他们对国民党有着种种不满，并竭力保持自己的“独立”，但阶级地位及中国的现实却使他们很容易得出“此时中国政治若离了国民党便没有了政府”的结论。[④]

1933 年 11 月“福建事变”爆发，成立了“中华共和国人民革命政府”。这一事件加重了许多人对中国进一步分裂的忧虑。蒋廷黻立即写了《革命与专制》一文[⑤]，主张专制政治，并从中外历史中为自己寻找立论的根据。他悲观地写道：“自闽变的消息传出以后，全国人士都觉得国家的前途是漆黑的。中国现在似乎到了一种田地，不革命没有出路，革命也是

---

① 杨公达：《革命的回忆和国民党的复兴》，《时代公论》1932 年第 23 号；《国难政府应强力化》，《时代公论》1932 年第 24 号。

② 傅斯年：《中国现在要有政府》，《独立评论》1932 年第 5 号；丁文江：《中国政治的出路》，《独立评论》1932 年第 11 号；翁文灏：《我的意见不过如此》，《独立评论》1932 年第 15 号。

③ 蒋廷黻：《知识阶级与政治》，《独立评论》1933 年第 51 号。

④ 傅斯年：《中国现在要有政府》，《独立评论》1932 年第 5 号。

⑤ 蒋廷黻：《革命与专制》，《独立评论》1933 年第 80 号。

没有出路。”而“中国基本的形势是：政权不统一，政府不得好”。接着，他强调，西欧各国历史上都是经过王权专制才形成统一的民族国家的，而“中国现在的局面正像英国未经顿头（按：今译都铎）专制，法国未经布彭（按：今译波傍）专制，俄国未经罗马罗夫（按：今译罗曼诺夫）专制以前的形势一样”，“我们的国家仍旧是个朝代国家，不是个民族国家”。“总之，各国的政治史都分为两个阶段，第一是建国，第二步才是用国家来谋幸福。我们第一步工作还没有做，谈不到第二步。”他还认为中国国民缺乏基本政治素养，不具备民主共和的资格。在这种历史条件下，中国“只能有内乱，不能有真正的革命”。所以，他明确说道：“我们现在的问题是国家存在与不存在的问题，不是个哪种国家的问题。”他的观点不禁使人想起梁启超前此30余年所宣扬的“开明专制”论。这种几十年后的“旧调重弹”，的确令人玩味。

国家的统一、领土与主权的完整，无疑是中国的当务之急，但把中国与西欧的历史作机械类比，不能不说是牵强附会的。中世纪的西欧，分封诸侯林立，各自为政，国王形同虚设。但随着资本主义的缓慢发展，形成了与封建城堡对立的城市，许多农奴逃亡到城市成为自由人。但贵族的分封割据、关卡重重，严重阻碍了资本主义统一市场的形成，束缚了资本主义的发展。逐渐壮大的市民阶级终于和国王联合起来，以强调“绝对王权”而扫平“各路诸侯”，形成了统一的民族国家和资本主义市场，这有助于社会的发展、国家的强盛。但中国历史完全不同，自秦汉以来，就结束了分封割据的状态，形成了皇权至上的大一统民族国家。与西欧相反，中国的城市一直是封建统治的中心，市民阶级始终壮大不起来。高度集权专制的一元化社会，使资本主义很难产生、发展。资本主义在近代中国的某种发展，恰恰是在传统专制集权制受到削弱、在与专制制度的斗争中蹒跚前进的。作为历史学家的蒋廷黻，为论证中国专制政治的必要性而置历史事实于不顾，与其说是学术的疏漏谬误，毋宁说是政治观点使然。

蒋文发表后，尽管遭到力主民主政治的胡适等人的激烈反驳，但却在自由主义知识分子中激起了强烈共鸣，博得了更多的赞赏。因此，赞同专制独裁的论点更加普遍，也更加咄咄逼人。

专制主义思想此时的流行，并不仅仅因缘于中国的社会现实，而且深受当时国际环境的影响。资本主义世界 1929 年爆发的经济危机，使许多人对自由资本主义怀疑、失望。墨索里尼的法西斯独裁，结束了意大利长期的混乱局面，使国家主义思想迅速蔓延。实行高度中央集权、计划经济体制的苏联，在工业化方面取得了令人瞩目的成就。甚至英美两国，也放弃了传统的“自由放任”政策，开始强调国家对经济的干预，以度过危机。这种世界性的“民主危机”、对民主制度的失望情绪，也深深地渗进了中国的知识阶层。他们认为：“当今世界潮流趋于集权……从放任入于干涉。……就是老牌子民主共和的美国，近来已走上这条路了。”① 当然，他们往往把墨索里尼的意大利与斯大林的苏联相提并论，而未能区别二者的本质不同。或者说，他们根本无意于本质的区分，因为他们唯一的目的就是国家的强盛，何种国体政体，则是等而次之的问题。

如留学美国哈佛大学，曾积极宣扬民主政治的钱端升，此时一反以往的力主独裁统治：“因为独裁是一种最有力的制度”，“对内可以消除各职业及各阶级间无谓的纷扰及自相抵制，如罢工、停业，及竞卖等等，而对外则可以举全国的力量以应付国际间的经济斗争”，所以“民主政治是非放弃不可的”，“在民族情绪没有减低以前，国家的权力一定是无所不包的——即极权国家”。② 丁文江连续撰文，强调如果独裁政治不能统一中国，那么民主政治就更不可能统一中国。因为民主制度需要较长的民主教育和制度建设，而“现在这两种方法都是不能实现的，都是缓不济急的”③。他们都认为，实行集权的计划经济是此时的大趋势，具有极大的优越性。应该说，民主程度与效率程度是衡量政治体制优劣的重要标准，但困难在于，二者的追求目标并不一致。民主的目标是参与最广，效率的目标是决策—执行最快，二者虽不是完全背道而驰，但却互有矛盾，其中一个得到张扬时，另一个极易受到损害。因此，许多国家都制定有“紧急状态”一类的法律，以牺牲民主来换取效率，度过“紧急状态”。此时的专制论者，即明确主张以牺牲民主来换取效率。但是，虽然民主与效率二者很难同

---

① 张弘：《专制问题平议》，《独立评论》1934 年第 104 号。

② 钱端升：《民主政治乎？极权国家乎?》，《东方杂志》第 31 卷第 1 号。

③ 丁文江：《民主政治与独裁政治》，《独立评论》1934 年第 133 号；《再论民治与独裁》，《独立评论》1935 年第 137 号。

高，但却极易同低，因为牺牲民主并不意味着必然会有高效。一个高效的集权政府，是需要一系列不可缺少的辅助条件的。如利益的一致，意识形态的强烈认同，决策程序的科学化，执行机构的合理化，灵敏的反馈机制，对个人擅权、舞弊等非组织行为的监督控制等。这些条件，在当时的中国并不具备。在这种历史环境中，很容易产生一种既专制独裁又腐败无能的旧式政权。其实，蒋廷黻等人也意识到此点，因而提出要建立一种与中国传统专制制度不同的“新式独裁”。丁文江认为：“唯一的希望是知识阶级联合起来，把变相的旧式专制改为比较的新式独裁。”[①] 还有人较为具体地说道：“这所谓专制决非野蛮专制，非法专制，无限专制，权力专制，禁止言论自由的专制，而乃是开明专制，旨趣专制，以公共福利为前提的专制，不似旧日以个人为目标的专制。”[②] 胡道维则力图把“专制”与“独裁”区别开来，认为“独裁是法治，专制是人治”；“独裁是达到目的的一种工具，专制则本身便是目的”；“独裁者只独揽政治权，专制者则并独揽财产权；独裁者只独揽主权，专制者则并独揽经济权”。[③] 因此，他主张“独裁”，而反对“专制”。当然，对“独裁”与“专制”的这种区分未必正确，但把经济活动与政治权力的分离作为“新式独裁”的标准，是颇有见地的。应该看到，他们对“新式独裁”的种种描绘界定，恰恰反映出那种既希望有使国家强盛的强力政府，又惧怕中国传统封建专制制度的矛盾心态和两难处境。

但是，国家的强盛似乎是他们首要关注的。他们认为，要使中国免于灭亡，只有让权力高度集中，最后集中到一个人手中。蒋廷黻说道：“我以为惟一的过渡方法是个人专制”，因为“个人的专制来统一中国的可能比任何其他方式可能性较高”。[④] 留学美国，当时在北大任教的张佛泉在著文反对专制的同时，又无可奈何地写道：“不过在目前中国状况之下，即使我们要采用民治，在未提高民众政治程度以前，也不能过于信赖民众。所以我们在最近未来的政治，总须要与训政或‘保育政策’相近，甚至都

① 丁文江：《再论民治与独裁》，《独立评论》1935 年第 137 号。
② 张弘：《专制问题平议》，《独立评论》1934 年第 104 号。
③ 胡道维：《论专制与独裁》，《独立评论》1934 年第 90 号。
④ 《论专制并答胡适之先生》，《独立评论》1933 年第 83 号。

须得含一点寡头政治的意味的。”[①]《国闻周报》上亦早有文章鼓吹“栽培领袖，指导社会”[②]。当然，他们盼望的并不是旧式的皇帝，而是一种具有现代精神的“新式独裁者”。丁文江提出了具体的标准：“完全以国家的利害为利害”，“彻底了解现代化国家的性质”，“能够利用全国的专门人才”，“利用目前的困难问题来号召全国有参与政治资格的人的情绪与理智，使他们站在一个旗帜之下”。[③] 钱端升亦希望这种新的独裁者“能有组织，有理想，能为民众谋实际的福利，能对现代经济制度有认识，能克苦耐劳，先天下之忧而忧，后天下之乐而乐”[④]。但是，他们虽然提出了新独裁的具体标准，却未提出如何产生、造就这种新式独裁的具体措施。或许，他们也意识到自身毫无权力这样一个事实，实际根本无力，也不可能造就一个理想的“新式独裁”。因此，这只能是一种无力的幻想。而且，他们无法回答这样一个问题：怎样才能保证“新式独裁”不向“旧式独裁”转变呢？怎样才能限制、防范独裁者利用公共权力来谋取个人利益呢？

对政治强人的强烈呼唤，深刻地反映了他们的软弱性。的确，欧美自由主义思想很难为以农民为主体的中国大众理解、接受，也不可能得到实行独裁统治的国民党的赞同，而与中国共产党领导的暴力革命更是格格不入。因此，他们只能幻想、企望出现一个政治强人来代表自己的利益、观点，实现自己的政治理想。进一步说，这种把国家的强盛、政治的开明系托于个人的观点，其实质仍是对“圣主明君”政治制度的一种变相肯定，乃是中国传统政治文化的一种折射。中国传统政治文化的重要出发点之一是认为人性本善，坚持性善原则。因此，儒学的政治理想是“德治”，即理想的统治者是用自己的道德示范来“教化”臣民，而不是用法律规条、组织制度来“管理”臣民。这样，“天子”便具有高度的道德象征意义。从理论上说，儒学的原则是致力于使“最好”的人成为统治者，因此往往

---

① 《训政与专政》，《国闻周报》，第 11 卷第 36 期，1934 年 9 月。

② 马季廉：《中国政治如何能上轨道》，《国闻周报》，第 10 卷第 1 期，1933 年 1 月。

③ 丁文江：《民主政治与独裁政治》，《独立评论》1934 年第 133 号；《再论民治与独裁》，《独立评论》1935 年第 137 号。

④ 钱端升：《民主政治乎？极权国家乎?》，《东方杂志》第 31 卷第 1 号。

寄希望于“圣明天子”。反之，西方政治文化的基点之一是“性恶”说，这就很容易得出一个颇为消极的结论，认为人类的所为并不是怎样产生一个最好的统治者，而是如何防止产生最坏的统治者。这种观点未免过于悲观，但却从另一角度给人以某种启迪。但是，在国难当头的危急时刻，这些对英美民主制度有着相当了解的自由主义者们在力主“新式独裁”、专制统治的时候，却闭口不谈绝对权力的潜在危害性。这固然可以理解，但终究使人遗憾，更加引人深思。

二

虽然当时险恶的国内国际环境使许多人丧失了对自由民主的信念，但以胡适为代表的少数人仍坚持昔日的观点，反驳专制论的种种论点，为民主政治形式辩护。

针对蒋廷黻的论点，胡适立即连续发表了《建国与专制》《再论建国与专制》两文①，坚持民主政治。他认为，中国自秦汉以来就形成了民族国家，“建国固然要统一政权，但统一政权不一定要靠独裁专制”。而且，“我们今日要谈的‘建国’，不单是要建设一个民族的国家”，而是现代化的民主国家。他反问道：“中国的旧式专制既然没有做到建国的大业，我们今日的建国事业是否还得经过一度的新式专制?”他进一步将专制分为领袖独裁、一党专政和一个阶级的专政三种方式。他坚决反对任何一种方式的独裁。其理由有三：首先，“不信中国今日有能专制的人，或能专制的党，或能专制的阶级”。因为现代社会的经济运作、政治生活极其复杂，而要对所有这些方面都全面管理的高度集权专制是“人世最复杂繁难的事业”。其次，“不信中国今日有什么有大魔力的活问题可以号召全国人的情绪与理智，使全国能站在某个领袖或某党某阶级的领导之下，造成一个新式专制的局面”。最后，“观察近几十年的世界政治，感觉到民主宪政只是一种幼稚的政治制度，最适宜于训练一个缺乏政治经验的民族”，“民主政

① 胡适：《建国与专制》，《独立评论》1933 年第 81 号；《再论建国与专制》，《独立评论》1933 年 82 号。

治的好处在于不甚需要出类拔萃的人才”，“在于给多数平庸的人有个参加政治的机会，可以训练他们爱护自己的权利。总而言之，民主政治是常识的政治，而开明专制是特别英杰的政治。特别英杰不可必得，而常识比较容易训练。在我们这样缺乏人才的国家，最好的政治训练是一种可以逐渐推广政权的民主宪政”。他还提出了一个重要的论点：“只有民主宪政是最幼稚的政治学校，最适宜于收容我们这种幼稚阿斗。”在此，胡适把民智未开，难以实行民主政治这一命题颠倒为民智未开，最宜实行民主政治这一命题。但是，这种命题的颠倒过于简单，难以成立。连力主民主政治的张熙若后来也批评胡适的这一论点“在逻辑上发生问题”，“胡先生说，‘我们不妨从幼稚园做起，逐渐升学上去！’我要问：升学后所升之‘学’是高度的民治呢？还是专制与独裁呢?”① 而且，胡适认为民主政治“使许多阿斗把他们的平凡常识凑起来也可以勉强应付”的观点也很难说正确。现代国家生活极其复杂，无论哪种政体，都需要大量第一流的专家以各种方式参与决策。这种把专家参与决策与民主制度对立起来，反映了胡适对民主的片面理解。应该承认，公民具有一定的文化水准与政治素养，是实行民主政治的一个重要条件。但是，仅具较高的文化水准，并不能自然产生民主意识。只有在民主政治的逐步实施中，才能培养、产生民主意识和习惯。胡适所提出的民主政治是“幼稚园”的观点，其现实意义就在于强调只有通过民主制才能学习民主规范，培养民主意识。的确，只有在水中才能学会游泳，尽管难免喝水；只有离开父母的怀抱，儿童才能学会走路，尽管免不了跌跤。

但一个严酷的事实是，近代中国并未真正实行民主制。辛亥革命推翻了中央集权的封建帝制，建立了形式上的共和国，但随之而来的却是军阀割据的分裂局面。而诸如国会等一些西方民主政治的形式，却成为军阀政客的手中玩偶。这难免使人怀疑，乃至否定中国的“民主政治”。对此，胡适针锋相对地写道：“我们要认清，几十年来割据的局势造成是因为旧日维系统一的种种制度完全崩坏了，而我们至今还没有建立起什么可以替

① 《民主政治当真是幼稚的政治吗?》，《独立评论》1937 年第 239 号。

代他们的新制度。”[①] 当然，这种新制度的确立并非一蹴而就，要经过一段转型期。在这一转型过程中，难免要产生某种程度的动荡，或是转入新的机制，或是退回旧的轨道。但一种长期的专制，并不能仅靠暴力维持，而需要一套系统的价值体系、信仰象征来维持。在中国封建社会中，“皇帝”即“天子”，作为一种“天”“人”的中介，维持天下的和谐，位于世界的中心，具有一种普遍的象征意义，辐射出无上的权威。但辛亥革命结束了几千年的封建帝制，造成了强烈的心理冲击，使中国传统的宇宙论、人生观产生了根本的动摇、坍塌。这使一些倾心专制的人也认为难以实行，因为“在心理方面，旧日的纲纪早已陵夷，系统早已破坏，譬如神圣已被亵渎了，敬畏的情绪已化作烟云了”[②]。的确，尽管此时大敌当前，有可能唤起国人强烈的民族意识而同仇敌忾，但并没有一种强有力的意识形态或价值系统能形成一种强大的凝聚力、向心力，使全国真正聚集在“一个党、一个领袖”的麾下。国民党虽居统治地位，并拥有全国最庞大的武装力量，但远不能完全、彻底、有效地统治全国，而其内部本身就派系林立、彼此攻讦，无法统一。有人忧心忡忡地说：“言及政治制度，既非党治，又非民治，党统法统，一塌糊涂。”[③] 根本无法实现“新式独裁”。

而且，独裁的难以实现，不仅在于旧的已经毁坏，还在于“现代的中国，有几件新要素都是从前所没有的。第一是科学……第二是国际的复杂关系……第三是民治思想”。所以，“国家的真正统一，只有在这样民权伸张之后才能实现”[④]。当然必须看到，民主制本身也有着欠缺和不足。从理论上说，只要机构合理、决策正确，高度集权的一元化政治体制要比分权制衡的民主制的效率更高。但还应看到，纠错机制薄弱的集权制一旦决策失误，造成的危害更巨。而民主制的一个重要优点是具有较强的纠错机制，一旦决策失误，能够迅速纠正，因而具有更大的保险系数。因此，陶孟和说道：“人类本是有许多缺点的动物”，“所有的政治制度都不过是残缺的程度问题”，“所以相信民治制度，正因为他比一切其他的制度，缺点

---

① 《政治统一的途径》，《独立评论》1934 年第 86 号。

② 张弘：《专制问题平议》，《独立评论》1934 年第 104 号。

③ 季廉：《纠纷重重之党国》，《国闻周报》第 9 卷第 4 期。

④ 常燕生：《建国问题平议》，《独立评论》1934 年第 88 号。

较少”。①

揆诸实际，中国社会并没有为集权论者所宣扬的“新式独裁”提供理想的条件。所以胡适呼吁人们警惕“今日提倡独裁的危险”，并坚定地说道：“我可以断断地预言：中国今日若真走上独裁的政治，所得的决不会是新式的独裁，而一定是那残民以逞的旧式专制。”②

三

但更耐人寻味的是，透过论战双方激烈的辩争之词，却可看到他们的目的完全相同，即如何救国；他们的出发点都不是个体，而是群体。

专制论者认为，集权政治是救国的有效措施，因而必须牺牲个人权利。除极少数几篇文章外，民主论者大多有意无意地忽略了诸如人的价值、公民的政治权利等民主理论的一些基本原则，仅仅把民主政治作为一种救国的最佳手段加以论证。实际上，民主政治与集权政治作为制度而言，除了有效率、能力的高低强弱这种技术层面的意义外，还有价值层面的意义。简言之，民主政治的价值基础是承认个人的自由与权利，因而其制度便着眼于保障个人的自由与权利。专制政治的价值基础是否定个人的自由与权利，因而其制度便致力于权力的集中。这次民主与专制的论战，主要局限于技术的层面，着眼于政治制度的技术与功能，很少涉及价值的层面。胡适主张代议制民主政治，实行分权的国会制，也只是“要建立一个象征全国全民族的机关”，国会的根本观念是“让各省的人到中央来参加全国的政治，所以是养成各地方向心力的最有效的一步”③。“政治的统一必须建设在平时的维系全国各部分的相互关系的政治制度之上。我们所指出的国会制度不过是一个最扼要又最能象征一个全国大连锁的政治统一的制度。”④ 他没有认识到，代议制政府的基本出发点是通过一定的程序在某种程度上实现公民的政治参与，对公共权力实行某种制约，他仅强调一

① 《民治与独裁》,《国闻周报》1935年第12卷第1期。

② 《答丁在君先生论民主与独裁》,《独立评论》1934年第133号。

③ 《政治统一的途径》,《独立评论》1934年第86号。

④ 《政治统一的意义》,《独立评论》1934年第123号。

种工具价值。当然，也有个别文章提到价值问题。陶孟和在《民治与独裁》一文中论述了民主政治能统一安定、避免革命等“益处”之后写道：“因为独裁注重特才，所以以一般人为无足重轻……民治则使每个人都得发展，然后可以得全体，国家或民族的发展。这样的发展才是真的发展。”[①] 但以个体发展作为全体发展的前提这一思想根本未引起人们的重视，更未引起一种更为深刻的探讨。几年后，张熙若亦写道：“我相信民主政治的最要理由就是因为它是一种值得学的东西。别的政治制度，就是容易学，若不值得，也不必学。这是一个价值问题，不应忽略过去。”[②] 胡适等人恰恰有意无意地忽略了不应忽略的东西。

有意思的是，集权论者却没有忽略这一点。钱端升写道：“赞成民主政治者一方提倡个人自由，一方又声言民治为大多数人福利的保障。然独裁既真能为大多数人（几乎是全体人民）增进福利，则又乌能因少数人的自由之被剥夺，而硬要维持谋福不及独裁的民治？”他强调说：“个人的估价离了社会的估价是无意义的。”[③] 这里，他明确提出了要为全体利益而牺牲个体利益这一与自由主义相对立的原则。自由主义的基本原则是注重、强调个人权力，甚至提出反对“多数的暴政”。值得注意的是，张佛泉写了《论自由》[④] 一文，深入地分析了自由与民主、个人与社会的关系。他认为从严复以来，中国人就反复宣传自由观念，但却“没有人认真将自由这个名词解剖了，翻来覆去，追根诘底地研究过它的含义，它的内容”。因此，他只能把在中国影响至广的弥尔的自由观作为分析的对象。他认为，个人主义与功利主义是弥尔自由论的两个基石。个人主义导致唯我主义，而个人功利主义则导致对政府的否定。他写道：“我认为弥尔最要紧的一个大前提便是，在他看来，每个个人都是隔绝的，这个个人的中心是不能与另一个个人的中心互相沟通的。”因此个人应有一个不容他人侵犯的私人范围。张佛泉明确反对这种观点，他认为人的不可沟通性只是一种“诗人的我”，就更多方面来说，人类彼此具有可沟通性，表现为一种“社

---

① 陶孟和：《民治与独裁》，《国闻周报》1935 年 1 月。

② 张熙若：《我为甚么相信民治》，《独立评论》1937 年第 240 号。

③ 钱端升：《民主政治乎？极权国家乎?》，《东方杂志》第 31 卷第 1 号。

④ 张佛泉：《论自由》，《国闻周报》，第 12 卷第 3 期，1935 年 1 月。

会的我”。因此“‘诗人的我’是有特殊性的，而这‘社会的我’便是有共同性的。谈社会理论只有由社会的我出发才可；若由隔绝的我出发……一切社会问题便无从谈起”。他的结论是：“我以为这种的自由概念，在今日的中国是不该存在的。”“我觉得目前在道德哲学上最要紧的一件事，便是要使我们把个人与社会打通，而不是更藉荒诞的理论加深已存在多年的个人与社会间的鸿沟。”对弥尔等自由主义代表人物的深刻批评，表明中国自由主义者开始从哲学的层次上抛弃了自由主义精神。为了国家的整体利益，他们在一定程度上放弃了个人权利。

之所以如此，因为他们首先是民族主义者，然后才是自由主义者。一旦二者矛盾，只能忍痛牺牲后者。颇能说明问题的是，尽管五四新文化运动本质上也是把个人的启蒙作为救亡的手段，但相对而言，它更为强调、注重的是个人的独立、个性的解放。高一涵认为：“国家者，非人生之归宿，乃求得归宿之途径也。”“吾人爱国之行为，在扩张一己之权利，以揩柱国家牺牲一己之权利，则反损害国家存立之要素，两败俱伤者也。”① 从五四时强调“扩张一己之权利”即是爱国行为到此时要求自觉地牺牲个人权利，表明了中国知识分子的思想历程。在民族存亡与阶级斗争交织进行的生死搏斗中，知识分子迅速分化。投身国民党的一些知识分子早就公开宣扬、支持“以党治国”“党化教育”“领袖独裁”；献身于共产主义事业的知识分子则真诚地与工农相结合，痛苦地改造世界观，自觉地服从无产阶级政党铁的纪律，随时准备牺牲个人的一切；人数不多，却一直力图保持“独立”的自由主义知识分子，此时在残酷的现实面前，被迫进行一种丧失“独立性”的艰难选择。丁文江无可奈何地说，宁当苏联的地质学家，不当巴黎的白俄；“宁可在独裁政治之下做一个技师，不愿意自杀，或是做日本的顺民！”② 这样，像自由民主、个性解放、人格独立等，仅成为极少数人孤独的个人信念。胡适在一篇纪念五四运动的文章中凄然感叹：“这年头是‘五四运动’最不时髦的年头”，因为“五四运动的意义是思想解放，思想解放使得个人解放，个人解放产出的政治哲学是所谓个

---

① 高一涵：《国家非人生之归宿》，《新青年》第1卷第4号。

② 丁文江：《再论民治与独裁》，《独立评论》1935年第137号。

人主义的政治哲学”。[1] 胡适对五四运动意义的此种解释可能不正确，但的确，以个人主义为基础的自由主义与中国传统集体本位的伦理观相去甚远，难以在传统文化中找到支持点；中国社会又没有必要的社会物质条件作其基础，而迫在眉睫的亡国之祸又雪上加霜地使自由主义面临绝境。这一切，都使自由主义在近代中国的必然命运是孤独寂寞，软弱无力，最终分化。

这场争论之后，蒋廷黻、翁文灏等人踏入仕途，但并未将南京政府改造成为理想的“新式独裁”政府。但是，这场争论的主要意义并不在于对实际政治的直接影响，而在于它从思想上宣告了“独立的”自由主义思潮作为一个流派带有悲剧色彩的破产。实际上预示了十余年后，不论愿意不愿意，“第三条道路”必须在国共两党之间做出非此即彼的抉择。

① 胡适：《个人自由与社会进步》，《独立评论》1935年第150号。

康有为和廖平的一桩学术公案*

房德邻

康有为和廖平之间有一桩著名的学术公案：廖平说康有为的两部著作《新学伪经考》和《孔子改制考》分别借鉴了他的《辟刘篇》和《知圣篇》，康有为却委婉否认。后人多相信廖平的说法。例如范文澜说："广东的康有为，原是搞古文学的，他想从《周礼》中找治乱的根据，看到廖平的著作，大为感动，即援廖例，作《新学伪经考》，反对古文学。"① 汤志钧在《康有为和今文经学》一文中也肯定廖平的说法。② 但是细绎现存的有关史料，廖平的说法却有可疑之处，有必要重新剖判康廖的这桩学术公案。

一

康有为本是尊尚古文经学的，后来转而尊尚今文经学。关于他转向今文经学的时间和原因，他曾在《康南海自编年谱》中说，1888 年（光绪十四年）他赴京参加会试，并上书皇帝，上书失败，遂留京师，"既不谈政事，复事经说，发古文经之伪，明今学之正"③。这是说，他是因上书失

* 本文原载《近代史研究》1990 年第 4 期。

① 范文澜：《经学史讲演录》，《历史学》1979 年第 1 期。

② 汤志钧：《康有为和今文经学》，见汤志钧《康有为与戊戌变法》，中华书局 1984 年版。

③ 《康南海自编年谱》，《戊戌变法》第 4 册，第 120、121 页。

败的刺激而转向今文经学的，与他人无关。在《重刻伪经考后序》中，他又说："吾向亦受古文经说，然自刘申受、魏默深、龚定庵以来，疑攻刘歆之作伪多矣，吾蓄疑心久矣。吾居西樵山之北银塘乡，读书淡如楼……拾取《史记》，聊以遮目，非以考古也。偶得《河间献王传》《鲁共王传》读之，乃无'得古文经'一事，大惊疑，乃取《汉书·河间献王传》《鲁共王传》对校《史记》读之，又取《史记》、《汉书》两《儒林传》读之，则《汉书》详言古文事，与《史记》大反，乃益大惊大疑。"① 这是说，他在学术上直接继承刘逢禄、魏源、龚自珍的今文经说，与廖平无关。

但是廖平在《经话甲编》中却说：1890 年（光绪十六年）初他和康有为在广州两次会晤，讨论今文经学，他并且把自己所著的《知圣篇》交给康有为看，于是康转向今文经学。② 梁启超也有类似说法："有为早年，酷好《周礼》，尝贯穴之《教学通义》。后见廖平所著书，乃尽弃其旧说。"③

以上，康有为的说法，隐讳了他受廖平影响的事实，是不足取的。廖平、梁启超等人的说法也不完全符合事实，按照他们的说法，康有为是受到廖平影响之后，才"尽弃其旧说"，是突然转向今文经学的；而事实是，康有为在晤见廖平以前，已经接受了某些今文经学的观点，表现出转向今文经学的迹象。请看以下事实：

第一，康有为不相信在秦朝的"焚书坑儒"以后儒家经典流失的说法。他在《教学通义》（写于 1886 年前后）中说："六官人人守之，奚俟一二儒生大呼自鸣耶？昔尝疑秦焚书而书存，周公不焚书，而夏殷之礼，杞、宋无征。"④

据古文经学家说，经秦始皇焚书以后，"六经"多所残缺，至汉代，在孔子宅壁中和民间陆续重新发现了用秦以前的古文字所写的经书，因此称为古文经。而康有为认为"秦焚书而书存"，这就对古文经典的来源产

① 康有为：《重刻伪经考后序》。

② 廖平：《经话甲编》卷一。

③ 梁启超：《清代学术概论》。

④ 《教学通义》，《康有为全集》，第 114、135 页。

生了怀疑。[1]

第二，他怀疑古文经典《周礼》的真实性。他在《教学通义》中尊周公、崇周制，但是并不崇《周礼》。他对《周礼》心存怀疑，明确指出："《周礼》容有刘歆窜润。"[2]

《周礼》为古文经典，相传为周公所作，汉初名《周官》，刘歆始将其改名为《周礼》。他曾请把《周礼》列入学官，却遭到当时今文经学家的反对，王莽时大司空师丹"奏歆改乱旧章"，公孙禄指责刘歆"颠倒五经，毁师法，令学士疑惑"。宋代的胡宏、洪迈，清代的方苞、龚自珍等都曾怀疑刘歆伪窜《周礼》。康有为显然是接受了以上诸人的观点。

第三，他深明今古文经的分歧，并且对双方的是非采取持平态度。他在《教学通义》中这样叙述今古文的区别："古学者，周公之制；今学者，孔子改制之作也……今（系'古'字之误——作者）学者，周公之制，以《周礼》为宗，而《左》、《国》守之。孔子改制之作，《春秋》、《王制》为宗，而《公》、《谷》守之。孟子、荀子及战国诸子多今学，盖皆从七十子出也。《仪礼》，经为古，记为今。盖经为周公所制，记为七十子后学所记也。《戴记》今古杂业：《曲礼》、《檀弓》、《祭法》、《杂记》，近《左传》；《玉藻》、《朝事》、《深衣》、《盛德》，近《周礼》。及《礼器》、《郊特牲》，亦古学也。《祭统》、《三朝记》、《冠》、《昏》、《乡饮》、《射义》，今学也。《易》、《书》、《诗》、《论语》，兼有今古，而与《王制》、《周礼》不同。各经又自不同，以周多历年所，《会典》、《则例》屡修，而时有增改也。《尚书》若《史记》所引古文说，《诗》若《毛传》及今《易》、《诗》、《书》之古学也。汉初诸儒，率皆今学，伏生《尚书》、三家《诗》、董子《繁露》是也。后汉多古学，许君《异义》，杜、郑、贾、马《周礼》、《左传》、《尚书》注是也。《白虎通》所引先师说，可以此例

---

① 康有为对壁中书的说法将信将疑，他在《教学通义·亡经第十》中写道："武帝末，壁中古文出，得多十六篇，无论传者之真伪，然残缺不得其半矣。"又说："百篇说出于刘歆《七略》志，虽不足尽信，然杂见传记，决不止五十七篇也。"这一观点，他后来写入了《新学伪经考》中。

② 《康有为全集》第 1 册，第 99 页。

推之。”[1] 这是纯客观的叙述，并未判定谁是谁非。但从上下相关段落所表现出的倾向来看，康有为是主张混合古今，择善而从的。例如他讲到学《礼》时，既不主张以今文的《仪礼》为本，也不主张以古文的《周礼》为据，而主张以“今古杂业”的《戴记》为主。他并且建议重编一部《礼案》，其编辑方针是周孔并尊，今古并存。这意味着康有为已接受了某些今文观点。

第四，宣扬孔子改制说。古文经学家认为孔子是古代文化的整理者，他“信而好古，述而不作”，他所删订的“六经”均是史料，并无微言大义；而今文经学家认为孔子是一位政治家，“六经”中寄托着他的政治理想，“六经”是致治之道，“微言”之中，“大义”存焉。康有为就是从后者的角度来理解孔子著作的。

古文经学家尊孔子为至圣先师，但不认为他是改制立法的素王，于儒家经典中看重《周礼》，而不看重《春秋》，于《春秋》三传中重视《左传》，而不重视《公羊》《谷梁》，之所以重视《左传》，是因为《左传》记载史事颇详。而今文经学家尊孔子为素王，以《春秋》为改制立法之作，看重《公羊》《谷梁》。康有为在《教学通义》中就表达了这样的看法：“《左氏》但为鲁史，不传经义。今欲见孔子之新作，非《公》、《谷》不可得也。”[2] 他广泛征引古代典籍，证明孔子为素王：“孟子述舜、禹、汤、文、周公而及孔子，则曰：‘王者之迹熄而《诗》亡，《诗》亡而后《春秋》作。’其辟许行，亦以孔子作《春秋》，继尧、禹、周公之事业，以为天子之事……庄子曰：‘《春秋》经世先王之志’，且尊孔子为先王。《淮南子》：‘殷继夏，周继殷，《春秋》继周，三代之礼不同。’直以孔子为一代矣。故自周、汉之间，无不以《春秋》为孔子改制之书。”康有为是赞成他所引述的这些观点的，并且加注说：“《王制》者，素王之制也。其说与《孟子》、《公》、《谷》及汉前传记皆合，吾有《王制集证》。”[3]《王制集证》今未见，但从康所述可推知其内容是关于“素王之制”的。

---

① 《康有为全集》第1册，第147—148页。

② 同上书，第124页。

③ 同上书，第124—125页。

尤其值得指出的是，康有为已形成了孔子“托古改制”的观点。他写道：“孔子答颜子问‘为邦’而论四代。答子张问‘十世’而言‘继周’……孔子亦曰，‘知我’以之，‘罪我’以之。良以匹夫改制，无征不信，故托之行事，而后深切著明。”① 这一段话与他后来在《孔子改制考》中所写的“布衣改制，事大骇人，故不如托之先王”一段话语义甚近。

以上所引四条例证，说明康有为在与廖平晤见以前，虽然基本上是一位古文经派，但并不严守古文壁垒，在许多地方是今古不分的，而且已经形成“秦焚书而书存”和孔子“托古改制”等观点，这些观点正是他后来所写的《新学伪经考》和《孔子改制考》中的基本观点。因此，不能认为康有为是在晤见廖平以后才“尽弃其旧说”而突然转向今文经学的。

并且康有为在晤见廖平以前，在 1889 年秋天，已经表示他将创立一种不“拘常守旧”的“异教”了。

1888 年，他怀着“冀幸一悟尧、舜之主”的心理上书言事，却格未上达，这使他深受刺激，一时心中愤懑，无所适从。他在 1889 年秋离京返粤以前曾致书好友沈子培诉说他当时的心情和以后的打算，表示不愿意从事“巧言以夺志”的文词和“琐碎而破道”的考据，又没有条件和能力去从事天文、地舆和农业。他不无悲凉地写道：“我无土地，无人民，无统绪，无事权，为之奈何？或者其托于教乎？”他是无可奈何选中了“从教”，即从事学术工作的。

他认为：“从教”，他就有了土地、人民、统绪和事权：“伊尹曰：‘先知觉后知。’孔子曰：‘诲人不倦。’凡此吾先而生，后吾而出者，皆吾人民也。声气所通，舟车所及，皆吾土地也。二帝、三王、先圣、诸儒，皆吾统绪也。立义树说，皆吾事权也。”表明他要继承“二帝、三王、先圣、诸儒”来创立新的学说。

他的新学说将不同于“先儒之说”，他在信中明确表示不想拘泥于先儒之说：“虽然，先儒之开义至广，各有流弊，其纲领条目，层累曲折，施之有本末，推之有先后，不能无商榷焉。”但也不同于清代流行的宋学和汉学，他批评宋学说：“近代大宗师莫如朱、王，然朱学穷物理，而问

① 《康有为全集》第 1 册，第 124—125 页。

学太多，流为记诵。王学指本心，而节行易耸。流于独狂，或专尚经制则少涵养，专重践履则少振拓。”又抨击汉学：“今之学者，利禄之卑鄙为内伤，深入膏肓。而考据词章，则其痈疽痔赘也。”康有为对儒家各派流弊的批评，表明他对宋以后占统治地位的儒学是很不满意的。

当然，信中没有说明他将转向今文经学。他当时对于所要创立的学说尚无明晰、具体的计划，但基本原则是有了。他说：“仆最爱佛氏入门有发誓坚信之说，峭耸精紧，世变大，则教亦异，不复能拘常守旧，惟是正之。”① 表明他所要创立的新学说将不拘常守旧，即不受宋学和汉学的束缚，并且能够适应“世变”。

正当康有为处于这样的思想状态的时候，他会晤了廖平。本来，康有为在离京前已从朋友那里读到了廖平的《今古学考》。《今古学考》主张“平分今古”，就是说要正确区分和平等对待今文经和古文经，书中的核心观点是说今古文经的根本区别在于双方所说制度的不同。古文经主《周礼》，今文经主《王制》。这种观点康有为在1886年所写的《教学通义》中已经阐述过。由于观点相近，所以康有为阅读《今古学考》以后，便引廖平为知己。1889年秋他离京返粤，于1890年初在广州两次会晤廖平。廖平这时的学术思想已发生变化，从“平分今古”转向“尊今抑古”，康有为受其影响，此后完全转向今文经学，并以今文经学的形式建立起他的不“拘常守旧”的新学说。

二

廖平的说法中另一不实之处是说康有为的《新学伪经考》和《孔子改制考》借鉴了他的《辟刘篇》和《知圣篇》。他曾肯定说：“外间所述之《改制考》即祖述《知圣篇》，《伪经考》即祖述《辟刘篇》。”② 廖平的两部书正式刊刻是在康有为的两部书刊刻之后，这里所说的《知圣篇》和《辟刘篇》均指稿本。

---

① 《与沈刑部子培书》，《康有为全集》第1册，第378—384页。

② 廖平：《经话甲编》卷一。

康有为究竟借鉴了《辟刘篇》和《知圣篇》没有呢？解决这一疑问的关键是要弄清在1890年康廖广州会晤以前，廖平是否已有《辟刘篇》和《知圣篇》的稿本。

廖平在《经话甲编》中说：“丁亥（1887）作《今古学考》（按：廖在《今古学考叙》中说作于丙戌即1886年）。戊子（1888）分为两篇，述今学为《知圣篇》，古学为《辟刘篇》。”照此说，他于1888年已经完成了《知圣篇》和《辟刘篇》的稿本。但是这种说法并不可信。

廖平大约是1886年作《今古学考》，主张平分今古的，不久思想发生变化，主张尊今抑古。据他在尊经书院的同事、好友刘子雄的日记载：廖于1887年9月（丁亥八月）作《续今古学考》，自驳《今古学考》中的观点，谓“周制全不可考，概为孔子新制。《周礼》固为伪托，即左氏之言《周礼》者，亦推例而得……”又谓“文王所演之《易》，即是孔子《系辞》”。[①] 这说明廖平主张尊今抑古时，所写的是《续今古学考》，而不是《辟刘篇》和《知圣篇》。很可能在写完《续今古学考》以后，廖平又进一步酝酿写作《辟刘篇》和《知圣篇》。刘子雄的日记中没有提到《辟刘篇》和《知圣篇》，刘卒于1890年11月，这似可说明至1890年岁末廖平尚未完成两部书稿中的任何一部。

1888年冬，廖平赴京参加会试。次年3月试毕，应张之洞之邀赴广州，途次，7月在天津拜会他的老师王闿运，表示打算通撰九经子史，自成一家之言，王称赞他“志大可喜”[②]。

廖平只向王闿运谈及日后的写作打算，未说他已经完成《辟刘篇》《知圣篇》，更未将两书的稿本交给王看。

廖平8月又在苏州拜见俞樾。他记述其经过说：“己丑（1889）在苏晤俞荫甫先生，极蒙奖掖，谓《学考》（《今古学考》）为不刊之书，语以已经改易，并三传合通事，先生不以为然……曰俟书成再议。盖旧误承袭已久……一旦欲变其门户，虽荫老亦疑之。乃辟刘之议，康长素逾年成书

① 转引自廖幼平编《廖季平年谱》，第39、42页。

② 王闿运：《湘绮楼日记》，光绪十五年。

数册。”[①] 这里，俞樾只称赞《今古学考》，未提及《辟刘篇》和《知圣篇》，并且有“俟书成再议”的话，足证此时廖平尚未完成两书。“乃辟刘之议，康长素踰年成书数册。”这话意在说明康有为的《新学伪经考》是受他“辟刘之议”的影响而写成的。但他既然尚未完成《辟刘篇》的书稿，那么这里的“辟刘之议”只能理解为“议论”，而不能理解为曾把书稿交给康有为看过。

廖平的“俟书成再议”这一段话是在《经话甲编》中说的，我们前面所引他关于1888年已完成《辟刘篇》和《知圣篇》的说法，也出于此书。这两种说法显然互相牴牾。钱穆先生已注意到这种牴牾，他在援引廖平的“戊子分为二篇”一段话之后说：“据此则《知圣》、《辟刘》两书均已成，何以又云己丑在苏见俞荫甫曰俟书成再议乎？抑犹未为定稿乎？大抵廖既屡变其说，又故自矜夸，所言容有不尽信者。”[②]

上引刘子雄的日记和廖平自述他1889年拜见王闿运和俞樾的经过，证明至1889年8月他尚未完成《辟刘篇》和《知圣篇》。就在这年8月，廖平到达广州，住在广雅书院，并拜见张之洞。张之洞重申“风疾马良，去道愈远”的告诫，却未提及《知圣篇》和《辟刘篇》。张之洞的告诫大约是针对廖平有尊今文经的思想而发。此前，1881年在成都尊经书院、1883年在太原，张之洞对他已有过两次同样内容的规诫。[③]

1890年初，康有为在广州两次晤见廖平。廖平记述会见经过说：“广州康长素，奇才博识，精力绝人，平生专以制度说经，戊己间从沈君子丰处得《学考》(《今古学考》)，谬引为知己。及还羊城同黄季度过广雅书局相访，余以《知圣篇》示之，驰书相戒近万余言，斥为好名骛远，轻变前说，急当焚毁，当时答以面谈，再决行止，后访之城南安徽会馆，黄季度病未至，两心相协，谈论移晷。明年闻江叔海得俞荫老书，而《新学伪经考》成矣。”[④] 这一段话中最重要的，然而也是最不可靠的是“余以《知圣篇》示之”一句。

① 廖平：《经话甲编》卷一。
② 钱穆：《中国近三百年学术史》，第645页。
③ 参见廖幼平编《廖季平年谱》。
④ 廖平：《经话甲编》卷一。

第一，前面我们已经辨析，廖平至 1889 年 8 月尚未完成《辟刘篇》和《知圣篇》。退一步说，如果他已完成两书，并且在赴京会考时随身带有几部抄本，那么在他试毕南下，先后拜见王闿运、俞樾、张之洞时，就会把稿本交给他们看。王闿运是他的老师，主今文；俞樾是著名学者，素为他所敬重；张之洞与他有师生之分，而且官至总督，以重学闻名。廖的书稿何以不给这三个人看，而单单留给素不相识、毫无名气的康有为看呢？

第二，廖平这里说："余以《知圣篇》示之……明年闻江叔海得俞荫老书，而《新学伪经考》成矣。"按这种说法，康有为的《新学伪经考》是受《知圣篇》影响而成。这显然是错误的。众所周知，《知圣篇》与康有为的《孔子改制考》内容相近，而与《新学伪经考》无关。《新学伪经考》与廖平的《辟刘篇》（刊行时改名《古学考》）内容相近，而廖平却从未说明他是何时把《辟刘篇》交与康有为的。

以上所引廖平的种种说法，均出自他的《经话甲编》，该书刊刻于 1897 年，距广州会晤已有七八年，而且是在康有为的《新学伪经考》和《孔子改制考》撰成之后，因此廖平所谈广州会晤及其他有关事情难免有记忆错误，或有意作伪。诚如钱穆所论，廖为人"屡变其说，又故自矜夸，所言容有不尽信者"。

比较可靠的史料是廖平在 1894 年以前致康有为的一封信。信中说："龙济之大令来蜀，奉读大著《伪经考》、《长兴学记》，并云《孔子会典》已将成书。弹指之间，遂成数万宝塔，何其盛哉……后之人不治经则已，治经则无论从违，《伪经考》不能不一问途，与鄙人《今古学考》，永为治经之门径，欣忭何极！惟庚寅羊城安徽会馆之会，鄙人《左传经说》虽未成书，然大端已定，足下以《左》学列入新莽，则殊与鄙意相左……今观《伪经考》，外貌虽极炳烺……而内无底蕴，不出史学、目录二派之窠臼，尚未足以洽鄙怀也……昔年在广雅，足下投书相戒。谓《今古学考》为至善，以攻新莽为好名……又吾两人交涉事，天下所共闻知。余不愿贪天功以为己力，足下之学自有之可也。然足下深自讳避，使人有向秀（按：应作郭象）之谤。每大庭广众中，一闻鄙名，足下进退不能自安。浅见者又或以作俑驰书归咎鄙人，难于酬答，是吾两人皆失也。天下为是说者吾二人，声气相求，不宜隔绝，以招谗间。其中位置，一听尊命。谓昔年之会，如邵、程也可，如朱、陆也可，如白虎、石渠亦可……且吾之学详于内，吾子之学详于外，彼此一时，未能相兼，则通力合作，秦越一家，乃今日之急务，不可不深思而熟计之也。”①

这封信有以下几点特别值得注意：

第一，廖平在信中说他读到《新学伪经考》，并得知《孔子会典》（即《孔子改制考》）即将成书，却未提及他自己的新学《辟刘篇》和《知圣篇》，仅将《新学伪经考》和他的《今古学考》并提，一同视作“永为治经之门径”。第二，提到广州会晤事，委婉指责康有为隐瞒受他影响的事实，却未说曾给康看过《知圣篇》《辟刘篇》，或其他书，只说到一部当时正在酝酿的《左传经说》。从这两点来看，两人在广州会晤时，廖平并未给康看过《知圣篇》或《辟刘篇》。第三，信中批评《新学伪经考》“外貌虽极炳烺……而内无底蕴，不出史学、目录二派之窠臼，尚未足以洽鄙怀也”，如果当年廖曾给过康有为《辟刘篇》，那么此处自然会将《新学伪经考》和《辟刘篇》作一番比较，可是仍未提《辟刘篇》，而且从批评的口气来看，廖也不认为《新学伪经考》具体借鉴了他的某一部著作。

总之，这封信给人的印象是，广州会晤时，康、廖讨论了经学问题，康受了廖的影响，但廖平并未给康有为看过什么书。

这封信是廖平亲致康有为的，所述广州会晤和两人的学术关系应该是可信的。信中没有提及他后来屡屡道及的《辟刘篇》和《知圣篇》，是因为他在广州并未给康有为看过这两部书，在信中不能无中生有。

除了廖平以外，在其他论及廖平和康有为学术关系的人中，以梁启超

---

① 廖平：《四益馆文集·致某人书》。廖平的这封信未注明写作时间。信中说：“龙济之大令来蜀，奉读大著《伪经考》《长兴学记》，并云《孔子会典》已将成书。弹指之间，遂成数万宝塔，何其盛哉！”根据这内容可推知这封信写于廖、康1890年广州会晤和康有为的《新学伪经考》《长兴学记》刊刻后不久，否则不会说“弹指之间，遂成数宝万塔”。查《伪经考》和《长兴学记》均刊于1891年。又据《康南海自编年谱》载，1892年（光绪十八年）龙济之“以知县引见，道过粤，来学焉”（《戊戌变法》第4册，第124页）。可知《伪经考》和《长兴学记》即是由龙济之赴蜀时带给廖平的。时间当在1892年，或稍晚。

的影响最大。这并非因为他提供了什么具体可信的史料，而是因为他是康有为的弟子，并参与编纂《新学伪经考》和《孔子改制考》。他说："有为早年，酷好《周礼》，尝贯穴之《教学通义》。后见廖平所著书，乃尽弃其旧说……然有为之思想受其影响，不可诬也。"[①] 说康有为的思想受过廖平的影响是事实，但说他"见廖平所著书，乃尽弃其旧说"却不准确，这是沿袭了廖平《经话甲编》的说法。梁启超是 1890 年 9 月（光绪十六年八月）初见到康有为的，并执弟子礼。康有为其时已持今文经说，讲授"孔子改制之意""诸经真伪之故"，而且以康之为人，也不可能向弟子讲述他曾受廖平影响的事实。梁启超参与编纂《新学伪经考》和《孔子改制考》时，显然没有参考过《辟刘篇》和《知圣篇》，否则他不会不道及此事。因此，梁启超对于他的老师早年思想转变的细节并不了解。他所说康有为早年"酷好《周礼》，尝贯穴之《教学通义》"，就不正确。前面我们已经指出，康有为崇周公，却并不崇《周礼》，而且恰在《教学通义》一书中大谈孔子改制。梁启超对于这些显然没有注意到。

章太炎、张之洞等也曾经说过康有为受廖平影响的事，但都是极简略的断语，未提供实据。

三

有的学者从另一角度来研究康、廖学术关系。他们把康有为的《新学伪经考》《孔子改制考》和廖平正式刊行的《古学考》（即《辟刘篇》）、《知圣篇》加以比较，探究两人的渊源关系，凡内容相同或相似的，就断定是康有为采用廖说或据廖说加以发挥的，并得出结论说康的两书"渊源于"廖的两书。例如，《廖平学术思想研究》[②]《廖平与近代经学》[③] 两书就采用这种方法，但是这种方法很不可靠。

廖平的《辟刘篇》和《知圣篇》究竟草成于何时，难以确知。而且其

① 梁启超：《清代学术概论》。

② 陈德述、黄开国、蔡方鹿：《廖平学术思想研究》，四川省社会科学院出版社 1987 年版。

③ 李耀仙：《廖平与近代经学》，四川人民出版社 1987 年版。

稿本或抄本今已不存，现在所见到的是正式刊本。《辟刘篇》经修改后于1897年刊行，此距康有为《新学伪经考》的出版已晚了6年。《知圣篇》经修改后于1901年刊行，此距康有为《孔子改制考》的出版已晚了4年。

廖的两书既经修改后才刊出，那么就不可能通过刊行本去准确地了解初稿本的原貌。而且，刊本晚于康有为的两书，因此不能把刊本视作康有为的思想渊源。

《廖平学术思想研究》和《廖平与近代经学》都从廖、康的书中列举了许多实例来说明康的两书渊源于廖的两书，但是这些“实例”大多经不住推敲。例如，《廖平学术思想研究》说：“廖平认为，西汉以前只有今文学，今学广大，‘西汉以上无不为今学者’……康有为继其学，认为西汉经学，并无所谓古文。”[①] 其实康有为在《教学通义》中已经指出：“汉初诸儒，率皆今文”，“后汉多古学”。[②]《廖平与近代经学》说：廖平认为古学以《周礼》为主，康有为采其说。[③] 但是，《教学通义》已经指出：“古学者，周公之制，以《周礼》为宗”。[④]《廖平学术思想研究》说：廖平创“索王受命改制说”、“‘改制’为孔子之‘微言’说”、“改制必托古说”，康有为“则本其说而加以发展”。[⑤] 事实上，这一系列观点在《教学通义》中已有比较明确的表达，本文前面已有引述，此不赘引。

因此，不能认为廖、康书中相同或相近的内容就一定是康继廖说，其中有些是康继廖说，有些是康自创，有些是廖继康说，有些是前人的说法或经学史上的常识，为康、廖所采取，不能一概而论。康、廖均有“矜夸”的问题，必须细心搜集和辨析他们留下的史料，才可能弄清两人之间的学术关系。

---

① 陈德述、黄开国、蔡方鹿：《廖平学术思想研究》，四川省社会科学院出版社1987年版，第198页。

② 《康有为全集》第1册，第148页。

③ 李耀仙：《廖平与近代经学》，四川人民出版社1987年版，第32—34页。

④ 《康有为全集》第1册，第147页。

⑤ 陈德述、黄开国、蔡方鹿：《廖平学术思想研究》，四川省社会科学院出版社1987年版，第210—211页。

* * *

依据现有史料，我们只能大体得出这样的结论：康有为在晤见廖平以前已有某些今文经学观点，见到廖平以后，受廖影响，完全转向今文。但在广州会晤时，廖平并未将《辟刘篇》和《知圣篇》交给康有为，其时这两部书稿尚未完成。廖对康的影响主要是在安徽会馆长时间的“谈论”，即“辟刘之议”。至于廖平究竟何时完成《辟刘篇》和《知圣篇》两书初稿，康有为是否得到过、何时得到的等问题，均不可考。

中国近代灾荒与社会生活*

李文海

自然灾害是全人类的共同大敌。人类一直在同各种自然灾害的顽强斗争中艰难地发展着自己。我国地域辽阔，地理条件和气候条件都十分复杂，自古以来就是一个多灾的国家。历史进入近代之后，由于封建统治的日趋腐败，帝国主义的肆意掠夺，社会的动荡，经济的凋敝，使本来就十分薄弱的防灾抗灾能力更形萎缩，自然灾害带给人们的痛苦和劫难也更为严重。自然灾害曾经给予我国近代的经济、政治以及社会生活的各个方面以巨大而深刻的影响，同时，近代经济、政治的发展，也不可避免地使得这一时期的灾荒带有自己时代的特色。

因此，研究中国近代灾荒史，应该是中国近代史研究的一个十分重要的领域。它一方面可以使我们更深入、更具体地去观察近代社会，从灾荒同政治、经济、思想文化以及社会生活各方面的相互关系中，揭示出有关社会历史发展的许多本质内容；另一方面，也可以从对近代灾荒状况的总体了解中多得到有益于今天加强灾害对策研究的借鉴和启示。

本文将对近代灾荒状况及其同社会生活的关系，作一个轮廓的介绍。

* 本文原载《近代史研究》1990年第5期。

一 “十年倒有九年荒”

——近代中国灾荒的频发性

一旦接触大量的有关灾荒的历史资料，我们就不能不为近代中国灾荒之频繁、灾区之广大及灾情之严重所震惊。就拿水灾来说，在各种自然灾害中，这是带给人们苦难最深重、对社会经济破坏最巨大的一种，而在一些重要的江、河、湖、海的周围，几乎连年都要受到洪水海潮的侵袭。黄河是历史上决口、泛滥最多的一条大河，有道是：“华夏水患，黄河为大”。进入近代以后，黄河“愈治愈坏”，“河患至道光朝而愈亟”。尽管封建阶级吹嘘说“有清首重治河，探河源以穷水患”，但实际上还是“溃决时闻，劳费无等，患有不可胜言者”①。1885 年 12 月 26 日的上谕也承认：“黄河自（咸丰五年）铜瓦厢决口后，迄今三十余年，河身淤垫日高，急溜旁趋，年年漫决。”② 事实上，从鸦片战争开始到铜瓦厢决口的 15 年间，黄河就有鸦片战争期间的连续 3 年大决口和太平天国运动初期的连续 3 年大决口，给当时已经剧烈动荡的社会带来更大的震颤和不安。铜瓦厢决口后，黄河发生了离现在最近的一次大改道，河患更是变本加厉。举一个例子，自 1882 年到 1890 年，黄河曾连续 9 年发生漫决，其中 1888 年虽无新的决口，但上年冲塌之口门全年未曾合拢，也就是说，这 9 年之间，滔滔的黄水始终浸淹着黄河下游数省的广大田地。所以山东巡抚张曜在 1889 年 4 月 11 日的奏折中这样说：“山东地方十余年来，黄水为患，灾祲频仍，民间地亩或成巨浸，或被沙压，不能耕种，生计日蹙。”③ 据不完全统计，自 1840 年到 1919 年的 80 年间，发生黄河漫决的年份正好占了一半，即平均两年中即有一年漫决，而且有时一年还漫决数次。

我国第一大河长江，全长 5800 公里，流域面积达 180 多万平方公里，两岸特别是中下游地区，历来是我国重要的产粮区。尽管由于上游两岸山

① 《清史稿》卷三百八十三，卷一百二十六。

② 《光绪朝东华录》（二），总第 2042 页。

③ 第一历史档案馆藏：《录副档》，张曜折。

岩矗立，宜昌以东进入广阔的平原地区后，水流比较平缓，加之又有许多湖泊调节水量，所以较之黄河来说，造成的水患要小得多，但在近代的80年间，也曾发生30余次漫决，只是浸淹的区域较黄水泛滥为小而已。

流经湖北、河南、安徽、江苏四省的淮河，也曾是一条带给人们无穷灾难的河流。特别是安徽、江苏两省，“沙河、东西淝河、洛河、洱河、芡河、天河，俱入于淮。过凤阳，又有涡河，獬河、东西濠及漴、浍、沱、潼诸水，俱汇淮而注洪泽湖。”一旦淮河涨水，“淮病而入淮诸水泛溢四出，江、安两省无不病。”① 1910年侍读学士恽毓鼎曾经因为“滨淮水患日深”，上过一个奏折，其中说：“自魏晋以降，濒淮田亩，类皆引水开渠，灌溉悉成膏腴。近则沿淮州县，自正阳至高、宝尽为泽国。”② 由于淮河流域地貌复杂，加之淮河年久失修，使这一带出现了“大雨大灾、小雨小灾、无雨旱灾”的景象。

位于京师附近的永定河，由于“水徙靡定，又谓之无定河。康熙三十七年，赐名永定。”③ 1871年2月直隶总督李鸿章在奏疏中曾谈到它的地位之重要：“永定河南北两岸，绵亘四百余里，为宛平、涿州、良乡、固安、永清、东安、霸州、武清等沿河八州县管辖地面”。“永定河为畿南保障，水利民生，关系尤巨。”④ 康熙皇帝虽然把这条河的名字从“无定”改成了“永定”，河患却并不因此而消失，仍然是连年漫决，成为威胁京师的重要祸害。永定河两岸皆沙，无从取土，所筑之堤不固，而出山之水，湍激异常，变迁无定，一遇水涨，堤防即溃。防守之难，甚于黄河，有小黄河之目。据各种资料统计，从鸦片战争开始到清王朝灭亡的71年间，永定河发生漫决33次，平均接近两年一次。其中，从1867年到1875年曾创造了连续9年决口11次的历史记录，给永定河两岸的人民带来了深重的灾难。

湖南的湘、资、沅、澧四大河，都汇流于洞庭湖，然后注入长江，使洞庭湖成为我国最大的淡水湖之一。本来，拥有如此丰富的水利资源，自然条件极为优越，洞庭湖周围地区理应是物产丰盈的鱼米之乡。但由于封

---

① 《清史稿》卷一百二十八。

② 《清史稿》卷一百二十八。高，指高邮湖；宝，指宝应湖。

③ 《光绪顺天府志》，第1230页。

④ 同上书，第1418页。

建统治者对湖区不加治理，不但使洞庭湖对长江水量的调节作用日益减小，而且出现了沿湖州县如巴陵、岳州、临湘、华容、安乡、南县、澧州、安福、武陵、龙阳、沅江、湘阴等几乎年年“被水成灾”的怪现象。据《清实录》及其他有关资料记载，中国近代史的80年中，上述地区明确有遭受水灾记录的共达72年，另一年为出乎常规地出现了旱荒，其余7年则因资料缺乏而情况不明。湖南的一些地方官僚称这些地区“滨临河湖，地处低洼，俱系频年被淹积欠之区”，“各灾民糊口无资，栖身无所，情形极其困苦，且多纷纷外出觅食”①，确是实际情况。

谈到水患，不能不涉及江、浙两省的海塘问题。《清史稿》说：“海塘惟江、浙有之。于海滨卫以塘，所以捍御碱潮，奠民居而便耕稼也。在江南者，自松江之金山至宝山，长三万六千四百余丈。在浙江者，自仁和之乌龙庙至江南金山界，长三万七千二百余丈。”② 江苏的滨海之地，因为面对的海湾“平洋暗潮，水势尚缓”，所以海塘还颇能起一点拦阻海潮的作用；浙江“则江水顺流而下，海潮逆江而上，其冲突激涌，势尤猛险”。一旦海塘坍塌，“海水漂入内地百里，膏腴变为斥卤，田禾粒米不登”，多加之潮涨海溢之时，势极汹涌，潮头高达数丈，浪涌如山，居民连躲避都来不及，往往“漂溺不计其数”。晚清时期，“海塘大坏”。据称，“综计两省塘工，自道光中叶大修后，叠经兵燹，半就颓圮。”③ 因此，海塘溃决之事，连年发生。浙江水灾，相当一部分与海塘坍塌有关，而且只要是由海潮引起的水灾，一般灾情都较严重。太平天国时期，浙江嘉兴附近农村的一个小地主，面对着海潮浸淹、流民塞途的情形，感慨地说：“海塘工事，承平所难，况当乱离，岂有修筑之期乎！塘不修筑，则海水不能注溢；田禾不能不被害。然则此等流民，自今一、二年中，岂能复归故土乎!”④

上面我们只是从水灾的角度，以各个侧面来反映近代社会中国大地上灾荒的频发性。水灾之外，各种自然灾害还有很多很多。按照《清史稿》

① 第一历史档案馆藏：《录副档》，道光二十九年湖南巡抚赵炳言折。

② 《清史稿》卷一百二十八。

③ 同上。

④ 见《太平天国史料丛编简辑》第2册，第269页。

的说法，自然灾害的种类，除去一些迷信的内容，还包括恒寒、恒阴、水潦、淫雨、雪霜、冰雹、恒燠、恒旸、灾火、风霾、蝗蝻、疾疫、地震、山颓等。如果只讲常见的灾害，至少也应该提到水、旱、风、雹、火、蝗、震、疫诸灾。在一个时期和一个地区，或者是一灾为主，或者是诸灾并发。因此，在说明灾荒的频发程度时，还需要以地区为单位，对各类灾荒作一点综合的考察。下面，我们举出几个地区，为读者提供一点例证。

位于珠江下游的广东省，气候条件优越，降水量不但充沛，而且季节分配比较均匀。因此，农业生产和其他经济发展一向较好。即使这样，在这里不时也有各种自然灾害发生。据张之洞 1886 年 11 月 10 日的奏折所说，广东水患“从前每数十年、十数年而一见，近二十年来，几于无岁无之”①。据不完全统计，近代 80 年中，该省遭受较大水灾 22 次，局部地区水灾 18 次，先旱后涝或水旱兼俱的灾荒 2 次，较大旱灾 1 次，较大风灾 8 次。

直隶的情况要比广东严重得多。前面已经讲到永定河连年漫决的情形，再加上这一地区的其他一些河流如滦河、沙河、大清河、潴龙河、拒马河、滹沱河、徒骇河、南北运河等也不时漫溢，使水灾成为这一地区的主要威胁。谭嗣同在《上欧阳中鹄书》中说：“顺直水灾，年年如此，竟成应有之常例。”② 据统计，近代 8 年中，顺直地区遭受较大水灾竟有 38 次；但与此同时，旱灾也并不少见，较严重的旱灾有 7 次，水旱灾害同时发生的有 22 次，另有一些年份则还伴有蝗灾、震灾、雹灾及瘟疫。“中稔”以上的年景在整个近代历史上只占一小部分。

安徽也是多灾省份之一。该省兼跨长江、淮河两流域，其中横贯北部的淮河，河床坡度甚小，汇入支流又极多，加上两季降水量集中，极易造成水灾，已如前述。所以有人说：皖省“滨临河湖之区，本来水涨即淹，岁岁报灾”③。而皖西山地及皖南丘陵地带，都是“平陆高原”，只有“雨润水足”，才能获得收成，一旦雨水略少，立即亢旱成灾。因此，安徽自

---

① 《光绪朝东华录》（二），总第 2175 页。

② 《谭嗣同全集》（增订本）下册，第 449 页。

③ 第一历史档案馆藏：《硃批档》，光绪二十三年十月十八日安徽巡抚邓华熙折。

然灾区的一个特点，常常是诸灾杂陈，水旱交作。据不完全统计，近代 80 年中，该省共发生较大水灾 22 次，较大旱灾 3 次，同时发生水旱之灾的 13 次，水、旱、风、虫、疫、震诸灾并发或同时发生其中三种以上灾害的 20 次。

最后我们还想举山东作为例子。有人曾对整个清代山东的水旱灾害做过颇为认真的统计："在清代 286 年中，山东曾出现旱灾 233 年次，涝灾 245 年次，黄、运洪灾 127 年次，潮灾 45 年次。除仅有两年无灾外，每年都有不同程度的水旱灾害。按清代建制全省 107 州县统计，共出现旱灾 3555 县次，涝灾 3660 县次，黄、运洪灾 1788 县次，潮灾 118 县次，全部水旱灾害达 6121 县次之，多平均每年被灾 34 县，占全县数的 31. 8% 。"① 这里需要补充说明的只是：愈到晚清，山东的水旱灾害愈益严重。尤其是黄河在铜瓦厢决口后，造成大规模改道，黄河不再自河南省兰考县北铜瓦厢向东，经江苏省徐州、淮阴等地直达黄海，而改由自河南通过山东境内，于利津、垦利两县间流入渤海。这样，山东受黄河泛滥之害，就更为直接也更为频繁了。据记载，从铜瓦厢决口到 1912 年清王朝复亡的 56 年中，山东省因黄河决口成灾的竟有 52 年之多，成灾平均年县次为改道前的 7 倍。另外，上面列举的灾荒数字只涉及水旱二类，还有许多其他种类的灾荒未包括在内。

通过以上的叙述，已完全足以说明，在中国近代社会，"十年倒有九年荒"这句话，丝毫不是文学上的夸张，而是现实生活的真实写照。

二 祸加深了天灾

——灾荒的社会政治原因

自然灾害，顾名思义，是由自然原因造成的，就这个意义说，是天灾造成了人祸。但是，人生活在一定的自然环境之中，同时也生活在一定的社会条件之下，自然现象同社会现象从来不是互不相关而是相互影响的。恩格斯在批评自然主义的历史观的片面性时说道："它认为只是自然界作

① 袁长极等:《清代山东水旱自然灾害》，见《山东史志资料》1982 年第 2 辑，第 150 页。

用于人，只是自然条件在决定人的历史发展，它忘记了人也反作用于自然界，改变自然界，为自己创造新的生存条件。”① 每当人们通过自己的智慧和劳动，改变自然界，有效地克服自然环境若干具体条件的不利影响时，便能减轻或消除自然灾害带来的灾难。反之，由于社会生活中经济、政治制度的桎梏和阶级利益的冲突，妨碍或破坏着人同自然界的斗争时，人们便不得不俯首帖耳地承受大自然的肆虐和蹂躏。遗憾的是，后一种情况，在剥削阶级掌握着统治权力的条件下，是屡见不鲜的。从这个意义上说，人祸又常常加深了天灾。

愈是生产力低下、社会经济发展较落后的地方，人类控制和改变自然的能力愈弱，自然条件对人类社会的支配力愈强。近代历史上自然灾害的普遍而频繁，从根本上来说，当然是由于束缚在封建经济上的小农经济生产力水平十分低下的结果。以一家一户为经济单位的小农经济，不可能有有效的防灾抗灾能力，一遇水旱或其他自然灾害，只好听天由命，束手待毙。胡适在谈到中国人对付灾荒的办法时，不无嘲笑意味地说：“天旱了，只会求雨，河决了，只会拜金龙大王；风浪大了，只会祷告观音菩萨或天后娘娘；荒年了，只好逃荒去；瘟疫来了，只好闭门等死；病上身了，只好求神许愿。”② 这段话，虽仍有他惯常存在的那种民族自卑心理的流露，却也不能不说在一定程度上反映了那个时代的社会现实。当然，对这种现象进行嘲笑未免有失公正，把产生这种状况的原因只是看作观念的落后也过于浅薄。如同其他社会现象一样，归根到底，在这里经济状况也起着决定性的作用。

但仅仅把问题归结为生产力水平的低下，或者放大一点说，全部从经济的角度去分析问题，也还是很不全面的。有必要把视野扩展一点，从社会政治领域考察一下近代灾荒频发的缘由。

事实上，把自然灾害同社会政治相联系的看法，在历史上很早就产生了。这突出地表现在所谓“天象示警”的传统灾荒观念上：一切大的自然灾荒的发生，“皆天意事先示变”，是老天爷对人们的一种警告或警诫。因

---

① 恩格斯：《自然辩证法》，见《马克思恩格斯选集》第3卷，第551页。

② 《胡适论学近著》，第638页。

为“天人之际，事作乎下，象动乎上”，人间社会生活和政治生活的不正常，必然引起“天变”。这种灾荒观念，几乎流传了几千年，一直到清代还在实际生活中起着很大的影响。不过，同样从“天象示警”的观点出发，却可以引出消极的和积极的两种不同的态度来。消极的态度是竭力用“祈祷”来对待天灾，如清王朝规定，“岁遇水旱，则遣官祈祷天神、地神、太岁、社稷。至于（皇帝）视诣圜丘，即大雩之义。初立天神坛于先农坛之南，以祀云师、雨师、风伯、雷师，立地祇坛于天神坛之西，以祀五岳、五镇、四陵山、四海、四渎，京师名山大川，天下名山大川。”① 似乎只要“祈祷”得越虔诚，天灾自然就可以防止或减少了。积极的态度则要求从灾荒的发生中“反躬责己”，修明政治。如 1882 年有一位名叫贺尔昌的御史上奏说：“比年以来，吏治弛废，各直省如出一辙，而直隶尤甚。灾异之见，未必不由于此。”② 在戊戌变法中惨遭慈禧杀害的“戊戌六君子”之一的刘光第，于 1894 年所上的《甲午条陈》中这样说：“国家十年来，吏治不修，军政大坏。枢府而下，嗜利成风。丧廉耻者超升，守公方者屏退，谄谀日进，欺蔽日深。国用太奢，民生方蹙。上年虽有明谕申饬，言者不计，牵涉天灾。而上天仁厚，眷我国家，屡用示警。故近年以来，畿辅灾潦频仍，京师城门，水深数尺，天坛及太和门均被水灾。今年二月天变于上，三月地鸣于外城，旋有倭人肇衅之事，此殆非偶然也。”他要求皇帝“引咎自责，特降罪己之诏”，“痛戒从前积习之非”，并认为只有这样才能使全国同仇敌忾，团结御侮，抵抗日本的侵略，取得甲午战争的胜利。③ 这些话，虽然没有科学地揭示灾荒发生的原因，但无疑有着揭露时弊的战斗的进步意义。

在我国近代历史上，对灾荒问题谈得最深刻的，要数民主革命的伟大先行者孙中山先生。关于灾荒频发的原因，他着重强调两点：一是人们对生态环境的破坏；另一是封建政治的腐败。关于前一点，他在刚刚从事政治活动之初，就在一封信中写道：“试观吾邑东南一带之山，秃然不毛，

① 《清朝文献通考》。

② 《光绪朝东华录》（二），总第 1445 页。

③ 《刘光第集》，第 2 页。

本可植果以收利，蓄木以为薪，而无人兴之。农民只知斩伐，而不知种植，此安得其不胜用耶?”① 后来，他更明确指出：近来水灾一年多过一年，原因就在于人民采伐木料过多，采伐之后又不行补种，森林很少。一遇大雨，山上没有森林来吸收雨水和阻止雨水，山上的水便马上流到河里去，河水泛涨起来，即成水灾，多种树木是防水灾的治本方法。防止旱灾也是种植森林。有了森林，天气中的水量便可以调和，便可以常常下雨，旱灾便可减少②。关于后一点，他很早就认为，“中国人民遭到四种巨大的长久的苦难：饥荒、水患、疫病，生命和财产的毫无保障。这已是常识中的事了。”这种令人不堪忍受的情况是怎样造成的呢？他非常鲜明地回答说：“中国所有的一切灾难只有一个原因，那就是普遍的又是有系统的贪污。这种贪污是产生饥荒、水灾、疫病的主要原因，同时也是武装盗匪常年猖獗的主要原因。”“官吏贪污和疫病、粮食缺乏、洪水横流等等自然灾害间的关系，可能不是明显的，但是它很实在，确有因果关系，这些事情决不是中国的自然状况或气候性质的产物，也不是群众懒惰和无知的后果。坚持这说法，绝不过分。这些事情主要是官吏贪污的结果。”③

这两个方面，前者主要是社会方面的原因（当然并非同政治绝对无关），孙中山的有关论述，不但在当时是无与伦比的，即使在今天，也并没有完全为所有的人们所真正地了解。后者主要是政治方面的原因，在这方面，有无数历史事实足以证明孙中山的说法确实是不易之论。

还是从黄河说起。晚清时期为什么会出现“河患时警”的现象呢?《清史纪事本末》是用以下这段话来回答的：“南河岁费五六百万金，然实用之工程者，什不及一，余悉以供官吏之挥霍。河帅宴客，一席所需，恒毙三四驼，五十余豚，鹅掌猴脑无数。食一豆腐，亦需费数百金，他可知已。骄奢淫逸，一至于此，而于工程方略，无讲求之者。”④

这大概很可以作为孙中山关于灾荒根源于官吏贪污的生动注脚。实际上河工之弊，真是说不胜说，像一位官员所揭露的，“防弊之法有尽，而

---

① 《孙中山全集》第1卷，第2页。

② 《孙中山全集》第9卷，第407—408页。

③ 《孙中山全集》第1卷，第89页。

④ 《清史纪事本末》卷四十五，《咸丰时政》。

舞弊之事无穷。”连道光皇帝在上谕中也承认，对于黄河，基本上是“有防无治”的状况。上谕引用当时的河道总督张井的奏折说：“历年以来，当伏秋大汛，司河各官，率皆仓皇奔走，抢救不遑。及至水落霜清，则以现在可保无虞，不复再求疏刷河身之策。渐至河底日高，清水不能畅出，堤身遽增，城郭居民尽在河底之下，惟仗岁请金钱，将黄河抬于至高之处。”1825年11月的这个上谕问道：朝廷每年所花“修防经费数百万金”，“惟似此年年增培堤堰，河身愈垫愈高，势将何所底止?”①

其实，说对黄河“有防无治”，仍未免是一种美化的说法。在那个时候，“治”固然谈不上，“防”也常常因为各种原因而成为具文，每当大汛来临之际，“司河各官”中真正能够“仓皇奔走，抢救不遑”的能有几人?这里，我们可以提供一个颇具典型意义的实例：1887年9月29日，黄河在河南郑州决口。决口之前，黄河大堤上数万人“号咷望救”，在“危在顷刻”的时候，“万夫失色，号呼震天，各卫身家，咸思效命。”但因为管理工料的幕友李竹君“平日克扣侵渔，以致堤薄料缺”；急用之时，“无如河干上曾无一束之秸，一撮之土”，大家只得“束手待溃，徒唤奈何”！河决之时，河工、居民对李竹君切齿痛恨，痛打一顿之后，便将他“支解投河”，以泄民愤。河道总督成孚“误工殃民”，决口前两天，“工次已报大险”，但成孚“藉词避忌”，拒不到工；次日，他慢慢吞吞地走了40里路，住宿在郑州以南的东张；及至到达决口所在，他不作任何处置，“惟有屏息俯首，听人詈骂”。而向朝廷奏报时，却竭力讳饰，本来是决口，却说成是漫口；本来决口四五百丈，却说成三四十丈；本来是“百姓漂没无算”，却说成“居民迁徙高阜，并未损伤一人”。② 广大群众的生命财产就这样成了腐败黑暗的封建政治的牺牲品。

几乎谁都知道，那个时候的“河工习气”，一方面是“竞尚奢靡”，另一方面是“粉饰欺蒙”，靠这样的管理机构去防止灾荒，自然无异于缘木求鱼。但这还毕竟只是防灾不力，比这更有甚者，则是人为地制造灾荒。如1882年夏，有人参劾湖北署理江陵县令吴耀斗，当长江、汉水涨溢之

① 《河南通志·经政志稿》，《河防》。

② 第一历史档案馆藏：《录副档》，光绪十三年九月二十七日翰林院编修李培元等折。

时，竟任意将子贝垸堤开挖，使南岸七百余垸，“田庐尽没”。吴耀斗这种“决堤殃民”的罪行，引起群情激愤，清政府也不得不下令彻查。最后，湖北巡抚涂宗瀛以“查无实据”为由，认为“毋庸置议”，就此不了了之。三年后，又有人奏：“广东频遭水患，皆由土豪占筑围坝牟利所致”，因为一些地方土豪，凭借势力，“私筑围坝，壅塞水道”，水势被阻，便不免泛滥成灾。这也是由于人为的因素而加重了自然灾害的一种表现。对此，广东督抚查了两年，结论还是那四个字：“毋庸置议”。

一旦自然灾害发生，真能同广大群众战斗在抗灾斗争第一线的封建官僚，实在是凤毛麟角。如前面提到的成孚那样束手无策的，是大多数。还有一些则更为恶劣，平日自许为“民之父母”的地方官，在灾害来临时，早已置自己的“子民”于不顾，慌慌张张地逃之夭夭了。这里随手举一个例子：同治末年，四川发生水灾，酆都知县徐濬镛当江水进城时，“并未救护灾黎”，而是匆匆忙忙地收拾了细软，登上一只大船，一走了之。事后徐濬镛虽得了个革职处分，但到光绪初年，就多方活动，要求平反。像这类事情，真可以说是指不胜屈。

至于乘机贪污勒索，大发“赈灾”财的，更是司空见惯了。我们不妨先读一读革命文学团体“南社”的主要成员高旭，在1907年至1909年甘肃连续遭了3年大旱灾之后，目睹灾民之惨状，恨贪官之暴行，所作之《甘肃大旱灾感赋》一诗：

> 天既灾于前，官复厄于后。贪官与污吏，无地而蔑有。
> 歌舞太平年，粉饰相沿久。匿灾梗不报，谬冀功不朽。
> 一人果肥矣，其奈万家瘦！官心狠豺狼，民命贱鸡狗。
> 屠之复戮之，逆来须顺受。况当赈灾日，更复上下手。
> 中饱贮私囊，居功辞其咎。甲则累累印，乙则若若绶。
> 回看饿殍余，百不存八九。彼独何肺肝，亦曾一念否？[①]

高旭的这种感慨，确实是对当时现实生活的绝好的艺术概括，下面我

① 《辛亥革命诗词选》，第215—216页。

们举一些具体的事例。

1882 年安徽发生十数年未有的大水灾。“水灾地广，待赈人稠。”直隶候补道周金章，领了赈款银 17 万两，赴安徽办理赈灾事宜。他只拿出 2 万余两充赈，其余的统统“发商生息”，填饱私囊。[①]

1893 年，山东巡抚福润因为将历城等 8 个滨临黄河的州县灾民安置完毕，要求朝廷奖擢“出力人员”。但这种安置灾民究竟意味着什么呢？据有人揭露，原利津县知县钱镛，纵容汛官王国柱，“将临海逼近素无业主被潮之地安插灾民，而以离海稍远素有业主淤出可耕之田，大半夺为己有”。灾民迁入被潮之地后，“民未种地，先索税租”，钱镛、王国柱在灾民身上“催科征比”一共搜刮了“二万余千，尽饱私囊”。他们事先曾领了藩库银二万余两，本来是“为灾民购房置牛之用”的。但他们只拿出一小部分给灾民，“其余尽以肥己”；为了可以报销，他们“逼令灾民出具甘结，威胁势迫，以少报多，以假混真”。灾民们迁入新区不久，突然有一天“风潮大作，猝不及防，村舍为墟，淹毙人口至千余名之多。甚至有今日赴海而明日遂死者，一不死于河而死于海，不死于故土而死于异乡”。这时，利津知县已由吴兆镖接任。吴兆镖不但“佯为不知，坐视不救”，弄得哭声遍野，惨不忍闻；反而强迫老百姓“送万民衣伞”，而且大摆筵宴，替他母亲祝寿。“被灾之民，有舆尸赴公堂号泣者，有忍气吞声而不敢言者，又有阖家全毙而无人控告者。”[②] 利津如此，其余亦可概见。老百姓遇到这样的灾难，天灾耶？人祸耶？真是有点说不大清了。

甲午战争后，清政府增加了许多苛捐杂税。御史曹志清在谈到地方官吏“敲骨吸髓”“虎噬狼贪”地大肆搜刮的情形之后，还说了这么一段话：“尤可骇者，去秋水灾，哀鸿遍野，皇上轸念民艰，拨款赈济，乃闻滦州、乐亭各州县将赈银扣抵兵差，声言不足仍向民间苛派，灾黎谋食维艰，又加此累，多至转于沟壑，无所控告”。他深有感触地说：“是民非困于灾，直困于贪吏之苛敛也。”[③]

---

① 《清德宗实录》卷一百六十八。

② 《光绪朝东华录》（三），总 3281 页。

③ 《光绪朝东华录》（四），总 3632 页。

1897 年，江苏北部大水成灾，灾民达数十万人之多。但“赈务所活灾黎不过十之一二”，其余的“转徙道殣”，冻馁而亡，弄得“城县村落，十室九空”。为什么出现这种悲惨情景呢？据御史郑思赞分析，“推原其故，不由于办赈之迟，而由于筹赈之缓”。因为当灾象已显时，各州县官“但知自顾考成，竟以中稔上报”。等到灾情十分严重后，仍“征收无异往日”。这种情况，不能不使大批灾民日趋死亡。所以郑思赞慨叹说：“是沟壑之民不死于天灾而反死于人事。”①

“民非困于灾”而“困于贪吏之苛敛”也好；“沟壑之民不死于天灾而反死于人事”也好，都充分说明了这样一点：在观察分析、研究自然灾害的问题时，绝不能同社会问题割裂开来，绝不能无视政治的因素。

三 灾荒对社会经济和人民生活的严重影响

在以往的历史文献中，每当讲到自然灾害的严重后果时，总常用“饥民遍野”“饿殍塞途”等来加以形容。由于经过了高度的抽象和概括，对这些字眼中间所包含的具体内容，往往不大去细想。实际上，在这短短的几个字的背后，融涵着多少血和泪，辛酸和悲哀！只有具体而深入地去研读近代历史上有关灾荒的各种记载和资料，才使我们痛切地了解，我们这个灾难深重的民族，经历了中外反动派在政治上奴役欺压的苦难，经历了特权阶级在经济上残酷睃削掠夺的苦难，经历了封建伦理纲常钳制束缚的苦难，此外，还经历了自然灾害带来的水深火热的苦难。这些苦难，是我们永远不应该忘记的。

灾荒对社会生活的严重影响，首先表现在对人民生命的摧残和戕害上。一次大的自然灾害，造成人口的死亡，数字是十分惊人的。这里举一些例子，如：

水灾——1906 年，湖南大水，“淹毙人不下三万，情状惨酷”。1912 年，浙江宁波、温州等地遭洪水狂飙猛袭，仅青田、云和等 5 县即“共计淹毙人口至二十二万有奇”。至于当洪水池涌而至时，侥幸未被浊浪吞没，

① 第一历史档案馆藏：《录副档》，光绪二十四年六月初四日郑思赞折。

露宿在屋脊树梢，一面哀戚地注视着水中漂浮的尸体，一面殷切而无望地等待着不知何时才能到来的“赈济”的芸芸灾民，更是不计其数。如 1884 年黄河在山东齐东等县决口，灾民达百万余人。1906 年江苏大水灾，“统计各处灾民不下二三百万”，仅聚集在清江一处的灾民，“每日饿毙二三百人”。1917 年直隶大水灾，总计“灾民达五百六十一万一千七百五十九名”，这些灾民“房屋漂没，移居高阜，所食皆草根树叶，所住皆土穴席棚，愁苦万分，不堪言状”。

旱灾——1877 年著名的北五省大旱荒，山西很多村庄，居民不是阖家饿死，就是一户所剩无几，甚至有“尽村无遗者”。有的历史资料概括说：“一家十余口，存命仅二三；一处十余家，绝嗣恒八九”。仅太原一个城市，“饿死者两万有余”。负责前往山西考察灾情、稽查赈务的工部侍郎阎敬铭在奏折中报告他目睹的情景说：“臣敬铭奉命周历灾区，往来二三千里，目之所见皆系鹄面鸠形，耳之所闻无非男啼女哭。冬令北风怒号，林谷冰冻，一日再食，尚不能以御寒，彻旦久饥，更复何以度活？甚至枯骸塞途，绕车而过，残喘呼救，望地而僵。统计一省之内，每日饿毙何止千人！目睹惨状，夙夜忧惶，寝不成眠、食不甘味者已累月。”① 至于在千里赤地上，靠剥挖树皮草根、罗捉猫犬鼠雀、最后不得不艰难地吞咽着观音土而苟延残喘的灾民，则更是随处可见。据记载，这一年山西这样的灾民有 500 余万人，河南有 500 余万人，陕西有 300 余万人，甘肃有近 100 万人，直隶缺乏具体数字，只是说“嗷鸿遍野”。这些灾民，有的勉强存活了下来，但相当一部分仍因经受不住饥寒的煎熬而陆续死去。到这年冬天，仅河南开封一城，“每日拥挤及冻馁僵仆而死者数十人”，山西全省“每日饿毙何止千人”！1902 年，四川大旱，灾区遍 90 余州县，灾民每州县少则 10 余万人，多者 20 余万人，全省共计“灾民数千万”。1909 年，甘肃春夏久旱不雨，连同上两年全年亢旱，出现连续 995 日“旱魃为虐”的严重灾害，以至于“不独无粮，且更无水”，“牛马自仆，人自相食”。全省饿死多少人虽无确切统计，但前引高旭诗说“回看饿殍余，百不存八九”，数量之大，当可想见的了。

---

① 《光绪朝东华录》（一），总第 514—515 页。

风灾——1862 年 7 月 26 日，“广东省城及近省各属风灾，纵横几千里，伤毙人口数万”。1864 年 7 月 13 日，一场飓风，使上海黄浦一带“人死万余”，浙江定海“溺死兵民无数”。1874 年 9 月 22 日，香港、澳门发生大风灾，波及广东，“统计省内各处商民之殉此灾者，殆不下一万人云”。1878 年 4 月 11 日，广州再次遭暴风侵袭，“倒塌房屋一千余间，覆溺船只数百号，伤毙人口约计不下数千人”；一说“房屋倾毁九千余所，大树拔折二百余株，伤毙至万余人”；更有称“男女老稚压毙及受伤者几及数万”者。如果作一点对比，也许可以使我们对上述风灾的严重程度有一个更加清晰的认识：《纽约时报》于 1989 年 9 月 19 日发表文章，历数 20 世纪发生的最厉害的大西洋飓风，自 1900 年至 1980 年，共列 19 次，其中损害最严重的分别为 1900 年 9 月 8 日发生在美国得克萨斯州的加尔维斯顿的飓风，1928 年 9 月 12 日至 17 日发生在西印度群岛和佛罗里达的飓风，1963 年 10 月 4 日至 8 日发生在古巴与海地的“弗洛拉”飓风，死亡人数均为 6000 人。这与前面所说伤毙动辄“万余”“数万”的情况相比，真是小巫见大巫了。

疾疫——1849 年，湖南“全省大疫”，仅同善堂等所施棺木就“以数万计”，后来疫死者愈来愈多，棺木无力置备，只得挖坑随地掩埋了事。1910 年，东北三省鼠疫流行，疫毙人数“达五六万口之谱”。

严重的自然灾害，除了造成人口的大量死亡以外，还对社会经济造成巨大的损害和破坏。其实，人口的大规模伤亡，本身也是对社会生产力的极大摧残，因为人——准确一点说是劳动者，本来就是生产力系统中起主导作用的因素，或者如列宁所说，是“全人类的首要的生产力”。但问题还远远不止于此。较大的水、旱、风、雹或地震等灾害，除了人员伤亡以外，一般都伴有对物质财富的严重破坏，如庐舍漂没、屋宇倾圮、田苗浸淹、禾稼枯槁、牛马倒毙、禽畜凋零等。这里举几个并非最严重的例子：1844 年夏，福州发生水灾，仅闽县一地就“被淹田园四万四千四百三十余亩”。1846 年 6 月江苏青浦大水，一次就“漂没数千家”。同年 7 月吉林珲春因河水涨溢，该县 8000 余垧田地中，“水冲无收者六千余垧”，就是说 80% 的田地被水冲毁，毫无收成。1849 年春夏之间，浙江连雨 40 余日，“以致上下数百里之内，江河湖港与田联成一片，水无消退之路”，在这广阔区域之内，庄稼颗粒无收自不待言，而且“房屋倾圮，牲畜淹毙”也“不知凡几”。1851 年 4 月末，新疆伊犁连降大雪，5 月中又暴雨倾盆，雨水加消融之雪水，一下子把许多田地冲成深沟，“田亩不能复垦者”达 36982 亩之多，庄稼被冲毁的自然就更多了。至于大旱之年，饥民在剥掘草根树皮以果腹的同时，被迫“争杀牛马以食”，结果在灾情缓解之后，却没有牲畜子种等基本生产资料可以恢复生产的情形，则更是普遍存在的现象。

每年，清政府要根据各地灾情大小，对成灾地区宣布蠲缓钱粮。据《清实录》等资料的粗略统计，鸦片战争到太平天国运动爆发前这段时间，清政府宣布因灾蠲缓钱粮的厅、州、县，1840 年为 262，1841 年为 330，1842 年为 320，1843 年为 329，1844 年为 365，1845 年为 280，1846 年为 378，1847 年为 435，1848 年为 450，1849 年为 366，1850 年为 354。应该说明，这个数字并不能完全反映当时全国受灾地区的范围，因为它极不完全，特别是一些经济落后的边远地区，那里的钱粮征收在清政府的全部财政收入中本来就不占什么重要地位，所以那些地方一向很少报灾（当然并不意味着自然灾害很少），当然也谈不上蠲缓之事了。但即使如此，也已很能说明自然灾害对全国的社会经济带来何等重大的影响。按照清朝的行政区划，光绪朝以后，府、厅、州、县 1700 多个，也就是说，清王朝因为自然灾害的原因而不得不减征、缓征或免征钱粮的地区，每年约占全国府、厅、州、县的 1/8 到 1/6。清朝对怎样才算“成灾”是有严格规定的，即只有减产 5 成以上，直至颗粒无收的，才准予报灾，在这个范围之内，再按灾情的轻重分别确定蠲缓钱粮的数额。那么，这也就意味着在近代社会，就全国而言，每年通常有 1/8 到 1/6 的地区，收成不足一半，严重的甚至减收 7 成、8 成、9 成或根本就颗粒无收。

每当发生重大的水旱或其他灾害之后，决非一两年之内就可以缓过劲来，把社会生产恢复到正常水平的。更何况，近代自然灾害的一个显著特点，是灾害的续发性非常突出。如直隶省，自 1867 年至 1874 年，曾连续 8 年发生遍及全省的水灾，其中后 4 年灾情十分严重，紧接着 1875 年又发生较大旱灾；1885 年至 1898 年曾连续 14 年发生全省性水灾，紧接着 1899 年、1900 年又发生两年旱灾。又如两湖地区，自 1906 年至 1915 年，湖北除两年外连续8年发生水灾，湖南则连续10年均有水灾，其中一半以上年份的灾情颇为严重。类似的情况各地都有。这样的连续被灾，旧灾造成的民困未苏，疮痍未复，新的打击又接踵而至，不但对社会经济的破坏极为严重，而且抗灾防灾的能力每况愈下，使得同样程度的灾害造成的后果更具灾难性，更使人无力承受。在连续几年大灾之后，往往十几年、几十年都难以恢复元气，如前面提到的鸦片战争爆发后连续3年黄河大决口，造成河南省自祥符到中牟一带长数百里、宽60余里的广阔地带，10余年间一直成为不毛之地，"膏腴之地，均被沙压，村庄庐舍，荡然无存"。光绪初连续3年的"丁戊奇荒"，使山西省"耗户口累百万而无从稽，旷田畴及十年而未尽辟"，都说明较大自然灾害对社会经济所带来的消极影响，是那样长远、持久而难以消除。

灾荒对社会生活影响的再一个方面，是增加了社会的动荡与不安定，激化了本已相当尖锐的社会矛盾。

清朝封建统治者，常喜欢宣扬他们如何"深仁厚泽，沦浃寰区，每遇大灾，恩发内帑部款，至数十万金而不惜。"① 辛亥革命后，窃取了胜利果实的袁世凯也吹嘘他们政府"实心爱民"，"遇有水旱偏灾，立即发谷拨款，施放急赈。譬诸拯溺救焚，迫不及待"②。要说这些话完全是无中生有的欺骗宣传，倒也未必。去掉自我标榜的成分，应该说，他们对赈灾问题，从主观上还是比较重视的。其原因，并不是如他们自己所说的出于"爱民"之意，"悯恻"之心，而是他们清醒地懂得，大量的饥民、灾民、流民的存在，会增加社会的动荡不安，直接威胁本已岌岌可危的统治秩序的稳定。在统治集团的来往文书中，充斥了这样的语句："近年生计日艰，莠民所在多有，猝遇岁饥，易被煽惑"；"忍饥无方，又恐为乱"；"民风素悍，加以饥驱，铤而走险"；"设使匹徒藉是生心，灾黎因而附和，贻患何堪设想?!"这些话，颇能道出问题的实质。辛亥革命前夕，梁启超从另外一种立场发表了大体相似的议论："中国亡征万千，而其病已中于膏肓，且其祸已迫于眉睫者，则国民生计之困穷是已。……就个人一方面论之，

① 第一历史档案馆藏：《录副档》，光绪十四年八月二十七日刘坤一、奎俊折。

② 《东方杂志》第12卷，第11号，第7页。

万事皆可忍受，而独至饥寒迫于肌肤，死期在旦夕，则无复可忍受。所谓铤而走险，急何能择，虽有良善，未有不穷而思滥者也。”①

在近代历史上，即使在“承平”之时，也就是阶级斗争相对缓和的情况下，在局部地区，因为灾荒以及赈灾中的种种弊端而引起小规模群众斗争的事，也是经常发生的。1841 年浙江归安县灾民因反对地方官“卖灾”而闹事，就是一个小小的例子：起先，前县令徐起渭于“报灾各区轻重等差，勘详不实；又定价卖灾”；后来，接任知县赵汝先又“与乡民约定，完纳条银，再给灾单，及至完成，爽约不给”，终于引起了“灾民滋扰”②。1849 年江苏大水灾，各地农村不断发生“抢大户”“借荒”等斗争，是又一类型的例子。嘉定“其时乡间抢大户，无日不然”③。娄县“乡中富户以怕抢故，纷纷搬入城中。然仅可挈眷，不能运物，运则无有不抢。”④ 所以，左宗棠曾经发表过这样的意见：“办赈须藉兵力”——赈灾的时候，一只手要拿点粮、拿点钱，救济灾民；另一只手要拿起刀，拿起枪，以防灾民闹事。他说：“向来各省遇有偏灾，地方痞匪往往乘机掠食，或致酿成事端。故荒政救饥，必先治匪也”。“匪类藉饥索食，仇视官长，非严办不足蔽辜。韩、郃饥民啸聚，起数颇多，亟宜一面赈抚，一面拿首要各犯，以靖内江。”⑤ 不言而喻，这里的所谓“匪”、“痞匪”、“匪类”等等，不过是那些无衣无食而又不甘坐以待毙、不惜铤而走险冲击封建统治秩序的灾民。

及至社会矛盾十分尖锐、阶级斗争或民族斗争日趋紧张的时候，自然灾害往往成为诱发大规模群众起事的重要客观条件；受到灾荒的打击而流离失所的数量巨大的灾民，又往往成为现存统治秩序的叛逆力量，源源不绝地加入到战斗行列中去。这在太平天国运动、义和团运动以及辛亥革命运动中，得到了最清楚不过的表现。太平天国的领导者们在历数封建清王朝的罪恶时，就特别强调了“凡有水旱，略不怜恤，坐视其饿殍流离，暴

---

① 沧江：《沦中国国民生计之危机》，《国民报》第 1 年第 11 期。

② 《清宣宗实录》卷 364。

③ 王汝润：《馥芬居日记》，见《清代日记汇钞》，第 184 页。

④ 姚济：《己酉被水见闻》，见《近代史资料》1963 年第 1 期。

⑤ 《左宗棠未刊书牍》，第 132—133 页。

露如莽”这一条[①]。一个外国人把“很多地区的庄稼由于天旱缺雨而歉收，人民的心里烦躁不安”看作是义和团兴起的重要原因之一[②]。严复在谈到辛亥革命发生的“远因和近因”时则提到了“近几年来长江流域饥荒频仍”这个因素[③]。不论这些运动在性质上是何等的不同，广大群众勇敢地拿起武器，义无反顾地同中外反动势力展开殊死搏斗，无论如何是值得讴歌的。但我们毕竟不应该忘记，不少人是付出了极为惨痛的代价，在饥寒交迫甚至是家破人亡的困境中被迫走上“造反”之路的。我们赞颂他们的斗争精神，却要诅咒促使他们起来斗争的种种苦难——其中当然也包括自然灾害带来的苦难。

---

① 《太平天国文书汇编》，第105页。

② 《清末民初政情内幕》（上），第422页。

③ 《清末民初政情内幕》（上），第782页。

关于近代中国与世界的几个问题*

——在中国社会科学院近代史研究所举办的国际学术讨论会上的发言

胡　绳

这次国际学术讨论会的主题是“近代中国与世界”，这是包含宽广内容的主题。与会的学者们将从各个角度讨论有关这个主题的各方面的内容，也可能在同一问题上有不同的见解。我相信，学者们交流从不同角度提出的意见，交流不同的观点和看法，对有关问题的深入探讨是有益的。

我在这里想就这个主题说几点看法。

中国近代历史的开始，是以1840—1842年的英国对中国的侵略战争，即鸦片战争为标志。这时候，绵延两千多年的中国封建社会已经进入没落的阶段，中国社会内部已经酝酿着新的变化，这就是说，在经济上已经出现了以手工业工场为代表的资本主义生产关系的萌芽，在政治上也出现了对封建专制主义传统的怀疑和抗议。以炮舰政策为前驱的西方资本主义侵略势力的到来，严重地影响了中国社会变化的方向。

近代中国受到世界上所有大小帝国主义国家的欺凌。几个强国在中国划分势力范围，有的强国还曾试图独占中国。近代中国的历史是被侵略、被掠夺、被压迫的历史。这段历史从1840年算起，持续109年之久。在近

---

* 本文原载《近代史研究》1990年第6期。

代以前的一段时间里，中国和中国以外的世界几乎是完全隔绝的，世界不了解中国，中国人也不了解世界。近代中国和世界发生了越来越密切的联系，这种联系当然是多方面的，而其根本内容是帝国主义列强武装侵略中国，在经济上掠夺中国，在政治上支配中国。中国处于被侮辱、被损害、被宰割的地位。

外来的侵略和压迫不能不引起中国人民的反抗。中国是一个具有悠久的文化传统，并且具有作为统一国家的长期历史的国家，所以资本主义外国的侵略压迫，一开始就遇到中国人民的强烈反抗。在近代中国社会中出现了新的阶级力量，即资产阶级和无产阶级的力量以后，反抗外国帝国主义及其在中国的助手和代理人的斗争就越来越强烈。帝国主义列强曾使中国局部地区殖民地化，并且使中国丧失了作为独立国家的完整主权，成为一个半独立的即半殖民地国家。但是，近代中国毕竟没有完全沦为殖民地，其原因主要就在于中国人民的反抗斗争。这种反抗斗争的发展终于使中国摆脱了半殖民地、殖民地的命运，取得了民族的独立，恢复了全部国家主权。所以，中国近代历史又是一部反抗外国资本主义、帝国主义的侵略和压迫的历史。

帝国主义的侵略、掠夺和剥削造成了近代中国的贫穷和落后。这里要特别指出的是，中国封建社会内部存在的资本主义生产关系的萌芽没能正常地发展起来，使中国进入资本主义社会，其原因就在于帝国主义控制了中国的经济命脉和中国的政治。固然，外国资本主义的侵略对中国封建社会的自然经济基础起了破坏作用，从而促进了商品经济和资本主义因素的发展。但是，从 19 世纪中叶以后出现的中国民族资本处于极其艰难的条件下，不可能壮大起来。它不但遭到具有种种特权的外国资本的排挤，而且无力抗拒在中国社会中仍然居于统治地位的前资本主义的剥削制度。近代中国的前七十年是在清王朝统治下。帝国主义使清王朝变成它们所利用的驯服工具；在清王朝覆灭以后，又支持一个个代表地主阶级和买办官僚资本利益的军阀官僚势力。封建的土地关系、商业高利贷资本和一切前资本主义的剥削制度及其上层建筑，由于受到帝国主义的维护而得以继续存在，帝国主义利用它们作为统治和剥削中国人民的工具。这样，帝国主义的侵略阻断了中国的工业化、民主化的独立发展的道路，使中国在成为半殖民地的同时，又处于半封建的境地。

近代中国并不是近代化的中国，不是一个商品经济发达、教育发达、工业化、民主化的国家。在近代中国面前摆着两个问题：第一，如何摆脱帝国主义的压迫和统治，成为一个独立的国家；第二，如何使中国近代化。这两个问题显然是密切相关的。因为落后，所以挨打；因为不断地挨打，所以更落后。这是一个恶性的循环。

以首先解决近代化问题为突破口来解除这种恶性循环，行不行呢？在半殖民地、半封建社会的中国，一切工业救国、教育救国，以合法的途径实现民主化的主张都不能成功。致力于振兴工业、振兴教育的好心人虽然取得了一些成就，但并不能达到中国近代化的目的，不能使中国独立自强。不动摇原有的政治和社会秩序而谋求实现民主化的努力更是毫无作用。这些善良的愿望之所以不能实现，就是因为有帝国主义及其在中国的代理人的严重阻力。

首先解决民族独立的问题，是很艰难的。要在十分落后的社会基础上，战胜已经在中国居于统治地位的帝国主义势力，当然不是一件轻而易举的事情。但历史经验证明，只有这样做，才能改变中国所面临的恶性循环的命运。就是说，只有先争取民族的解放和国家的独立，才能谈得到近代化的政治、经济、文化的建设。

帝国主义列强在侵略中国过程中的相互矛盾，帝国主义在中国的代理人之间的相互矛盾，是落后的中国争取解放、独立可以利用的条件。但根本的问题还在于要把中国一切反对帝国主义的侵略压迫的力量动员和团结起来。在中国共产党领导下，中国人民经过长期的艰苦奋斗终于完成了这个历史任务，使中国摆脱了帝国主义的枷锁，从而为中国的近代化、现代化开辟了宽广道路。

以上是我要说的第一点。

近代中国是不是一个对世界开放的国家？这也许是一个不成问题的问题。

在半殖民地的中国，即使在不受外国军事侵略的时候，外国人在中国领土上依仗不平等条约而拥有种种特权，中国大门的钥匙是在外国人的荷包里（这就是说，海关为外国人掌握），外国人在中国自由地开设银行、商行、工厂，列强的兵舰和商船自由地在中国沿海和内河航行，列强的军队驻扎在中国的领土上。那时，中国政府在决定对外政策时，甚至在决定重大的内部政策时，都要看帝国主义主人的指挥棒指向哪里。在这样的情况下，还有什么不开放呢？

1900 年左右，美国提出中国门户开放政策。但那并不是要中国开放门户，因为中国的大门早已被列强的大炮打开了。那是按“利益均沾”的原则针对列强在中国划分势力范围而说的，是要求属于任何一个国家的势力范围的地区应当向其他国家开放，而不应当封锁。

虽说近代中国已经在政治和经济上受列强支配，但列强对中国的情况又总是不满意。其不满意大致有两个方面。一方面可以说是政治上的。列强总是觉得他们利用来统治中国的代理人不够强大到足以在中国人民的反抗面前保卫他们的利益，不但不能消除这种反抗，反而被人民的力量冲垮。关于这方面的问题，这里不多说。很明显的，这是帝国主义自己制造出来的一个矛盾。他们所扶植的，既然是违反中国的人民利益和民族利益的势力，这样的势力尽管拥有“合法”的政权，拥有强大的兵力，也不可能在人民中有威望，不可能保持对帝国主义有利的安定的内部秩序。

另一方面从经济上说，帝国主义者不满意的是，近代中国始终不能如他们在用炮舰打开中国的大门时所指望的那样，成为一个广阔的商品市场、投资市场和原料供应地。中国进出口贸易总额在 1936 年（即抗日战争全面爆发前一年），不过 16 亿元（按当时的汇率计，不足 5 亿美元），比 1910 年左右只增加了不到 30%，这实在是微不足道的数字。中国的进口在鸦片战争后 70 年间，最多的还是鸦片烟。外国能输入近代中国的始终主要是煤油、糖、棉布等，以及其他许多廉价的制成品。中国的出口主要也只是生丝、猪鬃、钨砂、桐油之类的“传统”外销商品。帝国主义在中国投资数字是比较大的，据经济史家估计，帝国主义在华投资从 20 世纪初的 15 亿美元增加到抗日战争前的 43 亿美元。那时，帝国主义的投资主要是商业掠夺性的，依靠帝国主义的特权可以取得最大限度的利润。而且这种投资可以说是没有资本输出的投资，因为在巨额的投资中的很大部分是来自中国所偿付的“赔款”，其余部分是以欺诈勒索的方法占有的土地（在上海这样的城市，那时房地产构成外国人的资本的重要部分），对中国的鸦片贸易中取得的暴利，外国银行所吸收的中国人的存款等。总之，巨额资本的绝大部分是从中国掠夺和赚取来的，很少从国外输入。那时，中国的资源也都深藏在地下，没有被开发。

为什么近代中国已经被列强打开了门户，却并不能成为一个广阔的市场呢？原因很明显，因为中国贫穷落后。

贫穷落后的中国没有多少剩余的生产品，也无力购买多少外国的产品。帝国主义的经济侵略虽然曾深入一部分农村，但农村的绝大多数还处于自然经济和半自然经济状态，几乎没有，或者只有极少量的商品经济。所以，对于占近代中国的最大部分人口的地区来说，其实并没有对外开放。沿海城市固然可以说是开放的，但在 20 世纪 30 年代人们给上海以"冒险家的乐园"的称号，那就是说，外国的流氓、骗子、走私贩子可以在那里大发横财。这样，正常的贸易当然只会萎缩。

近代中国曾多次兴起有商人和城市居民参加的抵制美国货、抵制英国货、抵制日本货的运动。这种排斥外国货的运动反映了人民对于侵略者的正当的仇恨，也反映了那时经济上的对外开放只是带给中国社会和中国人民以灾难。

近代中国的贫穷落后是帝国主义造成的，所以可以说，帝国主义一方面打开中国的门户，迫使中国对外开放，但他们的掠夺和剥削又使中国贫穷落后，处于没有能力正常地对外开放的地位。这又是一个帝国主义自己造成而解决不了的矛盾。

三四十年代，中国言论界中有人说，列强应该考虑如何帮助中国富强起来，因为一个富强的中国才会和世界各国大大地增加贸易和经济联系。这种说法的后一半是对的，而前一半即指望帝国主义列强帮助中国富强，则是梦想。

中国人民用自己的力量争取民族的独立，恢复国家的主权，才能发展自己的经济，并且作为独立自主的国家发展正常的，即平等互利的对外开放，这是已经有事实证明了的。

以上是我说的第二点。

现在我还要说的第三点是：中国被侵略，被压迫，贫穷、落后，固然使中国人民遭受严重的灾难，而一个贫穷、落后的中国又成为世界不安定的因素之一。

为争夺在中国的权益，帝国主义列强间发生无穷的矛盾和冲突。直到20世纪初年，在中国角逐的主要是英、德、俄、法四国，而英、俄是最主要的对手。它们间虽未直接兵戎相见，但到了1904年，发生了俄国和新起的日本在中国领土上进行的争霸东北地区的战争。这以后，经过第一次世界大战，形成了主要是英、美、日三强在中国争夺的形势。帝国主义列强争夺中国的矛盾反映为中国内部军阀的混战，这种混战更使中国动荡不安。日本在30年代认为可以利用中国内部局势来独霸中国。1931年后形成的日美间的对立，终于导致日本对美、英在太平洋上的大战。日本对中国的侵略，酿造了第二次世界大战在亚洲东部的策源地。

历史经验证明，帝国主义的侵略和压迫把中国这样一个占全世界人口五分之一至四分之一的大国变成了一个贫穷衰弱的半殖民地国家，就在远东造成了一个国际矛盾和斗争的焦点。

中国人民用自己的力量使中国成为一个独立自主的、内部安定的、经济逐步发展的社会主义国家，固然对于企图侵略中国、独霸中国的势力来说是一个失败，然而却是对世界的和平与安定的一个重大贡献。中国不再是列强侵略和争夺的对象，这才能够和世界各国和平共处，才成为促进东亚和太平洋地区的和平安定，乃至世界的和平安定的一个因素。把1949年以后的历史和在这以前一百年的历史相对照，我以为人们只能得出这个结论。